IMPÉRIOS

2ª edição

JANE BURBANK e
FREDERICK COOPER

IMPÉRIOS

UMA NOVA VISÃO DA HISTÓRIA UNIVERSAL

Tradução
Bruno Cobalchini Mattos

CRÍTICA

Copyright © Princeton University Press, 2010.
Copyright © Editora Planeta do Brasil, 2019.
Todos os direitos reservados.
Título original: *Empire in the World History*
Nenhuma parte deste livro pode ser reproduzida de nenhuma forma, eletrônica ou mecânica, nem arquivada ou disponibilizada através de sistemas de informação, sem a expressa permissão do detentor do copyright.

Coordenação editorial: Sandra Espilotro
Preparação: Tiago Ferro
Revisão: Carmen T. S. Costa, Andressa Veronesi
Diagramação: A2
Capa: Fabio Oliveira
Imagem de capa: Apexphotos / Getty Images

Dados Internacionais de Catalogação na Publicação (CIP)
Angélica Ilacqua CRB-8/7057

Burbank, Jane
   Impérios: uma nova versão da história universal – 2a ed. / Jane Burbank, Fred Cooper ; tradução de Bruno Cobalchini Mattos. – São Paulo: Planeta do Brasil, 2023.
   656 p.

ISBN 978-85-422-2241-8

Título original: Empires in World History

1. História universal 2. Política internacional 3. Imperialismo - História 4. Colonização - História 5. Poder (Ciências sociais) I. Título II. Cooper, Fred III. Mattos, Bruno Cobalchini

23-3333   CDD 909

Índice para catálogo sistemático:
1. História universal

Ao escolher este livro, você está apoiando o manejo responsável das florestas do mundo

2023
Todos os direitos desta edição reservados à
Editora Planeta do Brasil Ltda.
Bela Cintra, 986 – 4º andar – Consolação
01415-002 – São Paulo-SP
www.planetadelivros.com.br
faleconosco@editoraplaneta.com.br

Sumário

Lista de ilustrações..7
Prefácio 11

CAPÍTULO 1 *Trajetórias imperiais* 17
CAPÍTULO 2 *Governo imperial em Roma e na China* 45
CAPÍTULO 3 *Depois de Roma* 91
CAPÍTULO 4 *Conexões eurasiáticas* 131
CAPÍTULO 5 *Para além do Mediterrâneo* 159
CAPÍTULO 6 *Economias oceânicas e sociedades coloniais* ...199
CAPÍTULO 7 *Além da estepe* 245
CAPÍTULO 8 *Império, nação e cidadania em uma era revolucionária* 287
CAPÍTULO 9 *Impérios pelos continentes* 327
CAPÍTULO 10 *Repertórios imperiais e mitos do colonialismo moderno* 371
CAPÍTULO 11 *Soberania e império* 425
CAPÍTULO 12 *Guerra e revolução em um mundo de impérios* 473
CAPÍTULO 13 *O fim dos impérios?* 529
CAPÍTULO 14 *Impérios, Estados e imaginário político* 567

Citações e leitura recomendada..................................589
Índice remissivo..602

Lista de ilustrações

IMAGENS

2.1 Imperador romano César Augusto
2.2 Soldados e cavalos de terracota do mausoléu do primeiro imperador Qin
2.3 Arco romano e muralha chinesa
3.1 Justiniano I, imperador bizantino, e seu séquito, *ca*.547
3.2 Mesquita de Ibn Tulun, Cairo
3.3 Coroação do imperador Carlos Magno pelo papa Leão III em 800
4.1 Guerreiros mongóis a cavalo
4.2 *Kurultai* em que Temujin é proclamado Ghengis Khan
5.1 Carlos V e Suleiman I
5.2 *Devshirme*: recrutamento de crianças para servir ao sultão
6.1 Escambo ao longo da costa africana em Guiné, *ca*.1690
6.2 *Las Castas* [As raças]: retratos de mistura racial da América espanhola no século XVIII
6.3 *Crueldade dos espanhóis*, do relato de Bartolomeu de las Casas, 1613
7.1 Pedro, o Grande, na batalha de Poltava, 1709
7.2 Apresentação dos cavalos ao imperador Qianlong
7.3 Imperador Kangxi
8.1 Retrato de Jean-Baptiste Belley, 1797
8.2 Napoleão em seu trono imperial, 1806
8.3 *Forçando chá garganta abaixo da América*, 1774
8.4 Robert Clive recebendo os produtos da terra de Bengala, Bihar e Orissa, 1765
9.1 *Cheienes indo à sua reserva*, 1874
9.2 *Chukchis*, década de 1820
9.3 Catarina, a Grande, como jurista, 1783
9.4 Alegorias da liberdade: escravos norte-americanos e servos russos
10.1 Fábricas europeias em Cantão, China, 1843
10.2 O tribunal de magistrados em Oude, Índia, 1853

10.3 Oficiais franceses com soldados africanos no Senegal, *ca.*1885
11.1 Czar russo e sultão otomano, 1853
11.2 Imperador Francisco José vestindo uniforme húngaro, 1888
11.3 Rei da Prússia proclamado imperador alemão em Versalhes, 1871
11.4 *O novo despertar da questão oriental*, 1908
12.1 Soldados franceses das colônias em um campo de prisioneiros de guerra alemão, 1917
12.2 Pôster de guerra soviético, 1941
12.3 Ho Chi Minh se encontra com oficiais franceses, março de 1946
13.1 Duas faces da descolonização: eleições na Argélia, batidas policiais no Quênia
13.2 Fundação de um movimento não alinhado: Nasser e Nehru em Bandung, 1955
13.3 Nova divisão da Europa: Churchill, Roosevelt e Stálin em Ialta, fevereiro de 1945
13.4 Derrubada do muro de Berlim, 11 de novembro de 1989
13.5 A devolução de Hong Kong da Grã-Bretanha para a China, 1997

MAPAS

2.1 Expansão e contração de Roma
2.2 Consolidação, expansão e contração do Império Chinês
3.1 Expansão e contração do Império Bizantino
3.2 Expansão dos califados islâmicos
3.3 O califado abássida
3.4 O Império Carolíngio, *ca.*814
4.1 Império Mongol, 1227
4.2 Impérios mongóis, 1294
4.3 Conquistas de Tamerlão
5.1 Impérios Otomano e Habsburgo, século XVI
5.2 Vice-reinos e *audiencias* Habsburgo nas Américas
5.3 Expansão dos domínios otomanos
6.1 Exploração e conquistas espanholas e portuguesas no final do século XV e início do XVI
6.2 Sul e Sudeste da Ásia, séculos XVI e XVII
6.3 Assentamentos na América do Norte, século XVII
7.1 A Kiev dos Rus', *ca.*1015
7.2 Expansão da Rússia
7.3 Impérios Yuan, Ming e Qing
8.1 Império e independência nas Américas, 1783 a 1839

8.2 Império napoleônico na Europa
8.3 Índia, 1767 e 1805
9.1 Expansão dos Estados Unidos
9.2 Expansão da Rússia
9.3 Colonos e povos nativos na América do Norte, século XVII
9.4 Remoções e reservas indígenas
10.1 Invasão territorial dos impérios: China e o Sudeste da Ásia, final do século XIX
10.2 Índia britânica, 1857
10.3 A partilha da África
11.1 Impérios na Europa e em suas imediações, 1815
11.2 Impérios na Europa e imediações, 1877
12.1 Europa durante a Primeira Guerra Mundial
12.2 Europa em 1924
12.3 Império Otomano desmembrado
12.4 A URSS em 1930 e 1945
12.5 Leste e Sudeste da Ásia na Segunda Guerra Mundial
13.1 Descolonização na Ásia
13.2 Descolonização na África
13.3 Estados que sucederam a URSS
13.4 União Europeia em 1993 e 2007

Prefácio

Este livro surgiu a partir de uma série de conversas que nós dois – um é especialista nos impérios coloniais britânico e francês na África, a outra é historiadora dos impérios russo e soviético – tivemos com nossos alunos de pós-graduação ao oferecermos o curso "Impérios e imaginação política", que ministramos juntos na Universidade de Michigan e, tempos depois, na Universidade de Nova York (NYU), com colegas cujas especialidades abrangem regiões do mundo que nós mesmos não conhecíamos bem, com participantes de diversas conferências e seminários ao longo dos últimos dez anos na América do Norte, Eurásia, África e Oceania, além de alunos de graduação da NYU durante a disciplina sobre impérios que oferecemos aos estudantes do primeiro ano. Este livro reflete essa gênese.

Nosso objetivo ao lecionar e escrever foi expor de forma clara a estudantes de todos os níveis e aos leitores interessados em história uma narrativa complexa, desafiando ao mesmo tempo as representações acadêmicas do passado. Queremos expandir as perspectivas sobre a história política internacional sem nos basearmos nos indicadores e simplificações de costume (que consideramos enganosos): uma transição do império para o Estado-nação, uma distinção entre os Estados modernos e pré-modernos, um foco na Europa e no Ocidente como únicos agentes poderosos e capazes de gerar mudanças, seja para o bem ou para o mal. O formato deste livro, ao mesmo tempo uma narrativa e um ensaio interpretativo, deriva de seus objetivos múltiplos. Há muitos debates entre historiadores e teóricos políticos que servem de pano de fundo (a maioria deles ainda está se desdobrando), e nós nos aprofundamos nessas polêmicas em outros contextos. Aqui, pintamos um panorama geral sem debatermos cada uma das pinceladas. Não citamos os muitos trabalhos que foram cruciais para o nosso estudo; em vez disso, oferecemos guias para aprofundar as leituras em cada capítulo.

Tratamos de alguns impérios, mas não de todos. O foco está principalmente na Eurásia, do Pacífico ao Atlântico, dando atenção aos seus domínios em além-mar nas Américas e na África e em suas incursões a outras partes do mundo. Poderíamos ter abordado ainda outros, o que seria uma escolha totalmente justificável, mas nosso foco na Eurásia oferece uma grande amostra dos tipos imperiais e uma história de interações densas e de longo prazo. Esperamos que as questões levantadas também possam ser úteis para a análise de outros impérios e outras arenas. Este é um livro sobre política que atenta para a economia política, mas não uma história econômica do mundo – um assunto que já foi muito bem abordado por outros pesquisadores. Tampouco se trata de um livro sobre o imperialismo como forma singular de dominação. Em vez disso, exploramos as diversas maneiras como diferentes impérios funcionaram e analisamos o alcance e os limites de seus esforços ao longo do tempo e em uma variedade de contextos.

Um pouco sobre a terminologia: em um livro que cobre mais de dois mil anos de história, precisamos nos referir a territórios que hoje integram países que nos são familiares, mas cujas delimitações políticas mudaram muitas vezes ao longo do tempo. Em algumas passagens, descrevemos um evento histórico ocorrido "no território hoje conhecido como Espanha", ou "no espaço que hoje chamamos de Europa", mas isso pode acabar se tornando cansativo. Procuramos deixar claras as relações em constante mudança entre os territórios e as autoridades políticas, mas em muitos casos utilizamos os nomes atuais das regiões por mera praticidade. Também é uma simplificação se referir a Estados de qualquer natureza como agentes e tomadores de decisões, em frases como "A França decidiu...", mas em algumas passagens lançamos mão desse recurso para evitar longas discussões sobre quem na França agiu de tal maneira e quem pensava de outro modo, exceto quando tais distinções são relevantes para o nosso argumento. Para nos referirmos à maior parte dos nomes e locais, empregamos equivalências contemporâneas e simplificadas de nosso idioma.

Os atalhos mais significativos são aqueles intrínsecos ao projeto. Cada pequeno conjunto de parágrafos deste livro cobre um campo de pesquisa que alunos de pós-graduação estudariam por dois anos antes de esboçarem um projeto de tese. Nossa formação e prática de pesquisa ao longo de várias décadas abrange uma pequena fração das áreas e períodos que analisamos aqui. Como não temos diversas vidas para trabalhar neste livro, adotamos quatro estratégias. A primeira foi consultar trabalhos de sínteses abrangentes escritos por especialistas de cada área, livros que reúnem a história de um império ao longo de muitos anos ou discutem um assunto amplo, bem como os compêndios de história publicados por Cambridge e Oxford, entre outros. A segunda foi incorporar *insights* e descobertas de publicações recentes sobre impérios específicos e seus contextos. A terceira foi participar de conferências sobre impérios e o colonialismo, onde especialistas debateram suas pesquisas mais recentes.

Uma lista parcial dos anfitriões desses eventos incluem o Conselho de Pesquisa de Ciências Sociais, a Escola de Pesquisa Americana, Universidade Duke, Universidade Harvard, UCLA, Universidade do Texas, Universidade de Wisconsin-Milwaukee, Instituto Nacional Holandês de Documentação de Guerra, Centre d'Études et de Recherche Internationales, École des Hautes Études en Sciences Sociales, Universidade Humboldt, Instituto Histórico Alemão de Moscou, Universidade Centro-Europeia, Instituto Open Society, Academia Russa de Ciências e Universidade Bogazici, bem como a Universidade Columbia e a Universidade de Nova York (em muitas ocasiões). Apresentamos partes de nosso trabalho e recebemos comentários de grande valor na Universidade de Ottawa, Universidade de Sydney, Universidade Griffiths de Brisbane, Universidade da Tasmânia, Universidade de Otago e da École Normale Supérieure de Paris.

A quarta estratégia – e mais importante de todas – foi confiar em nossos colegas. As reflexões de Fred Cooper sobre questões coloniais devem muito a uma parceria prévia com Ann Stoler; a perspectiva imperial de Jane Burbank em relação à Rússia deve muito aos projetos em conjunto com David Ransel, Mark von Hagen e Anatolyi Remnev. Começamos nosso trabalho conjunto acerca deste tema na Universidade de Michigan, onde uma comunidade acadêmica excepcionalmente dinâmica nos ajudou a levá-lo em frente. Nosso interesse em expandir nosso estudo para que englobasse períodos anteriores e novos espaços, como o Império Otomano, deslanchou quando Fatma Müge Göçek nos enviou a Istambul. O Instituto Internacional de Michigan e seu diretor, David Cohen, patrocinaram o primeiro seminário sobre história dos impérios que oferecemos entre 1999 e 2000. Com orgulho, constatamos que muitos dos alunos ali reunidos elaboraram mais tarde trabalhos de destaque sobre o tema, e hoje são professores em universidades de várias partes do mundo.

A experiência de lecionar a respeito dos impérios para uma grande turma de graduação após nos mudarmos para a NYU serviu de inspiração para que começássemos a escrever um livro sobre o assunto. Mostramos alguns rascunhos aos nossos novos colegas, que nos informaram das tendências recentes em suas áreas, evitando assim que cometêssemos erros constrangedores ao nos indicarem caminhos produtivos. Gostaríamos de agradecer especialmente a Zvi Bem-Dor Benite, Lauren Benton, Joy Connolly, Nicole Eustace, Karen Kupperman, David Ludden, Leslie Peirce, Joanna Waley-Cohen e Larry Wolff. Os estudantes do seminário de pós-graduação sobre impérios da NYU contribuíram com diversos *insights* e com leituras atentas de nossos rascunhos. Alunos de graduação forneceram retornos úteis e provocativos, e nossos auxiliares de ensino nos ajudaram a testar o que de fato funcionava. Karen Weber buscou avidamente por referências, citações e imagens.

Ao longo de muitos anos, colegas de diversas universidades ofereceram visões astutas de partes ou da íntegra do manuscrito. Agradecemos pelos comentários de todos os nossos voluntários, mas sobretudo pelo auxílio heroico daqueles que encararam as maiores pilhas de papel: Jeremy Adelman, Matthew Connelly, Pieter Judson, Beatrice Manz, Mark Mazower, Leslie Peirce, David Ringrose, Kathy Ringrose, Alessandro Stanziani e Willard Sunderland. Enquanto reduzíamos o manuscrito para que alguém fosse capaz de erguê-lo sozinho do chão, Brigitta van Rheinberg se mostrou uma editora incentivadora e firme na hora de exigir disciplina. Dimitri Karetnikov e Clara Platter nos guiaram pelos caminhos sinuosos que devem ser percorridos para que um livro seja ilustrado de forma adequada. Shane Kelly criou mapas da maior parte do mundo durante os últimos dois mil anos com habilidade e paciência.

Durante um momento crucial de nosso processo de escrita, desfrutamos de um mês de reflexão e discussão no Centro Bellagio da Fundação Rockefeller, no lago de Como, que outrora fora a morada de romanos. Nas últimas semanas deste projeto que vivenciamos por dez anos, pudemos gozar da hospitalidade do novíssimo Instituto de Estudos Avançados de Nantes, em uma região da França que já lutou contra e a favor de impérios, e conheceu durante séculos os benefícios e a destruição trazidos por projetos imperiais. Agradecemos, portanto, a todos os que tornaram este livro possível.

Nantes, junho de 2009

IMPÉRIOS

UMA NOVA VISÃO DA HISTÓRIA UNIVERSAL

1
Trajetórias imperiais

Vivemos em um mundo com quase duzentos Estados. Cada um ostenta símbolos de soberania – sua bandeira, seu assento nas Nações Unidas – e cada um alega representar um povo. Esses Estados, pequenos ou grandes, são em princípio membros igualitários de uma comunidade global unida sob o jugo de uma lei internacional. Ainda assim, esse mundo dos Estados-nações que nos parece tão natural mal completou sessenta anos.

Ao longo da história, a maioria das pessoas viveu em unidades políticas que não fingiam representar um único povo. A criação de uma equivalência entre Estado e nação é um fenômeno recente, não de todo concretizado, e tampouco universalmente desejado. Nos anos 1990, o mundo testemunhou lideranças políticas na Iugoslávia que buscaram transformar o Estado em uma expressão de "sua" nacionalidade (país criado após a Primeira Guerra Mundial em um território arrancado dos impérios Otomano e Habsburgo); o mesmo em Ruanda, uma antiga colônia belga. Essas tentativas de criar nações homogêneas levaram ao massacre de centenas de milhares de habitantes que até então viviam lado a lado. No Oriente Médio, sunitas, xiitas, curdos, palestinos, judeus e muitos outros têm lutado pela autoridade estatal e pelas fronteiras de seus Estados desde o fim do Império Otomano, há mais de oitenta anos. Mesmo durante o século XX, quando a população clamou e lutou pelo desmanche dos impérios, despontaram em diversas partes do mundo conflitos pela delimitação territorial das nações e para definir quem pertence a cada uma delas.

Nos anos 1960, França, Grã-Bretanha e outras antigas potências coloniais – cujos impérios chegaram um dia a abarcar quase um terço da população mundial – se tornaram mais nacionais após perderem seus domínios ultramarinos. Depois, cederam algumas de suas prerrogativas à Comunidade Econômica Europeia e, mais tarde, à União Europeia. O fim da União Soviética e de seu império comunista provocou outras mudanças de soberania. Alguns dos novos Estados se declararam multinacionais – caso da Federação Russa –, enquanto outros, como o Uzbequistão e o Turcomenistão, empenharam-se na criação de nações homogêneas a partir de seus muitos povos. Na Europa Central, líderes de diversos Estados pós-soviéticos, como a República Tcheca, a Hungria e a Polônia, escolheram outro caminho e se juntaram à União Europeia, à qual cederam parte de sua autoridade reconstituída em troca das vantagens que entendiam ganhar por pertencer a uma unidade política maior.

Conflitos e ambiguidades de soberania, que ocorreram no mundo todo, sugerem que as trajetórias históricas são mais complexas do que um simples movimento contínuo rumo ao Estado-nação. Ao manterem de forma consciente a diversidade de povos que conquistavam, os impérios desempenharam um papel duradouro e crucial na história. Durante boa parte dos últimos dois milênios, os impérios e suas rivalidades em regiões do mundo todo geraram contextos nos quais as pessoas criaram conexões enquanto comunidades étnicas ou religiosas, e por meio de redes de migrantes, colonos, escravos e agentes comerciais. Apesar dos esforços bélicos e diplomáticos para colocar a unidade nacional no centro do imaginário político, as práticas, políticas e culturas imperiais moldaram o mundo em que vivemos.

Este livro não segue a narrativa convencional que afirma que o império resulta inevitavelmente no Estado-nação. Em vez disso, o foco está no modo como os diferentes impérios surgiram, competiram entre si e construíram estratégias de governo, ideias políticas e afiliações humanas durante um longo período de tempo: desde a Roma e a China antigas até os nossos tempos. Serão analisados os repertórios de poder imperial, as diferentes estratégias escolhidas pelos impérios ao incorporarem povos distintos a uma única entidade política, ao passo que mantinham ou criavam distinções entre eles.

É claro que os impérios não foram um exemplo de acolhimento espontâneo da diversidade. A violência e a coerção diária eram fundamentais para suas construções e atuações. No entanto, para transformar suas conquistas em lucros, as iniciativas exitosas precisaram administrar suas populações dessemelhantes, e, durante esse processo, elas produziram diversas maneiras de explorar e governar. Os impérios mobilizaram e controlaram seus recursos humanos de variadas formas: por meio da inclusão ou da exclusão, de recompensas ou de exploração, de compartilhamento ou concentração de poder. Os impérios viabilizaram (e tentaram controlar) conexões e contatos. Em algumas circunstâncias, as pessoas consideraram vantajosa a própria incorporação por um Estado grande e poderoso. De forma mais geral, o império era a realidade política com a qual elas conviviam, trabalhando em projetos que mantiveram as economias imperiais, participando de redes mantidas por contatos imperiais e buscando poder, realização ou a simples sobrevivência em cenários configurados em torno de um governo imperial e suas rivalidades. Em algumas situações, as pessoas encontraram formas de sabotar, destruir ou escapar do controle imperial. Em outras, buscaram construir seus próprios impérios ou libertar a sua região de governantes imperiais. Os impérios continuaram a provocar conflitos, polêmicas, inovações e aspirações políticos durante boa parte do século xx. Mesmo hoje, o formato do império – ainda que não com esse nome – é evocado como uma possibilidade política.

O império enquanto forma de Estado teve uma longevidade espantosa. O Império Otomano existiu durante seiscentos anos. Por mais de dois mil anos, uma sucessão de dinastias chinesas reivindicou o cetro de seus antecessores imperiais. O Império Romano exerceu seu poder por seiscentos anos na área ocidental do Mediterrâneo, e sua contraparte oriental, o Império Bizantino, durou um milênio. Roma continuou a ser evocada como referência de ordem e esplendor no século xx e até hoje. Durante séculos, a Rússia manteve modos imperiais de governo sobre diferentes populações. Em comparação, o Estado-nação não passa de um pontinho no horizonte histórico, um formato que surgiu recentemente sob o céu imperial e cuja permanência no imaginário político global pode muito bem se revelar parcial ou transitória.

A persistência do império desafia a noção de que o Estado-nação seria natural, necessário e inevitável. Em vez disso, ela sugere que sejam exploradas as muitas maneiras como, para o bem ou para o mal, os povos pensaram a política e organizaram seus Estados ao longo do tempo. Investigar a história dos impérios não significa exaltá-los ou condená-los. Entender suas possibilidades da forma como se apresentavam às pessoas em sua própria época serve para revelar as necessidades e ações que transformaram o passado, criaram o presente e, quem sabe, moldarão o futuro.

REPERTÓRIOS IMPERIAIS

Este livro não examina todos os impérios de todas as épocas e partes do mundo. Ele foca em um conjunto de impérios que tiveram histórias singulares, influentes e, em muitos casos, interligadas. Os impérios não foram todos parecidos: eles criaram, adotaram e transmitiram diversos repertórios de governo. Os capítulos descrevem o leque de estratégias de governo que foram plausíveis e exequíveis em situações históricas específicas, os conflitos surgidos em diferentes estruturas de poder e as relações litigiosas entre impérios que emergiram em momentos específicos e, com o tempo, acabaram por guiar a história mundial.

Um repertório imperial não era uma lâmpada mágica da qual as coisas saíam ao acaso, nem uma fórmula genérica de governo. Ao se depararem com os desafios cotidianos, os impérios improvisaram com base em hábitos próprios. O que os seus líderes eram capazes de imaginar ou executar era influenciado pelas práticas do passado e delimitado pelo contexto – tanto por interesses conflitantes de outros impérios como pela população que ocupava as regiões almejadas pelos construtores imperiais. Os habitantes de territórios em disputa podiam resistir, se esquivar ou até mesmo explorar em benefício próprio a usurpação por parte de um regime mais poderoso. Reconhecer que os repertórios imperiais eram flexíveis, limitados pela geografia e pela história e abertos à inovação nos permite evitar as falsas dicotomias "mudança *versus* continuidade" e "casualidade *versus* determinismo" e, assim, analisar as ações e condições que fizeram com que cada império incorporasse ou suprimisse determinados elementos em suas estratégias.

O argumento aqui não é que todo Estado de vulto tenha sido um império, mas sim que, ao longo da maior parte da história, os impérios, e a interação entre eles, moldaram o contexto no qual os povos avaliavam suas possibilidades políticas, buscavam satisfazer suas ambições e projetavam suas sociedades. Estados grandes e pequenos, rebeldes e leais, povos que não se importavam muito com política... todos precisaram levar em conta os impérios, as disputas entre eles e seus modos de governar. No último capítulo, será discutido se essa estrutura imperial deixou ou não de existir.

Primeiramente serão tratadas Roma e China no século III a.C., não porque tenham sido os primeiros impérios – entre seus grandes antecessores estão os egípcios, assírios, persas, as imensas conquistas de Alexandre, o Grande, e dinastias ainda mais antigas da China –, mas porque esses impérios serviram durante muito tempo como referência para outros construtores imperiais. Roma e China adquiriram um tamanho geográfico imenso, um sistema integrado de comércio e produção em economias de escala mundial (do mundo que eles mesmos criaram), elaboraram instituições que mantiveram o poder de seus Estados por séculos, desenvolveram estruturas culturais persuasivas para explicar e promover seu sucesso e garantiram por longos períodos de tempo certa aquiescência ao seu poder imperial. Suas principais estratégias – uma classe de servidores oficiais leais e instruídos da qual a China dependia, a concessão de poderes, ao menos em teoria, aos cidadãos romanos – tiveram efeitos profundos e duradouros no modo como as pessoas imaginam seus Estados e seu papel dentro deles.

Na sequência, serão analisados impérios que tentaram ocupar o espaço romano: a persistente Bizâncio, os dinâmicos mas secionáveis califados islâmicos e os carolíngios, que tiveram uma existência breve. Esses rivais construíram seus impérios sobre uma base religiosa, e suas histórias demonstram as possibilidades e os limites do monoteísmo militante enquanto ramo do poder estatal. A propensão a matar ou converter os infiéis e a disseminar a fé verdadeira mobilizou tanto guerreiros cristãos como islâmicos, mas também provocou cisões em impérios nos quais o trono religioso pesava mais e o poder era entendido como concessão divina.

No século XIII, sob o mando de Genghis Khan e seus sucessores, os mongóis construíram o império de maior vastidão territorial de todos os tempos tendo como base um princípio radicalmente distinto: uma abordagem pragmática ante as diferenças culturais e religiosas. Os Khan mongóis contavam com as vantagens tecnológicas de uma sociedade nômade, com destaque para seu exército robusto, de grande mobilidade e autossuficiência, mas era sua concepção ampla de uma sociedade imperial que lhes permitia empregar agilmente as habilidades e recursos dos locais que conquistaram. O repertório mongol de governo combinava violência intimidante, proteção das diferentes culturas e religiões e uma política de lealdade pessoal.

Os mongóis são fundamentais para o nosso estudo por dois motivos. Primeiro, porque seus modos de governo influenciaram a política de um continente imenso: na China e nos impérios russo, mongol e otomano, que surgiriam mais tarde. Segundo porque, em uma época em que nenhum Estado na extremidade ocidental da Eurásia (atual Europa) tinha os meios para exigir lealdade ou recursos em grande escala, os mongóis protegeram as rotas de comércio entre o mar Negro e o Pacífico e viabilizaram a transmissão transcontinental de conhecimento, bens de consumo e diplomacia. Demais impérios (na região do atual Irã, no sul da Índia ou da África e em outros locais) não são descritos aqui de forma detalhada, embora também tenham promovido conexões e mudanças muito antes de os europeus figurarem no rol de grandes potências.

A riqueza e a vitalidade comercial da Ásia atraíram pessoas da região que hoje chamamos de Europa em busca do que, para elas, era um novo patamar de comércio, transporte e possibilidades. Os impérios de Espanha, Portugal, França, Países Baixos e Grã-Bretanha não figuram aqui em mais uma narrativa corriqueira de "expansão da Europa". Nos séculos XV e XVI, a Europa era inimaginável enquanto entidade política, e de qualquer modo as regiões geográficas não são atores políticos. Portanto, o foco está no modo como as relações entre os impérios da época foram reconfiguradas, em um processo dinâmico cujas consequências só se tornariam evidentes futuramente.

As expansões marítimas "europeias" advinham de três condições: os bens de alto valor produzidos e comercializados na esfera imperial chinesa; o obstáculo imposto pelo domínio do leste do Mediterrâneo e das rotas terrestres do leste pelo Império Otomano; a incompetência dos governantes da porção ocidental da Eurásia para reconstruir uma unidade à romana em um território disputado por monarcas e dinastias rivais, senhores com séquitos poderosos e cidades que defendiam seus direitos. Foi essa configuração global de poder e de recursos que levou os navegadores europeus à Ásia e, mais tarde, graças à descoberta acidental de Colombo, às Américas.

Essas novas conexões por fim reconfiguraram a economia global e a política mundial. Mas passaram muito longe de gerar um mundo unipolar dominado pelos europeus. O poderio marítimo português e holandês dependia da restrição das atividades comerciais de seus concorrentes por meio do uso da força, que também garantia que os produtores e autoridades locais do Sudeste da Ásia (de onde sua riqueza provinha na forma de tecidos e especiarias) participassem do novo comércio de longa distância. Os enclaves comerciais fortificados se tornaram um elemento-chave no repertório do poder europeu. Após a "descoberta" de Colombo, seus patrocinadores da realeza tinham as condições necessárias para construir um império "espanhol". Assim, consolidaram seu poder em dois continentes e forneceram a prata – obtida por meio do trabalho forçado de indígenas na América – que turbinou o comércio na Europa Ocidental, no Sudeste da Ásia e no Império Chinês, rico e comercialmente dinâmico.

Nas Américas, colonos europeus, escravos trazidos da África e seus mestres imperiais produziram novas formas de política imperial. Impedir as populações sujeitadas – indígenas ou outros – de empreenderem por conta própria ou de se associarem a impérios rivais não era tarefa simples. Os governantes imperiais precisavam convencer elites distantes a cooperar e fazer com que as pessoas – em casa, em além-mar e no caminho entre os dois – entendessem sua posição em um regime desigual mas incorporador. Tais esforços nem sempre resultavam em assimilação, conformismo ou mesmo aceitação resignada: tensões e conflitos violentos entre governantes imperiais, colonos, comunidades indígenas e migrantes forçados aparecem em diversos momentos de nosso estudo.

O império, na Europa ou em outros lugares, não era somente uma questão de exploração econômica. Já no século XVI, alguns missionários e juristas europeus faziam distinções entre as formas legítimas e ilegítimas de poder imperial, condenando as agressões europeias contra as sociedades indígenas e questionando o direito de se explorar a terra e o trabalho dos povos conquistados.

Foi apenas no século XIX que alguns Estados europeus, fortalecidos por suas conquistas imperiais, adquiriram uma vantagem tecnológica e material clara em relação aos países vizinhos e outras regiões do mundo. Esse impulso "ocidental" de dominação imperial jamais foi completo ou estável. A resistência à escravidão, aos excessos e à brutalidade dos colonos e governantes levantou uma questão pública: as colônias eram locais onde os seres humanos podiam ser explorados livremente ou eram parte de um regime agregador, ainda que desigual? Além disso, os impérios da China, da Rússia, o Otomano e o Habsburgo não eram poderes do passado, como se costuma dizer. Eles tomavam providências para combater desafios culturais e econômicos e desempenhavam papéis centrais nos conflitos e conexões que movimentavam a política internacional. Os capítulos abordam as trajetórias desses impérios com suas tradições e tensões, bem como a concorrência entre eles.

Também são examinadas as diferenças marcantes na forma como a expansão imperial por terra – não apenas por mar – gerou distintas configurações políticas e sociais. Nos séculos XVIII e XIX, os Estados Unidos e a Rússia se expandiram por continentes. O repertório do governo russo, uma herança mista de seus antecessores e de rivais imperiais, baseava-se no princípio de sujeitar cada vez mais pessoas ao mando do imperador – e, é claro, à exploração por parte dele –, mas manter as distinções entre os grupos absorvidos. Os revolucionários norte-americanos evocaram outras políticas imperiais e empregaram os ideais de soberania popular para se opor à dominação britânica e construir um "Império da Liberdade", nas palavras de Thomas Jefferson. Os Estados Unidos, que se expandiram conquistando povos indígenas e adquirindo partes de outros impérios, criaram um molde para transformar seus novos territórios em províncias, excluindo escravos e indígenas de seu regime e conseguindo se manter unidos após uma dura guerra civil provocada pela estratégia de governar territórios distintos de modo distinto. No final do século XIX, o jovem império expandiu seu poder para além-mar; ainda assim, não se desenvolveu uma percepção generalizada de que os Estados Unidos fossem um governo de colônias.

Grã-Bretanha, França, Alemanha e outros países europeus eram menos reticentes quanto à dominação colonialista, que aplicaram com vigor em suas novas aquisições na África e na Ásia no fim do século XIX. No entanto, essas potências descobririam no início do século XX que governar de fato suas colônias na África e na Ásia era mais difícil do que conquistá-las militarmente. A própria justificativa de que estariam levando a "civilização" e o "progresso" econômico a regiões supostamente atrasadas serviu de brecha para que impérios rivais, elites indígenas e sua própria estrutura interna questionassem quais formas de colonialismo eram política e moralmente defensáveis, se é que havia alguma.

Nos séculos XIX e XX, assim como no XVI, os impérios existiam em contraste uns com os outros. Combinaram diferentes organizações de poder – colônias, protetorados, domínios, territórios forçados a integrar uma cultura dominante, regiões nacionais semiautônomas –, valendo-se de recursos humanos e materiais fora do alcance de qualquer regime estritamente nacional e buscando controlar tanto terras e povos fronteiriços como regiões distantes.

No século XX, a rivalidade entre os impérios, acentuada pela entrada do Japão no jogo imperial e pela saída temporária da China, envolveu os poderes imperiais e seus domínios ao redor do mundo em duas guerras mundiais. As consequências devastadoras desses conflitos entre impérios, bem como as noções voláteis de soberania promovidas entre os impérios e dentro de cada um deles, montaram o palco para a dissolução dos impérios coloniais entre as décadas de 1940 e 1960. Mas o desmembramento desse tipo de estrutura levantou uma questão: de que forma potências como os Estados Unidos, a União Soviética e a China adaptariam seus repertórios de poder às novas condições?

O que provocou essas grandes transformações na política global? Costumava-se argumentar que os impérios deram lugar aos Estados-nações depois que novas ideias relativas a direitos, nações e soberania popular surgiram no Ocidente. Mas essa proposição é bastante problemática. Em primeiro lugar, os impérios ainda duraram um bom tempo após o século XVIII, quando as noções de soberania popular e direitos inatos capturaram a imaginação política em algumas partes do mundo. Além disso, caso se presuma que a origem desses conceitos foram "nacionais", acaba-se por ignorar uma dinâmica crucial da mudança política. Na América do Norte britânica, no Caribe francês, na América do Sul espanhola e em outros lugares, as disputas por voz política, direitos e cidadania ocorreram *dentro* dos impérios antes de se tornarem revoluções *contra* eles. O resultado dessas contendas não foram consistentemente nacionais. As relações entre nação, democracia e império ainda eram motivo de debate em meados do século XX.

Outros estudos sobre a história mundial atribuem grandes transformações ao "surgimento do Estado" no "início do período moderno", dois termos atrelados à concepção de um caminho unívoco em direção a um modelo normal e universal de soberania – o tipo "ocidental". Acadêmicos estabeleceram diferentes datas para o nascimento desse sistema "moderno" de Estado: 1648 e a Paz de Vestfália, o século XVIII com suas inovações para a teoria política ocidental, as revoluções francesa e norte-americana. Mas se for ampliada a abrangência de espaço e tempo analisada e o foco estiver nos impérios, será possível constatar que os Estados institucionalizaram o poder por mais de dois milênios em diferentes partes do mundo. Uma narrativa do desenvolvimento do Estado e das "respostas" de outros povos a ele não faria jus às dinâmicas de longo prazo do poder estatal tanto na Europa como no resto do mundo.

Como foi dito, os Estados se tornaram mais poderosos na Inglaterra e na França entre o final do século XVII e o século XVIII. Isso ocorreu mais como uma consequência do império, e não o contrário. Enquanto poderes que buscavam controlar vastas regiões, os impérios canalizaram recursos produzidos em grande escala para instituições estatais que concentravam lucros e poderio militar. As guerras entre impérios nos séculos XVIII, XIX e XX prepararam o palco para os movimentos revolucionários que desafiaram os Estados-impérios europeus.

Em outras palavras, o presente estudo sobre o império rompe com a suposta excepcionalidade dos conceitos de nação, modernidade e Europa para explicar o curso da história. Este livro é um ensaio interpretativo baseado na análise de configurações imperiais selecionadas. Ele sugere como o poder imperial – e as disputas por ele e dentro dele – moldou ao longo de milhares de anos as sociedades e os Estados, atiçou a ambição e o imaginário e suscitou e interditou possibilidades políticas.

O IMPÉRIO ENQUANTO TIPO DE ESTADO

Sendo assim, o que é um império, e como é possível distingui-lo de outras entidades políticas? Os impérios são grandes unidades políticas, expansionistas ou com uma memória de poder estendida sobre o espaço; regimes que mantêm distinções e hierarquias ao incorporarem outros povos. Em contraste, o Estado-nação se baseia na ideia de um único povo em um único território que se constitui enquanto comunidade política também única. O Estado-nação proclama a igualdade de sua população – mesmo que as coisas sejam mais complicadas na realidade –, enquanto o Estado-império declara a não equivalência de suas muitas populações. Os dois tipos de Estado são incorporadores – insistem que o povo seja governado por suas instituições –, mas o Estado-nação tende a homogeneizar aqueles que vivem dentro de suas fronteiras e excluir os que não vivem, enquanto os impérios se voltam para fora e incorporam, geralmente de modo coercitivo, povos cuja diferença é explicitada por seu governo. O conceito de império presume que diversos povos dentro de um mesmo regime serão governados de formas diferentes.

O objetivo proposto aqui ao serem estabelecidas essas distinções não é marcar nada com rótulos bem definidos, mas sim observar a gama de possibilidades, as tensões políticas e os conflitos entre elas. Com frequência, as pessoas tentaram transformar os regimes em que viviam para reivindicar autonomia em relação a um imperador autoritário em nome de um povo ou para ampliar o poder de um povo sobre outro e, assim, criar um império.

Mesmo após se tornarem unidades de poder significativas, as "nações" ainda precisavam compartilhar o espaço com impérios e enfrentar os desafios que eles impunham. Será que os Estados que contavam com os recursos humanos e materiais de apenas um povo e um território conseguiriam sobreviver em meio a potências com alcance mais amplo? Mesmo hoje, habitantes de ilhas do Pacífico (Nova Caledônia, em relação à França), do Caribe (Porto Rico, em relação aos Estados Unidos) e de outras partes do mundo pesam as vantagens e desvantagens caso se desvinculassem de unidades mais amplas. Enquanto a diversidade e a ambição política existirem, a construção imperial permanecerá tentadora, e como os impérios perpetuam as diferenças de cada povo ao incorporá-los, sempre existirá a possibilidade de que eles se desintegrem. Por esses motivos, o império é um conceito útil para pensarmos a história mundial.

Em certas ocasiões, os criadores de novos Estados construíram seus próprios impérios de forma consciente, como os revolucionários norte-americanos contrários à Grã-Bretanha no século XVIII. Em outras, Estados recém-independentes trilharam caminhos nacionais – como na descolonização da África ao final do século XX – e logo descobriram sua vulnerabilidade diante de regimes mais amplos. Em alguns casos, os próprios impérios tentaram criar nações – principalmente no território de outros impérios, como fizeram os líderes britânicos, franceses, russos e austro-húngaros em terras otomanas durante o século XIX. Não há e nunca houve um caminho único que levasse do império à nação, ou que percorresse o sentido contrário. Essas duas formas de organizar o poder estatal apresentam desafios e oportunidades para aqueles com ambições políticas, e tanto os impérios como os Estados-nações podem ser transformados em algo mais parecido um com o outro.

Que outras formas políticas podemos diferenciar do império? Grupos de pequena escala e mais ou menos homogêneos em termos culturais se organizavam ao redor da divisão de tarefas por gênero, idade, status ou parentesco e, por isso, foram muitas vezes considerados a antítese do império. Alguns acadêmicos evitam o termo "tribo" por julgá-lo condescendente, mas outros o utilizam para descrever um grupo social que pode ser flexível, interativo e politicamente criativo. Nesse sentido, uma tribo poderia se desenvolver quando seus membros estendessem seu poder sobre outras pessoas, escolhessem um nome e, em alguns casos, uma missão. Nas estepes da Eurásia, as tribos se uniam em imensas confederações que por vezes constituíam impérios.

Os impérios mongóis do século XIII surgiram a partir de políticas de formação e confederação tribal.

O fato de que tribos, povos e nações criaram impérios sugere uma dinâmica política fundamental que ajuda a explicar por que os impérios não podem ser restringidos a um local ou era específicos, mas surgiram e ressurgiram durante milhares de anos e em todos os continentes. Em um contexto de amplo acesso a recursos e de tecnologia simples, pequenas vantagens como o tamanho da família, melhor acesso à irrigação ou a rotas comerciais, sorte ou líderes ambiciosos e competentes podem levar à dominação de um grupo por outro e desencadear a criação de dinastias e realezas tribais. A única forma que um pretendente a rei ou líder tribal tem para se tornar mais poderoso é a expansão: apropriar-se de animais, dinheiro, escravos, terras ou outras formas de riqueza de fora do seu reino, e não das pessoas que vivem nele, e de cujo apoio esse líder depende. Quando tem início essa externalização de fontes de riqueza, os forasteiros podem começar a ver vantagens na submissão a um conquistador poderoso e eficiente. Com a coragem reforçada, os reis ou líderes tribais empregavam seus novos súditos na coleta regular – sem ataques ou pilhagens – de recursos, facilitando assim a incorporação de novos povos, territórios e rotas comerciais, sem impor uma uniformização cultural ou administrativa. Tribos e reinos forneciam materiais e incentivos para a construção de impérios.

Além de tribos e reinos – dois regimes distintos dos impérios, mas com grande potencial para se tornarem um –, podemos incluir nessa lista as cidades-Estados. A cidade-Estado da Grécia Antiga forneceu a algumas sociedades posteriores a ela um modelo e um vocabulário para a política: a cidade enquanto "polis", uma unidade de participação e inclusão políticas, bem como a ideia de virtude cívica, segundo a qual ser um membro implica direitos e deveres. Mas assim como a tribo, a cidade-Estado não era uma entidade uniforme, estática ou isolada. A democracia grega se aplicava apenas aos homens livres e excluía mulheres e escravos. As cidades-Estados tinham regiões interioranas, participavam de rotas comerciais efervescentes por terra e mar e travavam guerras contra outros regimes ou entre elas. Aquelas que prosperaram por serem pontos nodais ou controlarem conexões em redes comerciais, como os venezianos e os genoveses, podiam se tornar alvo de impérios, tentar coexistir com eles ou até mesmo se tornar um, como fez Roma.

A lógica política de enriquecimento por meio da expansão produziu em todo o mundo impérios que expressavam uma grande forma de poder. Os faraós do Egito, assírios, o guptas no sul da Ásia, os Han chineses, turcomanos e outros povos da Ásia Central, os persas, malineses, e os songai na África ocidental, os zulus no sul da África, os maias na América Central, os incas na América do Sul, os bizantinos e os carolíngios no sudeste e norte da Europa e os califados muçulmanos costumavam adotar estratégias flexíveis para sujeitar outros povos e construir impérios – regimes vastos e expansionistas que incorporavam e diferenciavam a um só tempo.

Hoje em dia, o Estado-nação é a alternativa aos impérios evocada com maior frequência. A ideologia do Estado-nação presume que um "povo" afirmou e consolidou seu direito de governar a si mesmo. Essa ideia, contudo, pode ser o produto de uma história diferente: de um Estado que, por meio de iniciativas culturais e institucionais, convenceu seus membros a pensarem em si mesmos como um povo único. Ainda que suas raízes possam ser consideradas "étnicas", "cívicas" ou uma combinação de ambas, um Estado-nação produz e se baseia em uma "natureza comum" e uma distinção forte – muitas vezes policiada com vigor – entre aqueles que fazem ou não parte da nação.

Embora as nações já fossem proeminentes no imaginário político de diversos locais desde o século XVIII, o Estado-nação não era a única alternativa ao império naquela época, nem em tempos recentes. Outra possibilidade era a federação: uma forma de soberania estratificada em que alguns poderes constituem unidades políticas à parte, enquanto outros se situam no centro, como ocorre na Suíça. A confederação leva essa ideia um passo adiante ao reconhecer a personalidade distinta de cada unidade federativa. Como será mostrado no capítulo 13 deste livro, nos anos 1950 ainda havia alguns líderes influentes de domínios franceses na África ocidental que julgavam preferível uma confederação francesa de participação igualitária ao desmanche do império e à criação de Estados-nações independentes. Canadá, Nova Zelândia, Austrália e, mais tarde, a África do Sul se tornaram nações de governo próprio durante os séculos XIX e XX, mas permaneceram associadas a Commonwealth Britânica. No século XXI, diferentes formas de confederação ainda atraem atenção política na Europa, África, Eurásia e em outros lugares, destacando as vantagens de se distribuir funções governamentais e aspectos da soberania em diferentes níveis de organização política.

Tribos, reinos, cidades-Estados, federações e confederações, assim como os Estados-nações, não têm como argumentar de forma razoável que são unidades "naturais" de afinidade ou ação política. Eles se ergueram e ruíram, algumas vezes transformando-se em impérios, em outras sendo absorvidos por impérios, desaparecendo e surgindo enquanto os impérios lutavam uns contra os outros. Nenhum tipo de Estado possui uma relação fixa com a democracia como princípio de governo. Da República Romana do século III a.C. à França do XXI, é possível encontrar impérios sem imperadores, governados de diferentes maneiras e chamados por vários nomes. Ditadores, monarcas, presidentes, parlamentos e comitês centrais já comandaram impérios. A tirania foi – e continua a ser – uma possibilidade nos regimes nacionalmente homogêneos, assim como nos impérios.

O aspecto significativo dos impérios ao longo da história foi sua habilidade para definir o contexto em que ocorrem as transformações políticas. Os fascínios da sujeição e do enriquecimento os mantiveram em constante movimento, tensão ou conflito uns com os outros e com Estados de outros tipos. Lembranças de impérios do passado, rejeição e medo em relação a eles e o desejo de criar novos regimes complexos inspiraram e dissuadiram líderes e seguidores – os ambiciosos, os indiferentes e aqueles que não tinham escolha.

TEMAS

Se o império – enquanto forma de Estado – persistiu ao longo do tempo, o império – enquanto forma de governo – não foi uniforme. Este livro foca nas diferentes maneiras como os impérios transformaram suas conquistas em práticas de governo e no modo como trabalharam a incorporação de pessoas em seu regime mantendo as distinções entre elas. As trajetórias dos impérios apresentadas neste livro levam em conta cinco temas:

Diferenças dentro dos impérios

Aqui o foco está no modo como os impérios empregaram a política da diferença. Foi utilizado esse termo de modo mais neutro e amplo do que os multiculturalistas da atualidade o fazem, ao clamarem pelo reconhecimento de comunidades distintas e seus valores. A concessão de direitos com base na autenticidade cultural é apenas uma das maneiras de fazer da diferença um aspecto da política. Em alguns impérios, a política da diferença podia se expressar por meio do reconhecimento de seus vários povos e de seus costumes diversos como um fato corriqueiro; em outros, ela implicava uma separação rígida entre os membros, que eram iguais entre si, e os forasteiros "bárbaros".

Estudos recentes sobre os impérios coloniais dos séculos XIX e XX enfatizaram que os construtores imperiais – exploradores, missionários e cientistas, bem como líderes políticos e militares – empenhavam-se na criação de distinções entre "nós" e "eles", entre "eu" e o "outro", ou seja, entre colonizadores e colonizados. A partir dessa perspectiva, a manutenção ou criação de diferenças – o que inclui as de raça – não se deram de forma natural: elas exigiam trabalho. Estados coloniais, sobretudo nos séculos XIX e XX, dispenderam grandes esforços para segregar o espaço, conceder às pessoas de origem metropolitana um lar fora da terra natal, impedir que os agentes coloniais "se tornassem nativos" e regulamentar as relações sexuais entre populações distintas.

Se buscarmos pontos de referência fora desses dois séculos e dos moldes coloniais europeus, veremos que a diferença social adquire um novo significado – tanto para os súditos como para os Estados. As distinções nem sempre implicam uma divisão binária entre colonizador e colonizado, branco e negro. Um império podia ser uma colagem de povos que praticavam suas religiões e ministravam justiça à sua maneira, mas sujeitados à soberania imperial. Em muitos impérios, a lealdade – e não a semelhança – era o objetivo maior, e reconhecer as diferenças – sobretudo dos líderes locais capazes de administrar "seu" povo – podia ajudar na manutenção da ordem, na coleta de impostos ou tributos e no recrutamento militar. Os impérios podiam lucrar com as habilidades e os contatos desenvolvidos por comunidades distintas. Em vez de uma obsessão, a diferença podia ser vista como um fato e uma oportunidade.

Os extremos desse espectro entre a homogeneização e o reconhecimento da diferença nunca foram efetuados de forma plena ou duradoura, mas nos permitem refletir a respeito das consequências de cada uma das estratégias e das combinações entre ambas. Dois exemplos breves podem esclarecer o assunto.

Ao longo de sua existência, o Império Romano tendeu a uma homogeneização com base em uma cultura reconhecível desenvolvida durante a expansão de Roma, que buscou inspiração no prestígio dos feitos gregos e em práticas das regiões mediterrâneas que conquistou para produzir estilos romanos reconhecíveis para o traçado urbano, as artes e a literatura. As instituições do Império Romano – cidadania, direitos legais, participação política – revelaram-se atraentes para as elites espalhadas pelo imenso império. A noção de uma civilização imperial única e superior, que *a priori* estava aberta a todos os que fossem capazes de aprender seus modos, era intrínseca ao modo de governo romano. A incorporação por meio da semelhança excluía os bárbaros, escravos e outros.

A prática inicial romana de incorporar deuses de outros povos ao seu panteão imperial acabou sendo comprometida mais tarde pela difusão do cristianismo monoteísta, sobretudo quando se tornou uma religião oficial de Estado no século IV. O modelo romano, mais restritivo e homogeneizador, durou por muito tempo após a queda do império. Roma imaginada enquanto civilização cristã, cuja luz podia rutilar em todo o mundo, serviu mais tarde de referência para os impérios bizantino, carolíngio, espanhol e português, entre outros. Os impérios islâmicos que tentaram tomar o lugar de Roma também lutaram para criar uma comunidade religiosa unificada e baseada na devoção a um único Deus.

As estratégias imperiais mongóis contrastam fortemente com essa forma homogeneizadora. Desde muito cedo, os impérios da estepe do interior da Ásia não foram construídos em torno de uma capital fixa ou de uma concepção nuclear de ordem religiosa ou cultural. Em vez disso, eles se baseavam em uma figura superior, o grande khan. Os líderes dos imensos impérios mongóis do século XIII beberam de fontes chinesas e eurasiáticas para elaborar sua forma de governo. Os impérios mongóis abrigavam o budismo, o confucionismo, o cristianismo, o taoismo e o islã, e seus governantes empregavam administradores muçulmanos na Eurásia e fomentavam a arte e a ciência produzidas pelas civilizações árabes, persas e chinesas. O império ao estilo mongol, onde a diversidade era tratada como algo normal e útil, moldou os repertórios de poder da Eurásia e de suas regiões fronteiriças.

Em certo grau, todos os impérios dependiam tanto da incorporação quanto da diferenciação. Os impérios podiam misturar, equiparar e transformar seus modos de governo. A centralização e a homogeneidade ao estilo romano – missões para civilizar e explorar os povos – foram tentadoras para alguns modernizadores russos e otomanos do século XIX, quando os impérios da Europa Ocidental pareciam estar deixando os do leste para trás. Mas o mais comum era que as transformações – almejadas ou inconscientemente adotadas – fossem parciais, podendo ocorrer em qualquer uma das duas direções. Na Rússia, os reformadores descobriram que as tentativas de impor uniformidade contrariavam os interesses outorgados e concorrentes dos intermediários locais integrados à estrutura imperial. E os oficiais britânicos do século XIX, que dificilmente admitiriam estar empregando técnicas mongóis, agiam por vezes como um império de outro tipo: concentravam seu poder de fogo, aterrorizavam populações e então seguiam em frente, deixando atrás de si uma administração enxuta que se aliava aos líderes locais, extraía lucro e era cautelosa – e mesquinha – na hora de difundir a educação e a cultura britânicas.

Intermediários imperiais

Os governantes imperiais enviavam agentes – administradores, generais, coletores de impostos – para tomar conta dos territórios que incorporavam. Seria possível enviar um número suficiente desses representantes, e a um custo baixo o suficiente, para governar cada vilarejo ou distrito em um reino muito disperso? Apenas em raras ocasiões. Na maior parte do tempo, os soberanos imperiais precisavam das habilidades, do conhecimento e da sabedoria de pessoas da própria sociedade conquistada – elites que pudessem tirar benefício dessa cooperação, ou pessoas que antes eram marginalizadas e por isso viam vantagens em servir ao poder vitorioso. Outro tipo de intermediário eram as pessoas do território central do império. Aquilo que os romanos chamavam de "colônias" e os ingleses do século XVII de "plantations" deslocava pessoas do núcleo do império para as novas terras. Esperava-se que esses grupos transplantados, que dependiam de sua ligação com a terra natal, agissem em prol dos interesses imperiais.

Nas estratégias de cooptação de elites nativas e envio de colonos, as conexões sociais dos próprios intermediários eram a base que garantia sua cooperação. Outra tática usada era justamente o contrário: colocar escravos ou outras pessoas apartadas de suas comunidades de origem – cujo bem-estar e sobrevivência dependiam apenas de seus mestres imperiais – para ocupar cargos de autoridade. Essa estratégia foi usada com eficácia pelos otomanos, cujos mais altos comandantes e administradores eram retirados de suas famílias ainda na infância e integrados à casa do sultão. Nesse caso, a dependência e a diferença estavam interligadas: os garotos que acabavam se tornando agentes do sultão costumavam ser cristãos.

Independentemente de suas origens, os agentes imperiais deviam ter disciplina e incentivos. Alguns impérios criaram – de forma não intencional – possibilidades subversivas para seus intermediários, que podiam se esquivar dos propósitos imperiais por meio de outras redes ou juras de lealdade, aliar-se a outros impérios ou se rebelar, como fizeram alguns colonos das Américas durante os séculos XVIII e XIX. Por preservarem as distinções, os impérios fortaleciam possibilidades centrífugas: intermediários descontentes podiam encontrar apoio institucional ou cultural para as suas ações. Não raro, o que os impérios bem-sucedidos criavam não era exatamente uma lealdade consistente e nem uma resistência constante, mas uma acomodação contingente.

Para se pensar os intermediários é preciso enfatizar um tipo de relação política cuja importância é muitas vezes subestimada ou ignorada nos dias de hoje: as conexões verticais entre governantes, seus agentes e súditos. Costuma-se pensar as nações em termos horizontais, como se todos os cidadãos fossem equivalentes. Ou então descrever as sociedades como estratificadas: nobres, elites, cidadãos, massas, subalternos, trabalhadores, camponeses, colonizadores, colonizados. O estudo dos impérios transcende as categorias de indivíduos iguais ou grupos estratificados e chama a atenção para as pessoas em relações de disputa constante com os que estão acima e abaixo delas, que transformam – e só às vezes rompem – as linhas de poder e autoridade.

Intersecções imperiais: imitação, conflito, transformação

Os impérios não operavam sozinhos. As relações *entre* os impérios eram determinantes para suas políticas e para as possibilidades de seus súditos. Por vezes, as elites de Roma e da China acreditavam não ter rivais. Enfrentavam dificuldades em suas fronteiras, mas, em sua visão, estas não eram provocadas por poderes semelhantes ao seu, e sim por grupos incivilizados e inferiores. Porém alguns desses forasteiros – por exemplo, os godos do oeste da Eurásia e os nômades xiongnu no leste – incrementaram as próprias capacidades ao pilhar, barganhar e servir aos seus poderosos vizinhos sedentários. Os limites imperiais, terrestres ou marítimos, ofereciam oportunidades aos rivais. Intersecções entre povos nômades e sedentários davam forma aos impérios, pois cada um deles se inspirava nas habilidades tecnológicas e administrativas do outro. A distância de um centro imperial podia permitir que impérios incipientes deslanchassem. Na Arábia, atravessada por rotas comerciais, mas distante do controle imperial, os líderes muçulmanos tiveram no século VII uma chance para consolidar seu séquito e expandir seu território, sobretudo em direção à região que havia pertencido aos romanos.

A intersecção de impérios gerou concorrência, imitação e inovação, e também levou à guerra e à paz. A fragmentação de impérios tinha consequências duradouras sobre o futuro. Por séculos após a queda de Roma, governantes perseguiram sua ambição de construir um império em escala romana; a lista de aspirantes inclui Carlos Magno, Carlos v, Suleiman, o Magnífico, Napoleão e Hitler. Na Europa, nenhum pretendente a imperador venceu a disputa para substituir Roma. O empecilho mais poderoso para a criação de uma nova potência unipolar eram os outros impérios: os impérios russo e britânico foram fundamentais para derrotar, com quase um século de intervalo, os planos de Napoleão e Hitler.

A rivalidade entre um pequeno número de impérios, cada um deles com recursos superiores aos de qualquer nação, guiou a história do século xx ao iniciar as duas guerras mundiais que acentuaram e transformaram, mais uma vez, a concorrência entre as grandes potências. As conquistas imperiais do Japão no Sudeste da Ásia fissuraram os impérios coloniais europeus e permitiram que antigos intermediários imperiais negociassem ou guerreassem em favor de seus próprios Estados. Mas a concorrência imperial ressurgiu durante as guerras frias, quentes e econômicas que continuam ocorrendo até hoje. De Roma e China até o presente, as intersecções entre os impérios e seus esforços para exercer poder a distância sobre diferentes povos e outros Estados tiveram consequências transformadoras para a política, o conhecimento e a vida de todos.

Imaginários imperiais

Em qualquer época ou lugar, os líderes imperiais só eram capazes de imaginar um determinado número de maneiras de administrar um Estado. Para muitos soberanos ou aspirantes a soberanos, o contexto e a experiência imperiais serviram como aprendizado. Em alguns impérios, as ideias religiosas constituíram a base moral do poder, mas também provocaram questionamentos. Tanto os bizantinos como os califados islâmicos foram desafiados por grupos cujos princípios derivavam de valores religiosos em comum. Os católicos serviram como fonte de legitimidade, mas também de irritação para o Império Espanhol: as denúncias de Bartolomeu de las Casas sobre a violência de espanhóis contra os indígenas americanos no século xvi conclamaram os cristãos a defenderem os princípios que apregoavam. O que os impérios europeus do século xix chamavam de "missões civilizatórias" existia em tensão com teorias raciais. Um missionário e um proprietário de uma mina não necessariamente viam o império nos mesmos termos.

O imaginário político é, portanto, uma questão central para este estudo. Dedicar atenção ao contexto imperial ajuda a entender os tipos de relações e instituições sociais concebíveis ou plausíveis em situações específicas. Por exemplo, quando uma revolução ampliou o acesso à linguagem do "cidadão" e da "nação" na França de 1789, o evento causou tanto um debate em Paris como uma revolução no Caribe; discutia-se se tais conceitos valiam para as ilhas onde reinavam o escravismo e a opressão. A experiência imperial podia inspirar a criatividade política, como no caso em que pessoas criadas no Império Russo desenvolveram o primeiro Estado comunista do mundo na forma de uma federação de repúblicas nacionais. A variedade e a dinâmica das ideias políticas do passado – quando os impérios ampliaram e restringiram o imaginário político – evitam que se pense as estruturas políticas de hoje como algo muito definitivo, o que impediria a concepção uma gama mais ampla de alternativas.

Repertórios de poder

Os imperadores ocupavam o topo da pirâmide de autoridade, e por vezes tentavam aproveitar – em vez de suprimir – as reivindicações de seus súditos por um território ou grupo de pessoas. Era possível que, dentro de um mesmo império, algumas partes fossem governadas diretamente pelo centro, enquanto as elites conservavam em outras uma soberania parcial. Imperadores e outros governantes imperiais e seus subordinados podiam tentar modificar esse arranjo. O fato de que os impérios podiam redefinir sua alocação de poderes e privilégios fazia deles um tipo ambíguo de Estado, capaz de se adaptar a novas circunstâncias. A flexibilidade política podia garantir aos impérios uma vida longa.

Por isso é preciso enfatizar os repertórios de poder imperial, e não tipologias. O império foi uma forma política variável, assumindo diversas conjugações entre a incorporação e as diferenças. A durabilidade dos impérios dependia em grande parte da sua capacidade de combinar e mudar as estratégias, desde a consolidação territorial até a implementação de enclaves, da supervisão branda de seus intermediários ao controle rígido e impositivo, da afirmação clara da autoridade imperial à recusa de se reconhecer como um império. Reinos unitários, cidades-Estados, tribos e

Estados-nações não conseguiam reagir de modo tão flexível a um mundo em transformação.

A capacidade pragmática e interativa de acomodação dos impérios pode conduzir a uma postura cética diante de argumentos que presumam uma redefinição fundamental da soberania, situada em geral no século XVII, quando os europeus teriam criado um novo sistema de Estado que poderia ser nacional e separado. Independentemente do que escreveram os teóricos políticos – e do que as elites e os imperadores prefeririam acreditar –, o poder político naquela época e em tempos posteriores, e para muito além dos limites europeus, continuou a ser distribuído de forma complexa e em constante mutação. Naqueles tempos, e ainda hoje, o mundo não era composto de "Estados bola de bilhar", de soberania impenetrável, que se chocavam uns contra os outros.

Em vez disso, a história dos impérios nos permite vislumbrar uma soberania compartilhada, sedimentada e com sobreposições. Catarina, a Grande, da Rússia, era oficialmente e a um só tempo imperatriz, autocrata, czarina, grã-princesa, comandante e "proprietária" de seus muitos povos e terras. Em algumas das regiões que conquistou, Napoleão não destronou os reis e príncipes; em outras, governou de forma mais direta com seus famosos *préfets*. Corporações privadas exerceram, com o aval das potências europeias, funções de Estado desde o final do século XVI (a holandesa Companhia das Índias Orientais e as companhias britânicas Levante e da Índia Oriental) até o final do século XIX (a Companhia Imperial Britânica da África Oriental). Nos séculos XIX e XX, Grã-Bretanha, França e outras potências declararam "protetorados" sobre algumas áreas – Marrocos, Tunísia, partes da costa da África oriental e regiões do Vietnã – proclamando a ficção de que os governantes locais haviam cedido voluntariamente parte de seus poderes ao império protetor e que manteriam sua soberania.

O tipo de regime de soberania e as estruturas particulares de poder foram capazes de influenciar o modo como os Estados se desligaram dos impérios coloniais. Marrocos e Tunísia terem deixado o Império Francês de forma menos violenta que a Argélia guarda relação com o fato de que aqueles foram protetorados, enquanto esta última integrava a República francesa. A possibilidade e, em alguns casos, a realidade concreta de soberanias estratificadas perdurou por muito tempo nos impérios europeus. Em outras regiões de transformação imperial, como a Federação Russa de 1991, uma soberania hierarquizada e manipulável continua presente nos dias de hoje.

AS DINÂMICAS DO IMPÉRIO

Embora a rotulação dos impérios em categorias cronológicas – "moderno", "pré-moderno" ou "antigo" – seja tautológica e nada reveladora, os impérios mudaram ao longo do tempo e do espaço. Suas capacidades e estratégias se alteraram conforme a concorrência entre eles renovou as ideias e a tecnologia, e os conflitos desafiaram ou aprimoraram seu poderio.

Algumas mudanças cruciais nesses repertórios corroboram os argumentos deste livro. A aliança entre império e monoteísmo – na Roma do século IV e na Arábia do século VII – foi uma transformação de imensa importância que estabeleceu uma ideia restritiva de legitimidade: um império, um imperador, um deus. Tanto o cristianismo como o islã foram moldados por sua origem imperial. O cristianismo emergiu dentro de um império poderoso e em tensão com ele, o que impôs aos primeiros líderes cristãos limites quanto aos tipos de poder que podiam reivindicar. Em algumas circunstâncias posteriores, os clérigos reforçaram a unidade imperial; em outras, papas contestaram o poder de reis. O islã se desenvolveu em um espaço deixado pelos impérios. Seus líderes tinham liberdade suficiente para desenvolver uma comunidade religiosa e, assim, construir uma forma de poder islâmica peculiar. Em ambos os casos, a alegação de que falavam em nome de um deus foi repetidamente contestada, o que gerou cismas dentro dos impérios e *jihads,* além de cruzadas entre eles. A disputa por um império universal apoiado por uma comunidade religiosa persistiu na região que abrigara Roma por mais de um milênio e de formas transmutadas, que voltaram a prosperar no mundo expandido do século XXI.

Pelas terras da Eurásia, a transformação política foi determinada pela capacidade dos nômades de criar impérios ou estabelecer acordos com eles. Os nômades elevaram a eficiência militar em tempos ancestrais ao utilizarem guerreiros armados e montados a cavalo como arma principal. Suas intervenções políticas mais dramáticas e influentes vieram pelas mãos dos mongóis no século XIII. Por meio de suas conquistas, eles transmitiram práticas administrativas que incluíam o pluralismo religioso, as organizações militares e tecnologias de comunicação. A diplomacia mongol foi amalgamada pela tradição imperial chinesa, e os príncipes russos aprenderam o caminho até o poder ao se tornarem clientes dos khans mongóis.

O Império Otomano surge no centro da narrativa deste livro como um império que conseguiu fundir as tradições turcomanas, bizantinas, árabes, mongóis e persas em um poder duradouro, flexível e em constante transformação. Os otomanos derrotaram o longevo Império Bizantino em 1453, consolidaram o controle de uma intersecção vital das rotas de comércio que uniam a Europa, o oceano Índico e o território da Eurásia, e incorporaram terras e povos desde as proximidades de Viena até a porção oriental da Anatólia, bem como boa parte da península Arábica e do Norte da África. Isso conferiu ao Império Otomano uma escala próxima à do Romano e uma posição que obrigou os soberanos de países europeus a patrocinarem viagens contornando a África para obter acesso às riquezas da Ásia. Desses conflitos e desafios entre os impérios surgiram novas conexões marítimas.

Embora tenha sido um acidente imperial, a "descoberta" das Américas teve um impacto transformador. O Novo e o Velho Mundo, bem como os próprios oceanos, tornaram-se espaços onde a competição imperial de longo prazo continuou. A imposição do império europeu em além-mar desestabilizou de muitas formas o mundo dos impérios. Durante muito tempo, a China e os otomanos também foram fortes demais para que as potências europeias pudessem ousar algo além de beliscar suas extremidades. Mesmo séculos após a chegada dos europeus à costa asiática, as sociedades do continente preservaram sua integridade cultural: os soberanos fizeram acordos vantajosos com os recém-chegados, e as elites comerciais prosperaram e inovaram. Mas as rixas internas acabaram gerando fissuras que foram exploradas pelos forasteiros.

A sujeição dos impérios do Novo Mundo – com destaque para os incas e astecas – aconteceu mais rápido e de forma mais plena. Em um primeiro momento, a colonização das Américas provocou um declínio demográfico. Mais tarde, houve uma imensa realocação de pessoas, e os assentamentos europeus e a migração forçada de africanos escravizados para determinadas partes do continente geraram novos tipos de sociedade.

Conforme os impérios deram continuidade à sua invasão destrutiva nas Américas e à rivalidade entre si, o vulto e as consequências dessas conexões intercontinentais aumentaram. A mineração de prata por indígenas americanos sob jugo espanhol nos atuais Peru e México e, mais tarde, a produção de açúcar por africanos escravizados em diversos impérios no Caribe começaram a transformar a economia global. Os produtos agrícolas – milho, batata, tomate, arroz – viajavam pelos oceanos. Os impérios tentaram manter essas atividades sob controle, mas seu êxito foi parcial e temporário.

O mais decisivo dos avanços econômicos ocorreria na Grã-Bretanha por volta de 1800. Embora as reformas internas tenham sido muito importantes para as revoluções agrícola e industrial britânicas, os recursos imperiais – sobretudo o açúcar de baixo custo – e os empreendimentos imperiais – instituições financeiras, estaleiros, exércitos e marinhas – também foram fatores essenciais. Havia muito tempo, o comércio era apenas em parte uma questão de mercado; ele dependia do poder imperial e da proteção de rotas comerciais estratégicas contra outros impérios, piratas e flibusteiros.

Por volta de 1800, as vantagens econômicas da Grã-Bretanha eram tais que o império pôde sobreviver à perda de parte de suas terras – não as mais valiosas –, aprofundar suas relações com a Índia, mantendo suas colônias na região, combater as ambições napoleônicas de domínio europeu e perseguir seus interesses em outros locais em nome do "livre-comércio", utilizando ou ameaçando utilizar seu poderio naval para defender seus interesses. A Grã-Bretanha assumiu a dianteira durante um período curto para os padrões imperiais, no qual os impérios europeus pareciam dominar o mundo. Seu repertório imperial estava mudando, mas o mesmo acontecia com as demais potências. Enquanto alguns rivais europeus começavam a equiparar suas economias industriais à da Grã-Bretanha, a concorrência entre eles por recursos levou a uma corrida antecipada por aquisições coloniais e deu início a uma nova fase de guerra e violência.

Mas o esparramar-se dos impérios pelo mundo também transformou o espaço no qual as ideias políticas se propagavam e outras novas eram desenvolvidas. Desde as críticas do século XVI aos abusos contra indígenas por parte dos espanhóis, os impérios geraram debates sobre a legitimidade política e o poder soberano. Ao final do século XVIII, a relação entre indivíduo, nação e império foi escrutinada. O movimento antiescravista na Grã-Bretanha atacou aquela que havia sido a faceta mais lucrativa dos impérios, afirmando que os escravos africanos deviam ser tratados como súditos do império, e não como objetos passíveis de exploração.

A Revolução Francesa questionou se os direitos nacionais se aplicavam às colônias, talvez chegando ao ponto de exigir que os escravos fossem libertados e se tornassem cidadãos franceses. Por princípio, mas também por pragmatismo, representantes franceses defenderam os dois lados da questão na década de 1790. O status de "súdito" foi debatido de tempos em tempos no império até 1946, quando uma nova constituição determinou que todos os súditos teriam as "características" de um cidadão francês, mudança que exacerbou – ao invés de aliviar – as incertezas: afinal, a França era uma sociedade de iguais ou não?

O fato de que tais debates permaneceram em aberto durante tanto tempo aponta para reflexões sobre as representações convencionais dos processos que produziram o mundo "moderno". É impreciso o argumento de que os impérios da Europa Ocidental teriam cessado repentinamente de agir como impérios, começado a pensar como Estados-nações, angariado colônias para abastecer essa nação com glórias e lucros e, por fim, enfrentado sua postura incoerente de defender a própria autodeterminação nacional enquanto recusava-se a reconhecer a dos outros. Assim como as nações autogovernáveis se tornaram parte do pensamento político europeu, não houve uma "época" imperial que deu lugar a um novo regime de soberania nacionalizada ou à aceitação generalizada do Estado-nação no século XIX.

A linguagem de uma comunidade de base nacional, com uma história, uma língua ou costumes compartilhados foi evocada algumas vezes como argumento para a criação de novos impérios – o germânico, por exemplo –, mas não era fácil implementar essas ideias nos locais onde as populações viviam misturadas e onde impérios preexistentes controlavam os principais recursos. Os otomanos, a Áustria-Hungria e a Rússia, com seus impérios multiétnicos e plurirreligiosos, se esforçaram muito para fazer com que as comunidades nacionais funcionassem por conta própria enquanto competiam umas com as outras e com outros impérios. Ao ser combinado de forma explosiva com a rivalidade imperial, o nacionalismo provocou uma série de conflitos sangrentos: a guerra da Crimeia na década de 1850, as sucessivas guerras nos Bálcãs, a Rebelião dos Boxers na China e conflagrações ainda mais brutais no século XX, quando alemães e japoneses partiram em busca de seus próprios tipos de império.

Levada à escala global, a política volátil de rivalidade entre os impérios fez com que se questionasse se aqueles "coloniais" dos séculos XIX e XX seriam um novo tipo de regime de governo, diferente dos impérios do passado. Alguns europeus argumentaram que seus impérios eram de uma estirpe superior; outros, como Lênin, viam-nos como um produto singular do capitalismo. Alguns acadêmicos contemporâneos argumentam que a possibilidade de soberania popular no âmbito doméstico – e as ideias do Iluminismo de modo geral – levou pensadores políticos e governantes europeus a traçar uma linha mais clara do que nunca entre aqueles que pertenciam ao regime e os forasteiros, considerados desqualificados para integrarem seus próprios governos. Mas, conforme foi mostrado anteriormente, os europeus ainda precisavam encontrar intermediários para fazer boa parte do trabalho administrativo dos impérios, e também fornecer à opinião pública doméstica uma visão aceitável do Estado no qual viviam. As novas tecnologias de guerra e comunicação não necessariamente chegavam até os vilarejos e as comunas. A justificativa de levar progresso e emancipação à África e Ásia gerou críticas tanto internamente como no exterior: por que os impérios coloniais faziam tão pouco para cumprir suas missões, mas continuavam a se apropriar de terras e empregar trabalhos forçados e uma boa dose de violência?

Independentemente do que havia de novo ou de antigo no colonialismo europeu do século XIX, de uma perspectiva história ele durou pouco: basta comparar os meros setenta anos de domínio colonial na África com os seiscentos anos de duração do Império Otomano. Longe de consolidar uma ordem mundial baseada na distinção entre nações europeias e dependências não europeias, o imperialismo assertivo do final do século XIX e do século XX levantou questões sobre a legitimidade e a viabilidade do colonialismo e produziu mais conflitos entre os novos e velhos impérios.

Durante a Segunda Guerra Mundial, a longa disputa entre rivais pelo controle do destino europeu foi transposta para a escala global, o que provocou outra guinada no mundo dos impérios. A conquista das até então colônias europeias pelo Japão no Sudeste da Ásia foi especialmente devastadora, tanto para os vencedores como para os derrotados. A Alemanha, derrotada como império, floresceu como Estado-nação. O mesmo ocorreu com o Japão. França, Grã-Bretanha e outros poderes coloniais tentaram reavivar seus impérios com novos arranjos políticos e econômicos, apenas para se confrontarem na metade do século com revoltas e custos insustentáveis. O preço de incluir povos africanos e asiáticos em impérios que supostamente forneceriam serviços aos seus cidadãos se mostrou muito alto. Após terem se despojado da maioria de suas colônias, os Estados europeus deram diversos passos rumo a uma confederação entre eles, iniciando complexas negociações de soberania que continuam até os dias de hoje.

A reconfiguração pós-guerra colocou em primeiro plano duas potências com histórias de expansão imperial: a União Soviética e os Estados Unidos. A primeira combinou a estratégia de reconhecimento das diversas "nacionalidades" com um Estado unipartidário, tendo como objetivo lançar uma teia comunista sobre diversos grupos nacionais e estimular a contestação ao império capitalista em outras partes do mundo. Os Estados Unidos, com dedicação protestante, dedicaram-se à difusão de sua ideia de democracia de um modo que remontava a Roma, praticando o imperialismo do livre-comércio, combinando poder de mercado e força militar. Os norte-americanos esperavam que o mundo falasse sua língua, desejasse o seu sistema político e amasse sua cultura, e, justo quando pareciam perto de triunfar, viram-se em apuros, sobretudo nas regiões onde os romanos, bizantinos e otomanos haviam governado um dia. Enquanto isso, a China, com fronteiras semelhantes àquelas conquistadas pelos imperadores Qing, manteve intacto seu forte sistema de funcionalismo, controlou sua elite com rédeas curtas, lutou contra populações inquietas de tibetanos e muçulmanos, enviou – sem proselitismos – seus empreendedores, especialistas e trabalhadores para o exterior e controlou recursos vitais em todo o mundo. China, Rússia e Estados Unidos não se consideram impérios, mas só se tornaram o que são hoje por meio de trajetórias imperiais.

O foco nos impérios, em seus repertórios de governo e em suas trajetórias entrecruzadas propicia uma revisão das cronologias e categorias convencionais e ajuda a ver como, quando e onde a história do mundo tomou novas direções. Líderes ambiciosos, agentes comuns e os fracos precisaram se posicionar em relação aos poderes que comandavam os recursos supranacionais. As redes desenvolvidas pelos impérios arrastaram pessoas por oceanos na condição de escravas, atraíram colonos e itinerantes a novos tipos de relação, promoveram diásporas, ofereceram fontes intelectuais de direito internacional e criaram desafios ao poder.

Muitas questões que dizem respeito aos dias de hoje aguardam respostas. O império deixou de ser normal? Os Estados-nações, com seu possível uso de violência em prol de uma comunidade homogênea, são a única outra opção? Ou existem alternativas capazes de reconhecer tipos distintos de associação política, sem insistir em hierarquias ou uniformidade? Uma leitura atenta da história dos impérios descortina exemplos extremos de violência e arrogância, mas também apresenta reflexões a respeito da ideia de soberania e suas possíveis formas de aplicação. O passado não é um caminho unívoco rumo a um futuro predeterminado.

2
Governo imperial em Roma e na China

No século III a.C., dois impérios tomavam forma em extremidades da Eurásia. Roma e China se espalharam sobre espaços imensos, incorporaram populações longínquas, criaram maneiras eficientes para governá-las e fomentaram ideias de governo que sobrevivem até hoje. O império não foi inventado pelos romanos ou pelos chineses. Às margens do Nilo, os egípcios viveram em impérios desde o terceiro milênio a.C. Impérios surgiram e ruíram na Mesopotâmia, Índia, África e Ásia durante muitas centenas de anos. Ao mesmo tempo que os romanos sujeitavam sua pequena cidade a uma ordem republicana e Estados beligerantes combatiam entre si na China, Alexandre, o Grande, subjugava povos e reinos do leste do Mediterrâneo à Ásia Central e às Índias. Mas o império de Alexandre dependia da presença de seu exército e tombou ao lado dele após doze gloriosos anos, enquanto Roma e China conseguiram manter o controle sobre imensos territórios por séculos. O que tornou esses dois impérios tão duradouros e influentes para a história política mundial?

Parte da resposta é que Roma e China criaram soluções eficazes para um problema fundamental: como governar e explorar populações diversas. Algumas de suas estratégias eram semelhantes, enquanto outras definiam repertórios distintos de governo. Os construtores imperiais chineses e romanos tinham à sua frente diferentes riscos e possibilidades econômicos, trabalharam com seus próprios antecedentes políticos e transformaram os espaços que conquistaram ou reivindicaram para si cada um a sua maneira. Neste capítulo, serão enfatizadas suas instituições administrativas, estratégias de legitimação e relações com forasteiros.

O MUNDO CRIADO POR ROMA

Na época dos romanos, os historiadores olhavam para o próprio passado com grande curiosidade para entender o que havia tornado seu império tão poderoso e bem-sucedido. Para Políbio, um pensador grego que viveu em Roma após ter sido capturado como refém em 167 a.C., o problema era explicar "sob que tipo de constituição Roma impôs seu poder a praticamente todo o mundo em menos de 53 anos – sem dúvida, um evento sem precedentes" Os romanos reconheciam a importância da localização mediterrânea de Roma. A proximidade com o mar, a boa comunicação com a Grécia e o Norte da África, com seus portos e o interior, o clima temperado, o potencial agrícola, tudo isso fazia parte das vantagens geográficas de Roma. Mas outros povos haviam tentado, ou estavam tentando, conquistar aquele espaço. Por que havia sido Roma, e não qualquer outra cidade-Estado, a criar um regime que englobava o mar inteiro, unindo a maior parte da Europa e toda a costa norte da África às terras de impérios ancestrais no Oriente Médio?

Uma república construída sobre leis e guerras

Como foi o caso da maioria dos impérios, o ponto de partida foram as conquistas. Mas manter e expandir o controle não dependia apenas de violência, mas também de laços contínuos entre os recursos humanos e econômicos e o poder central. Organizações políticas criativas permitiram que Roma abastecesse um exército imenso e difuso, incentivasse outros povos a cooperar com o centro do império e propagasse uma cultura persuasiva alicerçada em proezas militares, na ordem apoiada pela lei, na autoridade de sanção divina e nas virtudes da vida cívica. As inovações políticas e culturais dos romanos – sua cidadania, suas leis, sua república durante algum tempo e, mais tarde, a memória dela – atraíram velhas e novas elites ao governo e ao exército. Roma absorveu em sua civilização os feitos culturais de impérios anteriores, acomodou religiões e leis locais enquanto ampliava a influência dos deuses romanos, e ofereceu um "modo de vida romano" bastante atraente: estradas, arquitetura, escrita e festivais romanos. Criaram instituições, práticas e um vocabulário imperiais que seriam evocados por construtores, críticos e apoiadores imperiais pelos dois mil anos seguintes.

O início aqui é pela guerra e pelas iniciativas políticas que fizeram de Roma um império. As lendas dos fundadores romanos – soldados-navegantes troianos conduzidos pelo semideus errante Eneias – e do primeiro rei romano, Rômulo – abandonado para morrer quando bebê e criado por uma loba –, exaltavam robustez, bravura, ousadia, fidelidade e combatividade como principais virtudes. Dizia-se que Rômulo havia matado o próprio irmão, e conflitos dentro da elite política seriam uma parte corriqueira do dia a dia romano.

Por volta de 500 a.C., os romanos substituíram seu rei por uma república em uma inovação política de imensas consequências. A maior parte do enorme território que conhecemos por Império Romano foi obtida entre os séculos II a.C. e I d.C. Durante a maior parte desse período, Roma foi governada por representantes eleitos do povo, em um lembrete que o império e o governo republicano não são incompatíveis. Em períodos de emergência manifesta, a república era guiada por ditadores, mas foi apenas em 27 a.C., quando Augusto adotou o título de imperador, que os líderes eleitos deram lugar a um governo vitalício de um único indivíduo.

Os romanos não ocuparam o espaço deixado por um império anterior, como Alexandre havia feito ao derrotar seus inimigos persas. Em vez disso, criaram seu espaço imperial conquistando e incorporando tribos, cidades e reinos na Itália e, mais tarde, se expandindo para longe de seu núcleo. Os séculos de conquistas incluíram vitórias difíceis, inspiraram lealdade e consolidaram valores militares no âmago das instituições e no espírito do império.

O primeiro território conquistado pelos romanos foi a área hoje conhecida por Itália. Com uma coluna de montanhas, planícies produtoras de grãos e cidades portuárias, aquele era um cenário de potencial riqueza. A península era habitada ao norte por gauleses oriundos do outro lado dos Alpes, por latinos – incluindo romanos, sabinos e samnitas – no centro e por colônias de gregos e cartagineses na "sola da bota" e nas ilhas de Sicília, Sardenha e Córsega.

No século IV a.C., os romanos lutaram contra os sofisticados etruscos e saqueadores gauleses. De acordo com o historiador Tito Lívio, após a vitória contra os primeiros – considerados pelos romanos mais cultos do que eles próprios –, planejavam deixar sua cidade e fazer de Veios, a antiga capital etrusca, sua nova casa. Mas em 387, quando os gauleses incendiaram a maior parte de Roma, o líder militar Marco Fúrio Camilo implorou aos romanos que permanecessem na cidade, onde estavam seus deuses, o que evitaria dar aos inimigos "bárbaros" a impressão de um recuo. A destruição da cidade foi convertida em um apelo de lealdade à terra-mãe.

Conforme conquistavam mais terras e povos, eles ajustavam suas instituições para atender às tarefas de governar a cidade que servia de capital do império e terras distantes. Um rei, que era a um só tempo líder político e militar, não seria capaz de estar em dois lugares ao mesmo tempo; por isso, os romanos empossaram em seu lugar dois cônsules, também conhecidos como magistrados-chefes, cada um eleito para exercer o cargo durante um ano. A fonte da autoridade dos magistrados era o voto de soldados-cidadãos romanos. Ao criar um corpo de cidadãos cujas decisões eram a fonte das leis, os romanos removeram a soberania das mãos reais ou celestiais e a entregaram a si próprios. Essa transição radical da monarquia para a república foi acompanhada de medidas destinadas a evitar um regresso ao poder de um único homem. Na república, a autoridade pessoal era limitada por uma barreira rigorosa de mandato para as magistraturas, pelo poder eleitoral das assembleias populares e pela autoridade do Senado – um conselho constituído por magistrados, em atividade ou aposentados, e outros homens que ocupavam cargos elevados. Essas instituições eram permeadas por um comprometimento com os procedimentos legais para definir e fazer cumprir as regras ou alterá-las, que fortalecia todo o sistema. O historiador Tito Lívio descreve Roma como "uma nação livre, governada por secretários de Estado eleitos anualmente, que não está sujeita aos caprichos de homens individuais, mas apenas à autoridade primordial da lei" (*História de Roma*).

De onde vinha essa lei? Na prática, no curso da República, ou por princípio, durante os períodos posteriores da história, a lei emanava do povo romano. Embora os magistrados, incluindo-se aí os cônsules, fossem legisladores devido à sua competência para emitir ordens vinculatórias e tomar decisões referentes a questões judiciais, para que a proposta de um desses magistrados se tornasse lei era preciso que ela fosse aprovada por assembleias de cidadãos. As assembleias também podiam julgar criminosos. O comprometimento dos romanos com os procedimentos e as autoridades legais era compatível com hierarquias de status, riqueza e patentes militares. Escravos e mulheres não eram considerados cidadãos e não participavam do poder romano. Apenas determinadas categorias de pessoas podiam votar ou se tornar magistrados ou cônsules. A Roma republicana não intercedia para reduzir o poder das famílias mais ricas, mas restringia e explorava a concorrência entre elas por meio de procedimentos institucionalizados. Os magistrados eram eleitos em assembleias de acordo com as unidades do exército, e os contribuintes mais ricos tinham peso eleitoral superior ao de outros grupos.

A república romana conseguiu aliar respeito às hierarquias, receptividade aos talentos e princípios de soberania popular. As diversas instituições da república possibilitaram que recém-chegados ambiciosos – muitas vezes heróis militares –, assim como homens distintos, prestativos ou em posse de riquezas consolidadas, moldassem o regime conforme seus interesses. O princípio geral de que a lei era feita pelo povo e por seus representantes eleitos acabou se revelando muito inspiradora, manipulável e, talvez justamente por isso, duradoura.

Instituições para o império

A palavra "imperial" tem sua própria história. Em Roma, *imperium* se referiu antes ao poder do rei para determinar execuções ou castigos físicos, recrutar cidadãos para o exército e comandar tropas em campanhas militares. Durante a república, esse poder foi transferido aos cônsules, o que ressaltava a conexão íntima entre questões civis e militares na governança romana. *Imperium* designava o poder de condenar pessoas à morte ou obrigá-las a lutar. Na república romana, obcecada por restrições ao poder individual, o *imperium* não era absoluto. Os direitos dos cônsules enquanto comandantes dos exércitos só existiam fora dos limites de Roma. Com o tempo, os cidadãos romanos – ou algumas categorias deles – adquiriram o direito de não serem condenados à morte ou a castigos físicos. Os romanos não só exerciam o poder como também pensavam a respeito de seu significado, analisavam os conceitos que ele implicava e justificavam e transformavam seu uso.

Construir um império tinha suas consequências. Em 241 a.C., quando os cônsules comandavam os exércitos romanos contra seus vizinhos, criou-se o cargo de *praetor* (pretor) a fim de expandir o controle militar e judicial sobre novas áreas e para lidar com questões legais com os povos conquistados. Mais tarde, conforme os romanos expandiam seu controle para muito além da Itália, eles enviavam pretores com as tropas para que tomassem conta das regiões rebeldes. No início da república, os cidadãos votavam nas reuniões de acordo com suas unidades do exército, ou centúria, e em assembleias baseadas em seu pertencimento a "tribos" romanas. Conforme o império cresceu, a assembleia de tribos (*comitia tributa*) se tornou um *locus* de poder popular mais proemi-

Mapa 2.1 – Expansão e contração de Roma

nente. Ela elegia oficiais chamados de tribunos da plebe, conduzia julgamentos e tinha o poder de intervir junto aos magistrados em casos que envolvessem "plebeus" – pessoas comuns. As mudanças graduais nas instituições de soberania popular permitiram que tanto as famílias antigas ("patrícios") como as novas que tiravam proveito da expansão da base econômica romana tivessem voz política e se fundissem em uma classe de "homens bons", ou *nobilitas*. A assembleia de tribos também forneceu a Roma uma instituição que podia ser utilizada para incorporar forasteiros que não faziam parte da república.

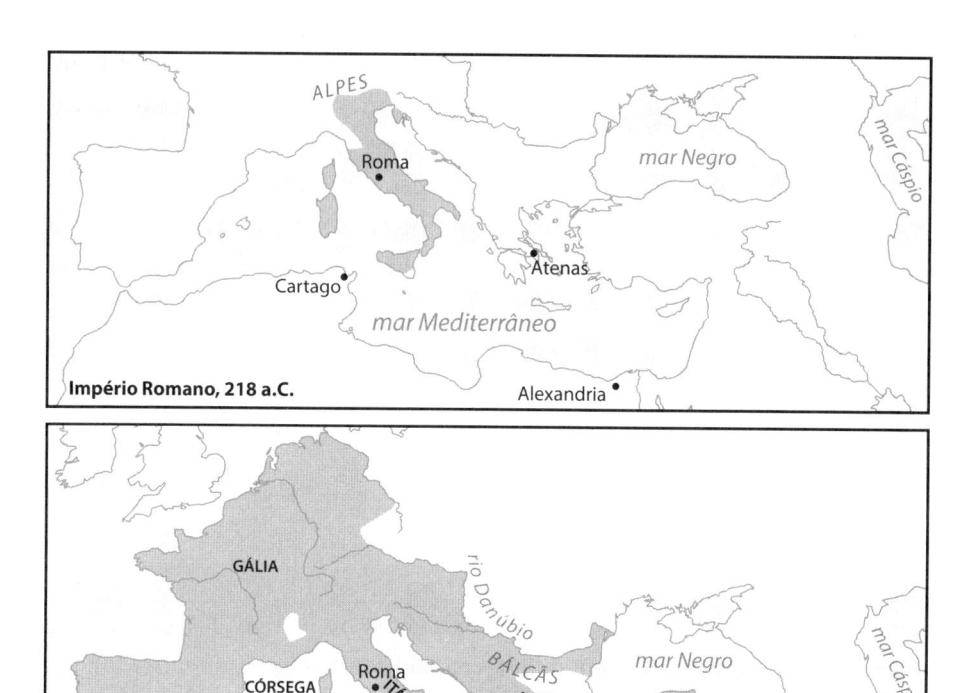

Império Romano, 117 d.C.

Império Romano, 450 d.C.

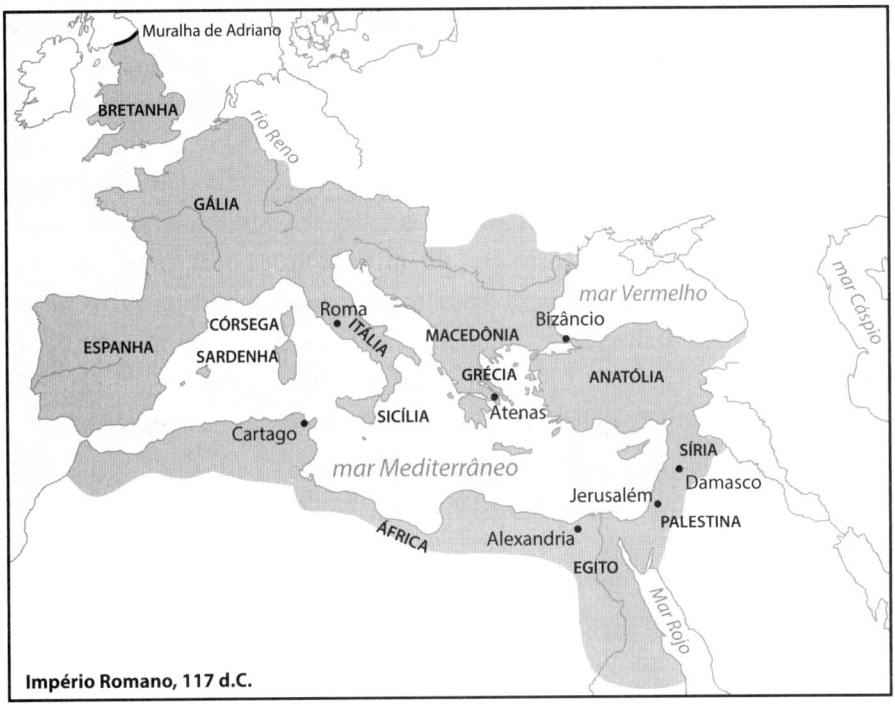

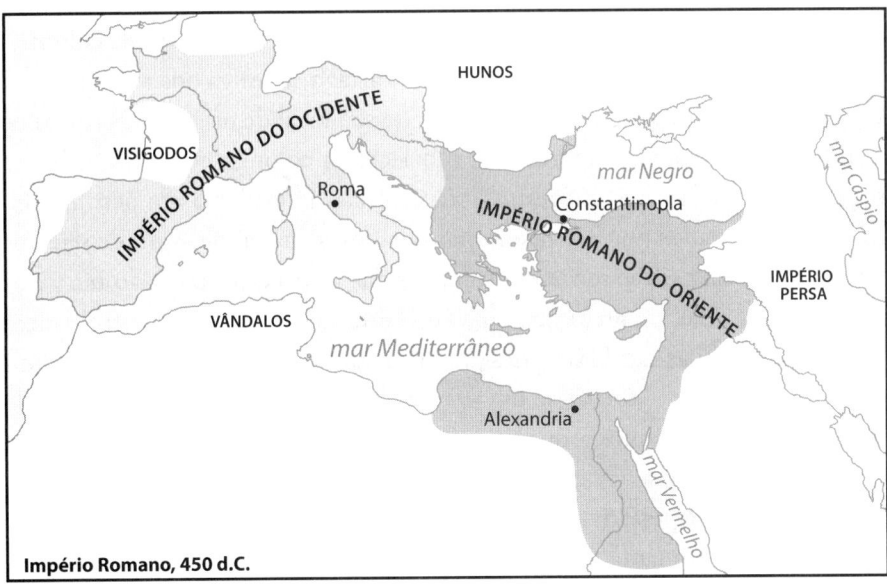

Inovações de governo criadas pelos romanos ecoam em nosso vocabulário político. Os conceitos de patrício, plebeu e nobre moldaram a maneira como pensamos nosso status. Senadores e assembleias existem até hoje. Em muitos países, os magistrados desempenham funções legais e as cortes são chamadas de tribunais. Os cônsules são responsáveis pelas relações diplomáticas. Isso não quer dizer que Roma tenha estabelecido instituições válidas para todos os locais e todas as épocas, mas indica a longa trajetória de formas e ideias políticas – imitadas, transformadas e reinterpretadas em diferentes contextos.

Para governar fora da capital, os romanos desenvolveram estratégias que mais tarde integrariam os repertórios de outros construtores imperiais. Uma delas foi a ampliação da esfera dos direitos romanos. As cidades mais próximas na região da Itália foram simplesmente anexadas, os homens livres se tornaram cidadãos e as elites podiam passar a ser nobres romanos. A extensão da cidadania para além de Roma foi uma inovação com enormes consequências, mas, no início, as cidades e suas populações tinham direitos distintos até mesmo dentro do núcleo regional latino. Em alguns casos, exigia-se que a população servisse no exército como os cidadãos romanos, mas sem ter direito à participação política. Conforme os romanos conquistaram áreas mais longínquas, e não latinas, da Itália, firmaram-se acordos com os líderes das cidades derrotadas em que estas recebiam certa autonomia interna em troca da subordinação a Roma em questões fiscais e militares.

Os romanos também expandiram seus domínios ao fundarem colônias. Outras potências do Mediterrâneo, como Cartago, inimiga dos romanos, haviam instalado pessoas em áreas distantes de seu local de origem. Os romanos adaptaram essa prática imperial ao estabelecerem colônias com seus próprios regimes de cidadania e funções militares. Nelas, a cidadania era permutável: os colonos enviados por Roma e outras cidades latinas abdicavam de seus direitos em Roma para se tornarem cidadãos das novas colônias. Não raro, elas eram estabelecidas em áreas que precisavam ser defendidas. Para os soldados-agricultores e suas famílias, a designação para uma colônia podia ser tanto uma oportunidade – tornar-se uma pessoa mais importante em uma cidade muito menor que Roma – quanto uma perda – trocar Roma por um posto avançado de fronteira. Os enviados para estabelecer colônias levavam consigo sua língua, suas expectativas e sua experiência do modo de vida romano.

Quando os romanos concluíram sua conquista da Itália, haviam produzido três modos diferentes de anexar terras ou povos ao seu império: (1) anexação, cidadania limitada e, por fim, a assimilação posterior para os latinos próximos; (2) autogoverno limitado para algumas cidades e tribos não latinas; (3) colônias de latinos deslocados para regiões fronteiriças.

Impérios posteriores utilizariam essas estratégias para expandir e governar, mas, para o destino de Roma, foi de particular importância o fato de que não romanos passaram a desejar sua cidadania, preferível a uma verdadeira autonomia em cidades ou colônias aliadas. Entre 91 e 88 a.C., os aliados italianos de Roma se rebelaram e lutaram para gozar plenamente dos direitos romanos. Após muito debate, o Senado tomou a momentosa decisão de conceder cidadania a todos os latinos. A cidadania passou a ser tanto uma recompensa por serviços prestados quanto uma maneira de ampliar a lealdade. A partir daí, soldados de fora de Roma podiam conquistar a cidadania servindo ao exército durante 25 anos; generais vitoriosos premiavam com a cidadania indivíduos que viviam muito longe de Roma.

Os latinos começaram a reivindicar cidadania romana após o sucesso espetacular de Roma para impor seu poder também fora da península. Para derrotar seu rival mais poderoso, Cartago, com suas colônias na Sicília e sua capital na costa norte da África (atual Tunísia), os romanos aprenderam a lutar no mar. Em sua primeira guerra com os cartagineses (264 a 241 a.C.), os romanos perderam muitas batalhas navais, mas acabaram vencendo e ocupando a Sicília, a Sardenha e a Córsega. Mas apenas em 202 a.C. Roma derrotou o inimigo de forma definitiva e assumiu o controle de suas colônias na África e Espanha. Roma não parou: conquistou a Macedônia, a Grécia e a Anatólia ao leste, e a Gália e boa parte da Inglaterra à noroeste durante o século I d.C. Em três séculos, eles esparramaram seu império por todo o Mediterrâneo e em terras vizinhas na Europa e na Ásia.

Ao chegarem ao outro lado do mar, criaram uma nova instituição: províncias governadas por comandantes militares com poderes de um magistrado. Foram designados pretores para Sardenha, Sicília, Espanha, África (a área ao redor de Cartago) e Macedônia, entre 227 e 146 a.C. O sistema romano de administração já foi chamado de "governo sem burocracia". Em quase todos os lugares, o poder se encontrava nas mãos de uma autoridade única – um pretor ou cônsul – e alguns assistentes, em sua maioria amigos, familiares ou conhecidos, além de oficiais de patente baixa, inclusive escravos.

Da perspectiva de Roma, a principal função de um governo era coletar impostos em dinheiro ou produtos, mobilizar soldados e conservar a infraestrutura – estradas, aquedutos – que interligava o império. Em seus domínios de além-mar, a ligação entre militares e cidadãos, tão característica de Roma, foi fortemente alterada. A missão dos governadores fora da Itália era arrecadar impostos que manteriam o exército romano, e não mais alistar soldados-cidadãos. Nas províncias, a maioria das práticas locais era mantida, e as elites podiam ser agraciadas com o cobiçado privilégio da cidadania romana. Essa abordagem administrativa minimalista fomentou uma divisão fundamental entre os romanos, incluindo as elites anexadas com suas práticas políticas e culturais em comum, e os não romanos, cujas instituições e modos de vida eram diversificados e diferentes uns dos outros.

Os romanos encontraram uma maneira de expressar essa distinção por meio de leis. Em áreas remotas, os romanos – assim como ocorria na própria Roma – podiam decidir seus embates legais sob a lei romana. Já os não romanos deveriam recorrer às suas próprias autoridades para a maioria das questões, em uma prática que hoje seria chamada de pluralismo legal. Mas o que acontecia quando um romano e um não romano precisavam resolver uma questão de negócios? Essa dúvida fez com que os romanos produzissem teorias que distinguiam as leis civis de cada nação – vistas como diferentes para povos diferentes – e a lei de todas as nações, um conjunto único que os pretores deviam aplicar aos forasteiros dentro do Império Romano ou em disputas entre romanos e não romanos.

Para os romanos, a expansão era um incentivo em si própria ao recompensar soldados com saques e comandantes com escravos, glórias e mais pilhagens. Nas regiões sujeitadas, os governantes e sua minúscula equipe precisavam confiar nos líderes locais para o recolhimento de impostos, fosse em dinheiro, produtos ou homens. Os tipos de colaboração com elites locais, como a colonização e a escravização, atraíram pessoas para novas redes e produziram gradualmente espaços para as atividades incorporadoras, que os romanos desempenhavam com maestria.

O império ganha um imperador

No século II a.C., as tarefas do governo imperial começaram a sobrecarregar as instituições minimalistas da república. Os corpos judiciais de Roma não conseguiam processar apelos suficientes, sobretudo quando se tratava de acusações de corrupção dentro do já muito ampliado império. Os romanos flexibilizaram as regras da república ao conferirem poderes especiais aos generais e garantirem um maior número de apelações e mandatos mais longos para os postos de comando – em alguns casos, para mantê-los longe da capital.

As disputas pelo poder na Roma republicana sofreram uma guinada violenta por volta de 133 a.C., quando o tribuno Tibério Graco foi assassinado por senadores. A consolidação da união entre os comandos político e militar deixou a já muito expandida república vulnerável a guerras entre líderes rivais. Algumas antigas famílias com membros no Senado tentaram defender as instituições da república contra as ambições individuais de alguns cônsules. Quando Júlio César saiu vitorioso das conquistas imperiais e das batalhas contra seus rivais, foi acusado de querer se tornar rei. César havia se recoberto de emblemas do passado romano, acumulado funções e poderes, autorizado a abertura de templos para seu culto e adotado um descendente, Otávio. Tudo isso indicava que César considerava que o império lhe pertencia para governar e passar adiante. Os senadores assassinaram César em 44 a.C., logo após ele ter assumido o agourento novo cargo de "ditador vitalício".

Foi Otávio, o filho adotivo de César, quem se tornou o primeiro imperador romano, detentor de um poder abrangente, superior, vitalício e legal. Após a morte de César, Otávio alterou o nome que trazia antes de sua adoção, Caio Otávio, assumiu a patente militar de "imperador", adornou o título com referências ao seu pai deificado e criou uma nova identidade repleta de poder, passando a ser chamado de *Imperator Caesar Divi Filius*. Em 27 a.C., o Senado concedeu a Otávio diversos novos poderes e outro título, "*Augustus*", uma honraria até então concedida a deuses, sugerindo sua capacidade de "aumentar", de tornar algo melhor. Otávio se tornou *princeps*, ou Primeiro Cidadão, e a república foi substituída pelo que os romanos passaram a chamar de "principado", um novo modo de governo em que o poder era concedido a um único líder.

Assim como a república havia se desenvolvido constantemente durante quase quinhentos anos, o principado romano também evoluiu ao longo do tempo. Augusto viveu o suficiente para ser imperador durante 41 anos, e essa boa sorte com as questões de saúde ajudou a consolidar o principado. Seu filho adotivo, Tibério, sucedeu-o em 14 d.C. Durante esse período de relativa paz e prosperidade, as instituições de governança, guerra, finança e cultura foram ajustadas tanto aos poderes superiores do imperador quanto às demandas advindas do ato de governar um imenso regime. Após os conflitos violentos e as guerras que haviam assolado a república, os romanos foram seduzidos pela perspectiva de ordem: eles pareciam ter aceitado a transformação das antigas instituições em uma outra mais concentrada de poder. Na época de

Augusto, o imperador possuía *imperium maius*, que significava "um poder maior que aquele do homem que porventura governe qualquer província que ele adentrar". Esse conceito de imperador como governante dos governantes, uma adaptação do "rei dos reis" bíblico e assírio, perduraria por séculos.

Augusto tinha a última palavra em todas as questões públicas. Ele podia impedir ações legais contra qualquer cidadão romano e submeter leis à votação do povo romano. Em mais uma erosão da soberania republicana, o sucessor de Augusto, Tibério, retirou o poder eleitoral das assembleias populares e o entregou ao Senado. O imperador podia declarar guerra ou paz, era chefe do Senado e da administração de Roma e se mantinha pessoalmente imune às restrições impostas por qualquer outra lei. Essas e outras funções foram conferidas formalmente ao imperador por força de lei em 14 d.C. Seguindo os devidos procedimentos legais, os romanos haviam dado o passo decisivo e transferido seus poderes para um governante supremo. Esse potencial de império republicano, assim como o conceito de poderes emergenciais, seria lembrado, temido e repetido até quase o fim do século xx.

Augusto acumulou uma enorme fortuna proveniente de saques, presentes, impostos e lucros advindos de suas posses particulares e de províncias sob controle imperial. Essa imensa riqueza permitiu que o próprio imperador pudesse socorrer o tesouro romano. Os imensos territórios que pertenciam a ele eram chamados de *patrimonium*. É claro que a conexão desse conceito com o de pai (*pater*) não era obra do acaso. Indicava que o imperador era ao mesmo tempo chefe de seus domínios privados e pai de todos os romanos – como o lendário Eneias –, além de sinalizar a importância de outros pais para a política. Encontraremos novamente a associação entre império, paternidade e lar, o que os cientistas sociais, ao analisarem Roma, chamam de paternalismo.

Não havia uma divisão absoluta entre os bens do imperador e os do Estado romano. Nos reinados dos sucessores de Augusto, um departamento chamado de *fiscus* (ou "saco de dinheiro") era encarregado de administrar tanto as terras pertencentes ao imperador quanto as províncias governadas diretamente por ele. No início, quem coletava impostos nessas áreas era em sua maioria escravos ou homens recém-libertos. Com o tempo, aristocratas passaram a ingressar na equipe pessoal do imperador, erodindo ainda mais a autoridade dos magistrados no Senado e ampliando a significância do serviço à corte imperial.

O outro âmbito de poder do imperador era o militar, embora este tenha sido sempre uma faca de dois gumes. Augusto manteve a conexão entre cidadania e serviço militar – o exército permanente era, em sua maioria, composto de cidadãos –, mas deslocou as tropas e seus generais para fora da Itália, ou para as zonas de fronteira. Uma nova corporação de elite, a guarda pretoriana, protegia o imperador. Foi também criada uma marinha permanente. Para ampliar seu controle pessoal, o imperador designou homens com patentes na cavalaria que não haviam sido eleitos como magistrados para os altos comandos do exército e das províncias, passando por cima das prerrogativas dos senadores e do voto popular.

Essas mudanças tiveram consequências indesejadas de longo prazo. Enviar legiões romanas para as fronteiras acabou disseminando os modos romanos para muito além do império, além de ter diminuído – por um tempo – a violência na capital. Chegara a vez de a guarda pretoriana jogar com as políticas de rivalidade em prol do imperador. A manipulação da cavalaria e de outras ordens manteve o princípio das classes sociais

Figura 2.1
Imperador romano César Augusto (27 a.C.-14 d.C.), estátua de 30 a.C. (Spencer Arnold, GettyImages.)

ativo, mas também incorporou novos homens às elites imperiais. Por princípio, o imperador, enquanto único e vitalício comandante militar, controlava tudo. Mas isso era virado pelo avesso com frequência.

Na época de Augusto, esperava-se que um filho consanguíneo, ou filho adotivo, do imperador o sucedesse, o que não encerrava a questão, pois esses podiam lutar uns contra os outros, e as proezas militares permaneceram um valor central. Em teoria, o Senado designava os imperadores; na prática, os senadores assassinavam alguns deles. A guarda pretoriana também matou e nomeou imperadores. No século III d.C., uma época de dificuldades econômicas e rixas internas para os romanos, o sucesso militar era decisivo nas disputas para determinar quem seria imperador. A incorporação de homens ambiciosos das províncias no exército imperial e para cargos honoríficos fazia com que pessoas de fora de Roma, como Septímio Severo, pudessem se tornar imperadores. A abertura do sistema, suas múltiplas instituições de legitimação, o *ethos* da glória militar... era uma fórmula completa para o regicídio. Entre os anos 135 e 285 d.C., existiram 26 imperadores romanos, e apenas um deles morreu em exercício por causas naturais.

Uma economia imperial

As frequentes, sangrentas e escandalosas contendas para definir o imperador deixavam claro que, ao contrário do caso de Alexandre, o Grande, quem mantinha a coesão do império ou determinava seu destino não era o imperador. O que atraía e garantia a lealdade dos súditos era uma economia produtiva, diferenciada e de grande escala, as redes extensas de conexões materiais e pessoais e um exitoso alcance ideológico.

A economia de Roma não era um sistema planejado, mas uma maçaroca de práticas confusas. Como em outras sociedades sedentárias anteriores ao advento da produção em série, a riqueza do sistema dependia da agricultura, de metais preciosos e de outros recursos naturais, bem como da habilidade de extrair, transportar e comercializar esses bens. Tanto as pequenas fazendas como as grandes propriedades eram administradas por homens com autoridade patrimonial sobre aqueles escravos, terras, trabalhadores livres e famílias. Conforme novos territórios eram incluídos, mais recursos podiam ser taxados, distribuídos ou ambos. Para alguns dos conquistados, ser derrotado pelos romanos implicava a escravidão, mas, para os vitoriosos, mais escravos significava uma maior capacidade de trabalhar e gerir propriedades. A concessão de terras de províncias distantes a senadores servia de incentivo para a manutenção de relações comerciais.

A taxação era crucial para a operação como um todo. Os romanos taxavam terras, pessoas, heranças, posse de escravos, importações e exportações. Os famosos censos romanos tinham por objetivo a coleta de impostos. As pessoas encarregadas da coleta eram ora oficiais de governo ora "fazendeiros de impostos" – indivíduos contratados para executar a função em determinada área. Roma – e, como veremos, também a China – criou mecanismos para contabilizar, taxar, coletar e distribuir recursos há mais de dois mil anos.

Alimentar um exército e a cidade de Roma eram operações de grande escala. No século II d.C., o número de integrantes do exército cresceu para cerca de 400 mil. Um egípcio registrou que a ração diária de um soldado seria de aproximadamente novecentos gramas de pão, setecentos gramas de carne, um litro de vinho e meia xícara de óleo. Mas também havia Roma. Apenas para alimentá-la, eram necessárias 200 mil toneladas de trigo por ano. Na época de Augusto, a população da cidade era de quase 1 milhão de habitantes, número que desafiava a capital chinesa de Changan (então desconhecida dos romanos) como cidade mais populosa da Terra. Talvez um quarto dos moradores de Roma fossem cidadãos. Os demais eram dependentes, escravos e estrangeiros.

Do ponto de vista funcional, o império era um imenso espaço econômico impulsionado pela paz, segurança e unidade política. O todo era essencial para o bem-estar de suas partes. África, Sicília, Sardenha e Egito forneciam grãos para Roma. A Gália, o Danúbio e os Bálcãs alimentavam o exército, e Itália, Espanha, Anatólia e o sul da Gália – todas regiões comercialmente ativas – pagavam seus impostos em dinheiro, utilizado para remunerar soldados e oficiais (ver mapa 2.1). O funcionamento do sistema era garantido por oficiais imperiais, mas também por comerciantes, capitães de navio e outros fornecedores que transportavam produtos como comida, bens de luxo, matérias-primas e mão de obra por mar e terra, e os vendiam a compradores ou distribuidores oficiais.

O espaço econômico amplo e integrado teve um efeito profundo na maneira como as pessoas viviam. As elites locais geriam suas plantações com mão de obra escrava, responsáveis por produzir a maioria dos grãos do império, e fizeram fortunas a partir de suas conexões imperiais. Mesmo em terras distantes, e entre os humildes, a vida cotidiana se tornou mais confortável se comparada ao período anterior ao domínio romano. Azeite e vinho eram transportados em navio pelo Mediterrâneo e influenciaram aquilo que, muito tempo depois, ficou conhecido como culinária turca, grega, italiana, francesa e espanhola. Camponeses viviam em casas cobertas por telhas, que ofereciam maior proteção contra a chuva e eram menos inflamáveis que a palha, e os lares comuns utilizavam cerâmica de boa qualidade. Os pobres eram subnutridos para os nossos padrões, mas no geral a morte por inanição era incomum. As autoridades romanas estocavam reservas de grão para emergências.

No século III d.C., a rotatividade acelerada e mortífera de imperadores, os ataques externos de diversos inimigos – godos e outras tribos "bárbaras", piratas, o Império Persa – e a menor remuneração dos soldados – consumida pela inflação – debilitaram a segurança romana. A periferia de Roma sucumbiu às investidas de tribos que conheciam as práticas romanas e estavam prontas para vender sua "proteção" às populações sitiadas. Mas levou muito tempo – centenas de anos – para que o sistema imperial perdesse a forma estrutural implementada nos últimos anos da república e nos primeiros dois séculos do principado.

Uma cultura sedutora

O Império Romano oferecia às pessoas de boa posição social, dentro ou fora da capital, a oportunidade de participar de uma civilização que celebrava suas origens divinas, sua grandeza terrena e seu modo de vida superior. Por muitos séculos, o império foi capaz de absorver e integrar culturas preexistentes aos costumes sincréticos romanos.

É claro que as cidades não foram uma invenção romana, mas os romanos as transformaram e difundiram um modelo adaptável por todo o império. O plano urbano retangular, com ruas que se cruzam e um espaço separado para a infraestrutura, havia sido uma especialidade grega. Os romanos moldaram seus centros urbanos a partir das cidades gregas do sul da Itália e acrescentaram a eles novas feições, como o arco do triunfo. Cortava-se mármore em quantidades imensas para as obras romanas, e o uso do concreto possibilitava a construção de abóbadas e domos adornados com decorações elaboradas. As melhorias romanas incluíam sistemas de água e esgoto, banhos públicos, áreas para a prática esportiva e gigantescos anfiteatros para espetáculos cívicos, em uma adaptação dos modelos gregos para acomodar públicos maiores. A cidade de Pompeia possuía cinco grandes centros de banho para seus 20 mil habitantes à época em que foi coberta pelas cinzas da erupção do Vesúvio, em 79 d.C.

A lei fazia parte dessa civilização romana enquanto modo de governança e instrumento de garantia da ordem social. Durante a maior parte da história do império, as leis não foram registradas de modo uniforme. Foi apenas no século VI, e em Constantinopla, a capital oriental de Roma (ver capítulo 3), que o imperador Justiniano comissionou a compilação das leis em um código único. O que havia de romano nas leis romanas do período republicano – e que se tornou um poderoso precedente histórico – era a interpretação profissional, que operava dentro de um regime onde o modo de elaboração das leis era em si uma preocupação política legítima e constante. Soberanos já haviam estabelecido leis muito tempo antes: o imperador babilônico Hamurabi, que exerceu o poder entre 1792 e 1750 a.C., mandou gravar um código de leis em pedra. Os gregos tinham leis e teorias sobre o Estado e o bem, mas nenhum deles criou a profissão do jurista, a qual surgiu em Roma, a partir da metade do século II a.C., justamente quando a república expandia de forma mais agressiva seu território e suas instituições. Eles elaboravam documentos legais, assessoravam magistrados, litigantes e juízes e transmitiam seus conhecimentos para novos alunos.

Romanos proeminentes argumentavam que o direito tinha sua base na razão e que, portanto, os humanos, por serem criaturas racionais, deveriam obedecer a ele e participar de seus processos. Determinaram de forma prática que o direito se expressava por meio das leis de um Estado em particular. Quando cônsules e imperadores romanos justificavam as guerras como respostas à agressão ou violação de acordos, eles presumiam que também havia regras sobre a conduta interestatal. A lei tinha o potencial de se tornar universalmente válida. Cícero insistia que "um juramento junto a uma nação inimiga deve ser honrado, mas não uma promessa de resgate a um pirata, que não é um inimigo lícito, mas [...] um inimigo comum a todo o mundo, e com um pirata não há base comum para palavras ou juramentos".

Parte do que tornava a cidadania tão atraente para as elites imperiais era a segurança de estar sob o jugo das regras desenvolvidas do direito romano e de ser julgado por uma corte romana. Plebeus de diversas partes do império conheciam ao menos algumas regras dessa lei, mas tinham muito menos chances do que os poderosos de obter adjudicação oficial para suas queixas.

A vida pública do império era moldada pelo ensino e pela arte. Os imperadores cobriam Roma de construções espetaculares e as elites locais competiam por meio de exibições de arte cívica e arquitetura nas cidades imperiais. A admiração dos romanos pelas civilizações anteriores fazia com que os feitos culturais dos gregos, persas e egípcios fossem imitados, incorporados e desenvolvidos. Acadêmicos, artistas e cientistas de todo o império encontraram espaços dentro da cultura romana e deixaram suas marcas.

A língua de aprendizado e criatividade à época da expansão romana era, de início, a grega. Mesmo quando o latim extrapolou a retórica para se tornar uma língua de poesia, amor e sexo, o ideal cultural romano continuou sendo o aprendizado em grego e latim. Uma palavra grega, *paideia*, descrevia esse tipo apropriado de educação, aquela que prepararia os jovens para uma vida de conhecimento e sensibilidade à beleza e ensinaria as habilidades sociais para se alcançar a nobreza serena e a virtude cívica. Atenas se tornou um símbolo amado e satisfatoriamente arcaico dos valores universais expressos na ideia romana de "*humanitas*". Tanto uma sentença quanto uma missão, *humanitas* significava "comportamento civilizado" e se expressava por meio do aprendizado e das relações com os outros, nos limites para o uso do poder e no objetivo de permitir que até mesmo os povos conquistados pudessem concretizar o seu potencial humano. O contrário de *humanitas* era a barbárie: bárbaros eram pessoas não instruídas e que não viviam em cidades – ao menos não em cidades romanas –, vestiam-se precariamente e se portavam mal; não se podia confiar que entendessem as leis romanas.

> "A verdadeira lei é a razão, correta e natural, que guia as pessoas para que cumpram com suas obrigações e as proíbe e dissuade de fazer o que é errado. Sua vigência é universal, ela é imutável e eterna... Não há uma lei em Roma e outra em Atenas, ou uma hoje e outra mais tarde: todas as nações estarão sujeitas o tempo todo a essa lei imutável e eterna."
>
> **Cícero, *Da República***

O conceito de *humanitas* tinha um caráter aberto. Em teoria – e na prática –, os bárbaros podiam se tornar romanos se jogassem o jogo conforme as regras e atendessem à ideia de civilização. *Humanitas* também podia ser empregado para camuflar a violência do Império Romano: pilhagens, escravismo, saques, morte e destruição. Mas outros elementos vitais da *humanitas* eram a capacidade de autocrítica, o receio da degeneração e a abertura ao debate político. A inclusão de críticos civilizados e a exclusão daqueles que não reconheciam as virtudes do estilo romano produziram uma cultura de elite amplamente difundida – um mundo de conexões reais e imaginárias com os impérios e seus ideais.

Religião

A capacidade dos conquistadores romanos de absorver e vergar sem homogeneizar completamente fica evidente em sua reação às crenças de outros povos. No início, os próprios romanos eram politeístas, assim como a maioria de seus súditos imperiais, à exceção dos judeus e, mais tarde, dos cristãos. Contar com muitos deuses ajudava os romanos a incorporar outras divindades. Os deuses de civilizações antigas como Ísis, do Egito, ou Baal, da Síria, passaram a ser venerados na Itália, às vezes com outros nomes. Quando os romanos entraram em contato com os gregos, Zeus se tornou Júpiter, e Atenas, Minerva. Augusto erigiu um templo que o associava ao deus Marte, o Vingador, bem como outros que honravam seu pai deificado, Júlio César, e Vênus, a deusa-mãe de Eneias.

Conquistar uma área e então levar seus deuses para Roma, o "templo do mundo todo", era uma prática corriqueira. A organização de um culto imperial era um símbolo de status para as novas cidades da Gália e de outras províncias. Alguns deuses causavam problemas. Em 187 a.C., o Senado aboliu o culto a Baco, deus do vinho e da fertilidade, cujos fiéis atraíam pessoas respeitáveis para longe de seus lares a fim de participar de festas em seu nome.

Acreditava-se que os deuses e os seres humanos estavam em contato próximo, por vezes carnal. Essa proximidade, somada às aspirações universalistas de Roma, inspirou alguns a desejarem um homem-deus, que traria a salvação para toda a humanidade. Assim surgiu a prefiguração para o nascimento de Jesus de Nazaré, mas esse mesmo tipo de esperança podia ser canalizada para outros âmbitos. Augusto, que proporcionou uma geração de paz aos romanos exauridos pela guerra civil, era um salvador plausível e apreciado.

O monoteísmo criou mais problemas do que um messias para o regime religioso inclusivo de Roma. Os judeus, que acreditavam que seu deus era o único, foram subjugados pelos romanos durante a expansão do império na direção leste. Foi permitido que os judeus praticassem sua religião, mas os conflitos entre estes e as autoridades romanas provocaram uma revolta na Palestina entre os anos de 66 e 74 d.C. O templo judaico em Jerusalém foi destruído e muitos judeus migraram, levando suas práticas religiosas para o Norte da África, a Espanha e o sul da Europa. O cristianismo proselitista também conturbou a heterogeneidade religiosa de Roma, mas sua pretensão universalista e sua tendência institucionalista refletiam as características da própria Roma, e acabaram desempenhando um papel decisivo na transformação cultural e política dos últimos séculos do império.

A nova política do fim do império

No ano 212 d.C., as práticas de governança, as ideias civilizacionais e a cultura material romanas haviam transformado sociedades desde as ilhas britânicas até o Norte da África, do Reno até a Síria e o Egito. A maioria que vivia dentro desses limites não conhecia outro mundo além do romano. Ele duraria mais dois séculos enquanto ordem política unificada – e por milênios no imaginário –, mas, para o historiador que olha em retrospecto, há alguns pontos fracos nesse sistema.

Em primeiro lugar, o império havia deixado de expandir seu território, o que significava que a capacidade de distribuir novos recursos estava se esvaindo. Além disso, o próprio sucesso de Roma tornou-a alvo de investidas de outras tribos ao longo de sua fronteira e de povos que migravam para o sudoeste da Europa cruzando as estepes da Eurásia. Muitos eram liderados por guerreiros que desejavam se instalar dentro do império e partilhar de suas benesses. Enquanto isso, tropas instaladas por longos períodos em áreas distantes de Roma ofereciam apoio a comandantes que buscavam poder. Os imperadores voltaram a ser comandantes militares por necessidade e tentaram governar a partir de cidades fronteiriças, distantes de Roma. Mas, para Roma, o controle das rotas por mar e terra era essencial: a produção agrícola e comercial havia se tornado especializada e dependia de transporte seguro e eficiente. No longo prazo, esse império que se apoiava na relação próxima entre as forças militares e o poder legítimo seria desmembrado pelo mesmo princípio.

As pessoas que viviam em Roma no século III não achavam que seu regime estivesse condenado. Os líderes romanos continuaram criando arranjos políticos inovadores, alguns deles com consequências de grande repercussão para os impérios futuros. A mais dramática delas, ao menos quando se olha em retrospecto, foi a extensão da cidadania romana a todos os habitantes homens e não escravos do mundo romano em 212 d.C.

A cidadania, como vimos, havia sido uma questão central da política desde os tempos da república – uma maneira de atrair servidores leais para o regime de direitos do império e um status tão vantajoso que, no século I a.C., os latinos lutaram pelo privilégio de se tornar romanos. A instituição da cidadania também estava ligada aos mecanismos mais básicos da ordem imperial: o serviço militar, a lei e os impostos, que garantiam o funcionamento dos dois primeiros. A ampliação da cidadania pelo imperador Caracala em 212 d.C. tem sido interpretada como uma medida imposta pela necessidade: se todos os homens livres do império se tornassem cidadãos, eles podiam ser convocados para servir no exército – ou entregar uma compensação caso não servissem – e a pagar impostos sobre herança, como todos os cidadãos. Mas a declaração de Caracala tinha como foco a coesão religiosa: com a cidadania, a veneração aos deuses romanos se disseminaria pelo império. Um impulso incorporador e unificador estava no centro do novo regime. Por meio do serviço militar, da taxação, da proteção legal e das divindades comuns, dezenas de milhões de pessoas – homens livres e suas famílias – se conectariam de forma mais direta aos projetos do império e ao modo de vida romano.

Mas cidadania e deuses comuns não foram suficientes para manter o império unido, e havia quem achasse isso inaceitável. Cristãos, assim como judeus, eram monoteístas, e no século III a cristandade já estava em diversas partes do império. A religião havia tomado forma sob o governo romano, e seu foco em recompensas extraterrenas e na punição era uma acomodação ao poder esmagador de Roma na Terra. No entanto, durante os tempos difíceis de Roma – desgastada pelas guerras em andamento, pelas invasões bárbaras e por falhas de abastecimento –, muitos se voltaram para o cristianismo e suas promessas de conforto e salvação. De início, os imperadores responderam a isso transformando-os em bodes expiatórios para os problemas do império, proscrevendo-os como rebeldes contra Roma e seus deuses. A perseguição gerou muitos mártires e o culto continuou a crescer, atraindo até mesmo romanos bem-nascidos.

Em 311, Galério – um dos quatro soberanos do império em um período de divisão da autoridade – adotou uma nova estratégia. Com a saúde debilitada, o imperador decretou o fim da perseguição oficial aos cristãos, pedindo que rezassem pelos imperadores e pelo bem comum. Um ano mais tarde, às vésperas da batalha pelo posto de imperador, Constantino sonhou que devia ostentar uma cruz e que isso determinaria o desfecho de sua campanha contra um rival. Após a vitória, ele legalizou o cristianismo no império.

Ainda havia um problema: os cristãos não toleravam outros deuses e seus templos, e sacrifícios de animais. Mas, para os imperadores, o monoteísmo também era uma tentação. As asserções universalistas dos cristãos e a rede de comando clerical que haviam desenvolvido durante séculos de rixas e perseguições poderiam ser ferramentas úteis para as ambições terrenas dos romanos. Constantino aproveitou a oportunidade para alinhar o universalismo sagrado e o secular sob um deus único enquanto tentava reunir o império dividido. No século seguinte, o cristianismo se tornou a religião oficial. Outras religiões foram equiparadas a superstições; outros clérigos foram rebaixados e taxados; outros templos foram derrubados; outros deuses foram desfigurados e destronados. Ao final do século IV, em boa parte do império, ser romano significava ser cristão; pertencer a outra religião era uma infração civil, punível pela lei.

A conversão de Constantino marca o recrudescimento da política romana em um período em que o império sofria grandes derrotas de diversas tribos. A expansão prévia da cidadania havia conseguido unir pessoas de muitas religiões sob a égide da lei romana, mas conectar o Estado a uma única religião monoteísta reduziu as possibilidades de inclusão dentro do regime, mesmo quando este definiu uma visão universalista da cultura imperial.

Não é fácil definir o fim do Império Romano, porque, quando o vitorioso Constantino transferiu a capital para Bizâncio e a renomeou Constantinopla em 324, um império oriental romano começava a surgir a partir do antigo (ver capítulo 3). Muito antes da captura de Roma pelo líder visigodo Alarico em 410, os romanos estavam perdendo sua capacidade de manter o regime. Haviam tentado proteger suas fronteiras a um baixo custo por meio de alianças nas regiões de fronteira com tribos que, em sua maioria, falavam alemão. O serviço de povos tribais para a autoridade romana e a participação na cultura imperial mostravam que os "bárbaros" não eram os forasteiros incivilizados que o termo sugere: eles queriam "adentrar" o Império Romano. Mas, como impérios futuros também aprenderiam, o esforço de cooptar diversas forças em um sistema imperial só funcionava enquanto o centro fosse visto como necessário para os interesses dos habitantes da periferia, ou enquanto os líderes tivessem o poder de impor a transferência de bens e o recolhimento de impostos. Menos do que uma queda, Roma sofreu uma desagregação, com seus imperadores dividindo

> "Um godo em boa situação quer ser como um romano; apenas um romano pobre gostaria de ser um godo."
>
> **Teodorico, rei ostrogodo**

seus domínios e os guerreiros bárbaros assumindo o controle do serviço militar de Roma e conquistando espaços antes pertencentes ao império.

A míngua gradual do império no Ocidente deixou muitos poderes, embora bem mais fracos, em seus territórios, todos eles moldados de forma decisiva por seu passado romano. Alguns bárbaros serviram como últimos líderes militares de Roma; outros assumiram a tarefa de proteger as comunidades locais quando as defesas romanas fracassaram. Conforme o império se decompunha, as populações provinciais mantiveram muitas das instituições romanas, e nobrezas híbridas de origem romana e tribal tentaram manter seu status social e controlar seus recursos, já bastante reduzidos. A paz romana já era coisa do passado, assim como o regime de impostos e a vasta e integrada economia que havia distribuído dinheiro, habilidades, pessoas e produtos pelo império. Sistemas de saneamento, casas cobertas por telhas e a cerâmica feita em alta temperatura desapareceram da Europa do norte e central durante séculos. Os índices de alfabetização caíram e, mal alimentados, os rebanhos de gado encolheram. O ar na Itália ficou mais claro com o encerramento das atividades de mineração.

O projeto imperial baseado em conquistas e na projeção de uma única civilização em torno do Mediterrâneo e pelas terras interioranas tombou diante de muitas espadas. O próprio sucesso dessa empreitada tornara Roma vulnerável a ataques externos, que detiveram sua expansão e reduziram os recursos imperiais. A relação entre comando militar e liderança política era uma receita para guerras civis, e a adoção do cristianismo como única religião estatal sabotou a capacidade do império de absorver diferentes povos de forma sincrética.

Porém, muitas invenções romanas sobreviveram ao império e adquiriram novos significados séculos depois. *Humanitas*, a ideia de que a civilização era ao mesmo tempo uma competência humana e uma característica distintiva dos cidadãos do regime, com o direito de governar os bárbaros – assim como os arcos, os anfiteatros e as cidades muradas –, deixou sua marca em regiões da antiga Roma e em muitos impérios posteriores. O ideal, se não a prática, do governo por meio de leis e corpos de representantes políticos também perdurou. O latim, que um dia uniu as diversas elites à cultura e política romana, deu o tom de discursos ao redor da Europa e se transmutou nas línguas românicas – italiano, francês, espanhol e português. A instituição da cidadania, baseada em direitos e deveres, e que podia abarcar mais que uma cidade ou um povo, seria ressuscitada periodicamente e reinterpretada para fins de inclusão política.

O império de Constantino em Bizâncio levou o latim e a estrutura política de base romana a uma área essencialmente de língua grega, mas, na verdade, muito diversificada a leste do Mediterrâneo. O império oriental sobreviveu por mais mil anos. A queda de Roma deixou em seu lugar um poderoso imaginário imperial ligado ao cristianismo e uma inspiração para novas conquistas e missões civilizatórias. De todos os lados do Mediterrâneo, os romanos haviam criado um espaço para o império que atraía as ambições incompatíveis de bizantinos, califas islâmicos, carolíngios e poderes posteriores.

CHINA: UM ESPAÇO DIFERENTE PARA O IMPÉRIO

Enquanto Roma passava de cidade-Estado a império republicano, do outro lado das terras eurasianas um monarca vitorioso conseguia reunir o território central da China sob o mando de um único homem. Após séculos de disputas, intrigas e guerras declaradas entre vizinhos, o rei Qin se tornou imperador em 221 a.C. Seu controle sucumbiu a conflitos internos e ataques externos meros quinze anos depois, mas o poder imperial foi restaurado por Liu Bang, fundador da dinastia Han. Esses dois governantes fundadores deixaram suas marcas em nosso vocabulário político: Qin (pronuncia-se "chim") se tornou China em diversas línguas, e Han se tornou um rótulo étnico para aquele que é considerado o povo predominante do império. Os soberanos Han consolidaram as façanhas territoriais, administrativas e ideológicas de Qin e, durante os quatro séculos seguintes, desenvolveram uma cultura política imperial, que sobreviveu à derrocada da dinastia, a períodos de desintegração, a guerras civis e até mesmo à revolução. A noção de China enquanto unidade política governada legalmente por uma única liderança central vem sendo compartilhada por governantes, pretendentes a líderes, elites favoráveis ao Estado e pessoas comuns há mais de dois mil anos.

A característica mais evidente do Império Chinês é sua imensa extensão territorial, mas, assim como ocorreu em Roma, a política imperial foi responsável por gerar esse "fato" espacial. Diferentemente da área de Roma, costurada ao redor do Mediterrâneo e suas terras interioranas, o regime chinês não foi definido por limites naturais óbvios. Os grandes rios que corrrem de oeste a leste forneciam – potencialmente – os ingredientes (água e solo) para uma agricultura produtiva, mas a transformação do rio Amarelo ou do Yangtzé em fontes seguras de recursos de subsistência exigiu a construção de diques, além de outros tipos de administração organizada. As planícies do norte comportavam a agricultura e a criação de animais, e as regiões centrais eram habitadas por fazendeiros que cultivavam trigo e, ao sul, arroz. Até mesmo a ligação entre os territórios centrais era difícil. Não havia linhas fluviais entre sul e norte, e o terreno acidentado tornava o transporte por terra custoso e árduo. A região central – que, embora não fosse muito diferente, era fértil – oferecia recompensas àqueles capazes de impor seu poder sobre os camponeses que trabalhavam a terra, mas esse terreno também atraía desafiantes, que podiam se rebelar contra seus senhores ou tentar governar por conta própria.

Os primeiros romanos haviam expandido o poder de sua cidade-Estado em uma área periférica em relação aos grandes impérios do Mediterrâneo oriental. Embora tenham se beneficiado da inspiração na civilização grega e de uma diplomacia seletivamente emprestada de outras cidades portuárias do Mediterrâneo, eles dispunham de uma folha quase em branco para desenvolver aquela que viria a ser uma política imperial bastante inovadora. Os Qin tinham acesso a um passado e presente distintos, e aprenderam com os dois. Por exemplo: impérios anteriores já haviam surgido e desaparecido no centro e no norte da China desde pelo menos 1750 a.C., deixando resíduos de práticas administrativas e expectativas políticas. Os Qin governavam um de muitos reinos que competiam pelo mesmo espaço e rememoravam o poder de impérios passados. A adaptação consciente de estratégias desenvolvidas para ampliar o controle central e os esforços rigorosos e brutais para evitar que a fragmentação voltasse a ocorrer foram fundamentais para o sucesso.

O fator determinante para a manutenção do império nas zonas centrais era o controle sobre os intermediários pertencentes à elite, que podiam explorar os recursos locais para se tornarem líderes militares e desafiantes. Como solução para esse problema imperial perene, os Qin recorreram ao centralismo militarizado e à eliminação da nobreza enquanto requisito de acesso ao poder estatal. Os sucessores dos Qin, os Han, viram-se forçados a estabelecer acordos com famílias regionais, o que teve consequências centrífugas previsíveis no longo prazo. As exigências da política imperial em um espaço onde os subalternos eram capazes de se virar sozinhos geraram uma alternância entre a centralização voraz e uma arriscada concessão de poderes.

Outro desafio vinha do norte e do oeste, onde povos nômades e sedentários conviviam gerando lucros, táticas e problemas para o império. Os nômades controlavam e estimulavam o comércio de longa distância (ver capítulo 4). Por meio dessas conexões comerciais, os produtos chineses podiam ser transportados por desertos, estepes e montanhas na Ásia Central e além. Eles haviam fornecido aos primeiros Estados chineses a técnica para produzir carruagens civis e de guerra, tecnologias de bronze e ferro, e exércitos montados. Das invenções nômades, a cavalaria – utilizada de forma eficaz contra a infantaria chinesa – foi a mais decisiva para as contendas entre os Estados beligerantes. Depois que o Estado Zhao empregou arqueiros armados e montados como tropa principal, outros reinos seguiram o exemplo.

Nas guerras entre os reinos concorrentes, os Qin levavam vantagem por sua localização. Sua base ficava a norte e oeste da intersecção entre os rios Amarelo e Wei, próxima a espaços disputados por povos nômades. As muralhas construídas por eles marcaram essa disputa de forma física, mas não estática. Barreiras de terra compactada e pedra marcavam os avanços dos Qin em territórios indefinidos, protegiam o pasto para os cavalos e permitiam um tipo de guerra de trincheiras às avessas contra oponentes nômades. Uma vez que uma área havia sido conquistada nas terras dos nômades, as muralhas eram aprimoradas com torres de observação e passavam a proteger a população interna contra a investida dos povos expurgados. O princípio da muralha era construir e seguir em frente, e não estabelecer uma fronteira definida para todo o sempre.

As próprias sociedades nômades eram pouco estáticas. Por volta de 209 a.C., nas estepes do norte e do oeste, Maodun, um pária impiedoso, parricida e brilhante estrategista, uniu clãs nômades em uma imensa confederação, o Império Xiongnu, que acabou por se estender da Manchúria, atravessar a Mongólia e as terras elevadas de Altai até a Ásia Central. Os impérios Chinês e Xiongnu estiveram emaranhados desde o início, e suas interações de guerra e políticas moldaram a diplomacia e a ideologia chinesa de modo decisivo.

A geografia imperial da China era muito diferente da romana. Depois que a capital do império foi estabelecida em Roma, "estradas" – em terra e mar – passaram a conectar as diversas regiões e seus produtos a um ponto central fixo. A integrada economia mediterrânea e os privilégios e propriedades concedidos aos servidores de Roma garantiam que as elites continuariam ricas enquanto o todo se mantivesse unido, de modo que elas não tinham nada a

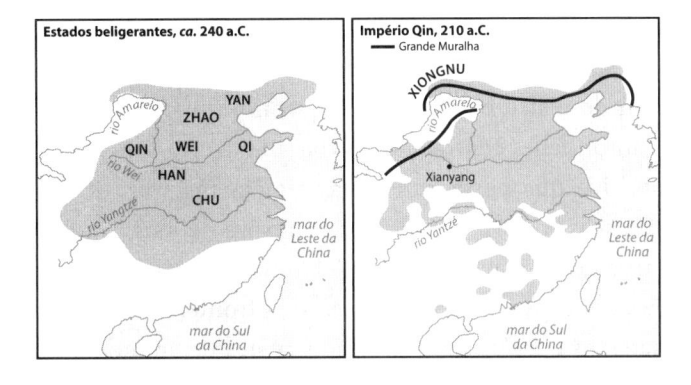

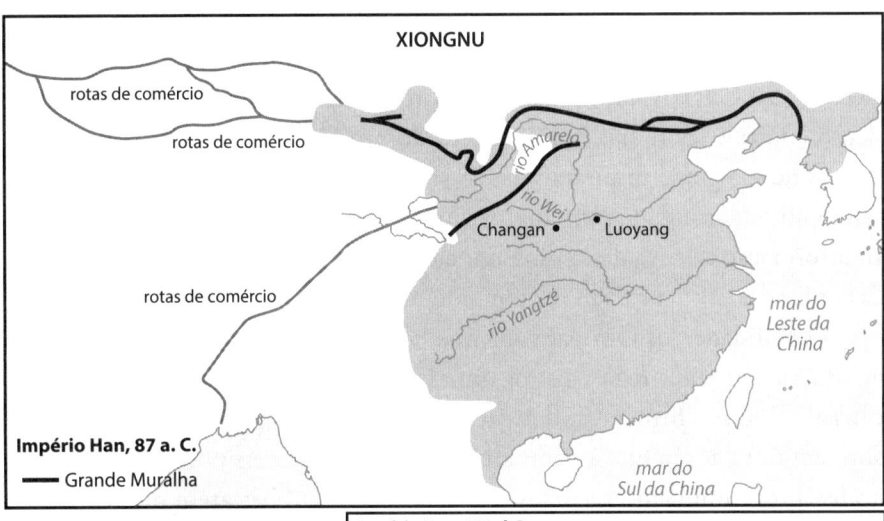

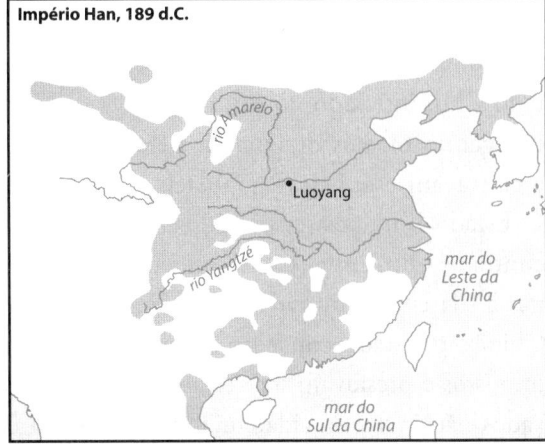

Mapa 2.2 - Consolidação, expansão e contração do Império Chinês

ganhar com uma eventual separação. Para a China, a região central agrária, com seus recursos relativamente genéricos, mas vitais para a subsistência, serviam de instrumento para que senhores e camponeses se rebelassem contra as autoridades centrais, locais ou ambas. Ao mesmo tempo, por mais contra intuitivo que possa parecer, as regiões instáveis de fronteiras oeste e norte, com suas economias mistas e conexões de longa distância, eram um recurso imprescindível para o Império Chinês. Os forasteiros proporcionavam inovações políticas e militares nas regiões fronteiriças, incrementavam as conexões materiais e culturais com outras partes do mundo e, como às vezes ocorria, forneciam sangue novo e dinamismo para regenerar as dinastias imperiais.

Uma caixa de ferramentas para impérios

As disputas entre reis beligerantes ocorreram em um terreno onde grandes impérios de eras anteriores, os Shang (1750-1027 a.C.) e os Zhou (1027-770 a.C.), haviam deixado sua marca. Depois que a dinastia Zhou perdeu o controle sobre boa parte de seus domínios no século VIII a.C., as memórias de sua glória inspiraram cinco séculos de combate, em que os reis tentaram obter autoridade suprema. A vitória dos Qin em 221 a.C. baseou-se na transformação seletiva dessa dinastia, tanto dos modos antigos, como das táticas utilizadas por seus rivais, elaborando uma máquina de guerra formidável.

A habilidade dos Qin para angariar o serviço e a lealdade de camponeses apartados das elites regionais foi um elemento-chave de sua vitória final. A dinastia Zhou se firmara ao delegar poderes a reis e príncipes súditos que assim, em um padrão que assombraria os líderes imperiais por todo o sempre, acabavam acumulando recursos suficientes para se libertarem ou desafiarem o controle do soberano. Durante o período dos Estados combatentes, os antagonistas desenvolveram estratégias para superar esse problema. O Estado Chu, instalado no sul, governava os territórios conquistados por meio de agentes oficiais designados pelo centro, que substituíam a realeza local e coletavam estatísticas populacionais e referentes aos recursos disponíveis. O Estado Jin, após ter perdido muitos de seus aristocratas em uma batalha contra os Qin, em 645 a.C., ofereceu concessões de terra a populações externas à sua cidade murada. Essa estratégia se tornou um alicerce do Império Chinês: o Estado concedia terras aos camponeses que, em troca, pagavam impostos e prestavam serviço militar. Essa barganha com os forasteiros anexados não incluía a cidadania, como ocorria em Roma. Em vez disso, criava-se um mundo de fazendeiros que deviam seu recurso mais necessário – a terra – e seu serviço ao Estado.

As guerras entre Estados oponentes espalharam a tecnologia militar e a diplomacia por todo o território que hoje chamamos de China. A guerra de carruagens se tornou uma arte mortífera. O Estado Qin teve início no século IX a.C., como uma dependência de outro reino destinada à criação de cavalos. No século V d.C., o soberano do Estado Wei racionalizou o regime de concessão de terras ao estabelecer um loteamento-padrão para cada domicílio, executou enormes projetos de irrigação e instalou celeiros de armazenamento para proteger os fazendeiros da flutuação de preços. Um século mais tarde, os Qin viraram o jogo contra o reino dos Wei, ao atraírem seus conselheiros e cooptarem suas reformas.

Shang Yang, conselheiro Qin, que havia passado certo tempo na corte Wei, intensificou o controle dos Qin sobre os recursos e a lealdade dos camponeses ao conceder-lhes o direito legal sobre a terra, o que incluía a permissão para comprá-la e vendê-la. Cada lote era distribuído em um desenho definido por estradas e canais de irrigação e estava atrelado a um termo de serviço e uma cota de impostos. Conforme os Qin se expandiram, implementaram o mesmo sistema em outras regiões, criando um terreno fértil que alimentou sua máquina de guerra e, mais tarde, seu Estado imperial. Tudo era afinado por meio de relatórios anuais, previsões, dados estatísticos de suprimentos referentes à ocupação e às capacidades – idade, saúde, trabalho, sexo – da população, contabilidade, padronização da moeda e das unidades de medida e avaliações de performance. Esse aparato de vigilância intensiva e controle social, práticas muitas vezes associadas às formas de governo "modernas" ou "ocidentais", foi aperfeiçoado pelos Qin no século III a.C.

As reformas de Shang Yang impuseram um sistema político baseado em três pilares: o soberano, a lei e a sociedade regulada. O governante era a fonte de toda a lei, e a tarefa da sociedade era seguir a lei e garantir seu cumprimento. Leis codificadas – leis apresentadas em uma lista de crimes e punições correspondentes – e a ideia de um papel legislador para o soberano não eram novidade para os Qin, mas Shang Yang fez com que o legalismo assumisse um viés tipicamente militarista. Desconfiado do potencial insurrecional de oficiais dotados de poder e dos intelectuais contemplativos, ele propôs que o próprio povo fosse garantidor da lei por meio de sistemas de autovigilância, reforçado por recompensas para os denunciantes e penalidades graves, tanto para os crimes quanto para a omissão de denúncia. Essa estratégia exigia uma ampla divulgação das leis para garantir que nenhum oficial ousasse subvertê-las em benefício próprio.

O propósito desse Estado regulador, vertical e de fiscalização popular era a produção agrícola e a guerra. O regime tinha uma desconfiança profunda de intermediários, fossem eles nobres da região, especialistas culturais ou seus próprios agentes. Recompensas por feitos militares eram determinadas de acordo com um sistema de vinte patentes. Os lotes de terra padronizados facilitavam a vinculação das unidades militares aos domicílios que garantiam seu sustento. Todo o status social dependia da performance militar, e as patentes podiam ser usadas de forma legal para reduzir a punição por crimes. Esses sistemas interligados foram desenvolvidos para fazer do mérito – no lugar da descendência ou

> " Se o país é forte e entra em guerra, o veneno será inoculado no inimigo. O Estado não terá rituais, músicas ou agentes parasitários, e será inevitavelmente forte."
>
> **Lorde Shang**

Figura 2.2
Soldados e cavalos de terracota do mausoléu do primeiro imperador Qin. Oficinas imperiais criaram um exército de milhares de soldados com cavalos e carruagens para acompanhar o imperador no Além. O local foi transformado em um museu, aberto em 1979, próximo à cidade de Xian, na China. (Christian Kober, GettyImages.)

da autoridade local – a base para qualquer tipo de recompensa. Shang Yang acabou sendo vítima de suas próprias exigências e da impossibilidade de acabar com o caráter pessoal do poder. Ele foi executado em 338 a.C. após insistir que um tutor da família real fosse punido de acordo com as leis.

Para ampliar a infantaria camponesa, o soberano Qin estabeleceu unidades militares de elite seguindo os moldes de um reino rival. No século III a.C., os Qin adotaram uma política de atacar as populações locais, no lugar de simplesmente absorver os territórios conquistados. O objetivo era acabar com a possibilidade de um futuro revide dos adversários. O resultado foi um imenso derramamento de sangue. Em 260 a.C., afirma-se que os exércitos Qin teriam matado 400 mil soldados de seu principal oponente, os Zhao. Após um interlúdio de derrotas infligidas por rivais aliados entre si, os Qin completaram suas conquistas imperiais ao derrotarem todos os seis Estados remanescentes em sete anos. Em 221, o objetivo dos Qin de, nas palavras de um conselheiro, "subjugar vários Estados, completando um império e unindo o mundo", foi alcançado.

Centralização militar no poder

Zheng, o primeiro imperador Qin, nasceu em 259 a.C. Acadêmicos da subsequente dinastia Han questionam a legitimidade do nascimento do imperador e o status de seu pai biológico. Sua mãe foi descrita como a concubina de um mercador rico, que a deu de presente já grávida para seu cliente, o rei Qin. Esse antimito originário revela a posição ambígua dos mercadores na ordem imperial e convenientemente rebaixa a dinastia anterior na comparação com os Han. Mas, ao governar, Zheng se reinventou ao ponto de se tornar imune a calúnias. Ele se autoproclamou "imperador augusto" (*huangdi*), em uma referência ao mais alto deus (*di*) do antigo Império Shang e ao atributo *huang* – brilhante, celestial. Esse título acrescentou sanção divina à tradicional afirmação do soberano como fonte da ordem e da lei. O imperador viajou até as sagradas montanhas elevadas de seu reino, onde conduziu sacrifícios, deixou relatos de seus feitos e proclamou sua autoridade sobre a Terra, "em qualquer lugar onde o sol e a lua brilharem".

Para que o Império Qin durasse, a pretensão de poder universal do imperador precisava ser reconhecida em todo o seu reino ampliado. O império foi dividido em áreas de comando e, dentro delas, em condados, que eram administrados por oficiais designados pelo centro e que podiam ser destituídos a qualquer momento. Três oficiais – um governador, um comandante militar e um inspetor imperial – supervisionavam cada área de comando. O modo de governo Qin, caracterizado pela designação de agentes oficiais pelo poder central, contrastava com Roma, onde as concessões de poder às elites locais e aos senadores conferiam a ambos o poder de explorar territórios distantes por conta própria.

Comunicação e contabilidade foram facilitadas pela criação de um documento manuscrito simplificado utilizado nas regiões onde o povo falava muitas línguas e as registrava de diferentes formas. Os Qin emitiram uma nova moeda imperial, uniformizaram pesos e medidas e até padronizaram a medida dos eixos das rodas para que todas as carroças pudessem viajar nos sulcos das estradas imperiais, que foram ampliadas e aprimoradas por meio do uso massivo da mão de obra de prisioneiros ou de outros trabalhadores forçados. A rede de estradas Qin irradiava da capital Xianyang até regiões tão distantes como o interior da Mongólia e as províncias orientais. Canais foram construídos para aprimorar as conexões fluviais.

O objetivo da integração era angariar lucros, serviços e informações. As viagens e o transporte nas estradas Qin eram controlados por barreiras alfandegárias, passaportes e pedágios. A força vital do império era a taxação, aplicada de forma desigual a grupos diferentes. Mercadores pagavam mais do que camponeses. Proprietários de escravos pagavam o dobro da tarifa de uma pessoa livre para cada escravo. Camponeses pagavam um imposto de colheita proporcional ao tamanho de sua área produtiva e um imposto *per capita*. Dependendo da sua idade e do status, homens eram obrigados a fornecer mão de obra e prestar serviço militar. A exigência de que domicílios com mais de um homem adulto pagassem impostos de valor mais elevado impôs a família nuclear como unidade de produção.

Esse sistema exigia a existência de um amplo funcionalismo público. Mas os agentes oficiais e conselheiros do imperador precisavam ser controlados, assim como suas fontes de informação. O sem-número de relatos de traições que podiam ser encontrados na longa história chinesa era especialmente inquietante, e alguns eram tão incômodos como o modelo Zhou de reis vassalos dependentes. Os Qin haviam reagido a isso recolhendo os grandes livros do passado e trancafiando-os em uma biblioteca imperial, cujo acesso só era permitido sob supervisão governamental. Tática semelhante foi utilizada para controlar as elites regionais. O imperador exigiu que famílias poderosas se mudassem para a capital, Xianyang, onde podiam ser vigiadas. Os antigos soberanos locais receberam palácios e puderam desenvolver uma cultura refinada, mas muitos ainda conspiravam para reconquistar suas glórias passadas.

O triunfante Qin logo criou as condições para sua derrota. Projetos gigantescos como canais, muralhas e estradas drenaram os recursos do império. Os Qin não podiam desativar sua máquina de guerra e, a partir do ano 221 a.C., continuaram a se expandir tanto pelo sul, fragmentado e repleto de corpos d'água, como em direção aos xiongnu. Mas é provável que a mobilização de exércitos imensos – 500 mil homens para atacar o sul – e enormes grupos de trabalho forçado – 700 mil prisioneiros para construir a tumba do primeiro imperador – não tenha sido tão devastadora quanto a disciplina extrema utilizada contra as elites sujeitadas. Após a morte do primeiro imperador, uma guerra civil irrompeu e famílias proeminentes, oportunistas e a antiga realeza se envolveram na contenda. Em 202 a.C., após oito anos de guerra, Liu Bang, um homem do povo, antigo beberrão e filho pródigo, declarou sua vitória contra o império que os Qin haviam criado.

> "Antigamente, pessoas de todos os lugares tinham seus costumes locais. Elas tinham visões diferentes do que era benéfico, do que gostavam ou não gostavam [...]. É por isso que os reis sábios criaram leis e regulamentos para fortalecer e corrigir o coração das pessoas [...]. O propósito de todas as leis e regulamentações e de todos os estatutos é instruir e guiar as pessoas, livrá-las da imoralidade e da devassidão, [...] e orientá-las a fazer o bem."
>
> **De uma missiva que circulou em 227 a.C. por ordem do governante de um distrito Qin**

A China passa a funcionar

Liu Bang viu uma lição negativa na alienação dos Qin em relação às elites subordinadas. Ele logo atribuiu parte de sua vitória a seus líderes militares e, como Gaozu, o primeiro imperador Han, propôs um sistema administrativo menos centralizado. Gaozu reintegrou reinos sujeitados na porção oriental de seu império e manteve a estrutura de comando de Qin na porção ocidental. Por serem detentores do mais elevado título de nobreza, exigia-se dos reis que prestassem homenagem ao imperador todos os anos e emitissem relatórios da arrecadação de impostos e lucros, parte dos quais tinham o direito de reter.

Nas áreas de comando – mais tarde conhecidas como províncias –, os Han estabeleceram uma segunda categoria de nobres, que tinham o direito de recolher impostos e transferir parte do valor arrecadado ao centro. A chave para a maior longevidade da dinastia Han foi a manutenção de vários âmbitos de autoridade, evitando a centralização excessiva e a dissolução do poder entre os intermediários. Ainda assim, dois séculos mais tarde, essa tendência de delegar poder teria seus próprios efeitos destrutivos.

O imperador Han transferiu a capital primeiramente para Luoyang, ao sul, onde estavam as raízes de sua família, e mais tarde para Changan, não muito longe da velha capital dos Qin, que havia sido queimada e destruída. Deixar o local de origem familiar para viver na região centro-ocidental dos Qin conferiu ao imperador a imagem de um poder mais abrangente e descentralizado. Com o intuito de apaziguar todos os boatos referentes ao seu passado infame – que implicavam uma afronta ao seu pai –, Gaozu alegou ser na verdade filho de um deus dragão. Mais tarde, essa origem foi incorporada ao culto do imperador, chamado de "filho dos céus".

A legitimidade do imperador não residia apenas em suas origens celestiais, mas também em sua posição dentro de uma ordem moral e social estática. Sob a dinastia Han, ideias atribuídas ao filósofo Confúcio foram registradas, sistematizadas e propagadas na forma de um código de conduta. Durante sua vida (551-479 a.C.), Confúcio havia se preocupado com o declínio da dinastia Zhou. Ele exaltara as virtudes de uma sociedade baseada no desempenho de cada indivíduo ao cumprir seu devido papel. "Que os reis sejam reis e os súditos sejam súditos, que o pai seja pai e o filho seja filho." Essa ideia colocava o poder imperial e patriarcal em um mesmo molde e atribuía uma dimensão social ao sistema de patentes dos Qin. Um homem devia se portar com integridade e retidão, ser leal, atencioso e altruísta, respeitar a tradição e demonstrar saber se comportar o tempo todo. Esses valores, assim como os da *humanitas* para os romanos, ditaram os moldes da educação das elites e forjaram um ideal de comportamento.

O mandato divino do imperador chinês podia acomodar mais possibilidades ideológicas do que sugeria a narrativa confucionista de patentes ordenadas e de uma civilização virtuosa. Várias tendências contemplativas se encaixavam com rituais de Estado que conectavam o imperador aos deuses na terra e no céu. Alguns conselheiros e imperadores estavam inclinados a aceitar os caminhos naturais (*dao*) do Universo. Outros inauguravam novas buscas por ordem e harmonia. Nas questões religiosas, o Império Chinês manteve a flexibilidade e sua capacidade de adaptação por mais tempo do que Roma. O budismo chegou à China durante a dinastia Han e imagens de Buda, bem como de outras divindades, podiam ser incorporadas aos rituais locais e imperiais.

Os Qin haviam feito do direito uma ferramenta de controle. Morte, mutilação e trabalhos pesados eram as únicas punições. Durante a dinastia Han, alguns tipos de mutilação foram abolidos e substituídos por castigos físicos. Havia dois processos para mitigar uma sentença: anistias – geralmente conferidas a toda uma classe de pessoas na ocasião de algum acontecimento imperial auspicioso – ou redenção, outro modo de dizer que era possível comprar o direito de não ser punido. Ambas ligavam as pessoas aos seus governantes, enquanto os códigos oficiais enfatizavam o caráter legalista da autoridade.

O poder no Império Han, ao contrário do que acontecia em Roma, dependia de um corpo grande e cuidadosamente organizado de agentes oficiais. A tradição de conselheiros instruídos oferecia recompensas e armadilhas para os consultores ambiciosos e para o imperador, que tirava proveito de suas diversas fontes de conselhos, mas também podia sucumbir a intrigas e bajulações. A capital, cuja paisagem era dominada pelo palácio imperial, de acesso restrito, era ocupada por diversos agentes oficiais com suas equipes e servidores. Eles serviam em uma escala de patentes – dezoito em 23 a.C. – com uma tabela regressiva de remuneração. O grão-tutor, três grão-ministros – finanças, trabalho e exército –, nove ministros inferiores e um poderoso secretariado eram capazes de influenciar, orientar ou obstruir a vontade do imperador. A família do imperador podia fazer o mesmo – inclusive sua mãe, que adquiriu novos poderes com o tolhimento da corte imperial. Essas redes concorrentes garantiam a diversidade de informações, objetivos e capacidades da administração centralizada.

O governo dos funcionários oficiais era fortalecido por seu processo seletivo, que tinha a meritocracia como base. Eles não eram recrutados pelo imperador junto à aristocracia, mas entre os filhos de proprietários de terra. Em 124 a.C., a academia imperial – também conhecida como universidade – foi criada para prepará-los por meio do ensino de técnicas de governo, contabilidade e ideais confucionistas. No ano 1, cem homens passaram pelos exames aplicados pelos sábios e ingressaram no sistema burocrático. Jovens das províncias, geralmente indicados por funcionários estabelecidos em sua região, eram enviados à capital para que estudassem e fossem avaliados. Candidatos eram destacados para servir em todo o império, e os melhores serviam na capital.

Por servir de ponte para a fortuna e patentes mais elevadas, a educação atraiu sangue novo e novas ideias, promovendo um nível significativo de mobilidade social e firmando as elites provinciais e famílias ricas no centro do poder imperial. Também gerou suas próprias formas de corrupção, que alguns imperadores buscaram remediar: o acesso privilegiado ao ensino, o favorecimento nos exames e na designação para determinados cargos, as panelinhas de funcionários que haviam estudado juntos e a tendência a uma abordagem protocolar da administração. E o mais importante de tudo: entre as elites locais, as recompensas oferecidas pelo serviço público desestimulavam a insubordinação dos intermediários e os desafios ao poder do imperador – um problema que afligiu os sucessores de Roma.

O respeito às patentes e ao serviço público não eram uma receita infalível para a imobilidade da sociedade. Ao invés disso, ele criava uma escada para ascensões e declínios. Famílias ambiciosas ampliaram sua influência e buscaram proteção ao estabelecerem conexões dentro e fora do funcionalismo. Pessoas de pouco status – camponeses, em alguns casos raros, e mercadores com mais frequência – podiam alcançar posições de poder mobilizando recursos para influenciar funcionários públicos. O exemplo das calúnias contra a origem ignóbil do imperador Qin destacava o papel que um grande mercador tivera na fundação da dinastia e também deixava claro a ordem correta das coisas. Os mercadores deviam servir ao Estado e jamais o contrário.

A vida comercial das cidades era ao mesmo tempo alvo do controle administrativo e fonte de energia para o sistema como um todo. Nas cidades Qin e Han, os mercados eram organizados em espaços uniformes, vigiados por oficiais de uma torre governamental situada ao centro e separados rigidamente dos palácios e parques imperiais. O controle de qualidade e a taxação exigiam inspeções e controle. Os preços, de acordo com a lei Qin, precisavam ser escritos em etiquetas presas a cada item à venda. Na capital Han, Changan, o comércio e a manufatura se desenvolviam em dois gigantescos mercados murados, o equivalente antigo de um shopping. Inspirado pelas coleções de presentes exóticos do soberano, os súditos dos Han podiam, mediante o devido pagamento, desfrutar de cosméticos e comidas produzidos além das fronteiras imperiais.

Havia muito que essas fronteiras eram uma fonte de perigo e inovação. A atividade dos povos nômades continuava pressionando os governantes chineses a buscar formas de lidar com os povos que eram incapazes de absorver. Os nômades xiongnu, que haviam consolidado seu império nas regiões ocidentais durante a enérgica expansão do Estado Qin, eram uma das maiores ameaças.

As relações com os xiongnu, que compreendiam muito bem os recursos e vulnerabilidades dos líderes chineses, se davam no geral de duas formas. Uma delas eram as guerras perdidas com frequência pelo exército chinês, que precisava enfrentar cavalarias autossuficientes e de grande mobilidade, organizadas em unidades decimais e habilmente conduzidas pelo supremo líder dos xiongnu, o *chanyu*, que era protegido por sua guarda imperial de elite. A outra estratégia era firmar acordos – comprar a paz dos xiongnu. Imperadores Qin e Han tentaram as duas abordagens. Argumentos em prol do enfrentamento agradavam tanto aos militares ambiciosos como aos conselheiros instigados pelos saques dos xiongnu, e pelas deserções daqueles que preferiam se juntar aos nômades. Mas a partir de 200 a.C., quando uma guerra agressiva contra os xiongnu terminou com o imperador Han cercado e forçado a implorar pela paz, as alianças matrimoniais se tornaram o sistema predominante.

O regime dispunha de quatro elementos: a transferência de produtos chineses cobiçados pelos nômades; o casamento de uma princesa Han com o *chanyu*; a equiparação dos Estados Han e xiongnu; e a definição da Grande Muralha como limite entre os dois. Em 162 a.C., um tratado estabeleceu o comando do *chanyu* sobre os "arqueiros" ao norte da Grande Muralha e o domínio de Han sobre os povos sedentários do sul.

A divisão do mundo em dois impérios equivalentes, mas distintos, provocou reflexões sobre o que tornava o Império Chinês diferente do nômade. Os acadêmicos criaram uma imagem do povo chinês oposta à de seus desafiantes: sedentários em vez de móveis; comedores de grãos em vez de carne; vestindo-se com tecidos em vez de peles. Mas mesmo que historiadores chineses da

> " Eu e o chanyu somos os pais do povo. Os problemas surgidos no passado em razão de equívocos dos nossos subordinados não devem arruinar nossa alegria fraternal... Eu e o *chanyu* devemos deixar nossos problemas do passado de lado para trilharmos lado a lado o caminho superior."
>
> **Imperador Wen, 162 a.C.**

posteridade tenham reificado os chineses e os "bárbaros" como dois povos em eterno conflito entre si, na realidade a intersecção entre os comandos Han e xiongnu muitas vezes se dava por meio da diplomacia entre impérios. O reconhecimento de que os nômades tinham sua própria ordem social e que a melhor maneira de mantê-los sob controle era negociar com seus líderes, encarados como autoridades políticas, tornou-se um elemento fundamental da estratégia chinesa.

Mas a diplomacia não era suficiente para nenhum dos dois lados, e cada um precisava se preocupar com sua fragmentação interna e as deserções. Tanto o *chanyu* como o imperador buscavam aliados entre os povos sujeitados – uma tática que veremos repetidas vezes. Sob o imperador Wu, os exércitos Han buscaram flanquear os xiongnu por meio de uma campanha pela Ásia Central, onde conquistaram Fergana em 101 a.C. As disputas entre os xiongnu e os Han continuaram por mais um século, mas quando os xiongnu começaram a se fragmentar, os líderes de seus antigos súditos renegociaram suas relações com os Han e, ao fazê-lo, receberam honrarias oficiais. Os nobres xiongnu confirmaram sua lealdade por meio de tributos oferecidos ao imperador Han. Cavalos e armaduras oferecidos pelos nômades e o envio de reféns à corte chinesa foram recompensados com seda, ouro, arroz e dinheiro, demonstrando a superioridade do poder Han.

Os perigos do sucesso

Os esforços dos Han para controlar suas fronteiras ocidentais levaram os soberanos do império a realizar uma reconfiguração fundamental de seu exército, o que teve consequências não premeditadas e de longo prazo. O império abdicou do serviço militar universal, finalmente abolido no ano 32 d.C. Infantarias de camponeses não eram páreo para os nômades das fronteiras, e, durante o século I a.C., o império começou a utilizar os impostos dos camponeses para empregar soldados profissionais, geralmente nômades que haviam se sujeitado ao imperador e eram capazes de deter os outros nômades na fronteira. Mas a prática de permitir que os camponeses pagassem para não servir tornou os recursos deles ainda mais escassos, levando muitos a se endividarem e sucumbirem a regimes de servidão. O fenômeno ampliou os poderes das elites locais, que puderam mobilizar seus devedores ou recrutas recalcitrantes em prol de seus interesses privados. Uma revolta impressionante de famílias fortes contra a centralização excessiva do imperador nas primeiras décadas do século I d.C. mostrara que os camponeses podiam transferir sua lealdade às elites regionais. Os Han responderam com o deslocamento dos antigos povos nômades para a zona central do império, onde podiam debelar ou prevenir rebeliões locais. A busca de recursos externos para a defesa doméstica e de fronteira, delegada a chefes tribais, coincidiu com a realocação da revigorada dinastia Han para o leste e a reconstrução de uma capital em Luoyang.

Durante dois séculos, as estratégias Han sabotaram a integridade de xiongnu, mas, no longo prazo, o fim da soberania do *chanyu* teve consequências devastadoras para os Han. Com o fim dos subsídios xiongnu, as tropas nômades da fronteira voltaram a saquear as populações sedentárias. Os camponeses responderam com um recuo para o leste, e o governo Han, incapaz de forçar a recolonização das fronteiras ocidentais, concentrou seus esforços de defesa na capital. O império desceu pela ladeira escorregadia da descentralização, concedendo aos governantes provinciais o comando sobre seus funcionários, o que incluía alguns militares, e o poder de recrutamento. O resultado foi um regime de comandantes militares no território central – já muito reduzido – e a perda de controle sobre as unidades de fronteira. O império produzido pela centralização militar havia perdido o contato com seus camponeses, engolido os nômades e armado seus próprios intermediários, que por fim se voltaram contra ele.

ROMA E CHINA, NATIVOS E FORASTEIROS

Quando os Han perderam o controle, o Império Chinês enfrentava o pior cenário possível: encontrava-se sob ataque de nobres insubordinados justamente quando os apoiadores de aliados nômades da dinastia também estavam fragmentados e eram perigosos. Porém, quatro séculos mais tarde o império foi recomposto, antes pelos Sui e mais tarde pelos Tang, uma dinastia mista turcomana-chinesa que galvanizou novamente o regime com suas habilidades militares nômades, o budismo e o comércio de longa distância. O padrão de desagregação e reconstituição do Império Chinês retornou após os Tang e perdurou até o século XX. A continuação da história do Império Chinês está no capítulo 7. Por enquanto, cabe focar na questão da história imperial. Por que o Império Chinês era continuamente recomposto mais ou menos no mesmo local, mas Roma – enquanto Estado – jamais foi reerguida?

Em primeiro lugar, é preciso pensar em algumas similaridades. Ambos os impérios emergiram mais ou menos na mesma época – entre os séculos III a.C. e III d.C. – em lados opostos da grande massa territorial da Eurásia. Os produtos chineses, comercializados por meio de rotas terrestres intercontinentais, chegavam até o Mediterrâneo, mas nenhum dos dois impérios sabia muito a respeito do outro. Cada um acreditava ser o soberano do mundo inteiro. Tanto Roma como China foram fundadas tendo como base o poderio militar e a produção agrícola, e dependiam de uma taxação rigorosa para conectar esses dois elementos. Ambos construíram estradas – as chinesas provavelmente tinham o dobro da extensão das romanas – para conectar seu imenso espaço, e também fizeram do ensino uma característica das elites. Cultivavam os bons modos e estimulavam a escolaridade, realizavam censos e podiam empregar o dinheiro dos impostos para a manutenção de exércitos imensos e da corte imperial. Os dois impérios administravam populações enormes – cerca de 50 ou 60 milhões de pessoas – e sobreviveram por séculos enquanto Estados. Seus repertórios de poder foram duradouros, muitas vezes na memória, algumas outras na prática.

DINASTIAS CHINESAS
(listagem parcial)
Qin, 221-206 a.C.
Han, 206 a.C.-220 d.C.
Colapso do império, 220-589
Sui, 589-618
Tang, 618-907
Fragmentação, 907-60
Song, 960-1279
Yuan, 1279-1368
Ming, 1368-1644
Qing, 1644-1911

O que distinguia esses impérios poderosos e influentes um do outro?

A geopolítica teve sua influência. Os líderes Qin e Han trabalharam a partir de ideias de governo sobre áreas amplas que remontavam até dois milênios a.C., elaboradas por reis Zhou e afiadas durante as guerras entre Estados posteriores. O republicanismo militante de Roma não tinha um ancestral político direto. Buscaram inspiração em potências longínquas do leste do Mediterrâneo – Grécia, Pérsia e Egito –, mas tiveram mais espaço de manobra na hora de criar suas instituições imperiais.

Por meio de conquistas, taxação e proteção do comércio, Roma transformou o Mediterrâneo em um mundo unificado, mas esse sistema econômico integrado em torno do mar também era vulnerável. Quando os imperadores se afastaram de Roma com seus exércitos, o sistema começou a se fragmentar. Sem as estruturas de conexão, sua economia diferenciada entrou em declínio

**Figura 2.3
Arco romano e muralha chinesa**
Arco romano de Trajano em Timgad, Argélia. (Imagem do final da década de 1880. Biblioteca do Congresso.)

Grande Muralha da China. (Foto de Langdon Warner, 1923-4. Coleções Especiais, Biblioteca de Belas-Artes da Biblioteca Universitária de Harvard.)

e reconquistar o centro deixou de valer a pena. A mudança de Constantino para o leste foi uma realocação para um espaço imperial mais promissor (ver capítulo 3), enquanto as estradas, o comércio, a produção artesanal e a vida urbana entravam em decadência no oeste.

Ao longo dos séculos, o Império Chinês se partiu em diversos fragmentos, mas cedo ou tarde um conquistador os reunia. A China não se concentrava em uma única cidade ou em um mar específico, cuja economia diversificada era unida pelo comércio e pela taxação. Quando os imperadores julgavam útil ou necessário, transferiam a capital para outro lugar. O império se mantinha em movimento também de outros modos: o reassentamento de súditos perigosos em outros locais era uma estratégia para controlar o poder regional, que representava a maior das ameaças ao imperador. As interações com nômades e outros povos nas fronteiras em constante transformação induziram a exploração de longa distância, o aprimoramento militar e a inovação política entre os líderes chineses.

O caráter fixo de Roma e dos romanos e a flexibilidade espacial do Império Chinês influenciaram a maneira como cada Estado era governado. Instituições políticas romanas se desenvolveram em uma cidade onde os soldados-cidadãos tinham poder e direito a voto. A ousada inovação política da soberania popular estava conectada ao espaço manejável da cidade, e a ideia radical de conceder cidadania aos forasteiros derrotados permitiu que o império se expandisse sem perturbar – ao menos por longos períodos – o comando da capital. Embora os quadros e funções de várias instituições – Senado, magistrados, cônsules, assembleias populares – tenham sido alterados ao longo do tempo, um certo comprometimento com a preservação dos direitos dos cidadãos e dos processos legais foi mantido, ao menos em princípio.

Governantes chineses também se comprometeram em administrar dentro da lei, mas operavam a partir de uma concepção distinta. O imperador não pedia que a população aprovasse sua legislação: pelo contrário, ele cumpria seu dever diante da sociedade ao despachar regulações corretas e punições adequadas para os casos de violação. Nesse período formativo, a lei chinesa era um conjunto de regras que emanava do imperador. Dessa perspectiva – e em contraste com a multiplicidade de âmbitos legais em Roma –, não havia por que implementar um poder judiciário autônomo. A lei era uma parte da administração. Funcionários públicos sábios podiam interpretar a lei, mas seus conselhos se dirigiam ao imperador e não eram debatidos ou manipulados em um fórum mais ou menos público. Nas províncias chinesas eram os governadores, as autoridades dos condados e seus assistentes que processavam as questões judiciais. Essa importante tarefa era mantida fora do alcance dos nobres da região.

Como foi sugerido no capítulo 1, todos os impérios precisavam garantir que seus intermediários fossem leais e subordinados. Roma e China encontraram maneiras distintas de fazer isso, e suas estratégias gerenciais também ajudam a responder por que a China renasceu e Roma não. Para a China, a instituição-chave era o governo por meio de agentes oficiais. O império havia sido criado a partir de conflitos entre reis rivais, e desde o início a maior ameaça ao império era a possibilidade de que os sujeitados, ou outros poderes regionais, derrubassem o regime ou assumissem o comando. Para frear essa possibilidade, líderes Qin e Han criaram um sistema de serviço público centralizado que se estendia pelas terras do interior. O recrutamento, a educação e os exames mobilizavam talentos locais, atraindo os melhores e mais brilhantes para a administração imperial. As recompensas para as elites imperiais podiam ser enormes em termos de recursos, prestígio e de um modo de vida culto, e talvez fosse por isso que, durante os longos interlúdios entre as dinastias exitosas, o Império Chinês continuou sendo um ideal político pelo qual valia a pena lutar.

Roma geria seus intermediários de forma indireta. Desde o início, a excelência militar era um caminho para que cidadãos comuns atingissem até mesmo as patentes mais elevadas, mas as elites também conseguiam manter seu status, participar dos cultos imperiais públicos, pagar seus impostos e aprimorar seu modo de vida por meio das conexões culturais e comerciais de Roma. O império recompensava suas elites com terras, escravos, status legal e confortos. As grandes famílias senatoriais e outras desenvolveram um interesse por suas propriedades provinciais, onde conseguiam gozar dos seus privilégios de cidadão e viver ao modo romano. Mas esse fenômeno também é uma pista para os motivos do desaparecimento gradual do império. Na China, aqueles que pertenciam à elite tinham as habilidades necessárias para servir como oficiais do império e a motivação necessária para recriar o modelo existente. Nos últimos anos de Roma, contudo, a aristocracia não tinha nenhuma das duas coisas. Conforme o império foi se tornando incapaz de impor disciplina e oferecer recompensas, as elites regionais passaram a investir todo seu capital cultural – incluindo seus conhecimentos de direito e soberania – no âmbito local, apoiando as ideias romanas sem apoiar o império em si. A China surgiu quando os senhores locais aderiram à iniciativa política de construir um império; Roma terminou quando os senhores locais decidiram trilhar seus próprios caminhos.

Para concluir, serão abordados outros dois temas: a imaginação política e a política da diferença. Os dois impérios respeitavam o conhecimento e o empregavam de formas distintas, mas com algumas coincidências. Por vezes, os intelectuais romanos exaltavam as glórias de Roma, criavam mitos originários heroicos e redefiniam sua civilização para adaptá-la conforme o tempo que viviam. Também podiam se queixar da corrupção e da decadência de seus conterrâneos, mantendo em cena os supostos princípios políticos e virtudes romanos. Os estudiosos chineses exaltavam as virtudes de governantes anteriores – ou questionavam seu legado – para informar e glorificar a dinastia de sua própria época. O calendário romano incorporou seus antigos imperadores como nome dos meses, ao que se presume para exaltá-los por todo o sempre. As eras chinesas recomeçavam do zero com cada novo imperador: o ano era chamado por seu nome e numerado pela duração de seu reinado. Práticas como essas indicavam a primazia do imperador no presente e no futuro.

Que diferença esses esforços de propaganda e hábitos de governo faziam para as concepções políticas dos súditos? Em ambos os casos, para a vasta maioria da população, fosse ela livre ou escrava, o império era uma realidade dada e sua atividade política estava direcionada para os poderes mais próximos: proprietários de terra, líderes tribais, homens de posses e comandantes militares. Ainda assim, os dois impérios projetaram formas de pertencimento que podiam ser evocadas e interpretadas por pessoas de status distintos. Essas criações políticas marcaram o mundo.

A cidadania romana foi uma grande invenção. O conceito, provavelmente adaptado das cidades-Estados gregas, foi institucionalizado durante a república e mantido ao longo da expansão do império. Tanto a decisão dos romanos de estender a cidadania para além dos domínios da cidade, como a concessão da cidadania por Caracala a todos os homens adultos e livres do império em 212 d.C., impactaram profundamente o modo de se imaginar os direitos e a soberania. A cidadania imperial tinha diversos significados: um status legal com obrigações e proteções, uma fonte de honra e orgulho, um sentimento de superioridade cultural, uma ligação pessoal com o poder do Estado e com os outros cidadãos, mesmo a grandes distâncias. O regime podia existir por meio de seus membros, e não apenas do grupo de servidores do imperador ou daqueles que disputavam o poder. O modo como essa ligação com o Estado e os outros cidadãos seria ativada, o que ela podia expressar e produzir e o que significava para os impérios eram questões que seriam trabalhadas, retrabalhadas, discutidas e jamais pacificadas, desde a época do Império Romano até o presente.

O fato de que a cidadania romana era cobiçada implica que nem todos a possuíam. Mas a forte crença dos romanos na superioridade de seu estilo de vida era acompanhada pela ideia de que todos os povos, por mais bárbaras que fossem suas origens, poderiam fazer parte da *humanitas*, caso fossem devidamente instruídos. Ainda assim, apenas um tipo de humanidade podia ser chamado de civilizado: o romano.

Imperadores, ministros e militares chineses também acreditavam na superioridade de sua civilização, e também foram confrontados por forasteiros que viviam de outras formas. Mas o modo chinês de lidar com o "outro" nômade era coerente com a grande criação chinesa – o governo por meio de agentes oficiais. Líderes selecionados com origens "bárbaras" podiam, enquanto indivíduos, tornar-se subordinados e conselheiros do imperador, e assim adquirir as virtudes associadas com a boa governança. Enquanto coletividades, os forasteiros podiam ser reconhecidos e gerenciados com alianças pragmáticas, relações tributárias e emulação militar. Alguns acadêmicos reescreveram essas interações como uma oposição inflexível entre os Han e os bárbaros, mas mesmo esses relatos reconhecem que os segundos também tinham seu modo de lidar com a questão.

Tanto líderes chineses como romanos se empenharam para manter leais e produtivas suas populações diversas. Primeiramente com a concessão da cidadania e, mais tarde, com a adoção do cristianismo, os romanos incentivaram a ideia de uma comunidade política superior e singular baseada em direitos e uma cultura comuns. Os líderes chineses, situados no limiar entre os povos nômades e sedentários, não exigiam essa uniformidade nem ofereciam a qualquer pessoa o direito de cidadania, que poderia causar turbulências. Mas o Império Chinês acomodou e explorou contribuições de forasteiros, e a diplomacia prestou atenção na realidade dos poderes externos, prestando-lhes o devido respeito. Há dois mil anos, Roma e China expressaram duas variantes da política da diferença. Seus modos de abordar as questões de pertencimento político e de como tratar as pessoas alheias à cultura central tiveram um impacto duradouro sobre a trajetória do poder imperial.

3
Depois de Roma
Império, cristianismo e islã

Roma moldou a geografia de regimes posteriores; as memórias de Roma galvanizaram os construtores imperiais durante o milênio seguinte. Elites espalhadas por um espaço imenso haviam participado da cultura e da política romanas. A língua latina, o cristianismo e as ideias de atividade cívica estavam à disposição de líderes ambiciosos. Este capítulo estuda os impérios que tentaram assumir o lugar de Roma. Serão tratados temas que perpassam todo este livro: o surgimento de novos competidores a partir dos escombros de antigos impérios, a réplica do imaginário de impérios anteriores, a síntese e a transformação de práticas prévias, o desafio de encontrar intermediários e manter sua lealdade e a recorrente fragmentação imperial. Também faz parte uma novidade de grande peso na história dos impérios: a vinculação do poder imperial ao monoteísmo, em suas variantes cristã e islâmica, e as implicações que uma religião com potencial para abranger todos os âmbitos da vida social teve sobre as políticas imperiais de diferença.

Ao final do século IV, o Império Romano não era mais o regime que havia absorvido os deuses dos povos conquistados. Havia se tornado um reino cristão. O monoteísmo era uma ferramenta imperial, mas também representava um risco que se mostrou bastante real: cisma. A asserção do imperador de ser o único porta-voz terreno de uma divindade única gerava desafios: e se o verdadeiro representante divino fosse outra pessoa? Não seria possível que os problemas do império, desde as pragas até a derrota em uma batalha, fossem um sinal de que o imperador havia traído sua fé? Cristianismo e islã, ambas "religiões do livro" construídas sobre uma herança comum, inspiraram disputas pela autoridade imperial.

Como vimos, impérios têm a capacidade de se adaptar às diferenças culturais e linguísticas dos povos que encontram. O monoteísmo não implicava necessariamente um conflito com os incrédulos. Muçulmanos, judeus e cristãos do mundo mediterrâneo, e mesmo fora dele, conseguiam comercializar e interagir uns com os outros de forma pacífica. Mas a combinação entre império e monoteísmo trazia um risco letal: esforços expansionistas concorrentes baseados nas visões universalistas de civilizações mutuamente excludentes. Seriam tais conceitos abrandados pela realidade de governar um regime complexo? O exercício do poder imperial por cristãos e muçulmanos colocou as questões da tolerância e da exclusão em primeiro plano.

Ao encararmos regimes cristãos e islâmicos como impérios, vemos duas histórias entrelaçadas e algumas semelhanças estruturais. Esses Estados que proclamavam sua unidade perante um único deus eram vulneráveis às pretensões grandiosas e voláteis de seus soberanos.

DE ROMA A CONSTANTINOPLA

Se houve uma cidade que serviu de ponto focal para um espaço imperial, essa cidade foi Roma, a Cidade Eterna. Ainda assim, em 324, o imperador Constantino criou uma segunda capital na cidade de Bizâncio. Inicialmente chamada de Nova Roma, ela logo se tornou conhecida como Constantinopla, em homenagem ao seu fundador. O centro de autoridade imperial migrou para uma região de língua grega, embora a própria Bizâncio, como muitos centros de comércio do império, tivesse uma população diversificada. A língua do governo continuou sendo o latim. Bizâncio estava situada em um cruzamento avantajado, na ligação entre o Mediterrâneo oriental, o mar Negro e as rotas de comércio interasiáticas. Talvez o intuito do imperador fosse ampliar sua autonomia em relação às famílias romanas mais proeminentes. Quando inaugurou sua nova capital, em 330, Constantino decorou uma coluna com figuras da mitologia grega e de narrativas cristãs, criando um elo entre as tradições clássicas e a nova religião de Estado.

Religião e poder no Império Romano do Oriente

O império de Constantino ainda era romano, mas no final do século V ele foi dividido entre as porções oriental e ocidental, cada uma governada por um soberano distinto. Alguns imperadores posteriores tentaram reuni-lo, sem sucesso. A parte ocidental, incluindo a própria Roma, foi tomada pelos ostrogodos no final do século V. Ali, a autoridade imperial deu lugar à fragmentação

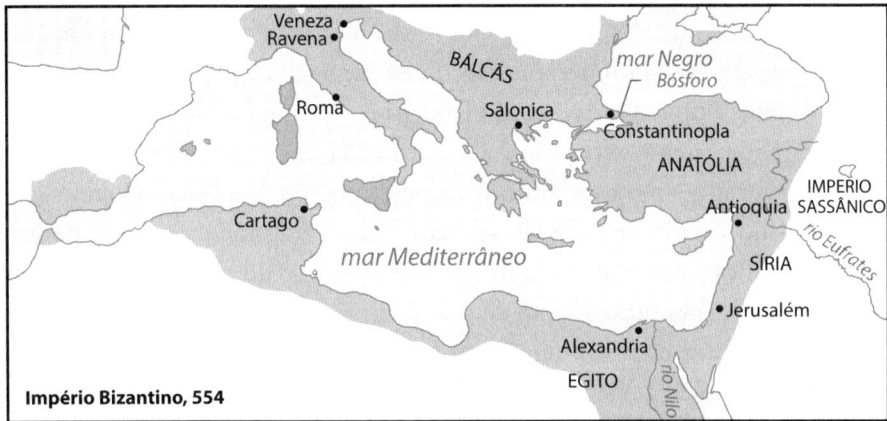

Mapa 3.1
Expansão e contração
do Império Bizantino

do poder político, à ruptura das conexões culturais e econômicas e a conflitos militares. O império oriental só passou a ser chamado de "Bizâncio" após sua queda. De início, a cultura palaciana do império oriental refletia não apenas sua herança latina e locação grega, como também a influência de outros regimes que se confrontavam havia séculos, especialmente o Império Sassânida, na Pérsia.

Os dias de glória de Bizâncio ocorreram no século VI, entre 527 e 565, durante o reinado de Justiniano e sua rainha, Teodora. Ele derrotou os ostrogodos na Itália e restaurou a soberania romana em seu novo formato bizantino. Os exércitos bizantinos reconquistaram o Norte da África dos vândalos e mantiveram um equilíbrio – às vezes por meio da guerra, outras com a paz – com o Império Sassânida. A concepção que Justiniano tinha de Roma, um império guiado pela lei, encontrou expressão no *corpus juris civilis*, uma codificação da lei romana publicada em 534. O Código de Justiniano era uma adaptação – mas também uma reafirmação – da lei romana, que havia sido influenciada pelo cristianismo e representava a vontade do imperador. Nela, reiterava-se a obrigação do Estado de oferecer aos seus súditos julgamentos diante de um juiz e especificava-se o conteúdo da lei. Mas o sucesso de Justiniano dificultou a vida de seus sucessores: o custo de suas guerras deixou o império em dificuldades financeiras e com suas amplas fronteiras vulneráveis.

A população do Império Romano do Oriente era extremamente diversificada: os maiores grupos linguísticos incluíam gregos, latinos, eslavos, coptas, árabes e berberes. As cidades, de Alexandria à Antioquia e Salonica, eram cosmopolitas: supostamente, 72 línguas eram faladas em Constantinopla. Armênios, gregos, judeus e latinos tinham um espaço consolidado na vida comercial do império. Assim como Roma, o Império Romano do Oriente era uma rede de centros urbanos que incluía cerca de novecentas cidades com instituições características: banhos públicos, escolas e igrejas. O grego era o idioma litúrgico e o latim, o administrativo, mas não houve esforços para impor qualquer um dos dois à população. O interior propiciava o excedente agrícola necessário para manter essa rede de centros urbanos, mas conservou sua diversidade de povos e línguas, aderindo à cultura imperial sem, contudo, integrar-se a ela totalmente.

A figura singular do imperador, que garantia ordem e proteção para o regime diferenciado, era complementada pela devoção a uma divindade única. Seu apelo não se limitava aos cultos locais e ancestrais, e a devoção a ela fornecia uma base moral comum para as interações em um amplo espaço. O imperador Teodósio completou a transição para o cristianismo. Baniu as cerimônias pagãs em 392, fechou templos e destruiu ídolos. Aliada ao Estado, a Igreja cristã enriqueceu: possuía terras, coletava donativos junto aos ricos e gozava de subsídios estatais. Parte dessas receitas era convertida em auxílio aos pobres, mas uma boa fatia era gasta na construção de igrejas e de obras de arte. A grande igreja de Santa Sofia em Constantinopla, construída durante o reinado de Justiniano e Teodora, unia escala e refinamento de forma extraordinária. Justiniano convocou artesãos para adornar construções em todo o império: os impactantes mosaicos das igrejas de Ravena – na costa adriática da Itália – são um exemplo famoso. Monastérios sustentados pelos ricos moldaram uma cultura eclesiástica e, por meio de suas conexões, uniram todo o mundo cristão.

Teria o cristianismo sido uma força unificadora para o império? Atrelar o Estado a uma religião proselitista, de apelo aparentemente universal e reforçada por uma autoridade escritural, oferecia boas perspectivas para a consolidação de um império mundial: um deus, um império, um imperador. Mas o cristianismo só seria uma força unificadora se as interpretações divergentes – e havia muitas – da doutrina eclesiástica fossem toleradas ou suprimidas. Além disso, era preciso prestar atenção na

> "Toda comunidade governada por leis e costumes usa em parte sua própria lei e, em parte, as leis comuns a toda a humanidade. A lei que um povo cria para o seu próprio governo pertence exclusivamente ao respectivo Estado e é chamada de lei civil, por ser a lei de um Estado em particular. Mas a lei que a razão natural designa para toda a humanidade vigora entre todas as nações, porque todas as nações a utilizam. O povo de Roma, portanto, é governado em parte por suas próprias leis e, em parte, pelas leis comuns a toda a humanidade."
>
> **Código de Justiniano, prólogo**

diversidade religiosa dos espaços bizantinos. Com o tempo, foram desenvolvidas diferentes formas para abordar as religiões. O império era hostil ao politeísmo, relativamente tolerante com os judeus monoteístas e, após a ascensão do islã, propenso às trocas comerciais com seus parceiros muçulmanos, mesmo durante as guerras. Em geral, era pragmático diante da interação entre cristãos e não cristãos nas redes comerciais. O império era muito menos tolerante quando se tratava de discordâncias internas ao cristianismo. Já em 325, Constantino tentou fazer com que os bispos acabassem com suas rixas e chegassem a um consenso doutrinal. Mas essas disputas, bastante inflamadas, acabaram causando muitas divisões, principalmente nos casos em que os dissidentes eram acusados de heresia.

O patriarca de Constantinopla era conhecido como "patriarca do mundo todo" (*oikoumene*, em grego). Outros patriarcas se instalaram em Alexandria, Antioquia e Jerusalém, com bispados em outras cidades. Enquanto a Igreja de Roma tentava seguir como uma instituição independente após a conquista dos ostrogodos, o cristianismo a leste do Mediterrâneo mantinha laços estreitos com o Império Bizantino. O imperador em Constantinopla se apresentava como único regente de Deus na Terra, nomeava o patriarca cristão e

Figura 3.1
Justiniano I, imperador bizantino, e seu séquito, *ca.*547. De um mosaico na igreja de San Vitale, Ravena, Itália. (Biblioteca de Arte Bridgeman, Getty Images.)

presidia os conselhos da Igreja. Tanto as autoridades governamentais como as eclesiásticas eram constantemente divididas por discordâncias doutrinárias, entre as quais se destaca o papel dos ícones no culto. Mesmo assim, a Igreja do Oriente se tornou uma entidade distinta. Declarou sua separação da Igreja sediada em Roma diversas vezes, e o cisma de 1054 acabou se revelando definitivo. Após 800, quando Carlos Magno foi coroado imperador pelo papa em Roma, dois tipos alternativos de relação entre império e Igreja, com duas linhas genealógicas imperiais que remontavam a Roma, passaram a coexistir em tensão constante.

A relação próxima entre o império e a Igreja em Bizâncio, bem como o conflito com os regimes islâmicos, redefiniu o império como uma comunidade de fé de um modo inédito para Roma. Esse tipo de império cristão moldou lentamente uma comunidade de povos unidos por sua história e cultura religiosa e sujeitados pelo centro a graus variáveis de controle político. A influência da Igreja se difundiu até mesmo fora do império, onde a distância em relação a Constantinopla dava aos líderes religiosos uma margem de manobra maior. No século IX, os líderes da Igreja – diferentemente de suas contrapartes ocidentais, que insistiam em utilizar o latim – professavam o cristianismo em línguas eslavas. A Igreja do Oriente acabou dando origem a algumas variantes do cristianismo ortodoxo: as ortodoxias grega, russa, armênia e copta, que sobreviveram por muito mais tempo que o Império Bizantino. Na porção ocidental da Europa, o cristianismo romano evoluiu e se tornou a Igreja Católica, que reivindicava sua universalidade, mas na verdade era definida pelo alcance e pelos limites da autoridade papal. A versão bizantina da ortodoxia cristã se mostrou inovadora e adaptável às políticas imperiais, criando elos – organizacionais e ideológicos – em um espaço imenso.

O Império Bizantino manteve as principais instituições romanas: o exército, com aproximadamente 650 mil homens ao final do século IV, e uma classe – muito inferior em termos numéricos – de funcionários públicos, com algo entre 30 mil e 40 mil homens. Mais importante que isso, os bizantinos deram continuidade às práticas de recolhimento de impostos dos romanos. A prática de remunerar burocratas e soldados por meio da taxação distingue o Império Bizantino dos regimes que surgiram após a queda do Império Romano do Ocidente, onde os reis dependiam de senhores locais para o fornecimento de homens e materiais. Constantinopla manteve a capacidade de construir estradas e aquedutos e de garantir a emissão de uma moeda estável por mais de setecentos anos. O império-Estado se fazia presente nas práticas cotidianas e na imaginação das pessoas em muitos lugares.

O imperador bizantino, em um padrão que também será observado em outros impérios longevos, tinha a capacidade de controlar recursos que lhe garantiam certo distanciamento dos aristocratas imperiais ou das elites locais que compunham a sociedade. Adaptando práticas das cortes da Pérsia, e outros locais da região, os bizantinos empregaram eunucos e conselheiros, oficiais subordinados e criados, sobretudo para controlar quem tinha acesso ao imperador. Sem ambições dinásticas ou atrelamento a papéis de gênero masculino ou feminino, os eunucos eram, como afirma Kathryn Ringrose, "os criados perfeitos".

A habilidade de concentrar forças para batalhas a fim de ampliar ou proteger o território e maravilhar os súditos foi essencial para esse império geograficamente amplo. Com sua capital às margens do bem protegido Bósforo, e em posse de uma ampla gama de meios e recursos para redistribuir, o Império Bizantino se mostrou mais preparado para se defender do ataque de piratas, saqueadores, cidadãos ambiciosos, povos migrantes e impérios adversários do que o Império Romano do Ocidente. Os bizantinos revolucionaram a frota de guerra naval ao equiparem suas embarcações com lança-chamas que aterrorizavam seus inimigos.

Assim como Roma fizera antes, Bizâncio complementou seu corpo de soldados profissionais com guerreiros de áreas de fronteira, os assim chamados bárbaros – godos, hunos, citas, eslavos e, mais tarde, turcos –, em oposição aos quais o império se definia. Como os nômades das fronteiras chinesas, essas tropas tinham muito a ganhar cooperando com um sistema imperial vasto e bem organizado, mas não eram especialmente leais. No século VII, sob o ataque de forças árabes, os bizantinos reorganizaram sua administração provincial e seu exército. Dividindo o território em áreas chamadas de "*themata*", controladas por comandantes militares, o império cedeu terras para os soldados na esperança de que seus descendentes continuassem a servir no exército e a cultivar a terra. Essa estratégia permitia uma redução dos pagamentos sem que a lealdade das unidades militares fosse afetada. A reforma, um meio termo entre o modelo romano – um exército sustentado por impostos – e a dependência de serviçais fornecidos pelos aristocratas – comum na Europa Ocidental pós-romana –, apresentava certo risco para um império cujo centro estava na corte e nas zonas urbanas. As *themata* poderiam se tornar centros dispersos de poder, e os soldados ficariam tentados a tratar os recursos como seus. No século XI, quando magnatas passaram a comprar o direito de recolher impostos dos camponeses, uma função antes realizada diretamente pelo Estado, o sistema se tornou mais parecido com aquele do Ocidente pós-Roma. Forças militares externas e o sistema de concessão de terras foram elementos úteis, mas perigosos, presentes em muitos repertórios imperiais.

Para a administração de rotina, era fundamental que as cidades resolvessem suas próprias questões por meio de conselhos municipais, que também deviam cumprir tarefas determinadas pelo governo imperial como reparos em edifícios e aquedutos, policiamento na cidade, limpeza das ruas, manutenção dos mercados e alojamento para os soldados. Cidadãos locais eram governados pelo sistema romano de prefeitos-administradores e juízes que respondiam diretamente ao imperador e cobriam territórios específicos. Rituais de poder exibiam a autoridade imperial e atribuíam aos nobres e servos imperiais papéis que confirmavam seu status, embora não se saiba ao certo quantas dessas demonstrações impressionavam o povo de fato. O regime bizantino dependia de três fatores principais: a habilidade do imperador para recompensar e punir, a capacidade burocrática de aplicar as regulações previstas e o interesse das elites locais pelas transações autorizadas pelo império. Quando o Império Bizantino se viu desafiado por guerras custosas e perdas territoriais, tornou-se mais difícil sustentar sua cultura urbana, e muitas culturas vernáculas dentro de suas fronteiras ganharam força.

Assim como Roma, Constantinopla não tinha um sistema claro ou fixo de sucessão imperial. A morte de um imperador provocava disputas entre as facções da elite por apoio militar e aclamação popular. Os imperadores precisavam garantir a lealdade do exército contra outros líderes em potencial, o que tinha um custo considerável. Diferentes grupos tentavam recrutar seus próprios "bárbaros" para lutar contra os outros. Alguns imperadores bizantinos eram oriundos das zonas fronteiriças do império e, geralmente por meio de façanhas militares, abriam caminho para crescer dentro da hierarquia política.

Administrar um império tão grande era um fardo considerável para uma economia em sua maioria agrária. Enquanto as grandes plantações com mão de obra escrava – onde boa parte do trabalho vinha de fora do regime – haviam sido o pilar de sustentação do Império Romano do Ocidente, sua contraparte oriental dependia mais do *colonus*, fazendeiro arrendatário. Os *coloni* eram vinculados às fazendas e podiam ser punidos caso fugissem. Sua condição era hereditária. Como os proprietários de terra tinham o direito de cobrar aluguel das famílias arrendadas – o que permitia aos senhores pagar os impostos sobre seus arrendados –, uma aristocracia de proprietários de terra se consolidou no século VIII.

Conexões imperiais: oportunidades e vulnerabilidades
A economia bizantina extraía seus lucros de diversas regiões consideravelmente férteis – as áreas produtoras de vinho e olivas ao longo do Mediterrâneo, o vale do Nilo, os Bálcãs, o vale superior do Eufrates, os planaltos da Síria – e das cidades, com seus mercadores e artesãos. O regime imperial protegia e, ao mesmo tempo, extraía sua força e coesão do contato entre as regiões urbanas e agrícolas. Os bizantinos adotaram táticas flexíveis baseadas na taxação do comércio e na autorização para que outros povos, como os venezianos, dessem conta de boa parte do trabalho de comércio e transporte.

A interconexão também gerava vulnerabilidades. A irrupção de uma praga na década de 540, por exemplo, espalhou-se pelo Egito e chegou até a Espanha no oeste e à Pérsia no leste. Assim como em outros impérios, agentes comerciais utilizavam a proteção imperial ao mesmo tempo que exploravam suas vulnerabilidades, gerando lucros, tensões e, em alguns casos, conflitos. Mercadores venezianos, cuja atividade abarcava toda a porção oriental do Mediterrâneo, cooperavam de bom grado com os poderes imperiais que protegessem suas rotas em terra e mar e fornecessem uma moeda razoavelmente estável. Pouco depois de 1100, foi concedida a eles uma área própria e de frente para o mar em Constantinopla. Foi só mais tarde, quando o poder bizantino minguou no século XIII, que Veneza se tornou uma adversária e uma ameaça à integridade territorial bizantina. Àquela altura, o império não apenas havia sobrevivido por diversos séculos como também evitara o declínio econômico decorrente da "queda" de Roma. As evidências arqueológicas – casas de pedra em cidades bizantinas, monastérios prósperos, a utilização de uma moeda bastante difundida e os vestígios de um rico comércio de azeite e vinho – revelam as vantagens econômicas do grande guarda-chuva imperial de Bizâncio.

Disputas sucessórias e conflitos civis provocaram ciclos de consolidação e dissipação do poder. Essas tensões tornaram Bizâncio vulnerável a forças externas em suas fronteiras. As guerras entre a Pérsia e Bizâncio enfraqueceram os dois lados e ofereceram oportunidades ao novo império que se expandia durante o século VII, o califado islâmico. O Império Bizantino perdeu suas províncias na Síria e no Egito, vitais por seus grãos, sua arrecadação de impostos e suas conexões, mas refreou o ataque principal contra Constantinopla em 678, bem como investidas constantes em anos posteriores (mapa 3.1). Se o centro estratégico houvesse sucumbido, especula Judith Herrin, os impérios islâmicos "teriam difundido o islã pelos Bálcãs, na Itália e no Ocidente durante o século VII, época em que a fragmentação política tornava mais improvável uma defesa organizada".

O Império Bizantino saiu desses conflitos muito reduzido em tamanho, e os impérios – que sempre dependeram da capacidade do centro para redistribuir recursos entre seus apoiadores – muitas vezes enfrentaram problemas ao se contraírem. Após perder alguns dos principais patriarcas da Igreja, sem falar em suas posses, o império encontrou dificuldades para coletar os impostos sobre a terra. Tornou-se mais difícil defender seu território reduzido e manter o seu prestígio.

Ainda assim, o império parecia ter vidas extras. Ele se recuperou no século IX, depois perdeu alguns territórios mais remotos e renasceu esplendorosamente com Basílio II entre 990 e 1025, avançando em direção aos Bálcãs e ao mar Negro no leste, detendo as investidas islâmicas vindas da Síria e mantendo seus territórios no sul da Itália, mesmo com a invasão muçulmana da Sicília. Basílio firmou acordos com potentados locais – cristãos e muçulmanos – em suas fronteiras e recolheu impostos. Suas maiores ameaças não vinham das comunidades que havia conquistado, mas de outros impérios – sobretudo islâmicos – e de seus próprios generais, que, por vezes, tentavam usurpar seu poder. Enfraquecidos pelos problemas sucessórios após a morte de Basílio, os imperadores subsequentes não conseguiram manter a mescla de choque, admiração e acordos diplomáticos, e o império retrocedeu outra vez.

Em 1071, os seljúcidas – de idioma turco – derrotaram os bizantinos de forma implacável e deram início a uma época de pânico generalizado e conflitos internos mortíferos dentro da elite militar do império. O Império Seljúcida promoveu a ocupação de boa parte da Anatólia por falantes do turco. Seu controle sobre a Terra Santa a partir de 1077 incitou cavaleiros, reis e papas na Europa Ocidental a se lançarem em uma série de cruzadas para recuperá-la em nome da cristandade. O governo de Constantinopla estava mais interessado em receber ajuda contra os seljúcidas do que nas cruzadas em si, e suas relações com os cruzados que passavam pelo império não foram nada fáceis. O pior momento se deu em 1204, quando os cruzados saquearam Constantinopla e estabeleceram um reinado latino na cidade, obrigando os líderes bizantinos a baterem em retirada para a Anatólia. O massacre de cristãos pela mão de outros cristãos, o saque de igrejas e a nomeação de um patriarca latino marcaram o início dos sessenta anos de dominação latina em Constantinopla.

O Império Bizantino não desapareceu sem mais nem menos em meio àquele mundo de cristãos cruzados, militantes muçulmanos e redes comerciais mediterrâneas. Os bizantinos deixaram suas marcas – práticas administrativas e uma cultura religiosa e artística – sobre os impérios posteriores, com destaque para o Império Otomano (ver capítulo 5) e a Rússia (ver capítulo 7). O império acabou reduzido a pouco mais do que uma cidade-Estado (mapa 3.1), mas sobreviveu até 1453, quando um novo poder imperial conduzido pelos otomanos tomou de assalto a capital junto ao Bósforo. Isso significa que o império de Constantinopla durou mais de 1.100 anos – nada mal para um regime muitas vezes encarado como um arcaísmo excessivamente complicado. A diversidade, a flexibilidade administrativa e a grande presença ritual de Bizâncio haviam transformado as tradições anteriores em um manto imperial folgado, impressionante e por vezes puído, mas de grande durabilidade. Não fosse pela durabilidade e adaptabilidade desse império ao leste do Mediterrâneo, a história mundial teria tomado outro rumo.

CHOQUE DE IMPÉRIOS? ISLÃ NO MUNDO MEDITERRÂNEO

No passado, assim como hoje, muitos dos que falavam em um "choque de civilizações" entre cristãos e muçulmanos tinham por objetivo criar divisões, e não descrevê-las. As religiões islâmica e cristã se originavam dos mesmos materiais culturais, e ambas foram moldadas na intersecção entre o Mediterrâneo e as terras adjacentes, espalhando-se pela Europa, África e pelo sul da Ásia. Os choques eram reais, mas se deviam mais às semelhanças que às diferenças – a causa era a sobreposição de ideias, recursos e ambições territoriais.

Enquanto o cristianismo se desenvolveu *dentro* do Império Romano e proclamou que a César cabia o que era de César muito antes de conquistar a mente do próprio imperador, o islã fincou suas raízes nos limites de outros

Mapa 3.2 – Expansão dos califados islâmicos

impérios, próximo o suficiente para absorver suas tradições e distante o suficiente para constituir sua própria comunidade política de fiéis. Seus textos fundamentais – o Corão, a Hádice, a Sharia – foram escritos enquanto Maomé transformava a comunidade em um império. Em retrospecto, ambas as fés criaram regimes cujo propósito era reinar sob a lei de Deus. O cristianismo e o império só estabeleceram laços no século IV, em Bizâncio. Mesmo nesse caso, o imperador e o patriarca continuaram sendo figuras distintas, enquanto, no Ocidente, o papa e os reis passavam grande parte do tempo em estado de tensão. Mas, no caso do islã, sua ligação com a construção imperial e sua capacidade de propagar sua fé e seu poder estavam presentes desde o início.

As sociedades da Arábia ocidental, cuja estrutura se baseava em graus de parentesco, viviam próximas a rotas comerciais que cruzavam o deserto e atravessavam o mar Arábico e o oceano Índico para conectar os impérios Romano e Bizantino, posteriormente, ao sul e ao sudeste asiáticos. Meca era ao mesmo tempo um ponto nodal de uma importante rede de comércio e um centro de cultos religiosos. Até mesmo comunidades politeístas da área estavam familiarizadas com o judaísmo e o cristianismo, e algumas viam Abraão (Ibrahim, em árabe), Moisés (Musa) e Jesus (Isa) como seus próprios profetas. O primeiro regime islâmico se desenvolveu em um espaço próximo dos centros de poder romano-bizantino e sassânida, o que lhe permitiu absorver suas técnicas de governo e anexação. Os arredores de Meca não conseguiam abrigar uma população densa – aquela era uma área marginal para o pastoreio e pobre para a agricultura –, de forma que o berço do novo regime ofereceu poucas das condições geográficas ou sociais necessárias para que ele se tornasse um centro imperial duradouro – ao menos se pensarmos em termos territoriais ao estilo romano. Mas na Arábia, assim como ocorreu em outros lugares onde a organização tribal e o comércio de longas distâncias coincidiam, um imaginário imperial distinto tomou forma – uma forma que permitia que as capitais fossem deslocadas e que populações fragmentadas se unissem em torno da visão pessoal e política de um líder.

> Fui enviado a toda a humanidade."
>
> **Maomé, Hádice (ditos do profeta)**

Maomé viveu entre 570 e 632, um período em que o poder de Bizâncio já claudicava. Na região de Meca, não eram raros os casos em que as pessoas alegavam ter falado com espíritos, mas Maomé afirmava ter entrado em contato com o deus único (em árabe, *Allah*), que pedira a submissão de todas as pessoas e designara Maomé como seu mensageiro. Os seguidores de Maomé expandiram a tradição profética das escrituras cristã e judaica, alegando ter recebido por meio dele uma revelação verdadeira, sem mediações ou interferências de qualquer instituição humana. Eles chamavam a si mesmos de muçulmanos, aqueles que se sujeitaram a Deus. Líderes locais de Meca expulsaram Maomé e seus seguidores da cidade, e essa fuga coletiva para Medina, conhecida como *hijra*, tornou-se um símbolo da coesão islâmica. A nova comunidade, a *umma*, era unida pela crença em um deus único e pela reverência ao seu profeta. Qual era a relação desses pioneiros com a autoridade política?

Expansão comunidade e autoridade islâmica

À primeira vista, a *umma* – onde os laços entre a comunidade política e religiosa coincidem – era a antítese da perpetuação das diferenças entre as populações de um império. De fato, os primeiros muçulmanos almejavam um grau elevado de homogeneidade e igualdade dentro de seu grupo, o que surgiu como reação às brigas tribais e à tirania dos líderes de clãs que haviam forçado o êxodo de Meca. O islã, como outras religiões monoteístas, atraía muitas pessoas em um mundo cada vez mais interconectado e que os deuses locais eram incapazes de unir. Embora os primeiros muçulmanos não estivessem preocupados com o proselitismo – como fora o caso dos primeiros cristãos –, o islã oferecia um modelo moral abrangente e atraente. Um único conjunto de práticas, os cinco pilares, marcava o universo de sua fé: exaltar um deus único e de Maomé, seu mensageiro; rezar cinco vezes ao dia; jejuar durante o mês do Ramadã; praticar caridade; e peregrinar a Meca ao menos uma vez na vida. O mundo se dividia entre *dar al-Islam*, o mundo de paz governado pelo Islã, e *dar al-harb*, o mundo de guerras fora dele. Desde o início, o regime construído por Maomé se baseou na ideia de uma comunidade religiosa única, algo que o Império Romano-Bizantino demorara muito para desenvolver. Mas, conforme a *umma* se expandia, essa comunidade singular se tornou mais complexa e cindível. Seus governantes foram confrontados com as oportunidades e os dilemas do império.

Um conjunto de leis islâmicas – a Sharia – e doutrina religiosa baseado no Corão e nas interpretações dos ditos e escritos do profeta surgiu aos poucos para cumprir com os requisitos mínimos de pertencimento. Como afirma um estudioso dos regimes políticos do início do islã, à época da morte de Maomé, a comunidade islâmica havia "adquirido as principais características de um Estado". Os pensamentos e atos de um indivíduo já não eram apenas uma questão de responsabilidade perante sua família, mas sim perante todo um regime organizado. O islã se disseminou inicialmente entre tribos árabes vizinhas, parecidas do ponto de vista cultural, mas distintas em termos políticos. Membros tribais que, atraídos pela fé, capturados pelos exércitos muçulmanos ou que se tornavam clientes dos líderes muçulmanos, podiam ser incorporados a um conjunto de crenças comum, regulado pela lei. Essa comunidade incorporadora era capaz de operar de formas impossíveis para outras tribos árabes, tanto em termos políticos como religiosos.

Assim como o Império Romano não era simplesmente uma projeção da cidade de Roma, a expansão do regime islâmico não era a simples projeção de Meca e Medina. Instituições e concepções evoluíram conforme o império em ascensão ampliava seus domínios. O ideal muçulmano da unidade das comunidades política e religiosa rapidamente levou a discussões acerca da natureza da autoridade entre os descendentes diretos de Maomé e seus primeiros seguidores, entre visões de pureza religiosa e os aspectos práticos do expansionismo e entre facções rivais que reivindicavam a mesma autoridade universal.

A expansão do islã foi marcantemente rápida. Fora da área mais próxima de Medina, o processo foi bastante semelhante a uma conquista imperial, tendo sido o produto de um exército pequeno, bem conduzido e relativamente bem pago, formado por um núcleo de soldados disciplinados e de aliados das tribos árabes. Partindo da Arábia, ainda durante a vida de Maomé, a conquista avançou sobre áreas onde a população, em grande parte árabe, vivia sob o jugo de Bizâncio. O Império Bizantino já havia perdido força na Síria devido à guerra contra o Império Sassânida da Pérsia. Em 636, quatro anos após a morte do profeta, os bizantinos se viram forçados a recuar na Síria, e os muçulmanos souberam explorar muito bem a burocracia bizantina para instalar no local a sua própria administração. No ano seguinte, forças muçulmanas derrotaram os sassânidas. O Egito foi atacado em 641, e uma década mais tarde a porção oriental da Pérsia teve o mesmo destino. Apesar dessa grande expansão sobre territórios do Império Bizantino, os árabes não conseguiram chegar até Constantinopla. No início do século VIII, contudo, sua área de ocupação ia da atual Espanha a oeste até a Índia no leste – uma extensão imperial muito mais rápida do que a de Roma.

Da mesma forma que acontecera com Roma, a elaboração de um regime imperial exigia líderes que soubessem dar conta da diversidade de povos conquistados. Os sucessores de Maomé decidiram pouco depois de sua morte que os árabes não deviam povoar as zonas interioranas que conquistavam, mas se concentrar nos vilarejos onde podiam manter sua coesão, preparar-se para a ação militar e viver de impostos, que eram mais altos para os não muçulmanos – judeus, cristãos, zoroastristas e outros. Os líderes não dependiam de ambições das elites locais de se tornarem "muçulmanas" da forma como os gauleses ou outros podiam se tornar "romanos". Em vez disso, as autoridades muçulmanas reconheciam a presença de outras comunidades religiosas – chamadas de *dhimma* –, que pagavam os impostos exigidos dos não muçulmanos. Judeus e cristãos, enquanto povos do Livro, tinham um status mais elevado do que os politeístas.

Mas o islá era atraente enquanto religião, e os muçulmanos tinham algo a oferecer como patronos. Muitos indivíduos se juntaram aos conquistadores, muitas vezes como clientes de líderes muçulmanos. A conversão e o clientelismo geraram uma população muçulmana que se expandiu, e de início era em grande parte árabe, mas já não mais dos mesmos árabes que haviam dado início à conquista.

O crescimento acelerado da superpotência muçulmana provocou conflitos em seu centro. Com a morte de Maomé em 632, a sucessão se tornou um embate entre aqueles que se diziam descendentes do profeta – por meio de suas filhas, uma vez que ele não teve filhos – e o núcleo de seguidores que peregrinara com ele até Medina. O bastão sucessório foi passado antes para Abu Baquir, um de seus primeiros seguidores e pai de uma das mulheres de Maomé. Ele foi chamado de califa (em árabe, *khalifa*), que significa sucessor. A esse episódio, seguiu-se uma longa controvérsia sobre a natureza do califa e seu papel como líder religioso e governante do povo.

Não demorou para que dois motivos de tensão – relativos à sucessão e aos poderes do califa – fossem misturados. O terceiro califa, Otomão, que governou entre 644 e 656, foi alvo de críticas por ter transformado seu califado em um reinado comum. Ele foi assassinado e sucedido por Ali, marido da filha de Maomé. A recusa de alguns líderes da comunidade em reconhecê-lo provocou uma guerra civil que se estendeu até 661. Ali foi assassinado e os seguidores de Abu Baquir assumiram o poder. Quando o filho de Ali, Huceine, reivindicou o califado alegando ser um descendente direto do profeta, uma nova guerra civil irrompeu em 680. Ele também acabou assassinado. Depois disso, Moáuia I, cujo longo reinado durou de 661 a 680, estabeleceu um princípio de sucessão dinástica, e assim o califado omíada passou a existir.

Durante esses anos de formação, figuras religiosas – os *ulama* – começaram a reivindicar autoridade para interpretar textos e tradições religiosas por conta própria, intrometendo-se no comando religioso do califa e reescrevendo a história islâmica de maneiras que dissociavam o poder político do religioso. Conforme o poder dos omíadas coalescia, os seguidores de Ali formaram uma facção rival, os xiitas. Sua interpretação do islã diferia da fé sunita dos omíadas, que havia prevalecido durante a disputa pelo califado. Os xiitas reivindicavam o poder por sua descendência, enquanto os sunitas o faziam tendo como base a lealdade e o senso de comunidade. A oposição xiita deixou claro que o caráter monoteísta do islã e os recursos do império crescente não bastavam para garantir uma visão unívoca quanto à forma que um regime islâmico deveria ter. Adeptos dessas tradições rivais continuam lutando até hoje.

Damasco, na região da antiga Síria romana, tornou-se sede do poder omíada a partir de 661, enquanto Meca continuou sendo o centro espiritual. De todas as conquistas omíadas, a mais duradoura foi em sua extremidade ocidental – a atual Espanha, ocupada em 711 por exércitos árabes que haviam seguido os passos do Império Romano pelo Norte da África. Uma mistura de árabes e muçulmanos convertidos junto a comunidades berberes se instalou por lá. Com poucos laços sociais prévios, os convertidos se tornaram apoiadores leais do califado omíada. Após conquistar boa parte da península Ibérica – um terreno diversificado que havia sido moldado por assentamentos de fenícios, celtas, judeus e outros, bem como por ondas de conquistas romanas e visigodas –, o califado instalou sua base na cidade de Córdoba. O regime não buscou eliminar ou assimilar as populações cristã e judia. A varredura do império islâmico pelo sul do Mediterrâneo foi interrompida por uma rebelião berbere em 741, que custou muito a ser suprimida, e mais tarde por conflitos dentro do próprio califado. Mesmo após perderem seu antigo centro imperial na Síria, por volta de 750, os omíadas permaneceram na Espanha. Outras dinastias muçulmanas de origem berbere assumiram o poder por lá mais tarde – os almorávidas em 1086, os almóadas em 1147 –, e somente no século XIII os reis cristãos começaram a forçar o recuo dos líderes muçulmanos. O último bastião de governo islâmico na Ibéria durou até 1492.

Não houve movimentos migratórios massivos de árabes pelo Norte da África. Os berberes da região continuaram a ser um grupo linguisticamente diverso e só se converteram ao islã muito lentamente. A presença de diferentes grupos religiosos era vista como algo natural em todo o Império Omíada. Na Síria, a língua oficial de governo continuou sendo o grego por algum tempo.

Mas a dinastia omíada fazia jus ao seu mandato religioso? A conquista deu origem a tendências contrárias aos propósitos comunitários e igualitários dos primeiros tempos da *umma*: o emprego de clientes e escravos no papel de subordinados, a diferenciação entre árabes vindos ou não de Meca e, mais tarde, entre árabes e não árabes, a incorporação de regiões persas e bizantinas com suas tradições mais hierárquicas de governo imperial. Os xiitas negavam a legitimidade da sucessão do califa, e não eram os únicos rebeldes e dissidentes. A expansão do califado tornou a questão da autoridade mais delicada: o califa estava se tornando mais um imperador, e menos um defensor do verdadeiro islã? Os princípios igualitários do islã podiam ser evocados contra as tendências hierárquicas do califado.

Em meados do século VIII, um poderoso movimento rebelde que questionava a legitimidade e as práticas do califado se desenvolveu e angariou apoio no território dos atuais Iraque, Irã e Afeganistão. Os abássidas, cujo nome advinha de um parente de Maomé, expulsaram os omíadas de Damasco em 750 e fundaram uma nova dinastia. Apesar dos elementos xiitas da rebelião, os abássidas retomaram a orientação sunita e procuraram estruturar sua própria cadeia de comando e hierarquia. Controlaram um vasto império que mais ou menos abarcava os antigos territórios romanos do Norte da África e do leste do Mediterrâneo, bem como os territórios sassânidas no Iraque e em partes da Pérsia. Sob o pretexto de restaurar a unidade da casa do profeta, a dinastia abássida durou, ao menos nominalmente, de 750 a 1258. Estabeleceu sua capital em Bagdá, cidade planejada que foi projetada para simbolizar o seu poder. De acordo com os relatos, 100 mil homens ajudaram a construí-la. Esse império, assim como outros, era capaz de alterar seu próprio centro. Bagdá criou um ponto focal para uma nova potência internacional de aspiração universal e estrutura unificada que abrigou um esplendoroso florescimento artístico e cultural.

O califado abássida enfrentou as dificuldades típicas dos impérios incapazes de articular suas províncias dentro de um único sistema econômico à moda romana. As extremidades do império podiam se integrar a circuitos econômicos independentes do centro. Em alguns lugares, isso levou à implementação de novas dinastias, com destaque para os fatímidas – cujo nome vem de Fátima, a filha do profeta – no Egito do século x, que adotaram uma forma de xiismo. Ainda mais perto do núcleo iraquiano do califado, conflitos dinásticos e sectários causaram a separação de Estados islâmicos que reconheciam a soberania dos abássidas e invocavam o nome do califa em suas orações de sexta-feira, mas, na prática, constituíram reinos de administração local.

A propagação do islã em regiões que não tinham o árabe como língua comum acabou se revelando ao mesmo tempo um problema e um trunfo. A Pérsia, onde a dinastia sassânida estava enfraquecida, foi conquistada por muçulmanos, mas jamais assimilada à cultura árabe. Lá, o xiismo acabou ocupando um espaço de proeminência. Muitas pessoas de língua turca também se converteram ao islã, e no século xi os turcos seljúcidas começaram a desenvolver suas próprias ambições imperiais.

Para enfrentar esses conflitos e ambições, os califas precisavam de mecanismos institucionais para manter seu poder. Criaram uma estrutura formal de governo, dividindo o Estado em províncias com governadores e autoridades militares e organizando tribunais para garantir o cumprimento da lei islâmica. Assim como os bizantinos, eles elaboraram um sistema de coleta de impostos em que as receitas eram divididas entre o centro e as províncias, e utilizavam o montante arrecadado para remunerar – ou comprar – soldados e agentes oficiais. Também foram firmados acordos menos formais com as tribos que haviam contribuído para as conquistas ou ocupações.

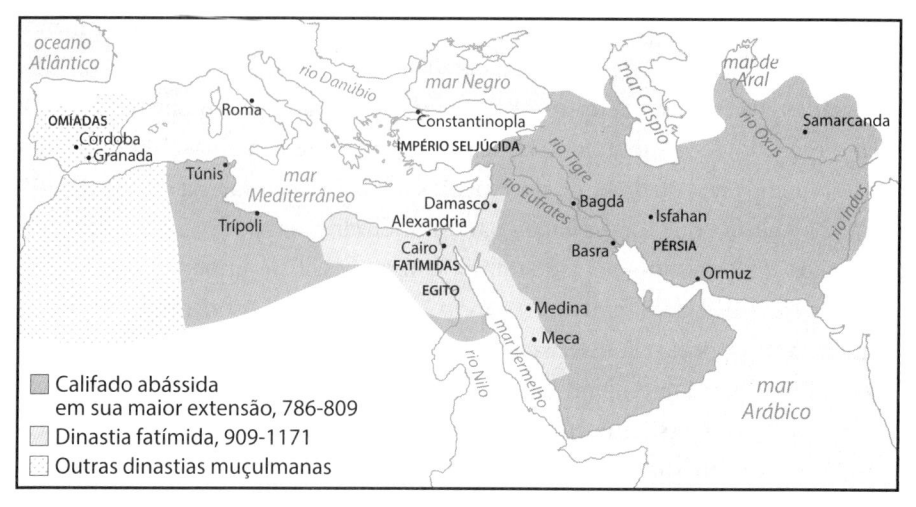

Mapa 3.3 – O califado abássida

Em sua busca por intermediários que ajudassem a governar o império, os muçulmanos recorreram a forasteiros – não apenas grupos aliados, mas também indivíduos que pudessem ser apartados de suas comunidades de origem. Moradores das regiões de fronteira, ou mesmo de fora da *umma*, serviam de contraponto aos parentes do próprio soberano e aos membros de tribos com tendências a trocar a lealdade por traição com grande facilidade. Os clientes pessoais (*mawali*, em árabe) eram vitais para o califa e constituíam um séquito que ele supervisionava diretamente. Tinham autorização para distribuir recompensas ou infligir terror em seu nome. Em alguns casos, os oficiais de alta patente e generais eram originalmente escravos capturados ou comprados em uma idade tenra, levados ao palácio, convertidos ao islã e despojados de todos os seus laços pessoais, exceto por aqueles com o califa. Alguns departamentos de governo eram geridos por eunucos, impossibilitados de nutrir qualquer ambição dinástica que não a sua própria. Os persas e os bizantinos já haviam utilizado estratégias semelhantes.

Dessa maneira, a *umma*, que outrora fora uma sociedade altamente concentrada e agora era um império em expansão, se tornou cada vez mais dependente de soldados não árabes: persas, curdos e, sobretudo, escravos da Eurásia que falavam línguas turcomanas. Tais escravos ofereciam a mística e as habilidades dos povos eurasianos: eram soldados destemidos e excelentes cavaleiros. Enquanto os reis do oeste da Europa dependiam da vassalagem – uma relação com um nobre que podia colocar seus próprios súditos a serviço do monarca –, o califa contava com a transformação de indivíduos sem status social em instrumentos de dependência por meio dos quais exercia o poder sobre seus súditos. Surpreendentemente, aristocracias baseadas em famílias poderosas e de fortes raízes locais não faziam parte dos regimes islâmicos.

No topo do sistema, verificava-se um vínculo mútuo entre o califa e seu mais alto oficial, o vizir, uma relação repleta de emoções. Narrativas da literatura árabe descrevem o laço próximo entre o califa abássida mais poderoso, Harune Arraxide (786-809), e seu vizir da família Barmecide, oriunda do distante vale de Oxus e que havia recrutado apoiadores para a revolução abássida. Harune passou a temer seu amigo e vizir e deu ordens para que fosse executado junto com sua família. Nesse exemplo, é possível ver a intensidade e a fragilidade da relação pessoal, e desigual, entre um imperador e seu intermediário. Essa história foi contada muitas vezes como um conto moral: alertava para os perigos de um vizir poderoso demais, expondo à comunidade o risco apresentado por um estrangeiro que se interpõe entre o califa e o povo para defender seus próprios interesses e ainda lembrava o califa de que o poder pessoal podia torná-lo cego perante seus subordinados e a consequente irresponsabilidade em relação ao povo.

Dois fatos acabaram mergulhando o califado em uma política imperial volátil: a imposição do poder de alguns soberanos islâmicos sobre outros e a capacidade de certos subordinados de extrapolar suas funções. Califas abássidas podiam acabar se tornando dependentes de seus soldados turcos que, no século IX, impuseram a nomeação do vizir de sua escolha e mataram um califa em 869. Como vimos, surgiram alguns reinados locais que reconheciam a autoridade religiosa do califa abássida somente de forma vaga e retinham para si toda a receita de impostos. A rica província do Egito passou ao controle de outra dinastia, os fatímidas. Além disso, durante algum tempo após 945, uma dinastia xiita, os buídas, controlou o Iraque, limitando o papel do califa ao de chefe da comunidade sunita. Ainda mais chocante foi o caso dos seljúcidas, muçulmanos de língua turca que tomaram Bagdá em 1055, nomearam seu líder sultão e praticamente acabaram com o poder secular do califado abássida. Já muito enfraquecido, o regime sofreria seu golpe final em 1258 pelas mãos de outro império em expansão: os mongóis das estepes do interior da Ásia saquearam Bagdá outra vez, massacraram grande parte da população local, instalaram seu próprio modo de governo e seguiram para novas conquistas (ver capítulo 4).

Os outros califados enfrentaram ameaças similares dentro do mundo islâmico. Perto do final do século XII, Saladino, de origem curda e comandante militar de um soberano sírio, derrotou os fatímidas no Egito, devolvendo um baluarte xiita ao comando sunita. Após a morte de seu patrono, Saladino assumiu o poder e se tornou a força dominante no Egito, na Síria e na parte ocidental da Arábia, o que incluía Meca e Medina. Também foi bem-sucedido ao enfrentar os cruzados europeus em Jerusalém.

Por outro lado, o projeto imperial de Saladino perdeu força após a sua morte durante disputas sucessórias, quando escravos militares, em grande parte de origem turca, decidiram eliminar seus patronos. Conhecidos como mamelucos, os serventes e soldados escravos assumiram o poder em 1250. Além de suas vitórias iniciais contra os cruzados, eles também foram responsáveis por deter uma das maiores conquistas militares da história: os mongóis que saquearam Bagdá e avançavam sobre o Egito (ver capítulo 4). Em 1260, os mongóis foram finalmente detidos pelo exército mameluco. Eles mantiveram o controle do Egito – e, por um tempo, de outros territórios – até serem derrotados pelos otomanos em 1517 (ver capítulo 5).

O período pós-imperial no mundo islâmico

O que começara como uma comunidade única que venerava um deus único e construíra um império único acabou se transformando em diversos centros de poder. Em cada um desses centros, líderes em busca de intermediários que respondessem diretamente a eles precisaram lidar com as ambições desses mesmos intermediários, que almejavam tomar conta do Estado. Nos casos em que o poder imperial atingiu seu ápice – os omíadas em Damasco e Córdoba, os abássidas em Bagdá, os fatímidas no Cairo –, os recursos disponíveis viabilizaram um florescimento prodigioso das artes e da ciência. Mas foi a combinação de uma visão universalista de sua comunidade religiosa com a concentração de recursos sob comando imperial que conferiu ao islã uma influência mais duradoura e geograficamente superior do que aquela experimentada em impérios individuais.

Por muitos séculos, o mundo islâmico foi o herdeiro mais dinâmico e criativo das culturas helênica, romana e persa. Historiadores da economia descrevem o espaço do islã como ilhas urbanas conectadas por rotas comerciais e lubrificadas por metais preciosos e uma grande variedade de *commodities*. Produtos agrícolas como açúcar, arroz e algodão foram introduzidos a antigas áreas romanas por meio dessas conexões. O Iraque recebeu tantos escravos para o cultivo de açúcar e algodão que enfrentou uma revolta no século IX. A moeda dos califados se tornou padrão em uma grande área, sendo utilizada até mesmo fora dos territórios que eles controlavam. A Espanha muçulmana prosperou economicamente sob o governo omíada devido à produção de trigo, açúcar e frutas.

A conquista omíada impactou profundamente a arte e a arquitetura na Espanha, especialmente na região da Andaluzia. Durante o governo do califa Harune Arraxide, a literatura, a arte, a medicina e as ciências islâmicas floresceram na Bagdá abássida. Muito do que "o Ocidente" sabe sobre a filosofia e a literatura gregas provém de traduções para o árabe, mais tarde vertidas para

Figura 3.2
Mesquita de Ibn Tulun, Cairo, Egito. Construída por ordem do governador abássida da região na década de 870. (Roger Viollet, 1904, GettyImages.)

o latim. O encontro das culturas árabe e persa resultou em novos gêneros literários e trabalhos filosóficos. Constantinopla era o único centro de vida e cultura urbanas capaz de rivalizar com Bagdá, Cairo e Córdoba.

Enquanto isso, diásporas islâmicas, muitas vezes fundadas por mercadores e mantidas por estudiosos, disseminaram-se pelo sudeste e centro da Ásia e da China. Em alguns casos, incluindo o Sudeste da Ásia, monarcas profundamente envolvidos com o comércio se converteram ao islã e criaram regimes muçulmanos de grande duração. Nas cidades da Ásia central, estudiosos persas e árabes moldaram uma cultura urbana islâmica e cosmopolita em uma área vulnerável ao ataque de outros construtores imperiais, alguns deles oriundos de tradições politeístas (ver capítulo 4). O árabe era o idioma da devoção e do ensino, falado em uma ampla região e em muitos regimes políticos, e estudava-se muito o Corão e os ditos do profeta. A comunidade muçulmana dos tempos do profeta era uma referência para os estudiosos, vista como um modelo de boa governança ao qual o califado devia ser comparado.

A lei islâmica oferecia aos muçulmanos, independentemente do regime em que viviam, uma forma de regular suas relações com os outros. Contudo, ainda havia muitos debates e interpretações acerca dos termos exatos dessa "ordem islâmica". Mesmo o Império Abássida em seu auge representava apenas uma parcela da zona de influência do islã, e apenas uma parcela dos regimes políticos que os estudiosos islâmicos e soberanos muçulmanos eram capazes de imaginar.

Estavam em cena diferentes concepções da *umma*: a ideia original de uma comunidade que abarcasse a todos, fosse igualitária em seu interior e buscasse absorver ou combater os forasteiros; visões imperialistas que reconhecessem as comunidades não muçulmanas ao longo de um espaço muito expandido e empregasse convertidos, clientes e escravos em uma governança islâmica; e uma rede que transcendesse as autoridades políticas e fosse unida por textos, peregrinações, comunicação entre estudiosos, e relações comerciais entre muçulmanos. O "islã" já não designava uma organização política única e imutável, assim como ocorrera com o cristianismo no mundo pós-Roma.

Assim, a comunidade religiosa de Maomé se disseminou muito, e a noção de califado enquanto forma especificamente islâmica de império – uma ideia longe de ser unânime – inspirou omíadas, abássidas, fatímidas e outras dinastias enquanto expandiam seus domínios muçulmanos rumo às terras do interior da Arábia, Síria e do Iraque, abarcando ainda o Norte da África, a

Espanha, a Ásia Central e a Índia. As muitas concepções de império islâmico provocaram conflitos e acabaram interrompendo o processo de expansão. Mas, como será apresentado nos próximos capítulos, as práticas de governo muçulmano eram flexíveis, e o ideal de uma comunidade muçulmana permaneceu forte.

UMA NOVA ROMA, DE NOVO? O IMPÉRIO CATÓLICO DE CARLOS MAGNO

No ano 800, Carlos, rei dos francos, viajou até Roma e foi coroado pelo papa "Imperador e Augusto". Na mesma época em que o rei Carlos foi coroado pela Igreja e evocou a glória de Roma, outro imperador cristão estava bem consolidado no trono do Império Bizantino, e Harune Arraxide governava seu califado desde Bagdá. Dessas três formações imperiais, a de Carlos Magno era aquela que contava com uma estrutura menos favorável: suas possibilidades econômicas eram relativamente limitadas, e ele ainda precisava enfrentar a balbúrdia da atual região da Europa. Seu império também foi o menos duradouro dos três, e sua história demonstra outra vez os processos que criam impérios e provocam suas derrocadas.

A empreitada imperial de Carlos Magno ganhou forma após quatrocentos anos de fragmentação e recombinações do poder político naquele que havia sido um espaço romano. A queda de Roma levara à decadência da infraestrutura antes mantida pela autoridade estatal e por recursos fiscais: aquedutos, estradas, comodidades urbanas. A parcela ocidental do antigo império se tornou mais rural, os senhores locais atraíram súditos armados e os proprietários de terra passaram a confiscar a produção excedente de camponeses por meios coercitivos. A qualidade dos bens de consumo, antes acessíveis a boa parte da população, decaiu, e os artesãos viram seus mercados encolherem. O comércio local continuou, e alguns aristocratas ainda conseguiam enriquecer, mas o padrão de atividade econômica era altamente desigual e o acúmulo de riquezas da elite era incerto.

O Império Romano teve alguns efeitos de longa duração: a propagação de um idioma comum – o latim – entre as elites e o surgimento das futuras línguas românicas, bem como a expansão do cristianismo. Foram criadas redes de monastérios e hierarquias eclesiásticas ao longo de um vasto território

Figura 3.3
Coroação do imperador Carlos Magno pelo papa Leão III na catedral de São Pedro, Roma, 800. De um manuscrito francês, *Chroniques de France*, 1375-9, Biblioteca Municipal, Castres, França. (Biblioteca de Arte Bridgeman, GettyImages.)

e o papa foi instalado em Roma. Mas talvez o mais importante tenha sido a memória imperial e a possibilidade de reconstituir Roma. Os aristocratas podiam ter a ambição de se tornarem reis, e os reis podiam almejar a construção de impérios, contanto que não fossem impedidos de fazer isso por seus pares.

Os reinos não se mantinham unidos por laços de semelhança, mas por conexões verticais entre desiguais: reis e senhores, senhores e vassalos, vassalos e camponeses. Sem um poder político abrangente como o de Bizâncio, a cristandade não fornecia um molde unificador nem garantia apoio à realeza. O papa era apenas um dos diversos participantes do jogo da expansão política, rodeado por poderes em constante transformação nos antigos territórios romanos: os conquistadores ostrogodos, os reconquistadores bizantinos e o reino lombardo que se instalou ao norte de Roma depois que a reunificação bizantina perdeu força.

No século VIII, quem chegou mais perto de consolidar esse potencial imperialista foram os francos. Muitos séculos mais tarde, nacionalistas franceses e alemães tentaram monopolizar para si a história dos francos, ambos sob a alegação de serem descendentes do grande rei franco Carlos Magno – Charlemagne para os franceses e Karl der Grosse para os alemães. Os francos foram um povo de língua alemã, o mais ocidental entre eles, e ocupavam a atual região da França, onde adotaram o latim do final do Império Romano e criaram um idioma que acabou dando no francês. Os francos do leste continuaram a falar alemão. Sob o comando de líderes dinâmicos como Clóvis, fundador da dinastia merovíngia, a elite franca se converteu em parte ao cristianismo e expandiu sua área de controle. Mas apesar de suas pretensões de grandeza, os merovíngios claudicavam a cada sucessão, vendo seu território dividido entre herdeiros. Apenas em 714, o principal general e ministro do rei, Carlos Martel, organizou uma força militar mais unificada e eficiente e estendeu o domínio dos francos a outros povos e territórios. Ao mesmo tempo que os primeiros regimes árabes muçulmanos se desenvolviam às margens de grandes impérios, os francos aproveitavam sua relativa distância dos cristãos de Bizâncio para consolidar seu poder.

Contudo, Carlos Martel se deparou com um império islâmico. Em 732, ele conteve uma investida muçulmana da Espanha omíada perto da cidade de Poitiers. Não é preciso aceitar a afirmação exagerada de que ele teria salvado a Europa Ocidental cristã do islamismo – a Europa não existia como tal, e os muçulmanos só deixariam a Espanha 750 anos depois –, mas o incidente contribuiu muito para tornar Martel um líder de grande vulto. Seu filho, Pippin, tornou-se rei dos francos. Foi o filho dele, Carlos, que, após se tornar rei em 768, passou a chamar o reino de império e não poupou esforços para que fosse assim chamado.

Como de praxe, os feitos de Carlos Magno se apoiavam em conquistas militares, que levaram à incorporação de reinos de tamanho considerável. Sua ascensão dependia da aquisição e distribuição de espólios de guerra. Acuado e sofrendo pressões de todos os lados na Renânia, o núcleo central dos francos, ele conseguiu derrotar lombardos, saxões, bávaros e outros, reunindo diversas regiões que haviam integrado Roma.

O sistema de conexões imperiais de Carlos Magno não era herança romana. Seu império não tinha uma capital fixa: ao invés disso, o governo estava instalado em palácios situados em pontos estratégicos. Ele se deslocava entre

Mapa 3.4 – O Império Carolíngio, *ca.*814

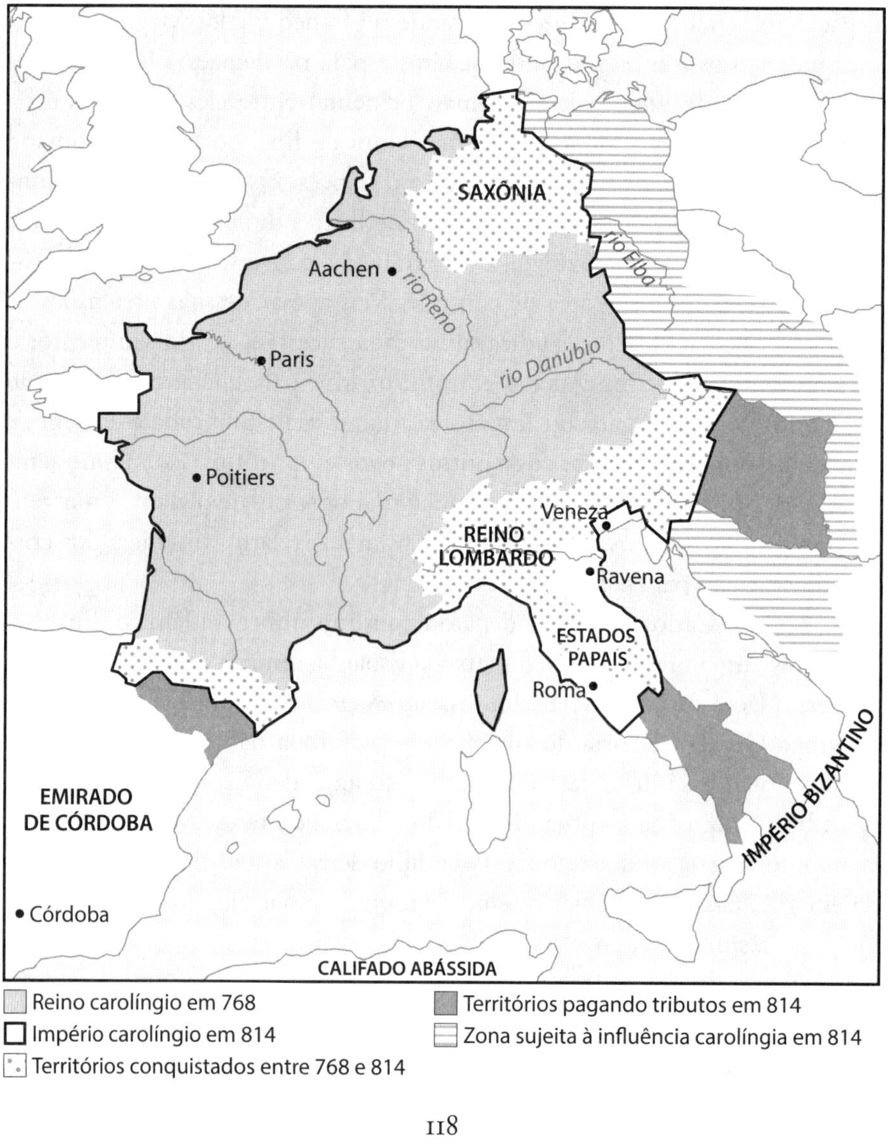

esses pontos na companhia de seu grande séquito, colocando-se em evidência o tempo todo e recebendo honrarias dos senhores que haviam jurado servir a ele. O poder foi organizado de forma vertical, e a força de Carlos Magno provinha da sua grande habilidade para comandar a nobreza, dotada de seus próprios séquitos e fontes de renda. Conforme a cavalaria ganhava cada vez mais importância nas guerras, a riqueza dos senhores armados – que produziam seus próprios cavalos e armaduras – passou a ser crucial para o poder de um rei ou imperador.

Carlos Magno criou outros canais de comando para espionar e influenciar seus intermediários. Cerca de 250 "condes" foram designados para supervisionar o recolhimento de impostos, anunciar decretos, convocar guerreiros e administrar distritos. Além disso, Carlos Magno contava com duas equipes de oficiais – vassalos reais e enviados reais – que respondiam diretamente a ele. Esse sistema reconhecia as vantagens de empregar homens que conheciam as línguas locais e faziam parte das hierarquias regionais como administradores em outro âmbito. Ao mesmo tempo, o governo carolíngio abrigava checagens e balanços para evitar um risco com o qual todos os impérios se defrontavam: que intermediários imperiais decidissem agir por conta própria. Exigia-se que todas as pessoas livres prestassem um juramento de lealdade ao imperador. Mas a relação direta com o imperador era apenas uma dimensão do sistema político: todos deviam fidelidade a mais alguém. Hierarquias múltiplas de fidelidade faziam com que o império se mantivesse unido e criavam o risco de que ele se fragmentasse, pois cada pedacinho podia desafiar os demais.

Carlos Magno tinha a ambição de conferir ao seu império diversificado coerência religiosa e ideológica. Para a sua sorte, ele e o papa precisavam um do outro. Cercado por um reino lombardo que não respeitava de todo a sua autoridade, desafiado pelos bizantinos e ameaçado por escândalos de corrupção dentro da Igreja, o papa Leão III se beneficiou da vitória de Carlos Magno contra os lombardos e da proteção que o soberano concedeu ao papado. Concluíram que uma cerimônia para a concessão do título de imperador atrelaria as autoridades religiosa e terrena, o que era de interesse mútuo. No ano seguinte à coroação, Carlos Magno passou cinco meses em Roma, ressaltando seus laços com a Cidade Eterna.

O título imperial e a conexão com Roma uniu as cúpulas dos poderes religioso e político. Sob o mando de Carlos Magno, cada condado tinha não apenas um conde, mas também um bispo. Os bispos – na prática, mesmo que não na teoria – eram designados pelo imperador. Abadias foram construídas por todo o reino, recebendo ricos dotes de terra e trabalhadores. A concessão de uma abadia a um cavaleiro leal garantia a ele uma renda significativa e, para o império, representava mais uma trama no tecido que o mantinha unido. O império de Carlos Magno contava com mais de seiscentos monastérios. Nesse sentido, ele avisava, como propõe um acadêmico: "Não temos romanos ou germânicos aqui, tampouco há espaço para francos, bávaros ou aquitanos. Este é um império cristão, romano, que não pode ser nenhuma outra coisa". Mas é claro que alguns bispos, como outras autoridades religiosas, podiam ser indomáveis, e as instituições eclesiásticas também acabavam acumulando e utilizando recursos para seus próprios fins.

Em termos econômicos, o Império Carolíngio tinha duas diferenças em relação a Roma. Em primeiro lugar, seu centro de gravidade geográfico não era o Mediterrâneo, mas o Reno, no norte da Europa, que hoje em dia marca a fronteira entre França, Bélgica e Alemanha. O império incrementou a robusta produção de grãos da região, ampliando a concentração de riqueza e as linhas de comércio que irradiavam a partir de lá. Um sistema monetário unificado facilitava as conexões comerciais. A riqueza dos carolíngios não era de forma alguma equiparável à do Império Romano em seu ápice, mas o declínio das rotas por mar e terra entre os anos 300 e 700 foi ao menos parcialmente revertido. Os carolíngios estavam conectados a diversos circuitos econômicos: mantinham relações comerciais com os povos do norte (danos, anglo-saxões), em Veneza (através da região dos lombardos), com Bizâncio (através dos Bálcãs) e com os persas e outros povos da Eurásia. Uma parte bastante considerável dos recursos do império vinha do comércio de mão de obra da região – prisioneiros capturados durante as guerras expansionistas de Carlos Magno – que

> "Ele [Carlos Magno] estimava a igreja do apóstolo São Pedro em Roma acima de todos os outros locais sagrados, e a dotou de um tesouro com grande riqueza de ouro, prata e pedras preciosas. Ele enviou grandes e inúmeros presentes aos papas e, durante todo o seu reinado, era movido sobretudo pelo desejo de restabelecer a antiga autoridade da cidade de Roma sob seus cuidados e por sua influência e defender e proteger a igreja de São Pedro, e com seus próprios recursos torná-la mais bela e rica que todas as outras."
>
> **Einhard, cronista de Carlos Magno**

circulava por rotas consolidadas de comércio de escravos que ligavam Veneza e outros portos do sul ao mundo muçulmano, onde havia demanda por escravos para propósitos políticos e domésticos, bem como para o trabalho agrícola.

Em segundo lugar, as grandes plantações (*latifundia*) com emprego de trabalho escravo que antes integravam o sistema romano haviam sido substituídas em grande parte por arrendamentos nos quais trabalhavam pessoas em diferentes relações de dependência. Isso incluía trabalho escravo, mas o mais comum era que os fazendeiros estivessem ligados à terra como servos e locatários. Como em outros impérios em crescimento, nos primeiros anos a redistribuição das pilhagens foi crucial para o poder de Carlos Magno, mas, conforme seus êxitos alargavam as fronteiras do império e tornavam as campanhas militares mais árduas, o acúmulo interno de riqueza cresceu em importância. O imperador adquiriu vastas porções de terra e um grande número de camponeses na forma de conquistas, presentes e heranças. Foi utilizado um sistema de taxações e tributos, não de forma tão eficaz como ocorrera em Roma, mas com um objetivo semelhante: regulamentar a coleta de receitas.

As iniciativas legais de Carlos Magno acomodaram e registraram os costumes variados de diferentes povos, buscando ao mesmo tempo garantir o cumprimento de algumas leis em todo o império. Um conjunto de autoridades – costumes locais, decretos imperiais e dogmas cristãos – fizeram da lei uma ferramenta flexível para o governo imperial.

Como era apropriado para um império que dependia de uma economia arrendatária e da lealdade de nobres geograficamente dispersos – o que requeria a criação de uma aristocracia confiável sem os recursos de Roma –, a lei carolíngia teve o cuidado de definir o status de seus súditos e de regulamentar as relações entre eles. Nobres e clérigos estavam no topo da pirâmide. Na base ficavam os escravos, servos, arrendatários e outros lavradores dependentes. No centro havia uma categoria relevante – mas provavelmente em processo de encolhimento – de camponeses "livres" e de pequena escala, que sofriam com o peso do "*census*" – um pagamento parte imposto parte aluguel de terra – e também com a exigência de serviço militar.

O imperador encontrava-se no topo de diferentes relações verticais e, contanto que conseguisse mantê-las em tensão constante, podia conservar a força da autoridade estatal. Mas isso era o máximo que podia fazer, e seus sucessores foram ainda mais impotentes. Nas terras europeias, os privilégios aristocráticos se mostraram mais duradouros que o poder imperial.

Os carolíngios e bizantinos empreenderam esforços intermitentes de reconciliação. Na época de Carlos Magno, clérigos reconheceram a unidade da cristandade e debateram – sem chegar a um consenso – o significado do cristianismo. Carlos Magno deu início a negociações matrimoniais com a regente e futura imperatriz bizantina Irene, no intuito de casar a filha dela com seu filho. Alguns anos após essa tentativa fracassar, Carlos Magno negociava para se casar ele mesmo com Irene, quando seus agentes de alto escalão, aparentemente temerosos de que essa aliança prejudicasse sua posição dentro da corte, armaram um golpe de Estado. Apenas no século XI, o cisma religioso entre os impérios oriental e ocidental assumiria proporções tais que a reconciliação política se tornaria praticamente inimaginável. O saque dos cruzados a Constantinopla em 1204 selou a divisão entre católicos e cristãos ortodoxos.

Carlos Magno e sua contraparte abássida, o califa Harune Arraxide, empreenderam um breve esforço para reconhecer a realidade concreta do poder um do outro, dando início a uma troca de presentes régios: Harune Arraxide deu a Carlos Magno um elefante que o imperador carolíngio passou a levar consigo em expedições e campanhas militares. Carlos Magno não tinha nada tão esplêndido para oferecer em troca, mas enviou ao califa cavalos, cães e tecidos. Isso foi o mais próximo que soberanos bizantinos, islâmicos e carolíngios chegaram de admitir que integravam um mundo formado por impérios que interagiam entre si e estabeleciam os limites um do outro, embora cada um deles se dissesse o único representante divino na Terra.

Coroado rei dos francos em 768, Carlos Magno morreu como imperador em 814. Sua bem-sucedida expansão de poder foi reconhecida pelos bizantinos e muçulmanos, que começaram a se referir às pessoas que hoje chamamos de europeus como "francos". Carlos Magno havia sido um inovador institucional e ideológico. Suas menções a Roma ocultaram sua reconfiguração do império por meio de uma rede de palácios, condados, bispados e monastérios. Seu sistema administrativo, assim como o do imperador chinês, se apoiava em múltiplos canais de informação, mas a estrutura básica do império – diferentemente do que acontecia em Roma ou na China – era aristocrática: o nobre com suas terras e camponeses garantiam apoio e fidelidade ao imperador.

Carlos Magno pretendia seguir uma tradição familiar, dividindo seu reino tão ampliado entre os filhos, mas a morte prematura de dois deles fez com que todo o reino ficasse nas mãos de Luís, o Piedoso. Com a morte deste, o império foi repartido em três regiões. O Império Carolíngio ainda foi reconhecível até a década de 880, quando sucumbiu a inimigos vindos do norte, leste e sudeste, bem como à ambição desagregadora de seus aristocratas guerreiros. Mas sua consolidação de um sistema católico e aristocrático em uma região politicamente volátil deixou marcas duradouras na região que mais tarde passaria a ser chamada de Europa.

Mais tarde, uma parcela do antigo império foi reunida em um novo acordo do papa com um governante secular. Otto, um rei germânico, foi declarado sacro imperador romano em 962. Devido ao controle *de facto* de muitos reis germânicos sobre suas terras e à debilidade do papado, o reino de Otto não se parecia tanto com um império formal, e eram poucos aqueles que o consideravam santo ou romano. Aristocracias e diversos soberanos locais (margraves, condes e duques) eram ainda mais importantes no Sacro Império Romano do que no Carolíngio. A partir de 1438, eleitores principescos passaram a escolher sistematicamente representantes da dinastia Habsburgo para o cargo de imperador. O mais dinâmico deles foi Carlos V, que reinou a partir de 1519 (ver capítulo 5). Mas este foi o último sacro imperador romano a ser coroado pelo papa. O império continuou na forma de uma vaga confederação de até trezentos principados que cooperavam entre si para combater os otomanos, mas fora isso não era muito unido. Sua dissolução ocorreria em 1806 pelas mãos de outro império: o de Napoleão (ver capítulo 8).

Despojada de conexões seguras com os recursos econômicos do Mediterrâneo ou de outros pontos distantes, a Europa se tornou um espaço relativamente empobrecido para os impérios. A autoridade política era frágil, atravancada pela vinculação da renda às terras cultiváveis, a ausência de uma concentração de recursos capaz de atrair todas as atenções imperiais e a tensão entre uma igreja capaz de legitimar por si só o título de imperador e os reis e príncipes que buscavam o poder monárquico. Esse cenário dificultava o surgimento de alguma entidade abrangente que fosse capaz de incorporar diferentes regimes e grupos para centralizar a autoridade e garantir certo grau de acomodação. Mas o fato que reis de língua alemã, distantes da Itália, queriam ser chamados de imperadores e de romanos nos mostra como a memória do Império Romano foi duradoura. Também chamam a atenção a difusão do latim e de outras conexões culturais e o modo como as elites julgavam importante imaginar a posição que ocupavam em um universo que transcendia suas comunidades linguísticas ou culturais de origem.

JIHADS E CRUZADAS EM UM MUNDO DE IMPÉRIOS

Parece-nos tentador fazer um minuto de silêncio à memória do elefante que Harune Arraxide deu de presente a Carlos Magno e às tentativas infrutíferas dos impérios Carolíngio e Bizantino de arranjar uma aliança matrimonial. O presente e as negociações matrimoniais representaram um esforço para estabilizar as relações entre os impérios. Seu fracasso indica que eles competiam entre si, procurando vantagens em relação aos outros, enquanto os agentes de poder que transitavam entre eles podiam tentar usar ou evitar alianças que afetassem seus propósitos pessoais. A expansão das religiões monoteístas acrescentou uma nova dimensão a essa situação estrutural prévia. O cristianismo e o islã ofereceram ao mesmo tempo uma base cultural para a unidade imperial, o risco de rupturas internas e novas arenas para as guerras entre impérios.

O conceito de *jihad* tem sido alvo de controvérsias dentro do islã há séculos, tendo seu início no século VIII e perdurando até hoje. Ele designa a obrigação dos muçulmanos de propagar a fé? Uma luta interna pela perfeição pessoal? Ou simplesmente afirma que todos os que resistirem à sua fé podem ser coagidos, mortos ou escravizados? Tais questões foram debatidas por juristas islâmicos, mas também envolveram desde sempre uma mistura de interesses próprios, pragmatismo e idealismo das políticas imperiais. A concepção das vitórias militares como confirmações divinas foram um pilar importante do Império Romano. Mas o fervor da comunidade construída por Maomé, que logo foi seguida por êxitos na Síria, no Iraque e no Egito, deu origem a um princípio mais geral: a guerra santa, ou *jihad*. O guerreiro santo assumia pessoalmente a defesa e a expansão da *umma*; nenhum aristocrata se interpunha entre ele e a comunidade. Mas os primeiros califados logo se depararam com o incômodo de que boa parte do Império Bizantino era inconquistável. Além disso, existiam divisões internas entre os muçulmanos. Não estava tão claro quem deveria ser o alvo de uma *jihad* e quem justificava os esforços de coexistência.

A cruzada também é uma noção ambígua. Ao contrário da *jihad*, essa não era uma palavra utilizada à época. Os exércitos de cavaleiros da Europa Ocidental que foram a Jerusalém – o primeiro deles capturou a cidade em 1099 – eram chamados de peregrinações ou expedições e surgiram a partir de uma disseminada tradição peregrina do início do cristianismo. Os cruzados tinham em mente – embora já não se tratasse de um evento recente – a perda de terras santas do cristianismo para os muçulmanos – locais sagrados e também partes constituintes daquele que havia sido o universo pan-Mediterrâneo que abrigara o crescimento do cristianismo. A ideologia dos cruzados implicava uma versão universal da humanidade, segundo a qual o cristianismo deveria ser adotado por todos, e quem se recusasse à conversão poderia ser morto. Além disso, as cruzadas estavam tão ligadas a conflitos políticos e ambições pessoais quanto as *jihads*. Vivendo em um mundo politicamente fragmentado, mas compartilhando da crença no cristianismo e na hierarquia, os primeiros cruzados, como escreve Thomas Bisson, eram "homens em busca de uma reputação senhoril".

O papel fundamental que os cavaleiros francos tiveram nas cruzadas é uma evidência de como o cristianismo havia sido difundido sob os carolíngios: os sacerdotes propagaram as noções de peregrinação e penitência. As cruzadas davam a essa classe de cavaleiros – especialmente aos filhos caçulas – a chance de escapar de suas obrigações, provar o seu valor, impressionar seus superiores, dispensar o clientelismo e encontrar, longe das limitações impostas por seu âmbito doméstico, locais a serem saqueados ou onde estabelecer novos domínios e fazer jus a uma posição de honra, sempre de acordo com os termos do cristianismo medieval. Os papas viam nas cruzadas um caminho para a sua própria expansão imperial, não apenas em detrimento do islã, mas também da Igreja Bizantina e das tensões e conflitos com aristocratas e reis católicos.

As divisões internas do mundo muçulmano, por sua vez, geraram instabilidade na Terra Santa e em outros locais. A tomada de Jerusalém por uma facção de seljúcidas islâmicos, mas não árabes, precipitou a primeira cruzada, que teve início em 1096. Tendendo a uma convocação do papa Urbano II para que os locais santos do cristianismo fossem resgatados, os cruzados constituíam em parte um movimento popular, em parte uma expedição organizada.

Os primeiros cruzados, vivendo – como a maioria dos exércitos da época – fora de suas terras, deixaram um rastro considerável de violência e saques pelo caminho. Bizâncio tinha uma relação ambivalente com os cruzados, pois havia convocado os cristãos ocidentais para auxiliá-la contra os seljúcidas no intuito de proteger Constantinopla, mas não de capturar Jerusalém. A rotatividade e usurpação do trono bizantino fazia com que seu apoio aos exércitos cristãos fosse inconsistente. Os saques de Constantinopla pelos cruzados em

1204 e a transferência do imperador bizantino para a Anatólia durante algumas décadas serviram para criar uma animosidade duradoura.

Os cruzados estabeleceram "reinos latinos" ao longo de suas rotas, incluindo um em Jerusalém em 1099 e outro em Constantinopla em 1204. Os cavaleiros, suas famílias e outros se instalaram em cidades cortadas pelas rotas dos cruzados, disseminando a cultura católica e as línguas europeias ocidentais pelos Bálcãs e pelo Mediterrâneo oriental. Esse processo criou novas conexões, mas não uma cristandade integrada.

Os reinos fundados pelos exércitos cruzados tiveram um histórico de indisciplina, representando uma queda de braço de poder entre governantes islâmicos – em conflito com os reis cruzados e entre si – e as elites bizantinas, cujo apoio oscilava. Os líderes dos reinos latinos podiam pensar em suas ações em termos religiosos, como faziam seus oponentes islâmicos, e utilizar as guerras religiosas para construir suas reputações. A ideia de que uma guerra santa poderia levar a uma paz santa – uma comunidade mundial que viveria em harmonia mantida pelas autoridades cristãs – tornou-se uma justificativa para o império, o que remontava ao precedente de Roma. Mas o desfecho costumava ser mais guerra e menos paz.

> "Ao menos eles [os muçulmanos] não estupraram nossas mulheres, mergulharam nossos habitantes na pobreza, não os despiram nem fizeram caminhar nus pelas ruas, não fizeram com que perecessem de fome ou no fogo... Mas assim fomos tratados por essas pessoas cristãs que vestem a cruz em nome do Senhor e compartilham de nossa religião."
>
> **Cronista cristão das cruzadas**

Surgidas a partir de dissidências dentro do cristianismo, as cruzadas não destruíram o poder muçulmano nem colocaram Bizâncio sob a égide papal, mas influenciaram a percepção que bizantinos e muçulmanos tinham de seus inimigos. Ataques às cidades liderados por senhores ambiciosos não eram novidade na região, mas o comportamento dos exércitos vitoriosos chocou árabes e cristãos ortodoxos. Em Jerusalém, os cruzados assassinaram judeus nas ruas e queimaram-nos vivos em suas sinagogas, massacraram milhares de fiéis na mesquita de Al-Aqsa e atacaram templos gregos ortodoxos, armênios, coptas e de outras igrejas cristãs orientais. Um século mais tarde, em Constantinopla, os cruzados assassinaram sacerdotes ortodoxos, queimaram grandes bibliotecas, profanaram a basílica de Santa Sofia e outras igrejas ortodoxas e saquearam tesouros de Bizâncio, mais tarde derretidos para a venda de seus metais. Tanto para as elites bizantinas como para as muçulmanas, o comportamento bárbaro dos "francos" ou "latinos" ultrapassava a experiência típica de um conflito.

O reino cruzado de Jerusalém foi tomado pelos exércitos muçulmanos de Saladino em 1187, e as últimas reminiscências dos reinos latinos da região foram eliminadas pelos mamelucos um século mais tarde. Àquela altura, essa região devastada pela divisão religiosa e por ambições terrenas já estava sendo confrontada com uma nova dinâmica imperial. Os mongóis, um povo da Eurásia que trouxera consigo novos modos de guerra e novas práticas imperiais, incluindo uma dose saudável de indiferença confessional (ver capítulo 4), capturaram Bagdá em 1258. Anteriormente, já haviam chegado aos arredores de Viena. Só foram detidos pelos mamelucos no Egito em 1260. O futuro dos impérios cristão e islâmico pareciam incertos.

CONCLUSÃO

No século XIII, as religiões universalistas não haviam produzido um império universal. Os três sistemas imperiais tratados neste capítulo buscaram domar o monoteísmo para resolver problemas inerentes à estrutura de império: como conquistar a imaginação das pessoas ao longo de um espaço amplo e diversificado e como manter os intermediários nos eixos. Roma havia dado aos indivíduos da Bretanha e do Egito uma boa razão para participar das instituições imperiais de governo e ver a si mesmos como romanos. A queda de Roma deixou para seus candidatos a sucessores diferentes recursos com os quais trabalhar.

As religiões monoteístas logo se mostraram uma faca de dois gumes: forneciam uma base moral que transcendia o âmbito local, mas deixavam brecha para cismas devido a pretensões conflitantes, mas igualmente universalistas, de legitimidade religiosa. Os três tipos de império precisaram lidar com cismas (católico/ortodoxo, sunita/xiita) e tensões devido à relação entre política e religião (papas/reis, califas/ulemás, imperadores/patriarcas).

Duas abordagens extremas para o tratamento de intermediários (clientes e escravos *versus* aristocratas) podem ser vistas nos impérios islâmico e carolíngio, com Bizâncio situando-se em um ponto intermediário. Carlos Magno provavelmente não teve muita escolha, visto que um regime de senhorio havia se consolidado durante os quase quatrocentos anos transcorridos desde a queda do Império Romano. Foi preciso cooptar em sua rede de comando aristocratas com séquitos armados e camponeses subordinados. O melhor que pôde fazer foi confiar em diversas correntes verticais de autoridade entre imperadores e condes, vassalos, enviados e bispos, cada um com seus próprios subordinados.

Os governantes islâmicos não precisaram enfrentar uma cultura aristocrática consolidada. Podiam evocar os precedentes bizantinos para coletar impostos – no início, o império chegou a empregar cobradores de impostos bizantinos na Síria. Tanto os omíadas como os abássidas trabalharam duro para evitar a formação de uma aristocracia; em vez disso, utilizaram escravos e clientes como intermediários de alto e baixo escalão. Em alguns casos, chegavam a firmar acordos com potentados regionais, mas o que garantia a esses impérios solidez frente aos desafios era a relativa autonomia do califa e de sua casa.

Os dois polos desse contínuo de governo imperial conseguiram sustentar uma expansão acelerada. Um fez isso ao reunir os séquitos de senhores intermediários; o outro, por meio de indivíduos desprovidos de conexões sociais. Mas o modelo de Carlos Magno se mostrou muito menos duradouro e se dissolveu tão depressa como havia sido construído. E o modelo doméstico também tinha suas vulnerabilidades: ao desenvolverem um sentimento de identificação corporativa, os intermediários podiam se julgar capazes de assumir o governo por conta própria, como os mamelucos fizeram no Egito. Todos os impérios, incluindo o Bizantino, enfrentaram problemas sucessórios, mas os agentes oficiais e exércitos sustentados pelo centro eram melhores em preservar sua estrutura de uma geração para outra, do que o sistema aristocrático dos carolíngios.

Pode parecer que o choque entre monoteísmos impôs ao formato imperial uma distinção aguda entre pessoas internas ao regime e as demais (infiéis), e não há dúvidas de que *jihads* e cruzadas entraram para os repertórios imperiais enquanto ideologias de mobilização em prol de uma comunidade imperial religiosamente homogênea. Ainda assim, a administração prática de um império apresentava seus próprios imperativos, e uma política de diferença polarizada era insustentável. Os impérios precisavam se reconciliar com a diversidade e a mobilidade que haviam caracterizado o antigo Império Romano. Os impérios Bizantino e islâmico governavam judeus, cristãos, muçulmanos e outros. Esses grupos – fossem como comunidades ou indivíduos – propiciavam redes úteis para os líderes imperiais. Embora o mundo de Carlos Magno fosse mais homogêneo em termos religiosos que o de Justiniano ou Harune, ele também era mais diversificado do ponto de vista linguístico, e abarcava pessoas que mais tarde seriam consideradas francesas, alemãs e italianas.

Embora nem os impérios cristãos nem os muçulmanos tenham sido capazes de criar um regime ao mesmo tempo uniforme e universal, eles chegaram a tecer redes de conexões dentro e fora de seus domínios. Os carolíngios difundiram o cristianismo, patrocinaram monastérios e ajudaram a consolidar uma hierarquia eclesiástica que durou muito mais tempo que o império. As conquistas de Carlos Magno e, mais tarde, as cruzadas enviaram cavaleiros que percorreram trajetos imensos, e alguns guerreiros fincaram raízes em lugares tão distantes entre si como a Saxônia e Jerusalém, criando o que Robert Bartlett chama de uma "diáspora aristocrática". Eles carregaram consigo uma cultura de distinção de classe e práticas para extrair lucro de camponeses ou constituir séquitos armados. Bizâncio deu origem a igrejas ortodoxas em muitas áreas da Eurásia e influenciou a trajetória do Império Russo (ver capítulo 7). O islã se propagou de início por meio de conquistas e, mais tarde, se disseminou ao longo de rotas comerciais que iam além dos territórios conquistados, mas jamais teria chegado tão longe não fosse pelos êxitos políticos dos impérios islâmicos.

Gerir uma política de diferença dentro de impérios em expansão e conflito entre si não era tarefa fácil, e o destino dos soberanos se mostrou bastante incerto. A história está repleta de empreitadas imperiais fracassadas, e a própria dimensão dos impérios de sucesso limitava as oportunidades para que outros surgissem. É por isso que tantos impérios nasceram às margens de outros já estabelecidos, ou em brechas para a iniciativa política geradas por conflitos entre eles. Tanto muçulmanos como cristãos tentaram usar a ameaça representada pelo outro para criar impérios poderosos, mas os reis cruzados e os califados fizeram mais para explicitar a desunião em seus mundos do que para superá-la. A cristandade universal e a *umma* islâmica mundial ficaram restritas ao âmbito dos desejos e da violência.

Muitas estradas partiam de Roma. Algumas levavam a becos sem saída, outras, a encruzilhadas inesperadas. Nos capítulos subsequentes, serão analisados impérios que começaram em outros lugares. Alguns deles, como os turcos seljúcidas do século XI e os mongóis do XIII, chegaram à arena do Mediterrâneo oriental e alteraram o curso da história dos impérios. Outros exemplos de mesclas e estratificações da experiência imperial vão aparecer. Aqui, o foco está no impacto de uma inovação momentosa: a união entre império e monoteísmo universalista. A ideia de um deus único injetou fervor moral às questões de inclusão e exclusão e tornou mais arriscado para os imperadores afirmar sua soberania. Mas até mesmo os líderes que reinavam em nome de um deus único precisavam lidar com o fato de que governavam uma mistura de povos. Em alguns casos, eles fizeram com que essas diferenças agissem em seu favor. Mas o fervor e o pragmatismo moldaram a política dos impérios cristão e islâmico enquanto estes buscavam recriar o universo de Roma sobre novos alicerces.

4
Conexões eurasiáticas
Os impérios mongóis

Em meados do século XIII, uma conquista ampla e devastadora transformou o mundo dos impérios. Em 1206, uma assembleia de líderes tribais na Mongólia proclamou Genghis Khan seu soberano. Em 1241, as tropas mongóis já haviam devastado Kiev, derrotado a Polônia, conquistado a Hungria e, sob o comando do destemido Batu Khan, avançavam em direção a Viena. Após 35 anos, o neto de Genghis, Kublai Khan, capturou a capital da dinastia Song na China. Cidades, reinos e impérios sucumbiram ou se curvaram aos pés dessa força aparentemente invencível que, pela primeira vez, unira toda a Eurásia desde a China até o mar Negro sob o governo de uma única família.

Viena só foi poupada porque Batu foi informado da morte do grande khan Ögodei, sucessor de Genghis, e retornou à Mongólia para escolher um novo líder. Bagdá não teve tanta sorte. Em 1258, mongóis sob o comando do neto de Genghis, Hulagu, saquearam a cidade e mataram o califa. O governante bizantino de Trebizonda, no mar Negro, aprendeu a lição e, assim como os turcos seljúcidas, concordou em se entregar com seus domínios ao imperador mongol. Esmagados pela máquina de guerra mongol, os soberanos sobreviventes logo começaram a enviar embaixadores às cortes dos khans mongóis e, passadas algumas décadas, o céu que cobria o Império Mongol virou sinônimo de segurança e recompensas para comerciantes, clérigos, estudiosos, artesãos e agentes oficiais.

Os impérios estabelecidos pelos mongóis não tiveram vida longa, ao menos se comparados a Roma ou Bizâncio. O que os torna relevantes na história mundial são as conexões que eles criaram ao longo da Eurásia e as tecnologias imperiais que adaptaram, transformaram e transmitiram para regimes posteriores. Neste capítulo, serão mostradas as origens do poder mongol, a espantosa carreira de Genghis Khan, os repertórios mongóis de poder, as trajetórias dos canatos mongóis e o impacto dos impérios mongóis na política e na cultura internacionais.

AS ROTAS PARA O PODER NA EURÁSIA

Os romanos criaram seu império mediterrâneo durante quatro séculos. Genghis Khan e seus descendentes diretos criaram um império na Eurásia muito mais vasto em sete décadas. Que tipo de sociedade foi capaz de dar conta de guerras longínquas e transformar a região, com seus povos dispersos, em uma rede de trocas materiais e culturais? Pode parecer paradoxal que um povo nômade tenha conseguido governar cidades ricas e civilizações há muito estabelecidas na China e na Ásia Central, mas a economia pastoral do nomadismo e as práticas políticas de impérios eurasiáticos anteriores deram aos mongóis uma caixa de ferramentas bastante fornida para a criação de um império.

Já nos deparamos com os nômades eurasiáticos e analisamos seu impacto na formação das instituições e nas vulnerabilidades do Império Chinês (ver capítulo 2). Os xiongnu que aterrorizaram os governantes Han, levando-os a firmar tratados e pagar tributos, eram apenas um dos muitos povos nômades que rondavam a China, penetravam suas estruturas de defesa e exigiam acordos lucrativos. Na outra ponta da rota da seda, os romanos também eram forçados a pagar inimigos de grande mobilidade – os "bárbaros" que haviam se deslocado para oeste – ou a contratá-los como mercenários. No século V, Átila, o grande líder dos hunos, controlava uma imensa área que ia do mar Negro até o centro e o norte da Europa. Ele fazia acordos com romanos, godos ou ambos, e cobrava tributos polpudos do imperador bizantino. Para a sorte da cidade de Roma, Átila interrompeu sua invasão da Itália em 452. Quando morreu, um ano mais tarde, foi honrado por seus súditos por ter "aterrorizado os dois impérios do mundo romano".

Xiongnu e hunos, assim como mais tarde turcos e mongóis, surgiram em um território historicamente produtivo, a grande faixa de estepes, florestas e tundras que se estendia desde a Finlândia até a Sibéria pelo norte da Ásia Central, estendendo-se ao sul até o que hoje é a China. A partir do primeiro milênio a.C., essa área testemunhou tensões políticas e inovações conforme os nômades abriam caminho em direção a regiões de clima mais temperado e os agricultores tentavam se instalar nos territórios nômades. Tendo entrado em cena após outros impérios nômades terem surgido e desaparecido, os mongóis gozavam da vantagem de ter aprendido com seus antecessores, adotando suas táticas e acrescentando algumas próprias.

A mobilidade organizada era fundamental para a vida nas estepes eurasiáticas – uma planície ondulada, interrompida por montanhas elevadas e rios e com variações extremas de temperatura, de cinco graus no inverno a quase quarenta no verão. Os nômades pastoris se tornaram peritos na distribuição dos recursos escassos entre populações muito dispersas e no deslocamento com animais que se alimentavam do fruto da estepe (grama) e proviam seus pastores de comida, roupas, abrigo, transporte e bens comercializáveis.

Os animais mais importantes para os nômades eram cavalos e ovelhas, embora vacas, cabras e camelos também pudessem integrar o sistema. Mas o pequeno e resistente cavalo de Przhevalski, batizado com o nome de seu "descobridor" russo no século XIX, era capaz de escavar a neve em busca de grama e correr até cem quilômetros por dia. Os cavalos serviam como fonte de leite e meio de transporte. Cavalos mortos forneciam carne e couro. Em emergências, os nômades bebiam sangue direto das veias desses animais – tática que colaborou de forma perene para sua imagem negativa. O leite de égua era fermentado para a produção de uma bebida alcoólica chamada *kumis*. As ovelhas forneciam aos nômades carne, peles para as roupas e lã para o isolamento de suas casas portáteis (construções chamadas de *yurt*). Como a grama das estepes não crescia rápido o suficiente para alimentar todos esses animais em um único local durante o ano inteiro, os nômades migravam de acordo com a temporada. Muitas vezes, viajavam centenas de quilômetros entre as pastagens do verão e do inverno.

O pastoreio de longa distância permitia a eles que se abastecessem com a maioria dos itens básicos, mas as regiões fronteiriças da Eurásia ofereciam produtos atraentes: grãos para complementar a dieta, metais para aprimorar armas e luxos como seda e chá para uso ou comércio. Os impérios nômades se apropriaram das tecnologias de alguns povos sedentários – a fundição de metal era uma de suas especialidades – e tinham os artesãos em alta estima. O controle e a proteção do comércio ao longo da Rota da Seda até a China e outros locais eram outra via de acesso a *commodities* valiosas. Durante milênios, os povos nômades e sedentários da Eurásia interagiram entre si por meio do comércio, da diplomacia, de casamentos, de algum compartilhamento do espaço e, em maior ou menor grau, de guerras e pilhagens. Quando se chegava às vias de fato, as formidáveis habilidades militares dos nômades lhes davam uma grande vantagem em relação aos seus vizinhos.

São lembrados principalmente por suas habilidades superiores ao montar cavalos, mas foi a gestão de pessoas que marcou seu estilo diferenciado de império eurasiático. A unidade básica da sociedade da estepe era a família. Para sobreviver, ela precisava não apenas de seus próprios animais, mas também de ligações com outras pessoas que pudessem ser mantidas em um vasto espaço. Com o tempo, famílias com alianças bem-sucedidas podiam constituir uma tribo. Supostamente, uma tribo eurasiática era composta por pessoas descendentes de um único ancestral, mas na realidade elas eram receptivas a agregados de vários tipos. A prática de "irmandade jurada", *anda*, permitia que homens ingressassem em outra tribo tornando-se "irmãos" de um poderoso. Ou uma pessoa podia decidir abandonar sua própria linhagem e se tornar seguidora de outra pessoa – seu *noker*. A exogamia – casamentos com pessoas fora do grupo de parentesco – criava outras alianças. Essa prática podia se concretizar por meio da inclusão de mulheres de outras tribos ou do casamento com princesas estrangeiras.

Esses costumes inauguraram modos de fidelidade que iam muito além do sangue. Tribos inteiras podiam se sujeitar a outras por desejarem sua proteção ou por terem sido derrotadas. A fidelidade era consolidada por meio de juramentos de irmandade, serviços leais e casamentos. Alianças pragmáticas entre líderes tribais se desdobravam em confederações multitribais poderosas e de grande alcance. Essas associações ofereciam aos nômades uma maneira de proteger rotas e pastoreios, de conduzir campanhas de extorsão e saques contra poderes estrangeiros e até mesmo de conquistá-los. Mas quem comandaria as confederações multitribais e as mobilizaria para ganhar e distribuir recursos? Quem, em outras palavras, poderia se tornar um imperador da estepe?

Muito antes de os mongóis se tornarem uma potência imperial, povos turcos no interior da Eurásia haviam criado seu próprio termo para designar um governante supremo. Os impérios turcos (552-734) que se espalharam a partir da China pelo centro da Ásia eram governados por um khaqan. Poderes eurasiáticos subsequentes, como os uigures na Mongólia, os cazares no Cáucaso e os búlgaros no rio Volga, adotaram variante desse título, incluindo khan. O reinado do khan era visto como um mandato de Tengri, o deus chefe dos céus e dos nômades que viviam sob ele.

Mas a dádiva celestial, como vimos, está aberta a múltiplas interpretações, sobretudo na hora de escolher um imperador. Os romanos haviam usado diferentes abordagens: eleição, descendência, adoção, assassinato e guerra civil. Regimes islâmicos lutavam pelo parentesco com Maomé. Os mongóis, seguindo seus predecessores da estepe, utilizaram uma combinação de linhagem e habilidades de guerra. Seu sistema foi descrito por Joseph Fletcher, que se referia a práticas irlandesas, como *tanistry*. Quando um chefe morria, o círculo de contendores incluía seus filhos e irmãos, que precisavam lutar e negociar para saírem vencedores. O sistema não estimulava o amor fraternal – o fratricídio podia acontecer –, mas se baseava em um pressuposto racional. O membro da família ampliada do chefe mais qualificado para a guerra e a diplomacia deveria liderar, e não um filho que, por mera obra do acaso, fosse o mais velho.

Nos níveis mais altos do poder, a disputa para se tornar khan podia incluir tanto combates como negociações com possíveis aliados e subordinados. Quando o resultado estava mais ou menos claro, um grande conselho (um *kurultai*) se reunia para proclamar o novo líder. Essa instituição – a assembleia de líderes tribais que tomava uma decisão vinculatória e da maior relevância – ainda é utilizada no Afeganistão e em outros espaços políticos da Eurásia. Os conflitos ocorridos após a morte de um khan não eram uma crise sucessória, mas um procedimento normal e rigoroso para escolher o melhor homem. Um khan devia pertencer à família do chefe, vencer a disputa pelo cargo e ser escolhido por outros grandes líderes.

Esse sistema também exigia e produzia carisma. As qualidades especiais do khan e de sua linhagem eram interpretadas como um sinal de fortuna divina, *qut* em turco. Como outros nômades eurasiáticos, os mongóis acreditavam que o mundo estava repleto de espíritos humanos aos quais os homens podiam se dirigir e pedir ajuda; também era possível apaziguá-los. Essas crenças acomodavam outras religiões com facilidade. Os cristãos, incluindo seitas que haviam perdido disputas doutrinárias sob o governo bizantino, e os budistas eram protegidos por soberanos nômades. Os mongóis veneravam Tengri como divindade superior e abrangente. Eles acreditavam que os pontos elevados eram sagrados devido à sua proximidade com o paraíso. Os auxiliares espirituais mongóis eram xamãs – humanos com poderes especiais para contatar espíritos e assegurar sua ajuda. Um líder habilidoso podia contar com um xamã, mas também precisava ter contato direto com os deuses. Em contraste com os impérios contemporâneos da época no Mediterrâneo, os soberanos das estepes não eram restringidos por igrejas institucionalizadas, pelo surgimento de cismas ou pelas exclusões do monoteísmo.

Os povos eurasiáticos tinham experiência em construir, invadir, desafiar e dividir impérios. A China, que se fragmentou e se reuniu diversas vezes após a queda da dinastia Han (ver capítulo 2), continuou atraindo grupos nômades e seminômades concorrentes. Os canatos turcomanos assumiram o controle da lucrativa Rota da Seda em diversos momentos durante o período em que as dinastias Sui (581-617) e Tang (618-907) tentavam reunificar e governar o Império Chinês. Depois que a desintegração dos canatos no século VIII fez com que grupos turcos migrassem para oeste em direção a Bizâncio e outras possibilidades imperiais (ver capítulo 3), uma confederação, os uigures, assumiu os desafios de ajudar os Tang a derrotar seus inimigos, extorquindo imensas quantias de seda como recompensa.

A dinastia Song, fundada em 960, supervisionou o desenvolvimento, a expansão e o redirecionamento da economia chinesa; as exportações passando por cidades portuárias e o florescimento do comércio com o Sudeste da Ásia mais que compensavam as rotas comerciais transcontinentais. Sob o reinado Song, a população chinesa explodiu para mais de 100 milhões. Mas os Song também se viram forçados a combater ou depender de outro império nômade – os kitanos, cuja ávida proteção da Rota da Seda ficou registrado no nome da China em muitas línguas estrangeiras: Kitai em russo, Cathay para os europeus. Os kitanos adicionaram um sistema postal (o *yam*) e o *ordos* (o acampamento armado e móvel do soberano) ao repertório eurasiático de governo.

Os kitanos e, mais tarde, os jurchens eram povos da Manchúria que conseguiram dominar grandes regiões distantes dos Song e fundar suas próprias dinastias no norte da China – os Liao (916-1121) e os Jin (1115-1234). Os mongóis também vinham de áreas cobertas por florestas na Manchúria, de onde se deslocaram para oeste em direção ao que mais tarde seria chamado de Mongólia, à época sob controle kitano. Foi lá que os ancestrais de Genghis Khan se estabeleceram como tribo nômade, com seus próprios ancestrais animais totêmicos – um lobo azul e uma corça – e sua montanha sagrada, Burkhan Khaldun. Mas o mais importante para o que veio depois foi a experiência política acumulada por esses e outros povos eurasiáticos.

O mais importante para as conquistas foi, sem dúvida, o exército. Tanto os kitanos como os jurchens utilizavam instituições criadas muito tempo antes, como a organização dos xiongnu para seu exército em um sistema decimal e a guarda pessoal do soberano (ver capítulo 2). Os guerreiros lutavam em unidades de dez homens. Esses grupos eram combinados em centenas, milheiros e grupos de 10 mil. Genghis Khan afinou a organização decimal das unidades ao quebrar os contingentes tribais e redistribuir os guerreiros em unidades separadas. Cada soldado era responsável por todos os soldados em seu grupo. Quando um falhava, todos eram punidos.

O treinamento era propiciado pela vida nas estepes, onde se montava a cavalo desde muito jovem. A caça era o esporte preferido, e a obediência ao clã, ou ao líder da unidade, era uma constante. Os cavaleiros mongóis utilizavam pequenos estribos que favoreciam a velocidade e a mobilidade. Guer-

Figura 4.1
Guerreiros mongóis a cavalo, ilustrados em um manuscrito persa da década de 1430, da *História universal* de Rashid al-Din, *ca*.1310. (Biblioteca Nacional da França. Manuscritos orientais.)

reiros podiam correr para a frente e atirar para trás, o tema favorito de artistas após a conquista. Outras táticas incluíam o falso recuo, atraindo o inimigo para uma perseguição desorganizada, e o massacre posterior, acampamentos falsos e manequins montados a cavalo. A arma básica e formidável dos mongóis era o arco duplo composto, feito com camadas de ossos e tendões encaixados a uma estrutura de madeira. Mas eles também acrescentaram novas armas ao seu repertório durante suas conquistas – cavalaria com armadura e lanças, artilharia chinesa e pólvora.

No início do século XIII, o número de mongóis não ultrapassava algumas centenas de milhares. Quando Genghis Khan perdeu a vida, contudo, seu exército era composto por cerca de 130 mil homens – entre um terço e um quarto do tamanho do exército romano em seu auge. Essa população modesta controlava aproximadamente metade dos cavalos do mundo no século XIII. A vida nômade permitia que toda a sociedade fosse mobilizada para a guerra. As mulheres seguiam as campanhas carregando suprimentos, e às vezes lutavam ao lado dos homens. Voltar para casa não era um objetivo – a motivação para a guerra eram os saques, as pilhagens e as partilhas, para então seguir em frente e conseguir mais. Os mongóis levavam suas provisões consigo e as escondiam antes das batalhas. Sabiam onde encontrar água. Se fossem pegos de surpresa longe de suas linhas de provisões, tinham comida de emergência, o que incluía sangue de cavalo. Tudo isso fez com que o exército montado e comandado por Genghis Khan tivesse uma força assustadora.

CONSTRUÇÃO IMPERIAL AO ESTILO MONGOL

Até agora, foi enfatizado neste livro os imaginários, as instituições e os repertórios de poder imperiais mais do que os imperadores. Genghis Khan justifica um desvio, pois sua história de vida ilustra elementos básicos da prática política eurasiática, bem como o papel crucial do líder em um sistema personalizado e patrimonial. Genghis criou sua mística enquanto abria caminho para assumir o poder. A superação de obstáculos aparentemente intransponíveis era uma prova da "boa sorte" de Genghis e se tornou parte de sua lenda e de seu culto.

Por volta de 1167, um garoto, Temujin, nasceu em uma família de chefes, mas sem poderes, na Mongólia. O pai de Temujin havia se tornado um *anda* (irmão jurado) de Togrul, líder da poderosa confederação keirat. A mãe de Temujin havia sido capturada por outro clã. Em idade muito tenra, Temujin assumiu compromisso com uma garota, Börte, da tribo de sua mãe. Nada disso era atípico ou particularmente promissor. Seu destino sofreu uma perigosa guinada quando, após seu pai ser assassinado por um homem da tribo tatar, a família de Temujin foi exilada do clã de seu pai. O garoto, sua mãe e o outro filho foram abandonados ao destino.

Nessas circunstâncias nefastas, Temujin demonstrou uma personalidade vigorosa que lhe rendeu amigos, inimigos e vítimas. Ajudado por um de seus irmãos, assassinou um terceiro irmão em uma luta. Em 1180, foi capturado e quase acabou morto por um clã que antes havia sido aliado do de seu pai. Após esse novo desastre, utilizou o dote de Börte como oferenda e se sujeitou ao irmão jurado de seu pai, Togrul. O serviço prestado a ele, um líder estabelecido das estepes, e a vida com os keraits, que falavam turco e abrigavam budistas e cristãos, conferiram a Temujin novos recursos. Ele angariou seus próprios seguidores fiéis, nökers que deixaram suas tribos para servi-lo, e seu próprio *anda* – seu amigo de infância Jamuqa, um homem de status elevado e subordinados próprios. Essas alianças foram úteis quando Börte foi sequestrada pela tribo merkit. Temujin, seus aliados Togrul, Jamuqa e seus seguidores derrotaram os merkits, resgataram Börte e perpetraram uma vingança brutal. Temujin conquistou o status de chefe.

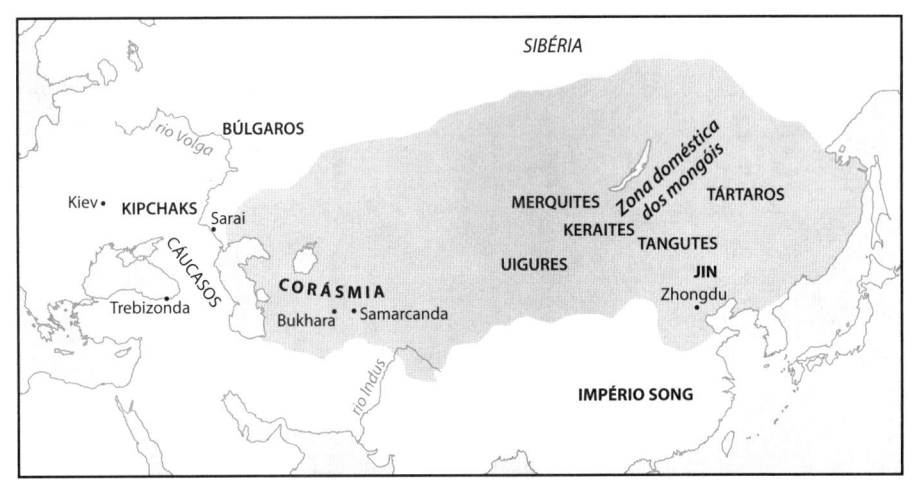

Mapa 4.1 – Império Mongol, 1227

Por volta de 1190, Temujin foi eleito khan por diversos líderes de clãs, que prometeram obedecer-lhe na guerra e na paz e entregar a ele os frutos de suas conquistas para distribuição. Temujin começou a repaginar as instituições de seus antecessores: ampliou sua guarda pessoal com artesãos e cozinheiros, bem como seus comandantes mais próximos. Ele e seu antigo *anda*,

Figura 4.2
Kurultai em que Temujin é proclamado Genghis Khan, ilustrado em um manuscrito persa da década de 1430 da *História universal* de Rashid al-Din, *ca*.1310. (Biblioteca de Arte Bridgeman. GettyImages.)

Jamuqa, se tornaram chefes rivais na estepe, cada um comandando cerca de 30 mil guerreiros. Após uma derrota para Jamuqa em 1187, Temujin fugiu para o norte da China. Usou seus guerreiros para auxiliar a dinastia Jin e seu patrono, Togrul. O imperador Jin fez de Togrul "o khan geral" e incrementou o status de Temujin. A sujeição aos Jin lhe permitiu conhecer as práticas dos jurchen e as riquezas da China.

Ao retornar para as estepes como grande líder, Temujin retomou a tarefa de se livrar dos rivais ou incorporá-los sob seu comando. Ludibriou Jamuqa e derrotou seus inimigos de infância. Mas quando se voltou contra Togrul, seu antigo superior e khan geral, foi forçado a recuar, dessa vez até a Manchúria. Acabou derrotando Togrul, que morreu em batalha, e também matou Jamuqa. Em uma horrenda demonstração de poder total, Temujin mandou executar o seu xamã.

Temujin se tornou Genghis Khan em um grande *kurultai* dos líderes da estepe em 1206. O nome Genghis, como o honorífico Augustus dos romanos, era a criação de um indivíduo triunfante, distinguindo-se dos khans gerais anteriores. Temujin escolheu um título que fazia referência à contraparte divina do deus do céu, Tengri: Genghis eram espíritos que mandavam na terra. Genghis Khan era o senhor do mundo.

Ao longo de sua grande odisseia, Genghis havia praticado a arte da política nômade e a expandira além de seus limites. Ele, que um dia revirara o solo em busca de raízes com sua mãe, uma pária, tornara-se imperador explorando as instituições familiares – irmandade por juramento, compromisso de subordinação, casamento exógamo, obrigação de vingança, serviço e recompensa – em uma série de alianças astutas e ataques impiedosos. Quebrou as regras quando já era forte o suficiente para isso, e fez do rompimento de laços entre os clãs sua tática principal. Ao cobrar com fervor o cumprimento da lealdade pessoal, que não dependia de laços de sangue, executou ou ameaçou executar muitos de seus parentes homens mais próximos. Quando massacrava subordinados rebeldes, colocava suas famílias remanescentes sob sua proteção. Em uma exibição de seu carisma de guerreiro, Genghis gabou-se de ter vestido "as mesmas roupas e... [comido] as mesmas comidas que os criadores de vacas e cavalos" e de cuidar "de meus soldados como se fossem meus irmãos". A política da lealdade pessoal, que se apoiava em recompensas fartas ao serviço incondicional, agora exigiam que Genghis fosse mais longe.

O alvo mais óbvio era a China, com seus grãos, linho e algodão, bronze e cobre, espelhos, ouro, cetim, vinho, arroz e o maior dos artigos de luxo para trocas, a seda. No século XIII, o Império Chinês era atraente, desunido e vulnerável. Os imperadores Song, cujo reinado estimulava comércio, urbanização, inovações científicas, engenharia (pólvora), arte e produtos culturais (como a prensa móvel), comandavam a região sul, enquanto a dinastia Jin governava o norte. Mas, seguindo uma tática que destoava dos líderes anteriores das estepes, Genghis voltou sua atenção antes para os pontos problemáticos de sua área central e às potências ao longo das rotas de comércio, sobretudo da lucrativa Rota da Seda.

Genghis enviou seu filho Jochi para subjugar as tribos na Sibéria enquanto dizimava as que haviam auxiliado Jamuqa. Alguns grupos entenderam o recado: os turcos uigures se renderam de forma voluntária. Seu alfabeto concedeu aos mongóis uma forma de registrar suas conquistas e as regras de Genghis. Então, em 1209, o khan se voltou contra o Império Tangut, situado entre o núcleo mongol e as terras chinesas. O líder tangut se entregou em 1210 e enviou um imenso tributo para selar a paz. Recusou-se a enviar tropas para se juntarem ao exército mongol, o que acabaria se revelando um erro terrível. Com o núcleo de suas terras unido, Genghis declarou guerra à dinastia Jin e, após uma campanha prolongada, capturou a capital Zhongdu, próxima à atual Pequim, em 1215. Os resultados foram mais tributos e uma esposa Jin para Genghis. Ele estava fechando um ciclo, conquistando as potências que antes o haviam abrigado.

Após o êxito fundamental no norte da China, Genghis mudou de direção e se deslocou para o oeste, onde venceu desafiantes e angariou súditos, incluindo muçulmanos apreciadores da indiferença dos mongóis quanto à religião dos outros povos. Tendo conquistado as potências do interior da Ásia, Genghis ofereceu abertura diplomática a um rico governante da região do atual Irã, o xá da Corásmia. De acordo com o historiador iraniano e administrador mongol Rashid al-Din, parte de sua proposta declarava: "Devemos auxiliar e apoiar um ao outro em tempos de necessidade e garantir a segurança das rotas de caravanas contra incidentes desastrosos para que os comerciantes, de cuja prosperidade depende o bem-estar do mundo, possam se deslocar livremente de um ponto a outro". Infelizmente para o xá da Corásmia e seus súditos, a mensagem não foi tratada com a devida seriedade. Os enviados e mercantes de Genghis foram executados.

Em resposta, Genghis reuniu um imenso exército de soldados das áreas que havia conquistado e rumou para a Ásia Central em 1219. Cidades eram destruídas com terrível violência, exceto quando seus líderes se sujeitavam ao governo mongol. Homens eram sistematicamente executados, mulheres e crianças escravizadas. Artesãos, cujas habilidades eram admiradas, foram enviados às cortes mongóis. Os clérigos também eram poupados devido à utilidade de seu trânsito junto aos espíritos, o que tornou improvável uma guerra santa contra os mongóis.

Em 1221, Genghis estendeu sua campanha por todo o território que ocupam os atuais Irã e Afeganistão até chegar ao rio Indus. Algumas tropas mongóis permaneceram no Cáucaso, na Ucrânia e às margens do Volga. Esses destacamentos viajaram cerca de 20 mil quilômetros em quatro anos e derrotaram georgianos, turcos quipchacos na Ucrânia, príncipes Rus' na área de Kiev e búlgaros do Volga. Mas Genghis estava ciente dos limites e perigos de terminar cercado. Em vez de prosseguir para a Índia, retornou para a Mongólia naquela que seria sua campanha final.

Àquela altura, Genghis já havia se tornado imperador da Terra e não queria deixá-la. Ele consultou monges taoistas, que disseram que ele poderia prolongar sua vida se abdicasse de seus prazeres: a caça, o comportamento libertino e as bebedeiras. Genghis não havia vivido uma vida de luxos, mas bebia muito – atividade de lazer favorita dos mongóis – e tinha diversas parceiras sexuais. Embora a esposa mais velha de Genghis, Börte, ainda fosse a mulher mais poderosa de sua casa, ele adquirira muitas outras esposas e concubinas por meio de guerras e diplomacia. Algumas dessas mulheres foram dadas de presente aos seus filhos e guerreiros favoritos. As mulheres-troféu mongóis podiam se tornar, assim como Börte, agentes poderosos em suas novas casas. A prática mongol de casamentos múltiplos fora de seu próprio grupo, somada às guerras vitoriosas, fizeram com que seus descendentes estejam hoje bastante espalhados pelo mundo.

A vida de Genghis acabou durante uma campanha de vingança. Em 1226, ele foi atrás de seus antigos inimigos, os tanguts, que antes haviam se recusado a lhe fornecer soldados. Genghis morreu no ano seguinte – sendo o motivo exato ainda hoje objeto de debate –, e as forças mongóis mataram toda a população da cidade tangut de Zhongxing em sua homenagem. O corpo de Genghis foi transportado de volta para a Mongólia em segredo. Ele foi enterrado perto de Burkhan Khaldun, a montanha que ele sempre venerara durante seu caminho para o poder. A sepultura foi camuflada e a região ao seu redor se tornou um espaço sagrado, de acesso proibido.

Genghis havia explorado ao máximo as ideologias, instituições e diplomacias elaboradas na Eurásia em tempos anteriores. Tendo confirmado sua aura sagrada ao superar dificuldades e derrotar seus rivais, o comandante das estepes aproveitou os benefícios de seus exércitos organizados, autossuficientes e de grande mobilidade; do poder dinástico, ampliado através de estratégias de casamentos incorporadores; dos lucros, da beleza e da segurança fornecidos por mercantes, artesãos e clérigos protegidos; de manuscritos para registrar lucros, distribuições e decretos; e de receitas de diversas fontes: comércio, tributo, guerra e taxação. Em resumo: ele gozou das vantagens de um aparato estatal que não sofria com as exclusões problemáticas do monoteísmo. De uma perspectiva institucional, a Eurásia do século XIII oferecia ingredientes imperiais que à época não existiam na Europa. Ainda assim, foi preciso um indivíduo que soubesse articular – ou coagir – tribos, cidades, confederações e outros impérios em um único regime sob o poder do grande khan.

PAX MONGOLICA

Como seria possível que conquistas violentas promovessem uma "paz mongólica", como alguns historiadores descreveram o final do século XIII, quando o "florescimento comercial" proposto por Genghis ao xá da Corásmia de fato ocorreu na Eurásia? À época, como voltaria a ocorrer mais tarde, a expansão das conexões comerciais foi imposta: os mercados não se tornaram "globais" por conta própria. Mas, para aqueles que sobreviveram à devastação inicial dos mongóis, a conquista viabilizou uma expansão comercial e cultural – assim como ocorrera com o crescimento do espaço romano – e inaugurou novos imaginários e possibilidades políticas, tanto na estepe como em volta de suas fronteiras. Para os governantes mongóis, seus oficiais e outros subordinados, a paz permitia uma síntese de repertórios de governos que teria influência duradoura sobre impérios posteriores.

Mas antes disso, a paz era necessária. Após a morte de Genghis, o império transcontinental dependia de relações estáveis entre os líderes mongóis. Muito cientes do potencial explosivo da *tanistry*, Genghis havia proclamado seu terceiro filho, Ögodei, como sucessor e insistiu para que seus outros descendentes apoiassem essa escolha por escrito. Em 1229, após um interlúdio de disputa pelo poder, os descendentes de Genghis e alguns oficiais proeminentes se reuniram em um imenso *kurultai* para confirmar Ögodei como grande khan. Membros da família de Genghis – filhos, irmãos remanescentes e ao menos uma filha – receberam territórios, os *ulus*, para governar, enquanto o grande khan exercia sua autoridade coordenadora sobre o conjunto.

A tradição realista da política eurasiática conferia ao filho primogênito as pastagens mais afastadas daquelas pertencentes ao seu pai. Na época de Genghis, isso significava "o ponto mais a oeste por onde cavalgaram os cascos mongóis", designação que seria determinante para o futuro dos povos da Europa Ocidental. As estepes a oeste do Volga se tornaram parte da *ulus* concedida ao filho mais velho de Genghis, Jochi, e foram herdadas pelo filho de Jochi, Batu. O segundo filho de Genghis recebeu terras na Ásia Central. A Tolui, o caçula, coube a área central da Mongólia. O grande khan Ögodei começou a construir muros e palácios para uma nova capital mongol em Caracórum, um local que havia sido visitado por Genghis e trouxera sorte. A união incômoda e intermitente entre os descendentes mais próximos de Genghis perduraria até meados do século XIII, tempo suficiente para que o império assumisse uma forma verdadeiramente transcontinental.

O segundo estágio da expansão mongol foi executado com a mesma combinação de terror e diplomacia adotada nas primeiras conquistas. Ao leste, os mongóis deram prosseguimento à campanha contra a dinastia Jin e concluíram a conquista do norte da China em 1234. Parte do Tibete foi anexada por volta de 1250, depois de os mongóis terem cultivado laços com lamas budistas ambiciosos. A campanha para conquistar o sul da China, sob domínio da dinastia Song, representava o maior de todos os desafios, mas, após uma preparação meticulosa que contou com o auxílio de conselheiros chineses, o neto de Genghis, Kublai Khan, finalmente derrotou os Song em 1279 e fundou a dinastia seguinte, os Yuan. Após sucessivas tentativas frustradas de conquistar o Japão, os mongóis encontraram seu limite no Pacífico.

Do outro lado do mundo, os limites da ambição não eram tão claros. Em 1236, Batu, neto de Genghis, conduziu o exército mongol para além dos Urais. Em cinco anos, essas forças chegaram até a Ucrânia, Polônia e Hungria. Como vimos, o rolo compressor mongol se deteve quando Batu retornou à Mongólia após a morte do grande khan Ögodei. Mais tarde, Batu se estabeleceu na região das estepes de seus *ulus*, com grandes pastos e conexões com o mar Negro, o Cáspio, o Volga e rotas transcontinentais. Ele batizou seu reino de canato Quipchaco, aludindo ao povo de língua turca que havia controlado a área, mas agora eram súditos do formidável poder mongol. Mais tarde, o canato se tornou conhecido como Horda Dourada (ver capítulo 7).

Entre a China e a Horda Dourada, os mongóis fortaleceram seu controle sobre duas regiões concedidas aos sucessores de Genghis. Mongke, eleito grande khan em 1251, ordenou que seu irmão Hulegu concluísse a conquista do sudoeste da Ásia iniciada por Genghis. Hulegu derrotou os ismaelitas xiitas e então se voltou contra os abássidas (ver capítulo 3). Realizou um cerco a Bagdá, conquistou a cidade e executou o califa ao lado de, segundo se afirma, 200 mil habitantes da cidade. Os exércitos de Hulegu finalmente foram detidos pelas tropas do sultão mameluco quando avançavam em direção ao Egito. Hulegu estabeleceu a primeira dinastia dos il-khans, com base no Irã e no Iraque. O quarto *ulus* (de Chagatai, segundo filho de Genghis) se estendia do mar de Aral, ao leste, englobava as cidades de rota comercial da Corásmia e interligava outros três reinos mongóis: os il-khans, a Horda Dourada e a China Yuan.

As guerras, portanto, eram uma das fontes da paz mongol – guerras que colocaram a maior parte da Eurásia sob o jugo de algum soberano descendente de Genghis. Mas outro fator importante foi a diplomacia. Líderes sábios, como o dos armênios, e pretendentes a soberanos, como os príncipes Rus' da região próxima a Moscou, aprenderam que a submissão aos khans mongóis podia significar proteção e, para alguns, uma grande riqueza (ver capítulo 7). No círculo interno do poder, a família imperial mongol conseguiu dividir o controle de seus domínios e de seu governo por mais de quatro décadas. Cada escolha para grande khan era antecedida por um período de alguns anos em que os gengianos conspiravam e armavam uns contra os outros, praticando a *tanistry* na maior escala possível, mas o princípio das *ulus* ofereceu uma forma de evitar a guerra total.

Quatro dinastias gengianas emergiram dessas conquistas: a Horda Dourada, liderada pelos descendentes de Jochi, com sua capital em Sarai, no Volga; o canato vizinho de Chagatai, cuja área correspondia mais ou menos ao atual Uzbequistão; os il-khans na Pérsia, formados pelos descendentes de Hulegu; e a dinastia Yuan na China, chefiada entre 1260 e 1294 pelo muito lembrado Kublai. Os filhos de Ögodei, o primeiro grande khan após Genghis, fracassaram nas disputas sucessórias e acabaram perdendo todos os seus territórios.

Hulegu e Kublai, descendentes de Tolui, melhor sucedidos, acabaram ficando com dois dos quatro grandes canatos.

Em 1260, já é possível falar em impérios mongóis, no plural. Quando o grande khan Mongke morreu em 1259, Kublai, que estava na China, não esperou por um *kurultai*: simplesmente proclamou-se soberano de suas tropas. Kublai construiu sua própria capital em um lugar que chamava de "cidade do Khan" ou Cambalique, que mais tarde se tornaria Pequim. Em cada um dos canatos, os governantes mongóis extraíam força dos princípios políticos eurasiáticos e continuavam a adotar estratégias administrativas dos povos que conquistavam. O estilo mongol de governo não estimulava um formato imperial único, mas conexões entre o Ocidente e o Oriente que transformaram a cultura, a demografia, a diplomacia e o comércio, e geraram novos anseios em um mundo que se expandia.

A MANEIRA MONGOL

O grande khan Ögodei teria dito que: "O império foi criado no lombo de um cavalo, mas não pode ser governado do lombo de um cavalo". Sem dúvida, esse ditado foi importado dos conselheiros chineses, que tinham maior experiência com esse problema. Conforme a tarefa principal dos mongóis deixava de ser a conquista para se tornar a administração, eles passaram a

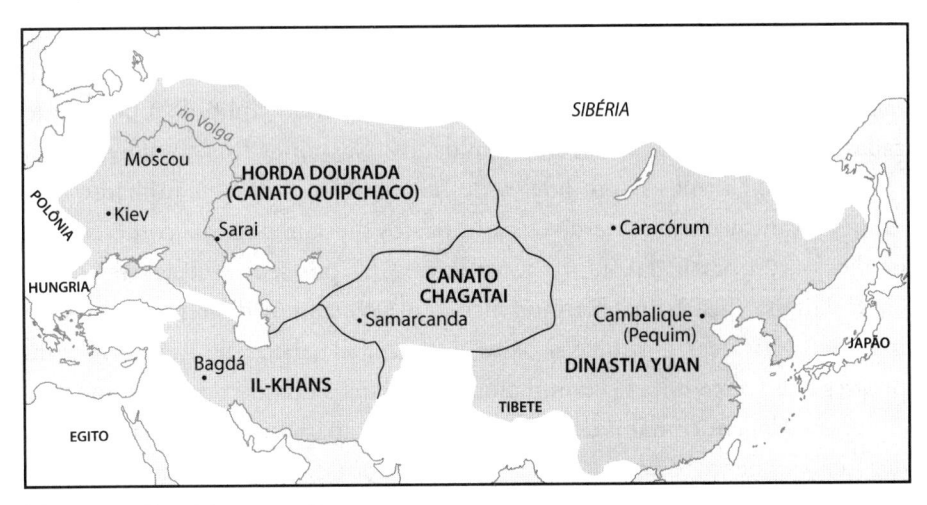

Mapa 4.2 – Impérios mongóis, 1294

depender de intermediários locais e desenvolveram formas de controlá-los. A soberania mongol nos canatos se distinguia por sua adaptabilidade às circunstâncias locais, incluindo religião, expressão artística, ciência e bem-estar, mas também uma adesão insistente a elementos específicos do repertório eurasiático de poder.

Na China, o khan precisou se reinventar e virar imperador. Ao reunir o norte e o sul e anexar o Tibete, as conquistas mongóis deram à China o maior território que tivera até então. Kublai, que havia recrutado conselheiros chineses logo de início, não demorou a se apropriar das poderosas e deslumbrantes tradições imperiais para enfatizar seu status de soberano universal. Dinastias anteriores haviam adotado nomes com referências geográficas, o nome Yuan significava "origem do cosmo". O termo desviava a atenção do fato inoportuno de que os mongóis não eram provenientes de uma região chinesa. Kublai proclamou seu posto de imperador por meio de um édito em 1272. Esse impressionante decreto serviu de fonte para que os eruditos burocratas chineses alegassem que os Yuan haviam herdado o mandato celestial de forma legítima e o conduziria à glória.

Os mongóis preservaram ou transformaram a instituição do khan e seu papel de líder conforme suas necessidades em cada área conquistada. Outra técnica de governo de caráter expansionista foi o cadastramento, essencial para uma cobrança eficiente de impostos sobre cada população. Antes da conquista, os conselheiros uigures haviam fornecido aos mongóis um sistema de escrita e conhecimentos administrativos. Na China, Mongke encomendou em 1252 o maior censo jamais realizado até então. Foi compilado no canato Quipchaco e abrangeu as terras dos príncipes Rus'. O sistema decimal utilizado na organização dos exércitos mongóis também foi aplicado à população cadastrada e utilizado para recrutar soldados. Nas terras Rus', os agentes oficiais recebiam títulos como líderes de "centenas" ou de "dez milhares". Os mongóis lançavam mão de diversos impostos – sobre pessoas, comércio, rebanhos – e, a partir das informações fornecidas por seus especialistas transcontinentais, ajustavam seus mecanismos de coleta em diferentes partes do império. Nas áreas governadas pelos il-khans, as tabelas de impostos eram progressivas, cerca de sete vezes maior para os ricos do que para os pobres.

A abordagem contábil dos mongóis era pragmática – eles podiam conceder isenções de impostos a certos grupos em troca de apoio, ou elevar as taxas como forma de punição –, mas quase sempre precisavam de intermediários das áreas conquistadas para executar suas ordens e recolher ou distribuir lucros e produtos. Para os líderes nômades, autoridades locais representavam um risco claro: elas podiam romper sua relação de subordinação e se tornarem soberanas. Os mongóis desenvolveram uma resposta estratégica a esse perigo: as altas patentes militares eram, em sua maioria, reservadas aos mongóis, enquanto os postos de agentes oficiais aceitavam civis, e a atuação dessas duas categorias de servidores era limitada por autoridades superiores por meio de laços pessoais. Esses sistemas de dependência e separação permitiam aos mongóis empregar pessoas versadas em diversas áreas do conhecimento, mas evitavam a delegação excessiva de poder.

O estilo mongol de administração de intermediários incluía outra estratégia: o deslocamento de seus subordinados para diferentes regiões do império, sempre acompanhado de ajustes das práticas administrativas às demandas de cada região. Após os primeiros ataques devastadores de Genghis ao atual Irã, persas, uigures, líderes subtribais mongóis e judeus foram nomeados para cargos de alta patente na região. Porém, mais tarde, sob os il-khans, quase toda a administração retornou às mãos das antigas famílias persas. Na China, os mongóis foram mais cautelosos com os intermediários locais, que integravam uma tradição governamental bastante desenvolvida. Os soberanos Yuan encarregaram oficiais de baixa patente de desempenhar uma atividade crucial, o recolhimento de impostos em localidades do entorno, e empregaram estrangeiros – muçulmanos da Ásia Central e do Oriente Médio, uigures e membros de subtribos mongóis – nos mais elevados postos de governo. O fato de que esses cargos não ficaram nas mãos dos chineses pode ter servido de estímulo para que as elites locais se dedicassem às artes e à literatura, que passaram por uma fase esplendorosa durante o governo Yuan. Em razão de uma greve contra o funcionalismo e em prol da lealdade pessoal, o sistema de exames para ingresso no serviço público chinês acabou suspenso entre 1238 e 1315.

Nos cargos políticos mais elevados, os impérios mongóis permaneceram fiéis aos princípios dinásticos da Eurásia. O imperador (khan) precisava ser um descendente da família do próprio Genghis. Mas os que serviam à dinastia não eram obrigados a seguir essa regra. A estrutura de governo estava aberta a indivíduos de várias origens e religiões, que podiam competir uns com os outros – como os líderes militares haviam feito – para se provarem mais útil aos seus governantes.

Durante suas conquistas, os líderes mongóis pareciam indiferentes à religião – se comparados aos governantes bizantinos, islâmicos e do Império Carolíngio, não havia dúvida. O que alguns europeus interpretaram muito tempo mais tarde como uma "tolerância" à diversidade religiosa era na verdade resultado de condições muito distintas dos postulados monoteístas: o interesse dos eurasiáticos em conselheiros espirituais, a diversidade de crenças nos territórios conquistados pelos mongóis e a política pragmática de alianças por meio de casamentos exógamos. Genghis, por exemplo, negociou após uma vitória para que seu filho Tolui se casasse com uma sobrinha do khan ong (geral). Essa mulher, Sorhokhtani, pertencia a um grupo de cristãos conhecidos como nestorianos, o lado derrotado em uma das querelas confessionais dos bizantinos. Ela se tornaria mãe dos grandes khans Mongke e Kublai, bem como de Hulegu, conquistador do Irã. Os líderes mongóis cultivavam contatos com líderes religiosos, levavam-nos para suas cortes e não taxavam os lucros das igrejas. Nos primeiros anos de governo mongol sob jugo dos il-khans, budistas, cristãos de diversas vertentes, judeus e muçulmanos prosperaram juntos.

Com o tempo, muitos mongóis se converteram para diferentes religiões. O il-khan Öljaitü (1304-1316) provavelmente foi xamanista, budista, cristão e muçulmano sunita e xiita em diferentes momentos de sua vida. Mongóis cultivavam as autoridades budistas tibetanas e protegiam os budistas na China; o grande khan Kublai se tornou budista. A conversão mais conhecida de um mongol foi ao islã. Depois que Hulegu destruiu o califado abássida em 1258, não parecia haver muita esperança para o islã na região. Contudo, passada uma geração, os soberanos mongóis na Pérsia haviam se tornado muçulmanos, assim como muitos de seus seguidores. Essa escolha criou o cenário para um grande florescimento da cultura islâmica sob o governo dos il-khans e de seus sucessores.

A lei integrava o estilo mongol de governo. No início de sua escalada rumo ao poder, Genghis adotou práticas regulatórias apresentadas a ele por serventes e prisioneiros esclarecidos. Ele exigiu que um de seus filhos adotivos registrasse em um "Livro Azul" as terras e pessoas que designava para seus subordinados. As ordens de Genghis também deviam ser escritas e preservadas. Nenhum texto do código de leis conhecido como Grande Yasa de Genghis sobreviveu, mas, como vimos com os romanos, a lei pode desempenhar diversos papéis em um sistema de governo: um conjunto de regras, uma forma de realizar julgamentos, o objeto de trabalho de juristas e tribunais. Os khans mongóis emitiram leis e viabilizaram a realização de julgamentos legais.

Os registros históricos do governo mongol escritos por seus contemporâneos descrevem o khan como um administrador de justiça guiado pelas recomendações de conselheiros, entre os quais havia autoridades judaicas, muçulmanas e cristãs. Muitos julgamentos legais nos territórios mongóis eram realizados diretamente por autoridades tribais ou religiosas, e se esperava que elas resolvessem os conflitos internos aos seus grupos. A predisposição dos mongóis de delegar autoridade para a punição de crimes que não preocupavam o Estado de forma direta pode ser observada de forma negativa na China: a dinastia Yuan, diferentemente das anteriores, não produziu um código penal. As práticas mongóis para firmar acordos e seu anseio de negociar sempre em termos de sujeição, rendição ou permutas, também eram aspectos típicos de uma cultura legal baseada na lealdade manifesta, respaldada por acordos contratuais.

Outra faceta do estilo mongol era a grande rota comercial que conectava khans, agentes oficiais, mercadores, viajantes e seus parceiros comerciais ao longo da Eurásia. A comunicação ágil transformou a Rota da Seda em uma via de comunicação expressa. O sistema yam, instalado pelo grande khan Ögodei em 1234, consistia em uma série de estações de passagem situadas a cada quarenta ou cinquenta quilômetros – a distância que cavalos levando carga eram capazes de percorrer em um único dia sem inconvenientes. Esses postos forneciam cavalos e provisões para os usuários autorizados: enviados diplomáticos, mensageiros portando ordens imperiais e comerciantes. Os viajantes carregavam um medalhão inscrito em mongol para provar que sua viagem tinha sanção oficial. Esse *paizi* (palavra chinesa) foi o ancestral de nosso sistema de passaportes. O yam combinava diferentes funções: os mercadores podiam ser controlados e taxados, enquanto os mensageiros oficiais podiam mudar de cavalo, seguir em frente e percorrer até 320 quilômetros em um único dia. Os mongóis haviam transformado o serviço de mensagens operado pelos khitans no norte da China em uma rede intercontinental de controle, taxação e comércio.

A rede mongol se estendia desde o Pacífico até o Mediterrâneo e o Báltico, e viabilizou uma imensa transferência de conhecimentos, ideias e técnicas ao longo de grandes distâncias. Os budistas da Pérsia, os conselheiros muçulmanos da China e as missões de longa distância de diversos cristãos integraram uma grande recombinação de povos e religiões durante os séculos XIII e XIV. Mesmo nos locais onde não houve migrações, as dietas e culinárias, os conhecimentos médicos e geográficos e os ambientes artísticos e arquitetônicos foram transformados pelos contatos e viagens ao longo do continente. Se as elites mongóis haviam comido caldo de carne com leite de égua fermentado em seu grande *kurultai* em 1246, um século mais tarde os governantes Yuan da China podiam comer massa e pães de trigo, nozes, grão-de-bico, amêndoas, pistaches, beringela, mel e xaropes. Seu velho prato favorito, a carne de carneiro, era temperada com especiarias, marinada, assada e servida em um leito de *homus*! A culinária que associamos ao Oriente Médio havia viajado para a Ásia junto com os cozinheiros. O compartilhamento de receitas era um caminho de duas vias. O arroz, ingrediente básico na China, tornou-se uma comida cobiçada pela elite persa durante o reinado de il-khan Ghazan.

O estilo mongol estabeleceu o acesso a uma gama de sistemas medicinais: chinês, coreano, tibetano, muçulmano, cristão nestoriano e outros. Os médicos chineses dos il-khans defendiam a acupuntura e a aplicação de pastas de ervas e mercúrio e tiravam o pulso do paciente na hora de fazer um diagnóstico. Mais uma vez, as conexões se deram nos dois sentidos: o *Cânone da Medicina* de Avicena, produzido na Ásia Central no início do século XI, foi listado no catálogo da biblioteca imperial Yuan de 1273. Contudo, esse conhecimento não servia de muito quando as doenças atravessavam a estepe: a maior das devastações ocorreu em meados do século XIV, um período de grandes pragas na China e da Peste Negra na Europa. O que os viajantes levavam consigo, à época e ainda hoje, nem sempre era benigno.

Ávidos por conhecimentos sobre o céu e a terra, os mongóis financiaram a elaboração de mapas e estudos de astronomia. A dinastia Yuan patrocinou uma academia geográfica, que contava com o serviço de cartógrafos muçulmanos. As estimativas desses especialistas do século XIV para o formato da África e do Mediterrâneo eram mais precisas do que as que seus contemporâneos europeus elaboraram para a Ásia. Os il-khans desencadearam um período de esplendor arquitetônico durante a segunda metade do século XIII, quando suas cidades foram repaginadas com domos decorados com mosaicos de azulejos vítreos, em uma síntese de motivos e técnicas persas, chinesas e turcas. Ilustração de manuscritos e caligrafia também floresceram sob o governo dos il-khans, que eram admiradores da literatura épica persa e empregaram pintores chineses para decorar contos e histórias. Tapeçaria, uma forma artística de utilidade prática inventada pelos nômades, foi elaborada e difundida pela Ásia. As chaves para essa explosão de produção artística foram a riqueza, o patrocínio e a mescla de tradições artísticas, visto que os governantes mongóis atraíam os melhores artistas, artesãos e estudiosos a suas cortes.

A base para essa explosão cultural foi a expansão econômica promovida pela paz mongol. O investimento dos mongóis em atividades comerciais, a manutenção de um trânsito de alta velocidade e de um sistema de comunicação por toda a Eurásia, a proteção de comerciantes e artesãos e práticas de conciliação no caso de desentendimentos colaboraram para expandir as ideias e possibilidades do comércio de longa distância. Os mongóis não tinham nada da ambivalência que os chineses demonstravam perante os mercadores. Pelo contrário, o regime regulatório dos mongóis incluía instituições que facilitavam o comércio de longa distância e a produtividade local, incluindo uma forma de parceria entre Estado e empreendedores individuais. Comerciantes venezianos e genoveses, bem como oficiais dos portos do mar Negro, lucraram com as práticas cosmopolitas, garantidoras de direitos e favoráveis aos comerciantes promovidas pelos mongóis, e conectaram o comércio eurasiático à porção oriental do Mediterrâneo.

A proteção oferecida pelos mongóis às instituições religiosas, a inclusão de diferentes regimes culturais e grupos sociais em seu governo e o estímulo ao comércio e às trocas culturais permitiram aos estudiosos da época sentir que, enfim, o mundo inteiro estava disponível para estudo. Rashid al-Din escreveu em suas *Collected Chronicles* [Crônicas compiladas], concluídas por volta de 1310, que somente sob o governo mongol se tornara possível a elaboração de "um relato geral da história dos habitantes do mundo e das diferentes espécies humanas". Seu objetivo era examinar os manuscritos e a sabedoria de cada povo – os profetas bíblicos, Maomé, os califados, mongóis, turcos, chineses, judeus, indianos e francos – e compilá-los em algo "sem precedentes – uma coleção de todos os ramos da história".

Rashid al-Din tinha uma concepção combinatória da humanidade. O mundo era constituído por diferentes povos, cada um com seus próprios conhecimentos e crenças, seus próprios estudiosos e fontes – uma colagem, não uma escada com diversos degraus. Essa imaginação imperial – uma visão de um mundo conectado, variado e, portanto, rico – unia pessoas ambiciosas como Rashid al-Din a outros especialistas do conhecimento. O que mantinha a coesão do todo era a proteção e o patrocínio dos khans mongóis.

COLAPSO E RECUPERAÇÃO

As conexões mongóis promoveram transferências de tecnologia que deram uma nova forma às estruturas política, econômica e cultural do mundo por muito tempo após a dissolução dos seus impérios. Mas, enquanto sistema coordenado sob controle dinástico, o imenso império dos mongóis durou apenas algumas décadas. Seu colapso foi causado em parte pelo mesmo fator que o tornara tão agressivo. O poder dependia da distribuição de recursos entre guerreiros e súditos, em um sistema que exigia expansão contínua. Mudanças nas relações de lealdade haviam sido essenciais para o sucesso de Genghis, mas também podiam levar à queda do império. A criação de *uluses* separados pode ter evitado seu fim, mas, conforme os líderes mongóis se assentavam nas áreas designadas, eles perderam suas vantagens táticas em relação aos rivais e a motivação para se manterem unidos. As guerras entre canatos mongóis se tornaram tão promissoras quanto aquelas além das fronteiras do império nômade.

O mais assentado dos quatro canatos foi o primeiro a sucumbir. Os il-khans, que governaram de 1256 a 1335, viram-se presos entre dois poderios militares eficazes de estilo eurasiático: os mamelucos (ver capítulo 3), com base no Egito, e os mongóis da Horda Dourada (ver capítulo 7). Ambos selaram um acordo de paz tendo em vista o lucrativo comércio pelo mar Negro e de Constantinopla até o Egito. Os il-khans, então uma potência muçulmana, aliaram-se com diversos "francos", mas isso não serviu de muito. Seu último governante, Abu Sa'id, chegou a entrar em acordo com os mamelucos. Mas em 1335, a dinastia foi incapaz de cumprir um de seus preceitos fundamentais. Embora tivesse muitas esposas, Abu Sa'id não deixou nenhum herdeiro direto do sexo masculino. Mais grave que isso, na tradicional disputa de poder que se seguiu à sua morte, nenhum candidato da ampla família imperial conseguiu se destacar como vencedor incontestável. O território que ele havia controlado se fragmentou nos quarenta anos seguintes. Muitos mongóis que viviam lá se mesclaram a tribos muçulmanas de língua turca da região.

A dinastia Yuan durou trinta anos a mais. Nesse caso, os descendentes mongóis do conquistador Kublai enfrentaram uma geografia de poder distinta. Ele havia reunido as regiões norte, sul e central da China sob o jugo de um único imperador. O problema para os Qin e os Han (ver capítulo 2) seria como manter essa união. O controle Yuan enfrentava ameaças vindas de muitas direções: senhores da guerra mongóis ao norte, rebeldes camponeses e budistas ao sul. O último governante Yuan, Toghon Temür, foi afugentado de Pequim por um traidor chinês que estabeleceu a dinastia seguinte, sem origem mongol: os Ming (ver capítulo 7).

Os dois canatos situados no centro da Eurásia, mais distantes das fronteiras em disputa, teriam futuros mais duradouros, cada um à sua maneira. O canato Quipchaco (a Horda Dourada) havia expandido sua zona de influência sob o mando de Batu, neto de Genghis, cobrindo um terreno ideal para comércio e criação de cavalos, e não muito distante de uma região agrícola (a futura Rússia) onde diversos príncipes disputavam o poder e compreendiam as vantagens da soberania dependente (ver capítulo 7). Também estava perto o bastante das principais rotas comerciais em todas as direções. As capitais do canato no Volga (Sarai e, mais tarde, Nova Sarai) se tornaram imensamente ricas. O irmão de Batu, Berke, foi khan de 1257 a 1267 e se converteu ao islã. Mais tarde, no governo de Uzbek Khan (1313-1341), a Horda se tornou um regime muçulmano. Esta se desfez pela mesma razão que viabilizara sua existência: líderes ambiciosos romperam com seus senhores, formaram novas coalizões e se aliaram a forasteiros como os turcos otomanos (ver capítulo 5) para atacar a Horda e suas riquezas. A partir de 1438, a Horda Dourada se fragmentou em canatos ao longo do Volga e pelas estepes ao norte do mar Negro. Esses canatos, por sua vez, foram gradualmente (e quase sempre violentamente) incorporados a outros impérios nos 350 anos seguintes.

A *ulus* de Chagatai, na Ásia Central, dividiu-se em duas partes, a Transoxiana e o Mogulistão, no final do século XIII, e acabou se dissolvendo em frágeis confederações de unidades militares e tribais que apresentavam ligações tênues com as zonas urbanas e agrícolas. Essa região, onde eficazes tradições de pastoreio e alianças improvisadas haviam sido preservadas, gerou o último grande conquistador mongol. Ao final do século XIV, Tamerlão, mongol de origem, muçulmano de berço e falante do turco, repetiu as proezas de Genghis ao abrir seu próprio caminho até o mais alto comando e conquistar de forma inclemente boa parte da Eurásia, ainda que por um período curto.

Tamerlão jogou o jogo das autoridades rivais com habilidade ímpar, aliando-se a antigos inimigos, homens de outras tribos e agressores externos à *ulus* para derrotar o líder de sua própria tribo, bem como seus antigos rivais e patronos. Em 1380, Tamerlão controlava pessoalmente a *ulus* de Chagatai e possuía uma capital incrivelmente bem localizada em Samarcanda. Ele ainda subjugaria – com impressionante violência – toda a Pérsia, o Afeganistão, o Cáucaso, territórios da Horda Dourada e o norte da Índia. Suas tropas capturaram Bagdá em 1393, pilharam Sarai em 1396 e saquearam Déli em 1398. Em 1402, Tamerlão derrotou os otomanos (ver capítulo 5) na Anatólia, dando fim à carreira do grande conquistador em Bajazeto. Henrique III de Castela, Carlos VI da França e Henrique IV da Inglaterra parabenizaram Tamerlão por sua vitória. Ele ainda partiu para conquistar a China, mas morreu no caminho em 1405.

Tamerlão se esforçou para vincular seu nome à memória de Genghis, evocando uma juventude de dificuldades e privações, recuos diante de quase derrotas e contatos diretos com o divino. Mas Tamerlão não era descendente de Genghis e poderia ser visto como uma ruptura com a forte tradição dinástica consolidada pelos mongóis. Para resolver esse problema, colocou um gengiano como chefe nominal da *ulus* de Chagatai. Também se casou com uma esposa gengiana, que poderia lhe dar filhos de sangue real. Esses esforços acabaram levando muitas pessoas do sul e do centro da Ásia a alegarem descendência de Genghis Khan. Um dos descendentes gengianos de Tamerlão, Babur, fundou o Império Mogol na Índia em 1525.

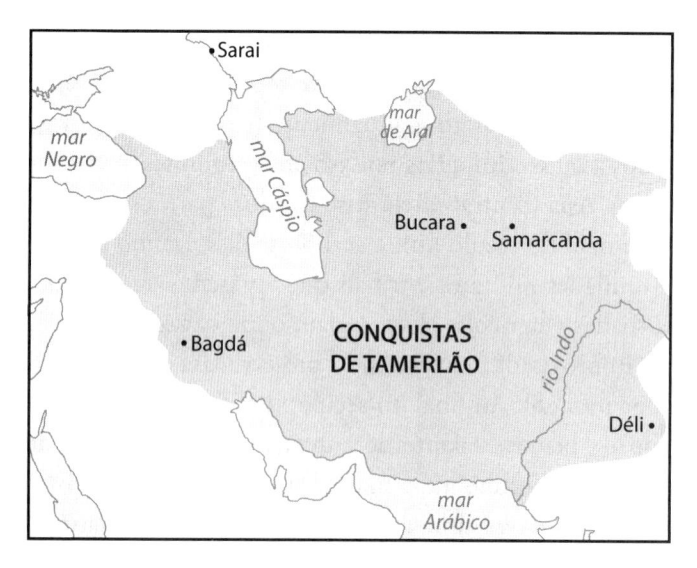

Mapa 4.3
Conquistas de Tamerlão

O sangue real por si só não foi suficiente para manter o império de Tamerlão unido. O soberano deixara o comando para um de seus netos, mas o reino logo foi de início repartido em quatro regiões e, mais tarde, em inúmeros fragmentos que foram o palco de guerras entre rivais durante quinze amargos anos. Como Genghis, Tamerlão havia se cercado de comandantes militares de muitas tribos e regiões. Também como ele, utilizara as recompensas de suas conquistas para manter seu maquinário de guerra em funcionamento. Tamerlão aprimorou a estratégia mongol de governança dual (administradores locais e comandantes militares mongóis), transferindo sistematicamente líderes tribais para longe de seus territórios de origem, combinando tropas de diferentes regiões em forças mistas sob o comando de novos líderes e controlando ele próprio as nomeações de autoridades civis e militares.

Essa autoridade ultrapersonalizada que se baseava no rompimento das redes locais trouxe bons resultados para Tamerlão, mas minou a capacidade dos seus sucessores de mobilizar e recompensar seus súditos. A região retrocedeu a uma política fluida de alianças em constante mutação e rivalidades entre os diversos chefes. Até hoje, o Afeganistão impõe problemas de governo aos impérios. O que restou após Tamerlão foi a mística de um império pessoal conduzido por um único soberano todo-poderoso. Esse conceito de soberania foi transmitido por meio de lembranças da violência devastadora de Tamerlão e do estado de ordem que ele foi capaz de impor depois disso.

POR QUE OS MONGÓIS SÃO IMPORTANTES

A possibilidade de uma paz imperial geograficamente ampla e enriquecedora, conquistada e protegida por um único soberano poderoso, foi uma das contribuições dos mongóis para o imaginário político na Ásia Central e seus espaços adjacentes. O fato de que o grande khan era um conquistador de sangue real vindo de longe, e não um filho da terra, correspondia à experiência das populações dispersas das regiões de estepes, desertos ou montanhas. Após consolidarem suas vitórias, os governantes mongóis permitiam que as pessoas dessem prosseguimento às suas práticas religiosas e confiavam nas autoridades locais para a maior parte do trabalho administrativo. Gestores sofisticados ocupavam as secretarias dos pontos nodais dos canatos, e quando o comando mongol fraquejava, eles podiam servir também a outros líderes. A adoção do islã por alguns khans mongóis facilitou uma simbiose entre os reinados gengianos e a cultura artística e literária de influência persa e orientação urbana. As habilidades e criações dos artesãos e arquitetos eram levadas a outras regiões conforme o poder extrapolava os canatos.

Embora os impérios mongóis tenham se fragmentado rapidamente, a unificação da Eurásia deixou sua marca nos regimes posteriores. A proteção das instituições religiosas oferecida pelos mongóis, suas práticas de governança baseadas no reconhecimento das diferenças, sem centro fixo ou população central, o cultivo da lealdade pessoal como meio de controle do soberano, a política fluida de alianças contingentes, a subordinação pragmática e a assinatura de tratados constituem um repertório que permaneceu em cena por muito tempo após a desintegração do império de Genghis Khan.

O mundo em torno da Eurásia também se transformou. Como será demonstrado, alguns herdeiros da experiência mongol superaram o problema da longevidade que os grandes conquistadores não haviam resolvido e, por meio de uma síntese da tradição mongol e de outros impérios, construíram ou reconstruíram impérios amplos e duradouros, como o otomano, o russo e o chinês. Na Índia, os muçulmanos mogóis, descendentes de Tamerlão, governaram diversos povos por mais de 250 anos, ampliando as conexões comerciais sem impor sua religião à população diversificada. O comércio e as comunicações propulsionados sob supervisão mongol abrira novas perspectivas para governantes, comerciantes e exploradores. Após estudar o relato de Marco Polo sobre suas viagens intercontinentais dois séculos antes, Cristóvão Colombo começou em 1492 sua viagem em direção às terras do grande khan.

5
Para além do Mediterrâneo
Impérios Otomano e Espanhol

Embora os mongóis tenham construído um império maior que o dos romanos – e em menos tempo –, os khans não criaram instituições capazes de manter seu território unido por muito tempo. Foi exatamente isso que fizeram os otomanos ao mesclarem práticas eurasiáticas e algumas criações imperiais do Mediterrâneo oriental e suas terras interioranas. Na extremidade ocidental do mesmo mar, uma grande inovação de outra natureza permitiu que os governantes articulassem um império compósito, unindo partes das atuais Áustria, Alemanha, Bélgica, Holanda, França e Itália, bem como das Américas do Sul e Central. A dinastia dos Habsburgo não conseguiu superar a tendência de desagregação na Europa, mas as Américas ofereciam um terreno promissor e uma forma de driblar o poder otomano. Os otomanos e os Habsburgo produziram novos tipos de império e, ao fazê-lo, levantaram novas questões sobre a relação entre governantes imperiais, povos subjugados e intermediários. Este capítulo analisa dois impérios que ampliaram seu poder de formas distintas, em conflito um com o outro.

Nossos protagonistas incluem dois grandes arquitetos imperiais: Suleiman, o Magnífico, sultão otomano entre 1520 e 1566, e Carlos v, soberano de muitos domínios na Europa e nas Américas a partir de 1516 e sacro imperador romano entre 1519 e 1556. A concorrência entre esses dois soberanos foi intensificada por suas crenças religiosas distintas e por interesses conflitantes em antigas terras romanas. Ambos se inspiraram em visões proféticas, segundo as quais suas dinastias governariam todo o mundo conhecido. Para os otomanos, a conquista de Constantinopla – a segunda Roma – em 1453 e a ampliação do reino empreendida por Suleiman pareciam cumprir um destino que remontava a Alexandre, o Grande. Para os Habsburgo, a derrota do último califado muçulmano de Granada em 1492 e a unificação dos reinos espanhóis com o Sacro Império Romano representavam passos rumo a um império cristão universal.

Embora Carlos v desejasse construir uma nova Roma, seu poder era uma consequência da volatilidade política resultante do antigo império. Tendo o cristianismo como ponto comum, muitos reis e senhores feudais impuseram poderes concorrentes durante séculos. Já as oportunidades de Suleiman surgiram dentro de um cenário imperial mais heterogêneo. Ao ocuparem os territórios bizantinos e seguirem em frente, os otomanos conheceram na fonte diversas memórias imperiais: mongol, turca, persa, árabe e romana. O regime otomano era mais inclusivo que os impérios monoteístas do Mediterrâneo e

Figura 5.1
Carlos v, pintura a óleo do artista holandês Bernaert van Orley, primeira metade do século xvi. Museu do Louvre, Paris. (Biblioteca de Arte Bridgeman, GettyImages.)

Suleiman i quando jovem, em um desenho de tinta e ouro de 1579, do Museu do Palácio Topkapi. (Nakkas Osman, GettyImages.)

foi mais longevo do que os canatos mongóis. Bloqueados pelos otomanos e limitados pelos nobres de seu próprio reino, os monarcas espanhóis se voltaram para o além-mar em sua busca por novas fontes de força imperial. O capítulo 6 explica esse processo de ampliação territorial, examinando os impérios marítimos da Espanha, de Portugal, dos Países Baixos, da Inglaterra e da França enquanto empreitadas cujos efeitos transcenderam em muito os objetivos de seus arquitetos originais.

Neste capítulo, o foco será entender duas maneiras de se organizar o poder imperial. No caso dos otomanos, o imperador governava por meio de subalternos incorporados à sua casa – pessoas que eram propositalmente recrutadas em zonas não pertencentes à sociedade otomana. Já na Espanha dos Habsburgo, os imperadores obtinham sua força militar a partir dos séquitos pessoais de magnatas que desejavam contribuir com a empreitada imperial – ou, potencialmente, poder impedi-la. A relativa autonomia do poder otomano em relação aos aristocratas proprietários de terras permitia que os sultões tivessem muita flexibilidade para tratar com as populações que integravam o império. Os otomanos incorporaram líderes de diversos grupos culturais em seu sistema administrativo e ampliaram sua proteção – e suas reivindicações – para que incluísse súditos de várias religiões. O regime espanhol, por sua vez, era bastante intolerante com diferenças religiosas.

Os impérios não surgem a partir de povos coesos que lutam para dominar outros povos coesos. O Império Otomano não era especificamente turco, e os Habsburgo não eram especificamente espanhóis. Em ambos os casos, a sociedade foi remodelada pelo processo de construção imperial.

> "Os imperadores Carlos e Suleiman tinham tantas posses quanto os romanos [...] cada um trabalhou para se tornar rei e senhor do mundo, mas vemos que, em razão de nossos pecados, Suleiman se saiu melhor que Carlos ao satisfazer seus desejos e administrar suas intrigas. Ambos tinham mais ou menos a mesma idade, mas sortes distintas; ambos se dedicaram na mesma medida à guerra, mas os turcos se saíram melhor na hora de realizar seus projetos do que os espanhóis; eles se dedicaram de forma mais plena à ordem e à disciplina de guerra, foram melhor aconselhados, empregaram seu dinheiro de forma mais eficiente."
>
> **López de Gómara, cronista do conquistador Cortés, década de 1540.**

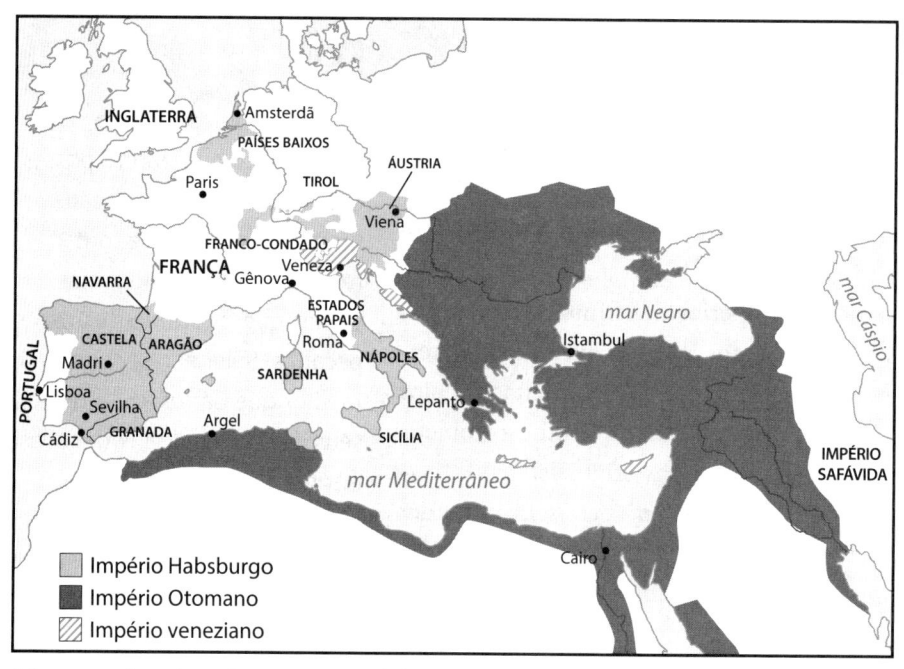

Mapa 5.1 – Impérios Otomano e Habsburgo, século XVI

MONARQUIA COMPOSTA E AS ORIGENS DO IMPÉRIO "ESPANHOL"

A "Espanha" não era um local propício para o surgimento de um império: seu território era entrecortado por montanhas, e cada uma de suas regiões tendia a seguir seu próprio caminho cultural e político. O último soberano islâmico foi expulso de Granada apenas em 1492. As pinturas elegantes de Velázquez nas quais vemos os imperadores que conduziram a Espanha durante sua glória imperial nos revelam os olhos azuis, os cabelos loiros e as bochechas sobressaltadas dos Habsburgo, cujas raízes não estavam na península Ibérica, mas no centro-norte da Europa. O Império Espanhol não floresceu em um território forte e unido, e tampouco contou com uma liderança particularmente espanhola.

No final do século XV, a área que os romanos chamavam de Hispania estava dividida nos reinos de Castela, Aragão, Portugal, Granada e Navarra. O que unia seus líderes, à exceção do rei muçulmano de Navarra, era a religião católica e a crença comum nas regras da política monárquica. A descendência era outro conceito crucial para a transmissão de autoridade política – sujeita às disputas típicas, com rebeliões e fratricídios –, e novos reis herdavam não apenas a terra, mas uma panóplia de relações hierárquicas que incluíam desde senhores locais até camponeses. A "jurisdição" do rei era, na realidade, um acordo contratual que reconhecia os direitos dos súditos magnatas. Carlos V percorria constantemente as vastidões de seu império para manter esse laço.

Os senhores feudais possuíam camponeses e serviçais armados em suas terras – ou seja, poder e fontes de receita. Agindo de forma conjunta, eles podiam jurar lealdade a um rei que oferecesse proteção ou a força necessária para sujeitar novas populações. Mas os mesmos senhores também buscavam impedir que os reis angariassem seguidores pessoais ou terras em excesso. Dessa forma, os reis precisavam manter os senhores rebeldes sob controle, apesar do direito deles sobre pessoas e propriedades. A soberania real era construída em camadas de dependência – desde o rei até os senhores menos poderosos, passando pelos magnatas, até chegar aos soldados e camponeses. Quando as famílias reais negociavam casamentos estratégicos e uniam suas famílias – que não necessariamente falavam a mesma língua – e terras – não necessariamente contíguas –, criavam o que J. H. Elliott conceitua como uma "monarquia composta".

Da Reconquista ao Império Habsburgo

O casamento em 1469 de Fernando, herdeiro do trono de Aragão, rei da Sicília e da Sardenha e reivindicante do trono de Nápoles, com Isabel, herdeira de Castela, levou à união de dois reinos adjacentes, mas separados. Tratou-se de um infortúnio para os reis da França e de Portugal, que também pretendiam se aliar a Isabel, e portanto entraram em guerra com Fernando por sua "conquista". Castela, com uma população seis vezes maior que a de Aragão, era de fato o dote, mas o casamento não fundiu as monarquias em um regime unívoco. O contrato matrimonial especificava que, após sua morte, Isabel transmitiria suas posses em Castela aos seus descendentes, e não ao marido.

Ainda assim, o momento dessa aliança matrimonial se mostrou favorável, e o casal real se revelou bastante astuto. Foi sob seu reinado que Granada finalmente foi derrotada. Essa empreitada se deu graças aos soldados de Castela e Aragão, mas também dos contatos que seus soberanos, sobretudo Fernando, tinham na Europa católica: o exército contava com mercenários suíços e utilizou canhões construídos na Itália, cuja manutenção era feita por técnicos alemães. A luta contra os governantes muçulmanos – mais tarde batizada de Reconquista – inspirou um sentimento de fraternidade entre os católicos e, após a entrada triunfal de Fernando e Isabel em Granada, cimentou a legitimidade da união entre as coroas. Em 1494, o papa declarou Fernando e Isabel "reis católicos", combinando os princípios do poder dinástico e do cristianismo.

Com a vitória veio o impulso de extirpar do regime qualquer elemento não católico. Forçados a escolher entre a conversão ou o expurgo, cerca de 200 mil judeus deixaram a Espanha. Muitos foram para o Império Otomano, que oferecia mais abertura para a diversidade religiosa. De início, os muçulmanos de Granada foram autorizados a conservar sua fé, mas a partir de 1502 se viram obrigados a se converter ou deixar a região. Rebeliões ocasionais e a belicosidade endêmica com os otomanos levantaram dúvidas quanto à lealdade dos muçulmanos convertidos. Eles acabaram deportados, antes para Granada e, em 1609, para fora dos reinos da Espanha. A perda de aproximadamente 300 mil pessoas não ajudou muito o crescimento econômico da região. Em dúvida quanto à sinceridade das conversões forçadas – e de outras heresias de modo geral –, a monarquia espanhola, com autorização papal, criou a Inquisição para policiar a ortodoxia de crença e comportamento. A Inquisição só foi abolida em definitivo em 1834.

Os grandes proprietários de terras eram o cabo de sustanção da economia ibérica, mas algumas cidades em Castela e Aragão também possuíam grandes porções de terra e um modelo estratificado de soberania. A cidadania já não tinha o significado de proporções imperiais que tivera nos tempos romanos. Seu foco eram as instituições locais: novos cidadãos precisavam ser aceitos pelos membros estabelecidos de uma cidade, que lhes atribuíam direitos e obrigações. A autonomia dos nobres e das municipalidades se interpunha entre monarcas e súditos. Daí a importância – já evidente nas forças mobilizadas para a Reconquista – de se buscar recursos humanos e materiais fora de Castela e Aragão.

As rotas marítimas e conexões comerciais haviam sido parte do mundo Mediterrâneo durante séculos. Inauguradas por gregos e fenícios, foram ampliadas pelos romanos e, mais tarde, ganharam uma nova dinâmica graças a cidades-Estados como Gênova. Alguns dos principais banqueiros de Castela e Aragão eram genoveses. A frota genovesa ajudou a combater os otomanos no Mediterrâneo, e a cidade foi berço do mais famoso dos navegadores espanhóis, Cristóvão Colombo. Castela e Aragão pediam empréstimos de banqueiros em cidades italianas e alemãs.

Mas o controle crescente do Mediterrâneo oriental pelos otomanos e, no século XVI, a expansão destes rumo ao oeste pelo Norte da África restringiam as oportunidades para os espanhóis naquele mar. Os reinos da Espanha também prestaram atenção aos relatos de seus vizinhos e rivais portugueses, cujo interesse nas terras de além-mar era incomparável (ver capítulo 6). Na década de 1480, as forças de Castela e Aragão se aventuraram pelo Atlântico próximo, chegando às Ilhas Canárias. A colônia passaria a produzir açúcar e outros produtos agrícolas comercializáveis. As ilhas não foram colonizadas apenas por espanhóis: também havia portugueses, italianos, catalães, bascos e judeus. Os escravos africanos logo se tornaram o eixo principal do trabalho da terra. Os colonizadores descreviam os habitantes das ilhas conquistadas com alguns termos pejorativos que, mais tarde, também seriam utilizados para designar as populações indígenas das Américas: pagãos, pelados, bárbaros.

Quando a rainha Isabel morreu em 1504, sua filha, Joana, que havia se casado com o arquiduque Filipe de Habsburgo, herdou seu título. O enviuvado rei Fernando se casou com a sobrinha do rei francês. Após anos de confusão dinástica, o filho de Joana e Filipe foi proclamado rei de Castela em 1516. Quatro anos mais tarde, se tornou soberano do Sacro Império Romano e, portanto, imperador Carlos V. Quando se tornou rei aos dezesseis anos, Carlos estava na Bélgica, uma região governada pelos Habsburgo. Ele tinha pouco contato prévio com a Espanha. Seus conselheiros e líderes militares mais próximos eram dos Países Baixos, da Burgúndia e da Itália. Suas parentes Maria da Hungria e Joana de Portugal atuaram como regentes dos Países Baixos e da Espanha durante boa parte de seu reinado. A herança paternal de Carlos pelo lado dos Habsburgo era rica, e em poucos anos seus títulos já incluíam os de rei de Castela, rei de Aragão, duque da Burgúndia e conde de Barcelona, além de sacro imperador romano (ver capítulo 3). Carlos se casou com a filha do soberano de Portugal. Ele passou cerca de dezesseis anos de seu reinado atipicamente longo – quarenta anos – na Espanha, de modo que a monarquia composta foi mantida por meio de uma rede de relações dinásticas e materiais.

Os domínios italianos e holandeses eram vitais para o império de Carlos V, mas nenhum dos dois estava integrado a um regime único. O imperador contou com o apoio de financiadores em ambas as regiões, com soldados e navegadores de todos os seus domínios e com mercenários vindos de fora. Na Europa, o império de Carlos não era militarmente agressivo, pois a política de casamentos e heranças já lhe havia proporcionado riquezas e um vasto território, embora estes não fossem contíguos. A tarefa do imperador era manter o controle dessas áreas, defendendo-se das elites locais que desejavam assumir o protagonismo local, e das alianças de monarcas que pretendiam derrubar o reinado Habsburgo, como era o caso do rei da França.

Manter a autoridade imperial se tornou mais complicado quando algumas partes de seus domínios na Alemanha começaram a se converter ao protestantismo. Lutero postulou sua famosa tese em 1517. A conversão desafiava o princípio unificador da monarquia católica e ameaçava a integridade do Sacro Império Romano. Mesmo assim, a França católica conseguiu forjar uma espécie de aliança com os príncipes alemães protestantes, dinamarqueses e italianos que se sentiam ameaçados pelos Habsburgo, e até mesmo com o Império Otomano. Os Habsburgo buscaram alianças com a Inglaterra e, para intimidar os otomanos, com a Pérsia. Essa cooperação inter-religiosa era pragmática e inconsistente, mas fazia parte da política dos impérios europeus de caráter composto ou heterogêneo que buscavam dominar um espaço continental ou impedir que outros o fizessem. Dentro dos domínios dos Habsburgo, a questão religiosa se misturou com os esforços das elites regionais para obter autonomia, sobretudo quando boa parte da elite holandesa se converteu ao protestantismo em meados do século XVI. Essa rebelião se tornou um sumidouro para as riquezas do imperador. O caráter quebradiço da sociedade europeia fazia com que fosse mais difícil manter um império composto do que criá-lo.

As guerras custosas e as dificuldades de extrair receitas dos regimes subordinados dentro da Europa deixaram Carlos V e seu sucessor, Filipe II, em desvantagem na competição com seu maior rival, o Império Otomano. Ao tomarem os territórios do Norte da África que haviam sido governados pelos impérios Romano, Bizantino e islâmico, os otomanos instalaram formas relativamente flexíveis de dominação, aliando-se com potentados locais. Essa estratégia serviu para que alcançasse seu limite ocidental na Argélia em 1519. Partindo para a região ao norte dos Bálcãs, o exército otomano se encontrava nos portões de Viena em 1529. O máximo que os Habsburgo podiam fazer era impedir os otomanos de ultrapassarem a Hungria e invadir a própria Espanha. Conseguiram restringir a frota otomana – mas não os corsários ligados aos otomanos – à porção oriental do Mediterrâneo e negociar algumas tréguas frágeis na década de 1580. Obrigados a defender diversos flancos em seu império, que mais parecia uma colcha de retalhos, os Habsburgo não conseguiram se expandir a leste de Viena nem ao sul, onde a única opção seria o Norte da África.

A grande novidade que enfim muniu o Império Habsburgo de novos recursos, territórios e gente ocorreu do outro lado do oceano, uma consequência imprevista do patrocínio que Fernando e Isabel ofereceram à viagem marítima que tinha a China como destino, mas que acabou chegando nas Américas. A Coroa demorou para perceber a utilidade das ilhas caribenhas encontradas por Colombo, mas a partir da década de 1520, a prata e o ouro dos impérios Inca e Asteca levaram as empreitadas transoceânicas a um novo e mais elevado patamar. Na década de 1550, quando as minas de prata passaram para as mãos da Espanha, ficou evidente que o reino tinha em suas mãos uma fonte de lucros.

Mas apesar do início modesto, a monarquia se encontrava em melhor posição para controlar os recursos de além-mar do que os domésticos. A tarefa principal dos construtores imperiais espanhóis – tarefa essa que se arrastaria até o século XIX – era desenvolver instituições capazes de manter as diversas partes do império dependentes do centro imperial. Nesse processo, eles não apenas construíram um império ultramarino, como também a própria Espanha.

Império na Europa e nas Américas

As descobertas de Colombo fizeram com que poderes rivais reivindicassem posses em um mundo que parecia ter se tornado muito maior. Em 1494, espanhóis e portugueses, com a ajuda do papa, concordaram em dividir suas regiões de influência ao longo de uma linha que envolvia todo o globo terrestre. A parcela de Portugal incluía a Ásia, a África e o que se tornou o Brasil, onde se concentravam os seus empreendimentos, e os espanhóis ficaram com o Caribe e boa parte das regiões austrais e centrais da América (ver mapa 6.1). A visão do espaço era universalista – um mundo católico –, mas sua gestão política precisava ser negociada e dividida entre os monarcas católicos.

Nem a Igreja Católica, nem os reis católicos seriam capazes de dar muita consistência a essa visão global. O expansionismo imperial espanhol dependia dos indivíduos aventureiros que reuniam capital e forças militares para fincar a bandeira do rei em outras terras. Com algumas poucas centenas de homens, Hernán Cortés atacou os astecas em 1519; Francisco Pizarro conquistou os incas entre 1531 e 1533. O homem cuja expedição circum-navegou o globo pela primeira vez entre 1519 e 1522 em nome da Espanha era um português, Fernão de Magalhães, que fracassara ao buscar o apoio da Coroa portuguesa. Os aventureiros eram atraídos ao Caribe pela perspectiva de saques, e os conquistadores eram atraídos ao continente pelos relatos de ouro e prata. Mais tarde, seriam desenvolvidas formas mais regulares de assentamento e extração.

O objetivo de Carlos v – e ainda mais de seu sucessor, Filipe II – era garantir que os benefícios dessas aventuras auxiliassem a monarquia. O ouro e a prata enviados para a Espanha, especialmente após 1550, eram de vital necessidade para preservar o império na Europa, onde guerras e revoltas fizeram com que os Habsburgo se endividassem junto a banqueiros da Alemanha, da Itália e dos Países Baixos. Os metais preciosos e outros produtos do Novo Mundo se tornaram elementos de redes mais amplas de finança e comércio. A prata e o ouro das Américas eram fundamentais para o comércio europeu com a Ásia, visto que as potências europeias geralmente tinham poucos itens de interesse para vender aos mercadores chineses ou indianos de quem compravam especiarias, tecidos e outros produtos.

De 1500 a 1800, cerca de 80% da prata do mundo foi minerada na América espanhola, sendo o Japão o outro grande produtor. A tarefa dos Habsburgo era garantir que todos os bens – açúcar, além da prata – que chegavam à Europa, e todas as exportações para as Américas, passassem pelos portos espanhóis. A cunhagem de moedas era cuidadosamente controlada, e sua pureza, supervisionada em todo o império, ajudou a tornar o peso espanhol a moeda mais importante do mundo em uma era de expansão do comércio. A Coroa insistiu em uma estrutura monopolista de comércio: todas as embarcações mercantes precisavam passar pelo porto de Cádiz. Mais tarde, o monopólio foi transferido para Sevilha. Funcionários do governo nessas cidades de Castela podiam vigiar de perto o comércio e garantir a coleta de impostos.

Nas Américas, conforme os assentamentos substituíram as pilhagens e escambos, e a expansão europeia transcendeu os centros conquistados de antigos impérios, a Coroa desenvolveu maneiras de incorporar terras e povos espargidos. Veteranos na subdivisão de autoridades dentro da Europa, os governantes espanhóis repartiram o território utilizando dois níveis de administração: vice-reinos e *audiencias*. Nas colônias, a Coroa se libertou de algumas das restrições que enfrentava na Europa: não era preciso respeitar magnatas estabelecidos em suas terras ou cidades, com séquitos e estruturas cívicas próprios. O Novo Mundo era considerado um território castelhano, e o imperador designava apenas castelhanos para os cargos administrativos da região. Mas as oportunidades de autoridade monárquica nas Américas não eram ilimitadas. A Coroa enfrentava desafios para manter o controle ao lon-

Mapa 5.2 – Vice-reinos e *audiencias* Habsburgo nas Américas

go de grandes distâncias e sobre colonos, indígenas, escravos e populações mistas, sem falar nas dificuldades para administrar as possíveis rebeliões de administradores locais, intermediários indígenas, oligarquias mercantes e do aparato eclesiástico.

De início, os colonizadores chegaram aos poucos. Talvez 120 mil espanhóis tenham desembarcado nas Américas até 1570, e um pouco mais de 400 mil até 1650. A Coroa também buscou controlar esse processo, e ao final do século XVI decretou que apenas os súditos de "reinos espanhóis" receberiam autorização para embarcar em navios rumo às Américas. O plural deixa claro que a Espanha não era um Estado unitário, mas um amálgama que era espanhol e agora se estendia até as Américas.

Por que pessoas ambiciosas que haviam se disposto a viver em um novo mundo se sujeitariam ao controle real? O compromisso dos colonos com o império era condicional, tanto na América espanhola como em outros lugares. Mas, no século XVI, havia bons motivos para preferir a conexão política à autonomia. Outros impérios representavam uma ameaça, e os colonos precisavam de protetores fortes. Além disso, o mercado internacional estava longe de ser um mecanismo autorregulado, e o comércio de longa distância era tanto uma empreitada comercial como militar. Conforme novos atores entravam em cena – tornando-o mais semelhante a uma economia de mercado –, alguns optaram por tomar bens à força. A pirataria ampliou a necessidade de proteção dos comerciantes. O comboio anual de prata, que escoltava as embarcações das Américas até a Espanha, era em parte uma garantia de segurança, em parte uma tentativa real de controle sobre o comércio. O império também oferecia conexões civilizatórias e espirituais para os cristãos que viviam junto aos povos conquistados. Com populações de colonizadores espalhadas por amplos espaços, a Espanha oferecia algo mais profundo e universalista do que as culturas de um vilarejo ou região. Em resumo, tolerar as práticas comerciais monopolistas e a autoridade administrativa da monarquia gerava muitos benefícios. O império fazia sentido, ao menos para os colonizadores; o significado dele para os escravos e povos indígenas será tratado no próximo capítulo.

O império se tornou uma estrutura legal e administrativa e um conjunto de laços comerciais e sentimentais. Administrar essa empreitada ultramarina, além do Sacro Império Romano e dos vários regimes políticos europeus dos Habsburgo, era uma tarefa desafiadora, que foi dificultada ainda mais pelas inquietações nos Países Baixos e pelo desafio representado pelos protestantes das áreas de língua alemã. Em 1556, dois anos antes de sua morte, Carlos V decidiu abdicar do trono e dividir seu reino. Seu irmão Fernando ficou com as antigas terras dos Habsburgo na Europa Central. Mais tarde, esse ramo do Império Habsburgo foi assolado por guerras religiosas e perdeu parte considerável de seu território para os monarcas protestantes, mas acabou se adaptando a um modo de existência mais cosmopolita e durou até 1918 (ver capítulo 11). O resto dos domínios de Carlos V foi para seu filho Filipe; essas terras incluíam Castela, Aragão, Milão, Nápoles, Sicília e os Países Baixos, além das Américas.

Diferentemente de seu pai, Filipe II residiu a maior parte do tempo na Espanha. Ele não se denominava imperador. Em 1554, pouco depois de assumir o trono, se casou com Maria Tudor, filha de Henrique VIII, que havia se tornado rainha da Inglaterra no ano anterior. Até a morte prematura de Maria, em 1558, Filipe podia se dizer rei da Inglaterra, embora não mandasse no país e, devido ao contrato matrimonial, não pudesse transmitir o título. As reviravoltas da sucessão dinástica e intrigas internas na Inglaterra fizeram com que Elizabeth fosse a próxima a assumir o trono. Ela se tornou inimiga de Filipe. Uma crise dinástica em Portugal fez com que parte considerável da Europa e uma parcela substancial das colônias de além-mar (ver capítulo 6) passassem em 1580 para a parte dos domínios Habsburgo gerida por Filipe, mas ele e seus descendentes governaram esses locais até 1640 em separado, sem integrá-los à Espanha. As Filipinas foram conquistadas durante o reinado de Filipe. Agora, uma única dinastia era soberana em Portugal, Espanha, partes dos atuais Países Baixos e Itália, cidades portuárias nos oceanos Atlântico, Pacífico e Índico e territórios americanos que se estendiam do Brasil ao México, unindo o que as pessoas à época chamavam de "os quatro cantos do mundo" sob uma monarquia católica. Não apenas a monarquia, mas também missionários, comerciantes, funcionários públicos e aventureiros atuavam agora em redes de alcance global, governando, convertendo e comercializando com uma vasta gama de povos – e lutando com os limites de sua própria capacidade de impor aos outros sua visão.

Filipe tinha muito o que defender. Durante um enfrentamento com os otomanos no Mediterrâneo, sua frota marinha saiu vitoriosa – com a ajuda de seus aliados – em uma grande batalha em Lepanto, em 1571, mas esse revés não abalou o poder otomano por muito tempo. Filipe enfrentou levantes em casa, em Aragão nas décadas de 1580 e 1590 – seus sucessores enfrentariam outros na Catalunha – e, a partir de 1566, rebeliões nos Países Baixos que perdurariam por oitenta anos. Essa luta de protestantes contra católicos, que envolveu tanto militantes populares como uma elite que ansiava por autonomia, ameaçou o sistema de monarquia composta e também o acesso da Espanha a grãos, lenha e outras *commodities* do Norte da Europa. Nos Países Baixos, a oposição cozinhou em fogo baixo e veio à tona algumas vezes em revoltas que duraram décadas e, embora isso nem sempre tenha significado a interrupção do comércio, o custo a pagar era sempre alto.

A tentativa mais espetacular de Filipe para redesenhar o mapa europeu foi seu esforço para eliminar um adversário protestante que começava a se fazer sentir: a Inglaterra. A história teria sido diferente se a Armada de 1588 tivesse sido bem-sucedida, e ela chegou muito perto disso. Mas caiu diante da frota inglesa. Enquanto isso, ele consolidou o domínio de Castela sobre o império americano por meio do controle de seus governantes e colonos. Sua maior dificuldade foi pagar por tudo isso, principalmente pelas batalhas contra a Inglaterra e a defesa dos Países Baixos. A prata das Américas era crucial para suas finanças, mas por volta de 1590 a escassez de mão de obra nas Américas – decorrente de uma grande perda populacional –, assim como a tendência crescente dos colonos de negociarem uns com os outros para driblarem os esforços espanhóis de monopolizar o comércio, estavam reduzindo as receitas reais. Em 1596, a Espanha parou de pagar seus banqueiros – não foi o primeiro episódio do gênero – e acabou firmando um acordo que a deixou soterrada em dívidas.

Filipe II morreu em 1598, deixando como legado um vasto império transoceânico. Mais do que os impérios-enclave voltados para o comércio de Portugal e, mais tarde, dos Países Baixos (ver capítulo 6), ele foi capaz de integrar territórios e povos não europeus a uma monarquia sediada na Europa e determinada a manter sua posição central. Mas, dentro do próprio continente, esse império tinha pouca margem de manobra.

Nem Carlos nem Filipe foram capazes de derrubar os direitos das elites provinciais europeias, apoderar-se dos recursos – medidos em extensão de terra e pessoas – garantidos por esses direitos ou superar os excêntricos acordos de herança, casamentos e rebeliões por meio de suas monarquias compostas. Os dois soberanos permaneceram atrelados a redes de comércio europeias que não podiam controlar de todo – financiadores holandeses e genoveses, soldados suíços e o papado. A autoridade territorial foi consolidada de forma mais eficaz nas Américas, Filipinas e na Espanha, e menos nos outros domínios europeus de Filipe. A Coroa era o elemento que unia todas essas partes.

No próximo capítulo serão explorados o alcance e as limitações do poder imperial em além-mar. Aqui, foi visto como acordos dinásticos flexíveis e o acesso a finanças, força de trabalho e outros recursos de diferentes partes da Europa viabilizaram um engrandecimento político acelerado dentro da Europa e fora dela, e impuseram o desafio de como administrar e bancar um império tão abrangente em terra e mar. Mas Carlos V e seus sucessores não conseguiram cumprir sua promessa inicial de reunir o antigo Império Romano do Ocidente em uma única monarquia católica. Lograram outro feito: criaram um novo leque de conexões de longa distância, redefinindo a maneira como europeus imaginavam seu mundo, do Chile às Filipinas, e colocando a Espanha no centro desse imaginário.

> " A Espanha cuidava das vacas enquanto o resto da Europa bebia o leite."
>
> Samuel Pufendorf, jurista e filósofo do século XVIII

A CRIAÇÃO DO IMPÉRIO OTOMANO

Os otomanos surgiram em um entrecruzamento de impérios. Eles não foram um poder "oriental" em conflito com "o Ocidente", mas uma formação política que mesclava estratégias adaptadas de impérios anteriores e de seus oponentes na conexão dos continentes europeu, asiático e africano.

Em termos geográficos, tinham uma grande vantagem, ou mesmo duas. Antes mesmo de os Habsburgo empreenderem algumas de suas empreitadas ultramarinas, os otomanos já se movimentavam em ambiente mais rico e variado. As terras e águas do Mediterrâneo oriental, com suas ligações com o Egito, a Ásia Central e a Índia, ofereciam uma grande variedade de experiências políticas, práticas sociais e fontes de riqueza. Com essas ferramentas, criaram um imenso império terrestre e marítimo, que era tanto territorial – uma grande extensão de terra – como nodal – baseado em portos, centros de comércio e rotas comerciais de pequena e longa distância. Mantê-lo unido exigia habilidades que foram desenvolvidas ao longo do grande caminho que os otomanos percorreram para chegar ao poder.

Rotas eurasiáticas recombinantes

Dos vários grupos de língua turca que se acotovelavam na Anatólia durante os atribulados séculos finais do regime bizantino, os otomanos foram os mais bem-sucedidos. Como vimos, rebeliões no interior da Ásia haviam enviado durante vários séculos ondas de nômades turcomanos à Ásia Central e seus limites (ver capítulo 4). As migrações de pastores para a Anatólia se intensificaram depois que um grupo de língua turca, os seljúcidas, capturou Bagdá em 1055, e outros grupos se mudaram para lá. Líderes tribais ambiciosos tiveram muitas oportunidades para criar, desfazer e alterar suas alianças, servir a grandes senhores ou tentar alterar a posição destes no cenário político muitas vezes redesenhado por cruzados, imperadores bizantinos, governantes provinciais, mercadores e poderios navais venezianos, califas árabes e khans mongóis, bem como súditos e rebeldes de cada um desses grupos.

Osman, o fundador da dinastia Osmanli, começou sua jornada de fama e fortuna como saqueador, guerreiro e líder tribal na Bitínia, uma província bizantina sem saída para o oceano, ao sul do mar de Mármara. A área não ocupava uma posição central o suficiente para que os bizantinos tivessem muita preocupação com o que acontecia ali, mas, ao mesmo tempo, estava salpicada de cidades e vilarejos. Portanto, trata-se de um local que oferecia diversas possibilidades a líderes ambiciosos. Em meados da década de 1320, Osman havia derrotado um pequeno exército bizantino e ocupado diversas fortalezas bizantinas. Em 1326, Orhan, filho de Osman, capturou a cidade de Bursa, que se tornou a primeira capital otomana. Orhan decidiu tomar posição em uma disputa de poder bizantina, apoiando o lado vencedor, casando-se com sua filha e recebendo territórios em Galípoli. Os turcos da Anatólia começaram a se deslocar para a Trácia. À época da morte de Orhan, em 1362, ele controlava cidades e zonas costeiras tanto na Ásia como na Europa – na Anatólia oriental, ao longo do estreito de Dardanelos e ao norte do Egeu.

Ao construírem seu império, Osman e seus descendentes se inspiraram na cultura cívica das cidades latinas e gregas, em instituições criadas por cristãos, muçulmanos, judeus e outros grupos religiosos, na vassalagem bizantina e nas práticas administrativas e militares dos impérios árabes. De seus antecessores eurasiáticos, os otomanos tomaram emprestado o ideal de um líder superior, o khaqan ou khan, com sua boa sorte, bênção celestial e poder legislativo, os casamentos exógamos e estratégicos e as políticas fluidas de aliança e subordinação. Mas o último ato da construção imperial foi precário. Depois que o bisneto de Osman, Bajazeto, transformou o imperador bizantino Manuel II e o príncipe sérvio Estêvão Lazarević em seus vassalos, derrotou o czar búlgaro, venceu com folga os cruzados que haviam se unido contra ele e avançou bastante na Anatólia em direção ao Eufrates, ele se deparou com outro conquistador eurasiático. Tamerlão, muçulmano de língua turca e grande reconstrutor do Império Mongol (ver capítulo 4), libertou os líderes tribais – com seus súditos e exércitos – subordinados a Bajazeto e o capturou. Ele morreu como prisioneiro em 1402.

Um império em terra e mar

Talvez o percurso lento e acidentado de construção imperial tenha dado a uma sucessão de governantes e conselheiros otomanos a chance de refletir sobre suas experiências, absorver táticas alheias e tomar novas iniciativas que, uma vez consolidado o poder, permitiram que o Império Otomano durasse até 1922. Durante meio século após a derrota de Bajazeto, seus descendentes reconquistaram territórios perdidos e reuniram um império maior e mais resistente. As táticas utilizadas ao longo desse caminho incluíram casamentos estratégicos – com a princesa Mara da Sérvia, por exemplo, em 1435 – e a supressão de revoltas lideradas por clérigos renegados e outros princípios de levantes. O controle imperial se tornava mais vulnerável em quatro situações: quando filhos rivais disputavam o poder; quando inimigos e vassalos revoltosos atacavam simultaneamente o império por dois lados distintos; quando a frota naval otomana entrava em conflito com os venezianos – detentores de tecnologias mais avançadas –; e quando as tropas especiais do próprio sultão otomano, os janízaros, decidiam assumir o controle da situação. Os líderes otomanos desenvolveram estratégias para lidar com todas essas ameaças.

Os otomanos julgavam fundamental tomar para si a cidade imperial de seu mundo. A conquista de Constantinopla se deu por mar e terra, por meio do emprego eficaz de marinheiros gregos, soldados sérvios, um construtor de canhões húngaro e outros. Os otomanos haviam aprimorado suas habilidades e tecnologias de navegação ao conquistarem cidades mercantes italianas – juntamente com seus especialistas e artesãos – no litoral e em ilhas do Egeu. Eles construíram navios em Galípoli, de onde podiam controlar o estreito

IMPÉRIOS

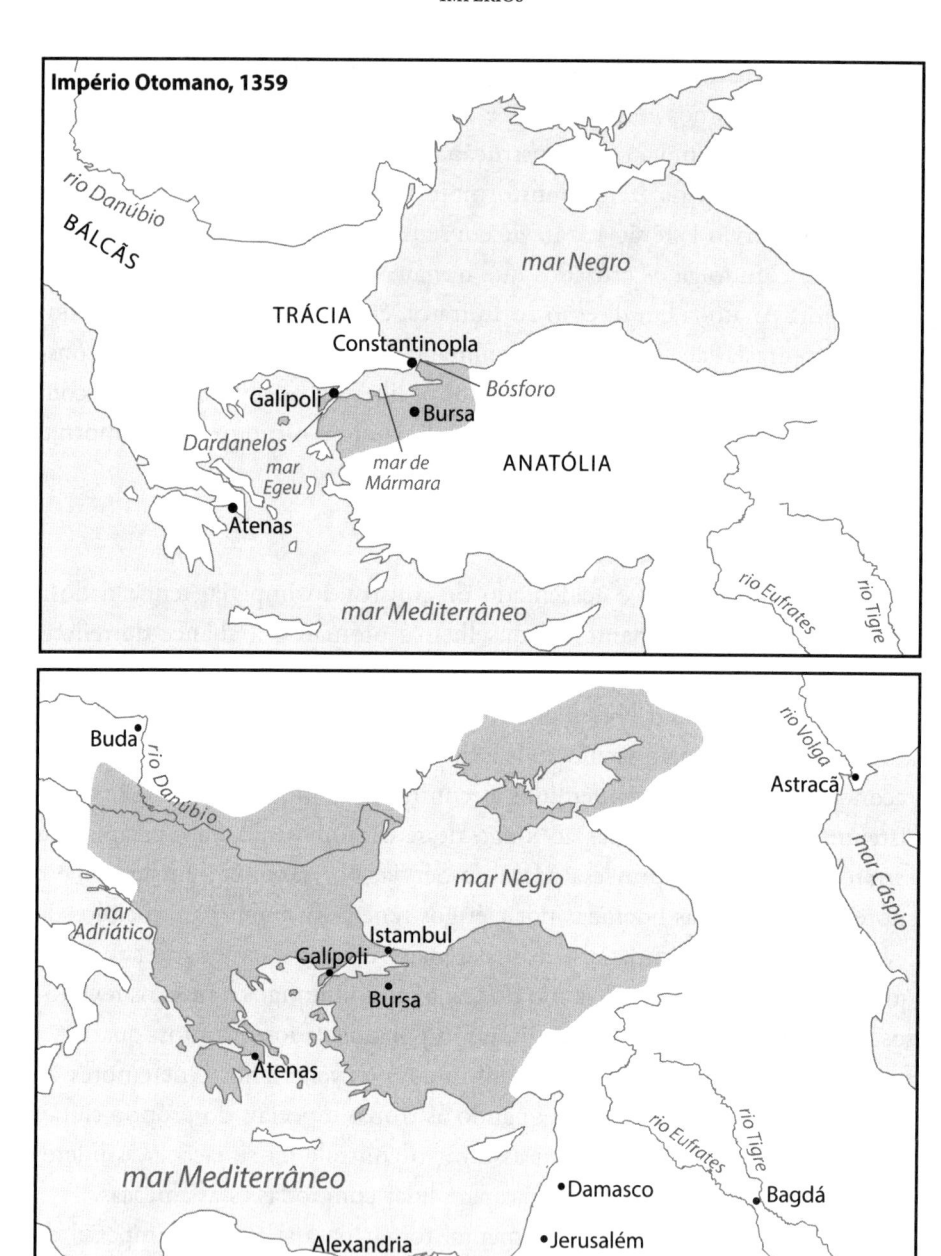

Mapa 5.3 – Expansão dos domínios otomanos

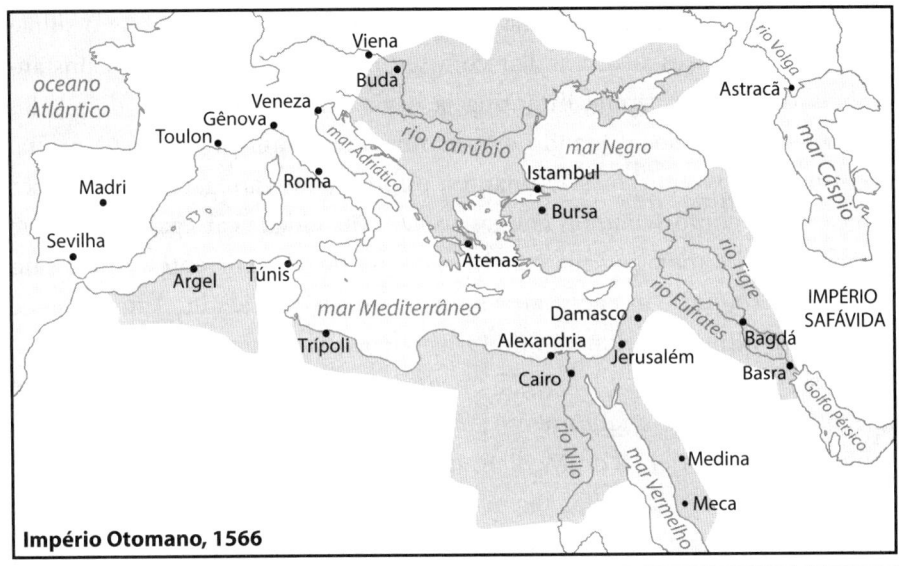

Império Otomano, 1566

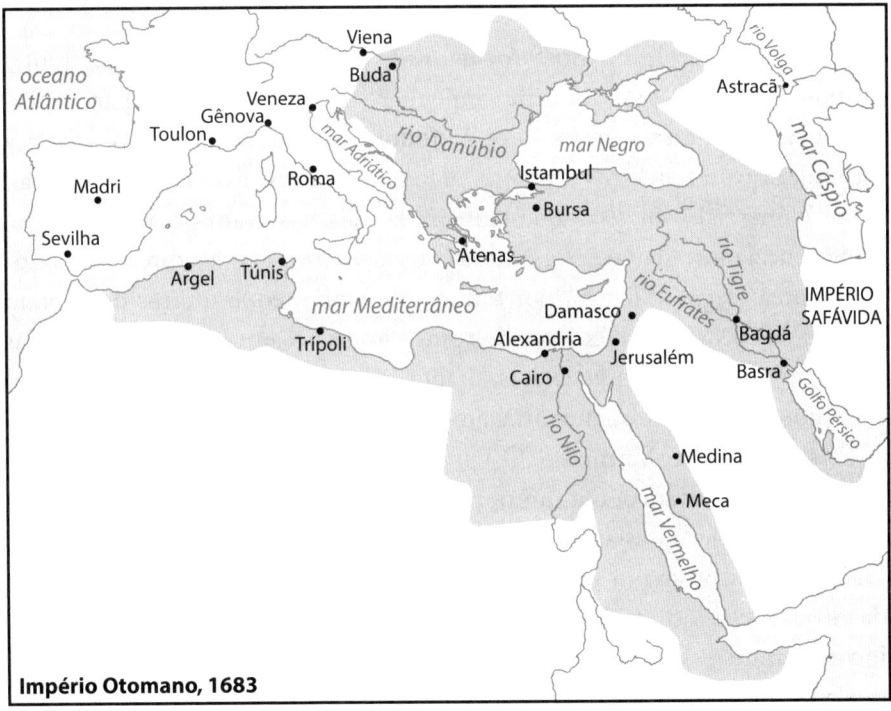

Império Otomano, 1683

de Dardanelos, e edificaram duas fortalezas no Bósforo. Antes que o sultão Mehmed II começasse a marchar com seu exército em direção a Constantinopla em 1453, a capital bizantina já havia sido cercada pelos dois lados por navios otomanos. Quando os bizantinos tentaram proteger sua capital com suas famosas correntes flutuantes, os otomanos carregaram seus barcos em carroças, contornaram as colinas ao norte da cidade carregando-os sobre rodas e os colocaram na água outra vez no interior das correntes. Ao mesmo tempo, o exército conseguiu atravessar os muros da cidade. Após mais de 1.100 anos, o Império Romano do Oriente chegava ao fim.

Assim, os otomanos conseguiram unir terra e mar em um regime que chegou a abarcar simultaneamente a Anatólia, os Bálcãs, a Trácia e regiões ao longo da porção oriental do Mediterrâneo, o mar Negro e o mar Egeu em um único espaço imperial. Após terem varrido do mar Negro os piratas hostis, puderam implementar uma forma regulamentada de exploração do comércio e de seus territórios.

Com o controle do Bósforo, os otomanos garantiram que diferentes grupos comerciais pudessem desempenhar suas atividades e pagar impostos. A Anatólia atraía mercadores de todo o Mediterrâneo, e sua presença estimulava os fazendeiros a plantar algodão e outras plantas para exportar. Rotas comerciais por terra que vinham da Ásia passavam pelo mar Negro, onde venezianos, genoveses e outros conectavam-nas ao Mediterrâneo. Comerciantes gregos viajavam por todo o Mediterrâneo, e muitos deles eram súditos dos otomanos. As rotas de comércio do oceano Índico, controladas em grande parte pelos guzerates, árabes e outros comerciantes muçulmanos, judeus e armênios, encontravam ali uma conexão com aquelas do Golfo Pérsico e do mar Vermelho. O Egito, com saídas para o mar Vermelho, o Nilo e o Mediterrâneo, era um ponto nodal de importância inquestionável para o comércio eurasiático, e se tornou uma província otomana em 1517. Dali, o poder otomano se estendeu para oeste ao longo da costa do Norte da África e chegou até Argel, não muito longe da Espanha, expulsando ou incorporando pelo caminho tribos, colônias, reinos, emirados e impérios rivais. A localização formidável dos otomanos e seu controle das conexões entre a Europa, a Ásia Central, o Norte da África e a Índia pressionaram navegantes europeus a viajar pela porção sul da África, mas esses esforços de longa distância não ofuscaram de nenhuma forma as rotas do império por terra e mar.

Manter essas redes de grande distância funcionando exigia tanto poderio militar – para controlar portos e comandar cidades – como leis – para proteger as pessoas que praticavam o comércio. Laços de religião e parentesco entre judeus, armênios, gregos e outros povos proporcionavam mecanismos para transmitir informações e crédito – bem como acordos de paz – a longas distâncias e durante grandes períodos de tempo, mesmo onde o contato com outros grupos era inseguro. O Império Otomano permitia que comunidades delimitadas por sua religião solucionassem a maior parte das próprias questões legais e exercessem suas formas de liderança, contanto que reconhecessem a suserania do sultão, pagassem seus impostos e mantivessem a paz. O reconhecimento das diásporas e de seus benefícios permitiu que mercadores conectassem pontos nodais de comércio, transporte e cultura. Enquanto isso, a Anatólia, os Bálcãs, a Síria e o vale do Nilo forneciam recursos agrícolas e receitas que ajudavam a manter financeiramente o aparato administrativo. O que definia o Império Otomano não era a difusão de uma cultura homogênea entre as elites locais, mas seu modo de colocar a diversidade a serviço do regime.

A economia inclusiva dos otomanos contrastava com as tentativas de monopólio que os impérios da Europa Ocidental tentavam impor – um fenômeno exemplificado pelos comboios de prata entre a América espanhola e Sevilha. O risco da abordagem diversificada dos otomanos e de suas redes múltiplas era que seus integrantes passassem a considerar o centro imperial desnecessário para as atividades, ou obtivessem acordos melhores com outros poderes. Abjurações e guerras pelo controle acossavam os otomanos de leste a oeste e no centro. Os Habsburgo, como vimos, lutaram muitas vezes para conquistar portos e territórios ao redor do Mediterrâneo, e os venezianos oscilavam sua postura entre aliados e inimigos. Durante certo tempo, o principal inimigo dos otomanos ao leste foi o Império Safávida (1502-1722) situado no Irã, uma área de produção de seda e conexões terrestres. A tolerância religiosa dos otomanos não valia para os safávidas, que eram muçulmanos, mas xiitas (ver capítulo 3). Como na Europa Ocidental, divisões internas de uma comunidade religiosa supostamente universal – neste caso, o islã – voltaram os impérios uns contra os outros e restringiram suas ambições. Com ou sem motivações religiosas, diversos tipos de rebelde surgiram pelo imenso território otomano – piratas, príncipes de regiões fronteiriças, bandidos – com o intuito de assumir parte do controle.

Tanto a riqueza das terras otomanas como as conexões marítimas e a necessidade de defendê-las mantiveram os otomanos focados no mundo que haviam construído. O Estado otomano não teve grandes motivações para atuar na disputa crescente pelo comércio no Atlântico ou pelo cabo da Boa Esperança durante os séculos XVI e XVII. As coisas iam muito bem para eles dentro de seu território.

Políticas sucessórias sexuais
Consolidar uma dinastia exigia sorte e inovação. O estilo turco-mongol de sucessão imperial era maravilhoso para gerar líderes com habilidades de guerra e construção de coalizões, mas era péssimo para manter a união. O sucessor imediato de Osman viveu 38 anos após a morte do pai, um grande golpe de sorte para um império emergente. A primeira regra de sucessão otomana era sagrada, excludente e tipicamente eurasiática: apenas um membro da dinastia podia assumir o posto do sultão falecido, e qualquer um dos filhos do sultão podia ser eleito para a função. Mas a sucessão otomana diferia das práticas mongóis em um aspecto importante. Os irmãos reais não dividiam o reino entre si, tampouco escolhiam um grande khan como líder superior. Em vez disso, cada candidato lutava pelo todo. Em muitos momentos críticos de sua transformação em império, os otomanos viram a morte de um líder dar início a grandes disputas de poder entre filhos rivais. Durante essas guerras, os líderes bizantinos, balcânicos e anatolianos – e, mais tarde, safávidas – apoiavam avidamente o lado que melhor servia aos seus interesses.

Uma tecnologia dinástica que emergiu das guerras entre irmãos, com seus exércitos de súditos e aliados, foi o fratricídio. Murat I estabeleceu o padrão ao matar todos os seus irmãos após subir ao trono em 1362. Quando o pai de Mehmed II, Murat II, morreu em 1451, ele deixou dois irmãos de mães diferentes. Imediatamente após se tornar sultão, Mehmed II ordenou a execução do outro filho, ainda uma criança. No século XVI, a procissão fúnebre de um sultão – realizada apenas depois que o novo sultão assumisse o trono – podia vir seguida por pequenos caixões de príncipes infantes. Leis eram criadas para justificar o fratricídio dinástico em nome da "boa ordem do mundo".

Quem eram esses príncipes? Nos primeiros séculos de construção imperial, os sultões e príncipes otomanos se casaram com famílias de elite das áreas que cobiçavam, frequentemente não otomanas, incluindo gregos e outros cristãos, com o intuito de estabelecer alianças e criar redes de súditos familiares. Mas esses casamentos políticos raramente geravam crianças. Quando a princesa sérvia Mara, viúva do sultão Murat II, vinha sendo cogitada como esposa pelo imperador bizantino Constantino XI, um diplomata informou as partes interessadas que Mara "não dormia com" o sultão. Após a época de Murat, o propósito desses casamentos já havia sido alcançado e os sultões otomanos o abandonaram em prol da concubinagem.

A prática de substituir as esposas por concubinas, a fim de gerar herdeiros de um sultão, era uma mescla das leis familiares muçulmanas e da exogamia turco-mongol que resultava em novo regime de segurança dinástica, muito diferente das políticas interfamiliares da realeza na Europa Ocidental. Segundo a lei islâmica da época, um homem podia – a depender de seus recursos – possuir até quatro esposas e qualquer número de escravas concubinas. Os filhos de seus casamentos eram legítimos, mas, se o mestre assim desejasse, também o eram os das concubinas. A legitimação dos filhos de escravas trazia privilégios à mãe e, após a morte de seu mestre, ela se tornava livre. No caso do sultão, seus filhos com concubinas podiam chegar – com sorte e sob a orientação de sua mãe – ao trono.

Outro ajuste das regras islâmicas restringiu ainda mais a vida sexual do sultão. Quando a cônjuge de um sultão desse à luz um possível herdeiro, ela deixava de ter permissão em sua cama. Mas ela acompanharia seu filho – um príncipe e candidato a se tornar sultão ou ser assassinado – em alguma das províncias, onde o garoto poderia ser nomeado governador. A disputa para se tornar sultão transcorria em um cenário de chances mais ou menos iguais: nenhum dos herdeiros era filho de uma esposa, e cada um deles tinha uma mãe escrava diferente.

Essas mães adquiriam habilidades em outra instituição otomana – o harém imperial. Como as cidades proibidas dos chineses, o palácio do sultão era um local quase sagrado, organizado em diferentes níveis de segurança e isolamento: um pátio externo aberto ao público, um pátio interno para receber funcionários públicos e embaixadores, um primeiro harém onde os garotos selecionados para o serviço imperial eram treinados por seus guardas eunucos e, por fim, o harém familiar do sultão, também protegido por eunucos. As mulheres que viviam nos haréns, especialmente a mãe do sultão (a *valide sultan*) e sua concubina favorita (a *haseki sultan*), encontravam-se no centro do poder otomano. A *valide sultan* defendia os interesses de seu filho de nascimento, criava intrigas para favorecê-lo e garantir sua sobrevivência, aconselhava-o e, em alguns casos, determinava as condições de uma disputa sucessória.

As práticas sucessórias otomanas fortaleciam o controle do sultão. A reprodução através da concubinagem injetava sangue novo – quase sempre de ex-prisioneiras cristãs – em uma linhagem dinástica que, não fosse por isso, seria monogenética, além de incorporar os poderes das mulheres mais velhas na versão otomana da *tanistry*. Ao mesmo tempo, a concubinagem era uma resposta a um problema imperial típico: o controle de subordinados. Durante seus anos de conquista e expansão, os otomanos haviam sido auxiliados por casamentos astutos, mas, depois que o império consolidou seu imenso território, alianças com famílias que ainda eram poderosas dentro desse perímetro apresentavam perigos. Ao blindar a dinastia contra agregados, foi eliminado todo um grupo de candidatos ao trono.

Mas o casamento entrava em cena quando se tratava das filhas do sultão, usadas para reforçar ainda mais o controle deste sobre as elites. A partir de meados do século xv, as princesas, nascidas de escravas e concubinas dos haréns, se casavam com os servos mais poderosos do sultão. Assim, os vizires e outros homens poderosos – e que, portanto, ofereciam riscos – recebiam um "casamento-promoção" e passavam a integrar a casa real, mas de forma muito dependente. O marido de uma mulher nascida no harém devia se divorciar de qualquer esposa anterior e se tornar um *damad*, um genro do sultão. Seus filhos não integravam a família real.

O regime reprodutivo dinástico dos otomanos evitava as armadilhas – e a beligerância aparentemente infinita, um excelente tema para óperas – dos casamentos monárquicos da Europa Ocidental. Mas mesmo as regras sultânicas existiam para serem quebradas – pelo sultão, sobretudo quando tratava-se de Suleiman i e a mulher em questão era Aleksandra Lisowska, também conhecida como Roxelana ou Hürrem. Era uma cristã da Ucrânia ocidental, à época parte do Império Polonês. Foi capturada pelos tártaros e dada de presente a Suleiman, provavelmente por volta de 1520, quando ele subiu ao trono. Suleiman já havia cumprido com suas obrigações e gerado um filho com outra concubina, mas acabou se apaixonando por Hürrem. Após o nascimento de seu primeiro filho em 1521, ele provocou escândalo no harém ao renunciar a todas suas parceiras sexuais e casar todas as concubinas com serventes e protegidos. Em dez anos, Suleiman teve ao menos seis filhos com Hürrem. Em 1534, quebrou as regras mais uma vez e se casou com ela.

Assim como outras mulheres poderosas do harém, Hürrem atuava como informante do sultão, diplomata e propagandista. Mantinha uma correspondência pessoal com o rei polonês Sigismundo I e com a irmã do monarca safávida com o intuito de manter a paz entre os impérios. Seguindo os preceitos do islã de praticar atos piedosos, Hürrem utilizava a receita das terras e impostos que lhe cabiam para financiar grandes construções, incluindo um famoso banho público e uma mesquita em Istambul. Aqui, novamente uma antiga tradição turco-mongol – referente ao grande poder da primeira esposa e da mãe do sultão – foi absorvida pelo sincretismo otomano.

Escravas do sultão

As concubinas do harém imperial não eram as únicas escravas que serviam o alto escalão do império: comandantes militares, almirantes da marinha, governadores provinciais, chefes do tesouro e da burocracia fiscal e membros do conselho imperial também eram *kul* – escravos pessoais do sultão. Durante seus séculos de construção imperial, os otomanos incorporaram os elementos mais básicos da escravidão – o desligamento do indivíduo de seu ambiente social – em uma técnica de governo.

A escravidão era bastante difundida na zona central do Império Otomano. Como a lei islâmica proibia escravizar muçulmanos ou cristãos que viviam sob proteção em terras muçulmanas, os governantes muçulmanos viam-se limitados a adquirir escravos fora dos seus domínios. Havia muito tempo, escravos – muitos deles de origem "eslávica" – eram exportados desde o norte do mar Negro até o Mediterrâneo, o Norte da África e a Ásia Central. Os exércitos vitoriosos nessas regiões também escravizavam os grupos derrotados. Esses escravos eram submetidos a diversos trabalhos forçados, e também atuavam como empregados domésticos e soldados. Os abássidas e seljúcidas empregavam tropas de escravos em seus exércitos, e os próprios mamelucos que detiveram o avanço mongol no século XIII eram soldados-escravos – seu nome vinha do termo abássida para escravos militares (ver capítulo 3). Os otomanos, que derrotaram os mamelucos em 1517, elaboraram novos métodos para recrutar soldados e oficiais de patente mais alta.

A "caça" de soldados era um negócio movimentado nas fronteiras em constante transformação dos otomanos, sobretudo no Cáucaso. Mas depois que a incorporação desses territórios ao império secou a fonte, os otomanos flexibilizaram as regras islâmicas e se voltaram para a própria população em busca de recrutas para servir ao sultão. O arrolamento sistemático de jovens, em sua maioria filhos de súditos cristãos, ficou conhecido entre os séculos XIV e XVIII como *devshirme*, ou "coleta". As comunidades eram obrigadas a fornecer um determinado número de garotos com idades a partir de oito anos para o oficial de recrutamento do sultão. Filhos únicos não eram "coletados", pois nesse caso seus pais não teriam os recursos necessários para pagar seus impostos. Os turcos ficavam de fora por outro motivo: suas famílias muçulmanas livres poderiam evocar a proximidade com o sultão para obter privilégios, como isenção de impostos. O objetivo desse recrutamento de cristãos era

Figura 5.2
Devshirme: recrutamento de crianças para servir ao sultão. Um funcionário otomano – sentado, com o chapéu pontiagudo – supervisiona o registro de informações sobre as crianças, vistas segurando sacos com seus pertences. Aldeões observam a cena, e a paisagem ao fundo sugere um vilarejo cristão dos Bálcãs. De *Suleymanname: The Illustrated History of Suleiman the Magnificent*, Museu do Palácio Topkapi. (Biblioteca de Arte de Bridgeman.)

munir o palácio com garotos externos àquele ambiente, seguindo a mesma lógica que favorecia a reprodução com escravas concubinas, para evitar alianças com as famílias otomanas poderosas.

O processamento dos recrutas *devshirme* era altamente regulamentado. Os garotos eram reunidos, registrados, levados em marcha até Istambul, circuncisados e então submetidos a uma seleção que definiria seu futuro. A maioria começava seus anos de treinamento para se tornar janízaros, membros da guarda imperial. Talvez inspirados nos soldados-escravos mamelucos, os janízaros eram recrutados na região cristã dos Bálcãs. Um grupo menor de garotos selecionados para servir na casa e no governo do sultão desapareciam dentro do palácio, onde eram tutorados por guardiões eunucos. Lá, onde se exigia que mantivessem silêncio quando estivessem em público, os meninos estudavam a lei e os ensinamentos islâmicos, a língua otomana e ofícios e esportes da elite governante. Alguns ascendiam e se tornavam os mais altos servidores do sultão: governadores, diplomatas, ministros e até mesmo grão-vizires, o mais alto cargo de administração do reino.

Para os garotos levados ao palácio, a coleta representava uma via de mobilidade social, capaz de realizar os sonhos de muitas famílias de camponeses cristãos. Para o sultão, uma elite administrativa e militar formada por forasteiros altamente dependentes dele representava uma solução inovadora para o desafio de manter o poder imperial. Cada grande ministro ou conselheiro era nomeado pelo sultão e podia ser dispensado e substituído por ele. Suleiman I contava com oito grão-vizires. A execução desses homens poderosíssimos era tão frequente quanto o fratricídio real. Ambas as práticas serviam de estímulo aos sobreviventes.

A concubinagem real e a seleção dos principais conselheiros entre meninos cristãos "coletados" e convertidos permitiam ao sultão governar em um ambiente doméstico criado conforme seus desejos. Liberto de laços familiares com a nobreza e aconselhado por oficiais sujeitos às suas vontades, o sultão impunha uma forma extrema de patrimonialismo aos seus escravos pessoais e, por meio deles, a todo o império.

A consolidação de uma elite de servidores

O sistema de servidores dependentes e cativos tinha dois pontos fracos. O primeiro era que a guarda imperial, que também fora um problema em outros impérios, precisava andar armada, mostrar-se ativa e estar sempre por perto.

Quando em batalha, os janízaros rodeavam o sultão no centro do campo de batalha, garantindo sua sobrevivência; no palácio, também o protegiam, mas podiam se voltar contra ele. Em 1622, o sultão Osman II foi assassinado por seus janízaros, após tê-los ofendidos de diversas formas – com um regime de punições excessivas, sua insistência em continuar uma guerra com a Polônia, contrariando o desejo dos janízaros, sua recusa para a execução de conselheiros acusados de corrupção e, supostamente, um plano para substituir os janízaros por outro tipo de força armada.

O segundo ponto fraco do sistema foi gerado por um cenário imperial típico, que já foi observado no Mediterrâneo ocidental e na China. Os otomanos precisavam angariar soldados e receitas suficientes para defender seu império e impedir que possíveis rebeldes e nobres gananciosos consolidassem seu poder nas províncias. Nos primeiros séculos da expansão otomana, os sultões haviam lidado com famílias poderosas obrigando-as a se mudar de sua terra natal e concedendo a elas posses em regiões longínquas. Mas a questão do controle sobre senhores locais se repetia conforme o império crescia e assumia sua extensão máxima ao final do século XVI. Ao mesmo tempo, defender o império se tornava ainda mais caro conforme estratégias militares e tecnologias inovadoras, sobretudo a artilharia móvel e os novos desenhos de navios, exigiam fundos para a reequipagem do exército e da marinha imperial.

Os otomanos criaram diversas formas para obter recursos e manter as elites do império leais e eficazes, mas não muito consolidadas em suas áreas de origem. Um princípio primário derivava da teoria de que todas as terras pertenciam ao sultão, que podia distribuí-las ou regulá-las como melhor lhe aprouvesse. Em uma evolução do sistema bizantino de concessão de terras como recompensa pelo serviço militar, os otomanos outorgavam aos militares o direito de cobrar taxas em um distrito ou cediam a posse de terras (*timar*) para uso próprio. Ao final do século XVI, esse sistema estava sendo convertido em uma espécie de arrendamento do recolhimento de impostos, cuja venda rendia lucros para os servidores do palácio em Istambul. Essa manobra não ampliava a captação de recursos, mas fornecia às elites um bom motivo para apreciar o clientelismo do sultão.

Outro princípio era a impermanência do serviço público. O sultão podia substituir os funcionários de acordo com sua vontade, recompensando o serviço leal e punindo os incompetentes. A nomeação dos cargos também era utilizada para integrar rebeldes ao sistema. Uma prova de como os serviços otomanos eram atraentes reside no fato de que bandidos poderosos tentavam negociar seu ingresso na burocracia estatal, pedindo ao sultão que fizesse deles funcionários e coletores legítimos de homens e dinheiro.

Em parte, por seu império ser tão grande, os soberanos otomanos não podiam adotar uma única forma de governar ou controlar seus intermediários. A autoridade personalizada estimulava os acordos, o pragmatismo e as políticas flexíveis. Em regiões fronteiriças de difícil proteção, os otomanos reconheciam governantes locais por meio da concessão de títulos e do comando. Foi o que ocorreu no Curdistão, onde os sultões jamais conseguiram enquadrar os chefes tribais no regime de governo palaciano. Em regiões mais centrais, o deslocamento de clãs poderosos para locais distantes, o recrutamento de forasteiros para os postos mais altos, a nomeação de governadores-gerais – os escravos de alto escalão dos príncipes e do sultão – e a manipulação e o redesenho dos limites provinciais operavam todos contra a estabilidade dos nomes fortes da política local. No entanto, com o passar do tempo, as famílias começaram a explorar suas relações com o poder em benefício próprio, e os governantes otomanos reagiram a isso com a incorporação das elites locais à classe governante otomana, colocando homens de expressão para cuidar de funções estatais lucrativas. A cooptação ao regime oficial evitava que laços externos ao Estado fossem consolidados. A ferramenta mais eficaz do sistema era sua grandeza: trabalhar no governo valia a pena.

Protegendo um regime multirreligioso

Para as pessoas comuns, à parte o pagamento de impostos e o fornecimento de recrutas, o contato direto com o governo do sultão era um evento atípico. Que outras funções o império poderia ter cumprido perante a grande maioria de súditos que não era convocada para servir ao Estado?

Os otomanos chamavam o seu império de "domínios bem protegidos", enfatizando a responsabilidade de defender seus súditos. Uma das formas de proteção era a proteção contra agressões, fossem elas externas ao regime ou de bandidos dentro dele. A lei otomana era outra garantia para os diversos súditos do império. Para as questões de família ou religião, os judeus, cristãos de diversos ritos ou demais súditos não muçulmanos encontravam-se sob jurisdição dos líderes de suas próprias comunidades. O que unia esses grupos e suas diferentes práticas legais à autoridade superior do sultão era um laço pessoal e oficial. Os principais rabinos, os metropolitas da Igreja Ortodoxa

Grega e os líderes da Ortodoxia Armênia e outros grupos cristãos mantinham seus cargos com autorização sultânica. Como retribuição por seus serviços ao soberano, eles recebiam isenções de impostos e tinham o direito de arrecadar várias receitas e recursos. A proteção e o uso de sacerdotes de muitas crenças, uma prática dos mongóis e de outros impérios da região, tornaram-se parte do regime otomano.

A primazia do islã sobre as demais religiões do império se desenvolveu ao longo de séculos de expansão e conflitos – muitas vezes contra outros líderes muçulmanos. O território da Anatólia, onde os otomanos haviam surgido, era salpicado de comunidades cristãs e islâmicas que seguiam uma variedade de ensinamentos e líderes espirituais. Relações pragmáticas com os soberanos conquistados, ou aliados, incluindo líderes militares cristãos, e adaptações seletivas de diferentes tradições – em detrimento de um compromisso com a militância islâmica – ajudaram Osman, Orhan e seus descendentes a ampliar o império. Conforme imprimiam sua marca própria à cultura administrativa islâmico-iraniana desenvolvida pelos abássidas, seljúcidas e il-khans, os otomanos continuaram recrutando cristãos poderosos de cidades bizantinas e nobres dos Bálcãs para compor sua elite. Após suas vitórias, os guerreiros otomanos não exigiam que os prisioneiros cristãos se convertessem ao islã. Sua abordagem era mais prática: eles exigiam um resgate em troca dos prisioneiros e, às vezes, alforriavam os escravos que se convertiam ao islã e enviavam os cristãos derrotados de origem nobre para áreas remotas, onde eram transformados em governadores provinciais. Além disso, a conversão ao islã ocorria de forma espontânea, como reação das pessoas diante das possibilidades oferecidas pelo bem-sucedido projeto imperial dos otomanos.

O reinado de Bajazeto I (1389-1402), que batizara seus filhos de Jesus, Moisés, Salomão e Maomé, poderia ser considerado um dos ápices harmônicos entre cristãos e muçulmanos. Na capital Bursa, debatia-se a proposição

> "Este escravo informa que, se for designado para o cargo de beilerbei de Aleppo, comparecerá com 5 mil homens à campanha conclamada para a primavera vindoura. De mesma sorte, se, pelas graças do sultão, ele receber, com a província supracitada, um vizirato, então se compromete a levar 10 mil homens para a campanha."
>
> **Caboladoglu Ali Pasha, 1606**

de um clérigo muçulmano segundo o qual Jesus e Maomé eram profetas de mérito equivalente. Mas essa cultura de sincretismo religioso passou por uma difícil provação em 1416, quando Borkluje Mustafa, um dervixe da Anatólia, expressou seu sentimento ecumênico durante uma grande rebelião contra o governo otomano. Borkluje Mustafa defendia a igualdade entre cristãos e muçulmanos e o compartilhamento igualitário da propriedade. Derrotou dois exércitos otomanos antes de perecer diante do inclemente vizir de Mehmed I, Bajazeto Pasha, que supostamente "matou todos em seu caminho sem poupar uma única alma, jovem ou idosa, homem ou mulher". De 1430 em diante, enfatizou-se mais o islã como religião da dinastia e da elite otomanas.

Em 1516, após anos de guerra contra os safávidas, que reivindicavam a liderança do islã para a sua dinastia xiita com capital no Irã, o sultão Selim I (1512-1520) deu fim ao reinado safávida da Anatólia. Ele seguiu em frente e combateu os mamelucos, cujo sultão foi morto em batalha. Com as vitórias de Selim, os otomanos adquiriram uma miríade de novos territórios no Egito, na Síria, no Líbano, na Palestina e na península Arábica, incluindo as cidades sagradas de Jerusalém, Medina e Meca. Então, o sultão otomano podia se apresentar como guardião do islã e superior a todos os outros monarcas muçulmanos. Esse posicionamento não se dirigia apenas aos cristãos, mas também aos rivais muçulmanos dos otomanos – os safávidas e outros que alegavam possuir inspiração ou autoridade divina.

Da mesma forma como ocorreu com os líderes cristãos na Europa Ocidental, um imperador defender uma crença era uma faca de dois gumes. Durante os séculos seguintes, o culto de guerreiros islâmicos pela fé verdadeira – guerreiros *gazi* – e a disputa pela liderança do islã eram utilizados contra os otomanos por líderes rebeldes, subordinados ambiciosos e outros desafiantes, sobretudo pelos xiitas safávidas. Mas o sultão também fortaleceu sua autoridade em muitas regiões por sua visão e liderança em questões do islã, incluindo a supervisão da justiça islâmica.

A Sharia – lei islâmica – não era um conjunto legislativo único, mas uma tradição de escolas concorrentes de interpretação baseadas no Corão e nos ditos do profeta. Os otomanos adotaram a escola Hafani da lei sunita, que predominara na Anatólia durante o governo dos seljuks, e implementaram um sistema de faculdades para treinar juízes de acordo com essa tradição. Eram responsáveis por resolver questões legais para a maioria dos muçulmanos. Mas a lei da Sharia não era adequada para certas tarefas imperiais, sobretudo porque tratava as grandes violações sociais como problemas civis restritos às partes envolvidas. Os otomanos empregavam um segundo tipo de lei, *kanun*, para garantir o papel protetor do sultão e regular a cobrança de impostos e questões ligadas à propriedade.

A *kanun* otomana distinguia entre os súditos que pagavam impostos – a maioria – e os serventes do sultão, *askari*, que recebiam um salário ou designações de terras do Estado. Os *askari* não deviam ser julgados pelos tribunais comuns, mas por funcionários sultânicos. Os serventes do sultão, que incluíam homens da cavalaria, escravos do sultão, juízes, professores e muftis, bem como suas famílias, ficavam sujeitos ao poder legal do soberano para infligir punições corporais ou capitais. A divisão da população entre pagadores de impostos e servidores em categorias com direitos distintos contrastava fortemente com o ideal romano de uma cidadania inclusiva em que todos pagavam impostos.

A lei otomana era um sistema de regimes legais – secular, islâmico, leis de outras religiões e práticas tradicionais –, todos autorizados por um poder central e abrangente. As codificações refletiam essa heterogeneidade. O Livro da Lei de 1499 registrou as obrigações fiscais de todo o império tendo como base compilações de decretos, registros legais locais, *fatwas* (decretos islâmicos) e outras regulações. Pessoas de crenças distintas podiam resolver questões legais de menor vulto conforme as determinações de suas próprias autoridades religiosas. O que a lei otomana tinha de universal era o fato de que a maior parte dos súditos tinha acesso a algum tipo de tribunal. Mas nem todos os casos e nem todas as pessoas eram contemplados por um código unitário, como aquele que Justiniano havia promulgado no Império Romano-Bizantino.

O princípio de reconhecimento das diferenças foi muito importante para garantir que o império pudesse governar imensos territórios habitados por não muçulmanos, absorver minorias da diáspora e agir contra a intolerância religiosa de outros impérios. Nos Bálcãs e na Hungria, a lei otomana oferecia direitos aos gregos, sérvios e cristãos protestantes que teriam sido inconcebíveis para o regime dos governantes católicos poloneses ou dos Habsburgo. Não apenas os muçulmanos, mas também os judeus expulsos da Espanha durante a Inquisição encontraram no Império Otomano um novo lar e a proteção de seu status legal. Os sultões exploravam as dissidências internas da cristandade em favor de seus propósitos: Suleiman cooperou com o rei católico da França em empreitadas militares, e seus sucessores comercializaram e negociaram com a rainha protestante Elizabeth da Inglaterra para sabotar os Habsburgo.

A ideia de que cada povo devia ser julgado de acordo com suas próprias leis foi aplicada pelos otomanos a todos os estrangeiros que viviam em seu império. O modelo de referência para essa prática fora o tratamento dispensado a Gálata, o bairro cosmopolita de Istambul que abrigava uma colônia genovesa. O decreto de 1453 do sultão Mehmed II permitia que os genoveses adjudicassem suas questões internas. Esse acordo foi reproduzido com diversas potências que possuíam colônias de mercadores espalhadas pelos domínios otomanos. A "extraterritorialidade" em termos legais tem sua raiz na prática dos otomanos – e dos bizantinos antes deles. Em troca pela proteção dos europeus – francos, como eram chamados no império –, os otomanos insistiam que os soberanos de outras regiões autorizassem seus comerciantes a se estabelecer em seus domínios de forma protegida. Com as chamadas capitulações – que garantiam o direito a um processo legal "estrangeiro" – e sua insistência na proteção de comerciantes e diplomatas, os otomanos difundiram os primeiros princípios da diplomacia eurasiática nas práticas internacionais dos europeus.

CONCLUSÃO: UM CONTO DE DOIS IMPÉRIOS

Carlos V, sacro imperador romano, rei de Castela e Aragão (1516-1556), e o sultão otomano Suleiman I, legislador e rei (Kaiser, César) dos reis (1520-1566), buscaram ambos recompor a magnitude e a grandeza do Império Romano. Carlos tinha uma ligação óbvia com o passado cristão de Roma, embora suas relações com o papa não fossem nada fáceis. Mas a intenção de Suleiman de dar sequência ao poder romano era igualmente lógica. Os otomanos derrotaram e substituíram os bizantinos que haviam governado o Império Romano, conquistaram boa parte do espaço romano do Mediterrâneo e se consolidaram como protetores dos cristãos nos Bálcãs. Enquanto Cortés conquistava os astecas, os otomanos se expandiam em direção à Síria, à Palestina, ao Egito e à Arábia. Em meados do século XVI, os otomanos comandavam um terço da Europa e metade das regiões litorâneas do Mediterrâneo. Além disso, o islã era a mais recente das três regiões monoteístas, posterior ao judaísmo e ao cristianismo, e os otomanos, diferentemente da maioria dos governantes islâmicos e cristãos que os antecederam, encontraram uma maneira de reconhecer – por meio da lei e de seu governo – esses credos e a maioria de suas variações sem comprometer a primazia do centro imperial. O que poderia ser mais imperial, abrangente e universal do que um regime inclusivo sob proteção do sultão, sobretudo se comparado à ideologia excludente da Inquisição espanhola?

Enquanto isso, o cristianismo se fragmentava na Europa, o que se expressou nas guerras religiosas na França – especialmente graves entre as décadas de 1560 e 1570 –, a Guerra dos Oitenta Anos nos Países Baixos e o conflito entre Inglaterra e Escócia. Apesar dos gestos de união contra a suposta ameaça do islã, a mistura perigosa entre exclusividade religiosa e ambição imperial dividiu aqueles que clamavam pelo poder na Europa, entre cristãos do leste e do oeste, protestantes e católicos, o que levou a um imenso derramamento de sangue. Alguns pensadores políticos, como Jean Bodin, na década de 1570, imaginavam que um Estado monárquico e territorial poderia superar o poder dos magnatas e as rixas sectárias, mas a realidade dos impérios compostos e de seus inimigos mostrou o contrário.

A rivalidade entre os impérios Espanhol e Otomano se manifestou durante décadas em conflitos em terra e mar. Carlos jamais conseguiu expulsar os otomanos da Argélia, ou conter os ataques a navios espanhóis no Mediterrâneo ocidental, por parte de corsários que, em alguns casos, aliaram-se aos otomanos. Na outra extremidade dos domínios Habsburgo, os otomanos chegaram até os arredores de Viena. Carlos e seu irmão Fernando, o rei Habsburgo da Áustria, lutaram avidamente contra Suleiman pelo controle da Hungria, até que, em 1547, Fernando foi obrigado a abandonar sua pretensão de se tornar rei da Hungria e se conformar com o pagamento de tributos aos otomanos pelo direito de governar alguns territórios húngaros. Com base nesse acordo, que se referia a Carlos como "rei da Espanha" – e não imperador –, Suleiman pôde se declarar "César dos romanos".

Mas Suleiman também tinha problemas em sua fronteira oriental, onde os safávidas reivindicavam a supremacia islâmica. As fronteiras instáveis entre os dois poderes islâmicos desafiavam o controle otomano. Na metade do século, Carlos v tentou se aliar ao inimigo de Suleiman, o xá safávida. Suleiman, por sua vez, apoiou o rei francês – do final dos anos 1520 até a década de 1550 – e os príncipes protestantes da Alemanha. Os otomanos enviaram uma expedição naval para ajudar a França a combater os Habsburgo em 1543;

a frota passou o inverno em Toulon, recebendo provisões dos franceses a pedido de Suleiman. Carlos e Filipe II temiam que a Espanha pudesse ser alvo de um ataque. Carlos abdicou ao trono em 1556, mas a disputa pelo antigo Império Romano do Ocidente permaneceu inalterada. Suleiman morreu em uma última campanha na Hungria em 1566 – ainda assim, seus exércitos saíram vitoriosos. O fato de que dois grandes impérios evitaram um confronto total nos anos 1570 reflete desafios e oportunidades: a necessidade dos otomanos de derrotar rebeldes e consolidar suas vitórias em regiões de língua árabe e a empreitada lucrativa dos Habsburgo nas Américas, bem como seus conflitos com a França e a dificuldade de manter unidos os impetuosos Estados de seus domínios europeus.

A posição de destaque – ainda que instável – que os otomanos ocuparam no sudeste da Europa e no Mediterrâneo não deveria ser surpresa. Suleiman tinha um exército permanente com cerca de 90 mil pessoas na década de 1520, com cavaleiros que se mantinham com suas concessões de terras; no núcleo do império estavam os janízaros, a guarda pessoal do sultão. Carlos V e outros soberanos da Europa Ocidental precisavam constituir seus exércitos com o auxílio de magnatas locais ou mercenários a um custo muito alto. Ao final do reinado de Suleiman, o Império Otomano se estendia de Buda a Meca, de Argel a Baçorá. Tinha imensos recursos, mobilizados por meio de um sistema de governo que atraía, disciplinava e impedia possíveis rebeliões. Para os espanhóis, com um séquito fragmentado e dívidas com comerciantes de fora do reino, combater esse mosaico autossustentável era como lutar contra um inimigo colina acima.

A resposta dos espanhóis às vantagens geoestratégicas dos otomanos e ao caráter indomável de seus próprios domínios foi a expansão para além-mar. Foram em parte bem-sucedidos no comércio transoceânico, mas a defesa de sua autoridade em terras europeias operava uma fuga de recursos na Espanha. Sob Suleiman, os otomanos também tentaram ampliar seu alcance: chegaram a enviar uma frota para enfrentar os mogols na Índia em 1541. Mas não conseguiram expulsar os portugueses das rotas comerciais do Índico, pois os lusos possuíam navios de qualidade superior. Nem Carlos, nem Suleiman, nem o mais visionário de seus conselheiros poderiam prever as consequências que o comércio e o imperialismo em além-mar teriam no longo prazo. Porém, eles conhecem o alcance do poder do outro e, dessa forma, aprenderam os limites do seu próprio.

Agora é possível analisar em retrospecto esses dois impérios e seus feitos. Carlos v e seus sucessores imediatos moldaram um império que se tornou muito mais "espanhol" do que era de início. Limitados pela volatilidade da soberania na Europa, atrelaram a Espanha europeia aos seus rebentos americanos por meio do respeito a um mesmo monarca, da afinidade religiosa, das capacidades administrativas e coercitivas do Estado e da proteção contra outros impérios. O espanhol se tornou a língua hegemônica em todo esse espaço, e os castelhanos designados pelo rei exerciam mais autoridade nas Américas do que jamais poderiam fazer nos domínios europeus de Carlos. Impôs-se o catolicismo como religião comum. A interação incômoda entre uma igreja e uma dinastia, e também entre a monarquia e os magnatas proprietários de terra, apontava para um novo universalismo baseado em uma única civilização – cristã e europeia – que se espalhou por novos continentes, e também para a incerteza sobre quem controlaria esse processo. Para os otomanos, o princípio básico do império universal era o pragmatismo inclusivo do governo sultânico, a proteção das religiões e das práticas tradicionais prévias de seus súditos e uma burocracia sem relações – ao menos em termos ideais – com qualquer poder familiar permanente.

Essas estratégias distintas propõem duas formas contrastantes de organização do poder imperial. "Tipos ideais", como Max Weber os chama, não revelam o funcionamento confuso de sistemas políticos submetidos à realidade, mas ajudam a pensar sobre problemas mais amplos enfrentados pelos governantes e em múltiplas – porém limitadas – soluções para eles. É possível comparar um sistema de hierarquia de classes e um sistema de governo patrimonial, tendo sempre em mente que, na prática, os regimes tinham um pouco dos dois princípios.

No modelo de hierarquia de classes, os cidadãos, incluindo os pobres, têm laços entre si devido à experiência compartilhada. Os aristocratas dependem do reconhecimento mútuo uns dos outros, em um sistema social e legal que mantém seus privilégios: acesso à terra, a armamentos e à corte do rei, bem como a deferência de seus inferiores. A hierarquia de classes implica laços fortes dentro das classes e laços mais fracos nas relações verticais. Para um postulante ao trono de rei ou imperador, o grau de privilégio da nobreza é ao mesmo tempo útil e problemático: útil para reunir os homens e o dinheiro necessários para governar, manter os rivais externos a certa distância e garantir a manutenção da ordem, com todas as pessoas da base da pirâmide trabalhando; um problema porque os aristocratas poderiam agir em conjunto e colocar em xeque o poder do rei.

No modelo patrimonial, o poder advém da família e do âmbito doméstico. O rei é um pai do povo, que fornece proteção e aceita diferenças. Ele busca estabelecer laços diretos e verticais com seus apoiadores que, por sua vez, têm laços pessoais com seus próprios dependentes. Um governante patrimonial tenta minimizar os laços entre seus vários dependentes. Se o modelo de classes enfatiza os laços horizontais, o modelo patrimonial se apoia nas relações verticais. O maior temor do governante patrimonial é que seus subordinados conduzam seus dependentes em outra direção, unindo-se a um soberano rival ou replicando o sistema patrimonial sob o jugo de um novo rei. Ele precisa fornecer recursos que não estariam disponíveis em unidades políticas menores ou rivais. Sua estratégia é garantir que essas correntes de conexões verticais convirjam nele e, ao mesmo tempo, constituir um ambiente doméstico com dependentes diretos que não tenham outros laços sociais, sejam eles verticais ou horizontais.

Os impérios de Carlos e Suleiman apresentavam elementos dos sistemas de classe e patrimonial, mas na Europa o império de Carlos operava de forma mais próxima ao modelo de hierarquia de classes, enquanto o de Suleiman se assemelhava mais ao patrimonial. O primeiro dependia de um regime legislativo e religioso relativamente homogêneo para manter uma hierarquia de classes estável que reconhecesse a superioridade de sua posição. Mas ele não controlava de todo a base material ou ideológica do seu poder. Era preciso trabalhar com os estamentos civis das cidades, muito cientes de seu próprio papel, com magnatas que possuíam armas e séquitos e com uma Igreja que invejava sua autoridade e era desafiada por rupturas internas do cristianismo. Em contraste, o sultão otomano trabalhava por meio de conexões controladas com grupos religiosos, legais e culturais, distintos e separados.

O formato que o Império Espanhol ganhou na Europa, e em seus territórios americanos, remonta à fragmentação das porções ocidentais romanas. Apesar do processo sincrético e incorporador que consolidou o poder romano, o período final produziu uma cultura romana identificável em todos os seus domínios, com diferentes níveis de penetração na vida diária das pessoas comuns, mas altamente persuasiva para as elites. Entre as recompensas para aqueles que optavam pelo modo romano de ser, estavam o status superior nas províncias e a mobilidade social dentro da estrutura institucional do império.

Conforme o centro foi perdendo o controle sobre recursos, e se desagregando, as aristocracias se tornaram mais locais, apegando-se à terra e aos camponeses para sobreviver, e mais circunvizinhas, buscando proteção em alianças com outros magnatas ou superiores promissores. O cenário volátil de violência e lealdades incertas durou séculos.

Assim, postulantes ao cargo de imperador no antigo Império Romano do Ocidente precisavam recorrer a estratégias patrimoniais se quisessem romper com os limites de poder impostos pelas afinidades horizontais – uma tarefa desafiadora. O fato de que muitos magnatas espanhóis controlavam receitas substanciais provenientes do uso da terra e diversos homens armados – e outros possíveis apoiadores dos Habsburgo possuíam recursos semelhantes – tornou extremamente difícil romper as hierarquias de classe. Os magnatas e as comunidades locais tentaram manter os princípios aristocráticos – em detrimento daqueles de ordem patrimonial – restringindo o direito dos imperadores de indicar "seus" homens para cargos de autoridade.

Na fronteira europeia com o Atlântico, a construção imperial em terras distantes parecia mais atraente. As Américas ofereciam um espaço no qual o monarca e a elite castelhana podiam driblar o poder dos magnatas. O sistema de vice-reinos e *audiencias* – com a nomeação desses cargos pelo rei – foi uma tentativa de fazer em além-mar o que era impossível de ser feito em casa: governar um império de forma mais patrimonial, utilizando meios semelhantes àqueles empregados pelos khans mongóis ou sultões otomanos. A eficácia das instituições criadas pelos cristãos europeus ainda era uma incógnita. Eles seriam capazes de exercer uma autoridade duradoura sobre os povos indígenas e os imigrantes das Américas?

Os otomanos criaram seu império em um espaço distinto. Eles começaram pela Anatólia, e desde o início impediram os senhores locais de mante-

> "
> Toda a monarquia turca é controlada por um único senhor, os demais são seus criados; e, ao dividir seu reino em sanjaks, ele envia diferentes administradores a cada um deles e ajusta ou altera o ocupante dos cargos conforme seu desejo. Mas o rei da França se encontra no centro de um grupo antigo de senhores feudais, reconhecidos por seus próprios súditos e amados por eles. Eles possuem suas próprias prerrogativas, e o rei não pode removê-las senão por conta própria e risco."
>
> Maquiavel, *O Príncipe*, capítulo 4

rem suas posições, obrigando-os a se mudar para terras distantes. A configuração cultural de seu império, especialmente após a derrota dos bizantinos, era variegada: os otomanos comandavam postos de comércio, cidades antigas, chefes militares com posses de terras e diásporas de mercantes viajantes. A chave para manter o todo unido não era uniformizá-lo, mas deixar que comunidades distintas tocassem seus negócios de sua própria maneira, sob a supervisão de oficiais, atrelados verticalmente e da forma mais firme possível ao sultão. A instituição-base era literalmente patrimonial: a casa do sultão, em uma estrutura semelhante às observadas nos mundos turco, mongol, persa e árabe, mas com algumas diferenças importantes. A reprodução sultânica por meio de escravas concubinas e o recrutamento dos mais altos conselheiros do sultão e de seus guarda-costas fora da população muçulmana de língua turca eram baluartes contra a aristocracia. Ao exteriorizar a fonte do alto-comando e até mesmo de parte da linhagem sultânica, os otomanos evitaram o surgimento de um extrato social que pudesse reivindicar recursos ou autonomia.

O patrimonialismo otomano também operava por meio do reconhecimento das hierarquias internas das muitas comunidades dessemelhantes do império, que tinham suas próprias leis, crenças, línguas e líderes. O islã não era necessariamente mais favorável a esse tipo de tolerância orquestrada do que o cristianismo – as *jihads* e as cruzadas têm muitos pontos em comum –, e as divisões entre muçulmanos, tanto dentro como fora do império, desafiavam a alegação de que o sultão seria a sombra de Deus na Terra. Mas eles não precisavam lidar com um poder religioso institucionalizado nos moldes do papado. Com o desenvolvimento de modelos eurasiáticos de governo pragmático, e a ocupação do espaço multicultural de Bizâncio, o sultão podia a um só tempo ocupar o lugar do califa e abrigar as religiões de outros povos.

Nem os espanhóis dos tempos de Carlos nem os otomanos da era de Suleiman conseguiram evitar todos os reveses possíveis na administração de um império, mas eles romperam com os limites que restringiam os construtores imperiais do Mediterrâneo desde o início do esfacelamento de Roma. Um dos imperadores disseminou e consolidou seu poder sobre as terras e os mares em torno do Mediterrâneo, e o outro começou a olhar para o outro lado do oceano. Esses dois esforços moldaram por séculos, e em direções diferentes, a geografia do poder.

6
Economias oceânicas e sociedades coloniais
Europa, Ásia e Américas

Os homens que partiram da Europa e cruzaram os mares nos séculos XV e XVI não tinham como objetivo a criação de "impérios mercantes" ou um "colonialismo ocidental". Eles buscavam riquezas fora de um continente onde as ambições de maior vulto eram limitadas por tensões entre monarcas e senhores feudais, por conflitos religiosos e pelo bloqueio otomano do leste do Mediterrâneo.

As intenções dos viajantes marítimos eram moldadas pelo mundo de poder e comércio que eles conheciam. As conexões da Eurásia criadas e mantidas pelos mongóis, árabes, judeus serviram de inspiração para que Colombo partisse em direção ao sedutor império do grande khan. Ele levou consigo um intérprete para se comunicar com a corte da China – um judeu convertido ao cristianismo que falava árabe. Quando, em vez do destino almejado, Colombo e sua tripulação chegaram a uma ilha do Caribe, as primeiras palavras ditas por um explorador "europeu" para um povo "americano" foram na língua do islá.

Embora as perspectivas de homens como Colombo refletissem a ordem mundial de seu tempo, seus atos tinham consequências em escala incompatível com suas intenções. Na disputa pelo acesso às redes comerciais asiáticas, as potências europeias estabeleceram entrepostos em pontos cruciais das redes de comércio e, aos poucos, começaram a expandir sua autoridade política e seus assentamentos. Um novo continente foi descoberto acidentalmente e novas formas de colonização foram desenvolvidas. O comércio transatlântico cresceu oito vezes entre 1510 e 1550, e depois triplicou até 1610.

Na Ásia, a presença crescente de europeus a partir do final do século XV se devia menos a uma "abertura" da região para o comércio de longa distância do que à intromissão em sistemas econômicos preexistentes do oceano Índico e Sudeste Asiático de um novo tipo de comércio militarizado, impulsionado por comerciantes, empresas e agentes estatais portugueses e, mais tarde, holandeses, britânicos e franceses. Os entrepostos fortificados e, em algumas regiões, os assentamentos de maior escopo instaurados pelos europeus na Ásia durante os séculos XVI e XVII eram empreendimentos precários se comparados à consolidação do comando mogol sobre boa parte da Índia no século XVI, ao amplo Império Ming na China ou à reconstrução da China no século XVII pelos manchus. Observar as ações políticas e econômicas conforme se deram em sua própria época, com consequências distintas nas Américas, na África e na Ásia, permite uma compreensão melhor das inovações e dos limites da construção imperial marítima europeia do que projetar de forma retrospectiva o aparente domínio das potências europeias no século XIX, no que seria uma narrativa única de uma "expansão europeia".

Para alguns historiadores, o século XVI foi o "mais propício a guerras" da história europeia. Embora a violência dos senhores locais contra seus pares fosse menos endêmica do que em períodos anteriores, os conflitos em meio a um pequeno número de atores, que defendiam ou afirmavam sua dominância imperial, foram exacerbados pela tensão religiosa entre cristãos e muçulmanos, e católicos e protestantes. A concorrência entre os impérios europeus gerou uma dinâmica tripla: uma tentativa de manter os recursos econômicos sob controle do império, o desenvolvimento de estratégias militares por meio de inovações tecnológicas e do controle estatal de recursos humanos e fiscais e a aplicação desses recursos ao longo de todos os oceanos do mundo.

Os impérios marítimos foram resultado de tentativas estrênuas de canalizar o comércio de longa distância a fim de ampliar as conexões imperiais e evitar que outros estabelecessem suas próprias redes. A chave para essa empreitada foi o comércio marinho armado e o estabelecimento, mantido à base da força, de uma gama de instituições na África, na Ásia e nas Américas: as colônias-enclave de comércio, que colocaram intersecções fundamentais das redes econômicas sob o controle imperial; a colônia-plantação, onde um pequeno número de colonizadores explorava a terra e as minas, empregando mão de obra local ou trazida de fora; e o assentamento de migrantes europeus que dizimaram os povos indígenas, ocuparam seus espaços ou incorporaram-nos a um novo tipo de ordem social, a situação colonial.

Neste capítulo, serão destacadas as grandes mudanças no modo como os impérios, ao se desenvolverem fora da Europa, interagiram e entraram em conflito uns com os outros enquanto deixavam para trás a zona mediterrânea para cruzar os mares. Será preciso entender os repertórios de poder imperial, incluindo as combinações e sucessões das estratégias de enclave, *plantation* e assentamento dos construtores imperiais. E também os limites de poder dos impérios marítimos: os conflitos destrutivos entre eles, suas fraquezas internas – sobretudo quando se tratava de manter os intermediários sob controle – e a força e a maleabilidade dos regimes e das redes comerciais na Ásia e na África.

Os enclaves e as redes de comércio, as minas e *plantations* e os assentamentos agrícolas eram espaços de encontro de europeus recém-chegados com povos indígenas e escravos transportados de uma ponta a outra de um sistema de abrangência oceânica. A parte do mundo com menor histórico de imersão em conexões de longa distância, as Américas, foi a que sofreu os efeitos mais devastadores da colonização em termos demográficos, políticos e culturais. Mas nem mesmo ali os construtores imperiais foram capazes de obliterar as formas preexistentes de organização social e econômica ou de escapar da necessidade de intermediários, europeus e/ou indígenas, para manter o controle sobre territórios tão díspares.

Administradores, clérigos e outros agentes imperiais europeus não se depararam com povos indígenas que viviam imersos em uma autenticidade cultural atemporal, mas com pessoas com experiências em interações sociais e políticas, incluindo aquelas de cunho imperial. Os padrões que emergiram desses choques refletiam não apenas uma imposição de autoridade, mas também a iniciativa dos povos indígenas de empregar as novas possibilidades sem abdicar de tudo o que era seu.

É possível chamar os construtores imperiais europeus do final do século XV e do século XVI de "mongóis do mar": sua vantagem advinha da mobilidade, da capacidade de concentrar recursos e das tecnologias militares adaptadas a situações específicas. Eles se instalavam onde era possível e evitavam as áreas onde as barreiras eram maiores. Não tinham a mesma capacidade que os mongóis para interagir de forma pragmática com os povos que encontravam. Ideias fortes de distinção étnica e religiosa vieram à tona nas terras de além--mar, assim como a miscigenação e uma questão de debate: até que ponto as diferenças eram suficientes para justificar a exploração e a injúria no seio de impérios que desejavam estabelecer um governo legítimo?

Este capítulo relata diversas narrativas, interligadas e sobrepostas, de coerção, comércio, conversões religiosas, de impérios que pressionaram e encararam seus limites e dos efeitos cumulativos – e muitas vezes imprevistos – das suas tentativas de exercer o poder desde muito longe e sobre diversos espaços.

UM MUNDO DE RELAÇÕES COMERCIAIS MULTIPOLARES?

O oceano Índico e os mares do Sudeste Asiático eram navegados havia muito tempo por comerciantes de diferentes origens: indianos de Gujarate (oeste da Índia), árabes de Hadramaute (sul da Arábia), judeus, armênios, chineses e malaios. Cidades de entreposto como Ormuz, Malaca e Manila serviam de base para comunidades mercantes, cada uma com seu próprio bairro dentro das cidades e suas ligações com outras rotas de comércio etnicamente organizadas. Em alguns casos, esses entrepostos integravam pequenos regimes, semelhantes às cidades-Estados da Itália ou à Liga Hanseática no mar Báltico, mas outros se encontravam sob a autoridade de soberanos imperiais como os mogóis, que fomentavam o comércio sem participar dele de forma direta.

Mapa 6.1 – Exploração e conquistas espanholas e portuguesas no final do século XV e início do XVI

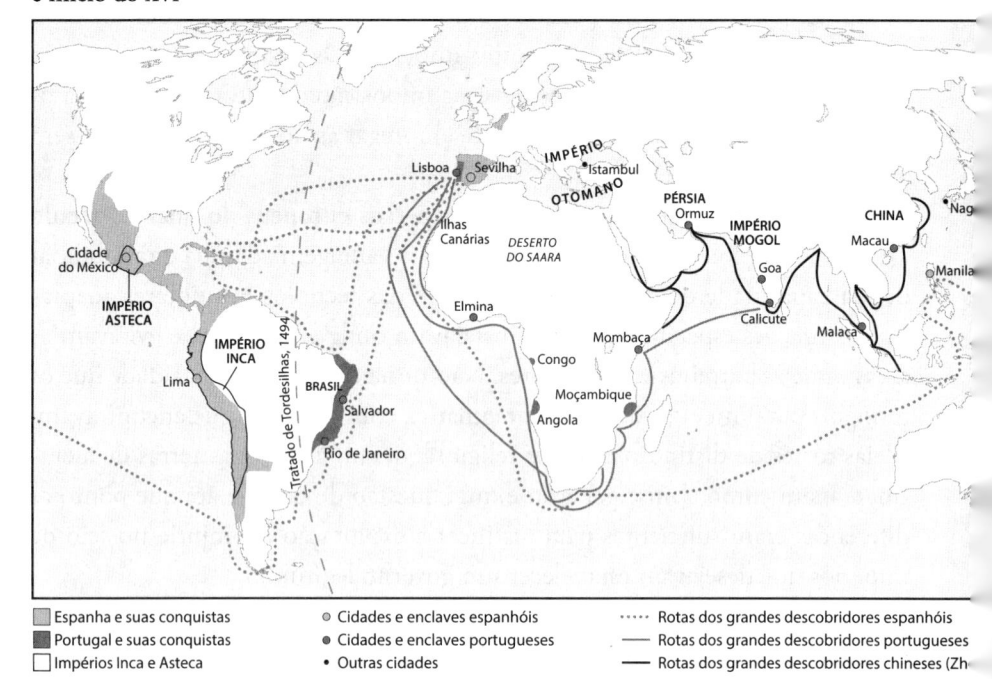

A propagação do islã no Sudeste Asiático forneceu uma estrutura de lei e entendimento mútuo, que estimulou o crescimento de sultanatos ao longo das rotas de comércio na península malaia e no arquipélago da Indonésia – muito embora esses Estados não estivessem imunes a conflitos entre si ou com seus vizinhos. Reinos de tamanho considerável espalharam suas raízes pelo continente, notoriamente na Birmânia e na Tailândia, e lucraram com a expansão do comércio sem buscar controlá-la. O período *anterior* à chegada dos europeus no oceano Índico e no mar da China foi a grande era do "livre--comércio" na região.

No século xv, os otomanos – que ocupavam posições confortáveis no mar Negro, na porção oriental do Mediterrâneo e na Arábia – controlavam os principais gargalos que conectavam o Sudeste da Ásia à Europa. Eles tinham muito a ganhar com o crescimento do comércio de pimenta, especiarias, seda e porcelana vindas da China, e de tecidos indianos. Em comparação, a Europa não tinha muito a oferecer. Foi uma *commodity* americana, a prata, cuja demanda crescia em razão da vitalidade do comércio asiático e da necessidade de uma moeda com valor estável – o papel-moeda já era utilizado havia muito tempo na China –, que possibilitou que os europeus pagassem por mais itens importados do que no século xvi.

O maior ator imperial na Ásia tinha uma postura ambivalente perante o comércio transoceânico. O Império Ming estava concentrado em sua base tributária – uma imensa massa de camponeses. Além disso, preocupava-se com as populações nômades em suas fronteiras norte e oeste, e buscava formas de intimidar ou subjugar os Estados vizinhos. O grande almirante Zheng He, um eunuco imperial, viajou entre 1405 e 1433 a locais tão distantes como o leste da África, antes mesmo de os portugueses terem chegado à região, em missão em parte comercial, em parte exploratória e também como uma demonstração de poder. Mas o governo interrompeu esse tipo de expedição e baniu a participação chinesa no comércio ultramarino durante algum tempo, observando de perto os estrangeiros ou qualquer tipo de comércio marítimo. O motivo para o recuo dos Ming em sua expansão marítima permanece uma espécie de enigma, mas ressalta a importância dos contextos político e espacial. Os exploradores europeus do século xv partiram das extremidades de um continente fragmentado, quando seus soberanos buscavam recursos e fontes de renda e autoridade alternativas, fora das estruturas locais e regionais de poder. Os governantes chineses não tinham a necessidade de saltar para o outro lado do mar, nem de gastar recursos estatais para compor uma frota marítima.

Mas embora o Império Chinês já não tivesse mais a ambição de patrocinar o comércio de longa distância após as viagens de Zheng He, muitos indivíduos e famílias chineses ainda tinham esse projeto. Os comerciantes eram bastante ativos no Sudeste da Ásia. Alguns se assentaram em locais como Manila ou Malaca, justamente porque o governo da China se mostrava cauteloso quanto à formação de grupos autônomos e abastados em seu âmbito doméstico. Mesmo sem investimentos estatais no comércio marítimo, a economia chinesa – com seus cobiçados itens de exportação como a seda, a porcelana e o chá – era um fator de peso no comércio marítimo do Sudeste Asiático.

Para os europeus ocidentais, a questão principal não era o transporte de *commodities* do Oriente até a Europa – as rotas terrestres floresciam, e as marítimas não eram necessariamente mais baratas. A questão era o controle. O envolvimento crescente da Europa no comércio marítimo de longa distância foi em sua essência uma história política que tratava da consolidação e proteção de conexões próprias e da interferência – ou destruição – das conexões alheias.

MONARCAS, MERCADORES E IMPÉRIOS MARÍTIMOS EUROPEUS

Partimos de Roma, atravessamos a Eurásia e chegamos à China, para vermos a importância da aquisição de recursos externos para o fortalecimento de soberanos e pretendentes a soberanos dentro de suas próprias sociedades. Agora, veremos dois modos como as tensões sociais domésticas se traduziram em iniciativas econômicas no exterior: uma patrocinada pelo monarca português no século xv, conforme ele buscava se distanciar da própria nobreza e manter o controle de seus territórios, redes e receitas gerados em além-mar; a outra, iniciada cerca de um século mais tarde não por um regime monárquico, mas por uma companhia mercante e uma elite holandesa rica e especializada em comércio. Tanto Portugal nos séculos xv e xvi como os Países Baixos no xvii eram pequenos Estados de poder limitado – se comparados à Espanha dos Habsburgo, sem falar nos otomanos ou na China – e populações diminutas. Eles se voltaram ao exterior por necessidade, e seu pioneirismo no estabelecimento de redes comerciais de longa distância lhes conferiu um sucesso rápido. A parte difícil seria manter essa nova forma de comércio.

Hoje, os historiadores colocam dom Pedro e o príncipe Henrique, o Navegador, como arquitetos dos primórdios da exploração, do comércio e da conquista marítimos em nome de Portugal. O objetivo era o mesmo: a necessidade para a monarquia de possuir fontes externas de riqueza e poder. O próprio Henrique jamais foi mais longe do que o Norte da África, onde conduziu uma expedição militar em 1415. Os exploradores portugueses faziam bom uso dos conhecimentos de outros povos. Sua caravela era uma combinação das embarcações de vela redonda do norte da Europa e das velas latinas dos navios do Mediterrâneo, que a tornava ao mesmo tempo rápida e manobrável. O compasso magnético era uma contribuição dos chineses; o astrolábio havia sido aperfeiçoado por navegadores árabes. Os conhecimentos sobre navegação e geografia chegaram a Portugal pelas mãos de marinheiros italianos, cujo contato com os sistemas de comércio da Eurásia fora possibilitado pela paz mongol (ver capítulo 4).

As expedições pelo oeste da África começaram em 1434 e chegaram até Cabo Verde em 1444. Um dos objetivos iniciais eram as especiarias africanas, que só mais tarde foram relegadas ao segundo plano devido ao comércio de especiarias asiáticas. A partir da década de 1440, a venda de escravos começou a dar lucro, mas o item principal era o ouro minerado pelos africanos a certa distância da costa. As conexões marítimas permitiram aos portugueses contornar o comércio de ouro através do Saara, controlado pelos muçulmanos, e por volta da década de 1480 os "castelos" de comércio situados ao longo da costa ocidental africana já haviam se tornado grandes entrepostos comerciais. A região tinha uma demanda por escravos, que os portugueses buscavam mais ao leste e ao sul na própria costa africana. Os portugueses também instalaram pequenas colônias nas ilhas da porção oriental do Atlântico: Madeira, as Canárias – até que fossem tomadas pelos espanhóis –, os Açores e, mais tarde, São Tomé e Príncipe.

A Coroa portuguesa ergueu duas instituições, a Casa da Guiné e a Casa da Mina, e exigiu que o comércio de escravos da África passasse por elas. O sistema dependia dos negócios entre governantes indígenas e os enclaves portugueses. Para os líderes locais, os atrativos eram o lucro e as armas, úteis para conflitos regionais. No Reino do Congo na África Central, a conversão do rei por missionários católicos portugueses acrescentou uma dimensão cultural a esse contato entre um regime indígena e uma rede marítima europeia.

Nas colônias das ilhas, o cultivo de açúcar – que começou em pequena escala e logo fugiu ao controle português – acabou por transformar a economia mundial. A cana-de-açúcar tinha uma história interimperial prévia: passara pela Pérsia e pela Mesopotâmia até chegar ao Egito, e fora introduzida no mundo mediterrâneo e na Espanha pelos muçulmanos durante o século X. Uma grande transformação se deu por meio de dois projetos imperiais: a captura de áreas mais propícias que a Espanha para o seu plantio e a aquisição sistemática de escravos. Esta última se tornou cada vez mais o foco do comércio atlântico português por meio de seus entrepostos africanos, sobretudo quando o açúcar começou a ser cultivado no Caribe espanhol e no Brasil português. De 1595 em diante, o governo espanhol deu aos comerciantes portugueses o *asiento*, um contrato para suprir de escravos suas colônias do Novo Mundo. Com o crescimento do comércio escravagista a partir das bases portuguesas fortificadas em Angola no século XVII, o vínculo entre reinos africanos cada vez mais militarizados e o complexo de *plantations* das Américas se fortaleceu, não sem um imenso custo em termos de violência em grande parte da África Central e Ocidental.

Desde o início, o verdadeiro prêmio se encontrava mais a leste, nos sistemas comerciais de outros povos. O explorador português Vasco da Gama navegou ao redor da África em 1497 e chegou à Índia. Lá, ele encontrou as redes mercantes do oceano Índico mantidas por árabes, gujarates, malaios, chineses e outros que levavam produtos africanos (marfim) e *commodities* asiáticas (especiarias) para Europa, China e outros locais no sul e Sudeste da Ásia. O que a frota portuguesa podia fazer era concentrar poder – navios com canhões – para impor danos e terror às populações de um local promissor, construir um forte e começar a comprar produtos trazidos do interior do continente. Em parte, o império-enclave foi viabilizado por inovações de artilharia e de arquitetura das fortalezas, mas pelo menos parte de seu sucesso ao longo do tempo dependia do interesse da população local em manter esse contato com os portugueses.

A *feitoria* ou fábrica, um posto de trocas fortificado, era o coração dos enclaves comerciais que se estendiam desde Elmina, no oeste da África, até Moçambique e Mombaça, no leste da África, Ormuz, no Golfo Pérsico, Goa, no oeste da Índia, Malaca, na península malaia, e Macau, na China. Assim

Figura 6.1
Escambo ao longo da costa africana em Guiné, *ca.*1690, desenho de Rutger van Langerfeld. Museu Estatal de Berlim. (Bildarchiv Preussischer Kulturbesitz, ArtResource.)

como a monarquia espanhola, os soberanos portugueses conseguiram desenvolver instituições estatais em colônias de além-mar de uma forma que não conseguiam fazer em casa. Um poderoso vice-rei cercado de líderes militares, judiciais e eclesiásticos governou o Estado da Índia, a rede de enclaves comerciais e forças que se estendiam do sudeste da África até a costa da Índia. Em Lisboa, a Casa da Índia detinha o monopólio sobre itens importados da Ásia.

Esse tipo de império dependia não apenas das fábricas em posições estratégicas, mas também de se tornar necessário para povos que já produziam e comercializavam bens de valor. Na verdade, o comércio dentro da Ásia permaneceu muito maior do que aquele entre o continente e a Europa. Os navios armados e os enclaves fortificados dos portugueses constituíam uma nova tela de proteção, e os comerciantes de muitas origens que viajavam pelo Índico pagavam taxas e extraíam tudo o que podiam do sistema. A prática era uma reminiscência dos tributos cobrados por diversos grupos que viviam às margens das rotas comerciais da Eurásia e de outros locais, mas os reis portugueses evocaram uma nova teoria baseada em suas interpretações de bulas papais para justificar suas ações: Portugal era "soberano dos mares", com o direito de declarar monopólios, impor cobranças, emitir passaportes e garantir o cumprimento de sua autoridade por meio de processos judiciais. Essa assertividade global mascarava o espectro mais restrito das possibilidades práticas. Portugal podia concentrar poder em pontos cruciais do sistema, mas precisava pisar macio em outros lugares. Mesmo no auge de Portugal no século XVI, outros impérios asiáticos como os mogóis, os achéns, impérios birmaneses e a Tailândia tinham exércitos poderosos e estavam crescendo rapidamente. Mas, enquanto o comércio português fornecesse bens úteis para outros povos – incluindo armas e, mais tarde, a prata do Novo Mundo –, muitas empreitadas imperiais podiam coexistir.

O futuro do Império Português dependia de sua resistência ante intrusos privados e impérios rivais e de sua capacidade de manter os enclaves sob controle. Os entrepostos continuaram vulneráveis a soberanos locais – a tomada de Ormuz pelos safávidas em 1622 e a expulsão da comunidade portuguesa do Japão em 1638 são casos emblemáticos. Mesmo assim, enquanto primeira potência europeia a se embrenhar nas redes já desenvolvidas da Ásia, Portugal teve seus momentos de sucesso. O rei saciou seu desejo de recursos independentes dos magnatas de sua metrópole: metade das receitas do rei João III na década de 1520 veio do comércio marítimo. Durante um tempo, Lisboa foi um ponto central do comércio de especiarias entre Ásia, África e Europa.

Sem capital para financiar muitas viagens comerciais, a Coroa garantiu o monopólio real sempre que possível e tentou manter os comerciantes de todas as origens atrelados ao sistema de "casa" e seus enclaves. Mas os próprios enclaves dependiam de funcionários – muitos deles os filhos caçulas de nobres portugueses –, soldados e marinheiros, a maioria dos quais não era de modo algum portuguesa, recrutada muitas vezes no local. O problema do intermediário se mostrou grave: os administradores podiam transformar as colônias-enclave em feudos pessoais e comercializar por conta própria. Os portugueses nas colônias se casaram com habitantes locais, adaptaram-se aos costumes locais e começaram a moldar uma sociedade "portuguesa" cada vez menos ligada a Portugal. Esses arranjos possibilitaram que um pequeno reino da Europa gerenciasse um vasto império e permanecesse em algumas regiões durante séculos, mas também tornaram mais difícil para a monarquia em Lisboa manter para si o controle e os lucros. Sem um sistema de servidores como o da China ou doméstico como o dos otomanos, o Império Português dependia de uma estratégia patrimonial (ver capítulo 5): distribuição de secretarias e comandos pelo rei, e ocupação dos enclaves coloniais por elites que faziam de si mesmas o centro do clientelismo.

Alguns acadêmicos veem o império-enclave como algo particularmente português, em contraste com a tendência espanhola de criar assentamentos. É verdade que o número de portugueses na Ásia era pequeno, somando talvez 10 mil administradores e soldados no século XVII. Portugal tinha poucos colonizadores para enviar. Mas esse império de origem marítima não permaneceu no mar: o repertório do Império Português expandiu as oportunidades abertas. Os colonos se instalaram em grandes fazendas no vale do Zambeze, em Moçambique (ver mapa 6.1), e no Ceilão (ver mapa 6.2). Os portugueses migraram para as zonas interiores de seus entrepostos na Índia. A maior exceção desse império-enclave marítimo era, na realidade, muito grande: o Brasil. Aqui, os recém-chegados portugueses encontraram uma população muito menos densa que aquela do Sudeste Asiático, e as doenças que trouxeram consigo reduziram ainda mais a população. O poder político indígena não representava um obstáculo, e o Brasil também era muito mais próximo de Portugal do que a Ásia. As conexões de Portugal pelo Atlântico trouxeram fator humano decisivo: o trabalho escravo. O Nordeste brasileiro se tornou a primeira grande colônia de *plantation* açucareira das Américas. A partir da década de 1690, o ouro de Minas Gerais gerou um novo *boom* e uma maior demanda por escravos africanos. Em meados do século XVIII, mais de 1 milhão de africanos haviam sido levados para o Brasil à força.

Podemos ver nesse caso a dinâmica do império: Portugal, com suas enclaves na África e os recursos e a experiência obtidos com a coerção e o comércio entre oceanos e continentes, ocupou por meio da conquista um grande território nas Américas para depois lucrar com a articulação entre trabalho africano, terra americana e mercado europeu. Do ponto de vista europeu, a captura dos escravos em si ocorria nos bastidores, em guerras e pilhagens conduzidas por regimes africanos. Mas a supervisão dos escravos na colônia-*plantation*, a proteção contra levantes e o combate às comunidades de fugitivos que os escravos criavam nas zonas interioranas exigiam um corpo militar ativo e alerta. Construído em torno da subordinação de toda uma categoria de pessoas, o complexo de *plantation* se diferia tanto do império-enclave como dos assentamentos.

O Brasil, sobretudo nas zonas de produção açucareira no Nordeste, foi o maior comprador de escravos do mundo durante quase trezentos anos. Portugal e, mais tarde, os Países Baixos, a França e a Inglaterra tentaram de início manter o controle sobre a compra e o transporte de escravos, a produção das *plantations* e o fornecimento de açúcar dentro de seus impérios, favorecendo comerciantes que tivessem ligações com a monarquia, concedendo alvarás reais a empresas selecionadas e impondo tarifas. Mas as ameaças típicas ao controle imperial do comércio não demoraram a surgir: a intromissão de comerciantes sem laços em partes do negócio, ataques armados de outros impérios e uma autonomia crescente dos colonizadores cada vez mais abastados em relação à Europa. No caso do Brasil, esse último fator foi decisivo. Os comerciantes situados no Brasil, que deviam fidelidade a Portugal, mas agiam de forma independente ao seu governo, começaram a estabelecer conexões diretas com a África. A rica colônia começou a eclipsar a monarquia europeia que a havia conjurado.

Embora sofresse com a concorrência das *plantations* de açúcar caribenhas e os ataques posteriores dos holandeses, o império territorial no Brasil era mais defensável do que os nodos e redes do império marítimo português. O comércio armado não é barato, o clientelismo não é uma maneira eficaz de administrar uma operação de abrangência global e outros impérios começavam a seguir o rastro de Portugal.

Portugal também acabou se envolvendo nas políticas entre impérios dentro da Europa. A nação havia se beneficiado de um tratado com a Espanha negociado pelo papa em 1494, que repartia as zonas de interesse das duas potências católicas (ver capítulo 5). Mas quando a Coroa de Portugal passou para as mãos dos Habsburgo (1580-1640), Portugal foi paralisado pelos inimigos da Espanha: Inglaterra – a Armada fracassada de 1588 partiu de Lisboa – e as províncias Habsburgo nos Países Baixos, que se rebelaram contra Filipe II. As guerras drenaram as receitas e atrapalharam o comércio.

Na década de 1590, a maior parte dos Países Baixos já era independente na prática, embora ainda fosse levar cerca de sessenta anos para que essa ruptura fosse mutuamente aceita (ver capítulo 5). As elites holandesas começaram a desenvolver um novo tipo de império, que ia diretamente de encontro com os interesses portugueses.

Cidades holandesas, principalmente Antuérpia e Amsterdã, haviam se tornado centros econômicos durante o governo Habsburgo. O sistema bancário, a manufatura têxtil e a convergência das redes comerciais que ligavam o norte e o sul da Europa, a Inglaterra e o continente, e as regiões dos mares Báltico e do Norte, geraram um acúmulo de capital e habilidades comerciais. Mesmo quando passavam pela Espanha, boa parte das riquezas das Américas acabava nos Países Baixos. Em 1581, as elites de diversas cidades holandesas declararam sua independência da Espanha e formaram as Províncias Unidas. Arrumaram um monarca próprio – Guilherme de Orange – para presidir o todo, mas mantiveram a maior parte do poder nas mãos das assembleias provinciais e de uma assembleia das Províncias Unidas. Enquanto todas as potências europeias viviam tensões entre governantes centrais e as aristocracias ou elites provinciais, os Países Baixos se inclinaram fortemente à distribuição do poder entre grupos familiares e provinciais entrelaçados – um contraste com a França, com sua monarquia cada vez mais forte no século XVI, ou com a Espanha, onde a autoridade real se voltava para o outro lado do oceano no intuito de se distanciar do poder aristocrático.

Em cada província, um pequeno número de magnatas utilizava o parentesco, as alianças matrimoniais e o clientelismo para manter os recursos em suas mãos. Ambiciosas e orientadas para o comércio, essa famílias criaram maneiras de canalizar recursos para viagens marítimas de longa distância, o que culminou na formação da Companhia Holandesa das Índias Orientais, a VOC (Vereenigde Oost-Indische Compagnie), em 1602. Era uma empresa de fundo societário administrada pelos Heeren 17 (os 17 diretores), que representavam acionistas de seis cidades diferentes. A VOC – e não o Estado holandês – construiu um império ao combinar a capacidade de acúmulo de capital de uma empresa acionária e o mecanismo de comércio armado e coercitivo, do qual os portugueses haviam sido pioneiros.

A VOC *precisava* jogar o jogo imperial, pois os conflitos com a Espanha – e, portanto, com Portugal a partir de 1580 – fecharam o mercado de especiarias lisboeta para os comerciantes holandeses. Para mandar sua própria frota mercante armada até as ilhas produtoras de especiarias, a VOC precisava ter cautela ao lidar com os produtores indígenas, situados na outra extremidade do sistema comercial. A companhia era mais belicosa no setor intermediário do sistema, onde atacava navios e entrepostos do império mercante português. Após estabelecer uma base na pequena cidade de Jayakarta (renomeada Batávia e hoje Jacarta) na ilha de Java em 1619, a VOC entraria em cena em grande estilo em 1641, quando capturou Malaca – um entreposto crucial para o comércio do Sudeste Asiático – dos portugueses.

Naquela época, o arquipélago indonésio estava dividido em muitos reinos, ou sultanatos, em sua maioria convertidos ao islã havia um século ou mais, e já tinha estabelecido conexões com circuitos que abarcavam boa parte do Sudeste da Ásia e com a China, por meio de comerciantes indianos, chineses e malaios. A VOC ofereceu aos governantes locais conexões comerciais de longa distância e, como propõe um historiador, "músculos e dinheiro que eles podiam empregar para satisfazer suas ambições em seu próprio canto da Indonésia". A Batávia começou a ofuscar seus vizinhos; a cidade cresceu de 8 mil habitantes, em 1624, para 130 mil, em 1670. A VOC era cada vez mais capaz de pressionar os governantes locais a fim de garantir o monopólio sobre itens importados fundamentais, obrigar a população a plantar mais pimenta e outras especiarias, e exigir o fornecimento de mão de obra à companhia. Em

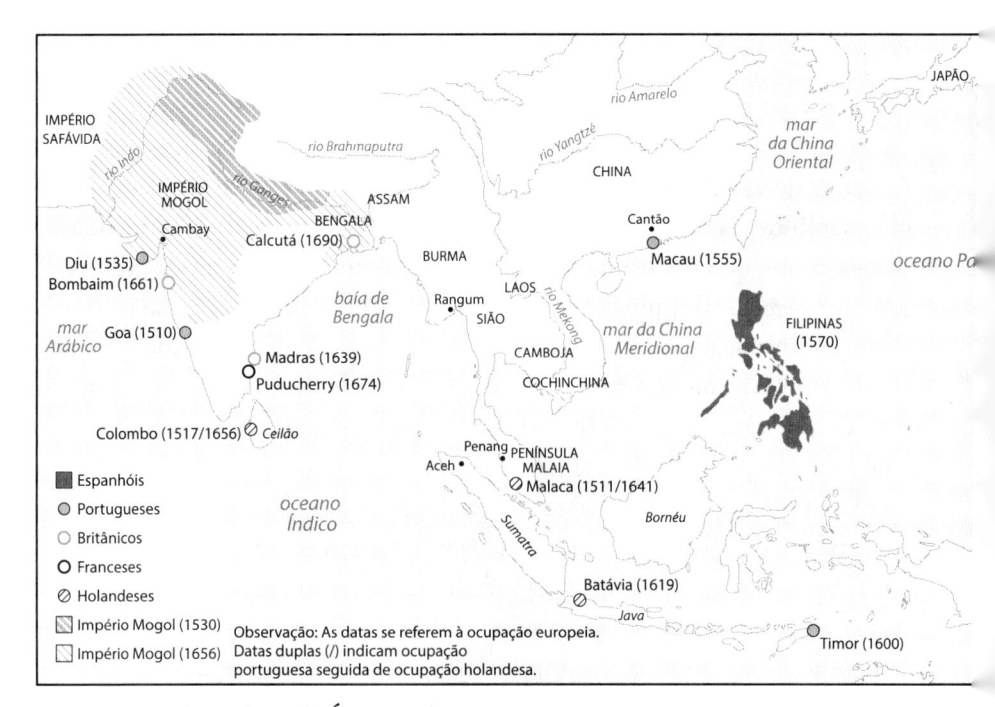

Mapa 6.2 – Sul e Sudeste da Ásia, séculos XVI e XVII

alguns casos, destruiu árvores produtivas e massacrou comunidades inteiras por terem se recusado a cooperar com suas práticas monopolistas. Na década de 1620, estabeleceu um monopólio sobre o comércio de noz-moscada em boa parte da região; na década de 1650, fez o mesmo com o cravo. No século XVIII, a VOC também plantava sementes em suas próprias terras utilizando trabalho escravo. O sistema dependia tanto do monopólio da VOC sobre conexões com a Europa como das redes de comerciantes chineses, malaios, indianos e javaneses naquela região.

Com sede na Batávia e postos importantes em Bengala, Ceilão, Malaca, Tailândia, China e Taiwan, e uma base de suprimentos para longas viagens no Cabo da Boa Esperança (sul da África), a VOC operava de forma mais dinâmica do que os comerciantes portugueses dos entrepostos. Ao contrário dos reis de Portugal ou Espanha, não precisava se preocupar em manter os aristocratas a distância. Sua organização corporativa era inovadora. O Estado holandês deu à companhia um estatuto e legitimou seu exercício de funções normalmente associadas à soberania: o uso de força para capturar entrepostos e, mais tarde, para ampliar seu controle territorial, o governo e o policiamento desses territórios e a negociação com soberanos estrangeiros. Ao exercer essas funções, a VOC foi se tornando cada vez mais semelhante a um Estado, ao passo que permanecia uma empreitada lucrativa.

Em 1669, a VOC era a corporação mais rica do mundo, dotada de uma impressionante força militar do Sudeste da Ásia com mais de 150 navios mercantes e quarenta embarcações de guerra; empregava 50 mil civis e 10 mil soldados. A formidável riqueza que a companhia acumulou nas Índias Orientais alimentou o florescimento da vida social e artística de Amsterdã no século XVII. Lutou contra reinos locais em Java e em Sumatra – desunida, embora houvesse sido convertida em sua maioria ao islã – e freou tentativas de reconquista na Batávia. Supervisionou uma sociedade cada vez mais diferenciada em seus entrepostos, onde um número considerável de casamentos entre homens holandeses e mulheres locais gerou frutos miscigenados, alguns dos quais utilizaram as conexões paternais para abrir caminho no difícil mundo da concorrência comercial.

O sistema da VOC, como o de qualquer império, precisava manter seus agentes e intermediários, fossem holandeses ou indígenas, atrelados ao topo do sistema. As distâncias entre a Holanda e a Batávia, e entre os entrepostos no Sudeste da Ásia, tornaram esse problema particularmente grave. No início, o risco era que os agentes utilizassem seu conhecimento sobre as redes que ligavam a VOC aos comerciantes e produtores indígenas para passar a perna na empresa e ficar com todo o lucro. Mais tarde, quando a Companhia Britânica das Índias Orientais se estabeleceu em Bengala, o maior perigo era a deserção: agentes e intermediários, holandeses ou não, poderiam entregar seus bens e contatos para um rival que pagasse melhor.

Outra fraqueza surgiu de algo que antes fora uma vantagem: a flexibilidade de financiamento e gerência da VOC. Enquanto corporação privada, não tinha tantos recursos militares como os Estados, sobretudo se pensarmos em Estados maiores e mais centrais que os Países Baixos. E sua estratégia de estabelecer monopólios à força requeria gastos militares mais elevados, preços baixos para a exportação agrícola e preços altos de importação para os camponeses e outros produtores que viviam nas partes do Sudeste Asiático controladas pela companhia. Os conflitos com a Inglaterra, travados desde o Caribe até o mar da China, cobraram o seu preço. A VOC não podia repassar aos pagadores de impostos os custos para aprimorar suas defesas ou adotar uma postura mais agressiva. E os investidores privados, ao contrário dos Estados, tinham a opção de fugir quando as coisas andavam mal: eles podiam tentar fazer fortuna em outro lugar, ou por meio de outra rede.

> Malachy Postlethwayt, sobre as razões do sucesso da VOC: 'Sendo absoluta, e dotada de um tipo de domínio e soberania [...] [ela] faz guerra ou paz conforme seus desejos, e respondendo apenas à própria autoridade; administra a justiça para todos; [...] estabelece colônias, constrói fortificações, recruta tropas, mantém exércitos e quartéis numerosos, prepara frotas e cunha moedas'."
>
> **Definição no *Dicionário universal de troca e comércio*, de 1751**

No século XVIII, quando a concorrência começou a esquentar, a VOC não tinha a mesma capacidade dos britânicos para empregar um repertório mais diversificado de estratégias e recursos imperiais – que serão discutidos mais tarde neste capítulo. O declínio holandês começou por volta de 1720, quando os britânicos lançaram mão de regulações comerciais e de seu poderio naval para manter o controle sobre boa parte do comércio no Atlântico e a rota entre o mar do Norte e o Báltico. A VOC perdeu navios e mercados durante as guerras anglo-holandesas dos anos 1780. Em 1798, a companhia faliu.

Java, Sumatra e outras áreas dominadas pela VOC acabaram se tornando colônias do Estado holandês.

Sem a coesão interna e a amplitude dos impérios Otomano e Chinês, portugueses e holandeses haviam jogado suas melhores cartas: mobilidade, maestria no uso das tecnologias de navegação, acesso ao capital e habilidade de concentrar forças em pontos cruciais do comércio de longa distância. O Império Português de redes e nodos tornou-se vulnerável ante uma corporação holandesa com maiores recursos e flexibilidade; a VOC, por sua vez, atingiu o limite de uma empresa incapaz de fazer frente à concorrência de Estados poderosos – mas não antes que esses Estados se tornassem pioneiros na reestruturação das relações políticas e econômicas em boa parte do Sudeste da Ásia e em partes do Atlântico. As empreitadas transoceânicas dos portugueses e holandeses deram origem a uma situação colonial.

TERRA, SOCIEDADE E MORALIDADE NA CONSTRUÇÃO DE UM IMPÉRIO TRANSOCEÂNICO: ESPANHA NAS AMÉRICAS

Já foi analisado o "Império Espanhol" enquanto monarquia composta de base europeia (ver capítulo 5). Agora, o foco volta-se para o outro lado do mar com o intuito de examinar um projeto imperial que começou com a busca por uma nova rota marítima para a Ásia, mas acabou se ancorando na costa americana durante uma era de empreitadas marítimas concorrentes dos portugueses e holandeses. A Coroa espanhola não operou nem financiou o comércio ultramarino, mas tentou assegurar que seus frutos passassem por Cádiz e Sevilha e que a monarquia ganhasse sua parcela. Embora administrasse os territórios de além-mar como vice-reinos de Castela e estimulasse que indivíduos dos "reinos de Espanha" assentassem colônias nas Américas, seu interesse de integrar os povos indígenas a uma monarquia católica nem sempre coincidiu com os desejos dos conquistadores e colonos de explorar esses mesmos povos como bem entendessem.

Colombo, em sua segunda viagem ao Caribe, levou consigo 1.500 colonizadores que haviam sido condicionados pelas guerras contra o islã e a conquista das Ilhas Canárias a enxergar os povos conquistados como infiéis ou inferiores. Os primeiros colonizadores saquearam os recursos locais, e as doenças foram responsáveis pelo golpe seguinte contra a população das ilhas.

O governo espanhol logo tentou regularizar os padrões de assentamento e orientá-los para a produção agrícola. Governadores tentaram fazer com que os chefes indígenas fornecessem mão de obra, mas, como as populações foram dizimadas, precisaram buscar força de trabalho nas ilhas vizinhas. Após testar o cultivo de plantas diversas, os espanhóis começaram a plantar cana-de-açúcar por volta de 1515. A venda de açúcar decolou alguns anos mais tarde, quando o trabalho dos africanos passou a ser utilizado nas terras do Caribe. No meio-tempo, a colonização foi orientada por uma riqueza de mais rápida aquisição: a prata e o ouro.

Com frequência, a conquista da América do Sul é contada como um relato de bravura masculina europeia: a derrota do Império Asteca (entre 1519 e 1521) por seiscentos espanhóis e, mais tarde (entre 1531 e 1533), a conquista igualmente improvável dos incas por não mais que duzentos conquistadores. Ambas foram facilitadas por armas de alta qualidade, cavalos e mobilidade. Doenças trazidas pelos espanhóis também são vistas como um dos motivos para a derrota dos impérios indígenas: a varíola atingiu a capital asteca pouco antes do cerco final de Cortés.

O argumento "ferro e vírus" para explicar a velocidade da conquista não convence a todos os especialistas. As vantagens tecnológicas dos recém-chegados eram insuficientes e, de qualquer modo, temporárias. A mortalidade por diferenças imunológicas era um processo de longo prazo, que não aconteceu no exato instante em que os forasteiros atacaram. Pensar nas vulnerabilidades endêmicas dos impérios ajuda a entender a situação. Os incas e os astecas eram eles próprios formações imperiais de origem relativamente recente, com poder e riqueza altamente concentrados no centro e, não raro, interações violentas com os povos não de todo assimilados que habitavam as fronteiras de seus impérios. Quando os europeus desembarcaram, os povos indígenas não sabiam ao certo se os recém-chegados eram inimigos, deuses ou espíritos malignos – ou, quem sabe, aliados úteis contra um poder opressivo. Essas incertezas tornaram mais difícil para seus governantes, que não tinham como saber o que os aguardava, responder de forma eficaz. Cortés e Pizarro recrutaram aliados entre os desafetos de seus inimigos e assim criaram exércitos tão grandes quanto as forças incas e astecas. A batalha contra os astecas foi um combate árduo no qual os espanhóis sofreram reveses, apesar de seus aliados indígenas e da hesitação do imperador asteca Montezuma.

A conquista do Império Inca – mais centralizado que o dos astecas – também foi facilitada pela formação de alianças com aqueles excluídos pelo poder inca. Efeito surpresa, artifícios, mobilidade e ousadia permitiram que os invasores europeus e seus aliados matassem o imperador inca, profanassem os símbolos de seu poder e roubassem grandes quantidades de ouro e prata. Mas subjugar a sociedade como um todo foi um processo bastante demorado.

Mesmo que o colapso demográfico não tenha sido a causa da derrota inca ou asteca, é inegável que foi um dos fatores. Os espanhóis, um povo de maior mobilidade, tinham uma gama mais ampla de imunidades que os povos indígenas das Américas. Segundo algumas estimativas, meio século após a conquista, a população do México havia despencado de 25 milhões para 2,65 milhões, e a do Peru, de 9 milhões para 1,3 milhão, mas outros argumentam que os números de referência são hipotéticos e que não é tão fácil mensurar o impacto das doenças. Mas ninguém questiona que um imenso sofrimento sucedeu às conquistas.

Os conquistadores se dispuseram a destruir o topo das sociedades inca e asteca

> Duas visões espanholas para os motivos da conquista:
>
> **Da carta de Bernal Díaz, soldado do exército de Cortéz que combateu os astecas, sobre seus objetivos:** 'Servir a Deus e a sua majestade, trazer à luz aqueles na escuridão, e também enriquecer'.
>
> **De um comentário de Pizarro, conquistador dos incas, para um clérigo que evocou a questão de sua obrigação religiosa de propagar a fé no Peru:** 'Eu não vim aqui por tais motivos. Vim para levar o ouro deles'."

e a explorar as pessoas da base, mas precisavam ter cuidado com o meio da pirâmide. A centralização daqueles regimes foi vantajosa para os conquistadores, pois entregou nas mãos dos espanhóis uma população já acostumada com relações hierárquicas. O recolhimento de tributos – um peso imenso para uma população em declínio – e o recrutamento de mão de obra, especialmente para as minas de ouro e prata, exigiam intermediários indígenas. Em muitos casos, homens que haviam atuado como intermediários entre o governante inca e as comunidades locais desempenharam um trabalho semelhante para os espanhóis, atuando como caciques que recebiam sua comissão dos tributos, mas não raro tentavam moderar a extorsão de seu povo.

Por fim, exigiu-se que as comunidades indígenas dos Andes enviassem, no sistema de *mita*, homens para trabalhar de forma rotativa sob condições duras nas minas de prata: um de cada sete homens adultos ia por ano. Ao adaptarem a hierarquia patrimonial inca à autoridade impositiva colonial, os espanhóis pouco fizeram para preencher o papel redistributivo que os incas desempenhavam junto ao seu povo.

Alguns membros da realeza local cooperaram com os espanhóis durante um tempo, mas se encolerizaram com sua arrogância e a profanação de símbolos sagrados. Entre 1536 e 1537, Manco Inca foi capaz de mobilizar até 50 mil homens contra os espanhóis e realizar um cerco à antiga capital, arrefecendo apenas quando parte de seus aliados desertou. Rebeliões e conspirações continuaram até os anos 1570.

A começar pelas próprias tropas de Cortés no México, os invasores, em sua maioria homens, desposaram em quantidade significativa – ou ao menos se reproduziram com – as filhas das elites nativas, começando um processo de mestiçagem. O famoso cronista do Império Inca e das conquistas espanholas, Garcilaso de la Vega, era filho de um conquistador e de uma princesa inca e proclamava com orgulho sua origem mestiça. Mas uma sociedade colonizada era sempre desarticulada. A elite, concentrada nos centros de poder estatal, existia em paralelo a comunidades indígenas que vivenciaram a colonização sobretudo por meio do trabalho e dos tributos que lhes eram exigidos. Esses grupos eram amplamente empobrecidos e desassimilados. Outro tipo de população miscigenada era formado por pessoas que perderam sua posição social devido à guerra, à doença e à exploração. Escravos africanos representavam um grupo à parte, mas os colonizadores espanhóis estabeleceram uniões com muitos africanos, fosse por meio de casamentos, estupros ou algo no meio disso, gerando outras misturas. As autoridades espanholas e a Igreja tentaram sustentar uma estrutura administrativa, a República de Índios, para manter os indígenas separados dos colonos, mas na realidade as categorias sociais eram fragmentadas e se sobrepunham.

As populações das planícies das Américas do Sul e Central, menos sedentárias, eram em alguns sentidos mais difíceis de conquistar do que os incas das terras altas. Participantes de pilhagens, comerciantes, missionários e colonos ocupantes de terras foram agentes dessa transformação lenta e acidentada que abarcou desde o atual Chile até a Califórnia. Demonstrações de resistência e rebeliões eram frequentes. Depois que arranjaram cavalos,

Figura 6.2 – *Las Castas* [As raças]. Pintura anônima do século XVIII, de uma série que mostra diferentes combinações de pais espanhóis, indígenas e africanos e seus rebentos – um tema pintado com frequência na arte da América hispânica. Os painéis mostram: o filho de um *castizo* (filho de pais indígena e espanhol) com uma mulher espanhola é espanhol; o filho de um homem espanhol com uma mulher negra (mourisca) é um *mulatto*; o filho de um *chino* (filho de um homem negro com uma mulher espanhola) com uma mulher indígena é um *salta atras*; o filho de um *salta atras* com uma *mulatta* é um *lobo*. Museu Nacional do Vice-reinado, Tepotzotlán, México. (Schalkwikj, ArtResource.)

os índios passaram a combater de forma mais eficiente. Também podiam se defender utilizando recursos culturais espanhóis, como quando levavam os casos de abuso ao tribunal. Em alguns lugares, como o sul do Chile, os invasores não conseguiram impor sua vontade até a década de 1590. Nos demais, líderes espanhóis aprenderam a baixar suas expectativas de impostos e trabalho, a permitir que as comunidades tivessem uma autonomia considerável e a manter sua busca por intermediários que pudessem trabalhar com eles. Os espanhóis precisaram se adaptar à baixa densidade populacional que haviam ajudado a provocar.

Reunir o contingente necessário para o exercício da autoridade sobre uma população difusa a um preço viável não era tarefa fácil. Uma solução, planejada como provisória, era o sistema de *encomienda*. Baseada em noções europeias da autoridade de um senhor feudal sobre os que dependiam dele, a *encomienda* era, na verdade, uma concessão de indígenas. O rei dava ao vassalo o direito de coletar impostos e exigir trabalho dos povos indígenas de uma determinada faixa – muitas vezes imensa – de terra, e ao mesmo tempo obrigava o *encomendero*, como era chamado esse súdito real, a defender a Coroa e instruir as pessoas na fé cristã. Esse sistema de loteamento de terras e gente rompeu as unidades políticas indígenas e fomentou a dependência em relação ao *encomendero*. Na prática, eles precisavam que os líderes de grupos de parentesco ou chefes locais cooperassem com o recolhimento de impostos ou angariassem mão de obra, e tinham pouca opção senão barganhar com esses homens. *Encomenderos* também articulavam formas de colocar seus próprios interesses à frente daqueles de agentes reais ou do rei distante. As tentativas da realeza de tornar a *encomienda* não hereditária em 1542 jamais sairiam do papel.

Ao garantir uma combinação de direitos e deveres aos colonos espanhóis no México, e em outras regiões conquistadas, a monarquia selecionava dentre seus próprios emigrantes alguns dos intermediários necessários para a prática imperial e, ao mesmo tempo, inseria os povos das Américas em uma hierarquia política. As *encomiendas* evoluíram para diferentes formatos na América hispânica: em alguns casos, para uma classe bem estabelecida que presidia os trabalhadores e camponeses que delas dependiam e, em outros, para comunidades mistas e desiguais de populações mestiças, indígenas e espanholas que se encontravam sob níveis variados de vigilância estatal. Os indígenas das *encomiendas*, as comunidades indígenas que mantiveram um grau de integridade, as elites de status elevado que conservaram uma ligação próxima com a Espanha, os escravos das *plantations* nas planícies, os camponeses das terras altas e os pastores de gado individualistas das regiões de fronteira não constituíam uma cultura hispânica comum, mas uma sociedade fragmentada com compromissos desiguais com a ordem imperial e o cristianismo.

Como foi visto (capítulo 5), o financiamento de toda a empreitada – construção de navios, equipagem de exércitos, capitalização de explorações comerciais – dependia em grande parte de capital externo à Espanha. A combinação de capital arrecadado no exterior, dívidas contraídas pela monarquia para defender seus territórios europeus e dependência de outras fontes para fornecer bens de consumo para os colonos do Novo Mundo fazia com que grande parte das amplas receitas das minas de ouro e prata passassem direto pela península Ibérica e acabassem nos Países Baixos ou na Alemanha. Em 1550, a parcela da Coroa – o chamado quinto real de todo ouro e prata exportados das Américas – somava uma quantia considerável e era utilizada para defender os reinos europeus e de além-mar, mas a constituição de capital dentro da Espanha era modesta e os esforços para aprimorar a estrutura da economia doméstica, ainda mais. Conforme a guerra para manter o controle dos Habsburgo nos Países Baixos se intensificava, a prata do Peru e do México deixara de ser suficiente para evitar que a Espanha fosse à bancarrota em 1596.

Havia no século XVI um grande consenso de que os conquistadores estavam criando um império católico, mas o significado disso era motivo de divergências. Os missionários começaram uma campanha duradoura para propagar sua fé por meio do combate à idolatria e aos sacrifícios. Os espaços sagrados das sociedades indígenas foram sistematicamente destruídos. Os laços entre a religião indígena e a autoridade dos governantes incas, maias ou astecas fizeram com que a conquista destruísse a coerência das práticas religiosas. Situadas nas extremidades da expansão espanhola nas Américas, as estações de missionários eram locais de transformação religiosa, mas também postos agrícolas onde os clérigos tentavam moldar um campesinato cristão, produtivo e obediente, talvez protegendo os indígenas e suas terras dos piores excessos dos *encomenderos* e dos riscos e apelos de povos indígenas ainda não subjugados.

A monarquia – procurando, como de costume, obter nas Américas um controle maior do que aquele que podia realizar em casa – tentou supervisionar a nomeação de sacerdotes e manter registros de suas atividades, mas o sistema das missões/igrejas e a hierarquia administrativa nunca foram congruentes. O Estado eximiu os indígenas da Inquisição a partir de 1571, mas apoiou outras instituições voltadas a propagar e exigir o cumprimento da fé católica entre povos indígenas, como o Provisorato de Naturales, o Tribunal da Fé dos Índios e os tribunais de nativos. Os rituais africanos praticados por escravos também foram alvo de esforços repressivos da Igreja e do Estado.

A conversão nem sempre gerava os indígenas cristãos e passivos que os missionários queriam. As práticas religiosas locais se mostraram mais persistentes do que os cultos régios como os dos incas. A interação não produziu um sincretismo generalizado entre as práticas religiosas católicas e indígenas, mas antes uma geografia bastante desigual de crenças e práticas religiosas. Indígenas politeístas podiam incorporar elementos do cristianismo, como o culto aos santos, às suas práticas. Por mais limitada que fosse a educação oferecida pelas missões, ela dotou alguns indígenas de habilidades que podiam ser empregadas não somente em suas tentativas de subir na hierarquia da Igreja, mas também para transcrever cantos da língua náuatle em letras romanas ou retrabalhar as crônicas peruanas em uma mescla entre o espanhol e o quéchua. Alguns indivíduos de origem indígena se tornaram teólogos católicos instruídos. Nessa situação colonial coercitiva, a conversão religiosa por vezes estimulava adaptações a um sistema cultural de domínio espanhol e a preservação de memórias e rituais coletivos que contradiziam a inevitabilidade e a normalidade da dominação espanhola.

A Coroa espanhola foi mais eficaz ao consolidar instituições e regulamentos estatais na América do que havia sido na Europa. Criou uma administração territorial dividida em dois vice-reinos e, dentro deles, em *audiencias* (ver mapa 5.2). Manteve essas administrações na mão de castelhanos que, em teoria, tinham compromisso com o rei. Suas muitas leis e decretos, que carregavam o selo do rei, cruzavam o Atlântico e percorriam toda a hierarquia. Juristas da Espanha, muito influenciados pela lei romana e, agora, imbuídos de um propósito cristão, interpretavam tais leis e instituições em relação ao conceito de *imperium* (ver capítulo 2). Indígenas eram incorporados às estruturas institucionais e simbólicas do império e podiam tentar utilizá-las – com limitado sucesso – para se defender da cobrança abusiva de impostos ou do recrutamento para o trabalho. Nos bastidores, as rebeliões eram sempre uma ameaça que, em alguns casos, chegou a entrar em cena. Isso também contribuía para que os agentes tivessem consciência dos limites de sua dominação.

Pouco a pouco, o mundo colonial foi remodelado pela presença crescente de colonos dos reinos da Espanha. Entre 1500 e 1650, 437 mil hispânicos foram para o Novo Mundo, bem como 100 mil portugueses – número muito superior ao dos que migraram para postos asiáticos dos mesmos impérios. O comércio de escravos também redesenhou a demografia das Américas: em 1560, o número de africanos na América espanhola era superior ao número de espanhóis, e o comércio brasileiro de escravos se dava em escala ainda maior. Os escravos iam para muitas partes da América ibérica, mas eram concentrados em algumas poucas áreas de *plantation*, como as ilhas do Caribe e o Nordeste brasileiro. Cada fragmento da sociedade colonial se alimentava de memórias distintas: da África, dos impérios indígenas, da Espanha.

A exploração dos povos indígenas conquistados começou a ser questionada pouco após seu início, quando religiosos persuadiram a rainha Isabel a acabar com a escravização dos indígenas nas ilhas. A mais intensa e longeva condenação ao tratamento dispensado aos indígenas pelos espanhóis surgiu entre as décadas de 1510 e 1560, pelas mãos de um frei dominicano, Bartolomeu de las Casas, que partia do pressuposto de que, juntas, a metrópole e as colônias constituíam um regime e um espaço moral únicos. Sua argumentação se baseava na hipocrisia de uma monarquia católica que proclamava seu dever de salvar as almas dos índios ao mesmo tempo que abusava de seus corpos, e também em uma postura de empatia com os indígenas. Las Casas valorizava muito os feitos civilizacionais dos indígenas, sobretudo em seus impérios. Argumentos do espanhol não se aplicavam aos africanos que, aos seus olhos, não tinham realizações equivalentes, e tampouco implicavam que todos os súditos do rei eram equivalentes. Mas Las Casas não pensava as colônias a partir de uma divisão estrita entre membros verdadeiros e serventes desses membros. Vislumbrava um império de súditos, de seres humanos com relações distintas e desiguais com a monarquia e a civilização cristã.

As leis de 1542, influenciadas por proclamações papais anteriores contra a escravização de indígenas, e respondendo em parte à polêmica provocada por Las Casas, tinham por objetivo limitar a exploração do trabalho indígena pelos *encomenderos*. Jamais cumpridos, esses decretos reais foram uma homenagem do vício à virtude. No século seguinte, o relato empático de Las Casas acerca das religiões indígenas passou a repercutir cada vez menos na América espanhola conforme o Estado e a Igreja consolidavam sua autoridade, e mais colonos e mestiços reconstruíam e se mudavam para as antigas comunidades indígenas. Mas as denúncias de Las Casas não perderam sua grande relevância. Foram evocadas por críticos do império em outros contextos europeus – seu trabalho foi traduzido para o inglês em 1583 – e na própria Espanha.

Nunca houve uma decisão em Madri ou Sevilha para ocupar ou explorar "as Américas". Conquistadores haviam organizado suas próprias tropas, que não eram muito numerosas. Para marinheiros, colonos e agentes de além-mar, o império oferecia oportunidades. Para a monarquia, o império era um meio para construir instituições estatais no além-mar, de uma forma que não podiam ser engendradas em casa. Mas, com o tempo, a incorporação de milhões de novas pessoas – asiáticas, africanas, americanas – ao império levantou

Figura 6.3
Crueldade dos espanhóis, de Theodore de Bry, ilustrando o *Relato das primeiras viagens e descobertas feitas pelos espanhóis*, de Bartolomeu de las Casas, 1613. Parte de uma série de ilustrações dos abusos cometidos pelos espanhóis contra os indígenas. (Snark, ArtResource.)

debates: essas pessoas deviam ser tratadas como uma categoria inferior, sujeita à exploração? Ou faziam parte da sociedade imperial, construída a partir da hierarquia, da monarquia e do universalismo cristão?

EMPRESAS, PLANTADORES, COLONIZADORES E O ESTADO: A CONSTRUÇÃO DO IMPÉRIO BRITÂNICO

A narrativa do Império Britânico só parece um triunfo inevitável de uma forma britânica de construção imperial ou prática capitalista quando vista em retrospecto. No século XVI, a Coroa britânica tinha pouco interesse em gastar recursos com empreitadas transoceânicas. Os comerciantes levavam e buscavam bens na Inglaterra por meio de espaços controlados por terceiros, como Veneza, o Mediterrâneo oriental e a Ásia Central. Os esforços de homens públicos, como Hakluyt e Purchas, para popularizar o comércio e o proselitismo não encontraram muito eco. A noção de "britânico" tinha pouco significado antes da união da Inglaterra com a Escócia em 1707, e, nos séculos XVI e XVII, a palavra "império" se referia ao fato de a Inglaterra ser "inteiramente sua" e independente de qualquer autoridade superior.

Mas depois que os outros começaram a se dedicar à construção imperial, foi preciso jogar – e vencer – esse jogo. Caso contrário, havia o risco de perder o controle sobre as rotas de suprimentos. Por muito tempo, não houve muitos indícios de que a Inglaterra se sairia bem nessa tarefa: em 1588, a Armada espanhola chegou perto de derrotar a marinha britânica. Um século mais tarde, a monarquia britânica estava imersa em tantos problemas – dividida entre duas facções: protestante e católica – que os holandeses conseguiram intervir com êxito em favor do pretendente protestante ao trono, Guilherme de Orange. E a França católica ainda era uma grande rival: tratava-se da monarquia mais populosa da Europa e seus reis exerciam poder patrimonial sobre um amplo território, garantido pela concessão – ou venda – de secretarias para aristocratas regionais e elites ambiciosas. Situada do outro lado do Canal da Mancha, a França era uma ameaça que também buscava estabelecer colônias de comércio e assentamento na América do Norte, colônias de *plantation* no Caribe e entrepostos na Índia.

O Império Britânico foi construído por atores com propósitos diversos. Piratas ingleses saqueavam embarcações portuguesas e espanholas, por vezes com a aquiescência da Coroa, e sempre por desígnio próprio. Os comerciantes se aventuravam de forma autônoma, mas não conseguiam ir muito longe devido às políticas restritivas dos outros impérios. Para examinar a trajetória imperial britânica, é preciso estudar o império contíguo nas ilhas britânicas e o papel das companhias privadas e das colônias de assentamento e *plantation*.

A incorporação do reino da Escócia – processo que culminou em 1707 – exigiu a concessão de posições elevadas do sistema britânico às elites escocesas. A rebeldia das classes inferiores da Escócia tornou os lordes escoceses mais dispostos a cooperar com a monarquia britânica. O processo poderia não ter funcionado tão bem se um império marítimo não oferecesse a muitos escoceses – e não apenas das classes mais altas – papéis e lucros superiores àqueles dos quais gozavam em casa. Por um tempo, o rei James I da Inglaterra (James VI da Escócia) cogitou se autoproclamar "imperador de toda a ilha da Bretanha", mas ele não conseguiu unificar as leis, as igrejas e as histórias inglesas e escocesas, ou mesmo admitir a pluralidade de seu reino. Portanto, ele se contentou em ser um rei de dois reinos – ou três, com o acréscimo de Gales.

Gales era uma versão mais discreta do padrão escocês, mas a Irlanda católica era diferente, visto que havia sido forçada a se tornar um regime totalmente subordinado. Magnatas ingleses protestantes fundaram o que chamavam de "*plantations*" na Irlanda, levando para lá colonos protestantes da Inglaterra, da Escócia e do País de Gales para se tornarem arrendatários nesses grandes lotes de terra. O governo e as elites protestantes argumentavam que as *plantations* não somente ampliariam a produção agrícola para além do que os atrasados irlandeses seriam capazes de fazer, como também serviriam para civilizá-los, assim como a colonização romana havia civilizado os bretões. Um plano de 1585 envolveu 35 senhores de terra ingleses e 20 mil colonos; um número próximo a 100 mil pessoas se mudou para o outro lado do mar da Irlanda até 1641. As *plantations*, conforme o termo é empregado aqui, evocam as "colônias" do Império Romano: o implante de pessoas de um lugar em outro, ignorando ou relegando ao segundo plano as reivindicações daqueles que entendiam determinado espaço como seu.

Na Irlanda, as elites britânicas executaram uma política de diferença e subordinação. A instalação de colonos ingleses ou escoceses na terra implicava que os católicos irlandeses não tinham direitos ou qualquer ligação genuína com a terra, assim como os "nômades" desprezados por tantos impérios. Enquanto isso, o catolicismo na Irlanda – o "papismo", como era chamado – foi alvo de uma voraz discriminação. A ideia de um "outro" para os britânicos começou do outro lado do mar da Irlanda, e, embora as instituições inglesas fossem de certa forma replicadas na Irlanda, as mais influentes – notoriamente o Parlamento irlandês – eram exclusivas para os protestantes. Os católicos irlandeses se tornaram parte do Império Britânico, às vezes como fonte disponível de trabalho, outras como fonte de distúrbios. O governo temia que os rebeldes irlandeses conspirassem em conjunto com a França católica, e somente no século XIX foi permitido de forma oficial que soldados irlandeses se integrassem ao exército britânico, embora muitos já houvessem servido antes. No fim, ele acabaram se tornando a base do poderio militar britânico na Índia.

As companhias dotadas de alvarás criaram um segundo modo de colonização. A Índia, considerada no século XIX a joia da Coroa britânica, só passou a pertencer de fato a esta em 1858. A Índia foi colonizada por uma empresa privada, a Companhia Britânica das Índias Orientais (EIC). Fundada em 1600, ela seguiu os passos da Companhia do Levante (1581), que havia migrado para o comércio no leste do Mediterrâneo, quando ficou claro que Espanha e Portugal não eram capazes de dominar o comércio na região do Mediterrâneo. A Companhia do Levante e oficiais ingleses negociaram acordos comerciais com o Império Otomano e abasteceram de bom grado os otomanos com estanho e chumbo, utilizados na artilharia. Não chegava a ser a aliança entre muçulmanos e protestantes contra os Habsburgo católicos, discutida brevemente entre a rainha e o sultão, mas sem dúvida tratou-se de uma empreitada mercante com ecos de conexão interimperial. Em 1600, a EIC recebeu um alvará da rainha Elizabeth I que lhe concedeu o monopólio do comércio inglês a leste do Cabo da Boa Esperança. Seus 125 acionistas originais passaram a competir com a VOC holandesa e, embora não fossem páreo para seu poder e sua integração no Sudeste da Ásia, se saíram muito bem na Índia.

Lá, eles encontraram outro império, muito mais populoso até mesmo do que os otomanos. Os mogóis, descendentes do império de Tamerlão, haviam imposto certo nível de autoridade islâmica e uma cultura de elite com influência persa sobre uma população religiosamente diversificada, mas de maioria hindu. Seguindo os padrões mongóis, os imperadores mogóis concederam aos líderes religiosos nativos e aos potentados locais uma liberdade considerável. O subcontinente havia vivenciado muitos níveis de construção imperial antes dos mogóis e, sobretudo no sul, alguns padrões antigos ainda persistiam. A oportunidade de servir a governantes imperiais ajudou certas famílias a fazer fortuna e ampliar suas conexões de longa distância. O Império Mogol ainda estava em formação quando os europeus apareceram pela primeira vez no oceano Índico; chegara ao poder em Gujarate, na Índia ocidental, no início dos anos 1570, e em Bengala alguns anos depois (ver mapa 6.2).

Os mogóis criaram um império majoritariamente terrestre e, dada a vastidão e conectividade da população que presidiam, sua fonte de receitas era bastante ampla. Forneciam estradas, segurança e instituições bancárias e de crédito para uma grande região. Na maior parte do tempo, os imperadores mogóis se contentavam em permitir que comerciantes empreendedores, como os gujarates, tocassem seus negócios, da mesma forma que os sultões otomanos daquela época se davam por satisfeitos ao verem armênios, gregos, judeus e outros mercadores não muçulmanos controlando o comércio. Mas a lealdade desses grupos e indivíduos era instável, e podia ser redirecionada quando um novo protetor entrava em cena.

A EIC, dotada de ligações diretas com um importante mercado europeu, tinha algo a oferecer para os imperadores mogóis e líderes regionais, e a acomodação contingente das elites indianas era fundamental para que a companhia desempenhasse suas atividades. Por mais de um século, a empresa não desafiou a soberania mogol. O sucesso moderado da EIC em seus primeiros anos era resultado de suas conexões com produtores, comerciantes e fontes de crédito indianos. Seus itens de exportação mais importantes incluíam seda, salitre, índigo e chá, bem como têxteis de algodão – um dos grandes êxitos da produção industrial indiana daquela era. A EIC tirou proveito do monopólio sobre o comércio entre Inglaterra e Índia – de início sancionado pelo governo britânico e, mais tarde, mantido com a aquisição de concorrentes – e tentou obter direitos exclusivos de comércio nos principais portos sob controle do imperador mogol.

Ao final do século XVII, a EIC ainda era acima de tudo uma companhia de comércio, mas também um modelo cada vez mais exitoso de empresa acionária e de empreendimento a longa distância. Em seus postos fortificados em Calcutá, Madras e Bombaim, os agentes da EIC sabiam que o Império Mogol estava perdendo o controle sobre seus próprios regimes subordinados. A EIC escolheu aliados dentro desses regimes, continuou a gerar receitas para o imperador mogol e fechou seus acordos.

Os indianos serviam à companhia de forma direta, no papel de escreventes e contadores, e indireta, por meio de suas próprias redes comerciais dentro da Índia e com África, Arábia, Pérsia, Rússia, China e o Sudeste da Ásia. Embora as elites indianas comprassem produtos ingleses, a Inglaterra – e a Europa em geral – tinha menos a oferecer à Ásia do que a Ásia à Europa, de modo que a prata americana complementava o círculo comercial. A maior preocupação da EIC era que alguém – especialmente os franceses – acabasse com esse arranjo, como ela própria havia feito com os holandeses.

Para os "homens da companhia", a inserção da EIC nas redes de comércio da Ásia se mostrou muito lucrativa, e grandes somas foram repatriadas. Havia muitos escoceses entre os agentes da EIC, e seu sucesso ajudou a reconciliar famílias escocesas com os benefícios do Império Britânico. Aqueles que administravam as operações da companhia não tentaram tornar a Índia "britânica", como os conquistadores e vice-reis haviam feito em algumas partes das Américas em uma tentativa de torná-las espanholas. Foi apenas no final do século XVIII, quando as práticas da companhia passaram a se parecer cada vez mais com os processos coercitivos, administrativos e financeiros exercidos pelos impérios em outros locais, que a política da EIC em relação às populações indígenas se tornaria um assunto de interesse para o rei e o Parlamento da Inglaterra (ver capítulo 8).

O modelo de império da companhia, em que um alvará governamental determinava monopólios e legitimava o exercício privado de funções governamentais, contanto que os mercados de capital pagassem boa parte da conta, foi utilizado pelos britânicos em outras partes do mundo. A Companhia Real da África – criada em 1663 – desenvolveu uma infraestrutura de navios transoceânicos, "fábricas" na África e finanças para fornecer escravos para as colônias britânicas no Caribe. Mas o sucesso de intrusos privados no comércio em expansão e na derrubada dos preços fez com que a Coroa concluísse que os interesses do sistema de *plantation* como um todo seriam melhor atendidos caso ela permitisse a concorrência no fornecimento de escravos.

A Companhia da Virgínia (1606) forneceu capital e iniciativa para inaugurar um novo tipo de colonização: os assentamentos na América do Norte. Muitos de seus investidores bem-nascidos pensavam estar criando uma "*commonwealth*" no Novo Mundo: uma comunidade política virtuosa que refletia mais os valores da Roma republicana que a ganância e a corrupção do império que a sucedeu. Não havia nenhuma garantia que esse modelo poderia ser implementado sob as limitações de um alvará real e em meio às privações e aos conflitos que marcaram os primeiros anos da companhia. De início, a

Coroa havia concedido à companhia um *dominium* (direito de possuir um território) limitado em vez de um *imperium* (direito de governar), uma noção que os juristas ingleses pegaram emprestada da lei romana. Apenas com tempo, experiência e confrontos com os povos indígenas, a lei e a prática colonizadora evoluíram para um *imperium*.

Portanto, a monarquia britânica não foi exatamente a responsável pelo início da ocupação da América do Norte; seria mais preciso dizer que ela buscou controlar um processo posto em marcha por empresas, indivíduos e organizações religiosas dissidentes. Mas o papel do Estado foi determinante em dois aspectos. Primeiro, o envolvimento da Coroa forneceu um argumento legal contra a alegação dos espanhóis de que as disposições papais dos anos 1490 haviam concedido ao monarca espanhol a posse de todas as terras do Atlântico ocidental. Juristas britânicos negaram que tais terras fossem do papa para que ele as pudesse dar a alguém e alegaram que apenas a posse *efetiva* por um Estado civilizado criaria um *imperium*, um argumento que ao mesmo tempo estimulava e decorria do exercício do poder sobre pessoas e terras na América do Norte. Segundo, as forças diplomáticas e militares do Estado poderiam dar lastro às reivindicações de terras. As guerras entre Inglaterra e França – às vezes a Espanha alida a esta última – no século XVIII foram travadas em parte por causa dessas "posses" ultramarinas – que, inclusive, serviram de palco para algumas delas.

As *plantations* na América do Norte, dependentes na verdade do financiamento privado, eram vulneráveis e apresentavam um desenvolvimento lento. Demoravam muito para gerar algum tipo de lucro. No caso da Virgínia, isto só ocorreu após o fim da companhia em 1625, e graças ao tabaco, à servidão escriturada e à escravidão – uma prática questionável no contexto da ideia de "*commonwealth*" dos fundadores da colônia. Mas a migração para a América do Norte britânica era constante e se dava em maior escala do que a da Espanha para a América espanhola. Cerca de oitenta anos após as primeiras viagens, em torno de 250 mil indivíduos de origem europeia viviam na América do Norte britânica, contra 150 mil – espalhados por uma área muito maior – no mesmo período, após as primeiras viagens da Espanha. Mas a Espanha foi muito mais longe quando se tratou de reconhecer o lugar das populações indígenas *dentro* do Império Espanhol.

Diferentemente do ataque dramático dos conquistadores contra os impérios Inca e Asteca, o processo de colonização na América do Norte, onde as sociedades indígenas eram mais descentralizadas, pareceu mais uma "infiltração" do que uma "invasão", como propõe certa visão histórica. Os primeiros colonos tinham uma impressão ambígua das sociedades com as quais se deparavam. Os colonos da Virgínia reconheciam em Powhatan, líder da grande e poderosa confederação indígena de mesmo nome, um imperador que insistia que muitas comunidades reconhecessem sua autoridade superior. Outros indígenas eram vistos, assim como os irlandeses, como nômades, que não estavam realmente estabelecidos em suas terras, descritas por alguns colonos como "uma vastidão erma e hedionda, repleta de bestas selvagens e homens selvagens" – e, portanto, pronta para ser tomada por aqueles cujas cercas e fazendas demarcassem posse.

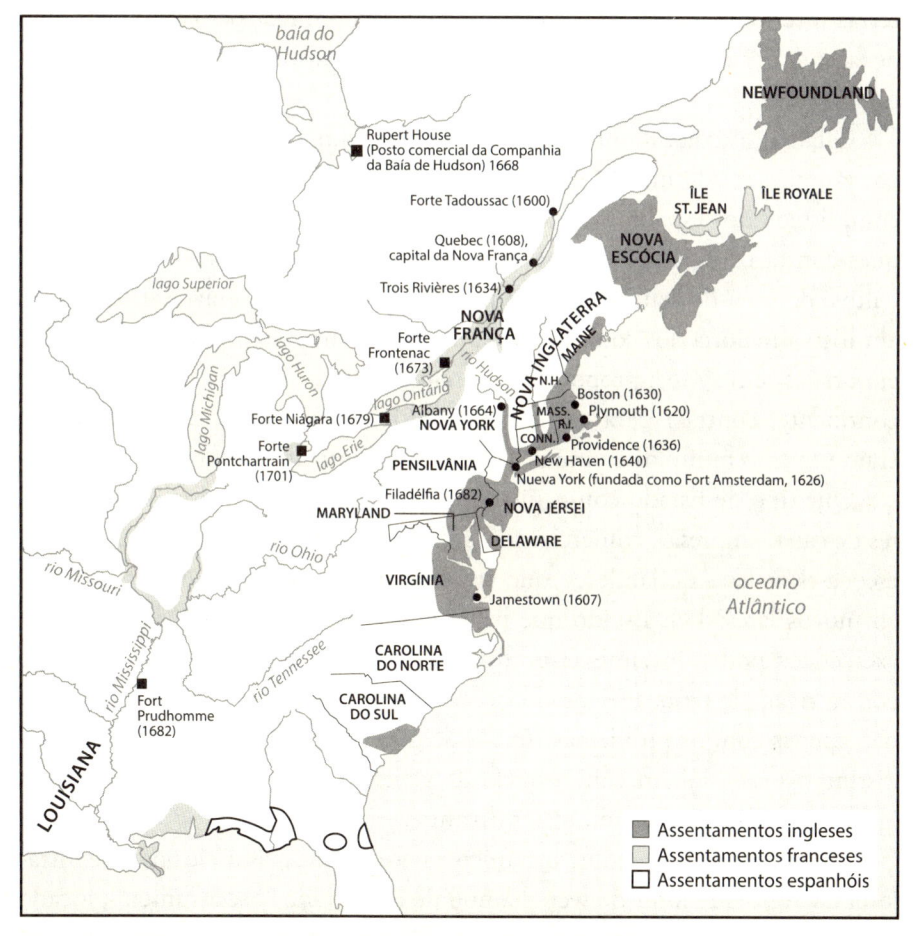

Mapa 6.3 – Assentamentos na América do Norte, século XVII

Mas, na prática, os colonos precisaram dos indígenas durante muitos anos como parceiros comerciais e não tinham a força necessária para afugentá-los. Algumas comunidades indígenas viam sua relação com eles como recíproca, e não de subordinação. Algumas vezes, evocavam, ainda que sem muito sucesso, a autoridade do rei inglês contra abusos dos colonos. Os governos coloniais por fim aceitaram que era preciso comprar as terras dos indígenas, ainda que sob condições nas quais a pressão dos colonizadores e entendimentos diferentes do que seriam essas terras faziam com que o mercado não fosse exatamente "livre". Os colonizadores precisaram se adaptar a novas possibilidades econômicas e geografias sociais, desde as plantações de arroz e tabaco tocadas pelo trabalho escravo na Carolina do Sul e na Virgínia, até o cultivo de grãos e a pesca no nordeste, passando pelo comércio de peles nas terras interioranas. Sem um entendimento tácito e relações comerciais com os fazendeiros e caçadores indígenas, os assentamentos iniciais poderiam não ter vingado.

Quando as colônias no continente começaram a ser tomadas, os britânicos já estavam adquirindo ilhas no Caribe. O grande prêmio foi a Jamaica, conquistada dos espanhóis em 1655. Servindo de início como base para ataques contra os espanhóis e outros rivais, as ilhas foram transformadas pelo cultivo da cana-de-açúcar e pela importação massiva de escravos africanos. Se em 1650 a maioria dos colonizadores, tanto nas ilhas quanto nos continentes, era branca, em 1700 a proporção de brancos para negros era de 7,5 para 1 no continente, contra 1 para 3,6 nas Índias Ocidentais. As ilhas de *plantation* eram um tipo muito diferente de colônia – assunto abordado mais adiante.

Que tipo de Estado conseguiu presidir essa matriz de colonos, plantadores de cana, empresas, comerciantes, indígenas, escravos e piratas; de ingleses, escoceses, galeses e irlandeses, que viviam em terras por muitos desejadas ou em novos lares? Um Estado que havia desenvolvido maneiras relevantes de exercer seu poder, justamente porque precisava fazê-lo em grandes espaços e contra rivais de peso. Devido a esse arranjo complexo, o Estado se deparou não apenas com os problemas típicos de governar povos distintos de formas distintas, mas também com a tarefa de governar povos que julgavam serem iguais, mas que viviam em lugares distintos.

O império deu ao regime britânico a necessidade e os meios para se fortalecer e virar o que John Brewer chamou de um Estado "fiscal-militar", focado na guerra e na proteção de rotas marítimas, com um elevado nível de taxação e dotado de instituições bancárias fortes e adaptadas para financiar gastos de grande escala, tanto públicos como privados. No século XVIII, entre 75% e 85% dos gastos anuais do governo se destinavam a fins militares, ou para dívidas referentes a guerras passadas. Os britânicos desenvolveram uma administração fiscal e um sistema judiciário capazes de garantir o cumprimento das leis, sobretudo aquelas referentes à propriedade.

O Estado fiscal-militar não precisava nem desejava participar de forma tão direta do comércio transoceânico como a monarquia portuguesa, e não se envolveu tanto com a EIC quanto os holandeses fizeram com a VOC. Em vez disso, o Estado combinou o apoio – militar, legal e diplomático – ao comércio e à colonização com a autoridade regulatória do Parlamento para garantir que diversos elementos da economia imperial se conectassem por meio da própria Bretanha. Os atos de navegação dos anos 1650 e 1660 proibiam a importação para a Bretanha de bens da Ásia, África ou América em navios estrangeiros para que as firmas britânicas dominassem o negócio de reexportação e conectassem a crescente economia do Atlântico às rotas comerciais que cruzavam as regiões dos mares Báltico e do Norte, antes de chegarem ao continente europeu. Dentro da Bretanha, o Estado abdicou dos monopólios e passou a permitir a concorrência. Assim, o Estado se inseriu em circuitos comerciais globais, ampliando as ligações entre as economias doméstica e transoceânica e fortalecendo seu próprio bem-estar fiscal. O Estado holandês carecia de poder coercitivo e regulatório para fazer o mesmo, e isso ajuda a explicar por que as relações entre Estado e empresa nos Países Baixos não produziram uma expansão semelhante da autoridade imperial.

Como a monarquia espanhola nas Américas, o governo inglês estava ansioso para estabelecer um aparato institucional que ao mesmo tempo simbolizasse e desse corpo ao poder estatal: governadores, tribunais e uma comissão de comércio e plantações para supervisionar as transações transatlânticas. Os reis asseguraram a prerrogativa real sobre a administração das colônias, como se estas fizessem parte de uma monarquia composta de domínios diversos.

Um Estado nesses moldes tinha muito para oferecer aos colonos e comerciantes, mas também impunha taxas e regulações. Não só em Londres, mas também em outras partes do império, houve muitas discussões sobre quais pessoas deveriam exercer determinadas soberanias. A partir das revoluções "inglesas" dos anos 1640 e 1680, as classes abastadas se consolidaram em espaços de poder significativo – um Parlamento que supervisionava as intenções da realeza, governos locais operados por eleitores de posses e um sistema judicial que colocava os réus diante de um júri constituído por seus pares. Os estatutos e interpretações surgidos nesses anos se tornaram praticamente uma "constituição" inglesa: não um documento, mas muitos, corroborados pela crença em uma lei fundamental e comum a todos. Cada vez mais, entendia-se que essa lei emanava do próprio corpo político, em vez de ser concedida por um rei.

A população crescente de colonos no exterior não via razões por que os "direitos dos ingleses" não valeriam para ela: ao cruzar o mar, levaram consigo noções sobre garantias de propriedade e participação no governo. Londres, por sua vez, desejava e contestava a um só tempo a participação civil dos colonizadores de além-mar, insistindo que as colônias deveriam bancar seus próprios custos administrativos – inclusive os salários dos administradores na Grã-Bretanha –, mas o aumento de receitas conferiu às colônias experiência administrativa. Quando a Grã-Bretanha exigiu mais recursos de seu império, os colonos viram isso como uma afronta à posição que entendiam ocupar na estrutura de soberania. Na década de 1680, o rei tentou obter um controle mais estrito sobre a América do Norte e as colônias nas Índias Ocidentais, empossando governantes menos ligados aos proprietários de terra locais. Ao fazê-lo, desencadeou o apoio colonial à Revolução Gloriosa, ocorrida no país entre 1688 e 1689. Quando o Parlamento insistiu que tinha o direito de determinar as taxas de impostos, colonos tentaram afirmar que não eram súditos do rei, nem do Parlamento, justificando isso por meio de estatutos reais e de sua ausência de representação parlamentar. Mesmo quando a Grã-Bretanha passou a se definir como um império, a questão dos direitos e da participação política em cada ponto de seu espaço desigual causou tensões que acabariam estourando mais para a frente.

Durante certo tempo, o lugar dos escravos dentro do império era bastante claro. O dos indígenas nem tanto. Não havia um equivalente britânico à República de Índios, por mais defeitos que esta tivesse. Os indígenas ainda não haviam sido subjugados. Fora das fronteiras coloniais do continente, eram parceiros comerciais valiosos; dentro delas, constituíam grupos que podiam reivindicar a proteção do rei. Na época em que os impérios Francês e Espanhol estavam ativos na América do Norte, regimes indígenas foram vistos como possíveis aliados, mostrando-se capazes de voltar os impérios uns contra os outros. A derrota dos rivais dos britânicos em meados do século XVIII tornaria as coisas mais difíceis para os indígenas, e a independência dos Estados Unidos, ainda mais (ver capítulos 8 e 9).

A Grã-Bretanha concedeu mais autonomia às colônias do que a França do século XVII, e as economias doméstica e imperial britânicas interagiam com mais dinamismo do que as de Portugal, da França ou da Espanha. Ao término do século XVII, britânicos haviam desenvolvido uma gama de formas distintas de governar, explorar e interagir com as populações indígenas, os colonos e os escravos. E os líderes britânicos acabaram formando, de forma não intencional, uma esfera que abrangia todo o império – dentro da qual eles podiam ser desafiados.

TRÁFICO DE ESCRAVOS, ESCRAVIDÃO E IMPÉRIO

Foi a escravidão que permitiu que Grã-Bretanha, França e partes dos impérios Português e Espanhol obtivessem lucros, e foi o império que tornou a escravidão possível. O Nordeste brasileiro foi pioneiro na plantação de cana-de-açúcar em escala massiva, mas a Grã-Bretanha e a França se tornaram participantes cada vez mais dinâmicos da economia açucareira. A importação total de pessoas da África para a América ficava abaixo de mil por ano até 1500; ultrapassou as 10 mil anuais em 1600 e permaneceu acima de 60 mil durante a maior parte da década de 1700. O tráfico de escravos superou todas as outras formas de migração transatlântica: no século XVI, cerca de 25% daqueles que atravessavam o oceano eram escravos. No século XVII, esse número chegou a 60%, e no XVIII, ultrapassou os 75%. O Caribe britânico, sobretudo a Jamaica, era um dos principais destinos, assim como as ilhas do Caribe francês, com destaque para Santo Domingo. Como havia índices horrendos de mortalidade, a demanda por escravos jamais era saciada. No caso da Grã-Bretanha, eram as colônias de cana-de-açúcar que faziam o empreendimento atlântico funcionar. O aumento do número de trabalhadores dedicados a essa produção criou uma demanda por provisões que estimulou a economia de exportação de alimentos da Nova Inglaterra no final do século XVII. Enquanto isso, o açúcar misturado com chás da Índia e da China passou a representar uma parcela significativa das calorias ingeridas pelos trabalhadores industriais da Inglaterra, cujos produtos seguiam para a América do Norte e o Caribe, bem como para mercados externos ao império, incluindo a África.

Como o império era um formato político móvel, criava demandas de trabalho onde não havia trabalhadores em potencial e para onde ninguém queria se mudar. A escravidão é um processo de deslocamento, de alienação da pessoa em relação às suas raízes sociais. Esse processo acabou por tornar os escravos úteis em alguns dos impérios que examinamos, atuando como soldados e funcionários de alto escalão, ou mesmo como criados. Isso teve início na Grécia e em Roma, e se repetiu em uma infinidade de circunstâncias, inclusive na África e na Ásia. Mas as ligações construídas pela expansão imperial, sobretudo nas regiões de terras ricas e demograficamente frágeis dos trópicos americanos, criaram uma escravatura com magnitude sem precedentes. O poder imperial teve papel decisivo para a criação e manutenção de sistemas de trabalho escravo: era preciso organizar a força para conter ou derrotar rebeliões de escravos e proteger terras, escravos, maquinário de processamento e navios contra outros impérios ou piratas. As ilhas açucareiras do Caribe estavam expostas a todas essas ameaças.

No capítulo 8, será estudada a relação entre império e escravatura com o desenvolvimento do capitalismo. Aqui, exploraremos as implicações do nexo império-escravidão para além dos limites dos impérios marítimos – ou seja, na África. A escravidão e o comércio de escravos já existiam no continente antes dos séculos XV e XVI, mas não na escala que atingiram após o desenvolvimento das conexões transatlânticas. Por motivos sociais e geográficos, o que Albert Hirschman chama de "opção de saída" era relativamente acessível para as pessoas de boa parte da África. Alguns locais ofereciam os recursos necessários para a manutenção de sociedades prósperas, mas ao redor destas havia regiões cujos recursos garantiam apenas a sobrevivência, e as estruturas de parentesco africanas tornavam a mobilidade um processo coletivo. Um pretendente a rei que tentasse extrair muito de seu próprio povo corria o risco que seus súditos desertassem ou empregassem sua força conjunta para resistir à subordinação. O poder dependia do controle e da exploração de povos externos a cada sociedade e da atração de seguidores independentes de seus próprios grupos – ou da coerção de forasteiros para que prestassem serviços.

Aqui é possível encontrar um trágico entrecruzamento de histórias. Os europeus estavam determinados a trabalhar suas novas terras, e o trabalho precisava vir de algum outro lugar. Em partes da África, os reis podiam angariar recursos – armas, metais, tecidos e outros bens com potencial redistributivo – por meio do confisco de recursos humanos alheios. Capturar escravos de outro regime e vendê-los a um comprador de fora exteriorizava a logística de supervisão e recrutamento. Com o tempo, o escoadouro transoceânico de prisioneiros conferiu vantagens aos Estados mais militarizados da África – Axante, Daomé, Oyo, Benim – e gerou mecanismos mais eficientes para o tráfico de escravos. A militarização de alguns reinos era uma ameaça para os vizinhos que não seguissem o exemplo. A oportunidade de vender prisioneiros de guerra impulsionou um vasto sistema de captura e venda de escravos. O comércio africano de escravos dependia de atos de coerção cometidos inicialmente na África, fora do sistema imperial atlântico, mas era guiado pela demanda de trabalho desse mesmo sistema, por seus mecanismos comerciais transoceânicos e pela capacidade dos impérios-Estado de construir regimes capazes de disciplinar uma imensa força de trabalho, que foi enraizada e concretizada nas sociedades coloniais.

CONEXÕES, TERRITÓRIOS, IMPÉRIOS

O mundo se tornou mais interconectado no século XVI, mas não porque alguém tenha se dedicado a transformá-lo nessa direção. Sob os auspícios português, espanhol, holandês, francês e britânico, o poder estatal foi utilizado não apenas para garantir acesso a novos bens e novas terras colonizáveis, mas também para impedir outros de fazer o mesmo. Nenhum dos regimes imperiais foi capaz de manter os monopólios que buscava, mas sua tentativa de fazer isso pressionou os outros para que também construíssem impérios interoceânicos. Tampouco era possível que algum império – ou que os impérios europeus em geral, se quisermos impor uma unidade retrospectiva – encarasse o mundo inteiro como marco de referência. Os impérios Otomano e Chinês eram poderosos demais para que se contentassem com a rede europeia, e o interior da África era inacessível. Impérios marítimos europeus dependiam de conexões com redes comerciais, tanto na África como na Ásia, que os europeus não controlavam e sobre as quais, por vezes, não sabiam muita coisa. O mundo do século XVIII ainda era multipolar.

Devemos ter o cuidado de não encararmos o século XVI como um avatar da "globalização". Em vez disso, refletir acerca de uma história das *conexões* permite focar nas mudanças específicas desse período. Da perspectiva do império, é possível analisar antes as reconfigurações de poder e comércio ao redor do mundo, para então observar as mudanças e os limites das transformações sofridas pela natureza da soberania.

Na porção ocidental do antigo Império Romano, a missão de recriar a hegemonia imperial levou cada potência aspirante a competir por recursos dentro da Europa e além-mar. Os impérios europeus interagiam, às vezes de forma violenta, com uma vasta gama de regimes ao redor do mundo, mas o fizeram em um contexto da rivalidade entre si. Nem todos os impérios participaram desse jogo. Os impérios Otomano e Chinês tiveram a opção de não fazê-lo e de continuar prosperando por um longo período.

Impérios concorrentes precisaram desenvolver novos repertórios de poder. Inovações referentes a construção de navios, navegação e armamentos foram ferramentas cruciais. Enclaves comerciais, companhias monopolistas, plantações e colônias de assentamento se tornaram artigos de primeira necessidade para os impérios ultramarinos. Os construtores imperiais europeus podiam ser extremamente destrutivos, provocando consequências que iam além de suas intenções. Mesmo assim, em alguns casos, os povos indígenas estabeleceram seus próprios acordos e participaram do jogo, colocando os impérios invasores uns contra os outros, aproveitando oportunidades comerciais para obter novas ferramentas e novas sementes e, em certos momentos, encontraram elementos nas instituições religiosas e nas práticas sociais dos invasores que mesclaram às suas próprias.

O mundo se tornou mais conectado nesse período. As operações dos impérios ampliaram laços, que podem ser vistos na extensão das rotas comerciais – de Amsterdã à Batávia, por exemplo –, e estreitaram relações de mercado, de modo que a mineração de prata em um continente se tornou crucial para o sistema monetário de outro.

Circuitos imperiais expandidos também ofereciam oportunidades às comunidades mercantes – gregos, armênios, judeus, árabes, gujarates – que atuavam ao longo dessas vias e nos interstícios do poder. As rotas de comércio não serviam apenas para transportar *commodities* ao redor do mundo: elas também transportavam genes – de pessoas, plantas e animais –, para não falarmos nas doenças, da peste negra à sífilis e à varíola. As conexões comerciais também carregavam ideias e práticas sociais. Não apenas o cristianismo, mas também o islã, que antes havia atravessado o Índico, movimentaram-se mais depressa a partir do crescimento do comércio. A peregrinação anual de muçulmanos a Meca, bem como as redes de pensadores, continuaram a movimentar pessoas pelo espaço. Apesar dos objetivos e práticas monopolistas dos impérios marítimos, eles não eram capazes de controlar os circuitos ou as práticas que fomentavam e, nos locais onde as redes se intercalavam, não ficavam atrelados a um único padrão de conexões culturais e materiais.

Em retrospecto, poderíamos dizer que foi justamente a vulnerabilidade dos impérios do oeste europeu – a concorrência mortífera entre eles – que os levou a incrementar suas capacidades militares e administrativas e que, no longo prazo, os chineses e otomanos foram vítimas de seu sucesso prévio. Ninguém no início do século XVIII sabia disso. O que sabiam era que viviam em um mundo de impérios, e cada um deles, da China a Portugal, esforçava-se para construir e manter seu poder com os meios materiais e imaginativos que estavam disponíveis.

Sob essas circunstâncias, os impérios – como sempre – precisaram trabalhar com intermediários e manejar a política da diferença para manter o duro equilíbrio entre incorporação e diferenciação. Na Ásia, impérios europeus foram obrigados, gostassem ou não, a interagir com diversos poderes locais, desde os imperadores mogóis até comerciantes, produtores e credores locais. O fato de que, em algumas ocasiões, eles destruíram comunidades inteiras – como os holandeses fizeram em sua tentativa de garantir o monopólio das especiarias – não tornou o sistema necessariamente mais eficaz. Os custos da coerção eram altos. O potencial destrutivo, intencional e involuntário, da colonização nas Américas impôs aos governantes espanhóis um déficit de mão de obra, mas o espaço imperial também oferecia soluções para os problemas que ele mesmo criou: importação de outro tipo de trabalho, nesse caso os escravos africanos.

Se alguma das potências ambiciosas – dos portugueses aos ingleses, passando pelos mogóis – houvesse tentado jogar de acordo com as regras dos "livres" mercados, na esperança de assim evitar os custos e o peso de administrar um império, logo teria sido marginalizada ou tirada de cena. Portanto, uma história de "desenvolvimento econômico" ou da "ascensão ocidental" não faz muito sentido aqui.

Tampouco o fariam as teorias sobre "soberania" que tratam o Estado de forma abstrata, sem pensar em como eles, da forma como existiram de fato, obrigaram seus concorrentes a mobilizar os recursos de suas diversas populações e territórios. Alguns intelectuais estabelecem uma distinção clara entre a política pré-moderna, que não trata de territórios, mas de alianças pessoais a um monarca – talvez pode meio de uma hierarquia de senhores e magnatas –, e aquela em que o regime é definido por um território demarcado. O período discutido neste capítulo pode ser visto perfeitamente como uma etapa de transição. Mas em vez de dividir o mundo em épocas, é possível reconhecer que conceitos alternativos de territorialidade e poder soberano coexistiram e foram debatidos e disputados. Não se deve confundir a reivindicação de um ator político sobre um território, ou a afirmação de um pensador político a respeito do princípio territorial, com a definição de uma era ou a caracterização de uma transição das práticas políticas.

As mudanças mais dramáticas entre os séculos XVI e XVIII não diziam respeito ao grau de controle dos soberanos sobre um determinado território, mas ao tamanho do espaço sobre o qual esse poder era exercido. Nas Américas, os reis de Portugal e da Espanha construíram um aparato de controle monárquico direto sobre o território e o comércio que não haviam sido capazes de erigir no âmbito doméstico. O Estado fiscal-militar desenvolvido na Inglaterra no início do século XVIII era ao mesmo tempo motivado e viabilizado pelas empreitadas do Estado em além-mar. Rivalidades inglesas com os impérios Espanhol, Francês e Holandês, entre o Atlântico e o Índico, faziam com que uma das maiores incumbências do Estado (ver os atos de navegação) fosse garantir que a Inglaterra estivesse no centro de processos econômicos dispersos, de rotas marítimas no mundo todo até *plantations* de cana-de-açúcar nas Américas, e entrepostos comerciais na Índia. O Estado francês, durante o reinado de Luís XIV, foi um dos que chegou mais perto de produzir um regime sólido no âmbito doméstico, em parte graças à área relativamente compacta – hoje chamada de "hexágono" – em que a monarquia desejava governar. Mesmo assim, a França também agia como um império entre outros impérios, vivia suas próprias aventuras e conflitos em além-mar, interagia com seus vizinhos conforme as regras da política dinástica e dependia de relações patrimoniais com as elites regionais – sendo, portanto, menos absoluta do que a designação "monarquia absolutista" sugere.

Estados europeus precisaram se reconfigurar no contexto de um império global, mas é fácil exagerar a proporção das mudanças dentro do continente em si. A Paz de Vestfália (1648) é muitas vezes apontada como o início de um novo regime, sinalizando a aceitação pelos principais poderes europeus do princípio de soberania territorial de cada Estado por meio do reconhecimento mútuo. Mas a iniciativa não era tão inovadora, e tampouco tinha tanto alcance. Na Vestfália, os poderes europeus – o sacro imperador romano, os príncipes daqueles reinos, os reis da França e da Suécia – tentaram dar fim a um período prolongado de conflitos religiosos e dinásticos conhecido como Guerra dos Trinta Anos na Alemanha ou Guerra dos Oitenta Anos entre a Espanha dos Habsburgo e os Países Baixos. Os holandeses obtiveram sua independência, mas já estavam inventando um tipo diferente de soberania nas Índias Orientais. A Paz reconhecia a soberania de cerca de trezentos príncipes em territórios sob controle do Sacro Império Romano, mas este continuou sendo uma entidade política abrangente – algo entre uma confederação e um império – por mais 158 anos. A Suécia e a França receberam novos territórios, não necessariamente de mesma língua, ou com qualquer lealdade ao Estado.

Signatários do tratado não tinham um caráter nacional, tampouco fronteiras muito definidas: continuariam a perseguir ambições imperiais e seriam submetidos a elas durante os três séculos seguintes. Diversas formas distintas e não equivalentes de Estado persistiram por muito tempo após 1648: monarquias fortes – como as da França e Espanha –, uma república mercante holandesa, uma república aristocrática polonesa, uma confederação suíça e repúblicas mercantes italianas. A Europa manteve seus papas, imperadores, reis, duques, condes, bispos, administrações urbanas e senhores de terra. Imperadores interagiram entre si e disputaram ou distribuíram territórios componentes de seus domínios, como já faziam antes. A França costumava ser uma rival da Inglaterra, mas às vezes ambas se aliavam contra as Províncias Unidas. O apoio holandês ajudou uma facção a expulsar a outra durante a guerra civil inglesa entre 1688 e 1689. E uma nova combinação dinástica surgiu em 1700 – apesar das tentativas britânicas de evitar isso –, quando os Bourbon, provenientes da linhagem de reis franceses, tornaram-se reis da Espanha.

Esperava-se que a Paz de Vestfália promovesse a tolerância religiosa entre católicos, luteranos e calvinistas, e limitasse a capacidade dos príncipes de alterar as afiliações religiosas em "seus" territórios motivados por sua própria conversão. Mas as rixas religiosas não cessaram, e o princípio territorial de soberania não trouxe nenhuma novidade em 1648, e não passou a ser respeitado naquele ano. A soberania sedimentada do imperador sobre o rei, e deste sobre o príncipe, ainda era uma opção viável na Europa do século XIX e, como será visto, novas formas de soberania sedimentada foram inventadas no século XX. A ideia de "soberania vestfaliana", com um mundo de fronteiras estabelecidas e Estados unitários em interação com outros equivalentes, tem mais a ver com 1949 do que com 1648 (ver capítulo 13).

Interações entre impérios desiguais, compostos e instáveis, estimularam inovações diplomáticas e legais. Como foi visto (capítulo 5), os otomanos haviam oferecido a comunidades de estrangeiros o direito de serem governadas conforme suas próprias leis, e insistiram na proteção de embaixadores e embaixadas em outros países. Enquanto a VOC e a EIC se preparavam para o confronto, Hugo Grócio produziu seu tratado *Mare Liberum* (1609), influenciado pelas tradições marítimas – o mar enquanto via livre – do oceano Índico. Mas o mar era menos livre no século XVII do que havia sido no XV. Enquanto isso, confrontados com a capacidade dos soberanos mogóis de obstruir ou incrementar suas operações comerciais, europeus quebraram a regra canônica de não assinar tratados com potências não cristãs e reconheceram a legitimidade de seus parceiros de negociação. Essas inovações na área que mais tarde se tornaria conhecida como "direito internacional" ocorreram nos pontos de contato entre impérios com tradições legais diversas: romana, cristã, otomana, muçulmana, mogol. A lei e a diplomacia não tinham por objetivo regular as relações entre Estados equivalentes, mas conferiram legitimidade e ordem a um mundo altamente desigual.

A existência dos impérios sempre implicou o governo de povos diferentes de maneiras diferentes, mas foram os impérios das Américas que levantaram debates explícitos sobre como deveria ser uma política da diferença. O império católico, insistiu Las Casas, abarcava os indígenas americanos, cujo status civilizacional era digno de reconhecimento – mesmo que houvessem conversões religiosas. Os colonos da América do Norte se baseavam em uma política de igualdade e insistiam que seu deslocamento geográfico não reduzia seus direitos enquanto cidadãos ingleses. Nenhum dos dois argumentos pensava diretamente no caso dos escravos, a não ser enquanto unidades de trabalho, mas a maioria dos impérios presenciou debates em que se defendia – pelo menos – a criação de um código mínimo de conduta para os proprietários de escravos que quisessem ser vistos como membros respeitáveis da ordem social. As instituições imperiais conferiam a alguns povos subordinados uma pequena oportunidade para reivindicar a proteção da Coroa contra os proprietários de terra e autoridades locais, o que quase nunca era suficiente para salvá-los da cobiça e da brutalidade das elites. Mas nem todas as elites imperiais pensavam que os povos conquistados ou escravizados deviam ser humilhados e explorados ao seu bel-prazer: relações de incorporação e diferenciação não eram necessariamente imutáveis.

A expansão dos impérios ao redor do mundo entre os séculos XV e XVII não foi uma conquista de uma Europa estável, organizada e de pensamento homogêneo, mas antes uma transformação multifacetada. Sociedades e regimes foram desmontados, reconfigurados e criados enquanto os governantes expandiam seu poder ao longo do espaço, procuravam intermediários e manipulavam hierarquias. Pelo caminho, alguns indivíduos, como Bartolomeu de las Casas, pararam e se perguntaram: O que foi que nós fizemos?

7
Além da estepe
Construção imperial na Rússia e na China

Enquanto os soberanos da Europa avançavam em busca de recursos sobre territórios vizinhos, aristocracias locais e terras fora do continente, dois impérios – um jovem, outro antigo – tentavam ampliar seu comando sobre imensas porções da Eurásia. Partindo de Moscou, um centro que emanava poder imperial desde o século XV, exploradores russos viajaram em direção ao leste, atravessaram o Volga e seguiram até se depararem com outro império que também estava em movimento, mas no sentido inverso. A China, reunificada no século XVII pela dinastia Qing, avançava para oeste e norte, em direção à Sibéria. Entre os dois impérios estavam os mongóis e outras tribos nômades, que disputavam entre si rotas de pastagem, monopólios comerciais com vizinhos sedentários e liderança supratribal (ver capítulo 4).

Em terra, assim como no mar, a competição imperial transfigurou a geografia e as políticas de império. Enquanto Espanha e Grã-Bretanha disputavam o controle imperial dos oceanos, a Rússia dos Romanov e a China dos Qing fagocitaram seus desafiantes nômades e interditaram o espaço para construções imperiais no centro da Eurásia. Este capítulo analisa o Império Russo, do século IX até o reinado de Pedro, o Grande; e a China, desde a queda da dinastia Yuan até o século XVIII. O foco estará no modo como governantes russos e chineses combinaram novas estratégias em seus repertórios de governo, na forma como administraram seus intermediários e em como cada um deles fez da diferença um recurso imperial. Por fim será estudada a confluência desses três impérios – Mongol, Chinês e Russo – no centro da Eurásia e nas terras altas do Tibete.

IMPÉRIO EURASIÁTICO RUSSO

O estilo Rus'

Comparada com a China, a Rússia era um estado embrionário e improvável. Um regime russo se formou durante os séculos XIV e XV em uma região à qual nenhuma grande potência dava muita importância. Assim como a localização apartada do eixo mediterrâneo havia favorecido a expansão romana, a distância dos principais pontos da política mundial beneficiou os clãs principescos da Rússia, que buscavam obter pequenas vantagens nas florestas entre os rios Dniepre e Volga. Em sua trajetória até o poder, príncipes ambiciosos puderam lançar mão de estratégias utilizadas por diversos impérios. Combinando elementos da diplomacia turca, mongol e bizantina, os líderes russos conseguiram dar origem a um império em uma zona de florestas e pântanos que abrigava uma população dispersa e andarilha.

O nome e alguns traços da cultura imperial da Rússia provêm dos príncipes guerreiros que fundaram um Estado em Kiev no século IX. Enquanto os vikings estavam ocupados saqueando as costas europeias, os barqueiros Rus' seguiram rumo ao oriente para encontrar sua fortuna. Contornando os Estados beligerantes e a concorrência dos senhores feudais da Europa Central, os Rus' foram pioneiros nas rotas entre Báltico e o Volga e o Cáspio e o rio Don, chegando até o mar Negro e subindo para norte outra vez pelo Dniepre. Nessas expedições, os Rus' se depararam com povos turcos que dominavam tecnologias úteis para clãs agressivos e de grande mobilidade. A recompensa veio quando os Rus' alcançaram o Império Bizantino e seus mercados, riquezas e pontos de acesso ao comércio interasiático.

As regiões de floresta atravessada pelos Rus' ofereciam *commodities* exportáveis – como âmbar, peles, mel, cera, lenha e piche – e pessoas exportáveis – os eslavos, que eram capturados ou comprados e vendidos como escravos desde tempos ancestrais. Por volta de 900, os Rus' haviam enriquecido por meio de saques, do comércio e do controle do transporte. Em Kiev, sua capital, os príncipes Rus' se tornaram uma dinastia governante ao estilo eurasiático, diferentemente dos camponeses eslávicos nas zonas do entorno e dos artesãos que migravam em massa para essa próspera cidade às margens do rio Dniepre.

Os príncipes Rus' se tornaram conhecidos como Rurikids, os filhos de Rurik. Seu mito fundador, registrado por cronistas cristãos séculos mais tarde, explicava como esses forasteiros haviam se tornado soberanos: "Riurik e seus irmãos foram convidados pelas tribos eslávicas para governar suas terras e promover a paz entre elas". O grande líder de uma terra distante que chega para criar e manter a paz se tornou um elemento longevo da imaginação imperial da região. Como os khaqans (ver capítulo 4) turcos, os príncipes Rus' praticavam uma sucessão lateral, de irmão para irmão, mas em teoria eles mitigavam as disputas fratricidas oferecendo a cada irmão um principado para governar enquanto esperava na fila por Kiev, a joia da coroa. Cada príncipe tinha seu próprio séquito armado. Com esses grupos de protetores dependentes, os príncipes rotavam – com considerável violência contra os irmãos – de um principado a outro.

Quando os Rus' passaram a governar Kiev, eles recorreram a uma estratégia familiar a fim de consolidar seu poder: estabelecer uma religião de Estado. De início, os Rus' (que, como os eslavos ao seu redor, eram politeístas) incorporaram e sincretizaram várias divindades, de forma muito semelhante aos primeiros romanos. O maior dos líderes Rus', Vladimir (980-1015), elaborou um grande panteão de deuses nórdicos, finlandeses, eslávicos e iranianos em uma colina de Kiev. Talvez influenciado por contatos em Constantinopla, Vladimir se voltou mais tarde para o monoteísmo e precisou fazer uma escolha. Bizâncio, com seus rituais e arquitetura espetaculares, estabeleceu um exemplo resplandecente de poder imperial, aprimorado pelo cristianismo oriental. O judaísmo – fé adotada pelos nômades cazares ao norte do mar Negro – e o islã foram candidatos, assim como o cristianismo latino professado pelos mercadores do oeste.

As crônicas russas contam a história da decisão de Vladimir. O judaísmo foi rejeitado por ser a religião de um povo derrotado que havia perdido o seu Estado; o islã foi descartado devido à sua proibição do álcool. A crônica diz que "beber é a alegria do povo russo". O cristianismo monogâmico impunha outro problema, pois Vladimir tinha mais de uma esposa e muitas concubinas. Os motivos de Estado devem ter prevalecido, pois Vladimir abdicou delas quando se converteu ao cristianismo oriental e prontamente se casou com a irmã do imperador bizantino. Ou talvez o álcool tenha prevalecido em relação ao sexo.

Vladimir recebeu clérigos bizantinos, que batizaram o povo de Kiev no rio Dniepre em 988. Um prelado metropolitano foi enviado de Constantinopla para gerir os assuntos da Igreja. Os clérigos bizantinos levaram consigo escrituras traduzidas para o eslavo e registradas em um alfabeto cirílico inventado para esse propósito. No século IX, a Igreja do Oriente havia rejeitado a insistência – herdada dos romanos – na ideia de que apenas algumas línguas, principalmente o latim, eram dignas de expressar a palavra de Deus. A opção por um cristianismo multilinguístico se adequava muito bem às ambições imperiais de Bizâncio (ver capítulo 3) e, mais tarde, se mostrou útil para os Rus'. Mas mesmo assim, como havia ocorrido com os romanos, a escolha de

Mapa 7.1 – Kiev dos Rus', *ca.*1015

Vladimir não fez com que todos se convertessem ao cristianismo de imediato. A população eslava continuou a venerar seus deuses locais, rebelou-se algumas vezes contra a conversão forçada e produziu diversas práticas religiosas sincréticas ao longo de muitos séculos.

O cristianismo ao estilo bizantino transformou a cidade de Kiev e o repertório cultural de seus governantes. Os projetos de construção dos príncipes Rus' atraíram arquitetos, pintores de ícones, ferreiros, lapidários, ceramistas, ourives, prateiros e artistas de azulejo para Kiev. Outras cidades do norte – Novgorod, Suzdal, Vladimir – construíram igrejas e desenvolveram estilos distintos de pintura icônica. Os clérigos das terras Rus' produziram narrativas das vidas dos santos, crônicas e sermões – alguns traduzidos do grego, outros criados por clérigos locais.

Mas a religião não bastava para conservar a construção imperial dos Rus'. Em primeiro lugar, o sistema de rotação provocava disputas sucessórias contínuas. Os príncipes Rus' se aliavam a nômades e saqueadores das regiões da estepe em seus esforços para furar a fila, ou até mesmo suplantá-la. Em segundo, Constantinopla, saqueada pelos cruzados em 1204, começou a fraquejar, o que levou à derrocada da economia de Kiev, baseada em conexões entre pontos comerciais. As fissuras na dinastia e a retração econômica estimularam os mongóis a começar suas campanhas devastadoras ao longo da Eurásia e nas terras dos Riurikids, e os príncipes não eram páreo para esses visitantes indesejados. Um por um, os principados foram derrotados. Kiev foi sitiada e conquistada em 1240.

Clientes do khan

A conquista mongol deu fim às pretensões de Kiev de exercer soberania nas terras Rus' e marcou o início de uma nova dinâmica imperial. Depois que o líder mongol Batu, neto de Genghis, retornou com seus exércitos para casa em 1242 para participar da seleção do novo Grande Khan (ver capítulo 4), os Rurikids sobreviventes retornaram aos principados e continuaram lutando contra seus vizinhos. Um dos príncipes mais fortes era Alexandre Nevsky, líder de cidades do Norte como Novgorod e Pskov. Ele conteve a tentativa sueca de assumir o controle das rotas comerciais para o Báltico em 1240 e uma invasão dos cavaleiros teutônicos em 1242.

E então, tendo resolvido suas questões sucessórias, os mongóis atacaram novamente, dessa vez com um arranjo político que acabou aprimorando a diplomacia dos Rurikids. Após a morte do grande khan Ögodei, Batu havia recebido a *ulus* de seu pai Jochi, renomeado o canato Quipchaco e, mais tarde, a Horda Dourada (ver capítulo 4). Governado por mongóis desde aproximadamente 1243 até o final do século XIV, o canato exerceu poder sobre Kiev, Vladimir, a futura Moscou e as rotas no Volga e no Dniepre. Sarai, a capital de Batu no Volga, tinha boa localização para atender ao desejo mongol de controlar as rotas comerciais. Mas as zonas de floresta na porção ocidental do canato não interessavam muito aos mongóis, que dependiam de representantes, muitas vezes auxiliados por autoridades locais, para governar e explorar tais regiões. A soberania mongol deu aos Riurikids uma segunda chance. Assentados em suas pequenas cidades, os príncipes competiram entre si para cair nas graças do khan, coletar impostos em seu nome e se tornar, como nos tempos de Kiev, o grande príncipe sobre todos os demais.

Os khans mongóis facilitaram o retorno dos Rurikids ao poder com um toque de classe no estilo eurasiático. O príncipe de cada área empreendia uma jornada ao Sarai para receber a confirmação de sua autoridade sobre seu reino. Em troca de um juramento de lealdade e uma oferenda de peles, animais, escravos e prata, o khan emitia uma patente de autoridade chamada *iarlyk*. A primeira *iarlyk* foi concedida em 1243 ao príncipe Yaroslav Vsevolodovich, da cidade de Vladimir. A subordinação ao khan não era uma escolha; os príncipes que não executavam os devidos rituais de subserviência eram executados. Tanto os mongóis como os Rus' se comprometiam com a liderança dinástica: os khans mongóis eram todos gengianos, os príncipes Rus' eram Rurikids. Quando os Rurikids entravam em conflito, solicitavam arbitragem do khan. Os coletores principescos que coletavam impostos para o khan tinham o direito de reter uma porcentagem. Os melhores acordos eram obtidos com os casamentos com membros da família do khan.

Após as conquistas mongóis, o clericato cristão ortodoxo logo percebeu onde poderia obter mais vantagens. Um bispo ortodoxo foi instalado em Sarai. Como no caso dos príncipes Riurikids, a autoridade dos clérigos ortodoxos da *ulus* vinha dos mongóis: eles gozavam de sua proteção e se beneficiavam da isenção de impostos para igrejas. Durante os séculos XIII e XIV, os sacerdotes cristãos rezaram pelo bem-estar dos khans, e os líderes eclesiásticos viajaram até Sarai para auxiliar os líderes mongóis e suas famílias. Conforme Kiev perdia importância, a hierarquia ortodoxa das antigas terras Rus' mudou de endereço, antes para Vladimir e mais tarde, no início do século XIV, para Moscou.

Como construtores imperiais, os príncipes da região de Moscou trabalhavam na intersecção de três trajetórias imperiais. De seus ancestrais, os Rus', vinha a legitimidade da dinastia real do príncipe; dos bizantinos, eles receberam uma versão conveniente do cristianismo oriental, registrada em escrituras eslávicas; com os soberanos mongóis, eles aprenderam por experiência a administrar e explorar uma população dispersa e tirar sustento disso. Moscou cresceu conforme seus líderes escolhiam elementos de cada uma dessas tradições e os transformavam, criando uma política imperial sincrética, resistente e autoajustável.

A dominação de Moscou

Os príncipes de Moscou são muitas vezes chamados de Danilovitch devido ao seu ancestral mais proeminente, Daniel, filho de Alexandre Nevsky, que se tornou príncipe de Moscou pelas mãos do khan mongol em 1263. O filho de Daniel, Iuri, também foi um servo leal dos mongóis. Em 1317, durante um estágio de dois anos em Sarai, ele se casou com a irmã do khan uzbeque. Um ano depois, foi nomeado grande príncipe de Vladimir. As terras familiares dos Danilovitch se concentravam em Moscou, com sua fortaleza à margem do rio (*kremlin*). Após décadas de disputa pelo poder superior entre vários Rurikids e os mongóis, muitas vezes aliados uns com os outros, os Danilovitch foram os Riurikids que melhor souberam manter suas terras, ampliando sua soberania sobre todos os outros principados e construindo sua própria trajetória imperial.

O primeiro fator – e o mais essencial – que garantiu a sobrevivência desses príncipes foi saber se manter nas graças dos khans mongóis comprando sua boa vontade, exercendo os devidos rituais e fornecendo soldados para suas campanhas. Em segundo lugar, os Danilovitch precisaram de uma base da qual cobrar impostos; como sua região apresentava apenas recursos modestos e uma população minguada, ele precisaram se expandir para além de sua base moscovita e conquistar terras, rios, povos e conexões ao norte e, mais tarde, ao longo do rio Volga – que também passaram a controlar. Em terceiro, os Danilovitch se mostraram astutos na negociação de casamentos políticos. Conseguiram esposas da família do khan para seus filhos e, ao mesmo tempo, casaram suas filhas com os filhos de príncipes rivais. Essa adaptação patriarcal da exogamia mongol inseriu outros Riurikids na esfera de poder patrimonial dos Danilovitch. Por fim, os príncipes moscovitas tiveram muita sorte no jogo da reprodução dinástica. Eles viveram por muito tempo, o que era ótimo para o poder familiar, e não geraram muitos filhos. Assim, os Danilovitch puderam romper com o hábito de dividir seus territórios entre seus progênitos – um processo que havia fragmentado muito a elite de Kiev.

PRINCIPAIS GOVERNANTES E SEUS REINOS EM KIEV E NA MOSCÓVIA

Grande príncipe Vladimir (980-1015)

Grande príncipe Iaroslav (1019-1054)

Grande príncipe Vladimir Monomakh (1113-1125)

Alexandre Nevsky, príncipe de Vladimir (1252-1263)

Iuri Danilovitch, grande príncipe de Vladimir (1318-1322)

Ivan I, o Avarento, grande príncipe de Vladimir (1327-1341)

GRANDES PRÍNCIPES DE MOSCOU

Demétrio Donskoi (1359-1389)

Basílio I (1389-1425)

Basílio II (1425-1462)

Ivan III, o Grande (1462-1505)

Basílio III (1505-1533)

Ivan IV, o Terrível (1533-1584)

Em razão de sua obstrução do comércio ao leste, o canato Quipchaco era um dos alvos principais dos construtores imperiais ambiciosos, e essa vulnerabilidade acabou favorecendo os moscovitas. Sobretudo após Tamerlão ter destruído Sarai em 1395 (ver capítulo 4), os grandes príncipes de Moscou começaram a reter para si o dinheiro arrecadado com os impostos e a exigir tributos de seus próprios súditos. Em meados do século XV, o canato Quipchaco havia sido dividido em quatro: os canatos de Kazan, Astracá, Crimeia e os Quipchacos remanescentes. A partir de 1462, o khan Quipchaco deixou de nomear o grande príncipe de Moscou.

Durante os dois séculos seguintes, enquanto agentes portugueses, espanhóis, holandeses e britânicos estabeleciam enclaves e colônias pelos oceanos, os príncipes de Moscou expandiram seu controle sobre povos e recursos terrestres em todas as direções, criando um império multiétnico e multiconfessional. Antes da incorporação pela Moscóvia, as tribos que viviam na área central da região eram finlandesas, eslavas e em sua maioria pagãs. O topo da hierarquia social era de origem mista, porque as famílias mongóis haviam ingressado na administração moscovita.

A conquista de Novgorod e de suas terras interioranas em 1478 colocou mais grupos finlandeses sob o jugo de Moscou. Os russos precisavam lidar com outros poderes expansionistas – livônios, suecos e polacos – daquela região ao norte que dava acesso ao Báltico. A morte do grande príncipe Vitovt da Lituânia em 1430 deu aos muscovitas, que já haviam acertado casamentos com a família do príncipe, uma oportunidade de expansão rumo ao oeste. Eles deram início a um longo e árduo percurso de incorporação de populações eslávicas e de territórios governados pela Lituânia, que, ao lado de seus parceiros poloneses, continuava obstruindo o caminho de Moscou. A Ucrânia foi anexada em meados do século XVII por meio de um acordo com os cossacos da região. A expansão ocidental integrou católicos romanos ao regime de Moscou. Ao sul, onde o objetivo final eram as conexões do mar Negro, foi o poder otomano que limitou o crescimento russo.

A direção mais promissora para os moscovitas era o leste. Militares, aventureiros e comerciantes russos se movimentavam pela Sibéria em busca de peles, persuadindo os povos nativos a se tornar súditos de Moscou, pagar tributos e ajudar a manter tropas e fortalezas. Ao sudeste, ao longo do Volga e em direção à Ásia Central, o objetivo era controlar as rotas comerciais. Moscou tinha uma oportunidade para virar o jogo nas áreas reivindicadas pelos irascíveis canatos mongóis, seus antigos soberanos.

O grande príncipe tentou absorver o canato Kazan no rio Volga ao oferecer seu próprio candidato ao trono tártaro, mas, quando essa tentativa fracassou e o khan buscou aliados contra Moscou, Ivan IV (o Terrível) atacou. Com a conquista de Kazan em 1552, o regime da Moscóvia se tornou ainda mais diversificado. A elite do canato Kazan era composta por tártaros e muçulmanos, e o povo falava turco, fino-úgrico e outras línguas. Alguns eram muçulmanos, alguns panteístas, uns poucos eram cristãos. Ivan deu continuidade à sua bem-sucedida inversão da política das estepes, transformando o candidato de Moscou em khan de Astracã e, mais tarde, anexando a região. Agora, Moscou reivindicava para si uma conexão crucial entre o Volga e as rotas da estepe para a Ásia – o mesmo local onde o canato Quipchaco havia prosperado.

A conquista, a cobrança de tributos, a taxação da população agrícola e o controle do comércio deu aos príncipes moscovitas os contornos de um império, mas será que eles conseguiriam manter o controle por mais que algumas gerações? Nenhum de seus modelos – os mongóis com a *tanistry* ou os Rurikids com a sucessão lateral – oferecia uma solução para as rixas violentas entre candidatos ao poder que costumavam rachar os domínios dinásticos da Eurásia. Associado a isto, havia também um problema imperial de ordem mais geral: manter as elites leais à soberania dinástica. Com o tempo, os russos desenvolveram formas muito eficazes para atrelar seus intermediários ao soberano.

Os príncipes moscovitas criaram uma inovação crucial ao estenderem a prática de alianças matrimoniais às elites que integravam seu regime em expansão. Novos clãs eram comandados por boiardos; os clãs eram organizados em uma ordem hierárquica que definia as designações para cargos adminis-

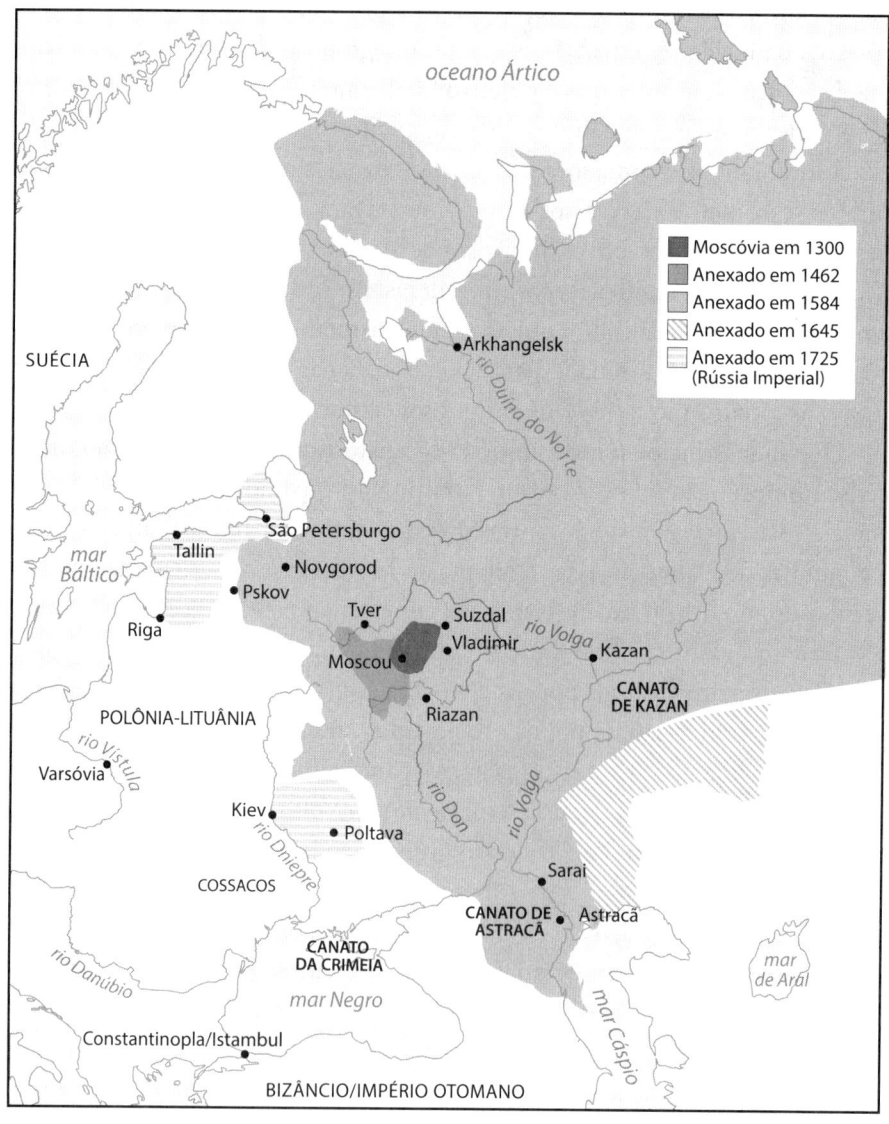

Mapa 7.2 – Expansão da Rússia

trativos. Um conselho de boiardos assessorava coletivamente o governante. O grande príncipe se casava com mulheres dos clãs subordinados, e não com estrangeiras. Essa prática enxertava famílias inteiras na dinastia, garantindo um interesse vital pelo regime. Apenas um Danilovitch podia ser grão-príncipe, e o ponto mais fraco desse regime matrimonial era a baixa fertilidade da família. O que havia servido de ferramenta no jogo rotacional poderia ser uma desvantagem caso o grão-príncipe não deixasse filhos, ou mesmo um descendente único cabeça fraca e vida breve. Essas contingências podiam expor, e de fato expunham, o império a grandes riscos.

Havia uma segunda tática, puramente material. Assim como os khans Quipchacos haviam feito antes deles, os grão-príncipes se declaravam mestres de todas as terras do reino em expansão, mas concediam grandes partes delas às elites, fossem estas novas ou antigas, em troca de lealdade e servidão. Dois princípios patrimoniais – a posse soberana do governante sobre todos os recursos e a concessão condicional de terras – marcam a maior parte da história do governo russo. Dependentes diretas do grão-príncipe, as elites que recebiam concessões de terras – e das pessoas que viviam nela – para explorá-las em benefício de suas próprias famílias dificilmente constituíam uma aristocracia unida. Nas cerimônias, os boiardos tocavam a testa no chão diante do grão-príncipe e se diziam seus "escravos". Conforme o império se expandia, esses "escravos" podiam enriquecer por meio das concessões de terra.

Se os casamentos e concessões de terra mantinham as elites atreladas a Moscou, o que os grão-príncipes ofereciam ao povo além de proteção e exigências? Gradualmente, o cristianismo ortodoxo se converteu em uma ideologia imperial que oferecia conexões espirituais e rituais entre a corte e o povo. Enquanto os canatos se enfraqueciam, sobretudo após a queda de Constantinopla diante dos otomanos em 1453, os clérigos ortodoxos se voltaram para a Moscóvia com o intuito de fortalecer a Igreja. Em 1448, um bispo de Riazan foi escolhido como prelado metropolitano de Moscou sem se preocupar com a aprovação do patriarca em Constantinopla. Naturalmente, o clérigo ortodoxo queria que os moscovitas o tratassem tão bem como os mongóis haviam feito.

Assim que os príncipes de Moscou aparentaram estar no comando de seus antigos mestres, os clérigos, influenciados pelo exemplo de Bizâncio, tentaram fazer da Igreja um poder oculto por trás do trono de Moscou. Esse movimento exigiu a transformação do simbolismo imperial de um modelo eurasiático para um modelo cristão e a concessão de um passado mais útil a Moscou. Os sacerdotes criaram uma genealogia satisfatória para os soberanos russos, alegando que os grão-príncipes moscovitas haviam recebido sua autoridade dos imperadores bizantinos e que eram descendentes de Augusto César. O domínio dos khans, tão necessário para a ascensão de Moscou, foi transformado no "jugo tártaro".

Em 1547, Ivan IV – que, quando menor de idade, havia reinado como grão-príncipe – assumiu o título de czar, ou César, vinculando-se ao passado romano. Carlos Magno havia feito a mesma associação quando de sua coroação no ano 800, assim como os contemporâneos de Ivan, Carlos V e Suleiman, e também os kaisers alemães do século XIX. Mais tarde, os czares russos acrescentariam ao seu título a denominação "autocrata", a palavra bizantina para "soberano completo". A coroa do czar foi renomeada "chapéu de Monomakh", em alusão ao imperador bizantino Constantino Monomachus. Na verdade, a coroa havia sido confeccionada na Ásia Central e não tinha nada a ver com Bizâncio – exceto pela bem-sucedida campanha de desinformação promovida pelos clérigos de Moscou.

Os líderes de Moscou negociaram a transformação do prelado metropolitano de Moscou em patriarca da própria Igreja Ortodoxa Oriental da Rússia em 1589. Mais cedo, em 1550, após ter convocado um "Conselho da Terra" aos moldes do *kurultai*, o czar emitiu um novo código de leis que estabelecia o direito, comum a todos os súditos, de recorrer ao czar para proteger sua honra e bem-estar. O khan havia se tornado ao mesmo tempo César e servo de Deus; o czar oferecia aos seus súditos uma imagem de comunidade cristã conduzida por um autocrata e guiada pela igreja.

Consolidação do império patrimonial

Os três pilares do Estado moscovita eram os clãs políticos centralizados no czar, o sistema de concessão de terras e a Igreja, com sua ideologia unificadora. A manutenção da disciplina patrimonial sobre os servos da elite foi crucial para a trajetória imperial de Moscou. Como vimos, os nobres espalhados pela Europa Ocidental refreavam de forma eficaz os anseios dos reis e imperadores da época, enquanto os otomanos estruturaram seu alto-comando de modo a evitar a formação de uma nobreza poderosa. Moscou optou por um caminho diferente e conseguiu produzir uma nobreza dependente do autocrata e, ao mesmo tempo, envolvida no projeto imperial.

Como a concessão de terras era crucial para garantir a lealdade dos servidores da elite, a expansão se tornou lubrificante e combustível do mecanismo imperial de Moscou. O czar, sua família e seus criados, bem como o clero, eram sustentados pelos recursos de novas regiões, muitas vezes mais ricos do que os do centro. Mas o crescimento também gerava vulnerabilidades. A expansão colocou a Moscóvia em conflito com outros poderes de ambições imperiais: Suécia, Polônia-Lituânia, Império Otomano, China, mongóis e outras confederações tribais da estepe. Mesmo as conquistas bem-sucedidas implicavam a absorção de povos com muitas culturas diferentes, alguns dos quais podiam gerar conflitos entre Moscou e outros impérios.

Ao final do século XVI, o regime patrimonial que definia Moscou quase entrou em colapso após uma crise desencadeada pelo próprio czar. Ivan IV, cujo apelido "o Terrível" (*groznyi*) significava "admirável", dividiu o reino em duas partes: uma seria administrada pelos boiardos e pela Igreja, e a outra por seus seguidores fiéis. Essa tática, assim como a nomeação pouco duradoura de um khan gengiano para substituí-lo no trono, sua rejeição da moral imposta pela Igreja Ortodoxa e sua perseguição inclemente dos inimigos foram tentativas ao estilo mongol de afirmar sua supremacia pessoal e romper com os poderes do clérigo e dos boiardos. O maior fracasso de Ivan enquanto governante dizia respeito à sua família. Em um acesso de raiva, acredita-se, ele matou um de seus filhos e deixou apenas um herdeiro, de cabeça fraca, conhecido como Teodoro I, o Tocador de Sinos. Quando Teodoro morreu, em 1598, a dinastia Rurikid acabou.

Àquela época, o sistema já havia incorporado elementos de autopreservação, incluindo o regime de casamentos dos príncipes de Moscou. Os boiardos escolheram um dos seus para ser czar: Boris Godunov, cuja irmã havia se casado com Teodoro. Mas Boris não era ele próprio um Rurikid, e portanto carecia de legitimidade dinástica. A morte de Teodoro abriu uma grande

> "Ai ai, minhas lágrimas caem em profusão, pois as santas igrejas receberam muitos favores desses pagãos infiéis. Quanto a vocês, príncipes e boiardos ortodoxos, empenhem-se em mostrar suas beneficências às santas igrejas, ou no dia do julgamento vocês serão vexados por esses bárbaros."
>
> **Cronista do século XV**

disputa de poder dentro da elite russa – entre aqueles que haviam sofrido sob Ivan e aqueles que haviam prosperado em seu governo – e com poderes externos – os polacos e suecos, que cobiçavam terras russas e a riqueza acumulada pelos czares. Durante o "Tempo de Dificuldades" (1584-1613), a ideologia de descendência real se revelou uma força poderosa e mobilizadora. Dois homens distintos alegaram ser filhos de Ivan, Dmitrii, evocando o carisma da dinastia para tentar assumir o trono. Após anos de beligerância destrutiva, os boiardos escolheram um novo czar e entronaram Miguel Romanov, de apenas dezesseis anos e proveniente de um clã de importância relativamente menor. Essas duas características convenceram as outras famílias a apoiá-lo. A nova dinastia imperial durou enquanto princípio, mas provavelmente não em termos genéticos – graças às dificuldades conjugais de Catarina, a Grande – até 1917.

CZARES E DINASTIAS RUSSAS, 1547 A 1725

Rurikids (Danilovitch)
Ivan IV (grão-príncipe, 1533-1547, czar 1547-1584)
Teodoro Ivanovich, o Tocador de Sinos (1584-1598)

1584-1613: Tempo de Dificuldades
Boris Godunov, regente e então czar boiardo; guerra civil, pretendentes ao trono, invasões sueca e polonesa

Romanov
Miguel Romanov (1613-1645)
Aleixo Mikhailovich (1645-1676)
Teodoro III (1676-1682)
Pedro I e Ivan V (1682-1689)
Pedro I (1689-1725)

No meio século após o Tempo de Dificuldades, a jovem dinastia Romanov apaziguou os clãs de nobres da Rússia com suas novas leis trabalhistas. Tanto os czares como os nobres sofriam com sua incapacidade de manter as pessoas trabalhando em "suas" terras, porque os camponeses podiam muito bem juntar suas coisas e partir para outros territórios do império em expansão, onde outros lhes ofereceriam trabalho de bom grado. Respondendo às reclamações dos nobres, o Estado antes restringiu e, em 1649, aboliu o direito dos camponeses de deixarem as terras onde viviam. Essa realocação de direitos expressava o acordo estabelecido entre o czar e esse tipo de nobreza – servos em troca de lealdade.

A restrição de mobilidade dos camponeses deu aos nobres um bom motivo para apoiar o czar. Mas e quanto aos sacerdotes de alto escalão – os outros intermediários do Império Russo? Os czares haviam se beneficiado muito da ideologia harmonizadora da Ortodoxia, com seus rituais de acomodação e seus esforços missionários, sem precisar lidar com a autoridade institucionalizada de um papa romano. Desde a época do protetorado mongol, contudo, a Igreja possuía suas próprias terras, seus próprios camponeses agricultores, seus próprios tribunais e, a partir de 1589, seus patriarcas, por vezes indivíduos de grande importância. Durante o reinado de Aleixo Mikhailovich (1645-1676), o segundo czar Romanov, a Igreja Ortodoxa foi enfraquecida por um cisma em sua hierarquia. De início, Aleixo apoiou o patriarca de vocação tirânica Nikon, que queria "purificar" a Ortodoxia Russa e remover suas raízes gregas. O plano era alinhar as práticas russas àquelas do alto clero de Kiev – o que, de forma conveniente, facilitaria a expansão de Moscou em direção à Ucrânia. Na Rússia, contudo, a campanha para se livrar dos ritos locais provocou rebeliões contra Nikon e em favor das "antigas crenças". Em um golpe de mestre de poder pessoal, o czar Aleixo dispensou o patriarca impopular, mas manteve as reformas. O czar ganhou mais autoridade em detrimento da Igreja. Os clérigos foram disciplinados.

Uma pitada de Europa na receita russa

Na narrativa convencional da história russa, foi Pedro, o Grande, que desempenhou o papel de grande "ocidentalizador" – o czar que adquiriu tecnologias ocidentais e colocou a Rússia em um caminho totalmente novo rumo à europeização. De forma coerente, a Rússia dos séculos seguintes é explicada pelo "atraso" do país e seu passo lento para "alcançar" a Europa. Um dos problemas dessa perspectiva é que a "Europa" que a Rússia supostamente devia alcançar era um lugar composto por muitos Estados, sociedades e culturas, e não um todo autoconsciente. Uma perspectiva mais pé no chão, incluindo os impérios ao redor do globo com seus diversos passados interativos, permite-nos ver Pedro e seus conselheiros, agentes e subordinados trilhando os mesmos caminhos imperiais de antes e, ao mesmo tempo, executando práticas absorventes, sincréticas, pragmáticas e em constante evolução que caracterizavam o governo russo.

Pedro, o Grande, filho do czar Aleixo Mikhailovich, sobreviveu a uma disputa assassina entre os clãs das duas esposas de seu pai. Em 1696, aos 24 anos, ele se tornou o único czar – mais cedo, dividira o cargo com seu meio-irmão. Quando garoto, Pedro viveu no bairro de estrangeiros de Moscou e se tornou entusiasta da tecnologia "ocidental" e especialista em construção de barcos, navegação, matemática e estratégias militares. Ele realizou duas viagens à Europa como czar; durante uma delas, disfarçou-se de trabalhador

Figura 7.1
Pedro, o Grande retratado na batalha de Poltava (1709). Pedro é coroado por um anjo no momento de sua grande vitória contra o exército de Carlos XII da Suécia. Retrato da Galeria Tretyakov, Moscou. (GettyImages.)

comum para atuar como aprendiz de construtor de barcos na Holanda. As ambições militares de Pedro inspiraram muitas de suas reformas, inclusive a conscrição anual de um recruta a cada vinte famílias. Após alguns reveses iniciais e décadas de combate, Pedro alcançou seus principais objetivos: derrotar os suecos e garantir a segurança dos portos da Rússia no Báltico. Ao retornar de uma batalha bem-sucedida contra outro grande inimigo dos russos, os otomanos, Pedro mandou construir um arco em estilo romano em Moscou, decorado com o lema de Júlio César: "Vim, vi, venci".

Muitas das inovações de Pedro, como a substituição da cúpula de boiardos por um "senado", a exigência de que esse senado (e não a Igreja) o proclamasse "imperador" em 1721, a criação da Academia de Ciência, a publicação do primeiro jornal da Rússia e o uso de uma "Tabela de Patentes" para classificar o funcionalismo estatal e reorganizar a administração em "colégios", foram manifestações de sua admiração das práticas que observou em vários Estados europeus. Mas não havia nada de novo ou particularmente russo na tentativa de adquirir recursos culturais e militares das potências rivais. Russa foi a forma como Pedro realizou essa empreitada. Sua capacidade de comandar ações gigantescas e revolucionárias – construir uma capital totalmente nova, batizada em homenagem ao seu próprio santo, desarraigar nobres e obrigá-los a construir residências lá, fazer a barba, organizar festas dançantes com os dois sexos – derivava de uma construção de poder imperial a longo prazo e, particularmente, de um disciplinamento bem-sucedido das elites imperiais.

Pedro não tentou tornar cristão o seu império multiconfessional, como haviam feito os governantes europeus. Como Ivan IV, Pedro alardeou sua autoridade suprema sobre eclesiásticos e nobres do alto escalão. Ele rompeu com a tradição em que o czar conduzia o cavalo do patriarca ao redor da Praça Vermelha no domingo de ramos – um sinal cerimonial da submissão do czar diante da vontade divina. Com seus companheiros inseparáveis, Pedro confeccionou rituais ultrajantes – uma "ordem de Judas", um príncipe-papa de mentira, casamentos mascarados, paródias obscenas de sacramentos religiosos – aparentemente criados para mostrar aos clérigos e pretendentes a aristocratas que ele podia fazer o que bem entendesse com suas expectativas de poder.

O imperador resguardou essas humilhações pessoais com reformas administrativas, criando uma secretaria para gerir as propriedades da Igreja e cobrar impostos delas. Em 1721, Pedro emitiu uma carta de regras para o clero e substituiu o patriarca por um conselho, o Santo Sínodo. A Igreja não ofereceu combate. Os clérigos, assim como os servidores seculares, reconheceram o poder pessoal do imperador para proteger, recompensar e punir. Por outro lado, o deboche espetacular que Pedro promovera contra as práticas ortodoxas o tornaram alvo de críticas populares. Seria aquele estranho czar o anticristo? A violação pública de cerimônias ortodoxas por parte de Pedro continuou produzindo sectários e autointitulados verdadeiros czares pelo resto desse período imperial.

Muitas das iniciativas culturais de Pedro, especialmente sua demanda por criados de boa formação, mostraram-se muito atrativas. Arquitetos europeus remodelaram espaços urbanos e domésticos. Teatros, academias, museus e o estudo de línguas estrangeiras transformaram o entretenimento e os estudos. Idiomas europeus de diversos períodos foram intercalados com ou sobrepostos a escopos eurasiáticos anteriores, produzindo algo que até hoje representa uma mistura estilística espetacular e desnorteante. As elites russas cultivaram modos "ocidentais" como forma de se conectarem a um mundo mais amplo de civilização e assim incrementar sua posição em relação às populações subordinadas do império.

Mas o alcance das ações de Pedro para combater a ideia de poder patrimonial mantida pela nobreza tinha limites. Pedro tentou fazer com que o imperador fosse livre para nomear seu próprio sucessor. Ele também infringiu a lei ao dividir entre seus filhos terras pertencentes a um lote de concessões para a nobreza – uma reforma que seguia os moldes da primogenitura inglesa e era utilizada em oposição aos antigos padrões kievanos/mongóis/moscovitas, segundo os quais cada descendente recebia meios para garantir sua própria subsistência. Após a morte de Pedro, a nobreza sabotou essas duas inovações. Durante o resto do século XVIII, por meio de consultas, assassinatos e conspirações, as famílias mais distintas da nobreza sempre conseguiram se unir em torno do futuro imperador ou da futura imperatriz que melhor lhes serviria, obstruindo ou se livrando dos imperadores que se esforçavam demais para reinar sobre eles. A expansão do império tornou mais fácil para as famílias russas a divisão de suas posses entre os filhos.

À época de sua morte em 1725, Pedro, com a ajuda de sua elite submissa, havia absorvido, manipulado ou rejeitado elementos bizantinos, mongóis e kievanos e práticas da Europa Ocidental, transformando-os em um sistema imperial robusto visto pelos outros Estados como uma potência a um só tempo grandiosa e ameaçadora. O patrimonialismo triunfou sobre a estrutura de classes (ver conclusão do capítulo 5). Os nobres recebiam terras e força de trabalho como recompensa por sua lealdade; eles não tentavam se livrar da autocracia, mas antes lutavam para continuar próximos do imperador ou para manter conexões com os mais altos agentes de Estado. Uma forte reminiscência da diplomacia mongol delineou as relações entre o imperador e seus serventes: oficiais de alto escalão, nobres e o clero dependiam todos de correntes de comando pessoal para manter suas posições.

A ideologia oficial misturava proposições seculares e teocráticas. O imperador era um legislador que distribuía bens e direitos entre seus súditos. A Igreja Ortodoxa era gerida de acordo com as regras do imperador. Os nobres podiam criar suas mesclas personalizadas de ortodoxia e cultura "ocidental", contratar tutores franceses para seus filhos, ler livros estrangeiros e considerar a si mesmos civilizados. Apesar da primazia da ortodoxia enquanto religião oficial, as muitas populações do império praticavam diversos rituais de devoção. Nenhum deles era considerado bizarro ou problemático pelas pessoas que viviam em um império que tinha como característica principal a combinação eficiente e pragmática de diversas culturas imperiais, e não uma suposta diferença em relação à "Europa".

CHINA: EVOLUÇÃO ACENTUADA DA DIPLOMACIA IMPERIAL

Apesar de ser relativamente jovem, e talvez por sua tendência incorporadora, o Império Russo conseguiu se difundir de forma intermitente para além dos territórios moscovitas a partir de meados do século xv e manteve sua coerência política sob o mando de duas dinastias: os Rurikids e seus sucessores, os Romanov. O Império Chinês, muito mais velho, não foi capaz nem de manter seu território e nem de garantir uma continuidade dinástica com a mesma consistência. O que manteve o Império Chinês em cena enquanto seu Estado se estilhaçava, redimensionava e reformava, transferindo a capital de um ponto a outro, foi uma poderosa tradição imperial e uma diplomacia autoconsciente e sofisticada. Conforme as dinastias chegavam ao trono ou entravam em declínio, seus sucessores, aconselhados por agentes de Estado de boa formação, reivindicavam com sucesso o Mandato Celestial.

A manutenção da trajetória imperial chinesa exigiu ajustes, inovações e, com frequência, a ilusão de continuidade. Uma intepretação da história chinesa alega que os governantes não Han foram prontamente "sinizados": absorvidos por instituições e normas estabelecidos em um passado "chinês". Essa tese de homogeneidade etnicizada contrasta fortemente com a autorrepresentação da Rússia como um espaço de povos múltiplos. Mas a trajetória do Império Chinês foi de interações com povos não Han. O império dedicava

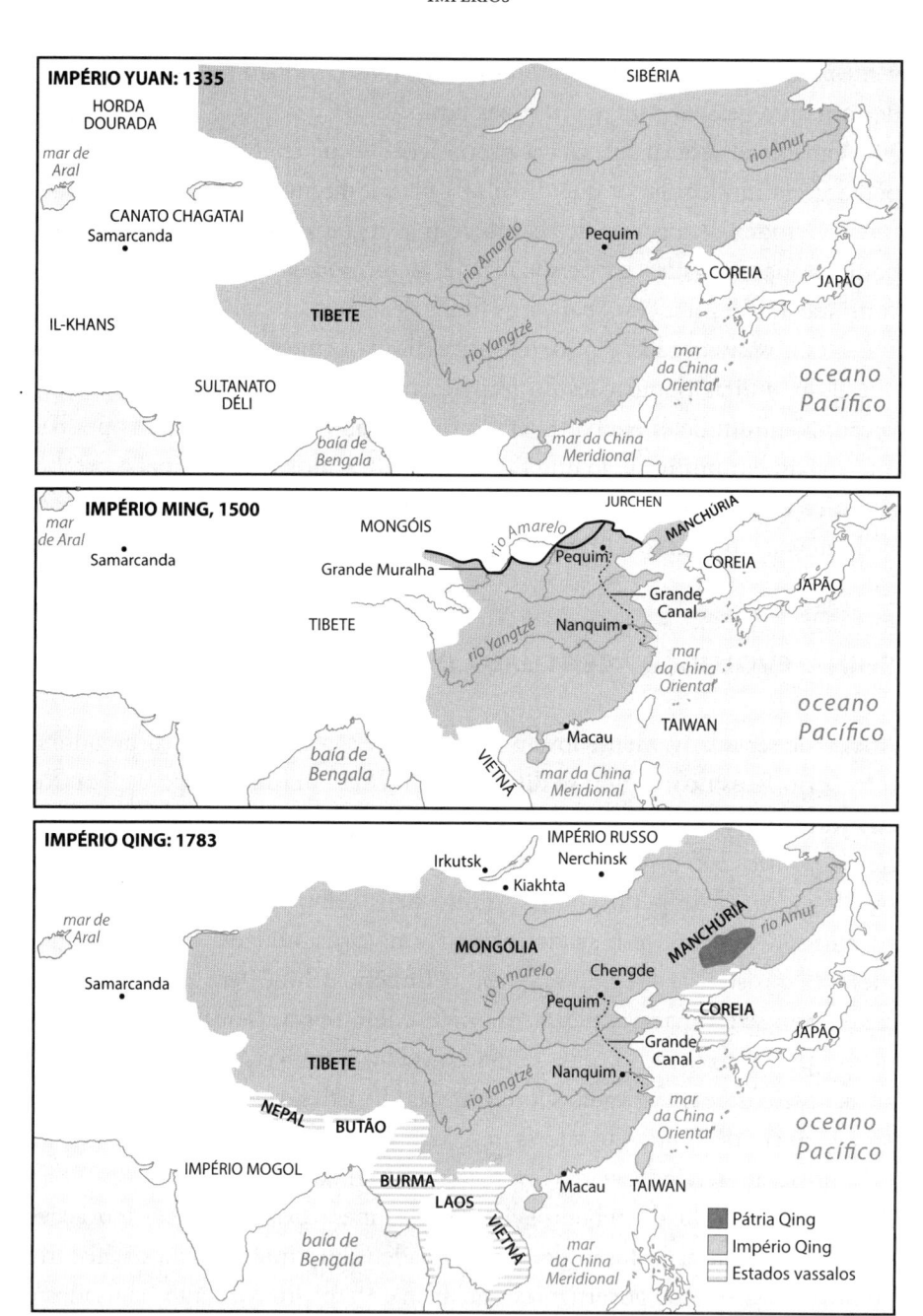

Mapa 7.3 – Impérios Yuan, Ming e Qing

atenção às diferenças culturais e, talvez por isso, era bastante dinâmico. Neste segmento do livro, após breves comentários sobre o governo Yuan e Ming, focaremos nos séculos XVII e início do XVIII, quando uma dinastia criada em grande proximidade com a China assumiu o trono imperial e construiu uma variação eficaz da política da diferença. Os imperadores Qing (manchus) ampliaram o território da China mais do que qualquer um de seus antecessores e fizeram das divisões culturais do império expandido uma tecnologia de governo imperial.

Sucessores dinásticos: Yuan e Ming

Como foi visto (capítulo 4), o neto de Genghis Khan, Kublai, conquistou o norte da China, derrotou a dinastia Song ao sul, transferiu a capital para o norte e rebatizou-a de Pequim, fundando uma nova dinastia de governo: os Yuan (1279-1368). As redes de comunicação fomentadas pelos Yuan, seu apreço por tecnologias aplicadas e seu estímulo ao comércio promoveram atividades empreendedoras e melhorias na produção de algodão e seda. Ao ocuparem áreas no oeste (antes governadas pelos Tanguts), norte (sob jugo dos Jin) e sul (dinastia Song), os Yuan reuniram o império e ampliaram muito suas fronteiras.

Os Yuan mesclaram os *modus operandi* chinês e mongol ao conservarem indicadores fortes de status social, mas reorganizaram a hierarquia de acordo com as novas prioridades do império. Os guerreiros mongóis possuíam o status social mais elevado, seguidos pelos muçulmanos da Ásia Ocidental e Central, que atuavam como administradores e coletores de impostos. Em seguida vinham os chineses do norte, com mais experiência de governo mongol, e por fim os chineses da região Song ao sul. Os Yuan também buscaram sistematizar a administração: para tanto, dividiram o reino em províncias, governadas por agentes de Estado e comandantes militares designados pelo centro administrativo.

Assim como dinastias anteriores, os Yuan precisaram lidar com os nômades em suas fronteiras. Não se tratava mais de contratar predadores poderosos – visto que agora os guerreiros mongóis protegiam a China de dentro –, mas de recompensar as tribos nômades que forneciam cavalos aos Yuan. Os imperadores assumiram um novo papel: fazer concessões *ad hoc* de grãos, dinheiro e animais a líderes tribais que pudessem empregar esses recursos para auxiliar (e controlar) seus súditos. Essa tática patrimonial, uma espécie de sistema de tributação reverso, deixou os grupos nômades aos pés do imperador, convenientemente tornando-os dependentes dele e mantendo-os a certa distância.

Os Yuan deram início àquele que se tornaria um projeto imperial de longo prazo dos chineses: o controle do Tibete. Naquele terreno de geografia desafiadora para os mongóis, os Yuan aplicaram de forma estratégica sua política religiosa inclusiva. Antes da vitória final sobre os Song, Kublai Khan havia colocado Phags-pa, um lama tibetano, sob sua proteção. Phags-pa proclamou Kublai o governante budista universal e forneceu a ele um alfabeto para registrar a língua mongol. Em 1270, Kublai atribuiu a Phags-pa o papel de preceptor imperial do Tibete, apoiando a autoridade religiosa de seu vassalo em troca de subordinação política e, é claro, de impostos. Enquanto tecnologia de governo imperial, o sistema de "lama-patrono" tinha um aspecto negativo, pois inaugurou disputas entre facções budistas, mongóis aspirantes ao trono – muitos deles budistas – e os imperadores posteriores.

A dinastia Yuan enfrentava ameaças mais imediatas: disputas internas à moda mongol entre príncipes e o clã governante e a má administração dos recursos agrários da China. A fragmentação no topo da sociedade e a cobrança excessiva de impostos sobre camponeses enfraqueceram a capacidade dos Yuan para enfrentar o mais básico desafio do Império Chinês: manter o regime unido em uma área produtiva onde as autoridades intermediárias tinham os recursos para abdicar do centro ou tentar conquistá-lo. Na década de 1350, o poder Yuan foi desafiado por revoltas camponesas, conspirações budistas e rebeldes ambiciosos. Um carismático camponês chinês nascido pobre, criado como noviço budista e, mais tarde, aconselhado por estudiosos descontentes juntou-se à briga. Após dezessete anos de campanhas, em que antes se aliou aos seus rivais e depois derrotou-os no campo de batalha, Chu Yuan-chang fundou uma nova dinastia, os Ming ("brilhante"), e assumiu o título de reinado Hongwu ("imensamente marcial"). Ele governou entre 1368 e 1398.

A consolidação do poder de Hongwu fez com que alguns guerreiros de elite Yuan voltassem para a Mongólia com seus séquitos, onde restabeleceram o padrão anterior de relações tributárias com os novos líderes chineses. O imperador Ming evocou o rótulo de "bárbaros" para definir os Yuan derrotados, e atribuiu as divisões e explorações de seus últimos anos a suas origens mongóis. Hongwu transferiu a capital mais uma vez – dessa vez para o sul, em Nanquim, às margens do rio Yangtzé –, interrompeu o comércio intercon-

Figura 7.2
Enviados cazaques oferecem um tributo de cavalos ao imperador Qianlong (1736-1795). O sistema de tributos iniciado na China antiga foi utilizado por dinastias posteriores. Esse pergaminho é um trabalho do jesuíta Castiglione, que chegou à China em 1715 e foi designado para o posto de pintor da corte em Pequim. (Museu de Artes Asiáticas-Guimet, Paris. ArtResource.)

tinental controlado pelos mongóis e substituiu o prático papel-moeda pela prata. Os Ming resgataram o sistema de exames que havia sido em grande parte abandonado pelos Yuan.

Mas a estratégia xenófoba dos Ming não foi nem plena, nem duradoura. A capital voltou para Pequim durante o governo do imperador Yongle (1403-1424). Yongle aprimorou a capital de Kublai e criou dentro dela a esplêndida Cidade Proibida. Após uma breve reação contra as práticas econômicas dos Yuan, os Ming voltaram a estimular inovações tecnológicas e comerciais (com maior foco na conexão entre regiões interioranas). Preocupados em ampliar a produção e a entrega de grãos, eles investiram recursos para construir e manter o Grande Canal entre Pequim e a região ao sul do rio Amarelo. Como vimos (capítulo 6), no início os Ming patrocinaram expedições navais em torno do mar da China, partindo do oceano Índico até chegar ao Golfo Pérsico, à Arábia e à África.

Diferentemente dos líderes europeus que enfrentavam restrições territoriais, os Ming não criaram enclaves ou colônias em além-mar após suas viagens de longa distância, pois não havia essa necessidade. Eles expandiram seu controle no sul e oeste utilizando o método já conhecido de sujeitar chefes nativos e seus povos enquanto camponeses chineses gradualmente se mudavam para as zonas pacificadas. Os Ming lucraram com suas conexões com comunidades mercantes chinesas já estabelecidas no Sudeste da Ásia e com o aluguel pago pelos portugueses em Macau, sem precisar assumir os custos de um governo direto ou do combate aos piratas. A expansão em direção ao Vietnã e a imposição do sistema de lama-patrono no Tibete começaram com os Yuan e se tornaram parte do projeto imperial Ming.

Durante dois séculos e meio, os Ming presidiram uma civilização fantasticamente rica e criativa que forneceu a boa parte do mundo seus utensílios de mesa (porcelana), sua bebida (chá) e seus tecidos de luxo (seda). Na maior parte do tempo, a única coisa que os europeus tinham para oferecer em troca dos produtos chineses era a prata proveniente dos impérios que construíram nas Américas. Assim como os Song, Tang e dinastias anteriores, os Ming tinham como maior objetivo imperial administrar as esferas social e econômica internas e apaziguar as demandas e os levantes organizados por confederações nômades junto a suas fronteiras.

Além de enfatizarem suas origens chinesas, os Ming lançaram mão de uma miscelânea de práticas de governo forjadas por impérios, conselheiros e líderes militares anteriores. Eles mantiveram as estruturas provinciais usadas pelos Yuan e reafirmaram as tradições de governo por meio de agentes e das leis imperiais. A disseminação da alfabetização e uma avançada tecnologia gráfica auxiliaram a agenda imperial. O Estado patrocinou a publicação de noticiários centrais e provinciais; agentes enviados a regiões distantes produziam etnografias dos "nativos". A burocracia Ming se tornou a maior de toda a Terra.

As famílias chinesas podiam aspirar a ver seus filhos nos mais altos níveis burocráticos, mas havia outras maneiras respeitáveis de prosperar. Grandes senhores de terra enriqueceram com a produção de alimentos e matérias-primas para o mercado interno integrado; os mercadores gozavam de um alto padrão de vida nas cidades e vilarejos. A administração imperial gerenciava suas próprias operações de manufatura. A porcelana Ming personificava a mescla cultural chinesa: os desenhos em azul e branco utilizavam cobalto importado, que era aplicado em padrões derivados da Índia e da Ásia Central, e novos processos de produção – uma espécie de organização em linha de montagem – permitiam que os trabalhadores produzissem porcelana em imensas quantidades para os mercados interno e externo. Os Ming conservaram o pluralismo religioso dos Yuan. Muçulmanos, judeus e cristãos podiam louvar seus deuses à sua maneira. Mesquitas, templos budistas e taoistas e altares para Confúcio também integravam o panorama cultural.

A bem-sucedida integração econômica de um imenso espaço sob governo dos Ming promoveu mudanças no modo de vida que lembram os efeitos do império mediterrâneo romano. Como em Roma, os pobres só vivenciavam a expansão do bem-estar de forma marginal, mas a elite gozava de prosperidade e refinamento proporcionados pelo império. Sob os Ming, a agitada cultura urbana fomentada pelos Yuan se transformou em uma mescla dinâmica de aprendizado e criatividade. Garotos estudavam durante anos para serem capazes de passar nas provas do Estado. Artistas criaram novos gêneros, incluindo romances e o teatro musical. A elite vivia em casas confortáveis com elegantes decorações de interior, degustava uma culinária refinada e discutia pinturas e poesia. As mulheres das famílias requintadas eram cultivadas em letras e nas artes. Esperava-se que as cortesãs fossem bem versadas em música e poesia. Havia muitas indústrias voltadas para o mercado cultural, como a fabricação de papéis, tintas e tipos de madeira para a impressão de livros. A qualidade da vida urbana na China Ming deixava os visitantes europeus embasbacados. Ao redor do mundo, os gostos e produtos Ming – biombos coromandéis, papéis pintados, brocados e, claro, a porcelana – estabeleceram padrões de luxo e atraíram mercadores para o império mais rico daquele tempo.

Equívocos Ming e formação dos manchus

Assim como em Roma, os problemas mais visíveis estavam relacionados às fronteiras do império, onde a riqueza atraía saqueadores. A longa costa do Pacífico, onde o comércio chinês florescia por meio de conexões com o Sudeste da Ásia, com as ilhas distantes do continente e mesmo com além-mar, ficava exposta a ataques das bem equipadas forças japonesas, de piratas diversos e de fugitivos dos sistemas de controle chinês, japonês e português. Na interface com os nômades a norte e oeste, foi preciso incorporar ou aplacar – em alguns casos, ambas as coisas – as tribos contenciosas. Como dinastias anteriores (ver capítulo 2), os Ming precisavam reunir recursos para financiar seus exércitos, pagar forasteiros para manter a paz ou contratar forasteiros para ajudá-los a lutar contra inimigos internos e externos. Para tanto, como ocorrera antes, a taxação e o gerenciamento dos coletores de impostos eram fundamentais.

Os Ming se depararam com um imenso desafio de governo: administrar a lealdade e parte da produção de uma fração considerável da população mundial. O tamanho imenso da burocracia e da corte fazia com que os fazendeiros e outras fontes de receitas carregassem um pesado fardo. Outras pressões incontornáveis decorriam de alterações climáticas (temperaturas mais baixas durante a "pequena era do gelo"), epidemias (talvez resultantes do maior contato com forasteiros) e enchentes que sobrecarregaram os gigantescos sistemas de distribuição de água. Todas essas questões podiam fazer com que os habitantes do interior se rebelassem, tornando-os pouco confiáveis; mas nada disso sugeria o fim da potência mais rica do mundo, com gestores de boa formação e sofisticados centros urbanos.

O ponto fraco do sistema era o imperador e suas relações com os agentes oficiais. A partir do final do século XVI, surgiram fissuras dentro da elite Ming. O imperador Wanli (1573-1620) levou a mística do desinteresse imperial ao extremo e se isolou dentro da Cidade Proibida. Ainda pior do que isso, ele deixou de consultar ministros e estudiosos e passou a confiar apenas nos eunucos palacianos para a condução burocrática do governo. Os eunucos aproveitaram essa oportunidade e se inseriram na hierarquia de poder, exigindo pagamento por seus serviços e se apropriando de receitas e impostos dos agentes oficiais e de senhores provinciais. Os estudiosos combateram essa ruptura, evocando a tradição de governo por meio de agentes instruídos. A Sociedade Donglin clamou por um resgate das virtudes confucianistas, mas esse movimento de crítica foi suprimido por um grupo de eunucos no início do século XVII. Prisões, assassinatos e suicídios de agentes eminentes tiraram crédito da corte e, indiretamente, da dinastia. O episódio ressalta um preceito indispensável para o poder imperial: os intermediários do imperador devem servir a algo além de seus interesses imediatos. Os estudiosos chineses entendiam isso; os eunucos da corte, não.

O golpe fatal contra a dinastia veio dos povos nas fronteiras que, ainda mais do que em tempos passados, tinham muito o que cobiçar e conquistar da China. Desde o início, os Ming haviam se preocupado com um perigo bastante conhecido – as tribos mongóis a norte e oeste da Grande Muralha – e buscaram lidar com ele. A expansão para o norte em direção à região que hoje chamamos de Manchúria e o controle de várias tribos jurchen de lá pareciam indicar uma exploração da antiga rivalidade mongol/jurchen e a consolidação de conexões com os coreanos aliados dos Ming. Lançando mão da estratégia que os chineses chamavam de "rédeas soltas", o imperador Yongle enviou no início do século XV tropas à Manchúria com o intuito de sujeitar os líderes tribais e incorporar os jurchens ao comando e às guarnições. Os chefes tribais jurchen receberam títulos Ming e se tornaram líderes dessas subunidades militares.

A estratégia de rédeas soltas abria espaço para que os jurchen e outras tribos competissem por alvarás de comércio e relações tributárias com os Ming. Conforme a economia dos Ming crescia, essas oportunidades comerciais e compras de proteção alimentaram novas confederações supratribais, justamente o que os Ming mais precisavam evitar. No final do século XVI, Nurhaci, um brilhante estrategista de uma tribo jurchen, explorou habilmente a morte acidental de seu pai e seu avô durante uma campanha Ming. Como recompensa, ele recebeu autorizações para prática do comércio e coleta de tributos de diversos subordinados dos Ming.

Nurhaci logo monopolizou todo o comércio entre os jurchen e os Ming e trouxe mongóis, jurchen e outras tribos para sua esfera de influência. Seu comando foi incrementado por meio de alianças matrimoniais, tratados e do poderio militar e se estendeu para muito além da Manchúria. Em 1616, Nurhaci fundou seu próprio império. Ele o batizou de "Jin", aludindo à dinastia jurchen que havia governado o norte da China antes dos Yuan (ver capítulo 4). Os Ming levaram tempo demais para perceber a ameaça de Nurhaci: em 1619, ele derrotou um exército Ming de mais de 100 mil pessoas e ocupou diversas cidades chinesas de fronteira.

A escolha de Nurhaci para o nome de seu império aludia não somente à sua linhagem familiar, mas também a diversas tradições anteriores. O fato de que sua tribo não falava o mesmo idioma que os jurchen da dinastia anterior não foi obstáculo para que ele reclamasse toda sua grandiosidade. Os grupos étnicos não seguiam os mesmos parâmetros que utilizamos hoje; o que contava era a supremacia e a nobreza superiores. Além do nome dinástico Jin, Nurhaci também gozava do título de khan – obtido em 1606 quando ele ampliou seu controle na Mongólia – e, mais tarde, este foi incrementado com vários adjetivos como "sábio", "reverendo", "iluminado" e assim por diante. Tanto "Jin" quanto "khan" eram termos que carregavam consigo uma glória imperial e apontavam para a unificação entre jurchens e mongóis sob o comando de Nurhaci.

Na mais importante de todas as instituições imperiais, o exército, Nurhaci reconfigurou o sistema de comando e as guarnições estabelecidos pelos Ming na Manchúria em uma instituição chamada de "bandeiras". A organização dos soldados jurchen, acompanhados de suas famílias, em unidades isoladas – cada uma delas com sua própria bandeira reconhecível –, separou linhagens prévias e fornecia ao imperador uma forma de comunicação radial com seus vários exércitos. Os comandantes das bandeiras eram membros do conselho de assessores de Nurhaci. O sistema, que lembrava os esforços de Genghis Khan e Tamerlão para romper as relações de lealdade em vigor, era mais uma síntese de práticas imperiais anteriores. À moda nômade, as bandeiras incluíam as famílias dos soldados, mas cada soldado também recebia uma porção de terra para cultivar e garantir sua subsistência. Essa nova máquina de guerra forneceu a Hong Taiji, o segundo khan Jin, os meios para conquistar a Coreia (1638) e expandir ainda mais o jovem Império Jin.

Hong Taiji havia sido escolhido khan após a dura competição que se seguiu à morte de seu pai. Ao contrário do resto dos filhos de Nurhaci, Hong Taiji era alfabetizado. Seguindo o que aprendera com os conselheiros chineses que o ajudaram durante seus avanços, Hong Taiji implementou um aparato burocrático baseado na administração chinesa, criou dois novos conjuntos de bandeiras – um para soldados chineses e suas famílias e outro para mongóis – e inaugurou o Departamento de Questões Mongóis (1634). Levou as técnicas de dominação de Nurhaci um passo mais adiante e renomeou os Jurchen e a dinastia. A partir de 1635, todos os Jurchen passaram a ser conhecidos como manchus. Em 1636, após receber o selo imperial dos imperadores Yuan da viúva do khan mongol derrotado, Hong Taiji rebatizou mais uma vez a dinastia soberana: o nome Qing (puro, claro) obliterou o passado dos Jurchen enquanto subordinados dos Ming. Agora, os Qing eram soberanos imperiais que governavam manchus, mongóis e coreanos – uma lista interminável de povos. Nurhaci e Hong Taiji haviam aproveitado as rédeas curtas da China para criar uma etnia (manchu), uma dinastia (Qing) e um império.

O esfacelamento do controle Ming abriu a rota para o centro do mundo imperial chinês. Em 1644, depois que um rebelde chinês capturou Pequim e o inconsolável imperador Ming se suicidou, um general leal aos Ming convidou os Qing a enviarem tropas e ajudá-lo a retomar a capital. À época, o imperador Qing era o nono filho de Hong Taiji, um garoto de cinco anos que governava sob a tutela de seu tio Dorgon. Dorgon percebeu a oportunidade que tinha, e as bandeiras manchus, mongóis e chinesas adentraram a China, reconquistaram a capital, abandonaram os aliados Ming e não saíram mais dali.

Reivindicando para si o Mandato Celestial, os Qing deram início à velha tarefa de unificar a China. As bandeiras mostraram seu valor no meio século seguinte, em que os Qing derrotaram as forças lideradas pelos rebeldes anti-Ming e os legalistas pró-Ming e conquistaram Taiwan, boa parte da Mongólia e do Tibete e partes da Ásia Central. Ao final do século XVIII, os Qing haviam dobrado o território que conquistaram dos Ming e transformado a China no segundo maior território do mundo, atrás apenas da Rússia. A população do império cresceu de forma consistente, embora a taxa precisa seja motivo de controvérsias, e chegou aos 420 milhões em 1850. A dinastia durou 267 anos.

Governos manchus

Os Qing sincretizaram mais uma variação da tradição imperial chinesa. Os elementos-chave de governo (um imperador legislador e sua burocracia abrangente) foram transformados com o destaque das distinções étnicas entre Han e manchus. Os Qing exploraram a diferença em prol do império, ampliando o papel do imperador como protetor de todos os povos que o integravam.

Após se livrarem das resistências e ocuparem o trono, sua primeira tarefa foi evitar um problema típico dos impérios de estilo eurasiático: a fragmentação em subunidades comandadas por descendentes do imperador ou outros nobres. A Revolta dos Três Feudos (1673-1681) foi uma reviravolta crucial para a sobrevivência do império. Os senhores dessas três regiões eram líderes militares chineses que haviam auxiliado os conquistadores manchus e recebido imensas concessões de terra como recompensa. Esses senhores queriam manter suas terras como reinos pessoais (para a eventualidade de uma desintegração da China em reinos menores, como na Europa Ocidental), mas o jovem imperador Kangxi (1661-1722) não estava disposto a aceitar isso sob nenhuma hipótese. Depois de concluir o trabalho sujo de reconquista militar, ele aboliu as regiões reivindicadas por esses insubordinados.

O segredo para evitar uma futura fragmentação estava no sistema de bandeiras, que atrelava o poder e a organização militares e as diferenças étnicas à estrutura social e ao governo do Império Qing. Os membros manchus das bandeiras foram enviados para servir em fortificações e vilarejos, onde viviam em assentamentos diferentes daqueles dos chineses Han e recebiam grãos, armas e subsídios para gastos pessoais e manutenção de seus cavalos. Ao mesmo tempo, exigia-se que os membros das bandeiras mantivessem seus laços com Pequim; apenas as bandeiras manchus viviam na cidade interna de lá. A transferência dos manchus para os centros urbanos acabou por remover os habitantes chineses, e essas transformações da vida urbana tornaram a nova ordem explícita, tangível e dura.

O regime Qing de separação étnica, chamado de "*apartheid* manchu" por Frederic Wakeman, não se voltava contra a maioria chinesa: ele se destinava a um problema específico que já havia sido enfrentado por outros governantes chineses, otomanos e de outros impérios que tinham como base o poderio militar de confederações guerreiras. Como transformar os exércitos que antes viviam de saques e do comércio além das fronteiras em tropas confiáveis e não predatórias dentro do império? A resposta Qing era nômade, burocrática e étnica. Ao organizar os militares em unidades que podiam ser deslocadas pelo império e eram mantidas por concessões imperiais, os Qing garantiram a mobilidade de suas tropas, mas, ao mesmo tempo, tornaram-nas dependentes do imperador e de sua corte. Esperava-se que os membros das bandeiras manchus cultivassem suas habilidades guerreiras desde a infância e vivessem uma vida de façanhas militares, mas agora eles serviam aos propósitos de um imenso império. Suas tarefas não se resumiam a conquistas: incluíam o trabalho da terra, a defesa e o policiamento.

Embora a separação étnica visasse antes ao controle dos manchus que dos chineses, ela também se tornou parte do sistema imperial Qing. As bandeiras e o exército manchus eram uma contraparte do Exército da Bandeira Verde chinês. Os militares manchus e os governantes Han forneceram dois sistemas de informação e contato com o imperador, e além disso podiam espionar uns aos outros. Aqui, vemos outra variante do governo dualista de Tamerlão. Hierarquias paralelas, baseadas no princípio da separação étnica, concentravam o poder no imperador.

Nas camadas mais altas da burocracia, os Qing abriram espaço para os Han e os manchus em um sistema de patentes paralelas: um secretário-geral manchu e outro Han, um vice manchu e outro Han. Sob essas condições, a manutenção do sistema de exames exigiu uma espécie de programa de ações afirmativas (cursos preparatórios e favorecimento nas pontuações) para que os manchus pudessem competir com os Han, de melhor formação. Como havia muito mais candidatos Han do que manchus, o sistema privilegiava os manchus na mesma proporção, mas ainda conservava os Han mais instruídos nos degraus mais altos do serviço imperial. O sistema de exames não era o único caminho para o poder. O êxito em batalha podia ser recompensado com posições de alto escalão no funcionalismo, o que também beneficiava os manchus.

O universo do imperador

A adoção de critérios étnicos nessas situações não era uma violação da igualdade (a sociedade Qing se baseava em hierarquias e diferenças), mas uma forma de acomodar diferentes povos sob o jugo do imperador e utilizá-los para controlar dentro da administração imperial os membros ambiciosos de cada grupo. Os Ming, Yuan e as dinastias anteriores haviam estabelecido precedentes para a mescla de "forasteiros" dentro da China por meio da subordinação de chefes que deviam governar "seu" povo, do uso de servidores públicos de etnias não chinesas em áreas han e da cooptação administrativa de indivíduos promissores oriundos das regiões de fronteira. Os agentes oficiais Ming haviam claudicado entre uma noção dicotômica dos *min* (súditos chineses) e *man* (forasteiros) e outra ideia, mais ao estilo romano, de que os forasteiros poderiam se interessar pelo modo de vida chinês. Teorias de hierarquia civilizacional – com os chineses no topo, é claro – descreviam vários grupos de estrangeiros primitivos, mas os Ming não hesitavam na hora de usar e recompensar líderes individuais de grupos não chineses.

Recompensar forasteiros era uma coisa, ser governado por eles era outra. Os Qing empregaram uma solução brilhante do ponto de vista tático para esse desafio. Primeiro, eles exploraram a política da diferença e estabeleceram seu próprio modo manchu. Em seguida, os Qing distorceram a noção de culturas distintas em benefício próprio, cultivando a imagem do imperador enquanto protetor de todas as diferentes populações da China. Os descendentes de Hong Taiji concederam ao imperador chinês os atributos de um khan universal, que governava uma grande constelação de povos. A "família" unida sob tutela do imperador combinava o princípio confucionista de autoridade paternal e o reconhecimento insistente das diferenças entre os membros da família.

Apesar desse apelo a valores familiares, os Qing não deram continuidade à prática Ming de transmissão do trono ao filho primogênito. Como Pedro, o Grande da Rússia – que, em 1722, aboliu as regras sucessórias preexistentes –, o imperador Kangxi se deu o direito de escolher por conta própria o herdeiro que julgasse ter maior aptidão. Talvez ele esperasse proteger dos caprichos da hereditariedade (o modo tradicional chinês) e dos riscos de um conflito total ao modo eurasiático (a *tanistry*) o império que havia conquistado a tão duras penas. Os dois modelos foram rejeitados em prol de um superpaternalismo do imperador, livre para nomear seu próprio sucessor. Isso servia para manter os príncipes Qing alerta e os cortesãos conectados à fonte de poder. O patrimonialismo também se sobrepunha ao funcionalismo: os conselheiros e ministros que cercavam o imperador atendiam aos seus caprichos. Os imperadores Qing dedicavam boa parte de seu tempo à comunicação pessoal com subordinados, a escrever cartas e a ler e comentar relatórios.

De forma adequada à composição multiétnica do império, os pronunciamentos Qing eram registrados em ao menos duas línguas (manchu e chinês) – normalmente em três e, às vezes, em quatro, que podiam incluir mongol, tibetano e uigure, uma língua turcomana escrita com alfabeto árabe e falada por muitos muçulmanos da Ásia Central. Além de publicar a *História secreta dos mongóis* (1662) e outros materiais em mongol, os Qing patrocinaram publicações de poesia tibetana e textos religiosos. O imperador Kangxi era fluente em manchu, mongol e chinês; o imperador Qianlong (1711-1799) também falava tibetano.

Em suas primeiras décadas, os imperadores Qing e outros manchus sentiam ao mesmo tempo atração e desconfiança pela cultura chinesa (romances, poesia e afins). Em 1654, o imperador Shunzi pareceu recuar em seu apoio aos chineses quando escreveu: "Após refletir sobre o estudo da escrita chinesa, parece-me que ela poderia gerar uma intromissão de costumes chineses e uma perda gradual de nossos antigos costumes manchus". Mas essa postura não durou muito. Os manchus e chineses do alto escalão de governo precisavam se comunicar de forma eficaz entre si e com o imperador. Em 1725, conhecimentos chineses se tornaram pré-requisito para todos os oficiais de cargos elevados. Em 1800, a corte havia perdido a batalha para preservar o manchu como língua falada nas bandeiras, e o idioma foi cada vez menos utilizado no meio cultural de Pequim. Mas essas mudanças graduais não sinalizavam o fim do apartheid étnico, visto que os membros das bandeiras passavam a adotar um chinês de declinação manchu que também promovia uma segregação.

A língua era um dos marcadores de diferença do império, mas os cortes de cabelos, vestes e forma corporal eram outras maneiras por meio das quais as dessemelhanças se manifestavam, impunham e eram exploradas ou sabotadas. Nos primeiros tempos após a conquista, os manchus chegaram a testar um regime de uniformidade. O regente Dorgon deu ordens para que todos os homens chineses adotassem cortes de cabelo manchu – testa raspada e cabelo trançado na parte de trás, em um único rabo de cavalo. Isso deu origem a um comentário sarcástico: "Mantenha seu corte e perca a cabeça ou perca seu corte e mantenha a cabeça". Dorgon também tentou impor vestimentas ao estilo manchu: as jaquetas de colarinho alto deveriam substituir os robes folgados dos Ming, de mangas longas, inadequadas para um guerreiro. Essa política foi muito bem-sucedida no longo prazo, mas não valia para todos. Quando os manchus conquistavam novos territórios no oeste, onde muitos muçulmanos viviam, estes foram eximidos dos cortes de cabelo manchus.

É claro que, para as mulheres, o cabelo – assim como os pés – também era importante. Em conformidade com o papel ativo das mulheres nas sociedades nômades, as mulheres manchus não estreitavam seus pés. Quando os Qing assumiram o controle da China, eles tentaram proibir o estreitamento de pés para todos os povos. Mas a população chinesa não acatou essa regra. Para as famílias Han, pés atrofiados continuaram a ser um sinal de beleza feminina e bem-estar. Os Qing abandonaram sua política em 1668, e o estreitamento de pés se tornou um marcador cultural: as mulheres Han seguiam essa prática, as manchus não. Esse sinal foi sabotado pela incrível força da moda. As mulheres manchus criaram sapatos de plataforma que elevavam seus pés grandes e fora de moda, mas naturais, acima do chão e os escondiam sob seus robes, forçando-as a caminhar da mesma forma cambaleante que as mulheres Han de pés atrofiados.

As mulheres manchus também possuíam direitos legais distintivos, provavelmente outra herança do regime de gênero dos nômades. A sociedade fortemente patriarcal dos Han desencorajava as viúvas a se casarem outra vez, enquanto os manchus estimulavam jovens viúvas a constituir novas famílias. Ao legalizar as duas práticas, os Qing viabilizaram um regime de fertilidade distinto que estimulou o nascimento de mais crianças manchus. Mais tarde, no século XVIII, quando a sociedade avançava em direção a um regime de separação étnica, a norma da viuvez casta passou a ser aplicada também às mulheres manchus.

Assim como os moscovitas, os Qing utilizaram casamentos para consolidar seu governo, mas seu objetivo era evitar que a minoria de manchus se misturasse com a maioria Han até desaparecer. As mulheres manchus estavam proibidas de se casar com homens Han, embora homens manchus pudessem ter mulheres Han como concubinas ou segundas esposas. Mulheres manchus não casadas que integrassem as bandeiras deviam se apresentar como possíveis "fêmeas elegantes" aos procuradores do palácio imperial – algo que as Han não precisavam fazer. As garotas selecionadas deviam servir no palácio; após seis anos, podiam se casar com membros da elite manchu, tornar-se concubinas ou voltar para casa, onde só podiam se casar com a permissão do capitão da bandeira. Esse regime restritivo de casamento sinalizava um afastamento da exogamia ao estilo mongol por parte dos Qing, ao menos no que tangia às bandeiras manchus.

Como os Yuan e os Ming, os Qing respeitaram e fomentaram as artes e estamparam nela sua própria marca militar. Os imperadores Qing cultivavam a caça como um esporte ritual; representações de grandes expedições de caça, campanhas militares e viagens de inspeção imperial eram retratadas em pinturas de pergaminho. Historiadores oficiais contavam e embelezavam aquela história de uma só família, bem como a liderança heroica e visionária do imperador. Templos comemorativos, um museu a céu aberto de palácios distintos em Chengde, memoriais de pedra colossais com inscrições em diversos alfabetos, grandes retratos dos comandantes de destaque do regime e compêndios de escritos militares assinados pelo próprio imperador serviram para cultivar a mística do sucesso imperial na guerra, da expansão do império e da subsequente inclusão de diversos povos.

O confucionismo oferecia uma teoria moral paternalista e útil do ponto de vista político para alguém que desejava unir povos distintos em uma família imperial guiada pelo imperador. O imperador Kangxi trabalhou para integrar o *corpus* cultural dos Han aos seus pronunciamentos oficiais e publicou dezesseis Axiomas Sagrados em 1670. Seu propósito era resumir os valores morais de Confúcio: submissão hierárquica, generosidade, obediência, parcimônia e trabalho duro. Os Qing deram prosseguimento às políticas multiconfessionais dos Yuan e dos Ming, permitindo que muçulmanos, budistas, taoistas e cristãos professassem suas religiões e construíssem templos, contanto que não impedissem a realização da agenda dos Qing. O imperador Kangxi recebeu de bom grado conselheiros jesuítas e os empregou como cartógrafos, tradutores e especialistas médicos, mas não reconheceu a reivindicação de autoridade papal sobre os cristãos da China. A atitude dos Qing em relação à religião era compatível com sua disposição imperial: fés distintas podiam ser protegidas pelo imperador Qing, mas não por um poder externo. Eles utilizaram esse jogo tático de forma reversa no Tibete ao ressuscitarem a relação de lama-patrono com Dalai Lama a fim de consolidar os interesses Qing na região.

Quanto a eles próprios, os Qing jamais declararam uma religião oficial manchu, mas combinaram práticas xamânicas que haviam trazido consigo da Manchúria com rituais que vinculavam a fortuna divina às suas reconhecidas façanhas militares. Como os governantes mongóis, os Qing tinham preferências religiosas ecléticas. O imperador Yongzheng (1723-1735) foi um budista fervoroso e costumava consultar especialistas religiosos de diversas escolas. O taoismo também era professado pelos imperadores.

As práticas legais Qing também tinham como princípios norteadores a universalidade e a diferença. As leis do imperador não eram iguais para todos. Os membros das bandeiras não precisavam se submeter às autoridades civis diante de certas violações; os estudiosos de certas patentes eram isentados de punições corporais, e vários povos das fronteiras obedeciam a jurisdições especiais. O que havia de universal nas leis Qing era a proteção em última instância de todos os súditos pelo imperador e por suas leis e decisões, como ocorria na Rússia. Da mesma forma que o sultão otomano, o imperador Qing deveria, em teoria, dar a palavra final em todas as penas de morte. Os estrangeiros em territórios Qing também eram cobertos pela lei Qing, uma premissa que provocou desentendimen-

> "O senhor do céu é o próprio céu [...]. No império, nós temos um templo para honrar o céu e lhe oferecer sacrifícios [...]. Nós, manchus, temos nossos próprios ritos particulares para honrar ao céu; mongóis, chineses, russos e europeus também têm seus próprios ritos particulares para honrar ao céu [...]. Todos têm sua maneira de fazê-lo."
>
> **imperador Yongzheng, 1727**

tos. Comerciantes britânicos, franceses e norte-americanos que negociavam nos portos movimentados da costa chinesa esperavam que seus marinheiros arruaceiros recebessem um tratamento especial (como ocorria em Istambul). Mas não era o que acontecia: o imperador estava disposto a interromper todo o comércio exterior caso um acusado não fosse entregue à justiça.

Como os processos envolvendo forasteiros revelaram, as ideias de lei e jurisprudência desenvolvidas em países europeus estavam em desacordo com elementos fundamentais do sistema judicial Qing. Os juízes Qing eram designados pelo imperador, os advogados não participavam dos procedimentos do tribunal e os funcionários do tribunal eram os responsáveis por interpretar a lei. Outra coisa que chocava os ocidentais – embora não fosse exclusividade da China – era o fato de que as pessoas podiam pagar para anular suas sentenças. Não importava o que os forasteiros pensavam: a lei chinesa valia para todos os súditos e emanava do imperador.

Com o tempo, o regime Qing de diferenciação étnica e soberania universal gerou efeitos indesejados. Como vimos, as mulheres manchus podiam se esforçar para ficarem mais elegantes que as chinesas, e os homens manchus das bandeiras podiam achar muitos aspectos da cultura "chinesa" mais atraentes que suas vidas sobre selas. Reclamações contra membros das bandeiras que pisavam macio por aí calçando sandálias, esqueciam-se de como preparar flechas, vestiam sedas e zibelinas e passavam tempo demais no teatro e nas óperas, ou coisa pior, começaram logo após a conquista. No sentido oposto, chineses ambiciosos podiam tentar ingressar nas privilegiadas bandeiras manchus, o que elevava ainda mais a pressão sobre o orçamento estatal. Embora, em teoria, os generais Han devessem organizar os recursos enquanto os manchus comandavam as tropas em batalha, as condições de campo podiam levar manchus a desempenhar tarefas organizacionais e permitir que generais Han se tornassem líderes militares. No topo do sistema, os líderes Han e manchu sentavam lado a lado no Grande Conselho do imperador.

Essas tendências de assimilação não eram causadas por defeitos no sistema de distinção étnica, mas pela forma como as pessoas atuavam dentro dele. A consolidação representativa dos povos em grupos distintos criada pelos Qing e a unificação simbólica das populações do império em uma única família multicultural não só duraram até o fim da dinastia, como também foram alvo e ferramenta dos construtores imperiais nacionalistas que vieram depois.

DELIMITAÇÃO DO ESPAÇO IMPERIAL

Ao final do século XVII, os Qing se depararam com a outra grande força transcontinental: os exércitos, exploradores e diplomatas russos que também empreendiam esforços para subjugar nômades mongóis e turcos e consolidar suas posses na Eurásia. Essa colisão interimperial em um mesmo espaço aconteceu muito mais tarde do que na Europa, onde imperadores e seus vassalos competiam pelos mesmos territórios desde os tempos romanos, e mais cedo do que nas Américas, onde as fronteiras territoriais entre os impérios só foram costuradas em meados do século XIX (ver capítulo 9).

A principal figura nessa disputa para a criação de um império continental Qing foi o imperador Kangxi. Como seu contemporâneo Pedro, o Grande, o imperador Kangxi começou a reinar ainda criança, dominado por seus regentes. Seu pai morreu de varíola, e os poderosos da corte julgaram que o filho que sobrevivera à doença era uma boa opção. (Os Qing desenvolveram uma vacina contra a varíola, uma tecnologia que inspiraria esforços europeus posteriores.) Aos dezesseis anos, o jovem imperador prendeu seu regente-chefe, livrou-se de funcionários problemáticos e assumiu o comando. Como vimos, ele foi bem-sucedido ao derrotar os três feudatários, evitando assim a fragmentação do reino.

Pelo resto de sua vida, o imperador Kangxi empreendeu uma campanha para ampliar o império em quase todas as direções possíveis. Ao leste, ele enviou uma expedição naval até Taiwan, à época governada por uma família rebelde chinesa que havia atormentado cidades costeiras. Em 1683, Taiwan foi integrada ao sistema provincial da China. Os Qing não foram muito mais longe por mar, tampouco buscaram ampliar naquele momento seu controle formal sobre o litoral do Sudeste Asiático. Em vez disso, eles taxaram a importação de bens, permitiram que os portugueses mantivessem e pagassem por seu entreposto em Macau, apoiaram o comércio na costa do Pacífico e alocaram funcionários alfandegários em cidades portuárias para controlar mercadores franceses, holandeses, britânicos, dinamarqueses e, por fim, norte-americanos e suas companhias (ver capítulos 6 e 10).

Ao norte e a oeste, os Qing encontraram dois rivais que pareciam ainda mais formidáveis: os russos e os dzungars, liderados por Galdan (1671-1697), o último dos super khans mongóis. O imperador Kangxi tomou uma iniciativa drástica em relação ao Império Russo. Desde o início do século XVII, os

Figura 7.3
Imperador Kangxi (1661-1722). O imperador em vestes formais, pergaminho de seda criado por artistas da corte. (Museu Palaciano, Pequim.)

russos buscavam adquirir direitos comerciais na China. Eles também se assentaram na região do rio Amur, onde construíram uma fortaleza e travaram algumas batalhas contra os Qing. Naquela região pouco povoada, tanto os russos como os Qing enfrentavam problemas de deserção e coleta de impostos. Após alguns contratempos e insultos, período no qual os dois impérios afirmaram sua superioridade um em relação ao outro, os rivais perceberam que a cooperação seria um caminho melhor: os desertores de cada lado seriam mandados de volta para casa e os dois impérios poderiam lucrar com o comércio de longa distância. Em 1689, com auxílio dos conselheiros jesuítas Qing e de tradutores mongóis, as delegações russa e Qing assinaram um tratado em Nerchinsk, estabeleceram uma fronteira e combinaram que as pessoas deveriam pagar tributos para a potência do seu lado da linha divisória. Um limite provisório foi demarcado em russo, chinês, manchu, mongol e latim. Tanto os russos como os Qing desenharam mapas para definir suas conquistas. Pode-se ver isso como um equivalente eurasiático da divisão das Américas entre os dois impérios católicos feita pelo papa.

O tratado de Nerchinsk garantiu segurança suficiente na região norte para que os Qing pudessem atacar Galdan e os dzungars. Como outros líderes tribais que o antecederam, Galdan havia tentado criar um monopólio de comércio na fronteira chinesa. Ele era um antigo lama familiarizado com as hierarquias religiosas do Tibete. Quando Galdan desafiou o patronato Qing de Dalai Lama, teve início uma velha e mortífera dança de negociações, intervenções, subversão de lealdades, duplos acordos e esforços para seduzir súditos alheios.

Os Qing atacaram Galdan em 1690 com a ajuda de líderes mongóis rivais. De forma semelhante, Galdan explorou fissuras do séquito dos Qing e manteve os exércitos rivais ocupados durante sete anos até sua morte – provavelmente por envenenamento – em 1697. O imperador Kangxi comemorou a "eliminação definitiva da ameaça mongol" em Pequim. Após muito esforço, ele retirou os restos mortais de Galdan das mãos de um dos adversários dzungar, esmigalhou seus ossos e os lançou ao vento.

A derrota de Galdan abriu caminho para que os Qing pudessem fortalecer seu domínio sobre grupos mongóis e turcos naquela que mais tarde se tornaria a província de Xinjiang e continuar com suas intervenções no Tibete. No entanto, os mongóis dzugar continuaram incomodando os Qing e escapando ao seu controle. Quando o chefe dzungar Galdan Tseren (1727-1745) experimentou a clássica tática de buscar o apoio de um rival dos Qing, o Império Russo, os acordos de fronteira entre as duas potências voltaram à tona. Os princípios de Nerchinsk foram confirmados pelo tratado de Kiakhta, assinado em 1727, e a fronteira foi consolidada com marcações em rocha. Os russos controlariam os nômades da Sibéria e da Manchúria, e os chineses ficaram encarregados dos mongóis khalka, situados do seu lado daquela fronteira com 4.200 quilômetros de extensão. Os dois impérios não abrigariam os inimigos do outro, tampouco auxiliariam refugiados que cruzassem a fronteira em fuga.

Apenas em 1757, depois que um líder dzungar convenceu outros grupos mongóis a se rebelarem contra os Qing, o imperador Qianlong (1736-1795) deu ordens para que houvesse um grande massacre do povo dzungar. Essa exceção à política Qing de subordinação formal e de acordos calculados com líderes derrotados correspondia a uma nova realidade territorial: os

Qing já não dependiam dos mongóis ou de outros aliados em suas fronteiras ocidentais. Os nômades do centro da Eurásia haviam sido engolidos pelos dois impérios.

Os concorrentes mongóis, russos e Qing aplicaram táticas desenvolvidas nas intersecções entre povos nômades e sedentários da Eurásia aos seus impérios, ou às suas aspirações imperiais. Os russos e os Qing, que interagiam ambos com impérios europeus por mar ou terra e estavam determinados a governar os mongóis, negociaram suas diferenças. No século XVII, os dzungars, dependentes dos recursos tradicionais dos nômades eurasiáticos – a política de alianças pragmáticas e a mobilidade autossuficiente de guerreiros montados –, já não tinham as vantagens tecnológicas das quais os mongóis haviam usufruído quatrocentos anos mais cedo. A Rússia e a China, com suas economias complexas e conexões externas, tinham mais a oferecer àqueles que desejassem se tornar seus súditos. Os dois poderes acabaram acumulando o poderio militar necessário para impor aos nômades seus refinamentos particulares, característicos do império universal eurasiático.

Os dois impérios vitoriosos sobreviveram a guerras civis, quedas dinásticas e agressões externas, resgatando em cada um desses eventos alguns elementos de seus antigos formatos imperiais. Como outros impérios bem-sucedidos, eles conseguiram controlar populações distintas e muitas vezes distantes ao mesmo tempo que mantinham firmemente os seus súditos integrados a um projeto imperial. Os rebeldes almejavam assumir o controle desses impérios, não destruí-los. As chaves para o sucesso do jovem Império Russo e do antigo Império Chinês eram suas mesclas criativas de práticas de governo, suas soluções diferenciadas para lidar com intermediários e o modo como exploraram a diferença a fim de incrementar seu poder imperial.

No caso dos russos, o núcleo institucional era dependente da nobreza, que estava atrelada ao soberano por meio de políticas de clã e matrimônio, do sistema de concessões de terra e do favorecimento do imperador. O ingresso nesse grupo não era determinado em termos étnicos: os tártaros o integraram desde os primeiros anos, e alemães, poloneses e muitos outros ingressaram mais tarde. A aceitação da diferença como um fato normal da vida imperial ampliava a flexibilidade da governança patrimonial. Enquanto houvesse novas terras para distribuir, a elite imperial poderia absorver novos membros que, assim como os antigos, seriam controlados por meio de sua relação pessoal com o soberano. Tratava-se de uma adaptação criativa do patrimonialis-

Tabela 7.1
Líderes russos, Qing e dzungar: um século de encontros imperiais na Eurásia

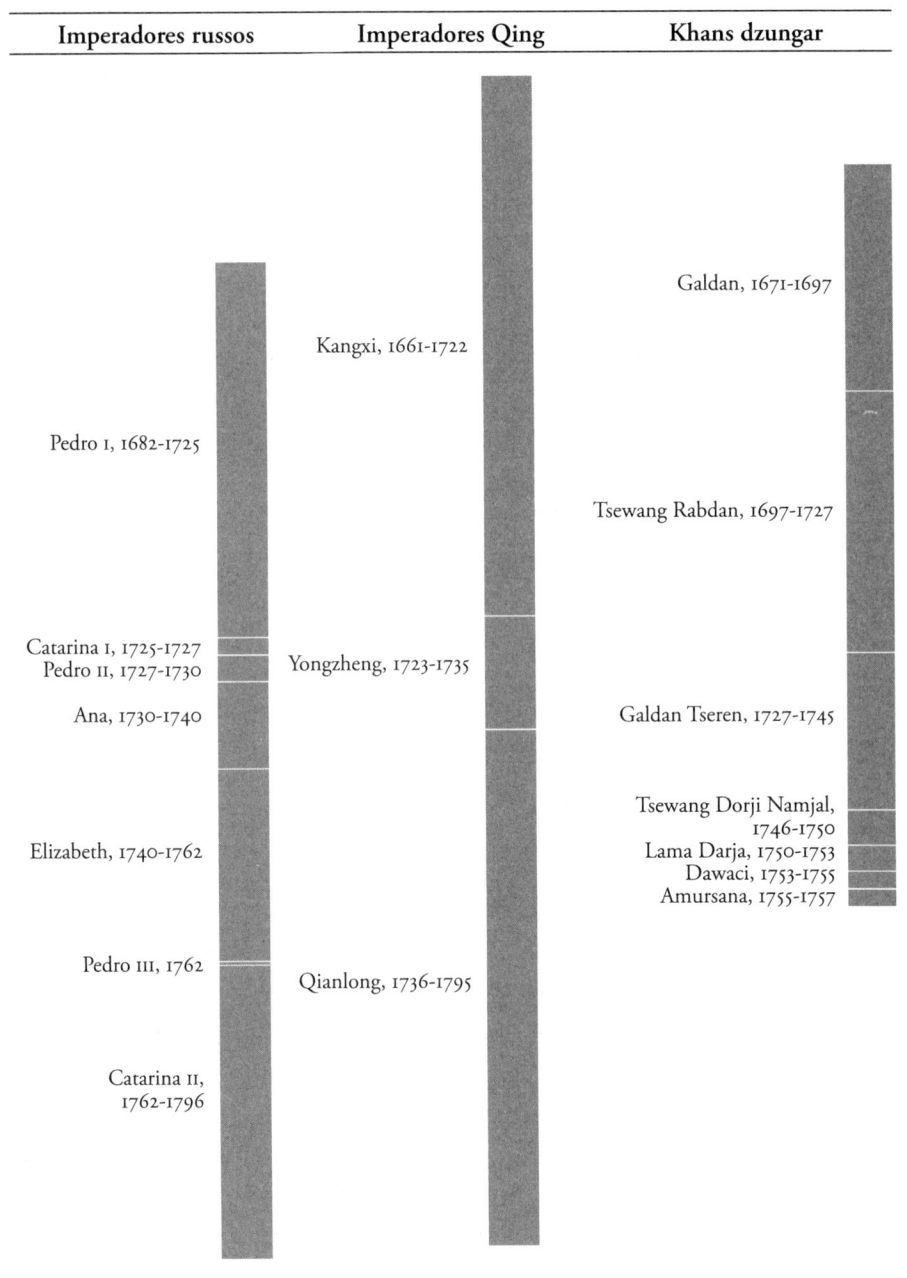

Imperadores russos	Imperadores Qing	Khans dzungar
		Galdan, 1671-1697
	Kangxi, 1661-1722	
Pedro I, 1682-1725		
		Tsewang Rabdan, 1697-1727
Catarina I, 1725-1727		
Pedro II, 1727-1730	Yongzheng, 1723-1735	
Ana, 1730-1740		Galdan Tseren, 1727-1745
Elizabeth, 1740-1762		Tsewang Dorji Namjal, 1746-1750
		Lama Darja, 1750-1753
		Dawaci, 1753-1755
		Amursana, 1755-1757
Pedro III, 1762	Qianlong, 1736-1795	
Catarina II, 1762-1796		

mo dos khan às oportunidades territoriais da Rússia, sem a ameaça à soberania que as aristocracias europeias representavam.

Para os Qing, a receita era outra: eles dependiam de agentes públicos – em vez de nobres senhores de terra – e de uma diplomacia articulada e refinada ao longo dos séculos. O ideal de uma antiga ordem cultural chinesa não impediu os conquistadores manchus de se apegarem às instituições chinesas, nem os burocratas Han de auxiliarem seus novos soberanos. Havia também um toque eurasiático: a manipulação experiente de redes civis e militares de comando e, como no caso dos russos, o cultivo das relações pessoais com o imperador enquanto fonte principal de poder, infortúnio, vida e morte. Com o sistema das bandeiras, os Qing lubrificaram o mecanismo da diferença, que lhes permitiu criar unidades etnicamente distintas e separar em algum nível os manchus dos han.

A acomodação de diferenças em vez de sua erradicação era uma característica que definia os dois regimes. Ambos os sistemas imperiais desenvolveram ideologias flexíveis, fundamentalmente distintas dos projetos religiosos e unificadores dos impérios católicos e protestantes. Os governantes russos impulsionaram a ortodoxia, mas mantiveram-na sob controle; embora eles tenham expandido seu império sobre territórios muçulmanos desde o início, não houve uma tentativa universal de convertê-los ao cristianismo (ver capítulo 9). Para os Qing, o Mandato Celestial já era uma legitimação divina suficiente: os próprios imperadores mudavam de religião, protegiam diversas instituições religiosas dentro do império e mantinham líderes religiosos externos sob proteção ferrenha.

Os dois sistemas criaram mitos que disfarçavam suas origens eurasiáticas. Os russos não reconheceram seu passado mongol, sobretudo depois que passaram a ver a estepe como uma zona de conquista. Os governantes chineses, mesmo aqueles que professavam seu caráter distinto, apresentavam suas tradições políticas como regimes muito mais contínuos do que haviam sido de fato. Ainda assim, os dois impérios costuraram diferentes linhas eurasiáticas na confecção de sua diplomacia imperial. Cada um tinha um imperador que, como o khan universal, governava grupos distintos, criava leis, confiava em burocratas instruídos, concedia títulos e privilégios a servidores leais, destituía-os conforme sua vontade, lidava de forma pragmática com os forasteiros e tratava seus muitos povos como peças importantes para a construção de seu comando superior.

8
Império, nação e cidadania em uma era revolucionária

No capítulo 6, argumentamos que não houve uma revolução de soberania na Europa do século XVII: as relações entre soberano, povo e território permaneceram ambíguas e flutuantes. No século XVIII, houve uma revolução da *ideia* de soberania. Pensar a relação entre revolução e império é tarefa árdua, pois gostaríamos que nossas revoluções fossem muito revolucionárias. Nossos livros didáticos dizem que uma "época" de reis e imperadores deu lugar a uma "época" de Estados-nações e soberania popular. Mas as novas ideias de soberania foram importantes justamente porque diferiam de práticas e instituições que já existiam de fato, tanto na Europa como nos impérios de além-mar. Elas eram argumentos que fomentavam debates. Dentro da própria Europa, a tensão entre os privilégios monárquicos e aristocráticos e a reivindicação "do povo" por direitos e representação persistiram ao longo de todo o século XIX. Durante o século que se seguiu à proclamação do princípio do governo republicano marcado pela Revolução Francesa de 1789, o Estado foi republicano por cerca de um terço do tempo; no restante, a França foi governada por homens que se apresentavam como rei ou imperador. A questão de quais povos eram soberanos permaneceria insolúvel até meados do século XX.

O novo arsenal de ideias políticas do século XVIII tornou possível *imaginar* um não império: um único povo soberano de um único território. Desde o início, a elaboração desse imaginário não ocorreu no seio dos regimes europeus nacionalmente definidos, mas em um espaço muito mais amplo e incerto. O império foi palco, e não vítima, das revoluções do século XVIII e início do XIX.

Mas a natureza das alternativas políticas dentro (e contra) os impérios mudou de maneira fundamental. Cidades como Londres e Paris, onde a riqueza desaguava, eram em parte produto do comércio marítimo e das lucrativas colônias de açúcar – mercadores, artesãos e membros da nobreza inferior desenvolveram uma nova política de interação que rompeu com o padrão de relações verticais cultivado pelos regimes monárquicos e desafiou a noção de que os "direitos" vinham de cima e eram transmitidos hierarquia abaixo por indivíduos ou coletividades específicas. Em vez disso, os pensadores políticos da Inglaterra, França e outros lugares argumentaram que o "povo" era imbuído de soberania, e a autoridade do governante provinha desse povo; ele devia, portanto, atender aos seus anseios por meio de instituições desenvolvidas para expressá-los. O povo possuía direitos que advinham de seu pertencimento a um regime, e esses direitos limitavam as escolhas do soberano.

No contexto do império, as ideias de direitos naturais e contrato social levantaram uma nova questão: quem fazia parte do povo? A cidadania seria "nacional", focada em um povo que se apresentava como comunidade linguística, cultural e territorialmente uniforme, ou "imperial", englobando diversos povos que constituíam a população e um Estado? Ou a participação em instituições de Estado poderia criar uma comunidade nacional, ao menos em partes do império? As pessoas que haviam emigrado para territórios de além-mar teriam suas próprias instituições de representação, ou participariam das instituições centrais? Nenhuma dessas posições extremas – concessão do status de cidadão a todas as pessoas no império ou uma redução completa das populações colonizadas a objetos exploráveis e desprovidos de direitos que serviam a uma nação à qual não pertenciam – foi aceita de forma irrestrita. Mas os direitos e o nível de pertencimento das pessoas de diferentes origens ou que viviam em partes distintas do império foram motivo de debates inflamados.

Neste capítulo, veremos uma série de revoluções interligadas. A espiral revolucionária teve início em um conflito interimperial: a Guerra dos Sete Anos de 1756-1763, considerada por alguns a primeira guerra mundial. Hanôver e a Grã-Bretanha se aliaram à Prússia e à Áustria, e Rússia (no início), Suécia, Saxônia, Portugal e Espanha se aliaram à França em uma guerra travada nas Américas e na Índia, nos mares e na Europa. Os custos da guerra forçaram o lado vencedor, a Grã-Bretanha, a acirrar o controle e extrair mais recursos de seus territórios em além-mar (o que ampliou a raiva e a mobilização das elites nas treze colônias da América do Norte) e a exercer um controle territorial mais rígido na Índia. A perda de colônias e as dívidas de guerra induziram a França a apertar o cinto em casa e escancararam a dependência do país em relação à mais lucrativa de suas colônias restantes, Santo Domingo. Essas medidas contribuíram para o surgimento de uma situação revolucionária.

A Espanha, assim como a Grã-Bretanha, viu a necessidade de "reformas" para regularizar e aprofundar seu controle sobre as colônias americanas, e isso também abalou suas relações com os intermediários imperiais de quem dependia. A dinâmica revolucionária da França resultou em outra construção imperial vigorosa nas mãos de Napoleão, cuja conquista da Espanha precipitou um embate entre as elites europeias e da América hispânica; o conflito, por sua vez, estimulou outras mobilizações revolucionárias. Se os diplomatas tivessem sido mais cautelosos ao se envolverem em uma guerra interimperial em 1756, as revoluções dentro dos impérios Britânico, Francês e Espanhol poderiam não ter ocorrido, ao menos não no momento e da forma como ocorreram.

Na França, a revolução resultou na morte do monarca, mas não do império. Neste contexto, surgiu uma dúvida incontornável: os direitos do homem e do cidadão valeriam para diferentes categorias de pessoas dentro do império? Na América do Norte britânica, a revolução tirou treze colônias das mãos da monarquia e do Império Britânico, mas não apaziguou o poder do império de moldar a política. Os patriotas norte-americanos proclamaram um "Império da Liberdade", embora não pretendessem que todos os membros do império gozassem dessa liberdade (ver capítulo 9). Embora as visões "nacionais" de Estado fossem antes causa que consequência das revoluções na América espanhola, isso não foi o bastante para dissuadir alguns líderes ambiciosos que proclamaram seus próprios impérios ou eliminaram as grandes tensões hierárquicas e de diferenças culturais produzidas no passado imperial. O caminho que o Brasil trilhou para deixar o Império Português foi declarar-se um império autônomo – sob o jugo de um ramo da mesma família real que governava em Lisboa.

Foi um processo, e não um desfecho específico, que fez daquele um período revolucionário. Novas ideias, novas possibilidades e novos embates passaram ao primeiro plano, e os impérios ainda encaravam problemas antigos como o modo de interagir com os outros impérios e as estratégias para convencer as elites a desempenharem o trabalho administrativo de rotina em seus diversos espaços. Se deixarmos de lado o foco histórico nas nações e a presunção de que a história se move de forma inexoravelmente à correspondência entre um "povo" e um Estado, podemos nos concentrar nos debates duradouros sobre o que democracia, cidadania e nacionalidade significavam – e quando, onde e para quem essas noções se aplicavam – nesse contexto de impérios, rivalidades imperiais e mobilizações contra os impérios.

Precisamos levar em conta outras formas de revolução, e não apenas aquelas celebradas no Dia da Independência ou no aniversário da Queda da Bastilha – ou seja, não apenas as criações daqueles que sabiam exatamente o que queriam fazer. Essas "outras formas" incluem as revoluções industrial e agrícola dos séculos XVIII e XIX e o desenvolvimento explosivo do capitalismo. Para alguns pensadores políticos e ativistas, o imperialismo foi uma decorrência do capitalismo, mas, como vimos, o império enquanto formato político não era novidade na era capitalista. A questão de como o império moldou o capitalismo e como o capitalismo moldou o império inspira um outro olhar sobre as interações entre os processos político e econômico. Até o século XVIII, nosso relato mostrou as tentativas dos Estados europeus de ampliar ou restringir conexões de longa distância, seus lucros com iniciativas comerciais e produtivas de outros povos, sobretudo na Ásia, sua atuação às margens de outros impérios (com destaque para o Otomano e o Chinês) fortes demais para serem diretamente atacados e o fracasso de suas tentativas de penetrar na maior parte da África e no Sudeste da Ásia. Teriam o desenvolvimento do capitalismo na Europa, sobretudo na Grã-Bretanha, e a riqueza e os avanços tecnológicos que ele propiciou provocado uma separação entre a Europa e o resto do mundo, incluindo os impérios Chinês, Russo e Otomano? Essa transformação econômica poderia ter redirecionado a narrativa da influência e da concorrência interimperiais?

O capitalismo não pode ser entendido meramente como um comércio de mercado, tampouco como um sistema de produção baseado em trabalho remunerado. O capitalismo também é um produto da imaginação. Assim como uma história complexa e repleta de conflitos pode ser encontrada sob a superfície das representações de "nação" enquanto unidade natural de um regime, o desenvolvimento do capitalismo foi ao mesmo tempo um processo histórico, que originou novos mercados para o trabalho e bens de consumo, e um processo ideológico, que fez com que tais mercados parecessem "naturais". Enquanto os impérios colidiam e competiam entre si nos séculos XVIII e XIX, as discussões quanto à normalidade e legitimidade das diferentes formas de comportamento político e econômico se acirraram. No capítulo 10, foi argumentado que a transformação do trabalho assalariado em norma na sociedade britânica esteve ligada à sua diferenciação diante de outras formas de trabalho (sobretudo a escravidão), e que esse processo de diferenciação ocorreu dentro do espaço imperial britânico.

Mapa 8.1 – Império e independência nas Américas, 1783 a 1839

Neste capítulo foi visto que o conceito francês de "cidadão" com direitos e deveres para com o Estado foi elaborado no contexto de um Império Francês. As ideias políticas que adquiriram uma força tão aparente no contexto das revoluções Francesa e dos Estados Unidos forneceram ferramentas para lados opostos durante conflitos de longa duração que determinariam quem tinha quais direitos e onde esses direitos valiam. A era das revoluções não forneceu uma resposta definitiva para essas perguntas. Nas próximas páginas, será analisada a posição ambígua, mas contínua dos impérios nas revoluções do fim do século XVIII e início do XIX e nos movimentos políticos que se definiram tanto dentro quanto fora dos regimes imperiais.

A REVOLUÇÃO FRANCO-HAITIANA

Em sua quase totalidade, o imenso *corpus* acadêmico da Revolução Francesa é tão focado em uma França nacional que a revolução nas colônias quase desaparece. Ainda assim, quando a revolução começou em 1789, Santo Domingo, produtora de metade do açúcar e do café do mundo ocidental, era de enorme importância para a economia francesa e sua elite proprietária de terras. A Revolução logo se tornou uma questão imperial.

Nação e revolução na Europa imperial

Os acadêmicos de hoje encaram a Revolução Francesa não como o trabalho de um agente coletivo, seja ele a "burguesia" ou as "classes populares", mas como um processo dinâmico que foi estimulado pela interação entre múltiplos agentes, com interesses e desejos distintos. Uma monarquia forte havia desenvolvido instituições estatais e laços patrimoniais com as elites de toda a França de forma mais intensa do que na maior parte da Europa do século XVIII. Mas os aristocratas estavam exasperados com o poder da realeza; os homens de posses que não pertenciam à nobreza, com os privilégios da aristocracia; e os camponeses, com os impostos e serviços que deviam aos proprietários de terra. A concepção mais velha, hierárquica e patriarcal da sociedade francesa e o financiamento de patronos reais e aristocráticos eram cada vez menos compatíveis com a crescente autoconfiança dos profissionais urbanos ou das mulheres da elite, que se viam como consumidores e participantes ativos dos espaços de sociabilidade – como cafés, salões de baile e encontros políticos. Revistas, jornais, livros e folhetins de fofocas se proliferaram e difundiram ideias de pensadores iluministas entre a população alfabetizada e aqueles para quem os textos eram lidos em voz alta. Conforme o contexto para debates políticos se ampliava, o conceito de "cidadão" passou ao primeiro plano.

O antigo regime francês havia ido mais longe do que qualquer Estado europeu no que dizia respeito à distinção entre um corpo de cidadãos e "forasteiros", mas seus administradores viam os cidadãos como súditos – e não a fonte – da soberania estatal. Os ativistas políticos do final do século XVIII desenvolveram uma outra visão. Eles pegaram ideias mais antigas da cidadania politicamente engajada, citando precedentes das cidades gregas, da república romana e das cidades-Estados da Renascença. Como no passado, o ideal politizado de cidadania não incluía a todos, pois implicava a capacidade e o desejo de participar de forma ativa das questões cívicas. Em certos momentos, a "multidão" parisiense incitou seus líderes a adotarem posturas radicais. Em outros, foram os reformistas da elite que levaram as ideias ao limite.

O momento revolucionário na França foi precipitado não apenas por mudanças internas de consciência e organização política, mas também pelas tensões causadas pelos conflitos interimperiais. A França perdeu a guerra de 1756-1763 e, com isso, suas colônias canadenses e quase todos os seus entrepostos do sul da Ásia, mas manteve suas ilhas açucareiras incrivelmente lucrativas, dentre as quais se destacava Santo Domingo. Vencedores e derrotados contraíram imensas dívidas, e se a Grã-Bretanha era capaz de tentar extrair mais de suas colônias – com consequências que seus líderes não puderam prever –, a França precisou se voltar para si mesma.

Conforme se exigiam mais impostos da base da pirâmide hierárquica francesa, a resistência subia. Vulnerável e precisando de cooperação, Luís XVI convocou em 1789 um encontro consultivo dos Estados Gerais, algo que os reis, cada vez mais poderosos, haviam dispensado a partir de 1614. Os representantes dos três "estados" nos quais a sociedade francesa se organizava (clero, nobreza e povo) recusaram os velhos termos estabelecidos para os encontros dos Estados Gerais e transformaram aquela reunião em uma Assembleia Nacional Constituinte. Ali, escutou-se a reivindicação de que o povo, e não o rei, era soberano.

Em 14 de julho de 1789, uma multidão invadiu e destruiu a Bastilha; enquanto isso, nas zonas rurais, muitos camponeses se recusaram a pagar taxas aos proprietários de terras e saquearam as casas senhoriais. A assembleia estava se tornando o governo *de facto*: ela aboliu a nobreza e reformou o sistema de taxas rurais. Em agosto, aprovou a Declaração dos Direitos do Homem e do Cidadão, que declarava "O princípio de que toda a soberania reside essencialmente na nação. Nenhum corpo ou indivíduo pode exercer qualquer autoridade que não provenha diretamente da nação". O documento enfatizava a igualdade perante a lei e o governo representativo. Mas o que era a nação francesa?

A revolução logo se chocou com a natureza não nacional dos regimes europeus. A Áustria (terra de origem da rainha Maria Antonieta) e a Prússia ameaçaram invadir a França em 1791. Essa ameaça galvanizou o sentimento popular de "*la patrie en danger*" e originou esforços para a constituição de um exército de cidadãos voluntários. Mas o ideal nacional não foi forte o suficiente. Em 1793, o recrutamento compulsório de cidadãos foi incorporado ao espírito de cidadania, e mais tarde o mesmo ocorreu com o alistamento sistemático. Ameaças externas e a radicalização do regime revolucionário no âmbito doméstico –o que incluiu a execução do rei e da rainha – integravam a receita volátil que deu origem a ondas de terrorismo e contraterrorismo e, por fim, a uma guinada mais conservadora. No meio-tempo, a França havia sido declarada uma nação e uma república, e a constituição e uma torrente de escritos revolucionários consagraram a ideologia de republicanismo que vem sendo evocada e violada desde então. O poder residia no povo por meio de seus representantes eleitos; o Estado era único e indivisível; liberdade, igualdade e fraternidade eram seus princípios centrais.

Isso significava a afirmação corajosa de um novo tipo de soberania, mas os limites da igualdade entre cidadãos foram questionados desde o princípio. As mulheres eram consideradas cidadãs, mas não cidadãs "ativas" – elas não puderam votar até 1944. Foi debatido se o ideal republicano implicava equivalência social e econômica, bem como política. Muitos homens de posse temiam que uma participação política excessiva daqueles sem propriedades ameaçasse não apenas seus interesses, mas também a ordem social. O medo do caos foi a fachada por trás da qual um governo mais autoritário se escondeu naquele mundo político pós-revolucionário: em 1797, a nova autoridade executiva, o Diretório, recusou-se a aceitar a derrota nas eleições. A tensão cresceu até resultar em um golpe palaciano em 1799, efetuado pelo general Napoleão Bonaparte. Em uma espantosa reversão do vocabulário revolucionário, ele se declarou imperador em 1804.

Cidadania e política da diferença no Império Francês
Vejamos a parte da história que geralmente é deixada de fora. Não é possível desenhar uma linha precisa em torno da França europeia. Nem a filosofia do Iluminismo, nem as práticas revolucionárias forneciam uma ideia clara do que constituía o povo francês ou de qual poderia ser a relação entre a França europeia e a França de além-mar. Alguns pensadores políticos, insistindo que estavam aplicando a razão à sociedade, desenvolveram classificações para as populações humanas que explicavam por que povos africanos e asiáticos não podiam participar da vida civil. Outros se recusaram a reconhecer particularidades entre os povos e presumiram que seus próprios conceitos de universalidade deveriam se aplicar a todos. Ainda outros utilizaram sua razão iluminada para fornecer uma visão com mais nuances a respeito das diferenças humanas.

Para Denis Diderot, a adoção de valores universais implicava o reconhecimento da integridade de diferentes culturas. De sua perspectiva, as asserções europeias sobre o direito de colonizar os outros eram ilegítimas – um sinal da falência moral dos Estados europeus. O abade Grégoire se opunha à colonização conforme praticada na época. Ele detestava a escravidão, mas não a conversão e a "civilização" de outros povos. Em 1788, figuras proeminentes do Iluminismo fundaram a Societé des amis des Noirs para advogar em favor dos escravos do Império Francês. Embora não concordassem quanto à significância das diferenças culturais, esses teóricos e ativistas abraçavam a igualdade fundamental de todos os seres humanos e negavam o direito de escravizar ou explorar os povos das colônias a bel-prazer. A maioria dos abolicionistas defendia uma emancipação gradual, desmamando a economia imperial de suas práticas degradantes, mas evitando um motim social.

Intelectuais da metrópole, porém, não eram a única parte interessada na relação entre as colônias e a revolução. Fazendeiros brancos em Santo Domingo traduziram a doutrina da cidadania na reivindicação por algum grau de autogoverno. Suas delegações em Paris fizeram *lobby* para que as assembleias coloniais tivessem o poder de regular questões de propriedade e status social nas colônias, insistindo que os territórios onde viviam lado a lado escravos e homens livres, africanos e europeus, não podiam ser governados pelos mesmos princípios que governavam a França europeia. Mas as assembleias revolucionárias em Paris também ouviram a *gens de couleur*, habitantes das ilhas do Caribe com posses de terras e escravos, geralmente nascidos de pais franceses e mães escravas ou alforriadas. Em Santo Domingo, eles representavam um grupo considerável que possuía um terço das plantações da colônia e um quarto dos escravos. Muitos deles não sofriam com falta de dinheiro, educação ou contatos em Paris. A cidadania, insistiam eles, não deveria ser restringida pela cor. As assembleias de Paris contemporizaram.

Todos os envolvidos, incluindo os revolucionários de Paris, precisaram repensar suas posições quando os escravos se amotinaram em agosto de 1791. Dois terços dos escravos de Santo Domingo eram africanos de nascença, e a revolta surgiu a partir de redes que se baseavam em afinidades religiosas africanas e na ciência do que ocorria em Paris. Rebeldes queimaram plantações e assassinaram grandes proprietários em uma região inteira da ilha. A revolução de Santo Domingo logo se transformou em um conjunto de embates simultâneos: entre monarquistas e patriotas, brancos e *gens de coleur*, escravos e senhores de escravos. Por vezes, subgrupos de cada categoria se aliavam a outros, em alianças que muitas vezes mudavam. A ação política não era definida pelo pertencimento a uma categoria social.

O Estado revolucionário temia perder uma colônia valiosa para a contrarrevolução monárquica ou para os impérios rivais da Inglaterra ou Espanha. Agora, as *gens de couleur* pareciam aos líderes da república francesa um aliado necessário. Em março de 1792, o governo em Paris aceitou declarar cidadãos franceses todas as pessoas e conceder a elas direitos políticos equivalentes. Em 1794, um deles, Jean-Baptiste Belley, assumiu um assento na Assembleia Nacional Constituinte francesa como delegado de Santo Domingo. A porta para a cidadania imperial estava entreaberta.

Ela se abriu mais à medida que o governo francês descobriu que não podia controlar o conflito multilateral sem o apoio dos escravos. Em 1793, o comissário republicano em Santo Domingo decidiu libertar os escravos e declará-los cidadãos. Paris, onde a dinâmica revolucionária também ingressara em uma fase mais radical, ratificou esse édito e, no ano seguinte, ampliou seu alcance para que englobasse outras colônias. A constituição de 1795 declarou que as colônias eram "parte integral" da França. A França se tornou, por um tempo, um império de cidadãos.

Para os impérios, a necessidade dos escravos para reforçar o exército estava longe de ser novidade: impérios islâmicos e outros haviam utilizado essa tática. Além disso, combatentes escravos já haviam sido utilizados em disputas imperiais no Caribe. Mas agora as práticas correspondiam a um princípio novo de fato: a cidadania. Ao contrário da dependência pessoal dos escravos combatentes em relação ao seu mestre, a participação dos escravos libertos de Santo Domingo no exército francês estava atrelada ao seu novo status.

Antes de ser um movimento contra o império, portanto, a revolução de Santo Domingo foi um movimento pela liberdade do regime. O mais reverenciado líder de escravos, Toussaint L'Ouverture, personificava as ambiguidades da situação. Escravo liberto alfabetizado e habilidoso, ele se juntou à revolta dos escravos bem no início e logo assumiu sua liderança. Por um tempo, ele estudou a hipótese de se aliar aos espanhóis, mas quando a França (e não a Espanha) passou a flertar com a abolição da escravatura, passou para o lado francês e se tornou funcionário da república e, em 1797, o governante *de facto* da Santo Domingo francesa, cargo no qual lutou contra monarquistas e impérios rivais e em defesa da recém-proclamada libertação dos escravos.

Figura 8.1
Retrato de Jean-Baptiste Belley, por Anne-Louis Girodet de Roussy-Trioson, 1797. Homem negro eleito para representar Santo Domingo junto à legislatura francesa, Belley se apoia no busto do abade Raynal, um dos principais defensores (brancos) dos direitos dos escravos, enquanto olha para um futuro distante. (Museu Nacional do Palácio de Versalhes. Biblioteca de Arte Bridgeman, GettyImages.)

Em 1801, ainda professando lealdade à França, Toussaint escreveu uma nova constituição para Santo Domingo. Nem os líderes franceses, nem Toussaint desejavam interromper a produção açucareira, e não havia alternativa ao olhar vigilante dos agentes oficiais e proprietários de terra – ao menos não antes, pensavam eles, que os escravos libertos adquirissem a autodisciplina dos trabalhadores "livres". Nem todos os escravos libertos concordavam com isso: houve revoltas dentro da revolução motivadas por questões de trabalho e autonomia, bem como a luta diária dos escravos alforriados para controlar suas vidas profissionais, que insistiam em ser vistos pelo Estado – no registro oficial de nomes, casamentos e mortes, por exemplo – da mesma forma que os cidadãos brancos.

Assim como as ações do povo de Santo Domingo forçaram os revolucionários de Paris a repensar novamente sua concepção de cidadania, a dinâmica imperial na Europa teve um efeito imenso nas colônias. Quando Napoleão assumiu o poder, ele reverteu as medidas hesitantes que sugeriam uma cidadania inclusiva abrangendo todo o império. No império de além-mar, Napoleão foi um restaurador ferrenho – reflexo de suas relações pessoais com colonos do Caribe pertencentes ao antigo regime (o que incluía mas não se limitava à família proprietária de escravos de sua primeira esposa, Josefina). Ele não queria apenas restaurar o status especial pré-revolucionário das colônias, mas também reinstaurar a escravidão. Em 1802, ele enviou um exército para Santo Domingo justamente com esse intuito. Ele mascarou sua intenção ao ponto de induzir Toussaint, que ainda atuava dentro da estrutura de cidadania imperial, a se render. Toussaint foi enviado a uma prisão na França, onde morreu pouco depois. Foi a versão napoleônica de império – e não uma nacional ou republicana – que sepultou o ideal de Toussaint de uma emancipação dentro da França.

Outros generais de origem escrava continuaram a lutar. Os exércitos de escravos libertos, com o auxílio da epidemia de febre amarela que acometeu o exército de Napoleão, mostraram-se fortes demais para o grande imperador. Em 1803, ele desistiu. No ano seguinte, os vitoriosos proclamaram a República do Haiti.

Assim, a luta por liberdade e cidadania dentro de um império revolucionário chegou ao fim com o Haiti se desligando do império. As outras colônias açucareiras da França, Guadalupe e Martinica, onde rebeliões haviam sido suprimidas, enfrentariam outros 44 anos de escravidão até que uma nova situação revolucionária na França europeia, combinada com outra rodada de revoltas nas colônias de *plantation*, convertesse em definitivo os escravos remanescentes do Império Francês em cidadãos.

A independência do Haiti apresentava um novo problema para o mundo imperial. Seria o Haiti a vanguarda da emancipação e descolonização? Ou seria um símbolo dos riscos caso se perdesse o controle sobre os escravos africanos? Não apenas a França, mas também outros Estados imperiais tinham fortes razões para transformar o Haiti em pária, e não em uma vanguarda. Apenas em 1825 a França reconheceu condicionalmente o Haiti enquanto Estado soberano, e somente depois de firmar um acordo segundo o qual o Haiti pagaria uma compensação pelas supostas perdas francesas. O reconhecimento pleno finalmente veio em 1838. Os Estados Unidos reconheceram o Haiti em 1862, em meio à sua guerra civil.

Quando, em 1938, C. L. R. James, nascido na antiga colônia de escravos britânica Trinidad, escreveu sua famosa história da revolução em Santo Domingo, *The Black Jacobins*, ele tentou reposicionar o Haiti na vanguarda da libertação, usando-o como exemplo para argumentar em prol do fim do colonialismo no mundo todo. Em 1946, um líder político africano eleito para servir na assembleia francesa em Paris, Léopold Senghor, evocou aquele momento 150 anos antes em que a França reconhecera a cidadania de escravos negros. Ele tentava persuadir outros deputados a retomarem a promessa da França revolucionária e transformar todos os súditos das colônias em cidadãos, com direitos iguais aos daqueles que viviam na França europeia. A Revolução Franco-Haitiana de 1789-1804 expôs ao mundo questões sobre as relações entre cidadania e liberdade, dentro e fora dos impérios – temas que continuam a ser debatidos nos dias de hoje.

NAPOLEÃO

Hoje, Napoleão descansa em sua opulenta tumba em Paris, a poucos quilômetros do Arco do Triunfo, seu monumento a si mesmo e às gloriosas batalhas por meio das quais conquistou a maior parte da Europa. A nação francesa acabou se apropriando da lenda napoleônica. Mas a história de Napoleão não se encaixa bem em uma afirmação retrospectiva do Estado-nação francês. As conquistas de Napoleão – que, em seu ápice, chegaram a abarcar 40% da população europeia – são bem conhecidas, então nos concentraremos em duas questões: seu império representava uma nova noção pós-revolucionária das políticas imperiais, menos aristocrática e hierárquica, mais centralizada e burocrática? O quão francês era o Império Francês de Napoleão?

O argumento em prol de um novo tipo de império reside no aparente interesse de Napoleão em transformar o racionalismo do Iluminismo em um sistema integrado, centralizado e logicamente concebido de administração, constituído por pessoas selecionadas por sua competência e fidelidade ao Estado, independentemente de status social. As ciências, incluindo geografia, cartografia, estatística e etnografia, guiariam os agentes oficiais do Estado e moldariam o modo como a população pensava a si mesma. O papel do Estado para definir e supervisionar a cidade por meio de um único regime legal foi incorporado ao código napoleônico. O código era mais sistemático que o compêndio de Justiniano do século VI (ver capítulo 3), propondo-se ser ao mesmo tempo uma legislação pública e privada a ser aplicada de forma uniforme, desinteressada e, sobretudo, previsível pelas instituições judiciárias. O nível de taxação era elevado, mas, graças ao registro sistemático de terra, sua base era transparente. Uma relação direta entre cidadão e soberano substituiria os privilégios entrincheirados da nobreza e do clero, a corrupção arbitrária da monarquia pré-revolucionária e a deferência às elites e tradições locais. Napoleão aboliu o grande rival simbólico – já há muito privado de seus poderes – na reivindicação de uma autoridade imperial abrangente na Europa: o Sacro Império Romano. É claro que Napoleão era um ditador e não um democrata, mas podemos argumentar que seu regime imperial concretizou os ideais de um povo francês unido por trás de seu líder e de uma burocracia racionalizada – dois produtos da revolução e do Iluminismo que se espalharam pela Europa até chegar às terras russas.

A defesa do retorno a um modo anterior de império, por outro lado, começa pelo simbolismo do poder estatal que Napoleão invocava, sendo o mais impressionante deles sua decisão de adotar o título de imperador, exibir publicamente tronos, robes e coroas e convocar o papa para que conduzisse a coroação – embora uma importante reviravolta tenha ocorrido na cerimônia: Napoleão tomou a coroa das mãos do papa e colocou-a na própria cabeça. Tudo isso ecoava de forma clara e deliberada a coroação de Carlos Magno mil anos antes, assim como os arcos do triunfo de Napoleão reivindicavam a herança romana.

A ruptura dos revolucionários com o governo aristocrático foi transigida em outros dois aspectos fundamentais. O primeiro foi a concessão por Napoleão de títulos de nobreza e *dotations* (propriedades dadas a pessoas que serviam ao regime, transmissíveis por herança na linhagem masculina) a muitos de seus generais e principais apoiadores, incluindo um número considerável de pessoas que haviam possuído títulos sob o antigo regime e as elites de alguns territórios conquistados, criando (ou recriando) o que um acadêmico chama de "nobreza imperial". O segundo foi seu uso nas regiões conquistadas de outra estratégia clássica dos imperadores: governar lugares diferentes de modo diferente. Se em alguns contextos (como o Norte da Itália) isso significava incorporar novos territórios à estrutura administrativa básica da França e impor leis e práticas burocráticas padronizadas, em outros (o ducado de Varsóvia, por exemplo) houve cooptação – e não a realocação – da aristocracia local. Tais estratégias iam de encontro às noções de igualdade que a revolução havia promovido. E o código napoleônico era patriarcal, pois reforçava a autoridade masculina dentro dos lares dos cidadãos.

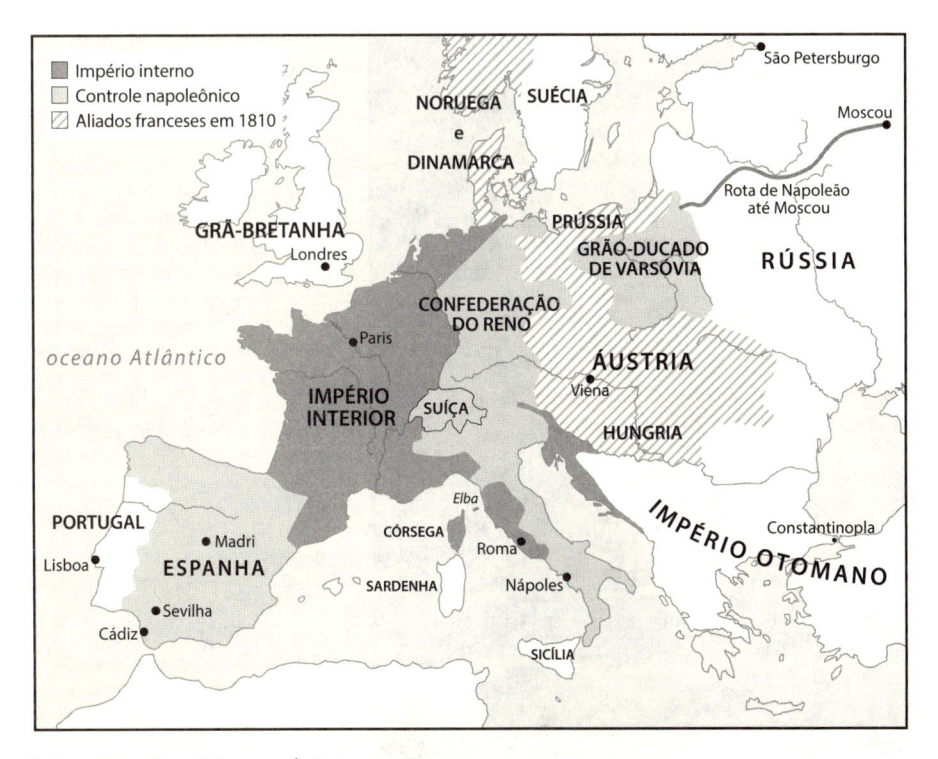

Mapa 8.2 – Império napoleônico na Europa

Uma perspectiva imperial nos permite evitar a falsa dicotomia entre mudança e continuidade. Napoleão encarava desafios comuns a todos os impérios e equilibrava a necessidade de cooptar reis e príncipes derrotados com a autoridade sistemática imposta de cima. Ele encontrou uma estratégia viável em algum ponto entre a criação de uma elite homogeneizada e a administração independente de cada parte do império. Outros imperadores ao redor do mundo haviam experimentado a utilização de agentes oficiais distanciados de alguma forma da sociedade que governavam: os chineses foram pioneiros ao selecionar cuidadosamente os membros de sua burocracia, preparada muito tempo antes do Iluminismo. Napoleão assimilou novas ideias de governo a práticas imperiais clássicas.

Figura 8.2
Napoleão em seu trono imperial, Jean-Auguste-Dominique Ingres, 1806. (Museu do Exército, Paris. Biblioteca de Arte Bridgeman, GettyImages.)

Michael Broers argumenta que Napoleão concebeu um "império interno" – a atual França à exceção da Vendeia, os Países Baixos, os países ao redor do Reno, a Suíça e boa parte do Norte da Itália – onde um modelo civilizatório, centralizador e burocratizado de governo seria imposto de forma mais estrita. Ao redor dele havia o "império externo" em que as aristocracias locais desempenhavam um papel muito mais forte e as reformas napoleônicas, em particular aquelas referentes aos privilégios da nobreza, eram atenuadas. Napoleão transformou seus parentes – os irmãos José em Nápoles e na Espanha, Luís nos Países Baixos, Jérôme na Vestfália e o cunhado Joaquim Murat em Berg – em monarcas. Na Confederação do Reno, dezesseis príncipes foram nominalmente incumbidos de governar territórios específicos, mais ou menos consolidados e ligados aos agentes oficiais do próprio Napoleão. Na prática, ele estava federando reinos ou ducados menores em unidades maiores, todas sob a égide do império napoleônico.

Os diversos canais de autoridade (onde chefes de prefeitura, seguindo o modelo romano, eram a principal maneira – mas não a única – de transmitir informações às camadas superiores da hierarquia) serviam a uma estrutura em que o imperador era, como no passado, o rei dos reis. Em meio aos possíveis aliados, submonarcas ou inimigos de Napoleão estavam os Habsburgo, que possuíam um projeto imperial próprio. Em algumas situações, os governantes Habsburgo lutaram contra Napoleão; em outras, reconheceram a superioridade de seu poder e se aliaram a ele. Uma princesa Habsburgo se tornou imperatriz de Napoleão depois que ele se divorciou de Josefina. Com a dominância militar de Napoleão, a reivindicação de status imperial dos Habsburgo se esvaziou. Mas para a elite austríaca, era preferível viver ao lado ou à sombra de Napoleão do que encarar os outros impérios em seus flancos – o Otomano e o russo.

A grande dificuldade na máquina de Napoleão era a manutenção do exército. O ideal revolucionário de um exército formado por cidadãos servindo à nação perdera força antes mesmo de Napoleão chegar ao poder. As pessoas só lutavam por seu país porque precisavam fazê-lo. Napoleão – como Pedro I fizera na Rússia um século antes – sistematizou o alistamento. Isso vinculou a penetração do poder estatal – militar e administrativo – nos vilarejos, pois foi preciso angariar a maioria dos conscritos nas zonas rurais. Além do governo de um prefeito em cada divisão territorial, Napoleão consolidou sua *gendarmerie,* uma força policial militarizada.

A conscrição foi aplicada não apenas dentro das fronteiras da França pré-napoleônica, mas também em territórios conquistados. A resistência ao alistamento era mais alta nos vilarejos montanhosos da França central que nas regiões onde não se falava francês, como o Reno, partes da Itália e a Vestfália. De modo geral, o aparato do Estado desgastou seus adversários e construiu um exército mais imperial do que francês. Apenas um terço do imenso exército que atacou a Rússia em 1812 era da "França".

Isso nos leva à segunda questão: o quão francês era o império? A língua da administração era o francês, e muitos dos prefeitos e das autoridades militares instalados em áreas onde o idioma era outro vinham da França. Gradualmente, as elites locais foram recrutadas para desempenhar papéis determinados por esses franceses que ocupavam o poder. Alguns autores falam em um "imperialismo cultural" francês imposto em locais como a Itália, onde os oficiais napoleônicos achavam as pessoas atrasadas e carentes de influências civilizadoras – o código de leis francês, funcionários públicos competentes e uma abordagem científica – para poderem se defender de clérigos e aristocratas reacionários. Ainda assim, boa parte da "França" desempenhava sua "civilidade" falando italiano ou alemão. Uma parte da França ocidental, a Vendeia, era governada de forma branda, pois a região era considerada indisciplinada e perigosa; a Polônia também foi governada brandamente para garantir a cooptação da nobreza.

As elites de alguns territórios conquistados viram bons motivos para trilhar um caminho percorrido em muitos impérios e que remontava a Roma: a acomodação contingente. Por um tempo, o lado racionalista da administração napoleônica interessou ao menos a algumas pessoas liberais e voltadas para o comércio, que abraçaram esse lado antiaristocrático e anticlerical do regime. Mas Napoleão atrelava fortemente a ordem social estável à propriedade de terra – embora abdicasse de senhores feudais e monarquistas –, e as elites de grandes posses tinham seus motivos para preferir a paz com Napoleão à guerra. Muitos liberais que haviam recebido Napoleão de braços abertos se desiludiram com seu sistema. Alguns resistiram ao governo francês por motivos nacionais. Talvez tenha sido a Espanha quem chegou mais perto de uma guerra de guerrilha geograficamente disseminada contra os invasores, mas mesmo ali a mobilização se voltava em parte contra as elites espanholas que oprimiam os camponeses. Os combatentes em diferentes províncias da Espanha não conseguiram agir em conjunto de maneira coerente e sustentável, e algumas das campanhas "espanholas" contra Napoleão foram lideradas por generais britânicos.

Às vezes, o império napoleônico é visto como um fenômeno continental, e não transoceânico, mas apenas porque suas empreitadas em além-mar fracassaram. A única grande derrota de Napoleão para aquele que se tornaria um movimento de liberação natural ocorreu pelas mãos do exército heterogêneo de escravos, antigos escravos e negros livres em Santo Domingo com o auxílio de inimigos imperiais da França, comerciantes norte-americanos e micróbios tropicais. A outra empreitada de Napoleão em além-mar, anterior a esta, foi a conquista do Egito em 1798, que teve vida curta. A intervenção britânica ajudou a devolver o território ao Império Otomano. No Egito, Napoleão buscara retraçar sua genealogia imperial até os faraós e levar a ciência e um governo racional até parte do "atrasado" Império Otomano. Ele também esperava aprimorar Santo Domingo e Louisiana para consolidar uma expansão imperial a partir do Caribe e do Golfo do México. Nem no Egito, nem em Santo Domingo coube a ele determinar o desfecho. Em 1803, Napoleão teria dito "Maldito açúcar, maldito café, malditas colônias" ao vender a Louisiana para os Estados Unidos em troca de dinheiro para financiar seus outros sonhos imperiais.

A abrangência territorial excessiva se tornou uma justificativa convencional – e insatisfatória – para as derrotas napoleônicas. Na história dos impérios, não há uma linha clara que aponte os limites seguros para o tamanho de uma empreitada. Napoleão tentou aproveitar os recursos da Europa Central, mas a Rússia podia lançar mão daqueles existentes na Sibéria e na Ucrânia, enquanto a Grã-Bretanha possuía territórios em além-mar e a melhor frota militar marítima do mundo. Napoleão não sucumbiu quando os sentimentos nacionalistas contra o poder reacionário do império se acirraram, mas sim diante de outros impérios, com destaque para o britânico e o russo. Quando o exército de Napoleão perdeu o controle após a debacle de sua invasão à Rússia em 1812, alguns dos componentes de seu império se reconstituíram enquanto entidades políticas viáveis – lideradas por figuras monárquicas e dinásticas –, apresentando novas roupagens. Regimes como Baden e Bavária haviam absorvido unidades menores ao seu redor durante o domínio napoleônico e deixaram o império mais fortes e melhor consolidadas do que quando haviam entrado. Quando o rei da Prússia tentou organizar a luta contra Napoleão em 1813, ele não apelou aos "alemães", mas aos "brandemburgueses, prussianos, silesianos, pomeranianos e lituanos".

Os componentes do império que haviam chegado mais perto de se integrar à França – o Norte da Itália, o Reno, os Países Baixos – experimentaram os efeitos mais profundos do império de Napoleão, o que incluía a maior profissionalização das elites governantes. A derrota de Napoleão permitiu um grau de federação entre os regimes que ele havia subjugado, e que se reconstituíram em uma aliança contra ele. Por toda a Europa, elites que haviam sido persuadidas durante um tempo pelo projeto napoleônico de administração regulamentada e codificação legal acabariam influenciando a história política. A Europa pós-napoleônica continuou a ser dominada por um pequeno número de agentes poderosos: a Rússia, a Áustria, a Prússia, a Grã-Bretanha e, como antes, a França. A paz negociada em Viena em 1815 reforçou essa consolidação monárquica. Os principais vencedores mantiveram seus imperadores; a França, cerca de 25 anos após a revolução, voltou a ter um rei.

As conquistas, os governos e as derrotas de Napoleão tiveram efeitos profundos sobre a constituição dos Estados. Mas Estado e nação não coincidiram durante o império napoleônico, e a luta contra Napoleão não atrelou os Estados de seus inimigos a nações correspondentes. Napoleão não foi o último governante a chegar perto de incorporar todo o continente europeu em um vasto império e, embora os construtores imperiais do final do século XIX tenham focado em além-mar, suas ações ainda faziam parte da disputa entre um pequeno número de Estados-impérios com base na Europa. Após alguns períodos de monarquia, revolução e uma nova república (1848-1852), a França criou um regime que se autodenominava Segundo Império, liderado por um homem que se autodenominava Napoleão III, sobrinho do original. O Segundo Império durou até 1870 e, como o primeiro, chegou ao fim pelas mãos de outro império, nesse caso o recém-unificado Reich alemão. A ascensão e queda dos dois Napoleões abriu espaço para os Estados-impérios na Europa, misturando de muitas formas os anseios dos cidadãos com o poder dos monarcas e reunindo territórios contíguos e distantes, com populações culturalmente diversas (ver capítulo 11).

CAPITALISMO E REVOLUÇÃO NO IMPÉRIO BRITÂNICO

No capítulo 6, foi visto que a "Grã-Bretanha" não surgiu como projeto coerente de um único povo, mas sim a partir de diversas iniciativas, estatais e privadas, que foram gradualmente entrelaçadas: uma monarquia composta nas ilhas britânicas e o corso, as companhias licenciadas, os enclaves comerciais, as colônias de *plantation* e as colônias de assentamento em além-mar. O Estado "fiscal-militar" ligado a instituições bancárias sólidas garantiu a renda necessária para uma frota marítima capaz de proteger assentamentos e rotas de comércio e canalizar uma imensa porção do comércio mundial para os navios e portos britânicos. A Inglaterra teve sua parcela de conflitos internos mortíferos, mas o sucesso do Parlamento, que representava principalmente a alta burguesia proprietária de terras e a aristocracia, limitou o poder real e assim possibilitou que os construtores imperiais da Colônia complementassem os interesses dos magnatas. Com a consolidação do governo de um "rei no Parlamento" após a guerra civil de 1688 e sob pressão de uma longa série de guerras contra a França – para conter os esforços de Luís XIV para dominar a Europa e, possivelmente, impor um rei católico à Inglaterra –, a Grã-Bretanha desenvolveu um governo capaz de gerir diversas empreitadas no exterior e transformações sociais e econômicas em casa.

Inglaterra, império e o desenvolvimento de uma economia capitalista
Para o Império Britânico, o século XVIII foi revolucionário em mais de um sentido. O elo entre escravagismo nas *plantations* de além-mar e desenvolvimento agrário e industrial no âmbito doméstico foi reforçado pela extraordinária expansão da economia açucareira. A colonização da Índia, oculta por trás da fachada de uma empresa privada, ganhou força e deu lugar a um processo de incorporação territorial em que a Coroa assumiu um papel de supervisão mais atuante. A revolução nas colônias da América do Norte revelou os limites do império e até que ponto os princípios da política britânica haviam se disseminado do outro lado do oceano.

Qual é a conexão entre o papel de destaque que a Grã-Bretanha teve para o desenvolvimento do capitalismo e seu poder imperial, mesmo levando em conta a perda das treze colônias na América do Norte na década de 1780? Kenneth Pomeranz oferece uma comparação esclarecedora entre as economias dos impérios Chinês e Britânico – o primeiro, um grande império continental com conexões ao longo da Eurásia; o segundo, dotado de uma força proveniente do mar. Pomeranz argumenta que, no início do século XVIII, o potencial de crescimento econômico e industrial de ambos os impérios, sobretudo nas regiões nucleares, não era muito diferente. Seus mecanismos financeiros, indústrias manufatureiras, agricultura e instituições comerciais não eram tão diferentes. A "grande divergência" ocorreu ao final do século XVIII.

O capital acumulado com o comércio de escravos e a produção açucareira, por mais relevante que fosse, não explica a diferença das trajetórias desses impérios. Foi a complementaridade entre os recursos metropolitanos e imperiais que impulsionou a economia britânica. O açúcar era cultivado no Caribe, o trabalho vinha da África. Assim, a alimentação dos trabalhadores da Inglaterra não era restringida pela disponibilidade de terras ou mão de obra em casa. Misturado com o chá, outro produto imperial, o açúcar contribuiu muito para manter os trabalhadores ocupados por muitas horas nos moinhos de algodão sem que fosse necessário utilizar os recursos britânicos para comprar batatas, grãos ou beterrabas, que seriam fontes alternativas de calorias. Algo semelhante ocorria com o algodão que vestia os trabalhadores: outras fibras poderiam ser cultivadas na Inglaterra, mas o algodão dos escravos no Sul dos Estados Unidos no início do século XIX não exigia terras nas ilhas britânicas, nem o trabalho da metrópole britânica.

O sistema imperial chinês era voltado para os frutos da terra: tanto as terras como a mão de obra vinham de dentro do sistema. O maior acesso ao carvão dos britânicos teve um papel importante para o seu crescimento industrial, mas foi a capacidade de transferir os custos de oportunidade em termos de terra e trabalho para o outro lado do mar que conferiu aos britânicos uma vantagem distintiva. Outras diferenças entraram em jogo devido ao império marítimo britânico: o seu uso de companhias de capital aberto, por exemplo, não fornecia grandes vantagens para a manufatura doméstica, mas reunia os imensos recursos necessários para o transporte e a capacidade combativa necessários para a manutenção de operações coercitivas e de longa distância.

A Grã-Bretanha havia se consolidado enquanto centro de redistribuição dos bens que chegavam não apenas de suas dependências nas Índias Ocidentais, na América do Norte e na Índia, mas também de muitas partes do mundo. Na década de 1770, mais da metade das importações e exportações britânicas eram provenientes ou destinadas a regiões fora da Europa. Com o crescimento da indústria e das instituições comerciais e financeiras, o poder econômico britânico se tornou cada vez mais autoperpetuador. Era possível perder as colônias na América do Norte sem perder o comércio com elas, abraçar as valiosas ilhas açucareiras e ampliar o alcance e a profundidade de sua influência na Ásia. Ao final do século XVIII, as indústrias britânicas produziam *commodities* que as pessoas nas Américas, na África e até mesmo na Ásia queriam comprar.

A trajetória da economia britânica não pode ser atribuída apenas a empreitadas imperiais, o que inclui a escravidão nas *plantations*. Se a escravidão fosse um fator determinante, Portugal e Espanha, os pioneiros imperiais nesse quesito, teriam assumido a vanguarda da industrialização. É a simbiose entre fatores metropolitanos e imperiais que explica por que a Grã-Bretanha *usou* seu império de modo tão produtivo. Com economias domésticas menos dinâmicas – como as de Espanha e Portugal –, boa parte dos benefícios de exportação para as colônias ia para instituições financeiras fora do território imperial. Portugal e Espanha demoraram muito tempo para deixar para trás os regimes de nobres senhores de terras e seu séquito de camponeses dependentes, e os camponeses franceses estavam relativamente seguros em suas terras. No caso britânico, os proprietários de terra reduziram as fazendas de seus arrendatários e o acesso de outros cultivadores à terra durante os séculos XVII e XVIII e passaram a empregar mais mão de obra assalariada na agricultura.

Na interpretação de Karl Marx, que tinha um respeito considerável – ainda que relutante – pelos sucessos materiais viabilizados pelo capitalismo, o que caracterizava o sistema capitalista não eram apenas os livres mercados, mas a separação entre a maioria dos produtores e seus meios de produção. A extinção violenta do acesso à terra de pequenos fazendeiros na Inglaterra deixou a maioria das pessoas sem escolha além de vender a única coisa que tinham (seu trabalho) e deixou os proprietários de terras e fábricas sem outra opção a não ser comprá-la. O capitalismo foi melhor sucedido no longo prazo do que a produção doméstica, a servidão ou a escravidão – e, poderíamos acrescentar, o comunismo – porque forçava os proprietários dos meios de produção a competir pela contratação do trabalho e a empregar esse trabalho de forma tão eficiente quanto todos os outros.

A habilidade e a necessidade dos proprietários de contratar trabalho não eram um efeito automático dos mercados ou do poder coercitivo: dependiam de instituições jurídicas e políticas capazes de conferir legitimidade à propriedade. Tendo sobrevivido às suas guerras civis e mobilizado recursos para lutar contra os impérios Espanhol e Francês, a Grã-Bretanha acabou desenvolvendo um sistema estatal solidamente institucionalizado. Ele atingiu um equilíbrio entre os privilégios conservadores aristocráticos da Espanha e o centralismo monárquico da França. Sua classe mercante era tão avidamente empreendedora quanto a dos Países Baixos, mas contava com um Estado mais forte. A Grã-Bretanha se encontrava em uma posição na qual era possível desenvolver um repertório flexível de poder que, durante um tempo, nenhum rival foi capaz de obter.

Poder imperial e a revolução norte-americana

Os laços comerciais centralizados na Grã-Bretanha articulavam o que Edmund Burke chamou de "uma massa poderosa e estranhamente diversificada": produtores açucareiros proprietários de escravos, fazendeiros da Nova Inglaterra, nababos indianos, marinheiros, pescadores, mercadores, camponeses e escravos. A população europeia das colônias dos Estados Unidos cresceu entre 1700 e 1770 de 250 mil para 2,15 milhões – mais de um quarto da população da própria Grã-Bretanha. As exportações da Inglaterra e do País de Gales para as treze colônias triplicaram entre 1735 e 1785, mesmo em meio a conflitos políticos. Em 1773, foi feita a primeira referência a "esse vasto império onde o sol nunca se põe". Alguns escritores ingleses se viam como herdeiros da república romana. Como apontou David Armitage, o Estado britânico não era "nem um feito exclusivamente metropolitano, nem um feito exclusivamente provincial; era uma ideia compartilhada de Império Britânico".

Nos locais onde os escravos predominavam em termos numéricos, como no Caribe, o medo de revoltas – e a vulnerabilidade das riquezas dessas ilhas frente a outros impérios – exigia que os brancos garantissem a conexão com o império. Os colonos da América do Norte, que enfrentavam populações indígenas de poder considerável, tinham opções diferentes e conflitantes em relação ao império. Os povos nativos podiam ser perigosos, e portanto era necessária presença de um exército imperial, mas também podiam ser parceiros comerciais úteis e desempenhar um papel complementar na economia imperial. Mas as terras dos povos indígenas eram cobiçadas pelos colonos, o que induziu as autoridades imperiais a conflitos nem sempre desejáveis. O governo britânico encarava os povos indígenas das colônias como súditos do rei e as tribos externas aos limites coloniais como povos sob a "proteção" do rei. Após a Guerra dos Sete Anos, em que os franceses e britânicos disputaram alianças com grupos indígenas e combateram aqueles no lado oposto, o governo britânico delineou uma linha no oeste, proibindo os colonos de se assentarem além dela. Sua esperança era que isso abrandasse os conflitos de terras e reservasse à Coroa – e não aos governos locais – todos os direitos de negociar com os índios. Essa cláusula se tornou fonte de conflitos entre governo e colonos – conflitos que foram exacerbados pelas insistentes violações de colonos ávidos por comprar ou se apropriar das terras férteis dos vales interioranos.

Foram justamente as ideias que tornaram o Império Britânico um "império", e "britânico", que incitaram rebeliões contra ele. Os *criollos* britânicos esperavam que as instituições de um governo parlamentar composto pelos homens de posses fossem reproduzidas nas partes do império onde viviam, e isso implicava a criação de uma assembleia em cada colônia. Até certo ponto, suas expectativas se concretizaram, embora as assembleias coloniais fossem mais invenções *ad hoc* do que miniparlamentos. John Adams chegou a sugerir que a capital da Grã-Bretanha fosse instalada na América do Norte. Se os colonos americanos houvessem obtido a autoridade desejada, o Império Britânico talvez houvesse se transformado em uma confederação na qual cada componente teria suas próprias instituições de governo, sua própria concepção de unidade política e, como deixam claro os esforços de George Washington e outros para obter o controle dos vales dos rios interioranos, suas próprias ambições imperiais.

Mas essa solução oferecia o risco de que fosse criado o que juristas britânicos conhecedores da lei romana chamavam de *imperium in imperio* – um império dentro de um império. Até as vésperas da revolução, os colonos tinham as conexões britânicas em alta estima, mas discordavam quanto a seus termos e desejavam, no mínimo dos mínimos, algum grau de governo provincial e reconhecimento dos seus direitos. Alguns colonizadores alegavam, talvez de forma maliciosa, que as cláusulas de fundação dos seus assentamentos tornavam-nos súditos do rei, mas não do Parlamento. O Parlamento pensava diferente, e deixou muito claro que era a única instituição com o poder de cobrar impostos; por outro lado, a regulação do comércio por meio dos atos de navegação e de outras leis era essencial para manter as diversas partes do império atreladas à própria Grã-Bretanha. As grandes dívidas contraídas na guerra de 1756-1763, no apoio militar à postura agressiva da Companhia das Índias Orientais na Índia e nos conflitos com nativos dos Estados Unidos fizeram com que Londres reforçasse o controle dos seus agentes oficiais sobre a administração e cobrasse taxas mais elevadas – incluindo aquelas aplicáveis aos súditos norte-americanos. As leis do Açúcar e de Selos (1764, 1765), que integram o mito da rebelião norte-americana, foram parte desse problema fiscal de amplitudes imperiais. As elites nas Américas – os mercadores, advogados e grandes proprietários de terra, intermediários vitais de um regime imperial – foram as mais diretamente afetadas por tais medidas, e assumiram a liderança dos protestos crescentes que acabaram levando à guerra.

De uma perspectiva imperial, a revolução dos Estados Unidos foi uma guerra civil britânica. Muitos residentes das Treze Colônias se identificavam fortemente com seus confrades nas ilhas britânicas ou viam interesses em comum o suficiente com o império para oferecerem à Coroa sua acomodação contingente. Os "legalistas" foram uma faceta importante da guerra. Como qualquer império eficaz, a Grã-Bretanha buscou explorar a diferenciação para salvar suas poses, incitando escravos a desertarem e lutar pela Grã-Bretanha

Figura 8.3
Forçando chá goela abaixo da América, de Paul Revere para a *Royal American Magazine*, 1774. Homens britânicos seguram a "Lady Liberdade" enquanto o primeiro ministro britânico verte chá por sua garganta. Britannia, o símbolo de tudo o que era britânico de fato, desvia o olhar. A charge é um protesto contra a retaliação britânica ao Tea Party de Boston em 1773, que era em si um protesto contra as políticas britânicas que forçavam os consumidores da Nova Inglaterra a comprar chá transportado pela Companhia das Índias Orientais britânica – restrição que prejudicava os comerciantes americanos. (Arquivo Hulton, GettyImages.)

em troca de liberdade. Os escravos também se diziam "legalistas" e, depois que seu lado saiu da guerra derrotado, muitos seguiram as linhas de conexão imperial até a Nova Escócia ou Serra Leoa. A Grã-Bretanha tentou recrutar aliados indígenas, como havia feito na guerra contra a França entre 1756 e 1763, e muitos rebeldes passaram a ver os povos nativos como inimigos. Em uma perspectiva mais ampla, a revolução se tornou outra guerra interimperial, pois a França e a Espanha ingressaram na disputa ao lado dos rebeldes, conquistaram alguns territórios no Caribe e na Flórida, atraíram forças britânicas nas Índias Ocidentais e então mantiveram a marinha britânica ocupada o bastante para dificultar o envio de reforços e o abastecimento dos exércitos – uma contribuição significativa para o desfecho da guerra.

Do lado dos rebeldes, o desejo de unidade manifestado pelos líderes levou-os a deixar bem claro que, apesar das diferenças de classe, os colonizadores brancos de posses modestas também faziam parte da comunidade política norte-americana. Com isso, eles acentuaram a divisão racial. O embate patriótico uniu brancos pobres e ricos; já o destino dos escravos continuaria sendo o trabalho (ver capítulo 9).

Ocorrida pouco depois da vitória sobre a França, sua grande rival imperial, a derrota para os rebeldes em 1763 forçou os líderes britânicos a aceitar os limites do império. A estratégia aparentemente infalível de arraigar o poder britânico por todo um oceano – a criação de colônias de súditos britânicos – se deparara com um antigo problema imperial: o risco de que os intermediários empregassem sua afinidade política e ideológica com a metrópole não para manter essa conexão, mas para redirecioná-la.

Império após a revolução

No fim das contas, os governantes britânicos não estavam dispostos a sacrificar a soberania parlamentar para atender às demandas dos rebeldes *criollos*, tampouco a pagar o preço de um embate militar contínuo a fim de reintegrá-los ao império. Mas embora a perda das colônias da América do Norte privou o governo britânico das receitas de impostos, a Grã-Bretanha continuou a comercializar com os norte-americanos, para benefício dos interesses comerciais de ambos os lados do Atlântico. Após perder seu império de parentela, a Grã-Bretanha ainda ficou com uma versão menos rica e populosa da colônia, o Canadá, além das ilhas do Caribe, cuja população era em sua maioria de escravos, e – por meio de acordos com uma empresa privada –

partes da Índia. Para muitas pessoas que viviam na Inglaterra, manter unido o que ainda restava do império parecia depender menos do apelo de uma "britanidade" comum e mais do exercício direto de poder sobre povos considerados atrasados ou elites vistas como tirânicas. Mas a capacidade dos britânicos de empreender esse controle mais cruel ainda era limitada pela necessidade de fornecer às elites locais uma participação na empreitada imperial, pelos riscos de rebelião – até mesmo nas sociedades escravagistas mais oprimidas – e pela convicção, comum ao menos a alguns membros do sistema imperial, de que a viabilidade política e moral do império exigia o reconhecimento de um espaço dentro do regime para todos os tipos de súditos.

A Índia foi foco de uma colonização mais intensiva, e ali também surgiram questões cada vez mais complexas sobre o impacto que um envolvimento mais profundo tinha para o modo como os britânicos viam suas próprias instituições políticas. A colonização, que ainda engatinhava (resumia-se a uma companhia de interesses econômicos que lucrava com as redes comerciais preexistentes na Índia e no Sudeste da Ásia e assumia cada vez mais das funções de um soberano), começou a acelerar na segunda metade do século. Em 1756, o nababo de Bengala quase expulsou a Companhia das Índias Orientais de suas terras; foi uma oportunidade para que a companhia empregasse sua capacidade militar e seus aliados locais para obter uma grande vitória sobre

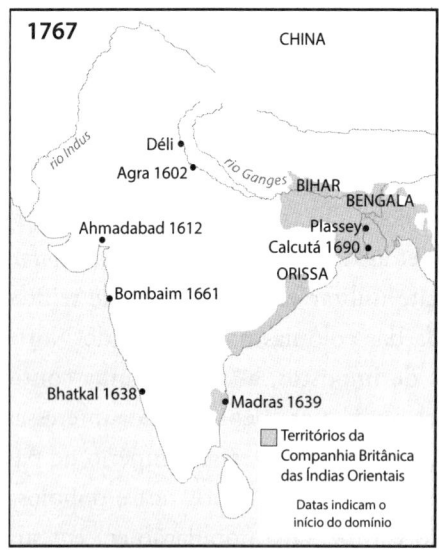

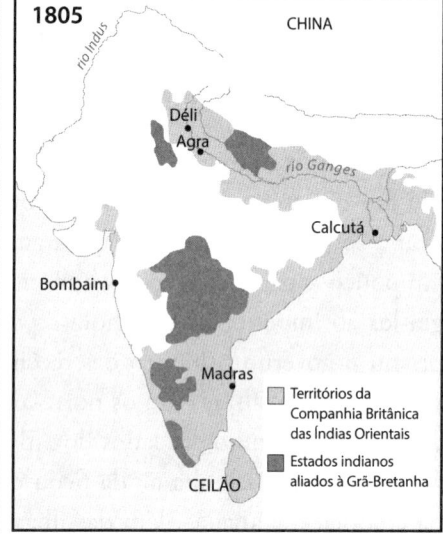

Mapa 8.3 – Índia, 1767 e 1805

os governantes locais em 1757, na batalha de Plassey. Enquanto isso, a Guerra dos Sete Anos fez com que o Estado britânico contribuísse com muitos novos recursos militares para que a companhia e seus aliados indianos pudessem derrotar os franceses e seus aliados indianos na disputa pelo domínio do sul da Ásia. As apostas subiram.

Vendo o seu poder muito reduzido e a companhia fortalecida, o imperador mogol cedeu em 1765 o *diwani* – o direito de administrar e coletar impostos em Bengala, Bihar e Orissa – à Companhia das Índias Orientais. Agora, a CIO gozaria das receitas produzidas por cerca de 20 milhões de pessoas em uma região indiana que se destacava por sua produtividade agrícola (arroz e culturas para exportação), seus tecidos e outras indústrias, bem como por suas sofisticadas elites comerciais e financeiras. A vasta maioria das pessoas classificadas como "habitantes da Índia" ficou sob a jurisdição de tribunais supervisionados pela companhia, mas que administravam o que os oficiais consideravam ser leis islâmicas ou hindus. Em boa parte do subcontinente indiano, a função do governo (o exercício *de facto* da soberania) passou a ser uma atividade lucrativa.

A chave para o sucesso era repassar os custos às pessoas governadas. A CIO empregou soldados recrutados na própria região, conhecidos como *sepoys*. O mapa político da Índia se tornou uma colcha de retalhos composta por áreas comandadas pela companhia que se propagavam a partir de Bengala, regiões de governo mogol perene e principados independentes. No sul da Índia, por exemplo, a companhia conspirou com o governante de Hyderabad contra o poderoso sultão Tippu de Mysore, travando uma série de guerras até a morte de Tippu em 1799; após o episódio, Mysore se tornou um Estado aliado. Mas as tentativas de expansão da companhia para além de Madras e Bombaim foram restringidas pelo receio do governo britânico de aumentar o endividamento contraído após a guerra de 1756-1763, pela força dos regimes indígenas e pelos limites que até mesmo os governantes cooperativos impunham às atividades da companhia. A CIO tentou usar as instituições mogóis e a legitimidade do imperador mogol onde elas tinham relevância, e seu recolhimento de impostos dependia das hierarquias de agentes oficiais indígenas, que recebiam uma parcela dos lucros em troca de sua cooperação. Embora tenha mantido seu propósito original (uma companhia de capital aberto ligada ao comércio), a CIO passou a agir cada vez mais como um Estado, recolhendo impostos, assinando tratados ou lutando em guerras contra potentados regionais e exercendo autoridade jurídica. Alguns homens da companhia se tornaram incrivelmente ricos com esse sistema de comércio semimonopolístico e com o processo quintessencialmente antimercado de cobrança de taxas.

As consequências do exercício de um poder mais explícito pela CIO chegaram até a Inglaterra. A partir da década de 1770, o governo britânico passara a levar mais a sério seu papel de supervisor da companhia, e a Índia se tornou parte do universo imaginário da elite britânica. Cerca de trezentas publicações sobre a Índia surgiram na Grã-Bretanha entre 1750 e 1785. O sistema colonizador era propenso a abusos. Como Las Casas na Espanha do século XVI, dois séculos mais tarde, Edmund Burke baseou sua campanha contra os abusos da CIO partindo do pressuposto de que o império constituía uma esfera moral, e que nesse contexto os governantes podiam ser responsabilizados. Burke acusou Warren Hastings, governador-geral da Índia desde 1773, de tolerar crueldades contra civis, extorquir dinheiro de governantes locais, empobrecer o país e enriquecer a si mesmo.

Figura 8.4
Robert Clive, líder da Companhia Britânica das Índias Orientais, recebendo os produtos das terras de Bengala, Bihar e Orissa, 1765, pintado por Benjamin West. (Biblioteca Britânica, Londres. HIP, ArtResource.)

Hastings foi julgado diante do Parlamento em um processo que se arrastou por sete anos. Ele acabou absolvido, mas a acusação de Burke, surgida logo após a revolução dos Estados Unidos, abriu margem para questionamentos sobre o tipo de império que os britânicos governavam. O governo tentou fazer com que a CIO passasse a limpo seus procedimentos operacionais. Para tanto, designou um novo governador-geral para a companhia – ninguém menos que lorde Cornwallis, derrotado na batalha final contra os rebeldes nos Estados Unidos – e insistiu que a CIO regularizasse seus métodos de coleta de impostos. O assim chamado Arranjo Definitivo de 1793 definiu as quantias que os *zamindars* (senhores de terra) deviam fornecer ao Estado e garantiu que eles precisariam extrair esses pagamentos às custas de seus arrendatários; caso contrário, correriam o risco de ter suas terras vendidas. Carentes de intermediários, os agentes oficiais britânicos ajudaram a tornar as hierarquias mais rígidas na sociedade indiana – para então criticar a sociedade indiana por ser hierárquica. No capítulo 10, serão retomadas as consequências de longo prazo dessas estratégias.

Burke não foi a única figura proeminente a questionar a forma como o Império Britânico era governado. Adam Smith também foi um crítico da Companhia das Índias Orientais e da escravidão de forma mais ampla. Para Smith, o desenvolvimento de mercados abertos, ao invés de restritos, seria de interesse para a Grã-Bretanha no longo prazo. Sem se convencer de que o modo de vida britânico era o único caminho para o progresso, ele se posicionou a favor de uma postura mais humilde e empática frente às sociedades não europeias e uma postura menos belicosa frente aos outros regimes europeus. Um movimento contra a escravidão e o comércio de escravos se desenvolveu nas últimas duas

> "Eu o acuso em nome de todo o povo da Grã-Bretanha, cujo caráter nacional ele desonrou. Eu o acuso em nome do povo da Índia, cujos direitos, leis e liberdades ele subverteu, cujas propriedades destruiu, cujo país transformou em uma terra arrasada e desolada. Eu o acuso em nome, e pela virtude, das eternas leis da justiça que ele violou. Eu o acuso em nome da própria natureza humana que ele tão cruelmente ultrajou, injuriou e oprimiu nos dois sexos e em todas as idades, posições, situações e condições de vida."
>
> **Edmund Burke, ao atacar Warren Hastings no Parlamento em 1788**

décadas do século XVIII, tendo início com petições ao Parlamento para que a Grã-Bretanha abolisse sua participação nesse comércio. Desafios como esse deixaram claro que qualquer coisa que acontecia no império era motivo de preocupação no âmbito doméstico, mesmo quando os únicos afetados eram pessoas que viviam em locais distantes e com quem os súditos ingleses ou escoceses do rei tinham pouca afinidade cultural.

Enquanto isso, havia outros impérios e imperadores a combater. A Revolução Francesa, o desenvolvimento de modelos radicais de soberania com um possível apelo aos inimigos da aristocracia e da monarquia dentro da Grã-Bretanha e o subsequente retorno da França à construção imperial entre 1799 e 1815 desafiaram os feitos imperiais britânicos. Recursos vindos de fora das ilhas britânicas e o desenvolvimento inicial de uma frota para proteger o comércio ao longo de vastos espaços oceânicos foram fundamentais para conter – e, por fim, derrotar – as pretensões imperiais de Napoleão.

A vitória britânica sobre Napoleão rendeu novos domínios no Mediterrâneo – Malta, uma maior influência no Egito – e, à custa dos Países Baixos, parceiros subordinados de Napoleão, novos territórios na África do Sul, no Ceilão e em partes da Índia, de Java e do Caribe. Longe de se abrandar diante dos exemplos de republicanismo e cidadania na América do Norte e na França, a Grã-Bretanha se movimentou para consolidar sua autoridade sobre o vasto império que conseguira manter e ampliar.

Após uma rebelião na Irlanda em 1798, a ilha foi incorporada de forma mais plena à Grã-Bretanha com o Ato de União de 1801. O ato aboliu o Parlamento Irlandês, dominado pelos protestantes, e os deputados irlandeses foram transferidos para Londres, onde eram minoria. Os católicos não tiveram permissão para se candidatar ao parlamento até a "Emancipação Católica" de 1828, e mesmo então as exigências de propriedade para votar mantiveram a maioria dos católicos longe das urnas. Havia algum nível de segurança social na Inglaterra (miserável, cabe apontar), mas não na Irlanda, e os irlandeses que buscassem esse auxílio na Inglaterra poderiam ser deportados de volta para casa. A Irlanda não era uma colônia, não era um condado e não era um reino anexo; não era como o Canadá ou a Jamaica. A Irlanda era parte de um império que governava povos diferentes de modo diferente.

No final do século XVIII, a Coroa começou a exercer um controle mais direto sobre os territórios cada vez maiores adquiridos pela Companhia das Índias Orientais. Após a derrota de Napoleão, sua perícia em combates marinhos se tornou incomparável. Nas primeiras décadas do século XIX, a Grã-Bretanha podia arcar com os custos de equilibrar a administração mais ferrenha de alguns dos territórios que controlava com o exercício de um poder econômico perante Estados formalmente independentes (ver capítulo 10). Os líderes britânicos haviam aprendido – de forma mais notável na América do Norte – que o controle imperial direto tinha seus riscos. No Caribe e na Índia, as tensões entre a subordinação e a incorporação em um Estado-império estavam se tornando visíveis. Conforme o casamento entre império e capitalismo produzia uma economia de inédito dinamismo, surgiam questionamentos referentes às práticas destrutivas que ocorriam sob tutela britânica.

IMPÉRIO, NAÇÃO E IMAGINÁRIO POLÍTICO NA AMÉRICA ESPANHOLA

O império na Europa, em nome e na prática, não desapareceu com as revoluções na França e nos Estados Unidos e se tornou uma ambição para este último, que recém-conquistara sua independência. Mas o "Estado-nação" surgiu como alternativa? Segundo a interpretação de Benedict Anderson, as "revolução *criollas*" nas Américas do Sul e do Norte eram caldeirões nacionalistas que refletiam as transformações dos "circuitos" por meio dos quais os *criollos* – europeus que haviam se instalado e reproduzido nas colônias – agiam, esquivando-se dos centros imperiais em Londres ou Madri. O imaginário nacional foi ampliado pelo desenvolvimento de jornais dentro das respectivas colônias. O império já não moldava os discursos políticos dos *criollos*, e a comunidade imaginada – a famosa frase de Anderson – acabou se tornando seu território colonial nas Américas.

Mas as comunidades nacionais eram apenas um dos elementos do imaginário político daquela época. Como vimos com as revoluções de Santo Domingo e das Treze Colônias, os agitadores políticos utilizavam noções imperiais e se referiam às instituições imperiais. A secessão surgiu como objetivo somente depois que os conflitos imperiais se mostraram irresolúveis. Na América do Sul, a afinidade "horizontal" que Anderson vê como constituinte de uma nação de cidadãos equivalentes também foi menos saliente do que a sociedade de diferenciação que a colonização havia produzido. As relações entre homens livres e escravos e entre as elites cosmopolitas e os camponeses paroquiais eram intrínsecas a uma ordem social vertical. O nacionalismo surgiu como uma ideologia em defesa das ordens sociais desiguais, mas somente depois que as estruturas imperiais haviam fracassado ao administrar conflitos dentro do formato imperial de Estado.

Embora as revoluções *criollas* da América espanhola (1809-1825) e da América do Norte britânica tenham surgido como embates internos à estrutura imperial, essa estrutura era monárquica, e não parlamentar. A monarquia espanhola (ver capítulo 5) havia sido o foco de uma lealdade transatlântica. Assim como na América do Norte, tentativas de "reformar" e consolidar o poder imperial na Europa provocaram conflitos em além-mar. A dinastia Bourbon, no poder desde 1700, já não se adequava ao padrão das monarquias compostas. Confrontados com dívidas imensas devido à Guerra dos Sete Anos – mesmo caso da França e da Grã-Bretanha –, os Bourbon passaram a exercer sua autoridade de forma mais direta em Aragão, Catalunha e outras províncias e recrudesceram seu controle fiscal. Na América espanhola, eles intervieram de forma mais intensa nas áreas de grande população indígena à custa de um entendimento tácito entre os agentes oficiais e as elites indígenas. Colonos de origem europeia ou mestiça se mudaram para terras antes habitadas pelos indígenas, o que gerou tensões e, na década de 1780, rebeliões de grande escala que só foram suprimidas à custa de muitas vidas.

Na década de 1790, as guerras crônicas da Europa se somaram aos custos de conter as tensões nas Américas. O Estado espanhol precisou extrair ainda mais recursos de um império que já não conseguia se expandir. As elites mais visionárias da América espanhola do início do século XIX buscaram aliviar as limitações do sistema mercantilista com a regulação de ingresso nas atividades comerciais por meio das guildas nos principais entrepostos, em vez de confiarem no mecanismo único de controle que era dominado pelos comerciantes do porto espanhol de Cádiz. Os reformistas buscaram revitalizar os laços econômicos por meio de redes transoceânicas de relações pessoais, parentesco e crédito.

Napoleão serviu de impulso imediato para que a estrutura imperial, que já estava bastante fissurada, fosse desmembrada. Ele conquistou a Espanha em 1808 e nomeou seu irmão como rei. Refugiando-se em Cádiz para escapar do poder napoleônico, os líderes espanhóis estabeleceram um parlamento, as Cortes, que tentou conservar a aparência de um Estado espanhol. Os súditos espanhóis situados em além-mar tinham todos os motivos para temer as ameaças às suas conexões de patronato e seus sistemas de comércio mercantilistas. Os precedentes da revolução na França e do governo parlamentar na Grã-Bretanha sugeriam alternativas à monarquia espanhola e ao império napoleônico, mas as elites da América espanhola também temiam o risco de uma revolução ao estilo haitiano. Na maior parte da América espanhola, os escravos não eram tão números como no Caribe e a escravidão fazia parte de um leque de instituições hierárquicas de manejo do trabalho. As populações incluíam uma mistura de diferentes povos de origem indiana, africana e europeia, com status bastante desiguais. Em muitos sentidos, as elites *criollas* achavam que sua familiaridade com as práticas locais as capacitava a gerir as hierarquias melhor do que os espanhóis europeus.

As Cortes se tornaram uma arena de embates entre os deputados "peninsulares" (da península Ibérica) e americanos quanto a distribuição de assentos, contagem de pessoas não brancas ou miscigenadas das colônias, disposições constitucionais e o controle do comércio. A pobreza e a fraqueza da monarquia e das Cortes fizeram com que as questões parecessem cada vez mais uma soma zero. Os peninsulares temiam ser colonizados por suas antigas colônias, por pessoas que não eram de todo "espanholas". Receios semelhantes ocorreram em outros momentos da reconfiguração imperial, mesmo na França até os anos 1940, quando os súditos coloniais exigiram maior participação política em Paris (ver capítulo 13).

Para os espanhóis das Américas, a Espanha europeia deixava de ser útil para se tornar um fardo. A sequência é importante: não havia ocorrido uma consolidação prévia de um sentimento "nacional" em Nova Espanha, Nova Granada ou nos territórios americanos, mas, em vez disso, um movimento mais gradual que foi desde a exigência de uma voz de maior peso no império até declarações locais de autonomia e reivindicações em diversas regiões pelo rompimento com a Espanha. A legislatura de Cádiz tentou conservar a integridade do império com medidas de inclusão, proclamando na constituição de 1812 que "A nação espanhola é a união de todos os hispânicos em ambos os hemisférios". Essa formulação gerou mais perguntas que respostas. Os indígenas foram incluídos formalmente nessa nação, mas sua participação não se dava em pé de igualdade. As pessoas de origem africana eram excluídas. Além disso, as Cortes não seriam capazes de acomodar as demandas políticas e econômicas dos hispânicos em além-mar sem abdicar do controle no qual os peninsulares tanto insistiam. Quando o rei Fernando VII reassumiu o trono em 1814, não reagiu ao conflito com compromissos, mas com uma repressão crescente, negando assim a legitimidade da constituição liberal de 1812.

Enquanto as disputas em torno da recomposição do Império Espanhol ganhavam força, surgiram por todas as Américas tentativas de deixar o império. Simón Bolívar surgiu como principal porta-voz para o vistoso projeto de construir nações de língua espanhola na América seguindo os ideais iluministas de um progresso racionalmente ordenado e de liberdade. A visão de Bolívar também era excludente. As pessoas que não falavam espanhol nem compartilhavam dos valores da elite não participariam plenamente da nova ordem.

A Espanha ibérica ainda tinha apoiadores nas Américas, bem como suas próprias instituições administrativas e militares. O resultado foi guerra civil: uma série de conflitos em diferentes partes da América. Com seus inevitáveis excessos, os esforços espanhóis para conter a secessão afastaram muitas pessoas de cujo apoio a união do império dependia. Esses conflitos explicitaram tensões dentro da sociedade colonial, ligadas sobretudo à estrutura social altamente desigual. Enquanto os dois lados tentavam fazer com que os escravos lutassem por eles, a escravidão se tornou insustentável nos territórios continentais da América espanhola. A escravidão não sucumbiu em razão da difusão de princípios liberais ou por uma revolta de escravos, mas pela incapacidade dos senhores de escravos e líderes políticos de conter os efeitos do envolvimento de escravos em seus conflitos revolucionários. No continente, diversas forças mobilizadas por Bolívar e outros líderes travaram suas campanhas na década de 1820.

A Espanha conseguiu segurar as pontas somente nas ilhas de *plantation*, Cuba e Porto Rico – o que não é nada surpreendente. Nesses locais, a proteção de um governo imperial era essencial para um sistema escravocrata que vinha crescendo em tamanho e intensidade graças à menor concorrência após a libertação dos escravos de Santo Domingo (e que ganharia novo fôlego com a abolição do comércio britânico de escravos, discutida no capítulo 10).

O desgaste do governo imperial espanhol com seus apertos financeiros e o triunfo final dos exércitos *criollos* (ver mapa 8.1) não resultaram nem em unidade geográfica – uma união de nações americanas de língua espanhola –, nem em repúblicas independentes de iguais. As constituições dos Estados latino-americanos nos anos 1820 eram documentos híbridos que aceitavam o fim da escravidão como fato consumado e faziam algumas concessões aos indígenas, mas buscavam proteger as novas repúblicas contra excessos de democracia ou pluralidade cultural. Mas a emergência de tantos Estados independentes a partir de um antigo império teve um impacto relevante sobre o equilíbrio de poderes *entre* os impérios: precisamente como temiam os líderes da França, Rússia e dos Estados Unidos, os novos Estados se mostraram permeáveis ao capital e à influência comercial britânicos. O repertório imperial britânico, como veremos, passou a enfatizar mais o poder econômico, tendo por trás a ameaça da marinha britânica.

O padrão no Brasil foi diferente. As elites brasileiras já haviam adquirido muito da autonomia que as elites espanholas nas Américas buscavam no início do século XIX. O Brasil parecia prestes a eclipsar seu país-mãe. Como sua pioneira economia açucareira gerava capitais que Portugal não era capaz de produzir na Europa, os brasileiros equiparam navios negreiros e passaram a comercializar diretamente com a África. Quando Napoleão invadiu Portugal, o rei se instalou no Brasil, fazendo dele uma colônia sem metrópole. O poder econômico do Brasil – o território foi o maior importador de escravos na primeira metade do século XIX – estava crescendo. Quando, muito após a derrota de Napoleão, Portugal quis sua monarquia de volta, a família real se dividiu, e muitos brasileiros acharam que haviam se tornado o centro imperial. Ao decidir ficar no Brasil, dom Pedro deixou Portugal para seus familiares e tornou o Brasil independente sem uma guerra de secessão. Em 1822, dom Pedro assumiu o título de imperador do Brasil – o primeiro império havia produzido outro, um imenso Estado governado por uma oligarquia proprietária de escravos. O processo estava longe de ser uma revolução social. As elites brasileiras, como aquelas da Venezuela, Argentina e outros lugares, trabalharam duro nas décadas seguintes para produzir ideologias nacionais capazes de conter os conflitos que emergiram durante os embates que haviam resultado na independência.

POSSIBILIDADES POLÍTICAS, TENSÕES POLÍTICAS

Conta-se que o líder comunista chinês Chou En-lai teria respondido a uma pergunta sobre o impacto político da Revolução Francesa: "É cedo demais para dizer". A maioria dos comentadores não tem sido tão prudente. A Revolução Francesa e aquelas ocorridas nas Américas do Sul e do Norte foram transformadas em mitos fundadores em seus respectivos países, onde se acredita que elas marcam o surgimento da cidadania, das economias nacionais, da própria ideia de nação. Mas na sua própria época, as lições da revolução eram inconclusivas. A Revolução Francesa parecia prometer que os valores de liberdade que defendia se aplicariam não apenas ao Estado situado na Europa, mas a um império transcontinental em que os escravos nascidos na África se uniriam aos cidadãos de origem europeia. Mais tarde, contudo, a independência haitiana e a restauração napoleônica da escravidão nas outras ilhas da França eliminaram momentaneamente a possibilidade de um império de cidadãos.

Os patriotas que criaram os Estados Unidos declararam que o povo que se constituía enquanto comunidade política tinha o direito de determinar seu destino coletivo, mas esse direito foi negado aos escravos e retirado dos indígenas, que foram alvo de guerras de conquista conduzidas de forma mais vigorosa do que à época do Império Britânico do século XVIII (ver capítulo 9). No início, as revoluções nas Américas buscaram inspiração nas ideias de liberdade inglesa, cidadania francesa ou monarquia espanhola para redefinir a noção de soberania e o poder dentro de regimes imperiais, mas acabaram gerando novos Estados que compartilhavam o espaço mundial com impérios reconfigurados. A secessão dos Estados dos impérios Britânico, Francês e Espanhol não resultou em nações de cidadãos equivalentes, tampouco gerou um mundo de nações equivalentes.

O fato de que Estados como Estados Unidos, Colômbia ou Haiti emergiram em um contexto imperial – e não a partir de uma ideia nacional prévia e de aceitação geral – não reduz sua importância ou seu impacto sobre desfechos futuros. Ao seu modo, cada um deles marcou a possibilidade de um "povo" constituir uma nação soberana. A complexidade de cada um desses embates – as exclusões criadas durante a tentativa de criar uma comunidade política, as incertezas sobre o que seria tal comunidade – forçou as pessoas a debaterem continuamente seus entendimentos de liberdade, nação, soberania e povo. A soberania popular estava longe de ser uma norma aceita na Europa Ocidental, e nos espaços imperiais em além-mar não era claro se a ideia do indivíduo dotado de direitos seria uma proposta de ampla aceitação ou algo guardado com zelo para uns poucos escolhidos.

As tentações e os hábitos imperiais continuaram a determinar o contexto para diferentes respostas a esse dilema: na França pós-revolucionária, que reinstaurou a subordinação colonial que havia sido brevemente abandonada nos anos 1790 e embarcou em uma nova aventura imperial que duraria até 1815; nos Estados Unidos, que se libertaram de um rei e alocaram escravos em territórios arrancados dos índios; nos Estados da América do Sul, que tratavam os povos indígenas como não equivalentes; e em um Império Britânico capaz de empregar um amplo repertório de estratégias em diferentes partes do mundo. A nação havia se tornado uma possibilidade imaginável na política internacional. Mas os líderes da França, da Grã-Bretanha, da Espanha e dos Estados Unidos não queriam restringir sua bússola política às demarcações de fronteiras nacionais. Tampouco podiam impedir que as ideias de soberania popular se difundissem pelos oceanos, fornecendo aos colonos de origem europeia, escravos e povos indígenas uma nova linguagem, dentre muitas outras, que eles poderiam empregar em suas asserções contra os impérios.

9
Impérios pelos continentes
Os Estados Unidos e a Rússia

Nos séculos XVIII e XIX, os impérios da Rússia e dos Estados Unidos avançaram para oriente e ocidente do hemisfério Norte e percorreram dois continentes em seu caminho rumo ao oceano Pacífico. Tanto russos como norte-americanos tinham convicção em seu "destino manifesto" de governar imensos territórios, mas suas estratégias de expansão e maneiras de governar tiveram origem em experiências imperiais distintas. Este capítulo explora variantes da política da diferença, adaptada e refinada conforme os dois impérios ampliavam seu comando sobre povos e territórios.

O assentamento britânico na América do Norte havia levado os "homens ingleses nascidos livres" a um novo mundo, mas os revolucionários tinham se revelado livres demais ao destronarem seu rei e embarcarem em seu próprio projeto, um "Império da Liberdade". Enquanto os Estados Unidos se expandiam para oeste, incorporavam regiões e então as transformavam em territórios para novos estados, cada um deles uma unidade equivalente de seu regime. Em teoria, a Constituição garantia aos cidadãos norte-americanos direitos naturais e igualitários. Na prática, a cidadania ficava restrita a certas populações. Os escravos de origem africana eram excluídos já de saída. No início, foram reconhecidas diversas "nações" indígenas dentro de seu regime, mas acabaram por expulsá-las, confinando os povos "indígenas" dentro de suas reservas.

No continente eurasiático, os governantes russos não romperam com as práticas de soberania herdadas de seu passado misto mongol, bizantino e europeu (ver capítulo 7). Os Romanov aceitavam como fato consumado a diversidade entre as populações que governavam. Suas políticas de diferença permitiam a eles recompensar de forma seletiva as elites das regiões incorporadas e dosar direitos e obrigações de forma pragmática. O princípio da governança diferenciada foi aplicada tanto às partes novas como às antigas do império. O modo russo de governar povos diferentes de formas diferentes permitiu que o imperador e os agentes oficiais reconfigurassem os direitos dos súditos sem um equivalente à sangrenta guerra civil motivada pelo regime de escravidão que quase destruiu o Império Norte-Americano, mais jovem.

ESPAÇO E IMPÉRIO NA AMÉRICA DO NORTE

Comércio, terra, trabalho e sociedades do Novo Mundo

Voltemos um pouco no tempo. O "novo mundo" não era uma *tabula rasa*. Antes que os europeus entrassem em cena, os impérios e grupos tribais haviam singrado as Américas durante dois milênios buscando controlar rotas comerciais, administrar populações sedentárias (e sua produção) e se ajustar às possibilidades do ambiente. Os europeus começaram estabelecendo colônias costeiras e, em seguida, criaram assentamentos agrícolas e rotas marítimas que se conectavam ao interior do continente, levando consigo tecnologias (ferro e bronze), espécies animais (cavalos) e demandas comerciais (peles) que expandiram muito o potencial de riqueza, poder e conflito nas Américas.

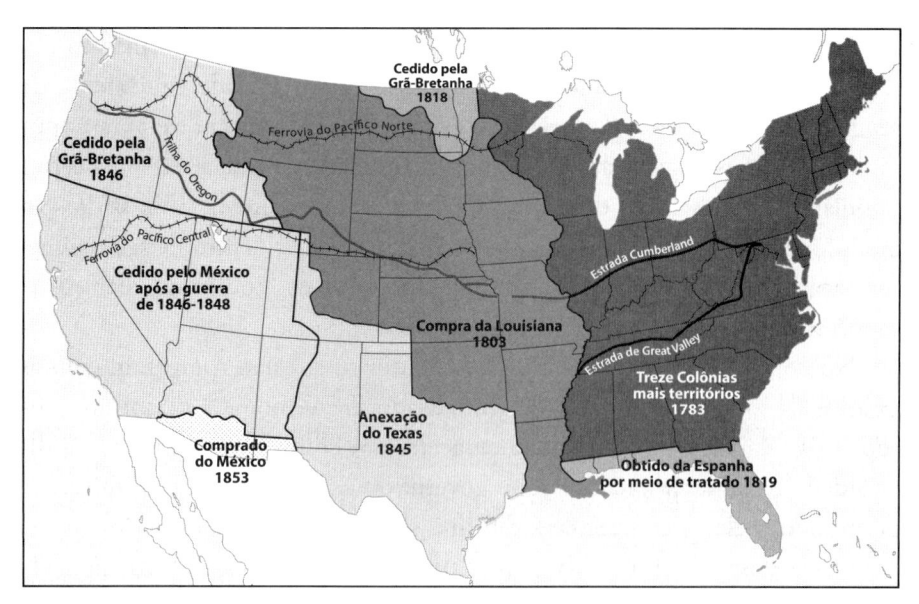

Mapa 9.1 – Expansão dos Estados Unidos

Os europeus também trouxeram consigo suas maneiras de interpretar as sociedades que encontravam. Os colonos britânicos recorriam a uma mistura de ideologias: os direitos dos ingleses, mas também a noção de intervenção "civilizadora", moldada pela ocupação da Irlanda e por seu desdém pelos "nômades" irlandeses, um contraste aos agricultores e proprietários de terra. Até mesmo alguns admiradores da defesa dos indígenas por Las Casas contra a opressão espanhola achavam que os nativos da América do Norte haviam fracassado em suas tentativas de dominar a natureza e careciam das realizações culturais dos incas e astecas – portanto, a validade de sua oposição às ocupações inglesas era proporcionalmente mais fraca.

Mas outros exploradores e colonos observaram os indígenas que viviam em vilarejos fixos, seguiam chefes ou reis de prestígio, produziam *commodities* cobiçadas pelos europeus e compravam outras mercadorias dos europeus. Conforme penetravam no continente a partir da costa do Atlântico, os colonos britânicos obtiveram a maior parte de suas terras por meio de compras – não necessariamente em condições de simetria entre comprador e vendedor, mas ainda assim com uma aceitação real dos direitos dos indígenas sobre a terra. A tensão entre o reconhecimento dos indígenas enquanto comunidades com um espaço naquele regime imperial em expansão e a alegação de que seriam incivilizados e perigosos – podendo, portanto, serem expulsos de suas terras – foi uma constante durante as primeiras fases da ocupação colonial.

Quando os europeus chegaram, a população indígena era muito menor do que havia sido no passado. Temperaturas amenas entre os anos 900 e 1350 haviam dado lugar a um clima mais inóspito. Os indígenas viviam da caça, coleta, cultivo e pesca ao longo das costas e dos rios no interior do continente. Nas planícies, caçavam búfalos e outros animais; no sudoeste, grupos intercalavam a caça e a agricultura. Os assentamentos eram muito dispersos, e os grupos linguísticos tinham menos em comum uns com os outros do que as línguas germânicas e românicas da Europa ou os idiomas turcomanos espalhados por grande parte da Eurásia. As comunidades, em sua maioria, eram de pequena escala, mas às vezes se uniam em confederações regionais. Ao contrário da área onde os impérios Inca e Asteca haviam ganhando forma, a América do Norte não oferecia a concentração de recursos necessária para que seus nativos mantivessem regimes de escala muito grande. Esse limite à construção imperial mudou depois que os recém-chegados com conexões com Europa, África e outras regiões adentraram o mundo dos indígenas.

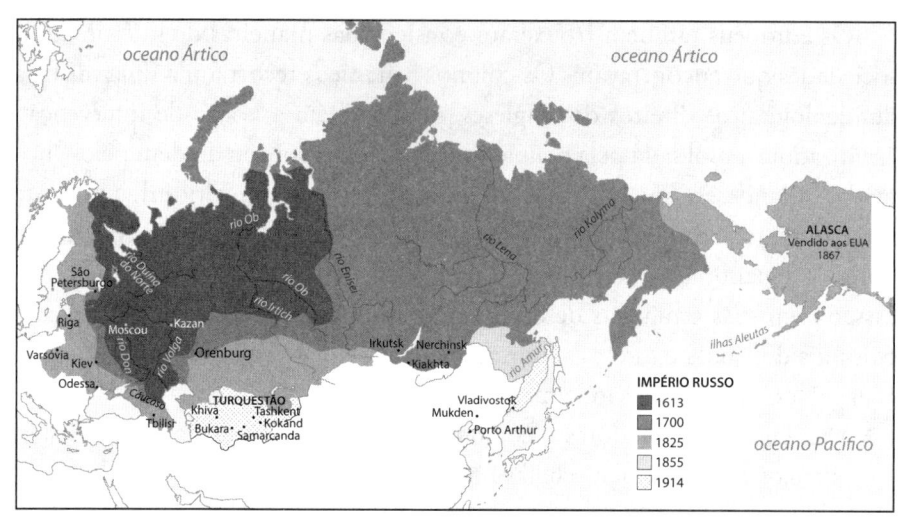

Mapa 9.2 – Expansão da Rússia

Em 1492, cerca de 2 milhões de pessoas viviam ao leste do Mississippi. Esse número caiu abruptamente devido às doenças que os europeus, a começar pelos espanhóis, trouxeram consigo. A mortandade enfraqueceu o tecido social de muitas sociedades indígenas, mas ainda assim a população europeia da América do Norte era muito pequena se comparada à indígena: havia apenas cerca de 250 mil europeus no continente em 1700. Em 1750, contudo, o número de euro-americanos e afro-americanos a leste do Mississippi chegou a cerca de 1,25 milhão, superando a população indígena. Em relatos de viagem do século XVI, os europeus descrevem os indígenas com uma mescla de admiração pelo seu modo de vida, condescendência em relação ao seu fracasso afeminado em domesticar a natureza e um sentimento de que aquelas pessoas poderiam ser governadas, e até serem úteis para os recém-chegados. O império fazia parte desse encontro, de ambos os lados. A história de Pocahontas, conforme contada pelos europeus e transmitida para gerações posteriores – de que ela teria se apaixonado pelo capitão John Smith e o salvado da execução pelas mãos de seu pai, Powhatan, a quem Smith se referia como imperador –, era uma narrativa romântica do esforço ritual de Powhatan para transformar Smith em um vassalo e, portanto, incorporar colonos ingleses ao seu império. A versão posterior do conto obscureceu o poder político de Powhatan e transformou seu patriarcalismo em algo de cunho vagamente sexual, mas mesmo assim revela como os colonos e seus pequenos enclaves dependiam da boa vontade dos povos indígenas.

Os indígenas aproveitaram as novas oportunidades de comércio e utilizaram os bens oriundos do contato com os europeus. Os exploradores, fossem ingleses na Virgínia ou franceses no que mais tarde seria o Canadá, descreviam a ânsia dos indígenas em participar de trocas, sobretudo quando envolviam metais – material muito cobiçado e utilizado em armas, ferramentas e ornamentos. Pouco a pouco, os indígenas adotaram produtos europeus como se fossem seus, o que incluiu roupas, travesseiros, machadinhas, espadas, facas, chaleiras, armamentos e animais. Os indígenas se adaptaram depressa ao uso de armas, e os comerciantes europeus ficavam contentes por vendê-las – ainda que, para a caça, o arco e flecha continuou sendo o artefato mais confiável. Os indígenas tinham coisas para oferecer em troca: produtos da floresta, sobretudo peliças de castor nas regiões do norte e, mais tarde, peles de búfalo das planícies. Conforme o comércio de peles impulsionava os russos a adentrarem a Sibéria e, mais tarde, cruzarem o Pacífico até as ilhas Aleutas e o Alasca, exploradores franceses e ingleses viajavam por terra a partir da costa do Atlântico, consolidando linhas de postos de troca mesmo além da região dos Grandes Lagos.

Aos poucos, as ligações imperiais transformaram o potencial político e econômico da costa do Atlântico e das terras interioranas. Colonos escoceses, ingleses e irlandeses, motivados pela penúria econômica e tensões políticas e religiosas nas ilhas britânicas, não paravam de chegar. As ilhas açucareiras britânicas no Caribe utilizavam produtos da Nova Inglaterra – peixes capturados junto à costa – para alimentar escravos e serviços financeiros para a elite. Novas *commodities* encontraram nichos no sistema atlântico britânico: tabaco na Virgínia e arroz na Carolina do Sul. Atuando como agente comercial, fornecedora e consumidora, a América do Norte passou a integrar o sistema de comércio de escravos no Atlântico (ver capítulo 6).

A escravidão serviu de elemento dinâmico na formação da sociedade colonial norte-americana. Os escravos e o comércio de escravos contribuíram para a expansão comercial em cidades como Nova York. A mão de obra escrava viabilizou o desenvolvimento de uma economia de *plantation* no Caribe e em partes do continente, sem precisar depender do trabalho de povos indígenas independentes e de grande mobilidade. Observemos brevemente o caso da Virgínia no século XVII. Os líderes da Virgínia se viam como patriarcas que presidiam mulheres, crianças, servos e escravos, mantendo os indígenas a distância, mas interagindo com eles. De início, a vida dos escravos e dos colonos mais pobres, sobretudo aqueles com contrato de servidão, era semelhante, e havia uma mistura considerável – incluindo matrimônios legais – entre colonos brancos, de início homens em sua maioria, e escravas ou mulheres indígenas. Conforme a escravidão foi atrelada à produção de tabaco, os líderes buscaram traçar limites mais claros, e utilizaram a força da lei para construir uma ordem social. Enquanto as mulheres de origem europeia eram consideradas dependentes de seus maridos e a fonte da vida doméstica, as mulheres de descendência africana eram definidas como trabalhadoras, assim como os homens africanos. Uma lei de 1662 esclareceu práticas anteriores ao tornar escravos os filhos de mães escravas, independentemente da paternidade – um grande contraste com a lei islâmica. Outra lei declarava que a conversão ao cristianismo não dava direito à liberdade. Escravos africanos eram distinguidos legalmente dos indígenas prisioneiros de guerra. Em 1691, uma lei determinou a expulsão das colônias de homens ou mulheres brancos de qualquer status que se casassem com "uma mulher ou homem negro, mulato ou indígena, livre ou não". Dentro da colônia, as pessoas livres de descendência africana tinham sua participação política negada.

Homens ricos e proprietários de terra haviam dominado a Virgínia colonial desde o início, mas agora a autoridade patriarcal era diferenciada em termos raciais. Escravos eram estigmatizados não apenas por seu status, mas também pela raça, e essa condição se tornou transmissível por herança e deixou de ser reversível por meio da conversão, aculturação ou do casamento. Os líderes coloniais se esforçaram muito para garantir que os homens brancos de posses modestas pudessem estabelecer seus lares, participar da defesa das colônias e se considerar parte do regime. Com a exclusão dos indígenas, sujeição dos africanos subordinados e utilização dos tribunais para garantir as novas fronteiras entre as categorias sociais, surgiu um novo tipo de sociedade. Mais tarde, ela serviria de trampolim – Washington, Jefferson e Madison eram todos proprietários de escravos da Virgínia – para a mobilização política na revolução norte-americana.

Na América do Norte do século XVII como um todo, os contornos geográficos e políticos da nova ordem estavam longe de ser claros ou permanentes. Conexões com o mundo imperial externo haviam afetado as relações políticas e militares entre os indígenas. Como as tribos mongóis que competiam por licenças de comércio concedidas pelas autoridades chinesas, os indígenas norte-americanos lutaram pelas recompensas do comércio de longa distância. A chegada dos cavalos, trazidos ao hemisfério pelos espanhóis, transformaram a economia, as guerras e a política indígenas. Os sioux utilizaram suas habilidades com os cavalos para se tornarem caçadores de búfalos e se mudaram para as Grandes Planícies, de onde expulsaram outras tribos. Na região dos Grandes Lagos, povos de idioma iroquês atacaram as nações de idioma algonquino para assumir o controle dos territórios de caça de esquilos e capturar prisioneiros, que serviriam para compensar aquele período de guerra e outras perdas.

A vigilância imperial também servia como defesa contra os colonos para os indígenas. Na Nova Inglaterra, Narragansett e outros indígenas alegaram que, por serem súditos do rei da Inglaterra – (com quem tinham acordos –, não podiam ser submetidos às autoridades dos colonos, que defendiam seus interesses próprios. Durante certo período, os maus-tratos contra indígenas por parte dos colonos levou agentes reais a exercer uma autoridade mais direta. Mas a situação dos indígenas piorou conforme os colonos foram se estabelecendo e se tornando mais assertivos.

Nos locais onde se viam presos entre dois impérios, os indígenas tinham alguma margem de manobra. No final do século XVII e início do XVIII, a zona de comércio de peles ao redor dos Grandes Lagos constituía o que Richard White chama de "zona intermediária", onde regimes indígenas concorrentes e poderes imperiais rivais (a França e a Grã-Bretanha) buscavam estabelecer alianças e relações comerciais. O pequeno número de exploradores e comerciantes, sua dependência dos conhecimentos indígenas do ambiente e das políticas tribais, a ausência de mulheres europeias e a concorrência entre os impérios europeus tornaram as relações sociais naquela grande região voláteis e multilaterais. Os recém-chegados europeus (missionários, militares e comerciantes de peles) aliaram-se aos grupos indígenas contra os iroqueses, pesando a balança contra a confederação que até então dominava o local. Tanto na zona dos Grandes Lagos como no vale Ohio, comunidades indígenas de diversas origens e povos com descendência mista euro-indígena se desenvolveram ao redor de centros de comércio. Homens mais jovens, capazes de vender peles e obter *commodities* europeias, desafiaram o domínio dos patriarcas.

No início, os franceses estavam mais dispostos a formar alianças com as confederações indígenas que os britânicos, mas seu fracasso em manter essas

Mapa 9.3 – Colonos e povos nativos na América do Norte, século XVII

relações, sobretudo quando a economia enfraquecida da França passou a ter cada vez menos a oferecer, contribuiu para a derrota dos franceses na Guerra dos Sete Anos entre 1756 e 1763. Essa guerra foi desastrosa para os indígenas. A derrota dos franceses acabou com a necessidade de ambos os lados de procurar aliados indígenas e facilitou a infiltração cada vez maior de colonos ingleses no continente. Os nativos americanos descobriram as oportunidades e os riscos da concorrência oscilante entre os impérios. Não houve um *front* unido contra os euro-americanos: em vez disso, os indígenas atuaram até meados do século XVIII nos interstícios das rivalidades imperiais. Mas os euro-americanos continuaram a chegar, e possuíam conexões em nível mundial; o equilíbrio de poder e influência pendeu para o seu lado.

Nativos e colonos: uma versão americana

As economias mistas e adaptáveis dos indígenas foram cerceadas pela chegada dos europeus. As fazendas dos euro-americanos eram uma operação profundamente territorial – muito mais do que a economia das estepes eurasiáticas. Os colonos aravam os mesmos campos anos após ano, enquanto os indígenas rotavam suas terras de plantio. Os colonos cortavam as árvores para ampliar as zonas de cultivo conforme o solo se desgastava; eles carregavam consigo animais domesticados, que comiam os pastos que serviam de alimento para alces e veados. Tanto europeus como indígenas caçaram em excesso os animais com peles de valor para atender às lucrativas demandas dos mercados internacionais. Essas práticas geraram um profundo desequilíbrio ecológico em um ambiente que, até então, havia sido explorado e preservado pelos índios.

Ao final da Guerra dos Sete Anos, os habitantes europeus das áreas conquistadas pelos franceses foram absorvidos como súditos do regime britânico, muito embora a maioria fosse católica; os indígenas dessas regiões, por sua vez, não obtiveram o status de súditos, mas o rei proclamou sua "proteção". Os indígenas não tinham os mesmos direitos à terra que os demais, apenas reivindicações de uso. Uma linha que cruzava os montes Apalaches foi traçada(e ajustada diversas vezes; a oeste dela, os índios só poderiam transferir suas terras para o governo, que se reservava o direito de autorizar ou não a criação de assentamentos e a venda de lotes aos fazendeiros europeus. Com o intuito – segundo eles próprios – de proteger os indígenas contra invasões dos colonos, o arranjo de 1763 excluiu os índios de uma sociedade e de um regime em que a posse de terras e o direito de explorá-las eram fatores determinantes.

> "Nossos pais tinham muitos veados e peles, nossas planícies estavam cheias de veados, assim como nossos bosques, e também de perus, e nossas baías estavam repletas de peixes e aves. Mas após tomarem nossas terras, esses ingleses cortaram a relva com suas foices, e com seus machados, tombaram as árvores; suas vacas e cavalos comeram o pasto, e seus porcos arruínam nossas fontes de mexilhões, e todos acabaremos morrendo de fome."
>
> **Narragansett, líder miantonomo, registrado em 1642**

Os colonos europeus avançavam rumo às regiões ocidentais, compravam ou tomavam terras de forma ilícita e esperavam que o governo imperial os protegesse. Por mais individualistas e pioneiros que fossem os colonos que se mudavam para o vale Ohio, eles precisavam de apoio estatal. O fracasso dos britânicos em satisfazer suas expectativas colaborou para a sua alicnação da soberania imperial e seu desejo por um Estado que se posicionasse ao seu lado de forma decisiva. Enquanto isso, os indígenas do vale Ohio foram perdendo não apenas a base de sua subsistência (terra, caça e comércio), mas também sua chance de garantir um espaço dentro do Império Britânico.

Na região sudoeste da América do Norte, diversos impérios europeus interferiam nas políticas tribais indígenas. A partir de 1535, o vice-reinado da Nova Espanha, a partir de sua capital na Cidade do México, reivindicou territórios que se estendiam do norte da América Central até os atuais Califórnia, Novo México, Arizona e partes do Texas. Quando os exploradores franceses desceram pelos sistemas fluviais centrais e penetraram as planícies do oeste, os impérios Espanhol e Francês entraram em competição direta. Os indígenas da região – apaches, pueblos, navajos, comanches, sioux e wichitas, entre outros – formaram alianças com os europeus e uns contra os outros, mudando de parceiros conforme as oportunidades surgiam. Os apaches lutavam para fazer prisioneiros, que então vendiam aos espanhóis.

As missões e propriedades instauradas pelos colonizadores espanhóis e trabalhadas por mão de obra indígena criaram oportunidades para as tribos de grande mobilidade ao seu redor e resultaram em uma versão de pequena escala das tentações que os impérios agrícolas da Eurásia representaram para os nômades em suas fronteiras. Os apaches pilharam assentamentos espanhóis em busca de animais e bens importados, e os europeus tentaram apaziguá-los firmando acordos ou capturando-os como escravos. Quando, em consequência da Guerra dos Sete Anos, a França cedeu a Louisiana – uma imensa área a oeste do Mississippi – à Espanha, os espanhóis gradualmente entraram em paz com alguns dos indígenas, mas não todos. Em uma província mexicana, os apaches mataram 1.674 pessoas, fizeram 154 prisioneiros, forçaram o abandono de 116 ranchos e *haciendas* e roubaram 68.256 animais entre 1771 e 1776.

Com o tempo, a Espanha católica conseguiu apaziguar muitos dos povos contenciosos com os quais havia se deparado, com consequências desastrosas para os indígenas. Na Califórnia, o sistema de missões transformou os indígenas em trabalhadores convertidos, disciplinados e desprovidos de recursos. Durante o apogeu das missões na Califórnia (1771-1830), a população indígena da área entre San Diego e San Francisco despencou de 72 mil para 18 mil. O intrincado percurso que levou o México à independência da Espanha em 1821 provocou a secularização das missões em 1833, mas não erodiu o poder da elite de proprietários de terra. Muitos trabalhadores indígenas acabaram se tornando trabalhadores dependentes dos novos ranchos instalados pelas elites em partes do México, incluindo a Califórnia.

Por que os indígenas americanos foram perdendo terreno para os intrusos? Parte do fenômeno pode ser explicado pela disparidade tecnológica, mas esta estava ligada ao momento dos encontros imperiais e às possibilidades de um espaço particular. Os nômades da Eurásia conseguiram prosperar e, em alguns casos, tornaram-se líderes de grandes impérios por serem os guerreiros mais eficazes de seu tempo e terem algo para garantir sua subsistência ou para conquistar – sobretudo a riqueza dos chineses sedentários. Com esses ingredientes promissores, os xiongnu, mongóis e outros desenvolveram suas técnicas políticas para coordenar a conquista e a governança em imensa escala a partir ao menos do século II a.C. (ver capítulo 4). No século V, os indígenas da América do Norte, embora tivessem habilidades para guerrear e saquear, não tinham a China para estimulá-los a participar de cooperações de grande escala. Eles tampouco haviam desenvolvido as tecnologias e a organização política associadas ao animal que tornou o poder mongol possível – o cavalo.

Os europeus chegaram antes como nômades do mar dotados de armamentos superiores. Então, conforme seu número aumentava, eles passaram a aplicar suas ideologias e práticas de governo e exploração de impérios territoriais. A presença intrusiva dos colonos sabotou a autossuficiência dos indígenas. Embora eles tenham adaptado rapidamente os cavalos e as novas armas para utilizar em ataques e gerar novas riquezas, os europeus controlavam o comércio externo, defendiam a propriedade privada, e esperavam que o governo garantisse suas reivindicações. Os combates imperiais na Europa e a experiência da mobilidade e dos assentamentos transoceânicos forneceram aos europeus recursos políticos que se provaram devastadores para as sociedades indígenas.

Por que unir os estados?
Em 1776, quando uma reunião de patriotas americanos declarou sua independência da Grã-Bretanha, suas queixas se dirigiam à taxação opressiva, às restrições de comércio com "todas as partes do mundo" e à postura da Coroa em relação aos indígenas. Enquanto súditos dos reis, líderes indígenas haviam entregado uma petição aos representantes do rei reivindicando auxílio contra as manipulações dos colonos, os colonos afligidos alegaram que "Ele [o rei] havia incitado insurreições domésticas entre nós, e logrou provocar os habitantes de nossas fronteiras, os inclementes selvagens indígenas, cujo conhecido método de guerra é a destruição indistinta de todas as idades, sexos e condições".

Com o sucesso da rebelião norte-americana, a nova liderança assumiu a tarefa de manter unidas as treze ex-colônias, que abrigavam pessoas com interesses diversos e relações desiguais. Os rebeldes tinham um império em mente. Jefferson almejava um "Império da Liberdade". George Washington clamou pela "formação e consolidação de um império". Mas a constituição de um império não era uma consequência automática do êxito revolucionário. Após a assinatura de um tratado de paz em 1783, os líderes temiam, com razão, que os Estados tenuemente unidos pelos Artigos da Confederação — ratificados por todos apenas em 1781 — tivessem perdido sua coesão enquanto regime. As autoridades dos Estados foram incapazes de atingir um consenso a respeito do pagamento dos custos da guerra; eles não tinham dinheiro ou crédito. Um comentador britânico escreveu em 1781 que os norte-americanos jamais seriam "unidos em um império compacto, sob qualquer espécie de governo que seja. Seu destino é ser um POVO DESUNIDO, até o fim dos tempos".

A urgência da unificação decorria da competição interimperial da época. Os rebeldes americanos haviam lutado contra um império com o auxílio de seus inimigos, e temiam ser reabsorvidos por outra esfera imperial. Os impérios da Europa não só eram perigosamente poderosos, mas também perigosamente competitivos. Os proponentes da federação tinham medo de que as guerras imperiais em que os europeus haviam se envolvido durante séculos continuassem nas Américas. Sem um modelo para ações conjuntas, argumentavam, os estados acabariam se separando em duas ou três seções: o Sul escravocrata e de economia baseada em *plantations*, as áreas comerciais e de assentamento do Norte e as regiões intermediárias, a respeito das quais ninguém tinha muitas certezas. Se as ex-colônias se tornassem países separados, acabariam engolidas e voltadas umas contra as outras.

A questão principal para a construção de um Império Norte-Americano era como construir um novo tipo de regime que não pisoteasse os direitos de seus integrantes – os estados – nem aqueles que haviam declarado serem direitos naturais e individuais dos cidadãos. Os defensores da união dos estados clamavam por uma federação baseada na equivalência das unidades constituintes e na divisão de poderes entre diferentes níveis de governo. Os antifederalistas viam um alerta na história dos impérios: a concentração de poder na figura do imperador. O centralismo podia levar ao despotismo, e um excesso de uniformidade – o modelo tardio de império adotado pelos romanos, com uma lei única para todos os cidadãos – seria impraticável.

Preocupações quanto à fraqueza dos estados em separado, bem como o receio do despotismo de um império consolidado moldaram os termos daquela que viria a ser, por um tempo, uma unificação bem-sucedida, o que se expressava na constituição esboçada em 1787, revisada e ratificada no ano seguinte. O acordo pós-revolucionário criou um regime único que reconhecia a autoridade estabelecida dos estados que o compunham e oferecia um fórum onde os cidadãos eram representados de forma igualitária. Cada estado teria dois senadores no Senado, e os assentos na Câmara dos Representantes seriam distribuídos conforme o tamanho de suas populações.

Mas nem todas as pessoas seriam contabilizadas ou governadas da mesma forma. Os escravos não se tornariam cidadãos e não teriam direito ao voto, mas os estados onde os escravos viviam podiam contar cada escravo como três quintos de uma pessoa na hora de calcular seu número de representantes – uma porcentagem também utilizada nas estimativas tributárias. A alocação de representantes também excluiria os "indígenas não tributados" – expressão que, supostamente, distinguiria os indígenas que ainda viviam em "tribos" daqueles que haviam sido incorporados pela população euro-americana e eram taxados pelos estados da mesma forma que o resto da população. A exclusão e uma aritmética de incorporação parcial foram marcas do Império Norte-Americano desde o início.

O nome do novo regime, Estados Unidos da América, indicava que a América pertencia aos imigrantes, obliterava qualquer soberania preexistente dos povos indígenas do continente e ocluía as memórias de conquista e desalojamento. O rótulo "indígena" – que poderia lembrar os europeus de sua ignorância geográfica anterior – foi mantido, endossando o caráter estrangeiro dos nativos – e não dos recém-chegados.

Cidadãos, indígenas e a criação de um Império Norte-Americano

Como os primeiros romanos, os entusiastas de uma nova união norte-americana não viam contradições entre um governo republicano e expansão imperial. O sistema de divisão de poderes foi pensado para evitar a trajetória ditatorial percorrida por outros impérios. Os legisladores fundadores buscaram uma fórmula que permitisse o crescimento do regime de um modo pacífico e incremental: novos estados poderiam ser acrescentados à união "em pé de igualdade com os estados originais, sob todos os aspectos", proclamava a Ordenança do Noroeste de 1787. Dava-se por certo que os estados seriam configurados territorialmente, e não por etnias, religiões ou qualquer característica social da população. Essa equivalência em termos de incorporação aos Estados Unidos – em oposição ao reconhecimento de colônias, principados, domínios ou outros níveis de diferenciação – tornou os Estados Unidos diferentes de outros regimes compostos.

Mas viver no território dos estados não significava inclusão no regime ou garantia de direitos iguais. O Ato de Naturalização de 1790 tornou possível a cidadania para qualquer "pessoa branca livre" que tivesse residido no país por ao menos dois anos, demonstrado sua boa índole e jurado aliança à nova constituição. A cidadania do novo país era, portanto, relativamente acessível aos imigrantes europeus, mas indisponível para africanos e nativos americanos. Nas próximas páginas, retraçaremos a marginalização dos povos indígenas durante o primeiro século da nova república. Em seguida, nos voltaremos para os escravos, cuja privação de direitos não parecia ambígua à época da república, mas acabou se tornando o foco de um conflito que quase destruiu o regime.

Embora os indígenas, incluindo membros da mesma tribo, tenham lutado dos dois lados durante a guerra de independência – ou tentado se manter alheios a ela –, a vitória sobre a Grã-Bretanha foi interpretada pelos euro-americanos como uma conquista do domínio sobre as terras indígenas. "Vocês são um povo subjugado", os vencedores disseram aos iroqueses. Os britânicos traíram seus aliados indígenas com o Tratado de Paris; todo o território "britânico" ao sul dos Grandes Lagos foi simplesmente entregue aos norte-americanos. John Dickinson, da Pensilvânia, chegou à conclusão de que todo "o interior do país com seus fortes" passou a pertencer aos Estados Unidos e que os indígenas "agora devem depender de nós para sua preservação". Ele defendia que, caso os índios não "cessassem imediatamente com suas afrontas", a república utilizasse o exército vitorioso para "extirpá-los das terras onde nasceram e onde vivem hoje". Washington pediu que seus generais atacassem os iroqueses e "arrasassem todos os assentamentos [...] pois o país não pode mais ser simplesmente invadido e destruído". Jefferson estava convencido de que as "ferozes barbaridades" dos indígenas "justificavam o extermínio [...]. Na guerra, eles matarão alguns de nós; nós destruiremos todos eles".

Durante certo tempo, o governo dos Estados Unidos afirmou que os indígenas haviam perdido sua soberania e qualquer direito sobre a terra. Mais tarde, prevendo que agir de acordo com esse princípio poderia trazer mais violência, o regime dos Estados Unidos recuou para algo parecido com a fórmula britânica: os indígenas tinham direito de ocupação, mas não de posse. Isso se tornou conhecido como "título indígena". Apenas o governo podia adquirir terras dos indígenas e redistribuí-las.

Os atos de comércio e relações com indígenas dos anos 1790 se baseavam no pressuposto de que os indígenas eram povos à parte, mesmo dentro dos treze estados originais, e que o governo federal tinha direito exclusivo de tratar com eles. Os indígenas continuaram sendo a única categoria de pessoas dentro dos Estados Unidos com quem o governo interagia com tratados, uma relação que perduraria até 1871.

Embora as comunidades indígenas fossem vistas como unidades corporativas externas às estruturas normais da política dos Estados Unidos, as terras em que viviam ainda eram cobiçadas pelos colonos, sobretudo aquelas junto a grandes corpos d'água e vales – os rios Mohawk, Ohio e Mississippi e os Grandes Lagos. O novo governo consolidou o apoio de cidadãos que tinham os olhos voltados para oeste por meio da construção de fortes para protegê-los contra os indígenas; durante esse processo, estimulou-se a comunicação, o comércio e uma ordem social extremamente segregada. O "Império da Liberdade" estava desenvolvendo um caminho imperial diferente daquele utilizado pelos britânicos: mais atento à vontade dos que eram considerados cidadãos, menos interessado na regulação mercantil do comércio e preocupado em primeiro lugar com os eleitores brancos, homens e protestantes que almejavam ocupar um território de proporções continentais. Os indígenas norte-americanos tiveram que suportar um fardo cada vez maior nesse novo estilo de império.

Documentos legais e uma linguagem paternalista foram utilizados para deixar claro que os indígenas não eram soberanos. Sob o Tratado de Greenville, esboçado em 1795 entre os Estados Unidos e as tribos que haviam lutado com uma ajuda pouco convincente dos britânicos para defender seu território em Ohio, os signatários indígenas juraram que "agora, e daqui em diante, reconhecemos os quinze Estados Unidos da Américas como nosso pai". O general Anthony Wayne respondeu: "Eu adoto todos vocês, em nome do presidente dos Quinze Grandes Fogos da América, como seus Filhos".

Para os euro-americanos, o objetivo por trás de Greenville e outros tratados com os indígenas era a terra; muitas vezes, os acordos ratificavam invasões que já haviam ocorrido. Os indivíduos e os estados especularam nas terras indígenas antes de o governo federal comprá-las, e a venda dos territórios indígenas ajudou a patrocinar o governo conforme os euro-americanos seguiam para oeste. Depois que os Estados Unidos detiveram o Império Britânico e seus aliados indígenas na guerra de 1812, os líderes do país tinham razões para acreditar que o seu regime seria capaz de sobreviver a ataques externos e que poderiam combater os indígenas como bem entendessem. Para Andrew Jackson, os tratados com os indígenas eram um "absurdo", porque os indígenas eram "súditos dos Estados Unidos" e um poder soberano não negociava com súditos. Tratados continuaram a ser firmados com diversos grupos indígenas, mas a cobertura legal para suas grandes posses de terra se tornou cada vez menos relevante.

Essa extrusão dos indígenas do corpo político foi expressada em termos oficiais ao descrever o status dos indígenas. No início do século XIX, os indígenas foram oficialmente designados como "residentes de nações estrangeiras", um sinal legal de que, embora de fato residissem no continente, não eram norte-americanos. Ecoando e endurecendo a retórica paternalista anterior, a Suprema Corte declarou em 1823 que os indígenas eram "uma raça inferior de pessoas sem os privilégios dos cidadãos e sob a proteção perpétua e a pupilagem do governo". Em 1831, o chefe de Justiça John Marshall os descreveu como "nações domésticas dependentes" cuja relação com os Estados Unidos era a mesma que há entre "um protegido e seu tutor". A fórmula reconhecia os indígenas como povos distintos que ocupavam um espaço onde apenas os Estados Unidos exerciam soberania; eles não eram capazes de governar a si mesmos.

Durante as primeiras décadas do século XIX, os indígenas foram empurrados para as margens das populações crescentes de colonos, mas em algumas regiões eles foram cercados por colonos com interesse nas terras indígenas. A compra da Louisiana em 1803 ofereceu uma saída: ela abriu novas áreas para os colonos, mas também para a "remoção" de indígenas do leste. Com o Ato de Remoção Indígena, aprovado pelo congresso em 1830, o presidente recebeu o poder para assinar tratados que extinguissem as reivindicações de territórios por parte dos indígenas em qualquer estado e para conceder-lhes em troca terras a oeste do Mississippi. Essa lei se dirigia aos cherokees, que haviam adotado muitos aspectos da civilização colonizadora, formado seu próprio governo e escrito uma constituição para si. Essas iniciativas pareciam qualificá-los como um povo politicamente maduro, apto a conferir à sua nação uma estrutura legal, mas seu tom impositivo foi considerado perigoso e suas terras no estado da Geórgia eram cobiçadas por norte-americanos brancos. Embora a Suprema Corte tenha decidido que apenas o governo federal tinha autoridade em questões indígenas, os cherokees foram despejados quando o presidente Andrew Jackson aprovou a reivindicação da Geórgia sobre 4,6 milhões de acres de terras pertencentes a eles. Em 1835, os Estados Unidos assinaram um tratado com representantes dos cherokees em que a tribo se comprometia a deixar a Geórgia. Três anos mais tarde, 16 mil cherokees foram levados à força até Oklahoma. Um de cada oito morreu por consequência desse despejo.

Quando o Ato de Apropriações Indígenas de 1851 designou terras cercadas para os indígenas expulsos de Oklahoma, surgiu o sistema de "reservas". As reservas eram um tipo peculiar de instituição imperial: não eram a "República de Índios" (em que os povos indígenas eram reconhecidos como um componente distinto e subordinado, mas integrante do Império Espanhol, e onde questões religiosas e status jurídicos eram atribuições do rei), nem a "colônia" que servira de instituição-chave para os impérios Britânico e Francês ao final do século XIX (locais onde, na ausência de grandes números de colonos, os povos indígenas viviam da terra que era de fato sua e ocupavam uma posição inferior, mas reconhecida, enquanto súditos imperiais). A reserva era uma zona de exclusão, fora da "nação" norte-americana e situada em terras que muitas vezes não tinham nenhuma relação com os territórios ancestrais e ficavam isoladas de outros nativos do continente. Diz-se que os indígenas nas reservas mantinham identificações tribais, mas mesmo assim eram submetidos aos caprichos de soldados, burocratas ou colonos que podiam exigir ainda mais terras.

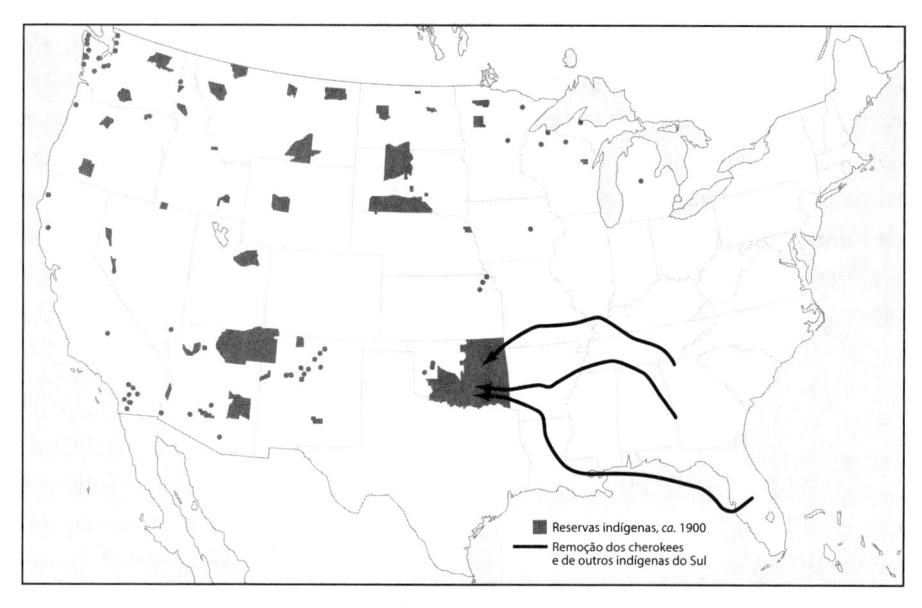

Mapa 9.4 – Remoções e reservas indígenas

Os sioux, principais fornecedores de peliças de búfalo para comerciantes dos Estados Unidos, estavam no caminho dos migrantes que cruzavam as planícies em direção à Califórnia e seu ouro. O Tratado de Horse Creek de 1851 delimitou o território sioux, mas permitiu que os Estados Unidos construíssem estradas e que emigrantes e correspondências militares passassem por ele. Anuidades de 50 mil dólares seriam pagas a cada tribo durante cinquenta anos. Esse tratado, como outros, foi sabotado e reinterpretado por ambos os signatários e provocou dissidências dentro e fora das tribos indígenas. Na década de 1860, as Grandes Planícies foram palco de combates brutais entre indígenas e colonos, o exército dos Estados Unidos ou outros indígenas. Apesar de suas formidáveis vitórias militares, os nativos não conseguiram derrotar a investida contínua de aventureiros militares e defensores determinados dos assentamentos.

A dinâmica expansionista colocou os Estados Unidos em conflito não apenas com os nativos americanos, mas também com outro Estado, o México, nascido a partir de outro império, a Espanha. Os colonos que se mudaram para o sudoeste da América do Norte queriam proteção governamental semelhante àquela que recebiam nos territórios já sob controle dos Estados Unidos. Em algumas áreas, eles mesmos assumiram o governo, como na fundação do Texas, e houve casos de confrontos relativos à utilização de escravos em áreas de assentamento. Em 1846, o conflito ao longo da fronteira colocou um exército norte-americano em guerra com o México.

A meta dos esforços de guerra era explicitamente territorial. Como observou um senador do Michigan em um debate sobre o quanto os Estados Unidos deveriam avançar no México, "Nós não queremos a população do México, seja como cidadãos, seja como súditos. Só o que queremos é uma porção do território que possuem nominalmente, em sua maioria inabitado ou, quando habitado, apenas de forma esparsa, e com uma população que logo recuará ou passará a se identificar com a nossa". Mas é claro que havia pessoas naquelas terras, e sua relação com o governo federal dependia de quem elas eram. Os cidadãos do México nas áreas anexadas adquiriram cidadania norte-americana por meio do Tratado de Guadalupe Hidalgo de 1848, em uma naturalização que foi de fato coletiva. Os indígenas só podiam se tornar cidadãos se deixassem suas tribos. Os escravos e seus descendentes não tinham nenhum direito à cidadania. Uma decisão da Corte Suprema em 1857 (o caso de Dred Scott) intensificou a exclusão de escravos e ex-escravos, sentenciando que os estados não deveriam conceder cidadania a eles mesmo que assim decidissem, e permitiu a escravidão nos territórios.

O tipo de dominação que os norte-americanos impuseram aos índios perturbou o regime de propriedade desenvolvido durante a expansão espanhola. No que hoje são o Novo México e o Colorado, colonos de origem espanhola ou indígena haviam servido a seus patronos como meeiros ou diaristas em imensas concessões de terra, adquirindo assim o direito de cultivar partes daquelas terras. Mas o Congresso dos Estados Unidos se recusou a ratificar um artigo do Tratado de Guadalupe Hidalgo que teria reconhecido esses direitos de propriedade garantidos pela lei mexicana. O confisco em nome da posse livre da terra e do trabalho livre – uma oposição ao regime que líderes norte-americanos designavam pejorativamente como "feudalismo" – despejou mulheres mexicanas que antes controlavam suas propriedades, bem como indígenas que perderam seu direito de uso sobre as terras do patrono.

Com a expansão do império continental para oeste, os "pioneiros" euro-americanos marchavam em direção a uma participação plena na vida política e no Estado; já a marcha dos indígenas era em direção às reservas; os negros estavam presos em um túnel que levaria apenas a mais escravidão em mais áreas do país. Mas o Caso Dred Scott, de início uma vitória arrasadora para os proprietários de escravos, ajudou a provocar um conflito político referente à escravidão que fermentaria até se tornar uma guerra civil.

A vitória dos nortistas na guerra civil fortaleceu a ideia de uma predestinação nacional e do poder do governo federal de promovê-la. Para os indígenas, era outro passo em direção a uma privação duradoura. O fim da guerra fez com que oficiais experientes do exército buscassem novas maneiras de se destacar; para muitos, essa maneira era ir para oeste. A expansão da rede de ferrovias, a descoberta de ouro e outros minerais e a quase extinção dos búfalos deixaram para as comunidades indígenas apenas um espaço marginal e degradante no império da propriedade privada e da liberdade.

> "Devemos agir com seriedade vindicativa perante os sioux [...] mesmo que isso suponha o extermínio de homens, mulheres e crianças."
>
> **General William Tecumseh Sherman, 1866**

Um tratado assinado por alguns sioux em 1868 incluía anuidades, lotes de roupas durante trinta anos, rações de comida por quatro e o abandono dos fortes ao longo da Trilha Bozeman, mas também o seu confinamento em reservas reduzidas. Os indígenas acusados de malfeitos deveriam ser entregues às cortes norte-americanas, e exigia-se que todas as crianças com idades entre seis e dezesseis anos frequentassem o colégio. Depois que os dakotas se recusaram a vender as Colinas Negras por 6 milhões de dólares, ordenou-se que todos os sioux prestassem conta a agências geridas pelo governo dos Estados Unidos. Outra guerra espocou nas planícies, com sioux, cheyennes, arapahoes, pawnees e shoshones contra ou ao lado do exército dos Estados Unidos. Touro Sentado deixou o país com muitos de seus seguidores sioux com destino ao Canadá, o "país de nossas avós". Ele retornou nos anos 1880, mas foi preso e morto em 1890. O grande guerreiro sioux Cavalo Doido se entregou em 7 de maio de 1877 e foi assassinado quatro meses depois.

Em 1871, o Congresso dos Estados Unidos revisou mais uma vez o status legal dos povos indígenas, declarando que "daqui em diante, nenhuma nação ou tribo indígena dentro do território dos Estados Unidos poderá ser encarada ou reconhecida como nação, tribo ou poder independente com quem os Estados Unidos possam se comprometer por meio de tratados". Ilógica na superfície, essa lei expressava a negação fundamental que havia caracterizado a política do país desde sempre: uma "nação ou tribo" indígena não aceita dentro da estrutura política, mas tampouco tinha sua autonomia – ou mesmo sua soberania parcial – reconhecida. Agentes governamentais continuaram, sempre que conveniente, a fazer "acordos" com líderes tribais prestativos – quando era possível encontrá-los –, mas as reservas determinaram o lugar dos indígenas fora do sistema político.

Nos anos 1870, grupos humanitários que contavam com muitos protestantes do leste entre seus membros se engajaram em campanhas para assimilar e reformar os indígenas. A Secretaria de Questões Indígenas se expandiu depressa e se tornou uma burocracia administrativa completa. Missionários e outros agentes fundaram escolas para crianças indígenas, cortaram seus cabelos e forçaram sua submissão às noções de disciplina dos professores. De acordo com uma série de acordos, os Estados Unidos deveriam fornecer comida aos indígenas nas reservas: um peso determinado de bife, farinha, milho, açúcar, feijão e café todos os dias "até que os indígenas sejam capazes de se sustentar". Esse compromisso, assim como outros, era fungível, mas o princípio era bastante claro. As opções aparentes para os indígenas eram adotar o

Figura 9.1
Cheyennes indo à sua reserva, ilustração da *Leslie's Monthly Magazine*, 1874. Essa imagem de um recuo triste, mas obediente, não representa a resistência de muitos cheyennes às incursões de colonos e aos ataques do exército dos Estados Unidos. Dois anos após a publicação desta imagem, os cheyennes participaram da batalha de Little Bighorn, onde o general Custer e seu exército foram aniquilados. (Biblioteca Pública de Nova York.)

cristianismo, a agricultura sedentária e a cultura norte-americana ou permanecerem como elementos secundários e marginalizados dentro da nação. Eles só podiam se tornar norte-americanos se deixassem de ser indígenas.

Guerra, escravidão e império republicano

A extrusão dos indígenas do regime e a tomada de suas terras se repetiram em outras áreas. Entre os anos 1820 e 1850, os nativos do Havaí perderam a maior parte de suas terras para especuladores e missionários norte-americanos, que pregavam as virtudes da civilização branca, os valores cristãos e as leis de propriedade privada. Mas e quanto à propriedade privada de pessoas? Às vésperas da revolução, a escravidão era legal em todas as colônias, exceto em Rhode Island. Embora os líderes revolucionários do país estivessem cientes da existência de um movimento antiescravista incipiente na Inglaterra, uma cláusula abolindo a escravidão que chegou a ser proposta foi retirada da Declaração de Independência. Por mais de oitenta anos, a escravidão se mostrou compatível com as instituições e os ideais da república dos Estados Unidos. Mas, lentamente, a resposta constitucional à questão fundamental do escravagismo – a devolução parcial de soberania aos estados e a contagem cínica de escravos para fins de representação – desmoronou.

As conexões entre o império e a escravidão eram voláteis dentro e fora dos Estados Unidos. Redes imperiais transatlânticas e a concorrência não só enriqueceram os proprietários de escravos, como também deram origem a movimentos antiescravistas nos impérios. A Revolução Haitiana de 1791-1804 e as emancipações no Caribe britânico durante os anos 1830 mandaram mensagens contraditórias aos escravos, grandes fazendeiros e abolicionistas, sabotando a normalidade da escravidão e deixando claro para os proprietários o que eles deveriam temer (ver capítulos 8 e 10). Dentro dos Estados Unidos, a fórmula que parecia ter garantido uma expansão pacífica da união – a possibilidade de transformar os territórios colonizados em estados – tornou a ferida da escravidão objeto de disputas políticas em âmbito federal. Os novos estados seriam "escravocratas" ou "livres"? O escravagismo exigia um aparato coercitivo para apoiar a autoridade dos fazendeiros, e a insistência dos sulistas de que o governo federal deveria ajudar a caçar escravos que haviam fugido do Sul tornou os "estados livres" cúmplices do sistema de escravos.

A tensão entre unidade e diferença no regime norte-americano se degenerou em uma guerra civil. Conforme os estados sulistas se separavam e o restante da "união" os atacava para trazê-los de volta, os Estados Unidos quase se repartiram em ao menos duas federações organizadas em torno de princípios distintos. Em quatro anos de guerra, 620 mil pessoas perderam suas vidas.

Para o presidente norte-americano, o objetivo principal da guerra era manter o regime unido; a escravidão vinha em segundo lugar. Abraham Lincoln declarou que iria "salvar a União sem libertar um único escravo" se isso fosse possível. Mas não foi, muito embora sua administração tenha estudado formas de expulsar os escravos para colônias em outros países – outro sinal da grande relutância em admitir a cidadania para os negros. Quando se tornou claro que os exércitos da união poderiam atrair e utilizar soldados e trabalhadores escravos, o presidente e o congresso começaram a pender em favor da abolição.

Terra e liberdade ao estilo norte-americano

O escravismo quase provocou dissolução da União, e a guerra para uni-la outra vez fez com que os líderes do lado vitorioso abrissem as portas da cidadania. A escravidão foi proibida em todos os Estados Unidos pela Décima Terceira Emenda, ratificada em dezembro de 1685 após ter sido rejeitada pela Câmara de Representantes no ano anterior. O fato de que os escravos negros lutaram e morreram por sua liberdade ajudou a promover sua liberdade. Mas que tipo de liberdade? Os 4 milhões de escravos esperavam os meios necessários para sustentar sua independência, enquanto os antigos proprietários estavam determinados a manter sua força de trabalho. Alguns estados sulistas adotaram "códigos negros" para forçar os ex-escravos a aceitarem o trabalho nas *plantations* nos termos dos fazendeiros, mas essas leis foram invalidadas pelo Ato de Direitos Civis federal de 1866.

Como em muitos outros aspectos do Império Norte-Americano, a questão principal era a terra. Alguns políticos antiescravistas haviam sugerido a redistribuição dos senhores de escravos rebeldes, fornecendo "quarenta acres e uma mula" para cada ex-escravo, mas a proposição não deu em nada. O governo dos Estados Unidos estava ocupado expropriando os indígenas e não desejava fazer o mesmo com os proprietários de escravos, cuja propriedade era considerada privada. Como o general Robert V. Richardson disse em 1865: "Os escravos emancipados não possuem nada, porque não receberam nada além da liberdade".

Os ex-escravos achavam que deveriam ganhar algo a mais e, durante a breve janela em que o governo federal garantiu o cumprimento das leis o suficiente para que eles o fizessem, muitos lutaram para receber algum grau de independência econômica e participação política. Os fazendeiros responderam com terror da Ku Klux Klan, evocando a lei de propriedade e lançando mão de outros meios – justos e escusos. Sob cuidados do exército federal, governos de "Reconstrução" com participação negra foram empossados em antigos estados confederados, e alguns conseguiram um histórico considerável, ainda que modesto, de reformas em uma área pouco antes governada por uma oligarquia de grandes fazendeiros.

Mas a Reconstrução foi vítima da vontade hesitante dos eleitores do Norte, do terror, da manipulação das ansiedades raciais pelos brancos dos estados sulistas e da propensão quase universal da política dos Estados Unidos de favorecer os proprietários de terra. Quando a fiscalização federal de posições constitucionais e legais claudicou em meados dos anos 1870, ficou claro que as elites do Sul ainda ganhariam o controle decisivo sobre a força de trabalho subordinada. Em boa parte do Sul, onde se plantava algodão, o destino final dos antigos escravos seria trabalhar como safristas em terras que permaneceram nas mãos de antigos proprietários de escravos.

Se o tratamento diferenciado de populações (indígenas, mexicanos, negros, grandes fazendeiros, leais ou não) era um corriqueiro modo imperial familiar de gerir um regime, a guerra foi um passo em direção a um país mais nacional e unificado. Durante a guerra, o presidente e o governo federal adquiriram novos poderes. Um sistema bancário nacional e uma moeda-padrão, taxação nacional e alistamento nacional foram alguns dos resultados do conflito. Após a guerra, os estados que haviam se rebelado foram administrados como territórios ocupados sob comando militar. Em nenhum lugar o novo poder de Washington era mais claro do que nas novas emendas à Constituição promulgadas no pós-guerra, que tornaram ilegal a escravidão e declararam que os direitos dos cidadãos não poderiam ser negados com base em sua "raça, cor ou condição prévia de servidão". Durante cerca de uma década, a promessa de uma cidadania nacional tão aberta aos negros quanto era aos brancos foi levada a sério, e permaneceu sendo um foco de esperanças e reivindicações desde então.

A Décima Quarta Emenda, apesar de todas as suas promessas de cidadania única, ainda tratava os "indígenas não tributados" de forma diferente: eles não seriam contabilizados para a representação no governo nacional. Apenas em 1924 surgiu uma lei federal deixando claro que todos os indígenas se encontravam sob jurisdição dos Estados Unidos e, portanto, eram cidadãos.

As mulheres também foram excluídas das declarações de igualdade e direitos; um esboço da Décima Terceira Emenda especificando que "todas as pessoas são iguais perante a lei" foi rejeitado sob o argumento de que equipararia as mulheres aos seus maridos. Quando escravos libertos ingressaram no âmbito da cidadania, os reformadores presumiram que eles se tornariam chefes de família com filhos e esposas dependentes seus. O congresso já havia proclamado sua prerrogativa de supervisionar as instituições maritais ao aprovar o Lei Morrill pela supressão da poligamia durante a guerra, que se dirigia ao território de Utah, onde muitos mórmons haviam se instalado. Depois da guerra, um jurista partidário do federalismo reclamou que as famílias poligâmicas dos mórmons constituíam um *imperium in imperio* inaceitável. Diferentemente de outros impérios, os Estados Unidos só permitiriam um regime de casamento: uma mulher subordinada ao marido que controlava as propriedades da família.

Após a Guerra Civil, constituiu-se uma nova retórica de "nação" que substituiu a de "união". Os Estados Unidos englobavam boa parte da América do Norte. As ferrovias se estendiam de costa a costa, de norte a sul. As conexões comerciais, o jornalismo impresso, a comunicação por telégrafos e as corporações de alcance nacional substanciaram a unidade proclamada pelo governo. Os Estados Unidos não tinham concorrentes externos interessados em seu território, e os colonos haviam vencido a disputa contra indígenas norte-americanos e outros grupos que não estavam em conformidade com suas ideias de família e poder. A guerra, a lei e a expansão haviam afirmado e aprimorado um modo imperial norte-americano com sua obsessão por

> "Em 1789, os Estados Unidos eram terras selvagens às margens da cristandade; hoje, são o coração da civilização e um foco da energia. A União forma um império gigantesco e em crescimento que abarca metade do mundo, um império que possui a maior massa de riqueza acumulada e os mais perfeitos meios de transporte, e também o mais delicado – mas poderoso – sistema industrial jamais desenvolvido."
>
> **Brooks Adams,** *The New Empire,* **1902**

território, propriedade de terra, vida familiar monogâmica e subordinação feminina; sua confiança de que aquele seria um modo iluminado e avançado de civilização; sua crença firme na superioridade do próprio modo de vida, que supostamente teria como base valores universais e seria bem recebidos pelos demais; e o apagamento jamais reconhecido das soberanias dos povos indígenas do continente. Os Estados Unidos estavam prontos para ocupar a posição de principal potência em um mundo em grande parte composto de ou reivindicado por outros impérios.

GOVERNOS RUSSOS

Enquanto os Estados Unidos partia para o leste nos séculos XVIII e XIX, o Império Russo continuava a se expandir em três direções. A oeste, o envolvimento em guerras de impérios europeus colocou uma parte maior do litoral báltico, da Polônia e da Lituânia sob jugo dos Romanov. Ao sul, a Rússia entrava e saía de guerras contra os otomanos em uma longa disputa pelo controle da Ucrânia, do Cáucaso, dos povos e territórios em torno do mar Negro e, como meta final, Istambul – que os russos insistiam em chamar de Constantinopla – e o acesso desimpedido ao Mediterrâneo. No último terço do século XIX, as forças russas derrotaram os canatos na Ásia Central e reprimiram as ambições do Império Britânico na Índia e no Afeganistão. Ao leste, os Romanov consolidaram gradualmente seu domínio sobre povos nômades (ver capítulo 7) e postos avançados na Sibéria. No século XVIII, exploradores atravessaram o mar e fundaram colônias na Califórnia e no Alasca. Entre 1700 e 1900, a Rússia se tornou um imenso império de abrangência continental, o maior do mundo (ver mapa 9.2).

Assim como a evolução das estratégias norte-americanas em relação aos indígenas e escravos transformaram e esclareceram o fundamento do império republicano para os Estados Unidos, o engajamento dos líderes russos com muitos povos nas terras além de sua área central revelou e moldou uma política imperial de longa duração. O primeiro princípio da governança russa era o reconhecimento pragmático da diferença. As elites russas não tinham a obsessão de enquadrar seus novos súditos em um único estilo cultural ou regime de propriedade. O fato de que tribos siberianas, hordas cossacas, nobres poloneses e muçulmanos da Ásia Central tinham leis, costumes e crenças religiosas próprios era uma circunstância da vida, a ser empregada em favor da governança sempre que possível. O modo russo de consolidação do poder imperial era, na maior parte do tempo, não interferir nas relações sociais e regras já existentes e fazer com que as pessoas de cada lugar desempenhassem o maior número possível de tarefas essenciais: policiamento, julgamentos e coletas de impostos.

Uma segunda regra era que as regras não precisavam valer para todos. A autocracia não lutou para encontrar uma fórmula satisfatória para aceitar a inclusão de novos territórios no regime, como faziam os norte-americanos. Cada nova conquista podia ser avaliada, delimitada, encarada e administrada de acordo com suas exigências e possibilidades específicas. Nas regiões muçulmanas, a autocracia podia decretar que as disputas civis e os conflitos fa-

Figura 9.2
Chukchis. Povos indígenas que viviam no leste longínquo da Rússia, às margens do Ártico. Após fracassarem em sua tentativa de conquistar os chukchis na primeira metade do século XVIII, os russos se conformaram em manter o comércio com eles. Esta ilustração, que destaca as roupas quentes dos chukchis e suas cargas de peles, presas e ossos de baleia, é do relato do conde Fyodor Petrovich Litke (1797-1882) feito em sua viagem ao redor do mundo em 1826-1829, patrocinada pelo imperador Nicolau I. (Biblioteca Pública de Nova York.)

miliares fossem decididos de acordo com a Sharia; em outras áreas e para outros povos, as práticas costumeiras locais podiam ser reconhecidas como base para resoluções legais. A Finlândia, incorporada em 1809 como recompensa pela aliança de curta duração da Rússia com Napoleão, manteve seu parlamento, sua burocracia e seu sistema judiciário, além de – por um tempo – um pequeno exército próprio.

Um terceiro princípio era o de que as regras podiam ser mudadas. Sem os impedimentos de um legalismo confinador de governança contratual, princípios constitucionais ou corpos representativos, os oficiais do czar podiam ajustar as regulações para cada área e grupo a qualquer momento. Na prática, os oficiais próximos ao imperador exercem uma boa dose de influência pessoal sobre o regime imperial, contanto que permanecessem nos círculos internos do poder patrimonial. A política de incerteza mantinha as elites sempre alertas.

Embora muitos intelectuais russos tenham se tornado entusiastas da teoria dos "direitos naturais", o império era governado de acordo com o princípio de direitos concedidos e inalienáveis que emanavam do Estado. Esses direitos eram atribuídos a grupos, não a indivíduos: o direito de se casar em uma certa idade, de se envolver em certos tipos de transação de propriedades, de viver em certas áreas, de possuir servos. Para os indivíduos, o regime imperial de direitos definia possibilidades, impunha limites e fornecia um ponto de referência para suas aspirações. Um camponês podia sonhar em "se tornar" um mercador, por exemplo, e havia maneiras legais para tanto. Os agentes oficiais também elaboravam reformas, recompensas e punições por meio do sistema de direitos: decidiam conceder a uma coletividade direitos iguais, melhores ou piores do que aqueles de outros grupos.

O imperador recompensava e controlava sua elite de servidores por meio desse regime de direitos, conferindo aos recém-chegados privilégios de que não haviam gozado sob governos anteriores e removendo direitos dos que se comportavam mal. Para as camadas inferiores da população, o Império Russo oferecia outros pacotes de direitos e instituições, incluindo tribunais de instâncias inferiores em que os súditos podiam litigar questões menores, geralmente de acordo com as práticas e normas já existentes. Colocar os "costumes" sob proteção da lei imperial servia para engajar os moradores de um local para que realizassem as tarefas mais básicas da governança por conta própria. Era uma maneira barata de manter a paz e terceirizar o recolhimento de taxas e tributos.

O império abrigava diversas geografias de diferença. A religião – o império incluía diversos tipos de cristãos, muçulmanos, judeus e budistas, bem como animistas – era uma delas, e as etnias – estudiosos contabilizaram entre sessenta e oitenta "nações" no século XVIII – era outra. Localização geográfica, soberano anterior, alianças tribais e categorias ocupacionais eram formas para se analisar a população. Os agentes oficiais russos nunca começavam pelo todo, mas pelas partes. As partes, contudo, eram dinâmicas, e um alinhamento de povos, espaços e crenças era impensável. Migrações, reocupações e conexões de longa distância continuaram a misturar os povos; ainda mais importante era a falta de interesse dos governantes em esboçar limites territoriais e deixar o poder para sempre nas mãos de grupos tribais, étnicos ou clericais. Os russos eram enquadrados em categorias, mas os direitos e grupos eram constantemente remanejados pelos líderes imperiais russos.

Jogar com as diferenças

Como foi observado no capítulo 7, a localização da Rússia entre os extremos leste e oeste foi criada e explorada pelos governantes do império. A absorção gradual de grandes partes da Ucrânia e da Polônia é um exemplo da flexibilidade das estratégias imperiais russas.

A Rússia ocupou territórios poloneses e ucranianos pouco a pouco. No século XVII, os moscovitas buscaram combater e se esquivar de um império rival, a República das Duas Nações (formada em 1569). Diplomatas russos persuadiram líderes cossacos da região do Dniepre a se aliarem a Moscou em troca de privilégios para a elite cossaca e de uma considerável autonomia para seu líder mais poderoso, o hetman. Clérigos da Ucrânia viajaram até a capital russa, fornecendo à caixa de ferramentas imperial o prestígio de sua relação com o antigo principado de Kiev e sua experiência nos embates contra o catolicismo. Mas quando o hetman Ivan Mazepa, um dos homens mais ricos da Europa, aliou-se ao rei da Suécia contra Pedro, o Grande, em 1708, a Rússia esmagou com o auxílio de seus próprios aliados cossacos as forças de Mazepa e o obrigou a fugir. Dali em diante, os imperadores passaram a controlar o hetmanato de forma mais rígida; as leais elites cossacas continuaram desfrutando dos mesmos direitos que os nobres russos. Em outras partes da região, na Estônia e na Livônia, os czares delegaram à nobreza local o controle da administração e do sistema judiciário, garantindo a eles "privilégios obtidos previamente e de modo legal".

O grosso do território polonês ficou sob controle russo entre 1772 e 1795, quando os impérios da Prússia, Rússia e Áustria dividiram a Polônia entre si em três repartições – outras surgiriam ao longo dos dois séculos seguintes. Os nobres da República das Duas Nações haviam levado ao extremo o poder de classe baseado na terra e no trabalho de camponeses. Eles elegiam seu próprio rei e exigiam unanimidade em seu parlamento. Esse império distinto, habitado por poloneses, bielorrussos, ucranianos, alemães, letões, armênios, tártaros judeus – a maior população judia na Europa – e outros era entrecortado por religiões monoteístas e suas políticas fragmentárias. Controvérsias entre cristãos (católicos, ortodoxos, luteranos e igrejas católicas orientais – cristãos que reconheciam a autoridade do papa, mas seguiam ritos orientais) abriram as portas para que a Rússia se posicionasse como defensora das minorias não católicas. Mas os outros vizinhos da Polônia – Prússia e Áustria – opunham-se à "proteção" ativa da Rússia à Republica das Duas Nações e também queriam seu quinhão. A primeira partição de 1772 destinava cerca de um terço da população polonesa e 30% de seu território aos três poderes. Em 1791, os nobres poloneses ofereceram uma provocação conveniente aos forasteiros ambiciosos quando, inspirados pelas notícias da França, concederam a si mesmos uma constituição escrita – a primeira declaração formal de governo representativo da Europa e a segunda do mundo. O resultado foi uma segunda partição e, após uma pequena guerra de "libertação", a partição "final, geral e irrevogável" de toda a República das Duas Nações entre Rússia, Áustria e Prússia em 1795.

Em decorrência das partições do século XVIII, a Rússia adquiriu um imenso território e mais de 7 milhões de novos súditos. Apenas alguns deles eram polacos, apenas alguns eram católicos e apenas alguns eram nobres. A administração imperial russa dependia da gestão de muitas elites. Os germânicos do Báltico oriundos do antigo ducado de Kurland recuperaram seu antigo status privilegiado e suas instituições locais de autogoverno. Muitos deles se tornaram agentes oficiais de alto escalão no governo russo, mantendo uma reputação de lealdade e precisão inabaláveis. Os nobres poloneses também fecharam um acordo atraente. Embora os antigos territórios "poloneses" houvessem se tornado províncias do império e o parlamento tivesse sido abolido, elites polonesas leais e de origem nobre receberam o status dos nobres russos. Em 1795, 66% da nobreza hereditária "russa" era de origem polonesa. Os magnatas poloneses ingressaram no círculo de governo dos imperadores e imperatrizes, inclusive o príncipe Czartoryski, ministro exterior de Alexandre I entre 1804 e 1806.

Embora os três poderes que dividiram a Polônia houvessem prometido erradicar o "Reino da Polônia" da memória histórica, a administração russa dos antigos territórios poloneses era feita em polonês. Os nobres poloneses eram responsáveis pela administração local, e até mesmo em áreas bielorrussas. Os oficiais russos no centro imperial reconheciam o potencial das louváveis instituições educacionais situadas em áreas que haviam sido polonesas e adotaram as universidades polonesas como modelo para reformar as russas.

Durante séculos, a religião estivera na raiz dos conflitos destrutivos dentro e fora das terras polonesas-lituanas. Os russos garantiram "liberdade irrestrita" de prática religiosa aos seus novos súditos na região. Mas não era uma liberdade em que "vale tudo". Os governantes imperiais buscavam controlar a hierarquia de cada crença. Sem esperar pela aprovação do papa, a Igreja Católica da região foi colocada sob o comando de um único bispo em Mogilev. Os judeus foram restituídos de suas "liberdades" anteriores de praticar sua religião e possuir terras; sua instituição comunitária, o *kahal*, foi reconhecida e recebeu as funções econômicas e administrativas de praxe. Nas décadas de 1770 e 1780, os administradores russos aboliram o status de grupo étnico dos judeus e designaram a eles o status civil de mercadores ou aldeões. Esse arranjo acabou envolvendo os administradores russos nos conflitos entre judeus, nobres e camponeses, polacos e ucranianos, bem como mercadores russos ressentidos com os "privilégios" dos judeus.

Essas tensões foram centrais para a tentativa em 1804 de regular áreas de assentamentos judaicos e esclarecer os direitos e obrigações de sua população. Durante um tempo, os judeus foram submetidos a uma taxação dupla, mas ao contrário de qualquer aldeão católico, eles gozaram do direito – também durante um tempo – de substituir esse pagamento pelo envio de recrutas para o exército. Essa e outras regulações subsequentes sobre os direitos e obrigações específicos dos judeus não foram exceções a um código-padrão de cidadania, mas eventos típicos da regulação diferenciada de cada grupo.

Em diversas ocasiões, o clero ortodoxo exigiu uma postura mais contundente, e algumas elites se entusiasmaram com a ideia de uma comunidade mais amplamente ortodoxa. Os czares promoveram esforços intermitentes de conversões em massa. Mas a aceitação pragmática da realidade multiconfessional impediu que os líderes russos transformassem a unidade cristã em princípio de Estado. Nem mesmo as tentativas do clero ortodoxo de assumir o controle das igrejas católicas orientais deram muito resultado. Nas áreas ucranianas, o jogo da regulação e reconversão de vários cristãos continuou. Após grandes interrupções durante o período soviético, ele foi retomado em 1991.

Nas terras "polonesas" e em outros locais, o império jogava cartas distintas em momentos distintos e com povos distintos. O Império Russo funcionava assim: de forma inconsistente, mas amparada em lei. Alguns padrões emergiam desse processo aparentemente *ad hoc*. Em primeiro lugar, as elites eram reconhecidas, incorporadas ao regime de privilégio conforme seu status e empregadas nos governos regionais e na gestão do império como um todo. Em segundo, a Rússia não compartilhava da aspiração mortífera por homogeneidade religiosa que destruiu tantas vidas na Europa Ocidental e nas Américas. Havia muitas maneiras de administrar a diversidade religiosa, e a arte do império consistia em uma supervisão cautelosa capaz de manter a paz e, quando possível, de ampliar a autoridade e as receitas do Estado.

A imperatriz e a lei

Na época das partições polonesas, a Rússia tinha uma imperadora, Catarina II, a Grande. Na Rússia do século XVIII, imperatrizes não foram exceção, mas a regra. O reinado de Catarina foi um ponto alto da cultura imperial sincrética e mutável da Rússia: além da adoção de modos e costumes ocidentais, o período foi marcado pelo ajuste sutil de direitos concedidos, que reuniu de forma extravagante os clãs políticos em volta da figura do autocrata.

Proveniente da realeza de um pequeno principado prussiano, Catarina assumiu o trono por meio de um regicídio que destituiu seu marido, o imperador Pedro III, após este ter afastado alguns nobres ligados à corte. Pedro foi forçado a abdicar após um eficiente golpe e, mais tarde, assassinado por um dos preferidos de Catarina. Sob Catarina, a nobreza, sobretudo os grandes magnatas, desabrochou. A conquista das estepes do sul lhes renderam terras e servos; o controle militar expandido fechou o cerco aos desertores; e a imperatriz, sensível às circunstâncias que a levaram ao trono, publicou uma Carta Patente da Nobreza em 1785. Esse documento eximia os nobres do serviço público e das punições corporais e concedia a eles o direito de viajar para o exterior, manter prensas privadas e controlar suas terras como propriedades familiares. A muito discutida vida sexual de Catarina foi outra estratégia para estreitar os laços com nobres influentes. Evitando a vulnerabilidade de novos casamentos públicos, Catarina recompensava seus amantes e ex-amantes com cargos de alto escalão e imensas concessões de terra. Ela se casou secretamente com seu verdadeiro amor, conselheiro e comandante militar, o príncipe Potemkin.

Sob Catarina, o império superou dois grandes desafios. O primeiro, entre 1772 e 1774, surgiu a partir de tensões provocadas pelas estratégias de governo imperial aplicadas na região intermediária do Volga, onde diversos grupos foram jogados uns contra os outros, e que consistiam em uma tentativa de impedir que os nômades desertassem e se aliassem aos Qing, na ampliação das fortificações russas, no emprego de forças cossacas e no estímulo à colonização por parte de russos e estrangeiros. Iemelian Pugachev, um líder cossaco, organizou um exército de servos, dissidentes ortodoxos, cossacos, tártaros, basquires e outros grupos nativos. Prometendo "terras, água, pastagens, armas e munições, sal, grãos e chumbo" e alegando ser o verdadeiro Pedro III, Pugachev implementou sua própria corte à imagem e semelhança da corte imperial. As tropas de Catarina acabaram levando a melhor, e Pugachev foi executado de forma abominável na Praça Vermelha após ter sido exibido em uma jaula.

O segundo desafio foi a Revolução Francesa (ver capítulo 8). Catarina tratou dessa ameaça ao poder monárquico com a aplicação seletiva de liberdades antes restritas à nobreza. Os intelectuais que se mos-

> "Pelas bondosas graças de Deus, nós, Catarina II, imperatriz e autocrata de toda a Rússia, de Moscou, Kiev, Vladimir, Novgorod, czarina de Kazan, czarina de Astracã, czarina da Sibéria, czarina de Kherson-Tauride [a Crimeia], senhora de Pskov e grã--princesa de Smolensk, princesa da Estônia, Letônia, Karelia, Tver, Iugra, Perm, Viatka, Bulgária e outros; senhora e grã-princesa de Nizhny Novgorod, Chenigov, Riazan, Polatsk, Rostov, Iaroslavl, Beloozero, Udoris, Obdoris, Kondia, Vitebsk, Mstislavl e comandante de todos os países do norte, e senhora dos czares de Iveria, Kartalinian e da Geórgia, e dos príncipes de Cherkassian e da Montanha e, por herança, senhora e proprietária de outros."

Abertura da Carta de Patente da Nobreza de Catarina, 1785

traram audaciosos demais foram exilados, veículos de imprensa foram fechados e propriedades foram confiscadas. Os direitos russos eram alienáveis.

Catarina se orgulhava de ser uma "legisladora". Na primeira metade de seu reinado, ela estudou a teoria legal europeia, trocou correspondências com Voltaire, escreveu peças de teatro, tratados e códigos legais e fomentou as ciências e a arte. Em 1767, ela convocou uma "Comissão Legislativa" de delegados de diversos níveis – nobres, aldeões, camponeses, cossacos, deputados de regiões ucranianas, bielorrussas e bálticas, tártaros, mordovianos, cheremises, votiaques, basquires, calmuques e buriates. Sua função era avaliar a "Instrução" para um novo código de leis que ela havia elaborado pessoalmente e oferecer suas próprias recomendações para a legislação imperial.

A consulta de representantes da população por parte da imperatriz ecoava as antigas reuniões nas terras da Moscóvia e os *kurultais* mongóis. Essa consulta multiétnica teria sido inimaginável para governantes de Espanha, Grã-Bretanha ou Estados Unidos. A Instrução de Catarina tornava a tortura ilegal, amenizava as grandes punições e desencorajava a escravidão. A teoria do contrato social foi categoricamente rejeitada e, em uma distorção de Montesquieu, considerou-se que as vastidões russas exigiam que o poder absoluto fosse investido a uma única pessoa – um monarca que governaria por meio da lei e não seria um déspota.

A Comissão Legislativa se reuniu durante um ano e meio, mas nenhum novo código partiu diretamente dela. A maioria dos não russos defendiam o *status quo*, ou seja, que seus direitos fossem garantidos pelo soberano. Eram os colonos russos que desejavam mudanças para remover direitos e terras dos não russos – um caminho que Catarina preferiu não trilhar. Em vez disso, ela promulgou leis que apoiavam as tendências regulatórias e diferenciadoras do governo russo. Dando continuidade às categorias de compactação social inauguradas sob Pedro, o Grande, ela sistematizou as distinções em leis que agrupavam a sociedade em quatro estamentos fundamentais – camponeses, aldeões, clero e nobreza –, cada um com direitos específicos. O reino foi dividido em cinquenta províncias, cada uma com 300 mil habitantes, subdivididas em distritos de 30 mil e com capital própria. Apesar dos estratagemas desses decretos, eles serviram para expandir uma rede administrativa nas províncias e pelo interior.

Mas Catarina e seus conselheiros não buscaram a uniformidade de forma consistente. Em primeiro lugar, a administração provincial não valia para

Figura 9.3
Catarina, a Grande, com ornamentos de legisladora. Retrato de 1783 de Dmitry Grigoryevich Levitsky. (Museu Russo, São Petersburgo. Scala, ArtResource.)

todo o império, apenas para aquela que veio a ser chamada de "Rússia europeia", a oeste dos Urais – mas mesmo ali havia exceções. No campo religioso, a legislação de Catarina pretendia regulamentar a diversidade. Antes, o Estado trilhara um caminho tipicamente inconsistente em relação às muitas religiões do império, favorecendo clérigos submissos, apoiando campanhas e conversões em massa dos ortodoxos no leste e banindo a construção de novas mesquitas em algumas zonas como o sudeste da estepe, onde o Estado pretendia estimular novos assentamentos. A revolta Pugachev pressionou Catarina para que fizesse do pluralismo religioso um princípio legal e protegido. Ela deu fim aos esforços missionários dos ortodoxos na região do Volga, encorajou a construção de mesquitas e, em 1773, publicou um decreto que declarava a "tolerância de todas as crenças" em nome do "Deus Todo-Poderoso que tolera todas as fés, línguas e crenças".

A Rússia e o islã

A outra faceta da tolerância era a regulação – que, por sua vez, exigia que as autoridades religiosas integrassem o governo e recebessem as recompensas apropriadas. Mas não estava muito claro como seria possível aplicar essa estratégia aos diversos povos muçulmanos do império. Desde seu início, o islã não havia institucionalizado o clero em uma estrutura única. A autoridade residia nas comunidades religiosas – os ulemás de cada região – e em indivíduos como os líderes espirituais, estudiosos, juristas e seus discípulos. A fluidez da liderança religiosa muçulmana, muito adaptável à política móvel das sociedades nômades, era um problema para o modo de governo russo.

A solução foi criar comandos clericais onde eles não existiam. Os oficiais russos tinham dois modelos para sua empreitada: a gestão do islã por parte dos otomanos, seus rivais, e a organização religiosa de sua própria Igreja Ortodoxa. Os administradores perceberam paralelos entre imames e padres, muftis e bispos, "muezins" e sacristãos. Alguns russos observaram que ambas as crenças se baseavam no monoteísmo e em escrituras sagradas. Pedro, o Grande, que havia rompido com as normas anteriores ao exigir que os muçulmanos se convertessem ao cristianismo se quisessem manter seus direitos de posse sobre a terra e servos, havia patrocinado a tradução do Corão para o russo, publicada em 1716. Mas a expansão russa no Cáucaso, nas regiões da estepe ao norte do mar Negro e na Crimeia (conquistada em 1771 e anexada em 1783) colocou os russos em contato direto com líderes muçulmanos, alguns dos quais desejavam ter sua autoridade judicial – ou de outra natureza – reconhecida pelo Estado, e esse choque cultural sugeriu uma abordagem distinta.

O barão Osip Igelstrom, um germânico báltico que atuava como governador-geral na região das estepes, buscou o apoio de Catarina para fomentar assentamentos muçulmanos e, assim, conter a difusão dos modos de vida nômades. A resposta do governo foi imprimir e distribuir o Corão para os muçulmanos e estabelecer em 1789 uma instituição para controlar o clero, a Assembleia Eclesiástica Muçulmana, situada em Orenburgo – a cidade-fortaleza que Pugachev havia sitiado. A assembleia era liderada por um mufti, que recebia um generoso salário do Estado. Suas responsabilidades eram supervisionar os clérigos e juízes muçulmanos e atuar como tribunal de apelação para casos decididos nas instâncias inferiores muçulmanas. O "muftiato" acabou incorporado pelo Ministério de Assuntos Internos, onde permaneceu até 1917.

Dessa forma, a administração russa conseguiu institucionalizar o islã sob a autoridade secular, além de ter estimulado os súditos muçulmanos a se envolverem com questões cívicas cotidianas e constituírem comunidades organizadas em torno de suas mesquitas. O mulá local supervisionava as questões familiares, e os ritos religiosos se tornaram uma peça-chave para a manutenção da ordem. Ao mesmo tempo, os muçulmanos podiam apresentar às autoridades czaristas – por meio dos tribunais, da polícia e dos governantes provinciais e militares – eventuais queixas contra "seus" mulás. Estes, por sua vez, podiam recorrer aos tribunais distritais e à Assembleia Eclesiástica de Orenburgo para corroborarem seus atos.

As múltiplas conexões entre paroquianos, clérigos e autoridades administrativas e judiciais vincularam o Estado russo aos súditos muçulmanos, que podiam utilizar as instituições estatais para seus próprios – e muitas vezes conflitantes – desígnios. Embora alguns estudiosos muçulmanos questionassem se a Rússia era de fato uma "Casa do Islã" (*dar al-Islam*), a maioria dos líderes muçulmanos aceitava a autoridade do Estado russo. A partir do fim do século XVIII, orações pelo imperador e sua família se tornaram parte obrigatória das rezas de sexta-feira e de outros dias santos nas mesquitas ao redor do império.

Educação da população nativa para o império
Apesar das súplicas do prelado ortodoxo, a integração do islã à administração se mostrou possível. Ao mesmo tempo, alguns oficiais russos pressentiam que

os povos politeístas na região do Volga e mais a leste na Sibéria poderiam ser atraídos pela região cristã favorita do império. Maris, mordovianos, udmurtes e outros "pequenos povos" foram alvo de uma campanha de batismo ortodoxo nos anos 1740. De modo geral, essas grandes conversões massivas foram consideradas um fracasso, e em 1764 Catarina aboliu o "Escritório de Novos Convertidos" em Kazan.

No século XIX, sob Nicolau I (ver capítulo 11), que considerava a Igreja Ortodoxa um pilar do governo russo, o interesse pela ação missionária ressurgiu. Foi fundada uma Academia Teológica em Kazan com o objetivo de treinar professores seminaristas para a porção oriental do império. Os alunos estudavam tártaro, mongol, árabe e calmuque (principais línguas da região) e as culturas associadas aos idiomas, sedimentando a base para as excepcionais instituições russas de estudos "orientais". Textos ortodoxos seminais foram traduzidos para o tártaro e publicados pela Universidade de Kazan em 1851. Nikolai Ilminski, um influente egresso da Academia de Kazan, trabalhou em prol da instrução religiosa em outras línguas nativas – e não apenas em tártaro – a fim de preparar nativos para o ensino religioso. As recomendações de Ilminski se tornaram a política do Ministério da Educação em 1870 para a escolarização de súditos não russos do império. Essa abordagem permitia que tais pessoas se tornassem ortodoxas sem torná-las russas.

Terra, lei e direitos: o modo russo

A religião era apenas um aspecto que diferenciava as muitas populações do império. Outra era o território e o modo como as pessoas o utilizavam. Como foi visto (capítulo 7), os impérios Russo e Chinês haviam fechado suas fronteiras por meio da destruição de seus desafiantes mongóis, os dzungars. O sedentarismo era visto por muitos agentes como um modo de vida superior ao nomadismo. No entanto, mais uma vez os legisladores russos não assumiram uma posição absoluta em relação essa questão, talvez porque simplesmente não houvesse colonos suficientes para tornar plausível a criação de um império domiciliado. Os laços de servidão no centro da Rússia restringiam o grupo de pessoas aptas a se tornarem colonas. Catarina convocou estrangeiros para trabalharem nos campos das terras das estepes – imaginadas como um espaço "virgem", como nos Estados Unidos. Alemães, búlgaros, polacos, gregos e muitos outros europeus migraram para a região da "Nova Rússia", ao norte do mar Negro. Eles foram reforçados em número por desertores do exército e de sistemas de vassalagem, Velhos Crentes, cossacos, antigos moradores do Cáucaso e fugitivos de prisões.

O objetivo, como em tantos momentos da história russa, era combinar terras e indivíduos de forma produtiva e que agradassem ao governante. Não houve nenhum ato de distribuição e nenhuma reserva de território para os nômades. Em vez disso, o Estado promulgou, decreto por decreto, concessões de terra, fundos de reassentamento, isenções de impostos e, é claro, obrigações. Os estrangeiros conseguiam os melhores acordos incluindo dinheiro para o seu deslocamento, isenção de taxas de importação, acomodação gratuita na chegada, desobrigação durante trinta anos de qualquer imposto caso ocupassem terras "vazias" e direito a possuir servos e viver de acordo com suas regras religiosas. Alguns grupos cossacos foram transferidos do Dniepre e se realocaram ao norte do mar Negro ou em outras partes das estepes; dissidentes da Igreja Ortodoxa foram realocados, algumas vezes por sua própria vontade, em diferentes extremidades do império. Os "colonizadores" da Rússia eram ao mesmo tempo estrangeiros e súditos imperiais não muito desejados. Como no Império Otomano, a transferência de grupos inteiros foi uma tática imperial corriqueira.

Embora considerasse a agricultura sedentária superior ao nomadismo, Catarina insistiu em estímulos para que os nativos mudassem seus costumes "por meio de demonstrações de bondade e justiça". Os nômades não deveriam ser assentados à força. Em 1822, o especialista legal Mikhail Speransky, então governador-geral da Sibéria, esboçou um código de regulamentações destinado aos nativos da Sibéria, que os incluía como "*Inorodtsy*", ou "povos de outra origem [não russa]". Os nativos da Sibéria foram agrupados em categorias: caçadores, coletores e pescadores "errantes"; nômades; e nativos sedentários. Para cada categoria, foram designados direitos e obrigações distintos: os errantes não pagavam impostos, apenas tributos sobre peles; os nômades governavam as regiões de seus próprios clãs e pagavam tributos em peles e impostos; e os nativos sedentários tinham os mesmos direitos e obrigações dos russos de status equivalente, exceto pelo fato de que não precisavam fornecer recrutas ao exército. Cada categoria teria suas próprias instituições de autogoverno; os anciãos precisavam da anuência dos oficiais russos, mas podiam tomar decisões com base em leis e costumes locais.

Uma das principais dificuldades era o fato de que quase metade dos russos ficava pendente de um regime de direitos imperiais em que os não russos agiam de acordo com outras regras. Quarenta por cento da população do império era composta de servos que trabalhavam nas terras de nobres, pagavam taxas a eles ou ambas as coisas. O direito de possuir servos só era concedido à nobreza, cerca de 1,5% da população em meados do século XIX. Um pequeno grupo de magnatas dispunha de mais de 40% de todos os servos, mas até mesmo os nobres com propriedades modestas utilizavam o regime de servidão. Como foi visto (capítulo 7), esse sistema surgiu como um meio legal de impedir os camponeses de deixarem seus mestres e partirem para os espaços de expansão russos. Quando os nobres adquiriam propriedades nas recém--"abertas" estepes, podiam levar os servos consigo ou tentar adquirir outros na nova região. Em qualquer um dos casos, o assentamento não era realizado pelas famílias dos domiciliados que se movimentavam por volição própria, como nos Estados Unidos.

O controle da mobilidade dos servos era apenas um dos muitos poderes exercidos pelos nobres. Eles também serviam como administradores do Estado, validando os casamentos dos servos, regulando seu emprego dentro ou fora das propriedades e decidindo pequenas questões judiciais. Os senhores de terras taxavam, hipotecavam, testamentavam, compravam e vendiam seus servos. Com o tempo, os servos perderam um direito que mesmo os súditos das camadas sociais mais baixas tinham na Moscóvia: o de se queixar ao soberano e pedir justiça pela maneira como eram tratados. Os laços legais dos camponeses com o Estado haviam se enfraquecido conforme os nobres ampliavam seus próprios direitos. Os servos nem sequer juravam fidelidade ao imperador na época de sua ascensão ao trono.

A visão dos imperadores em relação à servidão e sua capacidade de intervir no sistema variavam. Argumentos contra e em prol a servidão surgiram durante a Comissão Legislativa de Catarina, mas a imperatriz não se encontrava em posição de contrariar o privilégio mais valioso da nobreza. Ela se limitou a estabelecer limites legais para determinar as condições em que as pessoas se tornavam servos. Reformas do sistema de servidão foram propostas após a Revolução Francesa e durante as guerras com Napoleão. De 1816 até 1819, os camponeses nas províncias bálticas foram libertados sem receber terras. Nicolau I (1825-1855) defendeu os direitos dos nobres sobre os servos. Apenas dois anos após sua morte, seu filho Alexandre, que havia encerrado a desastrosa Guerra da Crimeia, estabeleceu um "comitê secreto para a questão campesina", cujo objetivo era "corrigir" o "mal" da servidão. Quatro anos mais tarde, após uma série de comissões, inquéritos, consultas e intervenções imperiais, o czar assinou a lei de emancipação durante a quaresma, quando se esperava que tanto os nobres como os camponeses estivessem abstêmios de álcool e aceitassem a legislação radical com calma.

Embora a emancipação de 1861 não houvesse satisfeito nem as expectativas dos nobres, nem as dos camponeses, ela foi posta em prática (à exceção de uns poucos casos) sem violência de qualquer um dos lados. Não houve guerra civil, nem de outro tipo. As principais condições para a emancipação russa foram a cessão aos antigos servos dos mesmos direitos dos camponeses que viviam em propriedades de terra, o que incluía suas próprias instituições judiciais e administrativas, e a concessão de lotes de terras agrícolas para a maioria deles, mantidas e administradas coletivamente em seus vilarejos. Seus antigos mestres, a maioria dos quais já estava endividada, foram compensados por essa realocação massiva de aproximadamente metade de suas terras com fundos do tesouro estatal. Determinou-se que os antigos servos reembolsariam o Estado por suas terras recém-adquiridas por meio do pagamento de taxas de redenção por um período de 49 anos. Como alternativa, os antigos servos podiam receber apenas um quarto do lote-padrão sem pagar nada ao Estado.

"Reformas impostas desde cima" se tornaram uma realidade na Rússia em parte porque a nobreza, embora se opusesse em maioria a esse grande corte de direitos, não tinha mais como justificar a servidão. Ela estava familiarizada com os movimentos antiescravagistas no exterior, embora muitos esperassem que o gradualismo típico da política russa pudesse evitar a emancipação no império. Mas a igualdade não foi nem o objetivo, nem o resultado obtido pelos reformadores de Alexandre, que, em concordância com o regime de direitos imperiais, buscaram ajustar outra vez as terras aos indivíduos. Para tanto, eles eliminaram o aberrativo controle dos nobres sobre os camponeses e recolocaram os antigos servos nas hierarquias da administração imperial, tornando-os assim dependentes pessoais do czar – como tantos outros súditos.

ALGO DIFERENTE DA LIBERDADE

Nos Estados Unidos, Alexandre II foi exaltado pelos abolicionistas como um grande emancipador. Após os horrores da guerra civil, alguns reformadores viram a redistribuição de terras russa como modelo a ser seguido. Mas isso não aconteceria, e os repertórios distintos dos dois impérios nos ajudam a entender por quê. Em primeiro lugar, um império republicano garantia às suas elites muito mais participação na elaboração das leis do que a Rússia autocrática. A Rússia autocrata era capaz de se esquivar da nobreza incluindo-a seletivamente no processo de reforma e acatando ou não suas opiniões como bem entendesse. Essa gestão das elites não era possível na república norte-americana, que se baseava em representantes legalmente dotados de poder por diferentes províncias.

Em segundo lugar, embora os dois impérios empregassem a lei e a violência, seus processos legais eram radicalmente distintos. O Império Russo funcionava por meio da concessão temporária de direitos e recursos a coletividades. Não havia obstáculos legais que impedissem que as terras dos antigos proprietários de servos fossem confiscadas e entregues a esses últimos. Os norte-americanos precisavam encontrar modos de alterar sua constituição – que autorizava a escravidão, garantia direitos de propriedade e estabelecia leis para o compartilhamento da soberania entre os estados. Parte do arranjo legal da guerra civil implicava esvaziar as reivindicações dos antigos proprietários de escravos que desejavam compensações por suas perdas. A Décima Quarta Emenda também negava aos estados o poder de extrair propriedades de qualquer cidadão sem os "devidos processos legais".

Em terceiro lugar, havia uma questão racial. Os servos russos eram em sua maioria eslavos. Os agentes do império não pertenciam a um único grupo étnico, e a multiplicidade de povos era mais um fato do que um problema. Os escravos do país eram de origem africana, forasteiros cuja exclusão do regime havia sido enfatizada desde o momento em que as elites passaram a reivindicar sua própria liberdade política em relação ao rei da Inglaterra. Foi preciso uma longa guerra para que os escravos recebessem direitos de cidadania, e mesmo então, o direito deles à terra não era consenso. Os ex-escravos batalhavam para ingressar no sistema político dos antigos estados confederados e para obter alguma medida de autonomia econômica. Durante certo tempo, eles até conseguiram um pouco – mas a violência das elites sulistas e de seus apoiadores brancos e, após alguns anos, o desinteresse do governo federal em garantir as disposições constitucionais tornaram impossível para os escravos libertos manter aquilo que haviam conquistado a duras penas.

Por fim, havia o capitalismo e a propriedade privada. A postura dos russos em relação às duas coisas era ambivalente. A emancipação redistribuiu as terras, mas elas não foram cedidas a indivíduos. Muitos agentes eram bastante céticos quanto às consequências do "trabalho livre". Os antigos servos eram obrigados a participar de organizações comunais típicas do Império Russo. Devido a essas instituições de governo local, os anciões dos vilarejos e distritos controlavam suas famílias, os homens mais jovens e as propriedades coletivas e redistribuíveis de um modo patriarcal. Para os norte-americanos,

Figura 9.4 – Alegorias da liberdade
Solicitando autorização para ajudar a lutar pela União ou a Condição em 1863 e *A voz do povo russo*.

Um escravo liberto se voluntaria diante do presidente Lincoln para lutar na batalha que se desenrola ao fundo. Antigos servos russos cantam exaltações ao imperador Alexandre II. A gravura norte-americana é de 1892 e a russa, de 1866. (Biblioteca Pública de Nova York.)

a propriedade privada era sacrossanta, ao menos para os homens brancos. As imensas transferências coletivas realizadas pelos administradores russos teriam representado violações de um direito básico.

Os dois impérios esparramaram sua autoridade sobre um continente inteiro; ambos viam os assentamentos como um alicerce de prosperidade e poder. Mas suas políticas de diferença não eram iguais. Os indígenas foram antes considerados súditos do rei britânico em uma categoria diferente dos colonos e, mais tarde, "nações" que podiam ser manejadas pelo governo dos Estados Unidos. Os revolucionários do país não consideravam os indígenas cidadãos em potencial. No século XIX, conforme os colonos reivindicavam mais terras para si, o Estado conquistou territórios indígenas por meio da lei e de guerras, confinando os indígenas nas reservas. Muitos "outros", que incluíam indígenas, negros, cidadãos mexicanos dos territórios conquistados e imigrantes de partes da Europa e da Ásia, teriam que trabalhar com afinco durante gerações para ingressarem na república de acordo com os termos dela. Apenas no século XX os norte-americanos passariam a celebrar sua diversidade.

Para os russos, o império havia sido desde o início uma colagem de povos distintos. Para os agentes, alguns eram menos avançados do que outros, mas todos colaboravam para a grandeza do reino. Uma vez conquistada, cada tribo e cada nação precisava ser estudada para ter suas capacidades avaliadas. Se possível, seus líderes deviam ser incluídos no serviço público no patamar apropriado, seus rebeldes deviam ser punidos e contidos e sua religião, explorada ou desafiada com cuidados e educação. Isso não tinha nada a ver com igualdade, tampouco com direitos humanos. Mas os homens, mulheres e crianças, seguidores de deuses maiores ou menores, podiam ficar sob a égide multicolorida do Império Russo.

10
Repertórios imperiais e mitos do colonialismo moderno

O século XIX inaugurou uma nova era das políticas imperiais. Será mesmo? Tanto os historiadores que desprezavam os impérios coloniais como aqueles que os admiravam tendiam a aceitar os argumentos dos construtores imperiais de que estavam erigindo uma estrutura diferente daquelas feitas pelos Césares e Napoleões do passado. O século XIX certamente colocou uma parte muito maior do mundo sob o poder de um pequeno número de Estados (ver tabela 10.1). Tais Estados se tornaram muito mais ricos que outros territórios, sobretudo suas próprias colônias: a renda per capita da Europa Ocidental passou de menos de três vezes a da África em 1820 para cinco vezes em 1920. As diferenças também pertenciam ao âmbito da imaginação. As elites europeias confiavam na superioridade de sua civilização e em sua capacidade de dominar as demais; a "Europa" era um contraste com o mundo colonial atrasado. Os impérios Otomano e Chinês, por muito tempo obstáculos às ambições europeias, agora representavam oportunidades.

A ideia de colonialismo moderno foi proposta à sua devida época por publicações como o livro de Paul Leroy-Beaulieu *De la colonisation chez des peuples modernes* [Sobre a colonização por povos modernos], publicado em 1874. Em 1908, ele já estava na sexta edição. Para tais relatos, o colonialismo moderno exigia a ação de doutores e engenheiros ao em vez de conquistadores; sua dominação promoveria um progresso mutuamente benéfico, e não de extração. As possibilidades e limitações do modo como os impérios europeus agiam nos territórios de além-mar e em relação uns aos outros durante o século XIX são o tema deste capítulo.

Hoje, muitos historiadores falam em um "segundo" (ou terceiro) Império Britânico no século XIX, de um novo Império Francês, de um novo imperialismo. Em vez de endossar ou refutar essas proposições, utilizaremos a noção de repertórios de poder (ver capítulo 1) para analisar a transformação das políticas imperiais do período. A riqueza crescente dos impérios da Europa Ocidental, sobretudo a Grã-Bretanha, concedeu-lhes mais opções: colocar os territórios de além-mar sob controle seu direto ou exercer o poder de forma mais indireta, por meio de redes econômicas e financeiras de abrangência planetária, para garantir sua influência. Inovações tecnológicas – barco a vapor, telégrafo, metralhadora e medicamentos para a malária – permitiram aos europeus penetrar em outros territórios de forma mais fácil, barata e segura, especialmente na África, onde antes se limitavam às margens. Mas a tecnologia não se traduz necessariamente no governo sistemático e eficiente dos territórios conquistados; também podia permitir que os europeus se tornassem "mais mongóis" e se movimentassem depressa, instaurando o terror e reivindicando recursos e submissão antes de seguirem em frente.

Às vezes, os europeus instalavam burocracias profissionais e formas de governo fiéis às leis e à regulamentação, jurisdições administrativas claras e estruturas de comando hierárquicas nos territórios coloniais. Também havia casos em que tais instituições eram consideradas "exclusividade dos brancos"; nesses cenários, as comunidades nativas eram governadas por elites locais e definições de instâncias "tradicionais" nas quais elas próprias exerciam sua autoridade sem interferência dos europeus. A arrogância do poder podia assumir diversas formas – programas para transformar as sociedades conquistadas em retratos da Europa, subordinação rígida de povos "inferiores" ou a provisão de caminhos separados e desiguais rumo ao progresso para povos vistos como distintos. Todas essas estratégias tinham espaço nos repertórios imperiais europeus do século XIX.

O que há de notável nesse período é o vão entre o *potencial* que as inovações sociais e tecnológicas do século XIX disponibilizaram aos governantes imperiais e o espaço restrito em que esses novos meios foram de fato empregados. Aqueles impérios que, ao longo da história, pareciam ter mais recursos para dominar as populações sujeitadas foram alguns dos menos duradouros. O atrelamento de boa parte do mundo a ideais, instituições políticas europeias e economias capitalistas da Europa não foi o bastante para integrar os povos do mundo em uma rede unificada como sugerem imagens da "globalização". Por onde passaram, os impérios europeus deixaram sociedades fragmentadas e grandes disparidades econômicas.

De fato, foi o desenvolvimento do capitalismo que gerou a "grande divergência" – liderada pela Grã-Bretanha – entre o poder econômico das socie-

Tabela 10.1
Colonizando mais partes do mundo
(colônias dos estados dos Estados Unidos, Europa Ocidental e Japão)

Data	% das terras do mundo colonizada	% da população mundial colonizada
1760	18	3
1830	6	18
1880	18	22
1913	39	31
1938	42	32

Fonte: Calculado a partir de Bouda Etemad, *La possession du monde: Poids et mesures de la colonisation* (Bruxelas: Editions Complexes, 2000), p. 172.

dades da Europa Ocidental e de outros lugares (ver capítulo 8). No entanto, tanto em 1900 como em 1800, esse desenvolvimento se deu dentro da estrutura política imperial. Os impérios coloniais transoceânicos, assim como aqueles que existiram antes deles, foram moldados pelas atividades e pelos conflitos interimperiais. Na Europa, o século XIX começou com a tentativa napoleônica de dominar o continente e acabou com uma rinha entre os impérios europeus pelos territórios, sobretudo na África e no Sudeste da Ásia, que ainda não haviam sido incorporados pelos rivais. A colonização "moderna" foi uma onda de reivindicações antecipadas de territórios que os reivindicantes, apesar de toda a sua presunção, não foram capazes de integrar ou explorar plenamente.

As empreitadas coloniais da França, Grã-Bretanha, Bélgica e Portugal foram parte de uma busca pelo poder imperial dentro da própria Europa (ver capítulo 11). A Alemanha incorporou territórios não germânicos na Europa antes de partir para além-mar, e a Grã-Bretanha, uma ativa colonizadora, disputava territórios "em além-mar" ao mesmo tempo que confrontava a Rússia, a Áustria, os otomanos e o Império Chinês do outro lado da Eurásia. Alguns poucos impérios com diversas combinações de territórios, colônias, protetorados e domínios que competiam e se aliavam uns com os outros continuavam participando da maioria dos conflitos no início do século XX. As grandes potências da Europa Ocidental estavam tão ocupadas com sua disputa pela hegemonia que não perceberam a importância do surgimento de um novo competidor, o Japão.

Também desabrocharam novas ideias a respeito da estrutura imperial, que foi influenciada – mas não destruída – por elas. Dentre as muitas formas que os europeus pensavam aos outros e a si mesmos, dois sistemas de classificação se tornaram mais proeminentes: nação e raça. Essa proeminência estava muito ligada à capacidade dos povos de governarem a si mesmos e à dificuldade de responder de forma clara: quais povos? Capacidade de governar quem? Conforme a ideia de autogoverno se tornava mais complexa a divisão entre quem estava "dentro" ou "fora" do regime, a expansão imperial em além-mar presumia – e reforçava – uma divisão entre colonizadores e colonizados, que era redefinida o tempo todo. Estado e nação não convergiriam no século XIX.

A diversidade de repertórios de poder e a variedade de interesses em espaços distantes fez com que criar um imaginário imperial coerente fosse difícil para todas as potências coloniais. Diversos colonizadores desejavam que os africanos ou asiáticos cumprissem papéis distintos: trabalhadores subordinados, cristãos convertidos, chefes "tradicionais", soldados diligentes, fazendeiros robustos. O discurso (científico, administrativo, popular) racial europeu já não encontrou mais consenso do que o de nações, e esbarrou da mesma forma em questões práticas da administração imperial. Seria possível que os extremos da subordinação racial ofuscassem até mesmo os acordos entre impérios e elites incorporadas? Além disso, não era possível que com o passar do tempo os colonizados – sobretudo aqueles que haviam aprendido os modos dos colonizadores – se tornassem úteis – ou perigosos – demais para que os agentes oficiais os mantivessem sob controle e os vigiassem de perto? O modo como os administradores, missionários e empregadores coloniais agiam e pensavam a respeito dos asiáticos e africanos não pode ser reduzido a uma característica geral da Europa "moderna": as estratégias imperiais reagiam à resistência dos outros povos.

IMPÉRIO E EMANCIPAÇÃO

Que tipo de império era possível imaginar na Grã-Bretanha no início do século XIX? Quando William Wilberforce denunciou o comércio de escravos diante do Parlamento em 1789, não muito depois da revolução norte-americana e do escândalo da Companhia Britânica das Índias Orientais ter atiçado os ânimos, ele questionou se o povo da Grã-Bretanha deveria se importar com a opressão de povos muito diferentes de si, habitantes de ilhas que poucos deles sequer haviam visto alguma vez. A campanha do movimento antiescravista se baseava em um conceito inclusivo da humanidade – sua propaganda exibia a imagem de um homem negro ajoelhado que perguntava: "Não sou um homem, não sou seu irmão?". Os abolicionistas colocaram na mesa uma questão que persistiu até o século xx: quão diferente podia ser o tratamento de povos diferentes pelo governo se todos eles eram, de um modo ou outro, britânicos?

Havia muita coisa em jogo, pois, como argumentamos no capítulo 8, o incrível sucesso da economia britânica no século XVIII se deu a partir de uma relação simbiótica entre colônia e metrópole, baseada no açúcar e trabalho escravo da primeira e no trabalho remunerado, indústria e agricultura da segunda. Alguns acadêmicos acharam que devia existir alguma explicação econômica para a decisão do Parlamento em 1807 de proibir os súditos britânicos de participar do comércio de escravos e, em 1833, de abolir a escravidão nas colônias britânicas. Eles argumentam que o comércio de escravos e, em última instância, a própria escravidão deixaram de ser economicamente interessantes para os capitalistas britânicos. No entanto, apesar dos argumentos teóricos de Adam Smith e outros que defendiam a superioridade econômica do trabalho remunerado, àquela época o açúcar ainda era muito lucrativo no Caribe britânico. Além disso, após a abolição da escravatura nas colônias britânicas, as *plantations* de escravos da Cuba espanhola se tornaram o motor da produção mundial de açúcar.

David Brion Davis recorreu a uma explicação de outra natureza, focando no mecanismo ideológico do capitalismo em vez de seus imperativos econômicos. As elites da Grã-Bretanha europeia defendiam a superioridade moral do trabalho assalariado e do mercado em relação à proteção paternalista dos trabalhadores. Para muitos fazendeiros e industriários capitalistas, a disciplina autoimposta do mercado estava diretamente ligada à crença protestante na relação direta entre Deus e o indivíduo e na importância de uma conduta disciplinada para garantir a salvação. O movimento antiescravista articulava a visão de uma sociedade ordenada e voltada para o futuro, que se posicionava contra a "velha corrupção" (elites retrógradas das quais os proprietários de escravos eram o exemplo mais vívido).

Como Las Casas e Burke, os ativistas antiescravistas estavam conseguindo impor lentamente seus argumentos contra a escravidão dentro daquele império concebido como um espaço político e moral. Nos anos 1790, a autobiografia de Olaudah Equiano, um antigo escravo, e sua turnê pela Grã-Bretanha capturou a imaginação de muita gente ao levar um relato de opressão e privações dos povos "diferentes" para dentro das ilhas britânicas.

Para alguns opositores, a escravidão era uma prática específica que poderia ser habilmente extirpada, enquanto outros consideravam os males da escravidão apenas a fração de uma crítica mais radical de uma sociedade dominada por pessoas ricas e cruéis. Em 1833, quando o Parlamento aprovou a lei que abolia a escravidão nas colônias britânicas, uma versão conservadora da abolição – que consistia em obrigar os escravos a passarem por um período de "aprendizagem" em semiliberdade – triunfou. Aquela mesma época testemunhou um tratamento cada vez mais cruel dos pobres ingleses. Os agentes oficiais que presidiam a emancipação do Caribe britânico impuseram uma ideologia tutelar sobre a região. Antigos escravos precisaram aprender lições de autodisciplina, trabalho duro e dos papéis adequados para homens e mulheres. Esse tipo de pensamento presumia que ainda havia dúvidas quanto às capacidades dos africanos. Os escravos de origem africana poderiam se tornar agentes econômicos "racionais", ou apresentavam o que um agente chamou de "preguiça selvagem"?

A história da abolição não foi escrita apenas em Londres. Rebeliões periódicas de escravos no Caribe deixaram claro que mais mãos britânicas precisariam se sujar de sangue para preservar a elite escravagista. E após a abolição, os ex-escravos nem sempre seguiam o roteiro designado para eles. Em vez de se entregarem à disciplina do trabalho assalariado, muitos buscaram combinar o cultivo dos lotes em que haviam trabalhado como escravos, a venda de pequenos excedentes em mercados das ilhas, a migração para áreas sem cultivo das ilhas e períodos de trabalho assalariado. Na Jamaica britânica, a produção de açúcar caiu conforme se temia. Thomas Holt e Catherine Hall demonstraram como a diferença entre as expectativas do "trabalho livre" e o modo como os escravos libertos utilizaram sua liberdade levaram a uma hostilidade crescente contra eles nos anos 1840. Uma ideologia racial mais cruel foi desenvolvida. Para muitos agentes oficiais e missionários, as pessoas de origem africana pareciam ser uma exceção racial a uma regra econômica.

Esse aprofundamento da ideologia racial ampliou o caráter colonial do Estado nas Índias Ocidentais. Embora em um primeiro momento a participação de um pequeno número de escravos libertos e donos de terras na legislatura local tenha sido vista como uma concomitância razoável da abolição, após uma rebelião frustrada em 1865 na qual escravos libertos jamaicanos buscaram defender seu acesso à terra, Londres passou a governar de forma ativa. Após repudiar o status de escravos aos seus súditos, o Império Britânico deixou claro que os ex-escravos não estavam destinados à integração total ou à igualdade. Seu futuro era como súditos de um sistema de governo e de uma disciplina de trabalho.

Todos os recursos daquele império de abrangência global foram utilizados para buscar fontes alternativas de trabalho para as *plantations*, sobretudo por meio do recrutamento na Índia – e em menor dimensão na China – de trabalhadores que atuassem em uma espécie de servidão sob força de dívidas. Os empregados contratados desse modo trabalhavam um determinado número de anos em troca de salários. Em momentos de franqueza, os líderes britânicos chamavam o trabalho escriturado de "um novo sistema de escravidão" – novo porque ocultava suas operações sob um fetichismo contratual e porque recorria a fontes asiáticas de trabalho em vez de africanas; semelhante à escravidão por sua dependência do deslocamento geográfico e da coerção para manter a disciplina durante a vigência do contrato. Esse sistema movimentou cerca de 1,3 milhão de indianos pelo império antes de ser extinto em 1920, após décadas de receios dos agentes oficiais britânicos na Índia e de protestos crescentes por parte de movimentos políticos indianos.

Enquanto isso, a diplomacia e o poderio naval britânicos pressionavam outras potências europeias a agir contra o tráfico de escravos no Atlântico, embora a prática tenha perdurado até os anos 1850. Depois que Napoleão restaurou a escravidão nas colônias francesas em 1802 (ver capítulo 8), ainda foram necessários outra situação revolucionária na Europa (em 1848), um movimento antiescravista na França e uma rebelião no Caribe francês para que a emancipação ocorresse. Os ex-escravos do Caribe francês se tornaram cidadãos imediatamente, sem assumirem qualquer status intermediário. Esperava-se que, sob a cidadania francesa, tanto a discriminação racial como as memórias da escravidão desaparecessem. Nenhuma das duas coisas aconteceu. Embora os cidadãos de 1848 fossem juridicamente equivalentes a outros cidadãos e participassem das eleições francesas com o envio de representantes para a legislatura em Paris, a França manteve uma estrutura administrativa distintiva em suas "antigas colônias". Emancipação, cidadania e discriminação contínua foram algumas das maneiras que o governo imperial encontrou para responder à pressão, alterando o equilíbrio entre inclusão e diferenciação entre os povos que governava.

O Império Espanhol seguiu um terceiro caminho no século XIX. Aferrando-se a Cuba e Porto Rico (além das Filipinas) após ter perdido a maioria de suas outras colônias, em um primeiro momento a Espanha se envolveu mais profundamente com a escravidão colonial. O *boom* açucareiro na Cuba espanhola contradizia as alegações de que o trabalho livre era mais eficiente que o escravo. A questão da escravidão estava muito atrelada aos debates sobre o lugar de Cuba e de Porto Rico no império. Na Espanha europeia, o argumento de que as colônias eram necessárias para a prosperidade espanhola era contestado pelos liberais que almejavam à construção de um país mais progressista, construído ao exemplo de França e Grã-Bretanha, que viam pouco futuro nas colônias escravistas.

Alguns nacionalistas em Cuba e Porto Rico desenvolveram a visão de uma nação independente, branca e civilizada no Caribe, que seria ameaçada pela presença excessiva de escravos negros. Sua concepção era ao mesmo tempo anti-imperialista, antiescravista e racista. A relação instável entre "nação", "raça" e "império" fomentou guerras civis em Cuba nos anos 1860 e 1880. Tanto as forças pró-imperiais como pró-secessão utilizaram escravos e ex-escravos como combatentes e apoiadores, e não apenas como trabalhadores. A questão da escravidão em Cuba acabou desaguando na abolição em 1886, e a questão colonial deu uma nova guinada com as rebeliões antiespanholas dos anos 1890, que provocaram uma intervenção dos Estados Unidos. O Brasil finalmente aboliu a escravidão em 1888, quando a imigração europeia crescente ofereceu uma fonte de trabalho e ideias políticas alternativas.

Não existiu uma relação única entre império e escravidão. A capacidade de cada império de defender territórios, proteger rotas marítimas e evitar insurreições de escravos viabilizara as *plantations* de trabalho escravo, e também foi o poder imperial que tornou possível sua abolição. Nos Estados Unidos, a liberdade *em relação* a um império possibilitou a preservação do escravismo por trinta anos a mais do que nas colônias que permaneceram britânicas. As elites espanholas, britânicas e francesas, nas metrópoles e nas colônias, foram forçadas pelas rebeliões de escravos e pelos movimentos sociais interoceânicos a confrontar o sofrimento e a exploração de seus súditos. Mas, ao serem libertados, os escravos do Caribe confrontaram os governantes imperiais, demonstrando que as tentativas dos governos de conduzir o "progresso" poderiam não sair como planejado. Os termos de inclusão dos ex-escravos nas instituições estatais e na economia imperial permaneceram uma questão política durante – e após – a vida desses impérios.

LIVRE-COMÉRCIO, COLONIZAÇÃO GRADUAL E REPAGINAÇÃO DOS MUNDOS IMPERIAIS

Em um famoso artigo de 1953, Ronald Robinson e John Gallagher discutiram a visão comum de uma pausa na construção imperial britânica entre a perda das colônias norte-americanas e a conquista da África, ocorrida cem anos mais tarde. Eles observaram que nesse período a Grã-Bretanha ampliou seu poder de atuação em além-mar: seu inimigo mais ameaçador, o império napoleônico, sucumbiu em 1815, sua marinha tornou-se superior a todas as outras, sua economia cresceu e sua indústria deslanchou. Robinson e Gallagher argumentaram que o imperialismo – a extensão do poder pelo espaço – não era apenas uma questão de incorporação formal das colônias às instituições de governo. O que estava em jogo era fazer com que as pessoas atendessem aos interesses britânicos, ou seja: manter suas tarifas baixas e garantir o acesso de comerciantes britânicos aos seus mercados. A Grã-Bretanha foi capaz de concretizar grande parte de sua agenda sem conquistas ou anexações em diferentes partes do mundo.

A América Latina é um caso exemplar: uma série de novos Estados que já não pertenciam a nenhum império surgira nos anos 1820, e a fragilidade desses regimes ofereceu uma brecha para que a maior potência do mundo concretizasse seus interesses sem precisar lançar mão de uma estratégia incorporadora. Muitas vezes, o envio de alguns navios de guerra vez ou outra para forçar governantes relutantes a favorecer os comerciantes britânicos era suficiente. Em 1850, por exemplo, o governo britânico enviou sua marinha ao Rio de Janeiro para garantir que os brasileiros cessassem o comércio de escravos. Nesse sentido, o imperialismo era um reconhecimento *de jure* da soberania dos demais Estados, mas um tratamento *de facto* que só admitia parcialmente a soberania desses mesmos Estados.

Os banqueiros, engenheiros ferroviários e companhias de importação e exportação britânicos tinham muito a oferecer às elites governantes da América Latina, China, das regiões costeiras da África e do Império Otomano.

Recursos fundamentais, conhecimentos técnicos e uma grande mobilidade conferiram aos britânicos um poder superior, capaz de definir os termos de cada interação, e a capacidade coercitiva de sua marinha estava sempre presente como pano de fundo. Ainda assim, o comércio por vezes dava lugar a conflitos, panes nos sistemas de comércio e a tentação da parte dos mais poderosos de realizar uma ocupação para "pôr ordem nas coisas". Esses eventos se tornaram mais comuns ao longo do século XIX devido à grande expansão da indústria na Europa, ao crescimento do comércio internacional – sobretudo após a abertura do Canal de Suez em 1869 –, à competição acirrada entre as potências em processo de industrialização e, portanto, a suas demandas cada vez mais urgentes pelo acesso seguro a mercados e matérias-primas. Em alguns casos, isso levou a uma espécie de colonização gradual – e a tentativas ainda mais rígidas de controlar os territórios e recursos.

Poder e império europeus na Ásia

No século XIX, os impérios Chinês e Otomano, após terem limitado durante séculos o exercício do poder pelos europeus, foram confrontados pelo Império Britânico – e, mais tarde, por seus rivais europeus –, uma potência capaz de utilizar repertórios de poder mais variados e persuasivos. Os Qing e otomanos precisaram comprar armamentos e equipamentos europeus para fazer frente aos britânicos. Além disso, conforme as tendências do comércio internacional passavam a pender para o Ocidente, os comerciantes desses impérios asiáticos já não estavam tão dispostos a cooperar com seus soberanos.

Será examinada antes a transformação das relações entre os impérios europeus e a China. Como vimos (capítulo 7), a dinastia Qing já convivia desde muito tempo com os enclaves comerciais europeus em sua costa, concedendo monopólios de comércio a grupos selecionados, restringindo a circulação dos europeus nas cidades portuárias, controlando o que entrava na China e insistindo em aplicar as leis Qing aos estrangeiros. Mas, no século XIX, esse modelo de sistema tributário se desfiava conforme o equilíbrio de poderes pendia em favor dos europeus nos portos marítimos. As duas "guerras do ópio" britânicas contra a China, em 1839-1842 e 1555-1860, foram casos clássicos da utilização de meios militares por parte de um Estado para obrigar outro a se envolver em uma forma de comércio contra sua vontade. Ao lado do chá, café, tabaco e açúcar – todos itens que "fisgavam" os consumidores de alguma maneira –, o ópio era um item relevante para o desenvolvimento

Mapa 10.1
Invasão territorial dos impérios: China e Sudeste da Ásia, final do século XIX

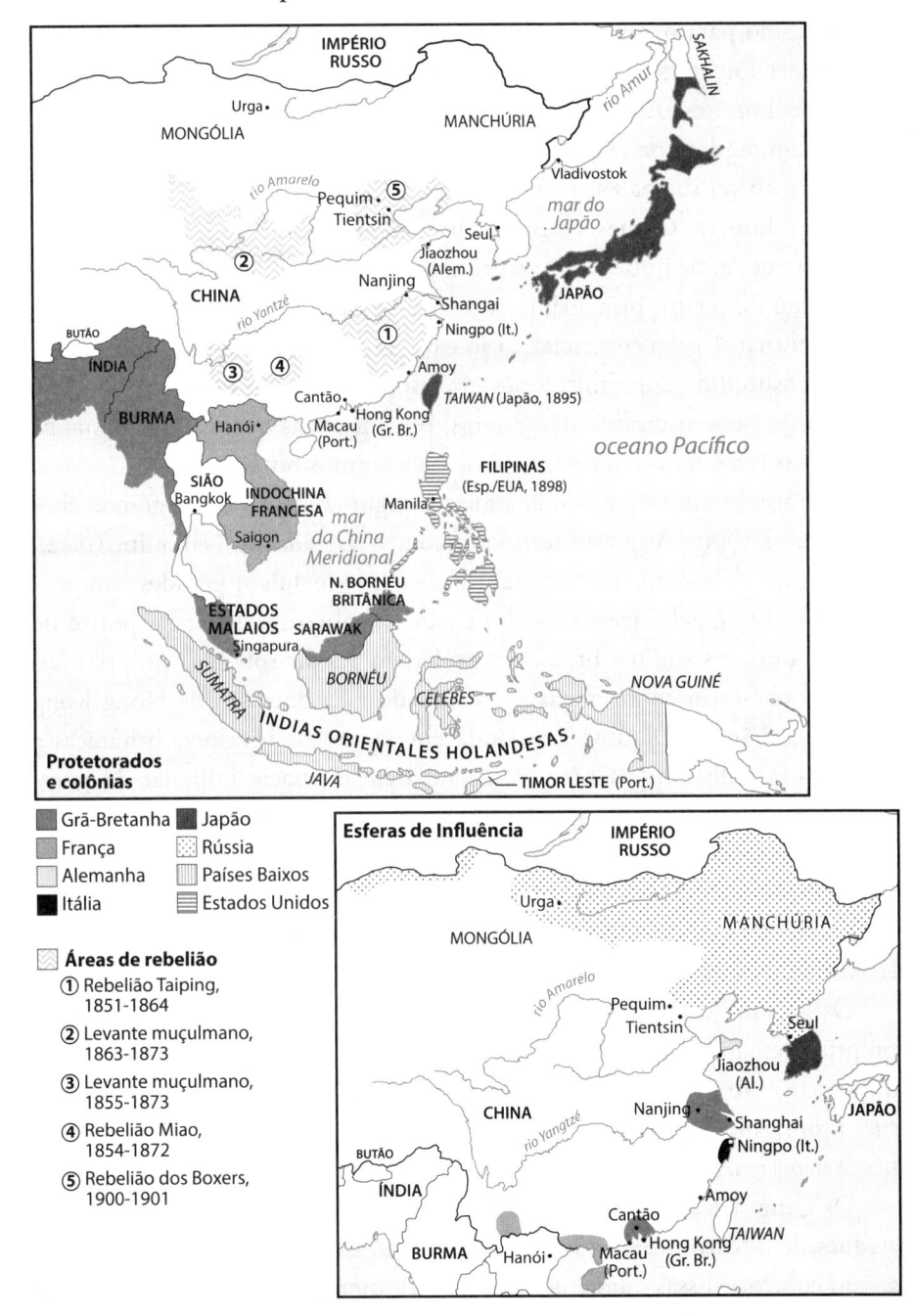

Protetorados e colônias
- ■ Grã-Bretanha
- ■ França
- □ Alemanha
- ■ Itália
- ■ Japão
- ▦ Rússia
- ▥ Países Baixos
- ≡ Estados Unidos

Áreas de rebelião
① Rebelião Taiping, 1851-1864
② Levante muçulmano, 1863-1873
③ Levante muçulmano, 1855-1873
④ Rebelião Miao, 1854-1872
⑤ Rebelião dos Boxers, 1900-1901

Esferas de Influência

de um mercado consumidor em nível mundial. O comércio crescente de ópio expandiu as redes comerciais, unindo Índia, China e pontos intermediários e contribuindo para o desenvolvimento de bancos e companhias seguradoras, além de ter fomentado a concentração de capitais em Calcutá, Hong Kong, Cantão e Londres. A Companhia Britânica das Índias Orientais era uma grande compradora de chá chinês, e viu na venda de ópio para a China um meio de socorrer sua balança comercial.

Para o Império Chinês, o ópio era uma *commodity* arriscada, e não apenas por razões de saúde pública. O exaurimento da prata utilizada em seu comércio interno foi o fator principal para os esforços do imperador Qing nos anos 1830 de tornar ilegal a comercialização e o uso do ópio. Embora jamais tenha sido bem-sucedida, a proibição pôs em risco o comércio britânico no Leste Asiático. Foi esse o motivo das guerras, por meio das quais a Grã-Bretanha tentou forçar a China a abrir seus portos nos termos britânicos.

A vitória britânica na primeira guerra anglo-chinesa foi um grande choque para os Qing. A guerra terminou com o Tratado de Nanquim (1842), com termos elaborados pelos britânicos – e que incluíam grandes compensações dos Qing pelos gastos, perdas e danos, a abertura de cinco "portos de tratado" onde os súditos britânicos poderiam residir sob suas próprias leis e gerir o comércio como julgassem adequado e a concessão de Hong Kong à Coroa britânica. Durante a segunda guerra, tropas invasoras britânicas e francesas humilharam a China ao incendiarem o palácio imperial. As guerras do ópio revelaram que o poder militar pendia em favor dos europeus: os britânicos tinham metralhadoras, navios melhores – incluindo uma grande inovação, a embarcação militar movida a vapor – e sistemas de comunicação mais modernos, além de contarem com o apoio da produção industrial e pelas instituições financeiras britânicas.

Os Estados Unidos e a França seguiram o exemplo britânico com suas próprias demandas. Em meados do século XIX, os estrangeiros haviam conquistado a "extraterritorialidade" – o direito de serem julgados de acordo com suas próprias leis até mesmo em casos de crimes ocorridos em território chinês, e não somente nos portos.

Os Qing precisavam então encarar a pior de todas as situações imperiais: ataques de outros impérios justo na época em que o controle interno fugia ao seu controle. Essas duas ameaças estavam interligadas. Durante os séculos de expansão, os Qing haviam criado (ver capítulo 7) um país cujas extensas fronteiras em terra e mar ofereciam às elites locais oportunidades de interagir com o mundo externo. Tanto as regiões ocidentais (que fazem fronteira com a Ásia Central islâmica) como as do sul, junto a Burma e Vietnã, não haviam sido totalmente integradas ao sistema de administração utilizado nas áreas Han. No oeste, o sistema *beg* deixava boa parte do governo local na mão de líderes muçulmanos, com soldados Han e manchus concentrados nas guarnições. No sul, líderes tribais de vários tipos ainda exerciam sua autoridade. Os múltiplos canais de poder ofereciam às elites e aos agentes locais dos Qing a oportunidade de fazer seus próprios acordos – o que significava um grande negócio de contrabando, que incluía o ópio. Não apenas a interface marítima com os poderes europeus, mas também as fronteiras em terra se tornaram um grande problema.

Os Qing estavam jogando o jogo imperial conforme suas antigas regras, focadas no controle do imenso território chinês e suas difíceis fronteiras, mas outros agentes atuavam em um tabuleiro distinto. Alguns intelectuais e ativistas chineses se deram conta desse problema e buscaram estabelecer conexões com pessoas de visão semelhante em outros impérios não ocidentais, sobretudo o otomano, e com outros governos vulneráveis aos avanços imperiais europeus. Mas as potências europeias não só tinham a mobilidade e capacidade militar para travar as batalhas que bem entendessem, como também conexões econômicas que interessavam a pessoas na China e em outros lugares.

Após sua derrota nas guerras do ópio, a China precisou comercializar sob outros termos e tentar administrar os missionários cristãos cujas pregações desafiavam as premissas ideológicas do império. Os líderes chineses também buscaram lidar com a criminalidade crescente nas zonas de fronteira e com as revoltas em seu território interno. Por volta da metade do século, essas ameaças coincidiram (ver mapa 10.1). Uma onda de rebeliões irrompeu nas regiões muçulmanas do oeste da China entre os anos 1850 e 1970. Ainda mais perigosa foi a Rebelião Taiping de 1851-1864, liderada por Hong Xiuquan – um homem que recebera certo nível de treinamento dos missionários e amargava seu fracasso no exame para o serviço civil. Além disso, Hung era extremamente avesso aos manchus. Ele fundou uma seita religiosa que atraiu muitos seguidores em uma região assolada pela fome no Sudeste da China e os transformou em um exército disciplinado. Em seguida, criou um Estado alternativo, que proclamou como Reino do Céu na Terra. As forças de Hung capturaram Nanquim e ameaçaram Pequim. Foram precisos muitos anos, e milhões de mortes, para debelar essa rebelião, o que foi tanto reflexo como fator da incapacidade do Estado Qing de controlar suas elites locais.

Ao final do século, a fraqueza dos Qing diante dos estrangeiros ajudou a provocar um grande levante anticristão e xenófobo. A Rebelião dos Boxers, liderada por pessoas ligadas às artes marciais e associações de segurança particular, foi em parte uma demonstração de lealdade aos valores do Império Chinês, em parte uma rejeição da autoridade existente. Os rebeldes chegaram a conquistar Pequim. Em 1900, quando a imperatriz viúva Cixi estimulava a guerra contra os estrangeiros e o exército e a administração se mostravam hesitantes e ineficazes para conter a rebelião, uma coalisão de potências estrangeiras resolveu tratar da questão por conta própria. Forças britânicas, francesas, alemãs e – o mais novo elemento imperial – japonesas participaram da sangrenta repressão aos Boxers e ocuparam Pequim durante o processo.

Embora os avanços dos construtores imperiais europeus e a porosidade das fronteiras chinesas representassem ameaças ao Estado, elas também ofe-

Figura 10.1
Fábricas europeias em Cantão, China. Entalhe de J. Tingle baseado nos desenhos de Thomas Allom, 1843, e publicado em *China, in a Series of Views*, com textos de G. N. Wright. Os postos de comércio e as redes comerciais de entrepostos coincidiam com o comércio marítimo europeu. (Biblioteca Pública de Nova York.)

reciam oportunidades aos intermediários em potencial. Os mercadores chineses em Hong Kong ajudaram a tornar o local, um pacato vilarejo costeiro anexado pelos britânicos durante a primeira guerra do ópio, em um porto livre e um dos principais entrepostos comerciais entre a China, o Sudeste da Ásia e os oceanos Índico e Pacífico. Era de interesse dos britânicos que esses mercadores estivessem familiarizados com as redes comerciais chinesas, tanto é que alguns dos habitantes mais ricos de Hong Kong eram chineses. Quando a emigração para o oeste dos Estados Unidos começou no final dos anos 1840, os empreendedores de Hong Kong lucraram com a organização do transporte de pessoas e, mais tarde, com o fornecimento de bens da China aos novos enclaves chineses em solo norte-americano.

A sociedade de Hong Kong não era um paraíso da igualdade, posto que os habitantes britânicos insistiam em viver em espaços segregados e levavam vidas sociais separadas. Mas Hong Kong não se encaixava no modelo colonial com uma fronteira rígida entre colaboradores e opositores. Assim como ocorrera com os mercadores chineses que se mudaram para Manila ou Malaca, aqueles que decidiram ir para Hong Kong no século XIX viam na aceitação do poder imperial uma oportunidade de acumular riquezas e construir um ambiente social utilizando sua posição intermediária entre os dois impérios.

A vulnerabilidade da China abriu oportunidades na esfera asiática como um todo, onde os impérios exerciam havia muito tempo uma grande influência econômica e cultural. Até então, os reinos de Vietnã, Camboja e Laos pagavam tributos à China e apresentavam formas de governo influenciadas pelos chineses, o que era bastante visível pela presença de "mandarins" – uma classe de agentes oficiais de boa formação – em postos de autoridade. Durante o Segundo Império e a Terceira República, a França vira uma oportunidade para ingressar na economia da região.

Em contraste com a política de "portas abertas" adotada pela Grã-Bretanha em Hong Kong, a França desenvolveu uma "política de rios" na região que chamava de Indochina, buscando o controle exclusivo sobre escoadouros cruciais para o comércio dos territórios dominados com o resto do mundo. Uma conquista francesa gradual (de 1858 até meados dos anos 1880) estabeleceu protetorados sobre as monarquias do Laos, Camboja e das porções norte e central do Vietnã, além de um governo colonial direto na região sul deste último (a Cochinchina). Por trás da categoria dos "protetorados" – mais tarde instalados na Tunísia e no Marrocos – vigorava a ficção de que o Estado protegido ainda gozaria da soberania do mesmo governante de antes; na realidade, o que ocorria era a concessão de muitas das prerrogativas de governo à potência protetora por meio de tratados. Boa parte do mandarinato que havia servido aos governantes vietnamitas passou a servir à França.

Os proprietários de terra vietnamitas expandiram sua produção na rica zona de cultivo de arroz na Cochinchina, e o Vietnã se tornou um dos principais fornecedores externos de arroz da China. Além disso, passou a exportar também para Singapura, Índias Orientais neerlandesas e Japão e se tornou o segundo maior exportador de arroz do mundo, atrás apenas de Burma. Comerciantes indianos e chineses tinham muito peso na economia indochinesa, especialmente quando se tratava de comércio e finanças. Colonos europeus só chegaram em números significativos no século XX, atraídos pelo crescimento das plantações de borracha baseadas na exploração de mão de obra barata proveniente dos setores mais marginalizados da região. Estanho, carvão e outros minerais, bem como um importante centro bancário integraram o Vietnã ao capitalismo francês e o tornaram o componente mais lucrativo – e também o mais populoso – do Império Francês.

O conjunto de colônias e protetorados na Indochina deu origem a uma sociedade colonial peculiar. Em 1913, havia no Vietnã um número estimado de 23.700 franceses de origem europeia em meio a uma população total de 16 milhões. O Vietnã colonial era ao mesmo tempo extremamente francês e distintamente colonial. Os colonos em Hanói e Saigon insistiam que seu modo de vida tinha um estilo francês, mas ao mesmo tempo valorizavam muito seu entorno exótico e esperavam serviços e deferência dos vietnamitas. Os *colons* raramente admitiam que a colônia dependia não apenas da subserviência de sua população, mas também das habilidades empreendedoras e administrativas de sua elite. Números significativos de franceses europeus, sobretudo aqueles pertencentes a camadas inferiores ou intermediárias da hierarquia colonial, estabeleceram contatos com mulheres vietnamitas e, por vezes, chegaram a se casar. Essas relações deram origem a uma grande população miscigenada e à discussão do papel que os frutos desses relacionamentos teriam naquela sociedade estratificada – eles pertenceriam à categoria dos "franceses" ou dos nativos? Não raro, o que ocorria na prática era uma solução "intermediária", que não era reconhecida juridicamente por aquele Estado colonial que desejava manter uma separação clara entre os europeus e a população local.

Assim, podemos observar em Hong Kong e no Vietnã duas versões de colônia-enclave e de colonização territorial. A economia vietnamita, muito voltada para a exportação, dependia da produtividade dos proprietários de terra nativos, dos colonos franceses, das plantações corporativas e das minas. Hong Kong, por sua vez, enriqueceu com as redes de comércio desenvolvidas por empreendedores chineses. Os interesses econômicos dos entrepostos e dos territórios de produção residiam em suas ligações, sobretudo com a China, mas também com o Japão, as Índias Orientais neerlandesas, as Filipinas espanholas, os enclaves portugueses em Macau, Timor Leste e Goa e, mais ao longe, com as Índias britânicas. Durante o século XIX, a Grã-Bretanha também absorveu enclaves e territórios estratégicos desse sistema – Áden, Burma e os diversos sultanatos que acabariam se tornando a Malásia. A abertura do Canal de Suez em 1869 colocou as regiões do oceano Índico e leste da Ásia em contato mais próximo com a Europa (mapa 10.3).

Em 1788, o governo britânico fundou nos territórios que viriam a integrar a Austrália o seu primeiro assentamento colonial oficial após uma série de visitas de exploradores. Essas colônias serviram como local de despejo para a maior parte da população carcerária britânica, em um arranjo que mantinha os prisioneiros afastados, punia-os e fornecia mão de obra para a construção daquele assentamento não muito promissor. A França utilizou a Guiana (no Caribe) e, mais tarde, a Nova Caledônia (no Pacífico) para fins semelhantes, e a Rússia instalou colônias de apenados na Sibéria. Aqui, vemos outra utilidade do controle territorial remoto.

No fim das contas, os colonos livres se tornaram mais numerosos que os presos na Austrália, e nos anos 1850 finalmente foi instalado um sistema único de administração. A Coroa britânica e os próprios colonos deram pouca atenção às necessidades e reivindicações territoriais da população aborígene e aplicaram sobre eles o conceito imperial desenvolvido na Irlanda – ou seja, de que a terra ocupada por "nômades" estava lá para ser ocupada. Na Nova Zelândia, os colonos precisaram agir com maior cautela, pois o povo maori era mais sedentário e organizado. Embora tenha sido muitas vezes violado pelo Estado e pelos colonizadores, o Tratado Waitangi de 1840 reconheceu a presença dos nativos e garantiu aos maori alguns territórios e um sentimento mais forte de integridade cultural do que suas contrapartes australianas foram capazes de obter.

Em meados do século XIX, na Austrália e Nova Zelândia, e também no Canadá, estavam se formando comunidades cientes de sua conexão histórica e "de amizade e parentesco" com a Grã-Bretanha. Alguns escritores e políticos visualizavam uma "Bretanha Maior" formada por um povo branco, protestante, conscientemente livre e próspero espalhado pelo mundo, da Austrália até a Escócia, passando pela África do Sul. O patriotismo seria o seu antídoto para o materialismo crasso e os perigos do socialismo que a industrialização vinha causando no âmbito doméstico. Mas sua visão "branca" do império e do caráter britânico não informava aos agentes oficiais um modo prático para governar aquele império diversificado e desigual.

O governo britânico não repetiu os erros que cometera em suas colônias de assentamento remanescentes na América do Norte durante os anos 1770. Em vez disso, permitiu que essas sociedades constituíssem lentamente um governo responsável dentro do império. Assim, teve início uma nova forma de regime composto, adequada a uma era de democracia inexperiente e excludente – um amálgama de unidades políticas em que cada uma exerce funções soberanas, mas reconhecia uma camada superior de soberania em nível imperial. O uso do termo "Domínio", originado no Canadá e aplicado a Nova Zelândia e Austrália, provinha do latim *dominium* e refletia uma ideia imperial mais antiga de posse (ver capítulo 6). Um domínio era um dos componentes – nem totalmente subordinado, nem totalmente autônomo – de um complexo repertório de poder imperial.

O Império Holandês do Sudeste Asiático havia sido transformado pela falência da VOC no final do século XVIII, quando o Estado neerlandês assumiu formalmente o império. Essa tentativa dos Países Baixos de aprofundar sua influência na Indonésia levou a guerras em Java na década de 1830, conquistas sangrentas e à supressão das rebeliões em outras ilhas entre os anos 1870 e o início dos 1900. A partir da década de 1830, o Estado neerlandês, seguindo um "Sistema de Cultivo", distribuiu sementes para fazendeiros nativos, supervisionou o plantio e o manejo de lavouras e confiscou parte da colheita. Em 1860, apenas 190 homens holandeses, e muitos intermediários indonésios, dirigiam as atividades de cerca de 2 milhões de trabalhadores agrícolas. Alguns fazendeiros empreendedores souberam tirar proveito desse sistema, por mais subversivo que fosse, para ampliar o cultivo e desenvolver um movimentado sistema de compra e venda. Outros se tornaram cada vez mais vulneráveis às extorsões do Estado e dos senhores de terra e às variações do clima e dos mercados. Muitos acabaram na pobreza. Mais tarde naquele mesmo século, os setores privados de plantio e mineração se desenvolveram sob gestão direta dos holandeses. O arquipélago, de caráter diversificado, acumulou certo grau de experiência comum sob um regime colonial de mão pesada.

Embora tenham imposto uma autoridade política mais dura no sudeste e leste da Ásia e estabelecido posições econômicas lucrativas para si, as potências europeias não erradicaram a participação das elites nativas no comércio e na produção, atividades que haviam atraído a atenção europeia em direção à Ásia séculos antes. Ao mesmo tempo, Grã-Bretanha, França, Países Baixos e, mais tarde, Alemanha e Rússia circundavam a China e abriam à força vias de acesso aos seus mercados, colonizando territórios e portos marítimos da região e lucrando com a atividade dos chineses da diáspora pelo Sudeste da Ásia. Mas em uma das extremidades da China havia outro regime político capaz de agir e causar perturbações naquela arena interimperial: o Japão.

Um novo império

Na década de 1870, o Japão ingressou em um jogo imperial de regras já bem definidas. Ainda assim, por ser um tipo diferente de jogador, o Japão pôs em movimento uma dinâmica que, setenta anos mais tarde, sofreria uma guinada dramática.

Mais do que as potências europeias, o Japão se encaixa em um modelo de expansão imperial seguido da consolidação de um regime de caráter mais nacional em âmbito doméstico. Costuma-se exagerar muito o nível de "isolamento" do Japão antes da incursão da marinha dos Estados Unidos em 1853, mas à época o Japão não estava envolvido em conquistas no exterior e sua população era relativamente integrada. O poder sob a antiga dinastia Tokugawa era muito distribuído entre os senhores de terra locais. Nos anos 1860, a nova dinastia Meiji se mostrou uma força dinâmica e capaz de promover a reestruturação política necessária para que o Japão se tornasse competitivo nos mercados internacionais, e também de arquitetar uma revolução desde cima que transformou os meios de transporte, a indústria de base e a manufatura.

Os líderes japoneses sabiam que os Estados Unidos queriam "abrir" sua economia, e também que a configuração de poder imperial no leste da Ásia

> "Nenhuma nação, por maior que seja, tem a necessidade de deixar o império, porque o império é uma confederação de nações."
>
> **Lorde Rosebery, político liberal (e futuro primeiro-ministro), falando na Austrália em 1884**

se encontrava em constante transformação. Vendo que a China perdia sua influência sobre áreas que até então controlava e França, Alemanha, Grã-Bretanha e Rússia ampliavam seu poder na região, os governantes japoneses temiam que essa maior intrusão dos europeus acabasse interferindo em sua própria influência. No final do século, quando o processo de industrialização japonês começou a ganhar força, os líderes do país começaram a se preocupar com o acesso de seus produtos a outros mercados e com a compra de matérias-primas, tão necessária em sua ilha pobre em recursos.

O Japão enviou uma expedição própria para "abrir" a Coreia em 1876. Quando, em 1894, China e Japão se envolveram em uma disputa por suas tentativas conflitantes de manipular as ações da Coreia, uma guerra teve início. O governo chinês achava que o Japão não estaria à altura do desafio, mas acabou forçado a propor um acordo de paz. A vitória contundente do Japão em 1895 permitiu que o país não somente ampliasse seu controle sobre a Coreia, mas também anexasse Taiwan, ocupasse parte da Manchúria e recebesse uma grande indenização.

Durante algum tempo, o Japão conseguiu exercer na Coreia algo semelhante ao imperialismo de livre-comércio. Mais tarde, como os colaboradores coreanos não foram capazes de satisfazer a todas as demandas japonesas e os impérios ocidentais ofereceram a eles conexões alternativas, o Japão exacerbou seu grau de intrusão gradualmente até anexar a Coreia em 1910.

Esse tímido projeto de construção imperial ocorreu em paralelo aos processos de industrialização e militarização dentro do Japão. O projeto era vulnerável, pois as investidas militares japonesas dependiam de navios de guerras comprados do Ocidente, e seu desenvolvimento econômico requeria uma intensa utilização dos mercados de capital estrangeiros. Os líderes japoneses temiam eles próprios a intrusão do Ocidente, e somente em 1911 conseguiram livrar o país dos últimos acordos que concediam às potências ocidentais direitos especiais em seus portos. A postura do Japão em relação aos impérios rivais era de conciliação, e em 1900 aliou-se a eles para debelar a Rebelião dos Boxers na China. Foi a vitória japonesa na guerra contra a Rússia em 1905, motivada por ambições conflitantes em territórios do leste da Eurásia, que alertou os Estados europeus para aquele novo ator que adentrava uma arena que julgavam ser apenas sua. O Japão fez um desvio de caminho para informar as potências europeias de que estava seguindo as regras do jogo no conflito com a Rússia. Elas argumentaram que aquela guerra era justa, seguiram todas as convenções para o tratamento de prisioneiros de guerra, manifestaram suas preocupações humanitárias por meio da Cruz Vermelha japonesa, permitiram que estrangeiros observassem sua conduta e negociaram um acordo de paz intermediado pelos Estados Unidos em Portsmouth, no estado de New Hampshire.

Embora os líderes japoneses sentissem que precisavam consolidar sua legitimidade enquanto potência imperial aos olhos europeus, eles também valorizavam muito o fato de serem asiáticos, apresentando-se como "irmãos mais velhos" dos coreanos e taiwaneses. Os súditos japoneses não eram iguais, mas tampouco eram "outros" de todo, e o governo esperava que a acomodação desses súditos criasse um bloco asiático, unido sob a liderança japonesa e capaz de deter as ambições ocidentais por recursos e territórios. Alguns líderes japoneses desejavam guiar outros Estados não ocidentais, como o Império Otomano – que se encontrava cada vez mais em estado de sítio –, em uma aliança contra o colonialismo ocidental. Para Taiwan, Coreia, Manchúria e China, contudo, o Japão era muito semelhante aos imperialistas europeus. Tanto na teoria como na prática, as relações entre poder estatal, trocas econômicas e afinidade étnica e cultural estavam transformando e reconfigurando os impérios na Ásia.

> Na minha opinião, o que devemos fazer é transformar nosso império e nosso povo, fazer com que nosso império se assemelhe aos países da Europa e que o nosso povo se assemelhe ao povo da Europa. Em outras palavras, devemos implementar um novo império ao estilo europeu nas extremidades da Ásia."
>
> **Ministro do Exterior do Japão Inoue Kaoru, 1887**

Otomanos e europeus

A outra grande potência que se mostrara irredutível ante as ambições imperiais europeias era o Império Otomano. Como será explicado no capítulo 11, o Estado otomano estava longe de ser imutável, mas, assim como na China, seus governantes não precisavam se voltar ao outro lado do oceano para garantir sua sobrevivência, e seus projetos imperiais não haviam propiciado os meios e incentivos necessários para uma revolução econômica como aquela que ocorrera na Grã-Bretanha durante o século XVIII. A relação de proximidade dos otomanos com comunidades mercantes, como gregos e judeus, deixou de ser tão eficaz conforme o eixo do comércio foi se deslocando do leste do Mediterrâneo para a Europa Ocidental, fazendo com que fosse possível ganhar dinheiro sem a bênção de Istambul. Os otomanos eram mais vulneráveis nos Bálcãs e no Norte da África, onde suas províncias não estavam tão integradas ao governo cotidiano como aquelas da Anatólia ou das extremidades orientais do Mediterrâneo, onde a população era de maioria árabe.

Vejamos os dois casos de intrusões europeias em antigos domínios otomanos, um consistente com o padrão de colonização gradual, o outro uma conquista plena. No Egito, os governantes otomanos haviam estabelecido certa autonomia em relação a Istambul. Com ajuda da Grã-Bretanha, os otomanos haviam posto fim à ocupação napoleônica do Egito em 1798. Sob a liderança de Maomé Ali – um governador de origem albanesa que se distanciou cada vez mais da vigilância otomana –, o Egito se tornou um local dinâmico no início do século XIX, com exército forte e um papel ainda importante de entreposto entre os mercados asiático e europeu. A conclusão do Canal de Suez, com uma contribuição considerável financeira e laboral dos egípcios, fez com que a Grã-Bretanha apostasse mais no controle da região e agisse contra os interesses egípcios e otomanos. O endividamento fora de controle dos egípcios serviu de desculpa e justificativa para que os agentes britânicos se infiltrassem no governo. Nesse caso, os agentes do imperialismo reconfigurado foram os contadores e banqueiros – cerca de 1.300 deles em 1882 – que garantiram a aplicação das receitas estatais no pagamento da dívida. Isso gerou uma tensão crescente com os egípcios, que sentiam estar perdendo o controle sobre seus recursos.

Em 1882, uma série de incidentes resultou em ataques massivos de populares contra os europeus e uma revolta contra a liderança otomana. A rebelião foi liderada por um agente oficial do exército egípcio-otomano. As tropas britânicas intervieram e instalaram uma guarnição militar que fincou raízes ali, dando origem a uma ocupação sem conquista plena. A Grã-Bretanha exerceu um "protetorado velado" sobre o Egito – ele só foi declarado abertamente durante a Primeira Guerra Mundial. O quediva (representante do sultão) passou a ser cada vez mais manipulado pelo "residente" britânico – o que causou o desgosto das elites cosmopolitas e ilustradas do Egito. Para muitos egípcios, a questão não era tanto a defesa de um espaço "nacional", mas antes a sensação de um "otomanismo" ferido, uma crença de que Istambul deveria ter protegido melhor o Egito contra a interferência britânica. A partir de 1882, o Egito perdeu quase toda sua soberania, embora não houvesse sido exatamente conquistado. O controle *de facto* britânico durou até os anos 1920, e sua grande influência perdurou até a década de 1950.

A França já havia garantido sua porção otomana do Norte da África pouco mais de trinta anos após a debacle de Napoleão no Egito. A incursão na Argélia (mapa 10.3) começou quando a França era governada por uma monarquia e foi assinada de maneira distinta pelos governos republicanos (1848-1852 e a partir de 1871) e o Segundo Império (1852-1870).

No início, a Argélia francesa era menos um projeto de construção de um novo tipo de colonialismo e mais um novo episódio na corrida pelo poder da qual participavam monarcas europeus e potentados regionais. Mas a dinâmica intervencionista logo mudou. Sob os otomanos, a Argélia havia sido governada com bastante liberdade. A região servia como base para o comércio local e redes de saques, e o controle otomano era tênue no início do século XIX. Acusações de pirataria, conflitos referentes ao comércio e a dívidas com o governador de Argel, supostos insultos e a necessidade que o rei francês tinha de exibir um feito patriótico motivaram o ataque dos franceses a Argel em 1830. Quando o governo da França hesitou entre seguir ou não em frente, os militares tomaram a iniciativa e atacaram os líderes interioranos, que gozavam de grande autonomia. O medo de perder a reputação e de criar um vácuo que poderia ser ocupado pelos britânicos continuou impulsionando as ambições de conquista, conduzidas durante décadas com extrema brutalidade. Houve queima de vilarejos, extermínio de animais e lavouras e massacre de soldados e civis.

Mas que tipo de colônia a Argélia seria? Não um destino para os colonos franceses – a França não tinha muito interesse em promover a emigração. Italianos, malteses, espanhóis e judeus eram proeminentes dentre os *colons* que passaram a comercializar e gerir fazendas sob vigilância francesa. A França ofereceu direitos distintos a essa nova população mista, proveniente de todo o Mediterrâneo. Os colonos não franceses e de fé cristã podiam se tornar cidadãos franceses, mas os judeus e muçulmanos respondiam à lei islâmica ou mosaica e só podiam solicitar cidadania francesa caso concordassem em abdicar delas e se submeter à lei francesa.

Desde o início, a França alegou que estava respeitando o direito dos argelinos muçulmanos de exercer seus próprios procedimentos legais – um eco das práticas otomanas. Mas a cidadania francesa era muito diferente do regime múltiplo otomano. A aplicação diferenciada da doutrina de civilização definia os argelinos muçulmanos como membros de segunda ordem da comunidade imperial francesa, sem direitos políticos e sujeitos a punições arbitrárias. Elaborada na Argélia, a distinção entre cidadão e súdito se tornou gradualmente uma prática de governo em boa parte do império. Como um decreto legislativo de 1865 deixou claro, os argelinos muçulmanos eram franceses, mas não cidadãos, a não ser que renunciassem enquanto indivíduos ao seu status sob a lei islâmica e o governo julgasse que eles levavam um modo de vida "francês".

Naquele período, a França voltou a se declarar um império, e seu governante, Napoleão III, era adepto de uma clássica visão imperial de governo: "a Argélia não é uma colônia, mas um reino árabe [...]. Sou tão imperador dos árabes quanto sou dos franceses". Em 1870, os judeus da Argélia se tornaram elegíveis para a cidadania, em um ato coerente com a corriqueira estratégia imperial de atribuir a certas categorias de pessoas uma posição mais alta dentro do sistema com o intuito de ampliar o controle sobre os grupos que, supostamente, representavam os maiores riscos.

Quando, em 1871, a França voltou a ser uma república, a antiga concepção do regime como uma colagem de diversos povos e territórios persistiu. A Argélia ocupava uma posição especial: seu território era considerado parte integrante da República francesa, mas apenas uma parcela da sua população era de cidadãos da república. Os *colons* utilizavam plenamente seus direitos políticos dentro das instituições argelinas e metropolitanas para consolidar sua posição à custa da maioria muçulmana.

Repertórios de império

Assim, podemos verificar no século XIX um grande repertório de formas de exercício do poder imperial, como incentivos econômicos, demonstrações periódicas de sua capacidade coercitiva, controle financeiro, tratados portuários, protetorados, domínios e colônias. A soberania (se não nos tratados de direito internacionais, ao menos na prática) era um fenômeno incerto e desigual, e não algo que as sociedades simplesmente tinham ou não. As formas de Estado não eram equivalentes. As pessoas que viviam dentro de regimes de poder compostos, estratificados ou coincidentes podiam vivenciar graus variados de subordinação por critérios raciais, agravados pela discriminação na vida cotidiana e pelas diferentes possibilidades de ampliação de poder pessoal ou conexões econômicas. Um mercador de Hong Kong poderia vivenciar oportunidades e humilhações; na Argélia, a maioria dos súditos muçulmanos só conhecia a subordinação, a apreensão de terras e a exploração; no Vietnã, trabalhadores empobrecidos – vestígio da antiga elite mandarim – e fazendeiros bem-sucedidos desempenhavam papéis desiguais na sociedade colonial.

O imperialismo de livre-comércio sempre esteve perto de se tornar algo diferente, e por isso foi um tipo de imperialismo, e não apenas uma forma de comércio. Ele dependia de uma reconfiguração das concorrências interimperiais. A Grã-Bretanha, que tinha as melhores cartas na mão, estendeu seu poder e influência informais sobre antigos impérios e jovens nações. Mas a França (na Argélia e no Vietnã) e os holandeses (na Indonésia) também realizaram colonizações territoriais. É possível exagerar a ânsia colonizadora que supostamente tomou conta da esfera pública europeia nos anos 1870, mas havia empreendedores, missionários e militares que agiram ativamente como colonizadores ao longo do século e divulgaram sua empreitada com orgulho. Mesmo sem que houvesse um esforço consciente e direcionado para dividir o mundo em colônias, a rivalidade entre uns poucos Estados-impérios europeus, as vulnerabilidades dos impérios Chinês e Otomano e a construção imperial japonesa estavam transformando a geopolítica imperial. Nas próximas seções, nos debruçaremos sobre a intensificação e ampliação do governo colonial.

IMPÉRIO INTENSIFICADO: ÍNDIA BRITÂNICA NO SÉCULO XIX

Havia muito tempo, a Índia ocupava uma posição peculiar – e nada estável – dentro do sistema britânico. No século XVIII, a Companhia das Índias Orientais havia se tornado o poder *de facto* no comando de boa parte do subcontinente, exercendo grande influência sobre o restante do território (ver capítulos 6 e 8). Os líderes britânicos não manifestavam sua soberania sobre a Índia, preferindo deliberadamente um termo mais vago e muito imperial: "supremacia". O governo da Companhia acentuou o enfraquecimento do imperador mogol, conferindo aos intermediários acesso a recursos que fugiam ao controle do imperador. A ampliação do poder da Companhia produziu uma colcha de retalhos de "Estados principescos" (que, no papel, estava sob governo de um soberano – vigiado de perto pelos britânicos) e um controle mais direto dos territórios. Como dependiam de intermediários indianos para supervisionar os complexos sistemas de coleta de tributos em cada estado, agentes da Companhia tentaram conferir algum grau de padronização ao trabalho de diversos escrivães e contadores, que eram recrutados por relações de parentesco, clientelismo ou um sistema de aprendizes. Mas essas pessoas por vezes utilizavam seus cargos e a aura associada aos documentos oficiais para exercer o poder por conta própria.

Na primeira metade do século XIX, a Companhia e agentes do governo não tinham um consenso sobre a melhor forma de ação. Alguns defendiam o governo por meio de intermediários indianos, o que reforçaria a narrativa de que o governo britânico seria uma continuidade dos mogóis, enquanto outros preferiam agir de forma mais direta e decisiva para impor à Índia um governo "civilizado". Eles nunca chegaram a fazer nenhuma das duas coisas, e Christopher Bayly aponta a ironia no fato de que, ao transformar seus enclaves comerciais em um imenso império territorial, os britânicos estavam criando algo semelhante ao Império Otomano – justamente no instante em que os otomanos eram tachados de anacrônicos. Assim como o Império Otomano, a Índia britânica dependia das receitas da terra mais do que de qualquer outra coisa. O regime reforçava as hierarquias locais, sem promover a industrialização ou abrir de todo os mercados locais.

Durante boa parte do seu domínio no início do século XIX, a Companhia das Índias Orientais dependia de um "sistema de residência", em que os agentes vistoriavam a atuação dos príncipes. Estes podiam ser depostos ou ter seu tesouro monitorado de perto, mas ainda eram capazes de realocar receitas e impostos recolhidos junto aos súditos, de manter a lei interna e de patrocinar instituições culturais. Um residente com um único assistente europeu poderia ser o único agente não indiano em um estado principesco. Na Índia britânica, até mesmo nos anos 1880, a proporção entre agentes europeus e população total era inferior a 1:250.000, embora em algumas regiões o governo britânico fosse mais direto e autoritário. O honorável serviço civil da Companhia das Índias Orientais, em processo de expansão, presidia acima de todos. Supostamente, ele deveria aplicar as normas burocráticas e de serviço público sobre aquela companhia conhecida havia muito tempo pela venalidade de seus agentes e pela natureza volátil e personalista de suas relações com os intermediários indianos de quem dependia.

O pensamento britânico a respeito da Índia no início do século XIX era marcadamente "orientalista", e a Índia era vista como uma civilização outrora grandiosa, mas em situação de decadência. O respeito duradouro de uma elite imperial para com a outra – os marajás que viviam em todo o seu esplendor – coexistia com uma postura condescendente e com a crença de que todos esforços de qualquer natureza provinham dos britânicos. Alguns acadêmicos britânicos aprenderam sânscrito e se tornaram estudiosos da Índia antiga. A concepção orientalista racionalizava o controle imperial, mas também servia de oportunidade para alguns indianos – sobretudo os brâmanes, que, sob a alegação de atuarem como repositórios dos códigos legislativos, sabedoria e autoridade sobre castas inferiores de outros tempos, podiam manipular as expectativas britânicas sobre o patriarcado oriental conforme seus próprios interesses. Esse processo tornou a sociedade indiana mais patriarcal do que era antes. Alguns acadêmicos argumentam hoje que o conceito de castas não é um artefato herdado do passado indiano, mas um produto do diálogo entre brâmanes e britânicos.

Durante o século XIX, a visão que os britânicos tinham das elites e da cultura indianas se tornou mais cruel. A opinião liberal na Inglaterra estava cada vez mais confiante de que suas formas de organizar a vida eram superiores a outras. Mas alguns líderes ao menos contemplaram a possibilidade de que pessoas de outras "raças" e "culturas" poderiam se aprimorar, contanto que seguissem a orientação dos britânicos. De acordo com essa visão, a diferença já não seria uma verdade incontornável dentro do império, mas algo a ser trabalhado. Uma "Faculdade Hindu" foi fundada em 1818 e abrigou aulas em inglês. Até então a língua de governo era o persa, refletindo o passado complexo do próprio Império Mogol, mas o inglês foi adotado em 1835. Alguns indianos viram oportunidades nessas novas políticas, e outros rejeitaram a investida cultural. Um terceiro grupo ainda tentou encontrar um meio-termo entre os dois sistemas, ambos hierárquicos, mas de formas distintas.

Em termos militares, a companhia ainda dependia dos sipais (soldados indianos): em 1805, eles eram cerca de 155 mil. Eram pagos com receitas locais e serviam não apenas na Índia, mas também no Ceilão, em Java e na região do mar Vermelho. Dentro da Índia, eram utilizados para desarmar soberanos locais, punir rebeldes de todos os tipos e garantir a manutenção do status e da autoridade simbólica daqueles que cooperavam com o regime.

Os esforços dos missionários protestantes e de alguns católicos na Índia não resultaram em muitas conversões, mas refletiram a dimensão religiosa do pensamento britânico sobre a ordem social e o progresso nas colônias.

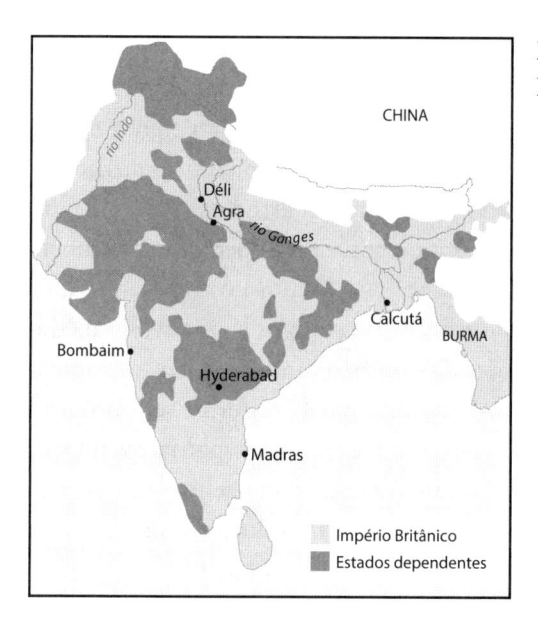

Mapa 10.2
Índia britânica, 1857

Os missionários promoveram uma crítica da sociedade indiana análoga às críticas à escravidão feitas em outras partes do Império Britânico. Eles ficaram especialmente enraivecidos com a prática da sati (autoimolação de viúvas) e outros costumes que consideraram bárbaros. Agentes oficiais e negociantes britânicos desenvolveram seus próprios códigos de distinção, orgulhando-se de sua masculinidade supostamente ativa, em oposição à natureza suave e feminina dos indianos.

O governo britânico não tentou levar o capitalismo à Índia de forma sistemática. Embora fazendeiros britânicos se apossassem de terras para realizar suas atividades, tanto a elite britânica como a indiana eram ambivalentes quanto à ideia de transformar a terra em uma *commodity* totalmente comercializável. Ambas dependiam do *status quo* que implicava o pagamento de taxas pelos proprietários de terras locais, os zamindares, que possuíam o direito hereditário – e que se tornara mais explícito com o "pacto da terra" britânico de 1793 – de cobrar taxas dos produtores camponeses e entregar parte delas à companhia. A coleta de impostos era um processo coercitivo e repleto de camadas que refletia a estratificação da soberania sob o jugo da Companhia. A Índia britânica agia como os otomanos do século XVIII, coletando a maior parte dos impostos de camponeses por meio de intermediários. As exportações também geravam riqueza e, durante o século XIX, a produção de algodão, ópio, índigo e chá se expandiu. Ao mesmo tempo, a companhia estimulava a importação de tecidos – produzidos em massa e a baixo custo na Grã-Bretanha – e ajudou a destruir a antes vibrante indústria têxtil indiana.

O descontentamento dos camponeses e, por vezes, das elites locais crescia a passos largos, e às vezes descambava para a violência. Além disso, muitos soldados indianos guardavam ressentimento por terem sido enviados a regiões longínquas. Em 1857, essas tensões culminaram em uma revolta de grande escala conhecida pelo nome enganoso "O Motim". A causa imediata foi a indignação dos soldados com a indiferença que o exército dispensava aos tabus ritualísticos. Segundo rumores, alguns cartuchos que precisavam ser abertos com os dentes pelos soldados haviam sido untados com gordura animal, proibidas para hindus e muçulmanos. O motim revelou a vulnerabi-

Figura 10.2
Corte dos magistrados em Oude, na Índia. (*Illustrated London News* 22, 14 maio 1853), 361. A gravura mostra um oficial britânico (sentado) com "aprovadores" nativos que auxiliariam a julgar o caso. O suspeito aparece com suas mãos atadas no centro da imagem. (Biblioteca Falles, Universidade de Nova York.)

lidade de um sistema cuja força de opressão dependia de indivíduos pertencentes às categorias oprimidas. Não era possível manter os soldados isolados das queixas e da raiva existentes em sua própria sociedade. O receio de que os britânicos estivessem prestes a instaurar um controle mais direto sobre os Estados principescos pode ter precipitado a revolta em algumas regiões. Alguns governantes cooperaram com os rebeldes, assim como muitos camponeses, mas outros membros de ambas as categorias não o fizeram. As divisões internas da Índia foram cruciais para que os britânicos retomassem o controle, mas isso só se deu após um embate longo e sério o suficiente para que os líderes reconsiderassem a natureza de seu governo.

Os britânicos reagiram à revolta de três maneiras. Primeiro, os administradores decidiram que a Companhia das Índias Orientais havia se tornado um problemático anacronismo e, em 1858, a Índia enfim foi posta sob jurisdição do Estado britânico. Em 1876, a rainha Vitória assumiu o título de imperatriz da Índia – a primeira vez em que um monarca britânico era formalmente identificado como soberano de um império. Segundo, a Índia precisava ser governada com rédeas mais curtas: a proporção entre tropas oriundas das ilhas e aquelas de origem indiana deveria ser maior, e também seria necessária uma agenda ativa para promover o progresso (aliviando as tensões econômicas) – os eixos centrais seriam mais ferrovias e mais instituições de ensino. Terceiro, a Índia precisava ser governada com maior cuidado. Os impostos sobre terra foram reduzidos, e foram tomadas providências contra a alienação de terras. O governo jurou não anexar novas propriedades – à exceção daquelas pertencentes a aliados do Motim – e reconheceu aproximadamente seiscentos Estados principescos dentro da Índia.

Manu Goswami argumenta que, nas décadas que se sucederam ao Motim, as ações do governo fizeram da Índia uma entidade coesa; ao mesmo tempo, ativistas começaram a reivindicar esse espaço. Uma rede de ferrovias construída pelos britânicos conferiu à Índia uma integração inédita; indianos de classe média de todas as regiões conheceram a possibilidade de percorrer longas distâncias em curtos espaços de tempo, mas também as humilhações dos vagões segregados. O serviço civil da Índia era um corpo unificado que recrutava agentes seniores na Inglaterra e alguns juniores dentre os candidatos britânicos, eurasiáticos e indianos que viviam na Índia. Os indianos desempenhavam papéis importantes – mas não igualitários – dentro do sistema e percorriam a Índia no papel de coletores de impostos e agentes do censo.

A unificação do território ocorreu em paralelo à diferenciação interna de seu povo. Os britânicos viam a Índia como um local dividido – por castas, afinidades religiosas e "comunidades", como se hindus, sikhs, parses e muçulmanos vivessem rigidamente separados uns dos outros.

Nos anos 1810, os intelectuais indianos já estavam cientes dos desenvolvimentos constitucionais ao redor do mundo, como a constituição liberal espanhola de 1812. Em suas falas e escritos, os indianos passaram a reivindicar espaço nos corpos legislativos, o fim das políticas econômicas restritivas da CIO e uma autoridade administrativa de caráter mais local. Alguns defendiam uma variante progressista do hinduísmo. Mais para o final do século, conforme o ativismo público dos indianos se intensificava, os britânicos viram suas ideias a respeito do Rajá (como o regime era chamado) serem confrontadas por uma visão igualmente coerente, mas distinta da "Bharat Mata", a "Mãe Índia". Para os intelectuais hindus, a noção de Bharat Mata abrangia toda a Índia, mas a concepção de seus valores centrais e de sua história compartilhada era essencialmente hindu. A ampla presença de muçulmanos e sua antiga relação com o Império Mogol eram subvalorizadas em prol de uma ligação direta entre uma civilização sânscrita anciã e a cultura hindu do presente.

Os ativistas indianos também criticavam o regime britânico de acordo com seus próprios termos, ou seja, por seu fracasso em cumprir com os valores liberais que haviam aprendido no colégio. Alguns ativistas percebiam a ironia de que os governantes britânicos se apresentassem como soberanos asiáticos e apoiassem os príncipes e rajas enquanto os indianos reivindicavam os mesmos direitos de um cidadão inglês.

A crítica política do colonialismo era acompanhada por outra, econômica, para a qual os intelectuais indianos utilizavam o termo "o ralo". Eles se referiam aos diversos modos pelos quais os frutos do trabalho indiano eram escoados para a Grã-Bretanha. "Cobranças domésticas" era um eufemismo para que os indianos pagassem o custo de sua própria repressão: os salários e pensões de agentes oficiais, além da burocracia do Ministério Indiano em Londres e os juros de fundos utilizados em ferrovias e outros projetos. O comércio internacional, alegavam os indianos críticos da economia, era manipulado para servir aos interesses britânicos em vez dos indianos, deixando a Índia superexposta às flutuações dos mercados internacionais e forçando-a a exportar produtos agrícolas, mesmo nos períodos em que as secas ameaçavam a sobrevivência do povo. O resultado foi uma série de grandes fomes mortíferas no final do século XIX. Hoje, historiadores da economia concordam com as críticas de que o regime britânico na Índia produziu pouco crescimento econômico. Uma estimativa aponta que o PIB per capita não cresceu nada entre 1820 e 1870, depois cresceu apenas 0,5% ao ano até 1913, e se mantinha abaixo do nível de 1913 à época da independência.

Os críticos imperiais indianos ocuparam os pequenos espaços autorizados pelo regime colonial, como os conselhos que, a partir de 1861, haviam funcionado com uma mescla de membros eleitos e designados. Os britânicos reservavam assentos para "minorias", e esse termo passou a englobar os muçulmanos – um triste desfecho para pessoas cuja religião era associada com o antigo império.

Dessa forma, os indianos desenvolviam uma concepção "nacional" que situava determinadas pessoas em seu centro, outras nos espaços externos, e ainda outras às margens do regime. Essa noção adquiriu forma institucional com a fundação em 1885 do Congresso Nacional Indiano. O congresso desenvolveu ainda mais as críticas à representação política inadequada, à discriminação no serviço social, ao escoamento das riquezas e às desigualdades no sistema de taxação da terra. O sentimento nacional do congresso era alimentado pelo império: por suas estruturas de governo, pelo serviço de indianos como soldados ou trabalhadores em outras partes do império e pelos comerciantes e financistas indianos que contribuíram e lucravam com as conexões imperiais.

A soberania estratificada do passado não foi abandonada de todo pelos britânicos, nem mesmo quando a rainha se tornou im-

> "Sem a Índia, o Império Britânico não poderia existir. A posse da Índia é o sinal inalienável de sua soberania no hemisfério oriental. Desde que se tem notícias da Índia, seus mestres são senhores de metade do mundo. O impulso que atraiu Alexandre, Babur e Tamerlão em direção ao Indus no leste foi o mesmo que, no século XVI, emprestou aos portugueses uma breve soberania cuja senha de acesso continuam a murmurar desde então, que no início do último século fez de um Xá da Pérsia o súpero do leste por dez anos, que quase concedeu à França o império que corações mais duros e uma estrela mais favorável garantiram ao nosso próprio povo, que, até os dias de hoje, atiça a ambição e acelera o pulso do Colosso do Norte [Rússia]."
>
> **George Curzon, influente autoridade colonial, 1892**

peratriz e as instituições de Estado foram organizadas de forma mais sólida. A ideia de que a soberania na Índia deveria residir no povo foi rechaçada, ou ao menos indefinidamente postergada. Em 1885, os intelectuais indianos haviam compreendido a significância da nova forma de governo, e sua organização política se deu em relação a uma entidade chamada Índia e aos britânicos que governavam essa entidade.

IMPÉRIO EXPANDIDO: A CORRIDA PELA ÁFRICA

Até aqui, foi observado apenas os modos como os impérios expandiram e intensificaram seu comando durante o século XIX, asseverando diferentes graus e formas de soberania. A colonização da África, em contraste, pareceu e parece aos olhos de muitos a epítome do colonialismo "moderno": a imposição de um poder totalmente externo sobre povos taxados como primitivos. Teriam as hierarquias imperiais se tornado um sistema colonial severamente dividido em dois, aquilo que Frantz Fanon chamou de "mundo maniqueísta"?

Os comerciantes e exploradores europeus estavam em contato com a costa subsaariana da África havia muito tempo (ver capítulo 6), mas, com as notáveis exceções da África do Sul e de áreas de assentamentos portugueses nos atuais Angola e Moçambique, até os anos 1870 não havia muita penetração nas terras do interior. Quando o comércio de escravos minguou na primeira metade do século XIX, o comércio de *commodities* como óleo de dendê, óleo de coco, cravo e amendoim cresceu, e os africanos mantiveram-se no controle da maior parte da produção agrícola. Então, em um intervalo de mais ou menos vinte anos, quase toda a África subsaariana foi colonizada, exceto pela Libéria e Etiópia. O continente foi dividido entre Grã-Bretanha, França, Alemanha, Bélgica, Espanha e Portugal.

Teóricos do imperialismo no século XX acreditavam detectar nesse arroubo colonizador as consequências de mudanças na economia europeia. Em 1916, Lênin argumentou que o capitalismo havia ingressado em seu estágio mais elevado, produzindo mais bens de forma mais eficiente e gerando mais lucros, mas encontrando dificuldades para investir em incrementos produtivos porque os trabalhadores recebiam os menores salários possíveis e, portanto, não consumiam o suficiente. O capital financeiro já não estava ancorado em nenhuma produção em particular e buscava oportunidades de investimento ao redor do mundo. Mas os investimentos precisavam de proteção –

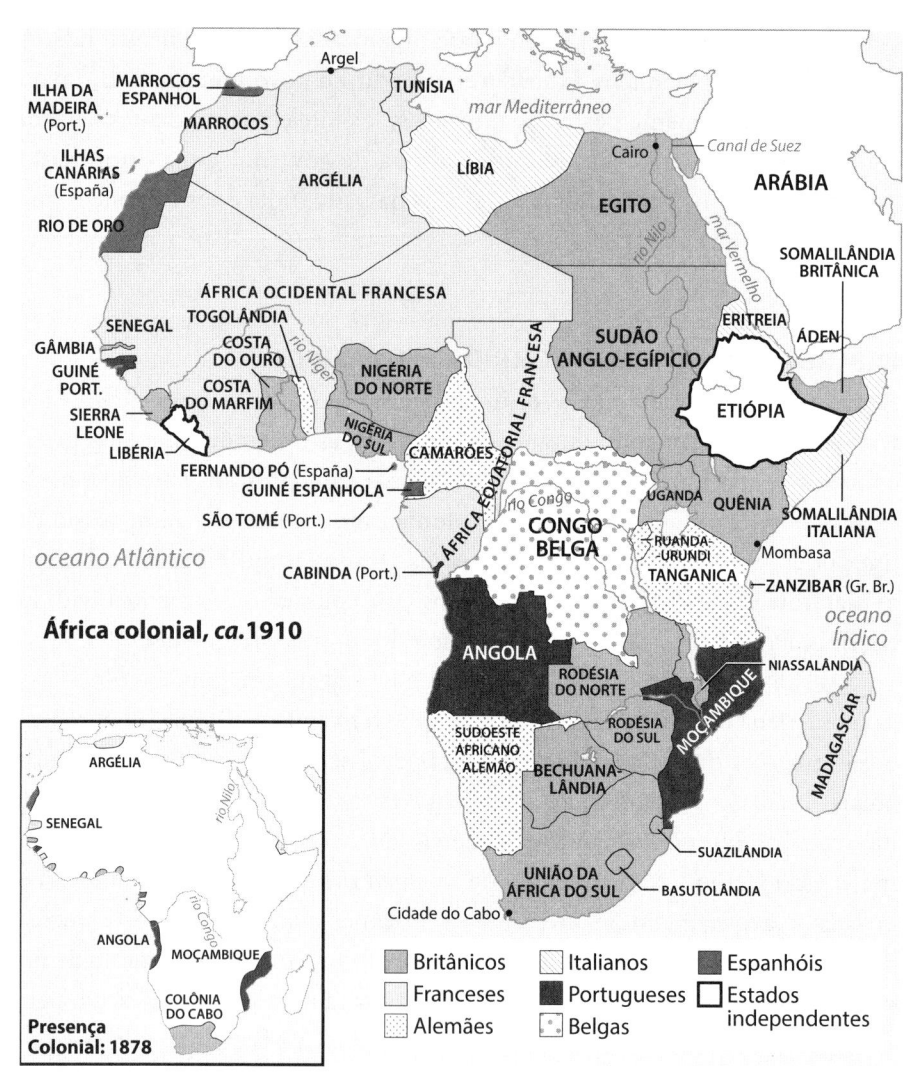

Mapa 10.3 – A partilha da África

contra as populações locais e os concorrentes europeus – daí a necessidade de que o Estado atuasse como colonizador. Há dois problemas empíricos nessa explicação para a colonização da África: pouco se investiu de fato na África, e os capitalistas europeus encontraram muitos outros lugares onde investir no âmbito doméstico, em outros países e em antigas colônias.

É essencial compreender com maior precisão as interconexões entre as ações econômicas e políticas. Os regimes imperiais não constituem a única maneira de comandar recursos, mas os mercados existem sempre inseridos em um contexto político. Na Europa do século XIX, tal contexto era o mundo competitivo dos impérios (um pequeno número deles), onde cada um deles se alimentava de recursos supranacionais. Ao final do século XIX, os grandes atores eram a França e a Grã-Bretanha, como de praxe, além de um novo império, o Reich Alemão, transformado após sua consolidação e expansão em regiões europeias de idioma alemão, polonês, dinamarquês e francês (ver capítulo 11). Bélgica e Portugal eram territórios pequenos, e por isso não tinham um interesse especial no império. A maioria das fronteiras da expansão imperial – a América do Norte e o espaço entre Rússia e China – havia sido interditada, e a África era o único espaço amplo e habitado que não integrava nenhum império.

A Alemanha era o novo ator nesse jogo. A capacidade industrial do Reich e seu poderio militar se tornaram bastante evidentes para seus vizinhos após a derrota da França em 1870. Mas a Grã-Bretanha ainda era a grande referência por ter sido a primeira potência industrial e contar com diversas posses e esferas de influência que podiam ser empregadas em sua defesa. O controle estatal de Zanzibar ou do Golfo do Biafra não era vital para a economia britânica ou alemã, contanto que não fossem controlados por nenhum outro rival. Se a Europa fosse constituída por diversas nações, menores e de caráter mais nacional, nenhuma teria os recursos necessários para se apropriar dos bens alheios, mas a realidade dos impérios europeus induziu cada uma dessas nações a buscar ferramentas que evitassem o monopólio das demais sobre um banco global de recursos que se tornava cada vez menor.

E quanto ao lado africano desse encontro? É falsa a imagem tão difundida de uma África constituída de tribos isoladas. A África não havia gerado uma China, mas em meados do século XIX o continente abrigava reinos fortes nas regiões costeiras, como Dahomey e Asante, que na realidade eram impérios, visto que raramente assimilavam as populações conquistadas, impérios islâmicos ligados ao comércio transaariano, reinos beligerantes como Buganda ou os zulus, que prosperaram com a expansão e redistribuição de pessoas e recursos, e uma variedade de regimes de menor escala. Algumas comunidades costeiras tinham séculos de experiência no comércio com europeus (África Ocidental) ou árabes e indianos (África Oriental); algumas populações das vilas costeiras eram cultural e etnicamente mestiças. Durante algum tempo, a preferência dos europeus por um modo de imperialismo de livre-comércio coexistiu com o princípio de que o interior da África deveria ficar sob controle dos africanos.

Essas disposições apresentavam muitos problemas. Em primeiro lugar, eram imprevisíveis. Da perspectiva dos europeus, os conflitos entre regimes africanos e a concorrência entre regimes europeus eram possíveis geradores de instabilidade, monopólios de comércio e interrupções no fluxo de matérias-primas, do qual dependiam a indústria e a estabilidade social no âmbito doméstico. Em segundo, a discrepância tecnológica entre África e Europa aumentou, e o aprimoramento de remédios, armas e sistemas de comunicação tornaram exequível o desbravamento das vastidões africanas. Avanços imperiais em outras regiões e melhorias no transporte colaboraram para reduzir os custos: os britânicos empregaram tropas indianas em suas conquistas na África, e todas as potências cultivaram aliados africanos. Os reinos locais impuseram derrotas aos exércitos europeus – os zulus contra os britânicos em 1879; a Etiópia contra os italianos em 1896 –, mas a tendência era o contrário. Em terceiro, a mudança nas representações da África ajudou a superar boa parte das ressalvas que a opinião pública europeia tinha em relação àquela que podia ser vista como uma empreitada demasiadamente aventureira para uma sociedade burguesa, e demasiadamente perniciosa para qualquer democracia. Humanitários, exploradores e propagandistas, incluindo as sociedades antiescravistas que surgiram a partir dos anos 1860, divulgaram publicamente uma imagem da África como uma arena de comércio de escravos e políticas tirânicas que clamava por intervenções bem-intencionadas. Por fim, a colonização ganhou impulso. Postos avançados na África – as "fábricas" de comércio alemãs e britânicas ao longo da costa – garantiram uma presença imperial e uma participação nas atividades comerciais com custos reduzidos para o Estado, e pouco a pouco os governos foram se envolvendo com as tensões que emergiam do contato entre as sociedades africanas e a economia internacional. Empresas licenciadas representavam, como a CIO em um período anterior, um estágio intermediário de anexação. O governo britânico autorizou as Companhias Reais do Níger e a Companhia Britânica da África do Sul a exercer autoridade administrativa sobre territórios onde atuavam, turvando o significado de soberania. Mas essas companhias não foram bem-sucedidas e acabaram devolvendo os fardos administrativos aos governos.

Líder do imperialismo de livre-comércio, a Grã-Bretanha não foi a primeira potência europeia a intensificar sua intervenção na África, mas mesmo assim acabou ficando com o sumo: a Nigéria, a Costa Dourada, o Quênia e as Rodésias. A França pegou o que podia: muitas das zonas áridas nas extremidades do Saara, além das migalhas que conseguiu recolher ao longo da costa. A Alemanha atuou de forma agressiva e conquistou alguns territórios promissores, com destaque para Camarões, Sudoeste Africano e Tanganica. O Congo foi conquistado pelo rei Leopoldo da Bélgica, em parte porque a Bélgica era pequena o suficiente para que os demais europeus preferissem o seu rei, e não um rival mais perigoso, no comando de um território tão vasto e centralizado.

Apesar de sua rivalidade, os europeus concordaram em estabelecer certas regras às suas disputas. Após uma série de congressos que tentaram regular a ordem política da Europa a partir de 1815 (ver capítulos 8 e 11), a Conferência de Berlim de 1884-1885 determinou um princípio fundamental: as potências deviam demonstrar sua ocupação efetiva sobre os territórios que reivindicavam. Entre 1889 e 1890, os líderes europeus reunidos em Bruxelas concordaram que cabia às potências coloniais garantir o fim do tráfico de escravos, armas e bebidas alcoólicas. Essas duas conferências ajudaram a definir a "Europa", pois sua premissa era que um conjunto de Estados determinava as regras para sua própria atuação em outro espaço. A Europa se anunciava como um repositório de regulamentações racionais e leis internacionais, estabelecendo sua diferença em relação às populações incivilizadas da África.

O chanceler alemão Otto von Bismarck, anfitrião da Conferência de Berlim, queria evitar que os conflitos na África desencadeassem uma guerra mais ampla e capaz de interferir no processo de consolidação a longo prazo do Império Alemão na Europa Central. Ele entendia melhor que a maioria dos líderes da arrogante Europa do século XIX os limites de um império. As conferências foram tentativas de transformar a concorrência interimperial em um exercício guiado por regras, mas o regulamento não extinguiu os problemas básicos e centenários gerados pelos conflitos entre um pequeno número de agentes poderosos que buscavam estabelecer sua primazia no cenário da Europa. Nem todos os líderes, e inclua-se aí alemães, concordavam com as restrições de Bismarck, e mais tarde isso traria consequências desastrosas.

Embora as conferências internacionais parecessem anunciar um caráter ordeiro, sistemático e reformista para a última fase da construção imperial europeia, a realidade não poderia estar mais longe disso. Conquistar a África foi a parte fácil (embora brutal): difícil era governá-la. O Estado imperial "moderno" impôs uma administração enxuta, o capitalismo avançado investiu pouco e as missões civilizatórias acabaram apoiando líderes conservadores, temendo que um excesso de transformações sociais pudesse perturbar a ordem.

Após derrotar os reinos locais, o normal era que os colonizadores tentassem acabar com a cúpula dos regimes locais e trabalhar com as autoridades de nível intermediário. Em outros casos, eles buscaram chefes cooperativos – mesmo nos locais onde sua autoridade era em grande parte fictícia. Além dos chefes, os policiais e tradutores indígenas assumiram parte do poder local. Os chefes podiam ser dispensados conforme os caprichos de um agente branco, e o exército colonial estava sempre à espreita. Houve revoltas, algumas delas apoiadas por redes de projeção que transcendiam em muito o âmbito local, mas na maior parte dos casos as estratégias coloniais de governo e segregação foram capazes de suprimi-las com grande violência. Cerca de 100 mil africanos morreram durante a repressão alemã de um levante em Tanganica em 1905; no Sudoeste Africano, a resposta à revolta herero se aproximou do extermínio sistemático; as campanhas francesas na região do Sahel, na África Ocidental, seguiram uma abordagem brutal durante muitos anos. Mas em alguns casos, como os alemães descobriram em Tanganica, a ação coletiva africana impunha a moderação às ambições de exploração sistemática nutridas pelos colonizadores.

Mais tarde, os britânicos criaram um nome para seu modo de governar por meio de chefes ("governo indireto"). Mas esse regime era apenas uma versão repaginada de uma prática de governo que usava intermediários indígenas realizada de várias formas por impérios do passado ou presente. Eles esperavam que os chefes recolhessem impostos, organizassem a mão de obra para abrir estradas e, às vezes, arrebanhassem trabalhadores para a construção de ferrovias ou para servir aos colonos brancos. Eles mantinham a ordem e a justiça locais sob a designação de leis "costumeiras", tratadas como se fossem uma prática imemorial, mas purgadas dos elementos que os europeus consideravam obnóxios. A França deu alguns passos para a criação um regime mais assimilativo, cujo objetivo era produzir um pequeno grupo de africanos com educação francesa. A Bélgica e colônias de brancos policiavam os africanos com especial vigor, mas havia um limite para o quanto as potências coloniais podiam se afastar do governo direto sem precisar lidar com outros custos e perigos.

Os governos coloniais gastavam pouco com educação. As sociedades missionárias – mesmo sob mando dos administradores franceses, que costumavam apresentar uma conduta anticlerical – assumiram parte da empreitada. Com frequência, os missionários seguiam as ordens da bandeira e dependiam da permissão do governo para atuar, mas em alguns casos os missionários de um país trabalhavam nas colônias de outro. Muitos deles acreditavam estar servindo a um poder superior ao dos impérios rivais e defendendo um conceito mais amplo de humanidade contra as predações de colonos exploradores.

O governo francês encarava as populações recém-conquistadas na África subsaariana como súditos, distinguindo-os dos cidadãos. Os cidadãos incluíam as pessoas da França europeia que haviam se instalado na África, as pessoas de descendência africana nas Índias Ocidentais e os habitantes originais das "antigas" colônias do Senegal (os Quatro Municípios), que, de forma quase única no Império Francês, tinham direitos de cidadania sem precisar abdicar de seu status civil islâmico. Os súditos, ao contrário dos cidadãos, eram submetidos a um sistema distinto e arbitrário de justiça, o *indigénat*, e

Figura 10.3
Oficiais franceses com soldados africanos no Senegal, *ca.*1885. Os exércitos coloniais empregaram muitos recrutas em suas guerras de conquista. (Adoc-photos, ArtResource.)

não raro precisavam realizar trabalhos forçados. Eles tinham pouca voz política. A porta para a cidadania, assim como na Argélia, ficava um pouquinho entreaberta para os africanos que obtinham formação francesa, serviam aos interesses franceses, renunciavam ao direito de ter suas questões pessoais julgadas sob a lei islâmica ou costumeira e se submetiam a inspeções dos agentes oficiais. O número dos que conseguiam se embrenhar por essa fissura era infinitesimal; muito maior é a probabilidade de que tenham colaborado para que os políticos republicanos da França se convencessem de que seus princípios eram compatíveis com a colonização.

Alguns líderes da Terceira República, como Jules Ferry, tinham uma concepção muito "nacional" da França – um Estado francês que exercia poder sobre pessoas atrasadas em além-mar, colocando-as a serviço de seus interesses e de sua grandeza e, a longo prazo, ajudava a disseminar a civilização francesa. *Lobbies* de negócios e visionários imperiais faziam circular fantasias de uma "França Ampliada", em que cada parte desempenharia o papel a ela atribuída para benefício da nação francesa. Mas não havia um consenso amplo acerca dessas visões. Alguns políticos achavam por princípio que a colonização era errada ou acreditavam que ela fornecia e protegia um território sem lei em que todos buscavam lucrar a curto prazo; muitos eram indiferentes, e toleravam as empreitadas coloniais simplesmente porque eram baratas. Os esforços legislativos para a criação de um conceito mais inclusivo de cidadania fracassaram, mas não as tentativas de retirar direitos dos cidadãos africanos nos Quatro Municípios do Senegal.

Na França, assim como nas colônias britânicas, a discriminação racial apresentava sua faceta mais cruel e sistemática nas colônias de assentamento, como a Rodésia do Sul, o Quênia e a Argélia. Mesmo em outros locais, os africanos de maior formação europeia, êxito profissional e status se chocavam com a discriminação. Os impérios nunca trataram seus súditos de forma igualitária, mas a justaposição de divisões raciais com a retórica europeia de progresso e democracia era volátil.

Os primeiros colonizadores eram em grande parte homens, e muitos acreditavam que suas prerrogativas masculinas incluíam interações sexuais com mulheres africanas e o direito de reconhecer ou não seus rebentos conforme julgassem conveniente. Muitas elites coloniais – e mulheres que foram para as colônias ou participaram ativamente dos *lobbies* coloniais no âmbito doméstico – foram ficando cada vez mais desconfortáveis com o modelo de sociedade imposto por aquela variante do poder masculino. Os regimes coloniais passaram a restringir a miscigenação e impor a segregação, como se a pretensão de representar a civilização europeia implicasse, nas palavras de Ann Stoler, "autocontrole e autodisciplina em uma sexualidade controlada".

Os líderes coloniais também temiam os riscos sociais apresentados pelos povos que governavam: homens jovens desprendidos da autoridade "tradicional", jovens mulheres libertadas do controle patriarcal. Os homens e mulheres africanos tinham suas próprias ideias a respeito das relações mutáveis de gênero, que não se adequavam nem ao modelo de seus anciões, nem ao dos agentes coloniais. Períodos de trabalho remunerado podiam fornecer aos homens jovens os meios para se casar e fundar um lar alheio ao controle parental, e as cidades viraram palco para a criação de novos formatos familiares. As pessoas vivenciavam diferentes tipos de relações sociais – na cidade e no campo, sob o controle dos anciões ou não – durante o curso de uma única vida.

As economias coloniais assumiram diversas formas. Na maior parte da África Ocidental, administradores britânicos e franceses acessaram sistemas de produção campesina e redes comerciais já integrados ao comércio transoceânico. As firmas mercantes europeias empossaram o setor de importação e exportação, mas o crescimento da exportação de produtos agrícolas como o cacau em Costa do Ouro, Nigéria e, mais tarde, Costa do Marfim se devia mais à iniciativa africana – cultivo de novas culturas, migração para zonas agrícolas favoráveis, mobilização de força de trabalho por meio do parentesco e do clientelismo – do que a imposições coloniais. Alguns fazendeiros africanos dessas regiões conquistaram um grau moderado de prosperidade. A mineração (cobre na África Central, ouro no sul) era controlada por corporações europeias, que criaram enclaves de trabalho remunerado rodeadas por regiões muito mais amplas onde se dava o recrutamento de mão de obra.

Os assentamentos de brancos despertavam sentimentos contraditórios nos governos coloniais. Os assentamentos podiam servir como válvula de escape para que os europeus escapassem do desemprego ou realizassem suas ambições e fantasias; eram uma forma de garantir a previsibilidade na produção de itens de exportação, e representavam bastiões da comunidade europeia em terras estrategicamente úteis. Mas os colonos também exigiam um padrão de vida europeu e esperavam que o Estado os protegesse contra a raiva dos africanos desencadeada pela ocupação de terras, pela exploração do trabalho e pelos abusos raciais. De modo geral, a criação de empregos para os colonos implicava uma redução de oportunidade para os produtores africanos – ainda que estes impusessem menos gastos estatais e menos transtornos. No Quênia, na Rodésia do Sul e, durante algum tempo, na Costa do Marfim, os fazendeiros brancos obtiveram do Estado os serviços repressivos de que precisavam, ao custo de uma elevada tensão social.

Uma revolução capitalista ocorreu na África do Sul tendo critérios raciais como base. Essa possibilidade era um fruto do passado sul-africano: o assentamento dos holandeses (que mais tarde passaram a se autodenominar africânderes) datava de 1652 e havia gerado uma população branca numerosa e consolidada. Depois que as guerras entre os impérios europeus colocaram a África do Sul sob jugo dos britânicos, as principais sociedades de chefatura foram conquistadas e os colonos britânicos se uniram aos africânderes para reivindicar terras agrícolas. Durante certo tempo, os camponeses africanos continuaram sendo produtores ativos, muitas vezes trabalhando como arrendatários em terras tomadas pelos brancos. Os africânderes formaram repúblicas semiautônomas sob o governo superior britânico. Então, com a descoberta de diamantes em 1866 e ouro em 1886, os investimentos de grande escala foram concentrados nas minas da África do Sul e a demanda por mão de obra cresceu com avidez.

O peso crescente das mineradoras, a urbanização e o aprimoramento dos meios de transporte criaram incentivos capitalistas para as fazendas de grãos. Os fazendeiros brancos expulsaram os arrendatários de suas terras e passaram a utilizar cada vez mais o trabalho remunerado. O processo fez com que os africanos que perderam suas terras constituíssem uma vasta força de trabalho para as minas e cidades – uma força que devia ser vigiada de perto, na maior parte do tempo por brancos que residiam na África do Sul, e não pelos agentes oficiais que circulavam pelo império. Nas minas, os homens eram mantidos em complexos apartados de suas famílias e comunidades. Os homens africanos eram obrigados a carregar uma espécie de passaporte, e podiam ser presos se estivessem uma zona "branca" em vez de estarem no trabalho. Os espaços residenciais eram segregados. A África do Sul era o único Estado de governo branco na África subsaariana com a capacidade política e burocrática necessária para impor de forma generalizada esse sistema de trabalho e controle racial.

A adaptação das repúblicas africânderes às exigências de um sistema capitalista durante o governo britânico provocou um conflito e, em 1898, uma guerra entre o governo colonial e as repúblicas. A soberania estratificada do século XIX desabou após um conflito duro e amargo contra aquele Estado colonial autoritário. O fato de que a guerra dos "bôeres" acabou gerando custos inesperados em termos de vidas e dinheiro fez com que alguns meios questionassem o projeto de colonização – fenômeno expresso de forma eloquente no livro *Imperialism* (1902), de J. A. Hobson. Algumas centenas de militantes irlandeses viajaram da Europa para se unir aos africânderes e lutar contra o imperialismo britânico, mas esses voluntários enfrentaram os muitos irlandeses que serviam nas forças britânicas. Decidida a mostrar o caráter pérfido da Grã-Bretanha, a imprensa russa apoiou os africânderes; alguns intelectuais chineses também se identificaram com sua postura supostamente anticolonial.

Mas, na África do Sul, a riqueza produzida pelas indústrias de ouro e diamante não deixava margens para dúvida. Após um breve período de "reconstrução", no qual os britânicos tentaram mostrar que seus métodos "modernos" para administrar o Estado poderiam ser benéficos tanto para os africânderes como para as elites britânicas, a cooperação entre fazendeiros africânderes ricos, agentes oficiais britânicos e o capital internacional bastou para transformar a África do Sul em um domínio autogovernado a partir de 1910. Enquanto isso, homens africanos se deslocavam de um lado para o outro entre os locais de trabalho remunerado e seus vilarejos empobrecidos, com uma superpopulação de velhos, crianças e mulheres, que deviam garantir a sobrevivência de todos os que não estavam no trabalho.

A transformação capitalista da África do Sul representa uma das extremidades do espectro econômico colonial. No lado oposto, encontrava-se a extração predatória. O exemplo mais notório foi o Congo do rei Leopoldo da Bélgica. Como os reis de tempos anteriores, Leopoldo encarava o Congo como um feudo pessoal e destacava companhias para administrar e coletar produtos e receitas de cada território. Sem qualquer interesse de longo prazo na vitalidade da sociedade africana e seduzidas pelo *boom* internacional da borracha, as empresas elaboraram um sistema assassino de extração. Elas contrataram guardas, inclusive africanos de regiões longínquas, e exigiram dos vilarejos cotas de entrega de borracha. O não cumprimento das cotas podia levar a mutilações e execuções públicas para servirem de exemplo.

O resultado foi um escândalo internacional que ajudou a separar o que a opinião europeia considerava uma colonização legítima e o que consistia em uma brutalidade intolerável. Em 1908, Leopoldo foi forçado a transformar formalmente o Congo, até então uma propriedade particular, em uma colônia belga. Ele também foi forçado a tomar medidas para purificar seu governo. O exaurimento das fontes de borracha levou certo alívio às suas vítimas, mas as empresas licenciadas também estavam presentes nas colônias francesas, portuguesas e britânicas. Os africanos sob sua jurisdição foram vítimas de crueldades, mas essa modalidade de negócio e governo colonial não costumava durar muito.

Quando a corrida pela divisão da África teve fim e todas as fronteiras coloniais foram consolidadas, os impérios europeus pareciam ter recriado a geografia universal. Um quarto da população mundial vivia sob a bandeira britânica, sem falar em seus concorrentes. A colonização parecia ter se tornado um fenômeno verdadeiramente global, que sujeitara grande parte da população mundial a governos estrangeiros, e algumas redes interimperiais de africanos e asiáticos começavam a se mobilizar contra o colonialismo também em escala global. Nem os que condenavam, nem os que celebravam essa aparente sujeição do resto do mundo à Europa tinham como saber que essa etapa de construção imperial duraria muito pouco.

COLONIZAÇÃO SEM COLONIALISMO? MITOS E PRÁTICAS DO IMPÉRIO NORTE-AMERICANO

Em 1898, quando a ocupação imperialista de potências europeias na África e na Ásia atingia seu ápice, os Estados Unidos entraram em guerra com a Espanha e, sem muitas dificuldades, tomaram suas colônias em Cuba, Porto Rico e Filipinas. Argumentamos antes (capítulo 9) que, ao longo do século XIX, os Estados Unidos seguiram um modelo imperial particular, constituindo um império continental que diferenciava exacerbadamente os incluídos dos excluídos, dando origem a um regime de caráter nacional. No final do século XIX, os Estados Unidos tiveram cada vez mais oportunidades para agir de modo imperialista, mas também se debateu muito se essa nação deveria se comportar no exterior da mesma forma que os outros impérios faziam. Durante algum tempo, França e Grã-Bretanha debateram as questões éticas e de valores envolvidas no estabelecimento de colônias. Ao final do século, contudo, a opinião pública europeia já via com naturalidade as colônias, protetorados e outras formas de subordinação governamental, considerados fenômenos imperiais de longo prazo. Havia ministérios especializados em supervisar essas dependências. O debate norte-americano não se resolveu da mesma forma.

No papel, Cuba logo se tornou um Estado soberano – mas os Estados Unidos se reservaram o direito extraordinário de intervenção, conforme termos determinados pelo próprio império. As Filipinas foram ocupadas e administradas pelos Estados Unidos durante 48 anos, embora o governo norte-americano já houvesse declarado em 1910 sua intenção de torná-las independentes. Porto Rico continuou a ser um território dependente e de caráter anômalo, formalmente designado como uma "*Commonwealth*". A faixa de terra necessária para o Canal do Panamá foi controlada pelos Estados Unidos de 1903 até 1979, época em que foi chamado de "zona". O Havaí, que durante algum tempo havia sido um foco de interesse para missionários e latifundiários, foi anexado e acabou percorrendo outra trajetória imperial – a integração plena ao regime na condição de quinquagésimo estado. No meio-tempo, os Estados Unidos consolidaram algumas colônias de enclave, como Guam, de importância predominantemente militar e governada de acordo com isso. Por fim, os Estados Unidos colocaram em prática sua própria versão do imperialismo de livre-comércio, demonstrando o peso de sua influência por meio de uma longa sequência de intervenções armadas, sobretudo na América Latina. Em alguns casos, essas intervenções resultaram em ocupação – mas o mais frequente era que os governos locais fossem substituídos por outros, mais simpáticos ou maleáveis às vontades norte-americanas, sem que fossem criadas colônias com uma posição estável na ordem política dos Estados Unidos.

A partir de 1898, os Estados Unidos passaram a cultivar em Cuba um mito de intervenção benevolente: a Espanha, opressiva e degenerada, havia sido expulsa do hemisfério ocidental, permitindo que o povo americano exercesse sua liberdade. À época, a Espanha amargava uma derrota contra os rebeldes cubanos – uma aliança frágil entre elites patriotas ressentidas com o governo de Madri, escravos libertos e outros trabalhadores que buscavam algum alívio da opressão econômica e social. A opinião pública norte-americana demonstrava considerável simpatia pelos combatentes que lutavam pela liberdade cubana, mas a administração de William McKinley temia que uma gestão em Cuba liderada por uma miscelânea de elites latinas e massas de origem africana resultasse em desordem e ameaças contra a propriedade. O objetivo da invasão não era tanto apoiar o movimento de libertação, mas antes impor uma alternativa à Espanha enfraquecida e seus possíveis inimigos radicais.

Embora algumas pessoas nos Estados Unidos sonhassem havia muito tempo a anexação de Cuba – a proximidade da ilha e sua economia de *plantations* agradavam a muitos sulistas –, era muito difícil convencer a opinião pública norte-americana de que esta era uma solução adequada. A alternativa seria utilizar o poderio norte-americano para fomentar uma ordem social dominada pelos grandes proprietários cubanos – que, além de serem ricos e brancos, preferiam uma redução de soberania a uma ocupação definitiva dos Estados Unidos ou uma revolução social.

E foi exatamente o que aconteceu: uma redução de soberania. Cuba foi proibida de assinar tratados com outros Estados, forçada a ceder terras para uma base naval dos Estados Unidos (Guantánamo) e obrigada a conceder a estes o direito de intervir em seu território "pela proteção da vida, propriedade e liberdade individual". Mais tarde, agentes oficiais e assessores de imprensa redefiniram esses acontecimentos, alegando que se tratara de um auxílio dos Estados Unidos para libertar Cuba da tirania estrangeira e desenvolver um bom governo. Até mesmo os críticos do intervencionismo norte-americano viram esses acontecimentos como um equívoco idealista, ignorando tanto a cobiça por trás da guerra como o sistema de segregação racial imposto pelo governo e apoiado pela gestão do país.

Nas Filipinas, os Estados Unidos também se viram em meio a uma situação revolucionária. Injuriados com a influência do Império Espanhol sobre o governo e sua consequente exclusão do poder, os nacionalistas – em grande parte de descendência espanhola – buscaram meios de romper com a metrópole. Como havia ampliado sua influência no Pacífico após a anexação do Havaí, os Estados Unidos tinham interesses econômicos nessa questão. Afinal, um de seus objetivos naquela parte do mundo era encontrar um meio de alavancar seu comércio com a China – um anseio comum a todos os impérios europeus. A vitória ágil das forças norte-americanas sobre os espanhóis em Manila em 1898 logo se mostrou uma decepção. No ano seguinte, uma revolta contra o governo foi respondida com uma repressão sangrenta. Os líderes e soldados assumiram uma postura cada vez mais racista em relação aos filipinos, considerados por eles um povo pouco confiável e incapaz de governar a si mesmo. A elite filipina não estava imune ao preconceito contra não cristãos – em alguns casos, muçulmanos – que viviam nas ilhas. Embora os norte-americanos alegassem que seu imperialismo era benevolente, o investimento privado e os fundos de governo liberados pelo Congresso eram insuficientes para manter o governo. Portanto, os agentes oficiais dependiam de colaboradores filipinos – muitos deles membros de uma elite anterior à chegada dos Estados Unidos – para garantir o funcionamento do governo e da economia locais. A hierarquia imperial era estratificada de acordo com o desprezo dos norte-americanos – mas também dos filipinos – em relação às classes inferiores.

Apesar das promessas de 1910, a implementação de um governo filipino era postergada para quando os filipinos se mostrassem capazes de conduzi-lo – uma condição de contornos abstratos. Mas as Filipinas eram, afinal de contas, um território dos Estados Unidos, e os seus líderes temiam que estivessem criando muitos norte-americanos do tipo errado. Eles precisavam da cooperação dos filipinos, mas não desejavam que estes reivindicassem os direitos à cidadania, nem que se mudassem para outras partes do território da nação, sobretudo em busca de trabalho.

Dessa forma, a política imperial originou uma missão imperialista de difusão do modo de vida dos Estados Unidos e um anti-imperialismo racista. Alguns líderes políticos norte-americanos viam o imperialismo como uma forma de corrupção, enquanto outros trabalhavam em reformas no âmbito doméstico e nos territórios de além-mar. Alguns achavam que as Índias britânicas eram um bom modelo, outros não. Os projetos coloniais em além-mar pareciam uma extensão do império continental, mas também uma ameaça ao mito produzido pela expansão continental. A ideia de que os Estados Unidos estariam construindo um povo homogêneo conforme seus territórios tendiam a se transformar em províncias implicava uma exclusão radical de todos os que não se adequassem ao modelo. Essa visão homogeneizadora não era muito compatível com a realidade de governar diferentes tipos de sociedades em além-mar. Em Cuba, o modo de governo "debaixo dos panos" parecia apaziguar essas questões. Nas Filipinas, a independência postergada servia de solução. Em Porto Rico, os interesses econômicos norte-americanos eram mais diretos – sobretudo em relação à indústria açucareira –, e o suposto atraso das elites de Porto Rico era considerado um obstáculo ao progresso econômico. Nesse caso, era necessário adotar um modelo mais longevo e incorporador de imperialismo – a "*Commonwealth*".

Ao mesmo tempo, os Estados Unidos reconheceram a soberania dos Estados da América Latina, mas intervieram sempre que a intransigência das elites ou a ameaça de uma revolução ultrapassou certo ponto de risco. Essa estratégia levou a invasões, como a do México em 1916, e ocupações que, por sua natureza explicitamente temporária, eram diferentes da colonização praticada por França e Grã-Bretanha. Haiti, Panamá, a República Dominicana, bem como a maior parte das repúblicas da América Central... a lista de intervenções militares norte-americanas em seus Estados vizinhos é longa. Após as conquistas de 1898, essas ações contribuíram para construir uma nova imagem dos Estados Unidos, que viam a si mesmos como um agente poderoso e decisivo em além-mar. Mas uma parcela influente da elite dos Estados Unidos estava muito dedicada em transformar aquele império continental em uma nação branca e cristã, não dando muita atenção àquela representação do país como um administrador de colônias. Os Estados Unidos não criaram instituições como a Secretaria Colonial britânica, que teriam tornado explícita e, presumivelmente, durável, a prática de governar povos em além-mar de formas distintas.

CONCLUSÃO

No final do século XIX, França, Alemanha, Grã-Bretanha, Portugal e Bélgica utilizaram novas tecnologias e um sentimento crescente de direito ao imperialismo em suas conquistas coloniais. Seus repertórios de governo estavam mudando. Para a Grã-Bretanha, o imperialismo de livre-comércio não fazia sentido no século XVII – essa tática seria garantia de derrota no mundo violento dos impérios marítimos. Mas no início do século XIX, com a transformação econômica da Grã-Bretanha, essa estratégia passou a ser realista e, mais tarde, conforme os outros impérios superaram o desnível econômico, cada vez mais problemática. A escravidão era um traço comum dos impérios no século XVII, mas graças às ações de escravos e de movimentos antiescravistas ela foi excluída dos repertórios imperiais no século XIX. Novas tecnologias fizeram com que a conquista da África fosse mais fácil no final do século XIX do que teria sido um século antes. Ao mesmo tempo, a industrialização aumentou o interesse das potências europeias em garantir seu acesso a matérias-primas e mercados em boa parte do mundo. A concepção de uma boa gestão desenvolvida pelos governos do século XIX era muito diferente daquela que vigorava em regimes mais antigos e hierárquicos.

Como essas mudanças se relacionam com as necessidades de um império garantir a cooperação de intermediários, tornar o governo imperial atraente ou normal para os atores políticos domésticos e competir de forma eficaz com outros impérios? A metralhadora e o telégrafo eram muito diferentes dos cavaleiros armados e do sistema de revezamento de mensageiros desenvolvidos pelos mongóis, que dominaram boa parte da Eurásia no século XIII. Mesmo assim, nas vastidões africanas, velocidade e poder de fogo não necessariamente se traduziam em um governo durável ou transformador.

Assim como em tempos anteriores, as conquistas coloniais do século XIX foram rápidas e sangrentas. Em alguns contextos, o governo colonial recrudesceu ao ponto de se tornar um aparato eficaz de vigilância e punição, mas em outros locais sua presença foi tênue, arbitrária e eventualmente brutal. Por vezes, os regimes coloniais elaboraram metas ambiciosas para transformar as sociedades "tradicionais", e não raro recuaram diante da resistência dos povos colonizados. Os grandes impérios podiam se dar a esse luxo, em grande parte porque seus repertórios de poder eram mais amplos e lhes permitiam impedir o monopólio de recursos essenciais por parte de seus rivais.

Mas e quanto ao sentimento de superioridade – cultural e racial – que levava os europeus a proclamar sua primazia científica, econômica e administrativa? Muitas vezes, o século XIX é visto como o período em que as políticas imperiais de diferença deram uma grande guinada e a raça passou a ser um dos elementos-chaves, se não *o* elemento-chave, de divisão da humanidade: uma cruel dicotomia preto/branco substituiu formas menos categóricas e mais relacionais de hierarquia e desigualdade, apoiando-se em um conjunto de práticas corroboradas pelo argumento "científico" de que as raças eram distintas e desiguais. Desde o final do século XIX, os pensadores europeus estavam fascinados com a relação entre diferenças físicas e culturais. Alguns argumentavam que as populações humanas refletiam diferentes "estágios" de civilização. Conforme mais europeus partiam para África e Ásia para desbravar, explorar e governar, a experiência de conquista e dominação parecia validar aos olhos de alguns as teorias de hierarquia racial.

Apontar a incoerência, inconsistência e instabilidade do pensamento e das práticas europeus em relação à raça não reduz em nada o caráter virulento de seu discurso e suas ações racistas nas situações coloniais, seu impiedoso desprezo pela humanidade dos povos indígenas massacrados em guerras de conquista ou explorados em minas e plantações e a dolorosa discriminação vivida pelos povos conquistados. A forma como a questão racial operava de fato nas políticas coloniais era determinada pelas contingências e pelos imperativos políticos contraditórios que todos os impérios enfrentaram. Ao final do século XIX e durante o XX, os governantes depreenderam grandes esforços para impor a segregação e impedir os agentes coloniais de produzirem uma população de raça mista ou de se "nativizarem" precisamente porque as barreiras raciais podiam ser permeáveis.

Por mais que depreciassem os príncipes indianos ou reis africanos, os governantes coloniais precisavam de intermediários. As forças policiais e exércitos europeus só podiam abdicar do auxílio das elites indígenas nos locais onde a colonização era densa e lucrativa o suficiente para sustentar um aparato burocrático próprio, como na África do Sul. Os impérios não tinham políticas consistentes para a aquisição de intermediários: eles precisavam trabalhar com as estruturas de autoridade que encontravam e remodelá-las. Algumas elites indígenas defendiam seu povo, sua terra e seu modo de vida: muitas resistiam a facetas da colonização como o confisco de terras, o trabalho coercitivo e a privação de acesso à justiça. Já outras buscavam novas oportunidades dentro do contexto imperial, testando os limites tolerados pelos regimes coloniais. Os intermediários econômicos eram tão essenciais quanto os políticos: fora das zonas de mineração e das grandes plantações, as taxas coloniais dependiam de fazendeiros e mercadores indígenas, desde os homens de negócios moderadamente prósperos até os trabalhadores explorados.

Os impérios precisavam oferecer uma imagem do tipo de poder que exerciam que fosse capaz de motivar seus agentes, e também precisavam obter o apoio, ou ao menos a aquiescência, da opinião pública no âmbito doméstico – uma opinião pública que agora estava ciente de seus próprios direitos políticos e se mantinha em dia com ideologias de progresso e aperfeiçoamento humano. Tanto os governos como as associações privadas com interesses nas colônias dedicavam grande parte de seus esforços à propaganda, a fim de produzir uma imagem explícita e positiva do projeto colonial, mas o poder de penetração dessas iniciativas jamais foi muito claro. Organizações religiosas e humanitárias, cada vez mais capazes de adquirir e disseminar informações, podiam expor abusos e apresentar versões alternativas das possibilidades de uma sociedade colonial. Os escândalos nas colônias chegavam mais longe do que nos tempos de Las Casas ou Burke. Mesmo quando os governos coloniais se empenharam em policiar as fronteiras raciais e fazer com que a segregação racial parecesse a ordem natural das coisas, mudanças na sociedade e na política, tanto no âmbito doméstico quanto no exterior, levantaram questionamentos sobre as empreitadas coloniais.

Mas o obstáculo mais importante para impedir a implementação de uma ordem baseada apenas em critérios raciais veio de pessoas nas próprias colônias, com suas iniciativas para aproveitar ao máximo os espaços que os regimes coloniais não eram capazes de controlar e sua habilidade para usar, à sua própria maneira, as possibilidades fornecidas pelas conexões imperiais. Os governos coloniais foram desafiados antes mesmo de sua consolidação, não apenas por rebeliões, mas também pela ação silenciosa do professor escolar que vivia próximo a uma missão africana e registrava as tradições de sua comunidade em língua europeia e, assim, recusava a dicotomia entre modernidade europeia e tradição africana; dos defensores de um hinduísmo reformado ou de um islã modernizador; dos cristãos que fundaram suas próprias igrejas na África Ocidental para que pudessem praticar a religião que haviam aprendido sem o controle de missionários brancos. No instante em que africanos e asiáticos formados pelos governos coloniais e sociedades missioneiras começaram a ocupar cargos inferiores da administração, esses intermediários começaram a apagar as linhas divisórias que os regimes coloniais tentavam criar. As elites indígenas mais instruídas conheciam os recursos culturais da Europa e estavam cientes das exclusões que enfrentavam. Sua presença complicou os dualismos coloniais, e suas intervenções orais e escritas engrossaram as críticas ao governo colonial, tanto nos termos dos próprios colonizadores como por meio de linguagens e redes de suas próprias comunidades.

As ideologias de base racial também foram desafiadas em escala global quando, por exemplo, a primeira Conferência Pan-Africana se encontrou em Londres em 1900, reunindo ativistas africanos, europeus, norte-americanos e das Índias Ocidentais para discutir suas experiências comuns de discriminação e opressão e começar a lutar contra elas. O pensador afro-americano e líder político W. E. B. DuBois escreveu em 1903, com presciência e exatidão, que "o problema do século XX são as barreiras por critérios de cor". A distinção entre branco e preto era – e continuaria a ser – não uma modernidade dada, mas um foco de questionamento, debate, mobilização e, por vezes, de violência.

Embora a raça fosse mais foco de discussão que ideologia coerente de governo, as práticas europeias de governança do século XX eram mais parecidas com as do XIX do que a população da época, ou os acadêmicos posteriores, gostaria de admitir. O problema dos impérios do século XIX não era a ausência de novas tecnologias de vigilância e supervisão, mas o desafio de aplicá-las sobre grandes populações ao longo de vastos espaços e a um custo baixo. Em boa parte da África, os primeiros censos – a forma mais elementar de se obter informações sobre uma população – só foram realizados no final dos anos 1940, cerca de dois milênios após os agentes oficiais chineses começarem a coletar esse tipo de informações e quase um século após os britânicos terem feito o mesmo na Índia. Os Estados coloniais, à exceção daqueles para quem as possibilidades de lucro eram excepcionalmente altas, não dedicavam os meios financeiros, a mão de obra e a vontade necessários para levar aos limites lógicos a simples exploração ou uma engenharia social sofisticada. Os europeus eram capazes de administrar uma mina ou planejar uma cidade onde os colonos se sentiriam em casa, assim como eram capazes de administrar um exército e uma prisão. Mas sua tecnologia e engenharia social produziram sociedades fragmentadas, e não uma rede de controle sobre corpos e mentes dos "colonizados".

Divididos entre o desejo de governar e explorar os "africanos" ou "indianos" e a necessidade de trabalhar com intermediários, os impérios coloniais produziram visões das tribos e comunidades; cada uma delas podia ser compreendida em suas particularidades e governada por meio de linhas verticais de autoridade que convergiam no topo. Os governos coloniais não queriam admitir que seus súditos eram capazes de cooperar entre si ou de constituir um corpo político de grande escala. Por isso, as imaginações imperiais retornavam sempre às estratégias patrimoniais empregadas por impérios anteriores e se distanciavam das noções de cidadania desenvolvidas na Europa, segundo as quais o povo deveria eleger seus representantes e ser contemplado por programas sociais e de vigilância.

A maior novidade imperial era o modo de governá-los em âmbito doméstico. No século XIX, era muito mais difícil ver a imposição de uma autoridade superior como algo natural do que havia sido no século XVII, independentemente de onde ela fosse exercida. O governo colonial passou a ser definido e defendido como um conjunto distinto de práticas, tornando-se alvo de críticas e ataques. O ideal da soberania popular nos países europeus não foi aplicado às colônias, mas serviu como marco de referência para asiáticos e africanos instruídos – algo que eles conheciam, mas não podiam ter.

É importante observar que as vitórias do pensamento iluminista e da democracia na Europa foram incompletas. Reis e imperadores continuaram a exercer um poder concreto no século XX, e nas repúblicas as elites buscaram blindar o governo da influência de camponeses e trabalhadores. Mas mesmo a possibilidade de uma cidadania soberana apresentava um problema: a linha de corte. Na França, a discussão sobre quem deveria ter os direitos de cidadão no âmbito doméstico e além-mar se estendeu dos anos 1790 até os 1950. A exclusão racial podia servir de base não apenas para a exploração e apropriações nas colônias, mas também – e este era um argumento frequente nos Estados Unidos – contra esses atos, a fim de evitar o risco de que as pessoas não brancas ingressassem no governo e, quem sabe, reivindicassem direitos de cidadão.

Assim como em séculos anteriores, o máximo que os impérios do século XIX podiam esperar de seus súditos era uma acomodação contingente. Talvez muitos europeus pensassem que seus avanços lhes permitiriam tratar seus súditos como bem entendessem, explorando-os sem restrições ou recriando-os à imagem dos europeus. Mas não foi isso que aconteceu.

Para os ideólogos imperiais do final do século XIX, o argumento da modernidade dos regimes coloniais era de cunho moral – eles alegavam que estavam construindo um império melhor. Hoje, alguns acadêmicos utilizam outro argumento moral: o de que os males do colonialismo podem ser explicados pela "modernidade" e por "ideias do Iluminismo". Por óbvio, o colonialismo europeu existiu em um momento particular e extraiu parte de sua legitimidade das correntes ideológicas daquela era. Mas, como vimos e ainda veremos com mais detalhes, as perspectivas da modernização e do Iluminismo tinham implicações múltiplas. Elas podiam inspirar críticas às práticas coloniais ou à colonização em geral, assim como sua legitimação; elas estavam sujeitas a interpretações conflitantes quanto aos limites de aplicabilidade dessas perspectivas. Enquadrar o problema do colonialismo como um problema de modernidade significa defletir responsabilidades em abstrações. Os indivíduos que perpetraram massacres sangrentos, brutalizaram trabalhadores e denegriram sistematicamente as culturas africanas ou asiáticas tomaram decisões conscientes e criaram o contexto para que essas escolhas parecessem naturais. Eles o fizeram em oposição a pessoas – às vezes uns poucos indivíduos de princípios das metrópoles e colônias – que argumentavam o contrário.

A soberba das elites europeias na virada para o século XX coexistia com uma ansiedade advinda da experiência: no âmbito doméstico, com os conflitos do desenvolvimento capitalista e da participação política e, em além-mar, com as dificuldades de administrar a tensão entre distinções categóricas e conexões hierárquicas. Ainda assim, as dissidências que guiaram a concorrência europeia no século XIX e dividiram o continente no século XX não eram embates entre europeus e não europeus pela dominação ou independência de territórios, nem entre burguesia e proletariado, nem entre grupos étnicos homogêneos ou populações nacionais. Os conflitos se deram entre os próprios impérios, com suas populações heterogêneas e suas variadas mesclas de poderio militar e econômico dentro e fora dos espaços europeus. No século XIX, assim como ocorrera no XVI, uns poucos Estados europeus incitaram seus pares a buscar mais recursos em além-mar e em territórios contíguos, ou ao menos impedir os outros de fazer isso. Durante um tempo, os europeus conseguiram conter os conflitos oriundos dessa concorrência predatória, mas os problemas básicos permaneceram sem solução.

O governo colonial não esteve, e nem poderia estar, à altura da visão totalizante dos europeus que desejavam recriar o mundo à sua imagem ou para uso próprio. Os compromissos exigidos pelos regimes imperiais eram mais fortes que qualquer fantasia de um colonialismo europeu modernizador.

11
Soberania e império
A Europa do século XIX e suas imediações

Entre o Congresso de Viena (1815) e o despontar da Primeira Guerra Mundial, a Europa foi um campo contencioso de concorrência interimperial. As rivalidades que estimularam a busca por colônias em além-mar também transformaram o mapa da Europa mais de uma vez. No século XIX, um novo império se constituiu na Europa Central (alemão), um império oriental continuou a se expandir (russo), um império de longa data encolheu, mas manteve e reequipou seu núcleo (otomano) e a complexa monarquia Habsburgo se reorganizou – de forma complexa – mais uma vez. Conforme novos tipos de relações sociais e ideologias começaram a ameaçar as formas estabelecidas de governar súditos e elites, os líderes imperiais tiveram que enfrentar um leque de desafios. A Grã-Bretanha, agora uma superpotência em além-mar, e outros impérios da vanguarda capitalista investiram seus recursos crescentes na disputa por terras e súditos na Europa e em suas imediações. Este capítulo se concentra na interface dinâmica entre as reformas internas de cada império e a concorrência entre eles. Serão destacados os impérios Russo, Otomano, Alemão e Habsburgo, analisados no instante em que adaptavam suas políticas de diferença às mudanças da geografia de poder imperial.

As guerras internas, ou contra outros impérios, fossem dentro ou fora da Europa, tiveram um papel central para essas reconfigurações imperiais. Instigados por seus rivais europeus, russos e otomanos deram continuidade a sua longa série de guerras, sempre marcadas por ocupações inconclusivas. Os prussianos enfrentaram austríacos, dinamarqueses e franceses; os Habsburgo lutaram contra italianos rebeldes, rivais germânicos e otomanos. As rebeliões contra os governos russo, otomano e Habsburgo e as tentativas de revolução ameaçavam o domínio dos súditos pelos soberanos e criavam oportunidades que podiam ser exploradas por rivais imperiais. A Guerra da Crimeia, um grande conflito entre os impérios Russo, Otomano, Britânico e Francês na metade do século, ceifou cerca de 400 mil vidas.

A guerra era a faceta mais visível dos atritos entre os impérios, mas o poderio econômico era crucial para a manutenção ou expansão do domínio imperial. Novas riquezas, novos processos produtivos e novas formas de organizar o trabalho se difundiram de forma desigual pelo continente, perturbando as relações entre os súditos, dos súditos com os governantes imperiais e dos impérios uns com os outros. O Império Britânico empunhava a arma do "livre-comércio" contra seus concorrentes vulneráveis nas extremidades da Europa, e o Reich alemão articulou suas diversas regiões em uma grande usina industrial.

Novas possibilidades políticas, culturais e intelectuais viajaram pelas extensões imperiais. Assim como os participantes dos movimentos antiescravistas, liberais, socialistas, anarquistas, nacionalistas, reformistas religiosos e feministas podiam se conectar uns aos outros e promover suas causas. "Por sua liberdade e pela nossa" era o slogan dos poloneses que se rebelaram contra a Rússia em 1830. Esse tipo de mobilização transversal se tornou um pesadelo para os governantes imperiais, que tinham nos laços verticais entre as populações de súditos seu instrumento de controle predileto.

As bases e funções da soberania foram questionadas durante o século XIX. A revolução filosófica do século XVIII tinha sabotado as justificativas tradicionais para o poder estatal, e as revoluções francesa e norte-americana haviam ampliado a imaginação política. Se os cidadãos franceses podiam matar seu rei e estabelecer uma república nos moldes de Roma, ainda que somente por alguns anos, o que isso significava para as relações entre imperadores ou sultões e seus súditos, fossem elas reais ou potenciais? O império não foi extinto pela revolução – dois Napoleões se declararam imperadores na França do século XIX, e um novo governante alemão se autoproclamou Kaiser –, mas os governantes imperiais e seus inimigos sabiam que fontes alternativas de legitimidade e direitos políticos já ocupavam a mente de muita gente.

Mas quem tinha seus direitos levados em conta na hora de criar ou recriar um Estado? Na Europa do século XIX, muitos eram os candidatos dispostos a refundar os regimes. Religião, história, classe, etnia, civilização, tradição política... cada um desses elementos servia de base para que as pessoas levassem demandas ligadas a uma causa comum aos seus governantes ou afirmassem seu próprio direito de governar. Rebeldes e patriotas nacionalistas não eram os únicos a manifestar suas reivindicações. Impérios evocavam diversas noções de legitimidade uns contra os outros e as expunham de forma seletiva às suas próprias populações. Ideias de direitos nacionais ou religiosos serviram muitas vezes para justificar intervenções em impérios alheios.

Contra as proezas econômicas e militares de seus rivais imperiais, líderes dos impérios Russo, Habsburgo e Otomano tomaram medidas para revitalizar seus regimes por meio da ampliação de receitas, da consolidação de lealdades e do fortalecimento de seus exércitos. Reagindo a novos conceitos de soberania, cada império realizou experimentos em suas instituições políticas, incluindo a criação de parlamentos e ajustes nos direitos dos súditos. Cada império observou com olhos enviesados, mas atentos, as políticas "coloniais" dos britânicos e dos franceses; executou seu próprio tipo de missão civilizatória; e criou suas novas variantes da política da diferença. Cada império encontrou respostas inesperadas e desestabilizadoras para seus esforços de modernizar seus recursos e capital humano. A mescla de iniciativas centralizadoras e defesa tipicamente liberal de uma cidadania homogênea e dotada de poder levou a hostilidades turbulentas dentro de grupos étnicos ou religiosos e entre eles mesmos. Mas, ao contrário do que sugere a leitura retrospectiva e convencional do lado vencedor da Primeira Guerra Mundial, os impérios Russo, Alemão, Otomano e Habsburgo, assim como seus adversários, dispunham em 1914 de exércitos modernos e esperavam um conflito breve, apostando no patriotismo de seus súditos para vencer aquela nova rodada das guerras imperiais.

RÚSSIA E EUROPA: REDESENHANDO IMPÉRIOS

Cabe começar pelas cenas finais do drama imperial de Napoleão. Em março de 1814, Alexandre I, imperador da Rússia, e Frederico Guilherme III da Prússia conduziram seus exércitos até Paris. Napoleão, como tantos outros desde a era romana, havia sido derrotado pela habilidade das muitas potências do continente de reconfigurar suas alianças contra candidatos a imperador universal.

Dessa feita, a Rússia desempenhou um papel central nos esforços para remodelar a Europa. No início de seu reinado (1801-1825), Alexandre, neto de Catarina, a Grande, havia reestruturado a administração central russa de acordo com o modelo dos ministérios napoleônicos. Em 1807, quando uma aliança multiestatal contra a França fracassou, Alexandre assinou um tratado de paz tipicamente imperial com Napoleão, que dividia a Europa entre uma esfera russa e outra francesa. Após o ataque de Napoleão à Rússia em 1812, uma nova aliança contra os franceses liderada pela Áustria, Grã-Bretanha, Rússia e Prússia ganhou forma. As contribuições decisivas da Rússia para a vitória dos Aliados atenderam às ambições de Pedro I: o império era comprovadamente uma grande potência no cenário europeu.

No Congresso de Viena, os impérios vitoriosos repartiram a Europa para proteger e desenvolver seus próprios interesses: foi criado o reino dos Países Baixos, territórios do Reno foram concedidos à Prússia, a Áustria estendeu sua soberania sobre o Norte da Itália e os Alpes, a divisão da Polônia foi reajustada e os governos austríaco e prussiano sobre diversos reinos, principados e ducados foram restaurados. A Rússia manteve posse da Finlândia e da Bessarábia, que haviam sido anexadas antes de 1814. A Polônia se consolidou como reino de constituição própria, embora o imperador russo fosse seu soberano. Não se tratou de uma restauração, mas de um redesenho tipicamente imperial do desregrado mapa europeu. Soberanias foram sujeitadas onde era conveniente, porções de terra trocaram de mãos, alguns reinos foram fundidos e outros divididos.

O congresso produziu duas alianças formais, que se baseavam em princípios distintos. Alexandre, que se tornara profundamente religioso após os tormentos da guerra, seguiu sua agenda salvacionista por meio da Santa Aliança. Seus membros deviam jurar que suas questões internas e as relações entre eles se baseariam na "eterna religião de Deus nosso salvador" e "nas regras da justiça, da caridade cristã e da paz". Essa declaração pareceu absurda para alguns diplomatas, mas, afora o Vaticano, otomanos e britânicos, a maioria das potências europeias subscreveu tais princípios cristãos. O segundo acordo dava continuidade à quádrupla aliança entre Áustria, Grã-Bretanha, Rússia e Prússia, formada para combater Napoleão. Representantes dessas potências concordaram em se reunir a intervalos regulares para discutir seus interesses comuns e estudar medidas para ampliar a prosperidade e a paz na Europa. Embora seus membros tenham mudado – a França se uniu a eles em 1818 e, mais tarde, os britânicos saíram –, a aliança implementou o que ficou conhecido como "sistema de congressos": o compromisso de reunião e mediação entre as grandes potências europeias.

Juntos, esses acordos expressavam a transformação da Europa, antes um espaço geográfico, em uma entidade política. Concederam aos europeus conscientes de sua identidade uma plataforma ideológica que duraria muito mais tempo do que os próprios pactos. A Santa Aliança estabelecia as fundações cristãs da nova ordem europeia, e o sistema de congressos reconhecia o risco das políticas territoriais dentro do continente. O comprometimento com a coordenação chegou em boa hora: nos anos 1880, quando os europeus tentavam regular sua disputa pelas colônias na África (ver capítulo 10).

Mapa 11.1 – Impérios na Europa e em suas imediações, 1815

Os exércitos de Alexandre haviam provado que a Rússia era uma grande potência, mas será que esse império gigantesco fazia mesmo parte da Europa? Viajantes e filósofos do século XVIII haviam traçado uma linha entre a suposta civilização europeia e as sociedade semisselvagem ao leste. A vitória da Rússia sobre Napoleão e a extravagante pompa marcial do czar deram contornos militares à imagem da Rússia. O Império Romanov era temido e visto como exótico, mas não bem-vindo no mundo europeu.

Na Rússia, as adaptações que Alexandre fizera dos modos europeus haviam sido seletivas, limitadas pelas barganhas de um governo autocrático (ver capítulo 7). Seu reinado tivera início com derramamento de sangue, mas também com reformas. Jovens nobres como Alexandre estavam familiarizados com as instituições e teorias políticas da Europa Ocidental, e o czar propôs a emancipação dos servos e mudanças constitucionais. Sua legislação estipulou alguns limites ao poder dos proprietários de terra sobre os trabalhadores, e os servos foram emancipados nas províncias bálticas. Universidades foram inauguradas no intuito de aprimorar a administração. No que dizia respeito ao poder único e irrestrito do imperador, contudo, Alexandre e seus agentes do alto escalão seguiam uma antiga tradição. Como antes, a configuração patrimonial do poder – o czar assessorado por seus favoritos – impedia a nobreza de assumir uma postura única a respeito da delegação de autoridade.

As dissidências entre os servidores de elite do imperador vieram à tona de forma brutal em dezembro de 1825, quando uma conspiração de agentes – muitos dos quais retornavam da vitória na Europa repletos de projetos e ideias constitucionais – tentou tomar o poder após a morte súbita de Alexandre. Os comandantes militares se mantiveram leais aos czares, e os rebeldes "dezembristas" foram derrotados em poucas horas. Cinco líderes foram executados, e outros conspiradores acabaram exilados na Sibéria. Esse malogrado golpe de Estado foi interpretado pelo novo czar, Nicolau I (1825-1855), como uma rebelião contra o princípio da autocracia.

A convicção de que o contato com o "Ocidente" – o termo circulava cada vez mais – foi responsável pela insurreição que levou Nicolau a intensificar a vigilância por meio do famoso Terceiro Departamento (ancestral da KGB soviética). Indivíduos potencialmente subversivos eram presos, exilados no próprio país ou deportados para o exterior. Para combater ideias subversivas, Nicolau deu início a uma ofensiva ideológica. Respondendo a filosofias idealistas e a mitos sobre as antigas raízes nacionais que circulavam na Europa pós-napoleônica, Nicolau exaltou valores que apresentava como características tradicionais russas: virtude, obediência e cristianismo. Nos anos 1830, seu ministro da Educação anunciou o slogan: "Ortodoxia, autocracia e identidade nacional". Por meio de cerimônias dramáticas, o imperador implementou um culto sentimental à família imperial enquanto modelo de patriarcado zeloso, amor romântico e devoção filial. A despeito de todas as suas credenciais estrangeiras – a esposa e a mãe de Nicolau eram prussianas –, a dinastia buscou conectar o passado, o presente e o futuro da Rússia.

O culto imperial não substituía a necessidade de reformas, mas Nicolau buscou garantir que as iniciativas viriam do imperador e de seus ministros, e não de uma população dotada de poder. Nos anos 1830, o imperador patrocinou a codificação e publicação das leis russas. Uma escola de jurisprudência foi inaugurada para formar futuros agentes oficiais. Embora Nicolau não tenha abolido o regime de servidão, sua administração reformou a governança para os camponeses que viviam em terras pertencentes ao Estado, e não à nobreza, o que representava aproximadamente metade dos camponeses no império. A Sociedade Geográfica Imperial deu início a estudos sistemáticos sobre os muitos povos do império. No campo religioso, Nicolau foi apaziguador: permitiu que a Igreja Ortodoxa inaugurasse novas missões na Sibéria e em outras regiões, mas as crenças "estrangeiras" permaneceram sob proteção e gestão do Estado.

Apesar dos esforços de Nicolau para estancar possíveis fontes subversivas, a vida intelectual floresceu nas universidades, salões de encontro e academias russas e com a imprensa emergente. Debates sobre o destino da Rússia e seu passado distinto colocaram em marcha algumas reconstruções históricas bastante imaginativas. O slogan do imperador evocava a "identidade nacional" – embora uma tradução mais precisa seria a "identidade do povo" – enquanto princípio de Estado. O termo aludia ao povo russo, aos povos da Rússia ou a outra coisa? Acadêmicos lutaram por suas interpretações, e também para receber fundos imperiais. A Rússia deveria "avançar" em direção aos valores europeus (posição defendida pelos "ocidentalizantes"), ou mananciais de comunidade e bondade poderiam ser encontrados nas tradições dos antigos eslavos (o argumento do "eslavófilos")?

CONSTRUÇÃO DE NAÇÕES NO TERRITÓRIO IMPERIAL

Argumentos exaltados sobre a essência da nação e suas possibilidades não eram uma exclusividade russa. Naquela era de conexões interimperiais, povos de toda a Europa buscavam a combinação adequada de expressão artística, feitos históricos e virtudes populares para afirmar seu espaço no mundo civilizado conforme este era redefinido. O interesse pan-europeu por idiomas, trajetórias históricas e práticas de grupos nacionais característicos se inspirara nos trabalhos de Herder, Fichte e outros alemães que viam a nação germânica como uma cultura, e não como um regime. Europeus também se esforçaram para criar conexões com eras cristãs anteriores e com Roma.

Essas jornadas em busca de culturas nacionais e genealogias cristãs convenientes se tornaram armas na competição entre os impérios. A emergência de um novo Estado "grego" foi um dos casos mais emblemáticos: tanto o Império Britânico como o russo reivindicavam uma conexão gloriosa com o passado grego – os britânicos com aquilo que hoje definimos como civilização grega clássica que, é claro, teria desembocado na Europa, e os russos com as virtudes do cristianismo ortodoxo e suas raízes em Bizâncio. Ambos os impérios buscaram sabotar seu rival comum, os otomanos, por meio do apoio a nacionalistas que se autoproclamavam gregos e se rebelaram nos anos 1820.

As rebeliões em zonas de disputas inconclusas na Europa não demoravam para atrair a atenção de outros impérios. Em 1826, líderes russos e britânicos concordaram em gerir de forma conjunta o enfrentamento entre rebeldes e o sultão otomano. Um ano mais tarde, franceses também aderiram a essa forma de coordenação imperial que o secretário britânico de Assuntos Externos Canning chamou de "intervenção pacífica". Mas depois que os três aliados encurralaram e destruíram a frota otomana na baía de Navarino em 1827, os britânicos começaram a suspeitar que haviam auxiliado o império errado (o russo, mais forte) e decidiram deixar a luta em mãos alheias. Tropas francesas expulsaram as forças egípcias de diversas porções do que mais tarde se tornaria o Estado grego, e a Rússia deu início a uma campanha diplomática – seu candidato foi escolhido como presidente grego em 1827 – e um ataque militar. Em 1828, havia tropas russas em posição para marchar até Constantinopla, mas Nicolau recuou. Permitir a continuidade do Império Otomano, anexando partes dele, lhe pareceu mais vantajoso do que destruir o sultão e provocar uma disputa na região que estaria aberta a todas as potências.

O Tratado de Adrianópolis (1829) concedeu à Rússia áreas que ela cobiçava desde o século XVII: territórios no Cáucaso, parte da costa do mar Negro e o controle da foz do Danúbio. A Rússia ocupou os principados da Moldávia e de Valáquia às margens do Danúbio sob o pretexto de proteger os cristãos, e não demorou para que instalasse uma administração dominada por grandes proprietários de terra. O presidente russo da Grécia foi assassinado em 1831 e a Grécia ganhou um rei católico e filho do rei da Bavária em 1832, mas não pôde anexar todos os territórios reivindicados pelos patriotas. Temendo encorajar novas exigências desestabilizadoras por parte dos súditos otomanos, as grandes potências insistiram que o rei Otto fosse designado "rei da Grécia", e não "rei dos gregos", definindo assim um caráter territorial à nacionalidade de acordo com seus próprios interesses.

As potências europeias seguiam focadas em restringir as tentativas de dominação umas das outras, mas essa estratégia não protegia seus soberanos contra os efeitos de levantes políticos internos. Diversas revoluções irromperam em 1830: os católicos e protestantes belgas se revoltaram contra o governo neerlandês, os italianos do norte se rebelaram contra os Habsburgo, e os franceses contra seu próprio rei. Para a Rússia, o problema era a Polônia: os nobres poloneses tentaram liderar uma revolta contra o governo russo em 1830. Após sufocar a rebelião, Nicolau cancelou a Constituição polonesa em 1815 e tornou a Polônia parte da Rússia. No Cáucaso, onde os russos haviam penado para subjugar os povos das montanhas, Shamil, imame do Daguestão e da Chechênia, deu início a uma longa campanha contra as agressões russas que duraria dos anos 1830 até sua rendição, em 1859.

Após o turbilhão dos anos 1830, governantes russos, austríacos e prussianos concordaram em se ajudar em caso de "problemas internos" ou de "uma ameaça externa". Esse acordo foi formalizado pela Convenção de Berlim em 1833. Naquele mesmo ano, tropas russas partiram em auxílio do sultão otomano contra um desafiante pretensioso, Maomé Ali do Egito. Sua recompensa foi o Tratado de Unkiar-Skelessi, que corroborava o papel russo de protetor do cristianismo nas terras otomanas. Em troca da ajuda da Rússia, os otomanos concordaram em fechar os estreitos para embarcações armadas nos tempos de guerra.

Em meados da década de 1830, Nicolau parecia ter assegurado a soberania dos impérios de base dinástica, embora suas políticas repressivas no âmbito doméstico tenham afugentado as elites derrotadas, sobretudo as polonesas, e os intelectuais descontentes, como Alexander Herzen, para a Europa Ocidental, onde reforçaram a reputação da Rússia como um regime opressor e se juntaram a ativistas políticos. Foram as revoluções em outras partes da Europa – e não na Rússia – que envolveram Nicolau outra vez na rixa das políticas interimperiais. Em 1848, quando uma nova onda de levantes políticos atingiu o continente europeu, Nicolau ofereceu voluntariamente seus serviços de "gendarme da Europa". Suas intervenções ajudaram os austríacos nos Bálcãs e na Hungria, onde 200 mil combatentes russos intervieram em apoio ao controle Habsburgo.

Os regimes imperiais foram restaurados na Europa após 1848, mas Nicolau temia um segundo *round* de contágio revolucionário. Estudantes e exilados russos haviam participado dos levantes; o mais famoso deles foi o anarquista Bakunin, com seu slogan radicalíssimo: "A paixão pela destruição é uma paixão criativa". Em Paris, os nobres russos haviam conclamado uma aliança entre poloneses e russos contra o "despotismo" russo. Bakunin acabou sendo entregue pelos austríacos e permaneceu nas prisões russas até a morte de Nicolau.

A repressão de ideias ameaçadoras se tornou recorrente nos anos finais de Nicolau. O currículo universitário foi alterado para eliminar o direito constitucional e a filosofia, e a censura recrudesceu. Em uma demonstração traumática do poder exercido pelo imperador sobre seus súditos, membros de um grupo de estudos socialista, incluindo Fiódor Dostoiévski, foram condenados à morte e só receberam indulto alguns minutos antes do horário marcado para a execução. A interdição de redes de contato com o Ocidente foi uma estratégia defensiva utilizada diversas vezes no Império Russo e na subsequente União Soviética, e em todas as ocasiões essa política empobreceu o país em recursos materiais e políticos.

GUERRA IMPERIAL NA CRIMEIA

Nicolau, que dedicara muito esforço para fortalecer o Império Russo, acabou dando as cartas erradas no exterior e mergulhou o país em uma guerra que, surpreendentemente, não foi capaz de vencer. As disputas entre impérios cristãos pela influência no território otomano foram o gatilho. O imperador francês Napoleão III, que cultivara o apoio dos católicos, alegou o direito de supervisionar a igreja em Belém e outros locais sagrados na Palestina, enquanto Nicolau se via como guardião de todos os cristãos no reino do sultão.

O objetivo dessa disputa imperial do século XIX era antigo: o controle do estreito de Dardanelos e do Bósforo e das conexões entre o Mediterrâneo, o mar Negro e além. Nicolau esperava que o sistema de congressos confirmasse seus direitos especiais e que os imperadores cuja pele havia salvado após as tentativas de revolução em 1848 se colocassem ao seu lado, mas França, Grã-Bretanha e Áustria apoiaram os otomanos. Com o Império Otomano (apelidado de "o adoentado europeu") sob ameaça de problemas externos e internos, uma regra básica da competição interimperial entrou em cena. Impérios fracos eram úteis para conter rivais fortes – sobretudo os russos, geograficamente próximos de conexões cruciais entre mares e continentes.

Em 1853, depois que os otomanos se recusaram a reconhecer Nicolau como protetor legítimo dos cristãos da Igreja Ortodoxa do Oriente em seu império, ele deu ordens para que suas tropas ocupassem os principados dos Bálcãs. Os otomanos declararam guerra à Rússia. De início, as coisas deram certo para os russos: eles afundaram quase toda a frota otomana em

Figura 11.1
Sultão Abdul Mejide I (à esquerda) e czar Nicolau I (à direita). Retratos publicados no *Illustrated London News* 23 (6 ago. 1853): 92-93. (Biblioteca Falles, Universidade de Nova York.)

Sinope e no mar Negro. Essa resposta a um ato de guerra foi divulgada na Grã-Bretanha e na França como "massacre de Sinope". A imaginação imperial do público britânico foi mais empática com o adoentado do que com o gendarme, por mais que o primeiro fosse muçulmano e o segundo cristão. Utilizando um agrupamento de tropas oriundas de várias partes de seu império, britânicos se uniram à guerra contra os russos em 1854, assim como os franceses.

O local das batalhas foi determinado pela insegurança territorial de alguns impérios e pelas proezas marítimas de outros. Os austríacos, cientes de como suas regiões ao sul estariam ameaçadas na eventualidade de uma guerra, não quiseram se unir à coalisão contra a Rússia. Prussianos e suecos, também vizinhos da Rússia, retrocederam. Após algumas escaramuças no mar Báltico, as marinhas britânica e francesa transportaram tropas pelos estreitos em disputa até a Crimeia e os fortes russos que guardavam a região.

Estavam em jogo na Crimeia o controle de rotas comerciais marítimas e terrestres, a primazia civilizacional e o privilégio de interferir na economia otomana. Rifles de repetição rápida e uma artilha aprimorada tornaram o combate especialmente mortífero, e o conflito a longa distância que durou três anos se mostrou insustentável para todos os envolvidos. O conservadorismo de Nicolau na construção de ferrovias acabou se mostrando um grande erro: os suprimentos russos precisaram ser transportados até o front em carroças. Britânicos e franceses, apesar de suas vantagens tecnológicas e logísticas, foram incapazes de suprir a quantidade adequada de alimentos aos seus exércitos. Cerca de dois terços dos soldados que morreram durante o conflito sucumbiram a doenças.

A guerra fascinou e chocou a opinião pública de todas as potências envolvidas, que a acompanharam pela imprensa emergente. Britânicos pensavam que a guerra contra os russos retrógrados poderia ser vencida muito depressa, mas estavam equivocados. Russos se orgulhavam da valentia de suas tropas, que haviam derrotado Napoleão. Mas a lealdade se mostrou insuficiente contra a superioridade armamentista britânica. Liev Tolstói, que servia como oficial, despachou para seu país artigos sobre o terrível sofrimento das tropas – foi na Crimeia que ele se tornou um pacifista. Nos jornais britânicos, o verdadeiro herói da guerra foi uma enfermeira, Florence Nightingale. Mais tarde, os hospitais de guerra que ela organizou para os soldados serviriam de modelo para a constituição da Cruz Vermelha Internacional.

A carnificina na Crimeia gerou uma nova perspectiva sobre a regulação interimperial e seus usos. Após a guerra, diplomatas russos assumiram a liderança dos esforços para elaborar um código de conduta para os conflitos e o tratamento humano de combatentes inimigos. A declaração de São Petersburgo de 1868 convocava os Estados a abdicarem do uso de armas que causassem ferimentos horrendos. A primeira Convenção de Genebra sobre o tratamento de feridos foi assinada em 1864 após outro embate imperial sangrento: a batalha de Solferino, entre os exércitos francês e Habsburgo no Norte da Itália. Foi nesse período que o direito internacional surgiu enquanto disciplina profissional. As rivalidades interimperiais estavam criando as condições não apenas para iniciar guerras, mas também para limitá-las e encerrá-las nas ocasiões em que os impérios detectassem ameaças ao seu próprio bem-estar.

A Guerra da Crimeia só terminou após a morte do imperador russo em 1855. Confrontado com a possibilidade de que a Áustria se juntasse à guerra, o filho de Nicolau, Alexandre II, declarou seu desejo de atender às novas condições e negociar com os otomanos. A Paz de Paris, assinada em 1856, foi fruto do primeiro encontro geral entre potências imperiais europeias desde 1815. França, Rússia, Grã-Bretanha, Áustria, Sardenha (que havia entrado na guerra no último minuto) e o Império Otomano enviaram representantes, e os prussianos também compareceram a algumas sessões. O resultado foi um revés para os russos e uma demonstração de poder e autoconfiança dos Estados da Europa Ocidental. O mar Negro foi desmilitarizado e aberto ao tráfego de qualquer navio mercante – uma vitória para os impérios de livre--comércio. Os russos foram privados de seu papel especial de protetores dos cristãos otomanos: em seu lugar, as potências europeias assumiram de forma conjunta essa responsabilidade, e também o compromisso de manter a foz do Danúbio aberta à navegação. A Rússia perdeu territórios que havia conquistado no início daquele mesmo século, incluindo partes da Bessarábia, fortes às margens do mar Negro e ilhas no Báltico. A declaração de Paris determinou que as atividades comerciais seriam protegidas mesmo durante as guerras.

Embora os termos acertados em Paris fossem dirigidos à Rússia – suas ambições sobre a porção oriental do Mediterrâneo foram levadas muito a sério pelos rivais –, o tratado criou o cenário para que França, Grã-Bretanha e Áustria interferissem cada vez mais no Império Otomano por meio de suas práticas de "livre-comércio" e da proteção dos cristãos que viviam nos territórios do sultão. Para os líderes russos e otomanos, a Guerra da Crimeia exacerbou outra disputa: o controle das populações em territórios contestados. Dois terços dos tártaros muçulmanos na Crimeia trocaram a Rússia pelo Império Otomano após a guerra. Enquanto migrantes buscavam proteção ou vantagens em outros impérios, russos e otomanos reassentaram alguns recém-chegados e deslocaram outras pessoas. Esse processo se intensificaria com os ajustes subsequentes de fronteira nos Bálcãs e ao redor do mar Negro. Enquanto alguns grupos tiravam vantagem dos esforços de cada império para manter ou ampliar seus recursos humanos, essa dinâmica de violência e ressentimento crescia durante o século XX.

AJUSTES OTOMANOS

Os otomanos tinham um problema em comum com seus rivais russos: sua imagem no mundo ocidental. O adoentado europeu deveria ser curado, ou seria melhor que fosse desmembrado e absorvido por outro corpo europeu, mais saudável? Enquanto esses dois impérios sob disputa da Europa se esforçavam para equiparar forças com os exércitos e frotas navais do Ocidente – e também para lutar melhor um contra o outro – e eram escanteados no jogo da diplomacia interimperial, eles ainda tiveram que confrontar uma retórica poderosa de progresso e civilização. Isso inspirou as elites descontentes, incluindo sultões, a repensar seu lugar no mundo e o que era possível fazer para mudá-lo.

O Império Otomano havia sobrevivido a rebeliões locais, golpes de janízaros e ao encolhimento de seus territórios desde os dias de glória de Suleiman, o Magnífico (ver capítulo 5). As práticas otomanas de taxar fazendas, delegar autoridade a figuras locais proeminentes e outorgar muitas funções legais às comunidades religiosas haviam funcionado – com altos e baixos – durante séculos. No século XVIII, otomanos buscaram – assim como seus inimigos russos – obter tecnologias militares europeias. O sultão Selim, que governou entre 1789 e 1807, inaugurou academias militares e deu início a reformas táticas e armamentistas inspiradas na França. O império contraiu grandes dívidas para financiar suas guerras contra a Rússia e acabou derrotado na maioria delas.

Como já ocorrera antes, as corporações de janízaros se tornaram um elemento de instabilidade. Embora fossem recrutados à força fora do núcleo imperial – um cuidado para garantir sua independência em relação às forças sociais internas (ver capítulo 5) –, ameaçavam o poder otomano de ao menos duas formas. Nas áreas longínquas, sua violência e corrupção podiam provocar rebeliões, como ocorreu entre os sérvios em 1805. Na capital, podiam conspirar contra o sultão caso as políticas deste ameaçassem seus interesses corporativos. Após promover reformas inovadoras, Selim III foi deposto pelos janízaros em 1807 e assassinado em 1808.

Menos de duas décadas depois, Mamude II (1808-1839), tendo a fraqueza comprovada do exército do sultão como seu maior argumento, ousou abolir os janízaros em 1826 e começar outra rodada de aprimoramentos militares. O exército reformado tinha como base camponeses recrutados pelo governo central e guiados por oficiais formados de acordo com padrões da Europa Ocidental. Passou de 24 mil membros em 1837 para 120 mil nos anos 1880. A humilhação pública e a execução dos janízaros foram parte da mudança radical da organização militar. As unidades mobilizadas por grandes nomes locais foram substituídas por um exército regimental controlado de forma mais direta por um alto-comando centralizado.

Os otomanos também enfrentavam ameaças externas às suas fronteiras: ataques frequentes dos russos, campanhas e ocupações ambiciosas de Napoleão e a exacerbada concorrência imperial após a derrota do imperador francês. No século XIX, elites de várias partes do império podiam planejar e, com o auxílio de forasteiros, consolidar formas de escapar do controle otomano. A Sérvia, após décadas de conflitos, tornou-se um principado totalmente autônomo em 1830 – mesmo ano em que as potências europeias reconheceram a Grécia como nação independente.

O sultão enfrentava um perigo ainda maior: seus subordinados podiam aspirar, de forma classicamente imperial, apropriar-se dos domínios otomanos. No caótico período após a malfadada ocupação do Egito por Napoleão, o sultão incumbira o impressionante Maomé Ali, militar de origem albanesa, de restabelecer a autoridade otomana. Após se tornar governador em 1805, Ali moldou o exército e a marinha do Egito, ajudou a sufocar uma rebelião na Grécia, expandiu o poder otomano no Sudão e conquistou a Síria nos anos 1830. Ansioso para ampliar seu comando pessoal, fez ameaças à própria Istambul. Os russos e, mais tarde, outros impérios europeus pressionaram o sultão para que este concedesse à família de Maomé Ali o direito hereditário de governar o Egito – um grande desvio das normas patrimoniais otomanas.

Esse revés incitou esforços dos líderes otomanos para o estabelecimento de um controle central, capaz de abdicar de intermediários e figuras proeminentes. A burocracia ficou encarregada de gerir a população de forma mais direta, e os ministérios assumiram funções que antes ficavam nas mãos das autoridades religiosas. A presença do Estado na sociedade se tornou mais invasiva: agentes espionavam a população e os estrangeiros da mesma forma que as agências de polícia faziam nos Estados da Europa Ocidental. O número de funcionários civis cresceu de cerca de 2 mil ao final do século XVIII para 35 mil em 1908.

O aprimoramento do exército e da burocracia exigia novos padrões de educação. O treinamento administrativo foi transferido dos lares dos grão-vizires ou das pessoas proeminentes para as instituições educacionais, das quais se esperava que criassem um novo tipo de agente oficial, capaz de conectar a população ao centro de forma mais eficiente. Os oficiais otomanos aprenderam línguas europeias, viajaram e estudaram na Europa e aplicaram sua experiência e seus conhecimentos aos projetos otomanos. Nos anos 1830, otomanos inauguraram faculdades militares e médicas, ambas com instrutores estrangeiros. Como antes, o objetivo principal era aprimorar a qualidade do exército – as faculdades médicas treinavam médicos para o exército –, mas essas iniciativas também tinham relação com mudanças mais amplas na sociedade otomana. O francês era a língua de preferência de muitas instituições de ensino superior e de diversos jornais que começaram a ser publicados nos anos 1830.

Rompendo com as regras de vestimentas elaboradas para destacar as hierarquias, os otomanos regularam os códigos de indumentária para criar uma uniformidade, ao menos entre os homens. Em 1829, um decreto ordenou que todos os homens, à exceção dos clérigos, vestissem o mesmo tipo de cobertura na cabeça. O barrete, vestido com um terno ao estilo ocidental, tornou-se o uniforme dos agentes oficiais. Mulheres da elite otomana seguiram combinando suas próprias variações estilísticas de roupas e comportamentos, ressaltando o abismo em relação às classes inferiores e provocando proibições intermitentes – e ineficazes.

Esse ímpeto centralizador buscou sustentação em uma série de leis e códigos produzidos durante o período de reestruturação conhecido como

Tanzimat (a Reorganização, 1839-1871). Em 1839, o sultão Abdul Mejide I (1839-1861) publicou um édito garantindo a proteção da vida, da honra e das propriedade dos súditos. No texto, determinava-se que cada um pagaria impostos proporcionais aos seus recursos, e todos os súditos, independentemente de religião, foram proclamados iguais perante a lei. Dois novos códigos, um penal e outro comercial, foram emitidos nos anos 1840. Em 1847 houve a criação de novos tribunais, baseados em práticas da Europa Ocidental, e em 1858 o Estado criou um código sobre a terra que declarava os direitos à propriedade equivalentes para todos os cidadãos de sexo masculino. A intenção era atrelar a terra, seus produtos e seus proprietários ao Estado de forma mais direta, eliminando os intermediários.

As reformas da Tanzimat foram realizadas por sultões ativistas e seus vizires com o objetivo de fazer frente aos desafios que representavam os russos e as potências europeias. Não era atípico que líderes de um império sob ameaça adotassem estratégias utilizadas por seus inimigos, mas os otomanos precisaram encarar dois obstáculos graves para alcançar sua meta de um controle modernizado. Em primeiro lugar, seus rivais imperiais investiam contra os erários do império de forma cada vez mais ávida; em segundo, alguns dos inimigos já ingressavam fisicamente no império por meio de imigrantes, missionários e praticantes do livre-comércio, e suas ideias de soberania se chocavam de forma volátil com a tradicional proteção otomana das diferenças e suas novas reformas centralizadoras.

Em termos econômicos, os otomanos enfrentaram o mesmo problema que havia assolado a dinastia Qing na China: a obstrução de capital pelos britânicos e franceses. O século XVIII havia sido um período próspero para os otomanos, mas em seus últimos anos o Estado tomara dinheiro por empréstimo dos europeus e não fora capaz de quitar suas dívidas. Em 1838, os britânicos impuseram um tratado para banir monopólios estatais e tarifas sobre o comércio exterior, extinguindo uma grande parcela das receitas otomanas. Com o tempo, os britânicos e outras potências externas exploraram a prática otomana de garantir jurisdição legal a autoridades estrangeiras dentro do império (ver capítulo 5) em seu favor, buscando vantagens para si e seus clientes. Em 1881, britânicos e franceses estabeleceram uma administração da dívida pública altamente intervencionista.

Entre as armas dos forasteiros também estavam alguns conceitos que abalavam a soberania do sultão: liberalismo, solidariedade étnica ou cultural, feminismo e o avanço do progresso. Como seus pares russos, as elites otomanas com formação na Europa, ou em instituições europeias, se inspiravam nesse repertório crescente de ideias políticas. Nos anos 1860, chegara a vez de uma nova geração de intelectuais, que se consideravam membros de um movimento transnacional em prol da igualdade de direitos de governos representativos, demonstrar seu descontentamento com o ritmo das mudanças e exigir uma reconfiguração radical da governança otomana. Os Novos Otomanos (mais tarde conhecidos como Jovens Otomanos) criticaram os burocratas da Tanzimat por não irem longe o bastante em sua reestruturação do Estado, que deveria seguir critérios ocidentais. Ativos tanto em Istambul como na Europa, eles exigiam em seu jornal publicado em Londres uma nova constituição e a criação de um parlamento. Como muitos agentes oficiais favoráveis às reformas, eles defendiam que a igualdade de direitos políticos fosse garantida por lei.

Entre 1869 e 1878, o governo otomano levou mais longe seus esforços de reestruturação. Em 1869, uma lei declarou todos os súditos otomanos cidadãos e, em 1876, o sultão Abdulamide II (1876-1909) aprovou uma constituição e, seguindo seus preceitos, convocou um parlamento. Embora o primeiro parlamento tenha durado menos de dois anos – o sultão decidiu dissolvê-lo após o início da guerra contra a Rússia, como era seu direito –, ele teve um grande impacto sobre movimentos políticos posteriores. Enquanto instituição imperial, o Parlamento era reflexo da criatividade inclusiva da política otomana. Os delegados representavam conselhos administrativos – uma instituição mais antiga, criada para reformular a liderança provincial –, que incluíam delegados das regiões árabes. Os 77 deputados muçulmanos, 44 cristãos e quatro judeus discutiam questões como a língua do governo, a cobrança de impostos e os critérios de escolha para os líderes do Parlamento. As sessões parlamentares revelaram os interesses transversais de muitos grupos dentro do império, justo no instante em que a política patrimonialista entrava em declínio. Embora muitos representantes criticassem o governo, sua demanda era por mais direitos e reformas, e não uma rejeição incondicional. Ainda assim, o sultão não conseguiu tolerar esse fórum de políticas combativas.

O processo otomano de modernização seguiu simultaneamente por vários caminhos. Devido à presença cada vez maior de missionários cristãos, houve uma tentativa de fortalecer o islã e incluir pessoas de várias religiões e etnias – albaneses, macedônios, gregos, armênios, árabes, curdos, judeus e turcos – dentro do governo. Para fazer frente aos missionários protestantes dos Estados Unidos e da Grã-Bretanha, clérigos ortodoxos da Rússia e católicos franceses, que atraíam muitas crianças otomanas para os seus colégios, os otomanos estabeleceram um Ministério da Educação em 1857. A lei de 1869 para a educação geral tentou introduzir o ensino primário para todas as crianças – cada grupo podia gerir sua própria instituição – e garantir que os estudos do Corão integrassem o currículo dos alunos muçulmanos. Abdulamide II encorajou um movimento de resgate do islamismo, comparecendo conspicuamente aos rituais de oração das sextas-feiras para demonstrar sua piedade de forma ritualística. Um dos objetivos do sultão, e de muitos de seus assessores, era mostrar que o "espírito otomano" era uma cultura progressiva à sua maneira e que abraçava diversos povos, mas sem deixar de celebrar suas raízes islâmicas.

A estratégica islâmica do sultão foi uma resposta à visão alternativa dos Jovens Otomanos de como o império deveria ser gerido – isto é, como um regime de cidadãos otomanos unidos sob uma estrutura constitucional. Abdulamide entendia os riscos apresentados por esse sistema, onde o status social das elites não dependeria de suas relações pessoais com o sultão e seus vizires. Seria muito mais difícil controlar um grupo dessa natureza do que uma comunidade de súditos submetidos à diferenciação. O sistema otomano era capaz de ceder a algumas pressões desses jovens, que tinham ligações comerciais e de formação com a Europa Ocidental; por outro lado, também soube dar espaço à parcela da população unida cada vez mais por sua fé comum, o islã. O que o governo não estava disposto a fazer era abrir mão de seu regime patrimonial.

As reformas dos otomanos no século XIX tinham caráter indiscutivelmente modernizador: os líderes do Estado tentaram se adaptar aos novos tempos, empregando táticas europeias para reestruturar o governo e se consolidar em um patamar financeiro mais estável. Os problemas que Carlos V enfrentara no século XVI – ausência de territórios passíveis de conquista e dependência dos forasteiros para financiar sua defesa e suas inovações – agora afligiam também a corte otomana. Contudo, o contexto ideológico passara por transformações fundamentais. Europeus continuavam difundindo uma versão atualizada dos impérios cristãos pelo mundo todo (ver capítulo 10), mas não deixaram de jogar o mesmo jogo que os otomanos, protegendo comunidades para estimular a fragmentação em territórios pertencentes a seus rivais.

Os desafios que a burocracia impunha às elites e a determinação das potências externas para "proteger" os cristãos ou outras comunidades contra o que chamavam de "despotismo islâmico" provocaram ameaças ao controle otomano. No Líbano, grupos drusos e maronitas competiram de forma violenta; nos Bálcãs, cisões no clero ortodoxo se mesclaram a interesses dos Estados grego e russo. Intervenções europeias e reformas integrativas dos otomanos inauguraram uma política insistente de sectarismo em uma região que, em tempos anteriores, caracterizava-se pelo sentimento de que todos estavam protegidos pelo sultão.

RECONFIGURAÇÕES DOS HABSBURGO

O sultão otomano Abdulamide II tinha um bom motivo para temer seu Parlamento. Seu ganancioso vizinho rival, a Áustria, quase sucumbira aos interesses do Parlamento durante a onda pan-europeia de rebeliões contra a autoridade real, que começou em Paris e se alastrou para cidades da monarquia Habsburgo e da Prússia em 1848.

Em Viena, levantes e protestos desafiaram o fraco imperador Fernando I dentro de sua própria capital. Seus conselheiros prometeram aos rebeldes criar uma constituição; eleições foram convocadas e um Parlamento austríaco passou a deliberar sobre os rumos do Estado. Após seu surgimento, o ativismo político se tornou um fenômeno impossível de ser contido, e representantes austríacos foram enviados a outro parlamento em Frankfurt, para debater uma possível união entre Habsburgo, prussianos e diversas regiões de idioma alemão ou eslávico em um novo Estado liderado pelos alemães. Na Hungria, representantes no Diet exigiram anuência imperial para leis que tornariam o território independente do governo Habsburgo. A lealdade do exército, divisões entre os rebeldes e o apoio do czar Nicolau permitiram que o novo imperador, Francisco José I (1848-1916), retomasse as rédeas da situação. Em 1849, ele dissolveu o Parlamento austríaco e proclamou uma constituição própria, que revogou em 1851. O Império Austríaco voltava a ser governado conforme a vontade de um monarca.

Durante séculos, a família Habsburgo havia sido um fator de desequilíbrio no cenário europeu, expandindo seu território por meio de casamentos políticos, conquistando praticamente toda a Hungria dos otomanos em 1699 e compartilhando a Polônia com Rússia e Prússia no final do século XVIII. Àquela altura, o governo Habsburgo abarcava muitas áreas com diversos modelos de soberania estratificada. O império chegava até o mar Adriático pelo nordeste das atuais Itália, Eslovênia e Croácia e fazia fronteira com os otomanos na Sérvia e na Transilvânia.

Para desenvolver os recursos de seus territórios, diversificados em termos linguístico, étnico e religioso, os governos Habsburgo – com destaque para a imperatriz Maria Teresa (1740-1780) e seu filho, José II (1780-1790) – deram início a uma série de projetos econômicos e educacionais. A principal reforma foi a estruturação de uma burocracia centralizada, poderosa frente às nobrezas locais e suas instituições representativas, as *diets*. No reinado de Maria Teresa, foram criadas escolas para preparar cidadãos, inclusive camponeses, para as carreiras públicas. No reinado de José, a servidão foi abolida e o poder das guildas reduzido.

O cuidado com as minorias étnicas e religiosas foi um traço definidor dos Habsburgo. Em 1781, o Édito de Tolerância de José garantiu a protestantes, ortodoxos e uniatas os mesmos direitos dos católicos e reduziu restrições aos judeus. Como os russos, os Habsburgo tentaram controlar o clero supervisionando sua formação: na Galícia, foram criados seminários para católicos e uniatas, e em Lviv (Ucrânia), foi inaugurada uma universidade com o mesmo fim. Para promover a unificação, o alemão se tornou o idioma oficial de governo, mas as leis eram também publicadas nos idiomas locais.

Os Habsburgo saíram vitoriosos das guerras napoleônicas, mas o preço para envolver os nobres locais no conflito foi bastante elevado e teve consequências políticas. Eles estavam mais determinados do que nunca a garantir que suas vontades prevalecessem nas *diets*, enquanto industrialistas, comerciantes e profissionais se engajavam em debates livres sobre a legitimidade da soberania e a conduta apropriada para um governo. Mas nenhuma aliança horizontal era possível dentro do império. A difusão desigual da industrialização gerou diferentes tipos de descontentamento em cada parte do império, e a segmentação do regime permitiu que vários nobres reivindicassem privilégios distintos e direitos prévios. Em 1848, não havia consenso sobre os critérios de representação: liberais estavam apavorados com o radicalismo da violência urbana e as exigências dos socialistas. Deputados tchecos e outros eslavos presentes na assembleia nacional de Frankfurt não demoraram para recuar diante de qualquer proposta de regime pangermânico que pudesse atrapalhar seus interesses. O imperador ainda era alvo de críticas e foco da esperança de mudanças.

Tanto para a Áustria como para os impérios vizinhos, o mais importante no longo prazo não eram os acontecimentos de 1848, mas a reação dos governantes, das velhas e novas elites e dos intelectuais inquietos às suas provocações. O ano de 1848 justificara a desconfiança de Nicolau I da Rússia em relação às ideias europeias: ele rechaçou qualquer balizamento de seus próprios poderes enquanto imperador. As tentativas prévias dos otomanos para aprimorar e centralizar seu governo ganharam impulso, e deram origem a um breve experimento de parlamento consultivo. Após 1848, austríacos encontraram uma via intermediária: preservaram a autoridade supranacional do imperador ao mesmo tempo que modificaram a estrutura e as instituições do império.

O tecido das políticas dos Habsburgo no século XIX foi a tradição imperial: o governo pela família real de diversas unidades por meio do direito dinástico. A começar por 1848, Francisco José, uma pessoa modesta e frugal por temperamento, revitalizou a etiqueta da corte e fez de si mesmo a figura central em cerimônias que evocavam as relações especiais dos Habsburgo com o cristianismo e destacavam a clemência do imperador. Esse laço cultivado entre a dinastia e o catolicismo não impediu que Francisco José também fosse visto em cerimônias judaicas, ortodoxas, armênias, gregas e muçulmanas. Ele foi conspicuamente abençoado por clérigos das diversas crenças do império. Numa época em que a soberania popular estava presente no imaginário político de reformistas e revolucionários, o imperador abriu os braços a todos os seus muitos povos à sua própria maneira.

Mas nas regiões divididas por classe, crença ou outros critérios, os gestos de apoio do imperador quase sempre ofendiam alguns súditos ou inspiravam reivindicações de mais direitos. Em 1851, quando Francisco José empreendeu uma triunfante viagem imperial para a Galícia – onde o exército austríaco havia debelado os levantes de poloneses –, seu desfile habilmente planejado foi recebido com entusiasmo por camponeses e clérigos do catolicismo grego e do judaísmo, mas não pelos nobres poloneses. As diversas nobrezas do império, profundamente arraigadas havia séculos em seus direitos e reclames, ainda eram um obstáculo aos unificadores imperiais.

A unidade – de forma distinta – era a causa dos liberais austríacos. Durante e após 1848, empreendedores, profissionais e associações de mulheres, entre outras, clamaram pela política representativa, imprensa livre, liberdade de associação e uma cidadania baseada na educação, na cultura e na propriedade privada. As aspirações constitucionais dos liberais austríacos foram derrotadas na metade do século, mas uma década depois o imperador estabeleceu uma legislatura bicameral em Viena, de cujo consentimento dependia para aprovar qualquer lei doméstica.

O ímpeto para essa transformação fundamental da soberania veio das dívidas e das derrotas nas guerras interimperiais europeias. Em 1859, quando Napoleão III jurou auxiliar Cavour, primeiro-ministro do Piemonte-Sardenha, contra a Áustria, Francisco José declarou guerra a ele. O conflito foi um desastre para os Habsburgo e impeliu o imperador a realizar suas reformas. O banqueiro de Francisco José, Anselm Rothschild, teria dito: "Sem constituição, sem dinheiro". Convocado em 1861, o Reichsrat foi eleito de forma indireta pelas *diets* provinciais. Suas sessões reuniram nobres proprietários de terras, banqueiros e profissionais liberais e revelaram as tensões entre as demandas liberais por uma governança centralizada, igualitária e uniforme e as reivindicações centrífugas de autonomia provincial e de direitos nacionais e aristocráticos distintos.

Em 1866, outra guerra perdida – dessa vez para a Prússia – serviu de catalisador para novas mudanças constitucionais. Uma cidadania imperial única foi criada em 1867, garantindo os mesmos direitos civis às pessoas de todas as religiões. Uma corte suprema foi instituída naquele mesmo ano. Mas as medidas fiscais centralizadoras exigidas pelos liberais e sua insistência no alemão como idioma de governo levaram ativistas tchecos e húngaros a reivindicar mais poder regional. O federalismo foi proposto pelas elites nacionais como forma de garantir uma melhor distribuição de soberania. Húngaros demonstraram uma obstinação particular e inspiraram uma resposta que remontava aos tempos da monarquia composta. Em 1867, o Império Austríaco se transformou no que seria chamado de monarquia dual: dois Estados com um único soberano, Francisco José, imperador da Áustria e rei da Hungria; ministérios conjuntos para questões estrangeiras, financeiras e militares; e parlamentos e serviços civis independentes na Áustria e na Hungria.

Assim como as medidas que os otomanos adotaram para compensar a desigualdade em seus territórios, essa solução para um problema administrativo imperial teve consequências inesperadas. Tanto o reino de Hungria quanto "Cisleitânia", como as terras austríacas eram conhecidas, constituíam regimes multinacionais compostos por subunidades com histórias políticas distintas e eram povoados por etnias e crenças diferentes. O acordo recompensava alemães e húngaros, mas não satisfazia outros grupos como tchecos, eslovacos, croatas, sérvios, polacos, ucranianos e romenos. As reivindicações dos descontentes não se restringiam a causas nacionais ou liberais. Os movimentos pan-eslavistas haviam assumido diversas formas ao longo dos séculos na Europa Central, nos Bálcãs e na Rússia, e os modernizadores turcos e muçulmanos tinham seus próprios objetivos.

A estrutura do Império Habsburgo, nos anos 1860, e o conjunto de imaginários políticos que ele alimentou não se adequam à explicação convencional de que haveria uma tendência no século XIX à formação de Estados-nações unitários. Essa dinastia católica presidia um império com duas unidades desiguais, e cada uma delas abrigava diversos tipos de cristãos, além de judeus e muçulmanos. O regime contava com uma administração centralizada com base em terras austríacas, onde uma burocracia de língua alemã governava de acordo com uma constituição que garantia o uso de outros idio-

Figura 11.2
Imperador Francisco José de uniforme húngaro fotografado por volta de 1888. (Imagno, Arquivo Hulton, GettyImages.)

mas em escolas e em níveis mais baixos da administração pública. Os súditos eram governados em questões estrangeiras, financeiras e militares por um rei/imperador que reunia dois gabinetes – às vezes em separado, às vezes conjunto – e, nas questões domésticas, por parlamentares que tentaram conjugar de várias formas a igualdade e a diferença. As transformações constitucionais dos anos 1860 casaram os direitos civis e a democracia representativa almejados pelos liberais às demandas por maior autonomia dos ativistas das várias regiões que compunham o império, e o alcance cerimonial do imperador conferiu a essa mixórdia um aspecto grandioso.

O REICH ALEMÃO: NOVO IMPÉRIO E NOVAS REGRAS

Nos anos 1870, um novo império se formou na Europa, o que não era um feito qualquer. Após a derrota de Napoleão, o reino da Prússia era apenas um dos muitos Estados de população considerável e língua alemã no norte da Europa. Principados, ducados, grão-ducados, cidades livres e reinos que antigamente mantiveram laços frágeis durante o Sacro Império Romano haviam sobrevivido a séculos de guerras dinásticas e religiosas. Em 1848, muitos liberais alemães desejavam que o rei prussiano, Frederico Guilherme IV, estabelecesse um governo constitucional na Prússia e articulasse as unidades da confederação alemã em um Estado alemão mais amplo. Contrariando essa vontade, o rei ajudou a suprimir a revolução. Na década de 1860, o brilhante chanceler prussiano Otto von Bismarck – que servia abaixo do rei – assumiu a dianteira na concorrência interimperial europeia. Em 1871, depois que as vitórias prussianas nas guerras contra Dinamarca, Áustria e França convenceram Estados alemães menores de que eles ficariam mais seguros em uma união federativa, o rei Guilherme I foi proclamado Kaiser em Versalhes. A formação de um império na Europa precedeu o interesse alemão em colônias de além-mar (ver capítulo 10).

O Kaiserreich, como se tornou conhecido o império de Guilherme e Bismarck, foi um acontecimento tardio na competição imperial europeia. Líderes alemães temiam ficar para trás no que dizia respeito à industrialização da Grã-Bretanha e ao acesso a matérias-primas. Foram influenciados pelos escritos de Friedrich List (1789-1846), que defendia uma abordagem "nacional" para as políticas econômicas, em que o Estado deveria empreender esforços substanciais para desenvolver os recursos internos e alcançar seus rivais. É difícil dizer se a industrialização alemã derivou de políticas listianas ou da ação de mercados e empreendedores, mas a Alemanha do final do século XIX se tornou um dínamo econômico. A mobilização de recursos em regiões que antes estavam divididas foi uma das chaves para o sucesso da Prússia, como também foram seus feitos tecnológicos, sobretudo a produção de armamentos modernos e a consolidação de uma densa malha ferroviária.

As políticas sociais de Bismarck também foram inovadoras. Cientes após 1848 do risco apresentado pelas agitações sociais, governantes buscaram permitir algum nível de participação da classe trabalhadora no Estado, expandindo o direito ao voto e oferecendo seguridade social. O novo império de grande população e crescente riqueza se tornou um grande ator no cenário europeu.

O Império Alemão era menos alemão em termos linguísticos que os territórios da confederação germânica de 1815. O Reich incluía áreas antes

Figura 11.3
Rei da Prússia proclamado imperador alemão em Versalhes, 1871. Publicado no *Illustrated London News* 58 (4 fev. 1871): 101. (Biblioteca Falles, Universidade de Nova York.)

governadas pela França e pela Dinamarca, além de vários territórios poloneses que abrigavam judeus e ucranianos. Bismarck não era um nacionalista étnico. Após vencer o Império Habsburgo em 1866, não tentou reunir todos os falantes do alemão em um Estado único, e a partir de 1871 buscou estabelecer um equilíbrio entre os impérios europeus. Recepcionou as principais potências europeias no Congresso de Berlim de 1878, e outra vez entre 1884 e 1885 (ver capítulo 10), além de ter buscado limitar a competição imperial em além-mar. No continente, a principal preocupação de Bismarck era a França. Para proteger a Alemanha em caso de guerra, ressuscitou a antiga aliança entre Áustria, Prússia e Rússia por meio da Liga dos Três Imperadores, firmada em 1881.

A cautela de Bismarck em além-mar e dentro da Europa não era unanimidade entre os alemães. Ele foi contestado por escritores políticos como Paul de Lagarde, que exaltava uma visão mística da nação alemã. Para Lagarde, a missão da nação era difundir sua língua e sua cultura entre todos os povos europeus que pudessem fazer parte dela e, ao mesmo tempo, excluir todos aqueles que, em sua visão, não tinham espaço ali – como os judeus. Embora Lagarde tenha imaginado a Alemanha como uma potência colonial dentro da Europa, ele, assim como outros, não se sentia à vontade com a nova ordem industrial alemã e a cultura cosmopolita de boa parte de sua elite. Nos anos 1890, esse tipo antiliberal e antimodernizador de imperialismo assumiu uma forma organizada na Liga Pangermânica. Os nacionalistas étnicos queriam que o governo "germanizasse" algumas regiões orientais habitadas por populações de língua polonesa e as impedisse de migrar para a Alemanha. Mas os grandes proprietários de terra do Leste – os junkers – queriam imigrantes para substituir os trabalhadores agrícolas que vinham trocando seus empregos por vagas na indústria. Essas posições conflitantes atraíram as atenções para as populações eslávicas das fronteiras orientais, que podiam atuar como força de trabalho etnicamente distintas.

O nacionalismo romântico e o antissemitismo não eram particularidades da Alemanha. Políticos, artistas e teóricos xenófobos eram encontrados em todos os Estados europeus. Mas no Império Alemão, ao contrário do que ocorria com seus concorrentes imperiais, as visões de viés racial não tinham sido postas à prova em experiências de governo de populações diversas a longo prazo.

NOVAS POLÍTICAS EM ANTIGOS IMPÉRIOS

Nos anos 1870, Alemanha, França e Grã-Bretanha já tinham garantido papéis de liderança no mundo imperial. Suas instituições pareciam definir um modo "europeu" de governo. As três nações tinham parlamentos baseados no voto cada vez mais difundido – mas ainda não universal –, empregavam os recursos obtidos em empreitadas capitalistas apoiadas pela ação estatal e gozavam dos frutos da expansão da indústria, além de sofrerem suas consequências. As três participaram da disputa por mercados e recursos fora da Europa, e influenciaram as estratégias de outros impérios. Confrontados com a intromissão cultural, econômica e diplomática das potências "ocidentais", otomanos, russos e austríacos não esperaram de braços cruzados: todos acabaram se vinculando ainda mais à rede de conexões e conflitos europeus.

Reforma à moda russa

A Guerra da Crimeia impelira as elites russas a dar cabo de diversas iniciativas estimuladas por burocratas formados em universidades e faculdades imperiais e apoiados pelo novo czar, Alexandre II. Reformadores examinaram atentamente as instituições europeias para redesenhar as suas próprias, selecionando o que era de seu agrado e promovendo transformações ao longo do processo. Nos anos 1860, o imperador presidiu uma revolução imposta de cima que levou à emancipação dos servos enquanto classe e a uma transferência massiva de propriedades para conceder terras a eles (ver capítulo 9). O serviço militar se tornou universal para os homens, e sua duração foi reduzida. Assembleias locais foram criadas para prestar assistência social nas regiões interioranas, um sistema judiciário com júri foi implementado e a censura de publicações foi flexibilizada em prol da glasnost (publicidade).

Embora estivessem cientes da necessidade de ampliar a produção e aprimorar a tecnologia, as elites russas, integrantes ou não do governo, eram cautelosas com a industrialização ao estilo europeu. A pobreza e a degradação dos trabalhadores nas cidades europeias chocavam conservadores e alguns reformistas. A denúncia e a análise do capitalismo feita por Karl Marx em *O capital* foram traduzidas e publicadas de forma legal na Rússia em 1872, como um alerta para o que poderia acontecer caso os industriais tivessem carta branca para suas reformas. O Estado assumiu um papel ativo na regulação do trabalho fabril e manteve as comunidades camponesas como proprietárias das terras agrícolas. A propriedade individual por parte de camponeses foi rechaçada, pois havia o receio de que vendessem seus lotes e passassem a integrar um proletariado desarraigado e perigoso. Com sua costumeira desunião, a nobreza não conseguiu impedir que o imperador redistribuísse de forma arbitrária as terras e a força de trabalho das quais haviam desfrutado por tanto tempo (ver capítulo 9).

Embora fosse consequência de tradições bastante arraigadas do Império Russo, a recusa insistente da autocracia em compartilhar as prerrogativas de soberania desagradava a muitos dos profissionais públicos, servidores civis, es-

Mapa 11.2 – Impérios na Europa e imediações, 1877

tudantes, artistas e outras camadas intermediárias da sociedade que se tornavam cada vez mais numerosas. Aqueles que se consideravam participantes de um mundo pan-europeu de ideias e valores se sentiam excluídos do governo. O feminismo, o socialismo e o anarquismo floresceram entre as juventudes descontentes e os excluídos injuriados. Jovens montaram comunas, experimentaram o amor livre, tentaram se conectar com "o povo", cursaram universidades no exterior, perpetraram atos de terror e conspiraram para libertar seu país. Simpatizantes mais velhos, ou mesmo os jovens de maior vinculação profissional, voltaram a exigir um governo constitucional – reivindicação que acabou firmemente rejeitada.

Não existia solidariedade consolidada dentro da "sociedade" russa. Quando, após anos de tentativas malsucedidas, conspiradores assassinaram Alexandre em 1881, nem o povo nem nenhum de seus autoproclamados representantes substituiu o "czar libertador". Seu sucessor, Alexandre III (1881-1894), estava ainda mais convicto que, como nos tempos de Catarina, um grande regime exigia o comando de um imperador firme. Jovens ambiciosos como Vladimir Ulianov (mais tarde conhecido como Lênin), que cometeram o erro de defender causas perdidas como a autonomia das universidades, acabaram banidos do mundo acadêmico e de suas carreiras profissionais. Havia muitos funcionários talentosos no império, de modo que os possíveis rebeldes eram considerados supérfluos. A longo prazo, esse aspecto do patrimonialismo russo – uma atitude indiferente para com os recursos humanos – acabaria, assim como a censura, exaurindo a capacidade intelectual e administrativa do império.

O revés da Guerra da Crimeia impulsionou ajustes nas estratégias de expansão (ver mapa 9.2). Antes, o império abrigava posses em além-mar. Desde o início do século XVIII, russos haviam dominado o comércio de pele nas ilhas do norte do Pacífico, mas, após o esgotamento do estoque de animais nas Aleutas, a Rússia deu um fim à sua história na região com a venda do Alasca para os Estados Unidos por $7.200.000 em 1867. Já em outros fronts não havia sinais de recuo. No final da década de 1850, o exército russo, dotado de armas superiores, venceu a maior parte da resistência no Cáucaso. O governo patrocinou assentamentos – enviando indesejáveis como velhos crentes, entre outros, para a região – e o comércio naquele local promissor, mas rebelde. Na Ásia Central, generais russos ambiciosos receberam autorização para atacar os canatos remanescentes e disputar com os britânicos a influência no norte da Índia. Campanhas militares derrotaram Samarcanda, Khiva e Kokand nos anos 1870. Na década seguinte, os exércitos russos trataram de forma brutal as tribos de língua turca que viviam nas estepes.

Para incorporar a Ásia Central, a Rússia empregou um repertório amplo de táticas de governo. O emirado de Bukhara e o canato de Khiva se tornaram "protetorados", enquanto o Turquestão, onde não havia um canato para ser sujeitado, ficou sob administração de um governador-geral militar (ver mapa 9.2). Como já haviam feito em outros lugares, os russos cooptaram os serviços de elites locais. Isso significava não apenas tolerar o islã – ou "ignorá-lo", como defendia um governador-geral –, mas também fazer alianças com clérigos muçulmanos e, mais tarde, com modernizadores muçulmanos contra as irmandades sufi, vistas como uma ameaça por toda a cúpula social. Na maior parte dos casos, autoridades russas não obstruíram os peregrinos muçulmanos que desejavam ir a Meca e, em vez disso, tentaram regulamentar suas viagens utilizando uma ferrovia construída para o transporte de algodão no Turquestão. No início do século XX, havia muito mais muçulmanos no Império Russo do que no Otomano. A estratégia dos russos para com os muçulmanos, assim como os judeus e outros grupos, era de controle e não expulsão. Ninguém tinha o direito de deixar o império.

Nos anos 1870, influenciada pelas ideias pan-eslavistas propostas no exterior, a imprensa russa clamou por uma intervenção nos Bálcãs, região que mais parecia um barril de pólvora. Em 1876, voluntários russos partiram em auxílio do exército sérvio em sua luta contra os otomanos. Incapaz de fazer com que as potências europeias, sobretudo a Grã-Bretanha, aceitassem os objetivos russos nos Bálcãs e no mar Negro, em 1877, o imperador Alexandre II declarou guerra contra os otomanos. Após campanhas difíceis e extenuantes, o exército russo alcançou os arredores de Constantinopla em 1878.

Mas as potências europeias continuavam determinadas a impedir qualquer assentamento que conviesse à Rússia. No Congresso de Berlim de 1878, Bismarck tomou medidas para que os Bálcãs fossem divididos em unidades controláveis: a Bósnia-Herzegovina foi ocupada pela Áustria, a Macedônia voltou às mãos dos otomanos, a Bulgária foi dividida entre um principado búlgaro e um protetorado otomano (a Rumélia Oriental), e uma Romênia independente foi consolidada na fronteira com a Rússia. Os russos reassumiram o controle da Bessarábia, mas afora isso os resultados da guerra evidenciaram a incapacidade dos Romanov para tirar vantagem das guerras imperiais europeias.

Nas décadas finais do século, governantes russos experimentaram, sem jamais executá-lo completamente, um regime nacionalista imposto de cima. Influenciados pelos discursos racistas e civilizatórios de seus concorrentes europeus, alguns agentes oficiais adotaram a retórica do avanço cultural – o seu próprio. De acordo com essa variante imperialista, a Rússia estaria levando valores europeus aos povos da Ásia Central. O Turquestão em particular era visto como uma colônia que poderia ser civilizada por meio da educação e do assentamento de russos e outros agricultores.

Nas porções ocidentais do império, onde os governantes imperiais temiam que polacos e judeus mantivessem laços fortes demais com a Europa e suas ideias perigosas, o governo empreendeu tentativas de "russificação", exigindo o uso da língua russa em escolas e órgãos estatais. Essas políticas linguísticas não eram uniformes, e tampouco foram uniformemente fiscalizadas. Como na Áustria, a pressão por uma língua de governo unificado tinha significados diferentes para grupos diferentes. A tentativa do governo de russificar o serviço público nas províncias bálticas teve bom acolhimento junto aos lituanos e estonianos, que se ressentiam do monopólio germânico no alto escalão do funcionalismo. Cotas para estudantes judeus nas universidades (1887) e restrições posteriores à participação de judeus em agremiações profissionais, ou conselhos locais, serviram de combustível para nacionalistas de grande visibilidade, muitos deles nobres que exigiam a restituição de seus privilégios.

Alguns modernizadores russos, o que incluía opositores liberais da autocracia e alguns oficiais de alto escalão, simpatizavam com o que chamavam de "Estado nacional", embora ainda fosse difícil definir o significado real desse termo naquele império de diferenciações. O conceito de "Bretanha Maior" foi proposto como modelo para a Rússia. Serguei Witte, o cérebro do desenvolvimento econômico russo, admirava as ideias do teórico alemão Friedrich List. Witte trabalhou para transformar a Rússia em um espaço econômico integrado, enquanto preparava terreno para um governo constitucional aos moldes do programa de List. O Estado construiu a ferrovia transiberiana e apoiou de forma agressiva o desenvolvimento econômico, financiado por recursos vindos do exterior e impostos pagos por camponeses. Empresas estrangeiras investiram na exploração do ouro negro da Rússia: o petróleo descoberto em torno do mar Cáspio. A partir dos anos 1890, as indústrias russas cresceram de forma exuberante. Houve muito investimento francês, embora muitos técnicos e empreendedores fossem alemães.

Jogando o jogo das alianças à sua própria maneira, políticos russos, frustrados com as proezas econômicas dos alemães e a concorrência da Áustria nos Bálcãs, começaram a se inclinar em prol de uma aliança com a França. Em 1894, os dois impérios – uma autocracia e uma república – firmaram um acordo de cooperação militar. Para a Rússia, esse afastamento das alianças com potências vizinhas acabou se revelando um equívoco fatal na geopolítica imperial: a próxima guerra pan-europeia seria travada nos vulneráveis territórios ocidentais russos.

Incapaz de impor novos avanços nos Bálcãs, os modernizadores russos passaram a focar no Leste: expandiram a produção de algodão na Ásia Central e estimularam a migração de camponeses para a Sibéria. Inspirado pelos projetos coloniais europeus, Witte fomentou a expansão da Rússia às margens da ferrovia que levava aos portos do Pacífico, no Extremo Oriente. Assim, a Rússia se inseriu em outra arena de disputas imperiais, onde competia com o Japão pelas regiões costeiras, ilhas e terras interioranas do Pacífico, o que incluía a Coreia e a Manchúria. No Extremo Oriente, russos se distanciaram ainda mais de sua política de acolhimento das diferenças, experimentando na região um imperialismo ao modo da Europa Ocidental, fornecendo concessões para a extração de lenha, colonizando regiões próximas a ferrovias além de suas fronteiras e adotando uma retórica explicitamente racista. Nicolau II (1896-1917) apoiou a incitação do que previa se tratar de uma "pequena guerra vitoriosa" contra "o perigo amarelo".

A guerra russo-japonesa de 1904 e 1905 não foi nem pequena nem vitoriosa. Assim como nos Bálcãs, as potências europeias jogaram suas melhores cartas contra os Romanov. Franceses não ofereceram apoio e os britânicos, assim como os norte-americanos, se posicionaram de modo simpático aos japoneses. Russos se viram sozinhos, tendo que realizar por conta própria aquela missão de homens brancos. A superioridade dos japoneses em terra e mar foi um choque para os racistas. A marinha russa foi destruída quase inteiramente. Porto Arthur, o posto avançado marítimo da Rússia, precisou se render ao inimigo; em terra, na batalha de Mukden, em que mais de 250 mil soldados lutaram de cada lado, os russos foram derrotados pelas tropas japonesas.

O fracasso na guerra, somado à recusa obstinada da autocracia de delegar poder, causou uma fissura na estrutura de controle policial. Com as tropas fora de casa, liberais russos promoveram uma campanha de jantares – imitando os parisienses em 1848 – em favor da reforma constitucional. Marxistas e outros tentaram canalizar o descontentamento do proletário para os partidos revolucionários. Uma epidemia de assassinatos de figuras políticas revelaram a rejeição radical do Estado que supurava no submundo. Em janeiro de 1905, o imperador Nicolau II (1896-1917) rompeu com a mística patrimonial e autorizou os militares a atirar contra uma manifestação pacífica de trabalhadores que pediam melhores condições de vida. Após greves, pogroms e ataques campesinos contra as propriedades dos senhores de terras, Witte convenceu o czar recalcitrante a convocar eleições para a legislatura e garantir liberdades políticas.

Em 1906, o imperador russo convocou um parlamento, a Duma, formado por representantes eleitos de modo errático por todas as regiões e povos do império. Alarmado com as exigências radicais dos delegados, o imperador dissolveu as primeiras duas Dumas e manipulou as regras eleitorais para aumentar a proporção de nobres em relação a trabalhadores e camponeses, de russos em relação a outros grupos étnicos e de ortodoxos em relação a outras religiões. Apesar dessas maquinações, as duas últimas Dumas (1907-1917) serviram de palanque para os porta-vozes de uma vasta gama de interesses, e políticos que representavam grupos nacionais exigiram maior autonomia dentro da estrutura do império. Mas foram raros os casos de cooperação entre Dumas e administração, e o governo publicou suas leis mais importantes – que ofereciam aos camponeses títulos sobre suas terras, por exemplo – por meio de regulações emergenciais, que não dependiam de aprovação da Duma.

Como a Primeira Guerra Mundial e a Revolução Russa levaram ao fim da Duma e da dinastia, é impossível saber ao certo se o Império Russo teria mantido esse experimento de política imperial. Nos anos antes e depois da guerra, uma grande ameaça ao compartilhamento institucionalizado da soberania foi a *intelligentsia* radicalizada e alienada, cujos imaginários políticos refletiam as prerrogativas monopolísticas da autocracia que ela tanto odiava. Ainda assim, em menos de uma década, a dinastia transformou gradualmente a Duma em um corpo mais condescendente, seguindo um *modus operandi* coerente com o longo histórico russo de transformar novas estratégias de governo – nesse caso, a democracia representativa – em um tipo próprio de governança, sincrético e patrimonial.

Na primeira década do século XX, a ameaça mais imediata para a autocracia era o seu envolvimento em vários grandes jogos imperiais. Na Ásia Central, czares sabiam qual era o seu limite: o Afeganistão. Em 1907, a Rússia assinou um tratado com os britânicos, que controlavam as rotas que iam até a Índia. Mas os Bálcãs continuaram sendo uma ferida para os agentes oficiais do czar. Como a Rússia poderia lucrar com as derrotas otomanas naquela região, se as potências europeias de primeira grandeza (Inglaterra, França e Alemanha) ou um pouco inferiores (Áustria e Itália) estavam determinadas a impedi-los de conquistar seu objetivo de longo prazo (Istambul) e controlar os estreitos e terras adjacentes – uma saída para o mar antigamente governada por Roma?

Centralização e contração: as novas maneiras dos otomanos
Além de obstruir as metas da Rússia, o Congresso de Berlim de 1878 havia podado um terço do território otomano e dado continuidade ao processo intervencionista de criação de Estados mais ou menos independentes a partir de terras que antes haviam pertencido aos otomanos. Nenhum desses Estados constituía um todo étnico ou religioso, e em nenhum deles havia líderes "nacionais" satisfeitos com as fronteiras traçadas ou com seus protetores austríacos, russos ou britânicos. O sistema de *millets* dos otomanos havia fornecido a cada grupo religioso uma estrutura de autoridade legal e acesso ao poder abrangente do sultão, mas, depois que as populações cristãs se viram fora do império, a ortodoxia se tornou mais restrita. Sem o governo otomano, não havia nenhum incentivo para que os cristãos dispersos ou seus líderes trabalhassem juntos. Grécia, Bulgária, Macedônia, Montenegro, Sérvia e Bósnia não tinham fronteiras naturais, e por isso foram sangrentos campos de batalha onde colidiram as ambições de impérios e Estados com territórios ainda em formação.

O sultão Abdulamide II tentou tirar vantagem das tensões existentes nas províncias que estavam escapando de seu controle. Em 1870, ele reagiu ao desejo do clero búlgaro de se separar do Patriarcado de Constantinopla, reconhecendo uma Igreja búlgara com sua própria *millet*. Essa ação, que pretendia fortalecer o clero búlgaro frente aos nacionalistas búlgaros, não ajudou muito a consolidar o controle otomano, mas alimentou o conflito entre gregos e búlgaros. A contração do império levou o sultão a apostar mais fortemente no seu projeto de renovação islâmica. Com as perdas após 1878, o Império Otomano se tornou muito mais muçulmano. A guerra e o Congresso de Berlim desencadearam uma onda de migrações, expulsões e realocações. Após o término do conflito, alguns muçulmanos voltaram a viver nos Estados reconfigurados dos Bálcãs e outros se mudaram para a Anatólia, levando consigo novas habilidades e contatos, mas também ressentimentos por sua realocação e derrota política. Eles se uniram a outras grandes populações muçulmanas do império (turcos e árabes) ou algumas menores, como os albaneses – na Albânia, a população muçulmana se rebelou contra o governo de Montenegro. As principais populações cristãs do império eram os gregos e os armênios, ambos dotados de conexões internacionais. Esses grupos não eram definidos em termos territoriais e representavam minorias em zonas urbanas e rurais. O império islâmico não conseguia se mostrar atraente para eles.

A expansão da educação, a prosperidade das classes médias de diversas etnias nas cidades, a agitação contínua de liberais ansiosos por reformas e, sobretudo, os descontentamentos das corporações de agentes ambiciosos e de pensamento moderno prepararam o terreno para outra abordagem. Em 1908, sob pressão do exército, o sultão decidiu restaurar a constituição que havia revogado trinta anos antes.

A principal força por trás do resgate constitucional foi o Comitê de União e Progresso (CUP), sucessor do movimento Jovem Otomano com grande apelo entre estudantes egressos de faculdades militares ou de outras naturezas. Formado em 1894, o CUP incluía liberais centralizadores, líderes de minorias nacionais (curdos, gregos, armênios, judeus, albaneses) e reformistas árabes e turcos em seus quadros. A unidade era possível naquele submundo desconectado: os membros do CUP podiam ser encontrados em células armadas, em Paris e em Londres, bem como nas cidades otomanas. Após vencer as eleições parlamentares em 1908, o grupo seguiu uma agenda centralizadora: barrou a nobreza local, tentou substituir os burocratas consolidados por administradores profissionais, tornou os procedimentos eleitorais mais uniformes, acabou com a censura de imprensa e impôs uma língua de Estado, o turco otomano, para as questões públicas. Esse programa liberal produziu de início uma tentativa de contrarrevolução em abril de 1909 e, mais tarde, uma oposição difusa, mas profunda ao que parecia a muitos uma "turquificação" do governo. A contrarrevolução em Istambul foi sufocada por oficiais do exército que haviam levado o CUP ao poder. Abdulamide foi deposto e substituído por Maomé V, que seria sultão até 1918.

A partir de 1909, reformadores unionistas se distanciaram do liberalismo inclusivo de épocas anteriores em prol de um regime mais turco, islâmico e baseado na vigilância, gerando ainda mais descontentamento. Reformadores islâmicos tentaram acabar com práticas populares desregradas em prol de um comportamento mais respeitável. A política da língua turca era especialmente irritante para os árabes, e as medidas centralizadoras fiscais e legais excluíam os cristãos e outras minorias. O CUP perdeu apoio eleitoral. Ele não foi capaz de impedir a Itália de ocupar a Líbia. Em 1913, com o império a ponto de perder suas últimas cidades na Europa após uma nova rodada de guerras nos Bálcãs, e temendo a divisão da Anatólia entre grandes poderes, oficiais Jovens Turcos assumiram o controle do Estado com um golpe militar.

O desfecho dos governos constitucionais otomanos, assim como da Duma russa, destaca a profunda perturbação que a democracia liberal significava para os impérios baseados em princípios de proteção das diferenças. Em nenhum dos casos a reforma se deu em um vácuo: os dois impérios se sentiam ameaçados pelo poder econômico e político do Ocidente. Otomanos perderam imensos territórios e uma boa parcela de seu controle econômico a partir de 1815, e russos, que conseguiam expandir seus recursos em direção ao leste, foram frustrados pelas recusas contínuas da Europa em deixá-los colher as recompensas por derrotarem os otomanos. As ameaças ao controle imperial também eram culturais. Tanto o Império Russo como o Otomano produziram gerações de modernizadores de boa formação que tinham como modelo aquilo que consideravam o padrão europeu. Restrições à vida política levaram intelectuais de ambos os impérios a viver nas capitais ocidentais, onde participaram de políticas rebeldes e empolgantes que desafiavam a ordem estabelecida. Quando a vida política de suas terras de origem ofereceu maior abertura, essas pessoas que desejavam reinventar seus governos encontraram diversas ideias de sistemas preferíveis de soberania.

Nos dois impérios em questão, alguns reformadores buscaram alternativas seculares e democráticas aos governos protecionistas e patrimoniais do sultão e do czar. Os Jovens Otomanos pareceram ir mais longe em sua defesa de uma reforma liberal, centralizadora e democrática. Mas a insistência no turco otomano como língua de governo, educação primária e sistema judiciário gerou demandas pelo reconhecimento do árabe, grego e armênio como línguas de mesmo status. A sub-representação dos árabes no Parlamento também excluiu muitos apoiadores da reforma liberal.

Pode parecer que o liberalismo otomano tinha duas opções para o caminho que iria percorrer: a reestruturação de um regime otomano ou a criação de um turco. Porém, após ter perdido a maioria de suas províncias onde os cristãos predominavam, essa corrente encontrou no islã uma terceira via. Era possível criar um compromisso entre turcos e árabes baseado na religião. A partir de 1913, o governo da União inaugurou uma nova universidade islâmica em Medina e recompensou líderes árabes poderosos por sua lealdade. Na Síria, por exemplo, os líderes locais fizeram acordos com agentes otomanos, e sua voz tinha peso em Istambul – ainda que não um peso proporcional à própria população. Enquanto coletividade, árabes sírios não constituíam um movimento "nacional" significativo em oposição ao governo otomano.

O islamismo, assim como a russificação, não foi levado ao extremo e não fragmentou o império. Embora tanto líderes russos como otomanos tenham experimentado práticas culturais mais restritivas – mais russas, mais islâmicas, mais turcas –, a homogeneidade de uma maneira nacional ou religiosa era insustentável enquanto premissa de governo nesses impérios. A associação de diferentes grupos em um regime único era vista como um fato até mesmo pelos reformistas: representantes nacionais dos dois parlamentos não se mobilizavam por independência, mas por mais direitos. No início do século XX, o Império Otomano dependia – como sempre – de seu exército, cujos oficiais eram modernizadores ao modo europeu, mas, como os líderes do exército descobriram assim que ingressaram no governo, um império escorado na proteção das diferenças continuava a depender de um certo nível de acomodação de suas muitas elites.

Um império de muitas qualidades

Em 1898, Francisco José completou meio século no trono austríaco em tom melancólico devido ao assassinato recente da imperatriz Elizabeth por um anarquista italiano. Filha do duque Maximiliano da Baviera, a imperatriz havia apoiado os húngaros durante o "compromisso" de 1867, responsável pela criação da monarquia dual. Tanto o luto dos húngaros por sua rainha como a simpatia pelo sofrimento conspícuo do imperador eram sinais de que a aura imperial dos Habsburgo seguia firme.

Outros aspectos do jubileu imperial revelavam transformações profundas na cultura política do império. Na celebração em Viena, o prefeito Karl Lueger, líder do Partido Cristão Social, teve um papel de proeminência. O sucesso político de Lueger se baseava em um apelo explícito ao progresso "alemão", aos valores cristãos e ao antissemitismo. O imperador considerava o antissemitismo de Lueger perigoso e se recusou quatro vezes a confirmá-lo no cargo de prefeito, até enfim permitir em 1897 que o voto do conselho da cidade prevalecesse. O que viabilizava a política de Lueger naquele império que havia estendido sua receptividade e suas proteções legais aos judeus?

Uma resposta seria o constitucionalismo Habsburgo. Leis de cidadania de 1867 haviam igualado os judeus às demais populações em termos de direitos. Como resultado, multidões de judeus se mudaram de outros locais do império para a capital. Muitos frequentaram universidades e, mais tarde, prosperaram em profissões liberais em desenvolvimento como o direito, a medicina e o jornalismo, assim como no mundo dos negócios. A proteção austríaca também atraiu judeus que fugiam dos pogroms iniciados no Império Russo em 1881. Em Viena, assim como em Berlim, judeus tinham espaço dentro de uma sociedade cosmopolita e modernizadora e podiam vislumbrar alternativas – como o sionismo – a ela. Mas também eram alvos visíveis para os antissemitas.

Um segundo efeito da reforma dos Habsburgo foi a expansão das organizações políticas legais. Enquanto disputavam o protagonismo dentro dos partidos em ascensão, líderes podiam tentar mobilizar seus apoiadores de acordo com sua língua – o campo de atuação mais óbvio naquele regime diverso. Em junho de 1885, a representação da Universidade de Viena dentro da Associação Universitária de Liberais decidiu barrar os judeus que desejassem se tornar membros. Nos anos 1890, a maioria dos liberais austríacos haviam oscilado entre uma "germanidade" e a defesa do idioma alemão enquanto base para a mobilização política. O constitucionalismo, as instituições representativas e o ativismo partidário legalizado austríacos haviam desencadeado um movimento nacional alemão na vida pública. Essa tendência continuou após 1907, quando foi instituído o sufrágio universal masculino, uma bandeira dos sociais-democratas.

A etnicização da vida política do império obrigou os sociais-democratas a levarem a sério a questão da nacionalidade em um futuro Estado socialista. Suas reflexões incluíam o reconhecimento por Otto Bauer de que a presença de diversas nações definidas historicamente pela experiência cultural – e não por um território – era um elemento positivo da sociedade humana. Seu programa, antes de 1914, envolvia maximizar a autonomia nacional dentro da monarquia austríaca, limitar os poderes da administração central e permitir que indivíduos escolhessem seu status nacional de acordo com a vontade própria. Os sociais-cristãos de Lueger também desenvolveram uma variante da política multinacional ao defenderem a monarquia e o universalismo católico. A concepção de império de Lueger, contudo, excluía os judeus. Os sociais-cristãos ressaltaram isso em sua cerimônia de 1898 em honra ao imperador, onde Lueger exaltou a edificante arte cristã e germânica, "emancipada" da corrupção judia. Os princípios – ainda que não as práticas – tanto dos sociais-democratas como dos sociais-cristãos eram supranacionais, seguindo a lógica de seu contexto político.

Assim como no Império Otomano, a política idiomática se tornou motivo de tensões na política como um todo. Confrontada com essa questão, a monarquia Habsburgo manteve seu pluralismo e flexibilidade. Em reação às reivindicações de direitos linguísticos pelos tchecos, o primeiro-ministro Badeni instruiu os agentes oficiais na Boêmia e Morávia a escreverem toda a correspondência referente a questões legais no idioma em que havia sido arquivada originalmente. Em 1901, oficiais dessas províncias precisavam dominar tanto o tcheco como o alemão. Nacionalistas germânicos protestaram violentamente em muitas regiões, e a lei acabou sendo anulada.

Dos três impérios instalados no sudeste da Europa, a Áustria era aquele com menor censura de imprensa, vida pública mais ativa e política partidária mais bem desenvolvida. A educação, as associações profissionais e a infraestrutura técnica haviam se expandido de forma errática, mas de maneira muito mais ampla que nos impérios Russo ou Otomano. A soberania era compartilhada desde a metade do século, e as novas gerações haviam crescido com a experiência de um regime político com disputas partidárias. O império havia conseguido contornar alguns de seus problemas através da monarquia dual, e sua relação próxima com a Igreja Católica jamais impedira a proteção conspícua de outras religiões.

Graças ao Congresso de Berlim, a Áustria tinha até a sua própria "colônia", a Bósnia-Herzegovina, um local onde arquitetos do império exercitavam seus talentos, decorando a paisagem com grandes igrejas e remodelando os desenhos urbanos das cidades no estilo dos Habsburgo. Acadêmicos reclassificaram a engenharia otomana como "romana" para consolidar a linhagem imperial – foi o que aconteceu, por exemplo, com a ponte de pedra de Mostar. Governantes Habsburgo assumiram de forma consciente uma missão civilizatória direcionada para os nacionalistas croatas e sérvios e os clérigos ortodoxos e muçulmanos, todos considerados atrasados em relação aos tempos laicos. Mas fosse na Bósnia ou em outros lugares, iniciativas centralizadoras como a educação inter-religiosa eram dispendiosas e esbarravam no cisma entre modernizadores e tradicionalistas dentro de cada grupo religioso.

Em 1908, a dinastia foi exaltada com uma imensa procissão "Kaiser-Hommage", repleta de delegações de camponeses, todos devidamente fantasiados de diversos territórios imperiais. O simbolismo do desfile gerou conflitos: quem deveria estar à frente da procissão que celebrava o cerco de Viena em 1683 pelos otomanos, o rei polonês ou o imperador húngaro (em efígie)? Havia algo ruim naquela imagem de cidadãos indomáveis mas leais ao império?

Olhando em retrospecto, historiadores e outras pessoas transformaram exibições da diversidade imperial em uma narrativa de dois nacionalismos conflitantes que teriam provocado o fim do regime. Mas no Império Habsburgo tardio, os esforços para mobilizar pessoas em prol de suas causas se deparavam com obstáculos como a dispersão das diferentes "nações" pelo território do império, a consolidação de longa data das instituições imperiais e a presença de judeus e outros que não se encaixavam em um mundo dividido por nacionalidades. Os nacionalistas por vezes defendiam escolas de idioma único, mas os falantes do alemão ou do tcheco, eslovenos e alemães tinham opiniões diversas quanto a essa demanda. A política de massa e as instituições

Figura 11.4
O novo despertar da questão oriental. O subtítulo é: "Bulgária proclama sua independência – Áustria toma a Bósnia-Herzegovina". Nessa representação satírica francesa, o imperador austro-húngaro e o rei da Bulgária, cuja nova coroa não está bem fixa em sua cabeça, arrancam partes do Império Otomano enquanto o sultão fica de cara fechada. *Le Petit Journal*, 18 out. 1908. (Snark, ArtResource.)

por meio das quais os Habsburgo permitiam às comunidades certo grau de autogoverno tiveram um efeito não intencional ao permitirem que políticos nacionalistas tentassem transformar suas ideias em realidades políticas. Mas isso, por sua vez, causou antagonismos em cada região, ampliou a fragmentação política e intensificou as divisões internas de grupos que os nacionalistas alegavam ser coesos. Os nacionalistas não foram muito bem-sucedidos no desafio de convencer as pessoas a pensar e agir dentro dos limites de uma única nação distintiva, e a maioria dos ativistas políticos lutou pelo seu próprio tipo de império e não por seu fim.

Um perigo mais imediato decorria da fraqueza da Áustria em comparação aos outros impérios. A Grã-Bretanha e o sistema de congresso haviam ajudado os Habsburgo nas disputas pelos Bálcãs. Era plausível presumir que, como em 1905 os otomanos haviam sido apaziguados e a Rússia jogada para escanteio após sua derrota na guerra asiática e frente ao caos interno do regime, a Áustria seria a primeira a ser devorada no *buffet* das grandes potências. Nesse contexto, a prerrogativa do imperador de decretar guerra e paz era ao mesmo tempo um curinga e a maior ameaça à estabilidade e existência do império. Em 1908, austríacos anexaram sua colônia, a Bósnia-Herzegovina, com o objetivo de vincular sérvios e croatas ao império de forma mais sólida. Isso enfureceu os líderes da Sérvia independente, que desejavam obter uma saída para o mar. Sérvios, croatas, defensores da Iugoslávia e russos tinham ambições distintas na região. Após as guerras balcânicas de 1912 e 1913, a Sérvia se expandiu – mas seu acesso ao Adriático continuava bloqueado, dessa vez pela recém-independente Albânia – e a Bósnia-Herzegovina ganhou uma *diet* eleita, tornando-se parte do Império Austríaco. Tudo isso serviu de estímulo para que Rússia e Sérvia – que ainda sonhavam expandir seus territórios sobre as antigas terras otomanas – jurassem apoio mútuo contra a Áustria.

NAÇÃO E IMPÉRIO

Após a derrota de Napoleão, um século inteiro de disputas imperiais, militares ou de outra natureza e tanto em territórios contíguos como em além-mar ajudou a criar uma Europa identificável, formada por grandes potências que eram reconhecidas como tais pelos impérios vizinhos. Elites instruídas dos impérios Habsburgo, Russo e Otomano passaram a querer "se tornar europeias". Outras estratégias compreensíveis, embora problemáticas, eram ressaltar as diferenças de uma nação em relação à Europa ou buscar formas de evitar a "via europeia".

Mas o que significava tornar-se europeu? As consequências disso eram desejáveis? Estava em jogo uma reconfiguração da soberania para um formato mais democrático? Ou era apenas a tarefa básica de se tornar "contemporâneo" – alcançar os tempos europeus – em termos econômicos e tecnológicos? Talvez a expansão e a atualização do sistema de educação, acompanhadas de investimentos em ferrovias e sistemas de comunicação, fossem suficientes. Mas essas estratégias exigiam recursos que ainda não estavam disponíveis. Obtê-los implicava adquirir terras, pessoas e conexões à custa de outras potências, como o novo Reich alemão havia feito em suas origens na Prússia e com a extensão de seu poder sobre zonas de idioma polonês, dinamarquês e francês, sem contar nas colônias na África, Ásia Oriental e no Pacífico.

O desafio mais visível era o poderio militar. Por isso, líderes russos, otomanos e Habsburgo fizeram de seus exércitos, sobretudo seu corpo de oficiais, o alvo principal de suas reformas. No Império Otomano, essas iniciativas – que foram acompanhadas por restrições desalentadoras da atividade política – transformaram o corpo de oficiais em janízaros do século XX – um grupo convictamente dotado da missão de intervir caso o sultão não andasse na linha. Na Rússia, a extensão em 1874 do alistamento a praticamente todos os homens foi uma grande ruptura com o recrutamento estatal. Nesse caso, contudo, os generais mais ambiciosos cultivavam laços individuais com o imperador, de forma muito coerente com o patrimonialismo russo, e não representavam nenhuma ameaça ao seu poder. O exército acessível a todos, incluindo judeus, foi fundamental para a recuperação dos Habsburgo após 1848. O recrutamento de homens de diversas nacionalidades e as melhorias educacionais fizeram com que os oficiais do século XX continuassem confiáveis e leais ao império, estando assim dispostos a ir à guerra em prol de seus interesses.

Os esforços militares foram complementados por reformas políticas e projetos sociais. Tanto os Habsburgo (1867) como os otomanos (1869) ofereceram aos seus súditos homens a cidadania e os declararam iguais, ainda que, como ocorria em outras partes do mundo, o significado de igualdade não fosse muito claro. Sob coerção, o governo russo ofereceu aos seus súditos um conjunto de direitos civis em 1906, mas a separação formal do status político deles foi mantida até 1917. Os três impérios empregavam corpos consultivos, e todos acabaram criando parlamentos eleitos: os Habsburgo em 1861, os otomanos entre 1876 e 1877 e mais tarde em 1908, e os russos em 1906. Assim como na Grã-Bretanha, França e Alemanha, o direito ao voto não abrangia as mulheres. Habsburgo, Romanov e otomanos expandiram a educação de forma significativa mas desigual. A servidão foi abolida nos impérios Habsburgo e Romanov antes de os escravos terem sido emancipados nos Estados Unidos. No Império Otomano, onde a escravidão era regulada por meio da lei islâmica, o Estado aplicou o édito de Tanzimat à igualdade legal e emancipou gradualmente os escravos das regiões agrárias oferecendo compensações aos seus mestres.

Os reformadores imperiais também mantiveram seus olhos atentos para o salto econômico da Europa Ocidental. A economia desses impérios decolou no século XIX. O comércio exterior otomano cresceu dez vezes entre 1820 e 1914, e a economia russa avançou de forma rápida e consistente a partir dos anos 1890. Ainda assim, as práticas de governo impunham limites às mudanças. Austríacos não foram capazes de acabar com políticas agrárias sufocantes dos senhores de terra magiares, e o arranjo da monarquia dual não resolveu o problema. Governantes russos se recusaram durante décadas a permitir aos camponeses a posse de fazendas. O livre-comércio sob o governo britânico estrangulou a produção doméstica otomana. Otomanos, russos e Habsburgo tinham dívidas imensas com Grã-Bretanha, França e Alemanha. A lição mais óbvia era que o Ocidente tinha uma grande capacidade de extrair recursos de suas colônias. Pensamentos desse tipo povoavam as mentes das elites quando estas adquiriam novos territórios como o Turquestão, a Bósnia ou o Iêmen, e construíam ferrovias como a transiberiana ou Istambul-Bagdá para transportar produtos de regiões distantes.

Os três impérios adaptaram tecnologias imperiais de seus vizinhos, trilhando um caminho que poderíamos chamar de "romano" rumo a um governo mais sistemático e com maior participação popular. Ao mesmo tempo, como foi visto antes (capítulo 10), os projetos coloniais dos impérios da Europa Ocidental forçavam-nos a acomodar intermediários indígenas e consolidar seu controle por meio de governos indiretos e concessões familiares de poder destinadas a russos, otomanos e Habsburgo. Em locais de intersecção imperial como o Iêmen, onde tanto otomanos como britânicos tentaram cooptar imames ambiciosos, a concorrência entre eles pôde ser explorada durante algum tempo pelos líderes locais.

Um desafio perpassava os limites da arena imperial: fazer com que povos distintos servissem às propostas do império e permanecessem dentro dele. No que dizia respeito à ideologia, impérios se movimentavam em direções opostas, rumo a diferenciações – como as raciais – acirradas ou hegemonias mais vagas – como prioridades para o islã. De forma semelhante, a reestruturação política podia ocorrer em um sentido mais igualitário ou no âmbito da diferenciação. Não existia um modelo único para tratar das questões de inclusão ou exclusão.

Assim como raça e religião, a nação era uma ferramenta – bastante afiada – do repertório imperial. Políticos e homens de Estado podiam tentar manipular os sentimentos nacionais no âmbito doméstico, no exterior próximo ou em além-mar. Debates e questionamentos dentro das sociedades europeias – na Áustria dos Habsburgo e na França republicana – influenciavam e aprofundavam as tensões para determinar quem pertencia ao regime e sob quais condições. Membros respeitáveis podiam ser definidos de acordo com língua, etnia, aparência, religião, relações familiares apropriadas, classe ou por diferentes combinações desses elementos. Nos regimes que permitiam o voto popular, havia ainda mais em jogo na hora de definir quem era ou não cidadão – sobretudo a partir do final do século, quando começaram a surgir serviços de bem-estar social. O crescimento da imprensa aliado à defesa dos direitos civis e a maiores índices de alfabetização permitiu que diversos ativistas conquistassem eleitores fora do âmbito do Estado ou das elites cosmopolitas.

O antissemitismo que se desenvolveu em diferentes partes da Europa no século XIX não refletia a força do nacionalismo excludente, mas sim suas inseguranças. Uma figura fundamental para a retórica dos escritos antissemíticos era a ideia de que os judeus haviam criado redes de apoio que atravessavam Estados, territórios e povos, e que tais laços constituiriam uma ameaça à integridade do Estado. A imagem difundida no livro *Os protocolos dos sábios de Sião*, uma falsificação produzida na Rússia no início do século XX, era caracteristicamente imperial: judeus pretendiam governar o mundo. Não havia nada de intrinsecamente alemão, francês ou russo nas campanhas para transformar judeus em forasteiros. O antissemitismo também foi utilizado em embates internos ao regime: contra o cosmopolitismo pragmático da elite bismarckiana, contra a cidadania secular e universal na França, contra os taverneiros e intermediários no interior da Europa Central e em todos os lugares contra concorrentes nos negócios, no exército ou no funcionalismo público.

Para os impérios alicerçados no reconhecimento das diferenças, a guinada em direção à igualdade de direitos era arriscada. Na Áustria, tornar os súditos cidadãos parece ter gerado uma mobilização em torno de questões linguísticas, étnicas, regionais e antissemitas. Interpretações centralizadoras do liberalismo também eram problemáticas no Império Otomano, onde a singularidade, os laços pessoais entre Istambul e as elites locais e os direitos especiais eram assuntos políticos. Quanto mais aberto se tornava um sistema político e mais se falava nele, mais evidentes se tornavam os conflitos de interesses. Cada iniciativa política – uma língua de Estado comum ou a emancipação de servos – podia ser causa para ressentimentos ou um tema explorado pelos grupos ofendidos. Na Áustria, onde a política partidária era mais desenvolvida, liberais, cristãos, nacionalistas de muitos tipos e socialistas pressionavam por mudanças, mas mudanças distintas. Na Rússia, onde a oposição política fora suprimida até 1905, a explosão da violência contra o Estado continuou após as concessões de 1906, assim como os ataques inflamados contra o governo na imprensa livre. Na Alemanha, um pangermanismo romântico desafiou a cultura imperial cosmopolita. Esses descontentamentos significavam que os impérios baseados em políticas de diferença haviam durado mais que sua funcionalidade? Se esse era o caso, qual seria um tipo melhor de regime?

A resposta convencional para essa pergunta é a nação, mas no final do século XIX e início do XX, o nacionalismo era menos uma solução do que uma reivindicação. Aqueles que defendiam um Estado verdadeiramente nacional com um povo, um território e um Estado se deparavam com uma dificuldade: a maioria das pessoas não vivia dessa maneira, e as práticas excludentes implicavam o risco de enfraquecer – ao invés de fortalecer – qualquer regime. As guerras balcânicas de 1912 e 1913 revelaram a volatilidade mortífera das tentativas de construção de Estados nacionais em territórios onde as populações haviam se mesclado diversas vezes durante milênios. Bulgária, Grécia, Montenegro e Sérvia queriam se expandir à custa uns dos outros e dos otomanos. Protegidos pela Rússia, eles formaram uma liga e declararam guerra ao Império Otomano em outubro de 1912. Vitórias dos exércitos balcânicos pressionaram as elites albanesas a participar do jogo de criação de Estados, levaram os Jovens Turcos do Império Otomano a executarem seu golpe e fizeram com que as potências europeias tentassem negociar a paz. Mas, no verão de 1913, Bulgária, Sérvia e Grécia ainda disputavam a Macedônia. Em seguida, a Romênia e os otomanos se juntaram ao embate.

Todos os lados sofreram grandes perdas nessas guerras, incluindo um imenso número de civis muçulmanos que foram arrancados de seus lares. Segundo algumas estimativas, mais da metade deles que haviam vivido nas províncias otomanas perdidas para Grécia, Sérvia e Bulgária morreram ou fugiram. As baixas militares foram altas: mais de 66 mil soldados búlgaros foram mortos ou morreram devido a doenças, 37 mil sérvios perderam a vida e mais de 100 mil defensores otomanos pereceram. As fronteiras desenhadas pelo encontro de embaixadores europeus em Londres em 1913 não eram nacionais, estáveis ou harmoniosas. A criação de nações nos impérios alheios, uma estratégia de todas as potências desde 1815, havia resultado em um século de guerras abomináveis, elevado o grau de militarização no continente e envolvido novos e velhos Estados na disputa pelo espaço europeu.

Os líderes dos impérios europeus no século XIX pensavam as questões de diferença e pertencimento em seus regimes de formas distintas. A ideia de uma comunidade nacional era bem-vista por muitos dentro dos impérios, tanto por aqueles que desejavam governar outros povos em busca de um destino coletivo como pelos que queriam escapar desse destino de submissão. Nenhuma concepção étnica do corpo político poderia ser levada até sua conclusão lógica. Os governantes mais poderosos manipularam os diversos laços de diferentes coletividades para que convergissem nos centros imperiais, e alguns grupos agiram em mais de um império. Os impérios Otomano, Habsburgo e Romanov não eram povos turcos, russos e germânicos que governavam "outros", embora houvesse nesses impérios defensores de políticas turquizadoras, russificantes ou germanizadoras. Nem mesmo os governantes do Reich alemão nesse período tentaram reunir todos os germânicos sob seu império ou excluir todos os não germânicos. Muito havia sido construído a partir da acomodação e manipulação das diferenças para que uma missão nacionalista homogeneizadora parecesse viável enquanto projeto imperial.

12
Guerra e revolução em um mundo de impérios
1914 a 1945

Em Berlim, Paris e Londres, em 1900, intelectuais e lideranças políticas tinham um motivo para acreditar que estavam ingressando no século europeu. Os impérios europeus cobriam então mais da metade da terra firme do planeta. As principais potências haviam conseguido até mesmo organizar sua competição colonial na África de forma pacífica graças aos acordos estabelecidos entre 1884 e 1885 e no biênio 1889-1890. As transformações das economias europeias haviam produzido imensas riquezas e tensões referentes à desigualdade e à transformação social, mas as elites do continente acreditavam que intervenções governamentais bem direcionadas poderiam dar conta desses desafios.

A expansão das liberdades civis nos Estados europeus permitiu que críticas à sociedade burguesa, ao capitalismo e ao imperialismo fossem expressadas por meio da arte e da literatura "modernistas", e também pelos movimentos radicais políticos que iam do anarquismo ao comunismo. Se os males sociais do desenvolvimento capitalista não podiam ser curados com reformas, alguns acreditavam que eles deviam ser revertidos a partir de processos revolucionários. Desenhos corajosos de um futuro melhor expressavam o sentimento de domínio dos processos sociais compartilhado pela esquerda e pela direita, embora contestado por alguns membros da vanguarda cultural e intelectual.

O prospecto de controle foi obliterado após 1914, em um derramamento de sangue cuja razão se tornava cada vez mais difícil de entender à medida que milhões pereciam. A Primeira Guerra Mundial explicitou a instabilidade do sistema imperial europeu e nada fez para solucioná-la. A guerra não aliviou o fardo que os impérios impunham às pessoas que viviam nas colônias europeias. Destruiu impérios do lado derrotado – Otomano, Habsburgo, Alemão e Romanov – e tornou o futuro das pessoas que viviam em seus territórios ainda mais incerto e conflituoso. A guerra alavancou outro império, o do Japão, cujo poder crescente contribuiu ainda mais para gerar incerteza e perigos dentro da "ordem" internacional.

Charles de Gaulle, jovem oficial francês que lutou na Primeira Guerra Mundial e foi um dos líderes da Segunda, referia-se à primeira como a "Guerra dos Trinta Anos do nosso século". Embora desconsidere outros caminhos possíveis e não trilhados a partir de 1918, essa perspectiva destaca a continuidade de longo prazo da concorrência imperial. Desde o século XVI, com frequência um Estado-império – ou um pequeno número deles – baseado na Europa tentou dominar o cenário inteiro e acabou sendo contido pelos demais. A Primeira Guerra deixou um legado de amargura e desespero, e os conflitos entre impérios retornaram durante a Segunda Guerra Mundial com um ódio ainda mais virulento, a utilização de armamentos ainda mais mortíferos e o envolvimento de mais partes do mundo. Como antes, os Estados-impérios incluíram tantos recursos continentais quanto de além-mar em suas guerras uns contra os outros.

A Segunda Guerra Mundial diferia das rodadas anteriores de guerras imperiais não somente pela ferocidade genocida dos nazistas. Em primeiro lugar, havia um novo e grande ator além dos limites da Europa e do oeste da Eurásia, o Japão. Em segundo, dois novos superpoderes ampliaram seu alcance imperial alegando serem diferentes dos demais: os Estados Unidos e a União das Repúblicas Socialistas Soviéticas. Em terceiro, o desfecho da Segunda Guerra Mundial parecia ter dado fim a um arranjo instável de impérios que haviam lutado constantemente pela dominação da Europa desde a época de Carlos V, passando por Napoleão até chegar a Hitler. O primeiro elemento foi crucial para o terceiro, pois, quando o Japão violou o poder francês, britânico e holandês no Sudeste Asiático, o sistema de impérios coloniais começou a desmoronar. A Segunda Guerra Mundial destruiu a Alemanha e o Japão enquanto impérios e enfraqueceu França, Grã-Bretanha e Países Baixos de forma decisiva.

Ao final, diferentemente do que ocorrera na primeira, perdedores e vencedores foram libertados da compulsão de interagir entre si de forma imperial. Os territórios mais restritos, nacionais e, aparentemente, duráveis dos Estados europeus prosperaram após 1945 em uma paz sem precedentes. Porém, embora a "nova guerra dos trinta anos" tenha marcado o início do fim do sistema imperial europeu, ela não enterrou as ambições imperiais em outras partes do mundo – sobretudo para Estados Unidos e URSS, novos rivais na luta pela hegemonia global.

A disseminação de regimes teoricamente baseados na soberania nacional e na ficção de equivalência jurídica entre todos os Estados mascarou as desigualdades desestabilizadoras entre esses mesmos Estados e dentro de cada um deles. A construção desse novo mundo – e se ele foi de fato um mundo pós-imperial, ou somente um arranjo de novas formas de império – é o tema dos próximos dois capítulos.

GUERRA DOS IMPÉRIOS, 1914-1918

São muitas as explicações para a eclosão da Primeira Guerra Mundial. Foi um combate mortífero entre capitalistas, ou uma consequência involuntária do sistema de tratados e de mal-entendidos políticos? Há uma questão que facilmente passa despercebida: a guerra foi um combate entre impérios. Embora a mobilização tenha alimentado e surgido a partir de sentimentos nacionalistas e rusgas dentro da Europa, existem poucos indícios de que essas paixões tenham induzido as elites governantes à beligerância. No último capítulo, será argumentado que os defensores da cultura nacional precisaram trabalhar duro para disseminar os sentimentos que alegavam representar e que as elites governantes não tinham certeza se o apelo à solidariedade nacional seria capaz de eclipsar sentimentos de classe, religião e região. A Primeira Guerra Mundial foi uma guerra imposta de cima para baixo, desenvolvida durante o verão de 1914, com as movimentações conflitantes das elites governantes. Não foi uma disputa por colônias – embora a obtenção delas tenha se tornado um objetivo de guerra –, mas uma guerra entre impérios enquanto regimes múltiplos. Os beligerantes pretendiam transferir populações e recursos, na Europa e em além-mar, de um império ao outro.

Os soldados que alimentavam essa letal máquina de guerra vinham de todos os pontos dos impérios. Por exemplo, enquanto o Estado francês tentava fomentar o patriotismo entre conscritos e voluntários na França metropolitana, também recrutava africanos e indochineses, coagindo-os e persuadindo-os a lutar de forma eficaz pela causa imperial. O Império Habsburgo contava com a lealdade dos soldados – austríacos, húngaros, tchecos, judeus e outros – ao imperador-monarca, e na maioria dos casos essa expectativa se confirmou. Os governos do Canadá britânico, Austrália, África do Sul e Nova Zelândia viram o rei da Inglaterra declarar guerra em seu nome, mas puderam escolher entre participar ou não. Todos optaram por contribuir com a causa do império do qual faziam parte, mantendo seu autogoverno. Os súditos britânicos de protetorados, colônias, principados e outras unidades subordinadas tiveram menos poder de escolha, mas também integraram os esforços de guerra. O futuro da contenda foi muito influenciado pelo fato de que Grã-Bretanha, França e Rússia possuíam recursos humanos e materiais significativos para além das zonas contestadas no leste e oeste da Europa.

Um mundo desequilibrado: impérios, nações e exércitos na estrada para a guerra

A Europa sofreu uma queda abrupta: de senhora do destino alheio, passou a ser um continente incapaz de se autogovernar. Mesmo antes de 1914, já havia sinais – os quais poucos à época foram capazes de interpretar – de que a dominação global europeia não era o que parecia ser: a derrota da Rússia pelo Japão em 1905, o fracasso dos impérios em governar sistematicamente ou transformar suas colônias africanas, a inabilidade de integrar o cambaleante Império Qing ao sistema imperial europeu e a volatilidade dos anseios imperiais na própria Europa.

O equilíbrio entre os impérios sofreu um abalo no final do século XIX em razão do crescente poder econômico – e inseguridade geopolítica – do Império Alemão. O fato de essa tensão não ter causado um conflito declarado logo após a guerra franco-prussiana de 1870 se deve muito à compreensão por parte do chanceler Bismarck dos limites do poder imperial (ver capítulo 10) e sua habilidade para negociar acordos referentes à África e aos Bálcãs capazes de manter o equilíbrio entre os impérios. Mas a mesma mistura de poder autocrático, patrimonial e parlamentar na Alemanha que permitiu a Bismarck jogar esse jogo forneceu aos seus sucessores ferramentas para jogar um outro, bastante diferente.

Mudanças nas relações entre os impérios europeus (ver capítulo 11) interpuseram a Alemanha entre a Rússia e seu novo aliado, a França. Os alemães estavam cientes de que outros impérios tinham recursos invejáveis: a Grã-Bretanha contava com sua frota naval e colônias em além-mar, a Rússia possuía uma grande produção de grãos, numerosa força de trabalho e vistosas reservas de petróleo no mar Cáspio e os franceses tinham potencial humano e recursos materiais na Ásia e na África. Líderes alemães também estavam cientes das divisões internas do Reich – entre católicos, judeus e protestantes e entre uma burguesia cada vez mais rica e ansiosa para ter mais voz na política e os trabalhadores enredados nas tensões da industrialização, que se faziam ouvir por meio de um partido socialista militante e sindicatos ativos. O estridente nacionalismo "pangermânico" alardeado em alguns âmbitos, que insistia na união dos falantes do alemão no Império Austro-Húngaro e no Kaiserreich, apenas confirmou que a nação alemã estava longe de ter uma aspiração comum.

O exército alemão tinha suas próprias ideias. A vitória sobre a França em 1870 passou mensagens opostas: o exército havia triunfado, mas sofrera com a escassez de recursos humanos e o financiamento inflexível em virtude da relutância do governo em aumentar a carga tributária que incidia sobre uma burguesia cheia de reivindicações e de um proletariado inquieto. Incapazes de explorar profundamente as reservas, os responsáveis pelo planejamento se deram conta de que as guerras seguintes teriam que ser breves e brutais para que o inimigo fosse destruído em pouco tempo. Essa doutrina, elaborada no plano Schlieffen, foi testada em guerras coloniais e representava a vanguarda do planejamento militar alemão em 1914. Líderes do governo sofreram pressão de organizações pangermânicas e do comando militar, cuja visão a respeito das possibilidades diplomáticas e militares eram muito limitadas, mas a Alemanha como um todo não se tornou refém do militarismo reacionário prussiano, nem de qualquer nacionalismo especialmente forte. Sua elite governante estava ciente da própria vulnerabilidade no exterior e do apoio incerto no âmbito doméstico.

Mais tarde, tornou-se claro que a Alemanha não fora a única a conservar um alto nível de lealdade imperial. O mesmo ocorrera em territórios vizinhos, de caráter igualmente multinacional e multiconfessional: Áustria-Hungria, Rússia e Império Otomano. Diversas "nações" do Império Austro-Húngaro não encararam a guerra de 1914 como uma oportunidade de emancipação. Judeus e outros grupos para quem a segurança dentro do império era grande, e inclusive muito maior do que a solidez de sua base territorial, seguiram o conselho de um de seus líderes: "Nós, judeus de consciência nacional, queremos uma Áustria forte". Na Rússia, a irrupção da guerra gerou demonstrações de fervor patriótico e também *pogroms* antigermânicos que chocaram a administração imperial – a imperatriz, nascida no grão-ducado de Hesse, era prima do imperador alemão. Para infeliz surpresa dos comandantes britânicos, a maioria dos árabes permaneceu leal ao Império Otomano até o fim da guerra.

Mas é preciso voltar ao início do conflito. Em 1914, o que preocupava os líderes eram seus colegas em um mundo imperial onde a formação de alianças adequadas representava uma ferramenta utilizada contra seus rivais de forma corriqueira. O Kaiserreich e o Império Austro-Húngaro precisavam cooperar entre si, por mais que houvessem se enfrentado em 1866. Ambos temiam uma terceira potência imperial – e industrializante – situada ao leste, a Rússia. A Grã-Bretanha também se preocupava com a Rússia, temerosa de que esta tirasse vantagem da fraqueza otomana para assumir uma posição que ameaçaria a Índia e outros interesses britânicos usando o Afeganistão. Mas a Grã-Bretanha, alarmada pelo fato de que os alemães começavam a se equiparar à sua força naval e industrial, precisava da França – aliada à Rússia – para conter essa ameaça.

Todas as principais potências se encontravam em tamanho grau de ansiedade que decidiram ampliar seus gastos militares em 50% entre 1908 e 1913. Cada uma delas tentou se aliar com os parceiros certos. No verão de 1914, a Alemanha e a Áustria-Hungria firmaram apoio mútuo em caso de guerra. A França havia se aliado à Rússia e a Grã-Bretanha, à França. Os otomanos fecharam um acordo secreto com a Alemanha, sua única opção plausível por se tratar da potência menos ameaçadora entre aquelas que vinham se fartando dos territórios otomanos ao longo do último século.

O que afundou essa mistura instável por natureza de impérios aliados no turbilhão da guerra foi novamente a competição nos Bálcãs, onde as perdas do Império Otomano haviam acirrado ainda mais as rivalidades interimperiais e as guerras entre os futuros Estados nacionais (ver capítulo 11). A Áustria-Hungria anexou a Bósnia-Herzegovina. A Sérvia era independente e imprevisível, com sua memória de hostilidades com a Áustria-Hungria e os otomanos, suas próprias ambições territoriais, conexões com a Rússia e mistura volátil de ideologias nacionalistas sérvias e pan-eslavistas. A Áustria-Hungria desejava suprimir a Sérvia, mas, diante do risco de uma intervenção russa, precisava de mais força do que o seu próprio exército era capaz de fornecer. A solução era recorrer à Alemanha.

Mas os alemães também precisavam da Áustria-Hungria. Aqui, é preciso retornar à doutrina militar dos alemães após 1870 – o plano Schlieffen, herdado pelo marechal de campo Helmuth von Moltke – e à conjunção de arrogância e ansiedade que alimentou as políticas imperiais no início do século xx. Agora, a Rússia era o foco das preocupações alemãs por ser uma adversária cada vez mais forte. A arrogância fazia parte do plano: se a guerra na Europa começasse logo, antes que a Rússia se tornasse mais perigosa, gargalos de transporte e comando retardariam as movimentações russas, permitindo que o exército alemão enfrentasse antes os franceses, mais ágeis, para então deslocar suas forças rapidamente do oeste para o leste. O plano presumia que a França não conseguiria repelir sozinha um ataque pleno em sua fronteira vulnerável no norte, que passaria pela neutra Bélgica. Mas a Alemanha precisaria, ao menos por um tempo, que alguém lhe desse cobertura. A Áustria-Hungria poderia segurar os russos e forçá-los a defender uma fronteira muito mais extensa do que aquela com a Alemanha. O sucesso do plano de-

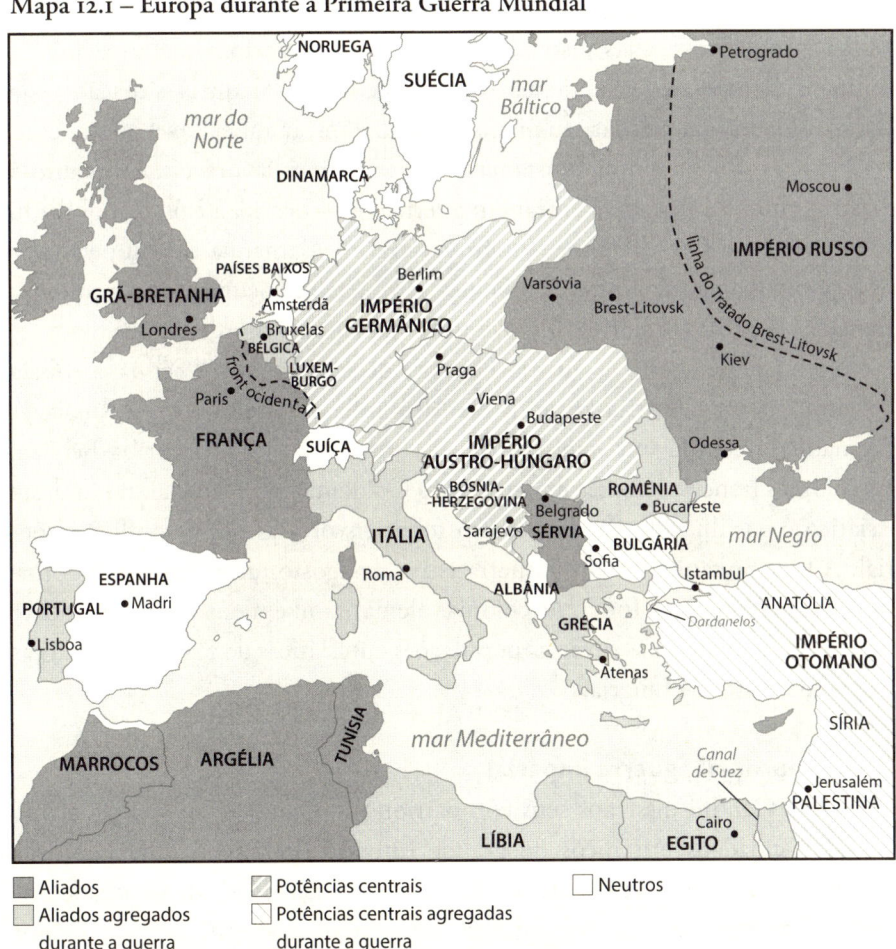

Mapa 12.1 – Europa durante a Primeira Guerra Mundial

pendia do funcionamento perfeito da máquina de guerra alemã e que todos os demais agissem conforme o estereótipo.

Em 28 de junho de 1914, Gavrilo Princip, um sérvio de vinte anos, residente na Bósnia e, portanto, súdito austro-húngaro, executou seu plano conspiratório, aparentemente com apoio não oficial do exército sérvio, para assassinar o arquiduque Francisco Ferdinando, herdeiro do trono Habsburgo, e sua esposa, que visitavam Sarajevo. Francisco Ferdinando tinha poucas conexões e não deixou muita saudade, muito menos para o seu primo imperador. Mas seu assassinato serviu de combustível para estratégias conflitantes dos impérios inclinados à guerra.

Embora o assassinato tenha ocorrido em território austro-húngaro e não tenha sido uma ação do governo sérvio, os Habsburgo podiam então dar início à sua desejada guerra contra a Sérvia e contar com ajuda alemã caso a Rússia não aceitasse suas justificativas. Apesar dos receios do Kaiser, líderes militares alemães, especialmente Von Molke, viram naquela situação uma oportunidade para colocar seu plano em ação e travar a inevitável guerra contra França e Rússia em circunstâncias que lhes eram favoráveis. Enquanto a Áustria-Hungria ameaçava entrar em guerra com a Sérvia, a Rússia mobilizou seu exército e a Grã-Bretanha, sua frota naval. A Alemanha tentou persuadir os britânicos a não se juntarem à França, prometendo ocupar apenas colônias francesas durante o conflito. O governo britânico não mordeu a isca.

No início de agosto, a Áustria-Hungria declarou guerra à Sérvia, a Rússia declarou guerra à Áustria-Hungria e a Alemanha declarou guerra à Rússia. A Alemanha executou um ataque-surpresa contra a França a partir da Bélgica. As colônias francesas no Caribe, na África Ocidental e Equatorial, no Sudeste Asiático e nas ilhas do Pacífico foram todas envolvidas nesse conflito imperial. A Grã-Bretanha declarou guerra em 4 de agosto junto com seus domínios, suas colônias e a Índia. As colônias alemãs também entraram no embate de carona, sem falar nas diversas populações eurasiáticas da Rússia e as muitas nações da Áustria-Hungria.

Guerra europeia, guerra imperial

Mahatma Gandhi disse aos seus compatriotas indianos: "Nós somos, acima de tudo, cidadãos britânicos do grande Império Britânico. Lutar como os britânicos convém, no presente, à causa do bem e da glória da dignidade humana e da civilização [...] nosso dever é claro: auxiliar os britânicos da melhor forma possível, lutar com nossas vidas e propriedades". Pela dignidade e pela civilização de quem? O apoio de Gandhi ao império implicava que os direitos viriam acompanhados de deveres. De fato, o governo britânico prometeu à Índia em 1917 "a consolidação progressiva de um governo responsável". Essa promessa seria honrada paulatinamente, a contragosto e apenas de forma parcial após a guerra.

Homens e equipamentos de regiões longínquas do império se provaram cruciais para os esforços de guerra, servindo de complemento ao poderio industrial e à mobilização humana na Europa. O equilíbrio dos recursos em além-mar pesava contra a Alemanha, visto que suas colônias eram bastante isoladas entre elas e com acesso à Europa controlado pela marinha britânica. O Império Britânico mobilizou aproximadamente 3 milhões de homens na Índia e em seus domínios, o que representou cerca de um terço das forças do império. A Índia foi o território que mais contribuiu. Seguindo a hierarquia racial do império, os africanos desempenharam um papel distinto: quase 2 milhões deles serviram na guerra, mas atuaram sobretudo como carregadores, e a maioria lutou na disputa pelas colônias alemãs: Camarões, Togo, Sudoeste Africano e Tanganica. Já Canadá, Austrália, Nova Zelândia e a parcela branca da África do Sul, que ocupavam posições mais altas dentro da hierarquia imperial, enviaram cerca de 1 milhão de homens para a guerra que o rei declarara em seu nome. Porém, cada um desses territórios nutria receios pela maneira como a Grã-Bretanha, de forma isolada, tomava decisões que mais tarde exigiam o sacrifício de suas próprias populações. O império também contribuiu para a economia de guerra britânica com o fornecimento de materiais, obtendo moeda estrangeira por meio das exportações e postergando as necessidades dos consumidores.

Um grande número de súditos coloniais franceses – africanos, indochineses, africanos do norte do continente e outros – lutou nas trincheiras: havia 170 mil homens originários do oeste da África. Cerca de 200 mil trabalhadores civis foram das colônias para a França a fim de desempenhar atividades industriais conforme os trabalhadores eram convocados para o front – o mesmo aconteceu com um número crescente de mulheres francesas. Alguns soldados e trabalhadores encontraram assim uma forma de se libertar de grandes indignidades que os súditos coloniais costumavam enfrentar, como o sistema judicial segregado. A guerra deu sustância a uma forma sentimental de imperialismo, que louvava a entrega franca de pessoas de todas as raças e religiões à causa comum da França. Na verdade, o recrutamento nas colônias era uma mistura de conscrição e alistamento sob condições que estavam bem longe da livre escolha. Durante a guerra, rebeliões de grande escala ocorreram no interior da África Ocidental francesa, exacerbadas pela conscrição compulsória e suprimidas por tropas oriundas de outras regiões, em conflitos que custaram muitas vidas.

Um grande número de súditos coloniais que não possuíam direitos de cidadão morreu pela França. Havia muitas narrativas e contranarrativas sobre o papel dos africanos na guerra: soldados iguais a todos os outros, soldados cuja selvageria era então útil, buchas de canhão para situações excepcionalmente perigosas. A contribuição colonial explicitava a tensão fundamental entre incorporação e diferenciação dentro dos impérios. Vale analisar o caso do Senegal.

As quatro principais cidades do Senegal – as "Quatro Comunas" – haviam sido colônias francesas desde o século XVIII, e seus habitantes tinham direitos de cidadão, ainda que suas questões civis fossem submetidas à lei islâmica em vez do código civil francês (ver capítulo 10). Esses direitos eram violados com frequência por comerciantes, colonos e agentes franceses que não gostavam de sua incompatibilidade com uma ordem de segregação racial. Ainda assim, as quatro cidades podiam eleger um deputado para a legislatura em Paris, e, a partir de 1914, o deputado foi um africano negro, Blaise Diagne. Ele fez um acordo: auxiliaria na conscrição de cidadãos senegaleses para o exército da França, facilitaria o recrutamento em outras regiões e apaziguaria os problemas que surgissem, contanto que a França proclamasse os direitos de cidadania de seu eleitorado nas Quatro Comunas e se comprometesse a tratá-los da mesma forma que tratava os demais cidadãos, e não como soldados de segunda linha recrutados entre seus súditos. O papel de Diagne como recrutador foi um sucesso, e em 1916 foi promulgada uma lei que garantia o status de cidadão para os moradores das Quatro Comunas. Como na Índia britânica, a participação dos soldados coloniais na guerra levantou uma questão ao término do conflito: a tendência de incorporação continuaria, ou seria revertida?

A convicção das lideranças alemãs de que as habilidades tecnológicas e organizativas do seu povo poderiam superar as desvantagens relativas aos recursos coloniais caiu por terra quando o plano de uma vitória rápida e absoluta se converteu em uma batalha que parecia não ter fim. Com mais necessidades e penúrias assolando a população civil, os líderes militares buscaram se explicar, como afirma Michael Geyer, "culpando trabalhadores, burguesia, mulheres, intelectuais, universidades, homossexuais, jovens e [...] uma 'conspiração' judia que corroía a vitalidade do exército alemão". A cultura cosmopolita da Alemanha no pré-guerra era desfeita em fiapos pelos horrores da guerra e pela necessidade do alto-comando de encontrar bodes-expiatórios.

Embora França e Grã-Bretanha tenham empregado o sangue de pessoas de todo o império para viabilizar seus esforços bélicos, a guerra acabou sendo vencida pelo esgotamento da resistência alemã. O poderio industrial e militar dos Estados Unidos partiu em auxílio da França e Grã-Bretanha em um momento crucial, justo quando o colapso da Rússia em 1917 libertara as tropas alemãs do front oriental. Embora a guerra na Rússia tenha provocado em um primeiro momento uma irrupção de lealdade patriótica, em 1917 o conflito

Figura 12.1 – Soldados franceses das colônias em um campo de prisioneiros de guerra alemão, 1917. A foto foi utilizada pela propaganda alemã para defender o tratamento humano de seus prisioneiros e para depreciar os franceses, que alegavam defender a civilização com tropas africanas. O texto parcialmente obscurecido no topo direito afirma que os prisioneiros vinham da Guiné, do Senegal, da Somália, da Tunísia, de Annam (parte do Vietnã), do Sudão e de Daomé. (Museu de História Contemporânea / BDIC, Paris.)

já havia escancarado a incompetência da autocracia. Naquele ano, duas revoluções tiraram a Rússia do conflito, e os bolcheviques assinaram um acordo separado de paz com a Alemanha em março de 1918. Mas a economia e o exército alemães já estavam em frangalhos.

O desfecho da guerra não tinha nada de inevitável. Como escreve o historiador militar Michael Howard, "não devemos nos esquecer de que o plano Schlieffen quase obteve êxito". Se o assalto rápido e massivo da França tivesse sido um pouco mais eficiente, a configuração dos impérios no pós-guerra teria sido bem diferente: a Áustria-Hungria, o Império Germânico, os otomanos e, talvez, a Rússia dos Romanov poderiam ter saído incólumes, enquanto a França perderia suas colônias e a Grã-Bretanha ficaria enfraquecida. Essa configuração poderia ter sido catastrófica à sua própria maneira, mas as trajetórias dos impérios não teriam sido as mesmas.

Império e nação no Oriente Médio dos tempos de guerra

O Oriente Médio – um rótulo que reflete em si uma recentralização do poder imperial – foi um palco bastante trágico e sangrento de conflitos imperiais. Os otomanos tentaram evitar sua entrada na guerra, mas a aliança com a Alemanha os arrastou para o conflito. A Alemanha forneceu oficiais e equipamentos para aprimorar a qualidade do exército otomano. Forças otomanas perderam terreno para a Rússia no leste da Anatólia, mas conseguiram deter o avanço russo. Alguns alemães esperavam que a aliança com os otomanos pudesse incluir uma *jihad* contra britânicos que governavam muçulmanos no Egito, Afeganistão e em partes da Índia, bem como outras regiões do Oriente Médio. Alguns líderes britânicos achavam que seria possível voltar os árabes contra os otomanos na Síria-Palestina e, assim, ameaçar parceiros dos alemães. A proximidade dos territórios otomanos com o Canal de Suez e a importância que tinha para russos, britânicos e outros aliados o controle do acesso ao mar Negro através dos Dardanelos tornaram aquela região propensa à guerra interimperial.

O resultado não foi o sugerido pela imagem de um Império Otomano em declínio. Quando tentaram abrir caminho até os Dardanelos e Galípoli utilizando tropas da Austrália, Índia e outras partes do império, os britânicos se viram bloqueados por uma defesa de força inesperada naquela região estrategicamente elevada, onde as tropas otomanas haviam se posicionado com equipamentos cedidos pelos alemães. Um segundo assalto ao território otomano – um exército conduzido pelos britânicos e composto por um grande número de soldados indianos atacou a partir da Mesopotâmia – sofreu de início uma catástrofe, e só alcançou seu objetivo quando a França já estava vencendo a guerra, em uma luta essencialmente imperial: centenas de milhares de camponeses das Índias britânicas e da Anatólia otomana trocaram tiros em nome de Londres e Istambul.

Também foram importantes – embora menos do que diriam os mitos futuros – as maquinações britânicas para atiçar a chamada revolta árabe, principalmente por parte de T. E. Lawrence, que cultivou a amizade do xarife de Meca, Huceine ibne Ali, de seu clã e de outras comunidades árabes que, acreditava-se, estavam ressentidas com o governo otomano. Embora essa história seja contada muitas vezes como um choque entre nacionalismo árabe emergente e imperialismo otomano em declínio, na verdade ela seguiu um roteiro tipicamente imperial: o aliciamento de agentes e intermediários em territórios rivais.

De início, Husayn, pertencente ao clã Hashemita da mesma tribo de Meca a que pertencera Maomé, ajudou os otomanos a manter a ordem. Seu parentesco e sua rede de apoio regional se tornaram a base para seu poder imperial. Os britânicos viam nas ambições dele uma forma de afugentar os intermediários árabes de Istambul. Agentes britânicos nutriam a fantasia de instaurar um novo califa em Meca, e viam em Husayn "um árabe de raça pura", uma espécie de líder espiritual. Husayn se imaginava como líder do novo império. A noção de "revolta árabe" presumia um ponto comum entre diversos grupos que havia sido defendido por alguns intelectuais pan-arabistas antes da guerra, mas a maior parte das muitas elites árabes da região encontrara maneiras de conciliar sua autoridade local com o poder otomano. Husayn e seus apoiadores se enquadravam mais na política de clãs e clientelismo imperial do que em qualquer narrativa de um nacionalismo árabe.

O poder otomano na Palestina e nas regiões em torno dela mostrou-se frágil o suficiente para que britânicos, com algum auxílio dos seguidores de Husayn, tomassem Jerusalém das forças otomanas. Quando chegaram à Síria, a guerra já estava no fim; o patrono britânico e o cliente árabe continuaram a disputar o poder na Terra Santa. Mais para a frente, o destino dessa região será abordado.

A guerra ofereceu a alguns atores a oportunidade de insistir mais fortemente no nacionalismo. Como vimos (capítulo II), os Jovens Otomanos, cada vez mais descontentes com o sultão e a estrutura patrimonial do Império Otomano que barravam uma reforma liberal, haviam se tornado os Jovens Turcos, mais concentrados na centralização sob comando próprio que em uma comunidade imaginária das pessoas de idioma turco. A perda de províncias otomanas nos Bálcãs e os massacres e fugas de muçulmanos na região entre 1912 e 1913 empurraram mais pessoas vitimadas pela ação das potências "cristãs" para um espaço que poderia ser considerado turco. Mas a necessidade de manter províncias árabes remanescentes dentro do sistema restringia a tendência homogeneizadora do governo. A guerra e, sobretudo, o medo que França e Grã-Bretanha quisessem desmembrar a própria Anatólia caíram como uma luva para os líderes mais nacionalistas do CUP, que buscaram exortar a solidariedade entre os turcos contra inimigos e traidores. Apesar disso, a aliança com a Alemanha buscava preservar uma estrutura imperial, e a defesa bem-sucedida dos Dardanelos e a lealdade contínua da maior parte da Síria mostraram que aquele império plural ainda apresentava vivacidade. Quando a Rússia se retirou da guerra em 1917, os otomanos recuperaram o terreno perdido ao leste e pressionaram em direção a Baku, fonte do petróleo russo.

A construção de uma solidariedade turca contra um "outro" perigoso foi levada ao extremo no front russo-otomano, em regiões onde os dois impérios haviam cortejado, punido, antagonizado e movimentado populações durante mais de um século. Alegando que os armênios – participantes dinâmicos da vida comercial e da sociedade otomanas – conspiravam com o inimigo, o exército otomano arquitetou uma deportação em massa da zona de combate sob condições atrozes. Soldados, grupos paramilitares e alguns dos principais líderes da CUP transformaram o êxodo forçado em uma aniquilação brutal de homens, mulheres e crianças. Os assassinatos, muito mais sistemáticos que os massacres de armênios no leste da Anatólia nos anos 1890, refletiam uma etnização da ameaça à integridade imperial. As atrocidades não afetaram todos os armênios que viviam em Istambul e no oeste da Anatólia, mas estimativas do número de mortos chegam a 800 mil. Alguns dos conselheiros alemães dos otomanos enviaram mensagens alarmadas para Berlim, mas os estrategistas políticos de lá nada fizeram – a doutrina da "necessidade militar" prevaleceu.

O Império Otomano não morreu pelo exaurimento de suas estruturas imperiais, nem porque o imaginário imperial de seus líderes e súditos tenha perdido relevância. Os líderes otomanos, as elites árabes e os governos britânico e alemão agiram dentro de um rol de expectativas que evoluíra ao longo de muitos anos, conforme os impérios buscavam angariar ou desvincular intermediários de seus rivais. Líderes britânicos e seus aliados muçulmanos viam no califado do século VII uma referência para os conflitos políticos do século XX. Otomanos tinham a esperança de reativar, à custa dos russos, conexões entre os povos de língua turca ao longo das grandes vastidões de terra da Eurásia. Mas o Império Otomano se encontrava do lado perdedor de uma guerra interimperial.

REESTRUTURAÇÃO DO MUNDO IMPERIAL

Os esforços das potências vitoriosas para reconfigurar a ordem mundial não acabaram com os impérios, a não ser pelos derrotados. As negociações de paz após a guerra inauguraram um portentoso debate sobre a "autodeterminação", um conceito aplicado de forma seletiva para as colônias da França, da Grã-Bretanha, dos Países Baixos, da Bélgica ou dos Estados Unidos. Na Europa, a "paz" transformou uma configuração delicada em outra ainda mais instável: uma mistura de impérios e Estados-nações putativos. A dissolução forçada de alguns deles fez com que muitos de seus habitantes ficassem ressentidos pela perda de poder imperial, e vários de seus compatriotas localizados em outros Estados foram expropriados e obrigados a retornar a uma "terra natal" onde jamais haviam morado. Para os nacionalistas que alegavam que o Estado era "seu", os milhões de pessoas culturalmente diversas que haviam compartilhado o mesmo território – e, possivelmente, tinham visões de futuro semelhantes – representavam um obstáculo para a concretização de seus projetos excludentes. A ideia de autodeterminação não definia de forma coerente quem teria a permissão para governar a si mesmo, e tampouco oferecia qualquer mecanismo para a resolução de conflitos ou garantia que os Estados nacionalizantes surgidos com a queda dos impérios seriam sustentáveis.

Além de preservar impérios vitoriosos, o fim da guerra deu origem a três novos projetos imperiais que causariam grandes distúrbios no sistema: a Alemanha nazista, o Japão e a União Soviética. Ao minimizar a importância do Reich, a acomodação do pós-guerra serviu de combustível para a raiva dos alemães, o imaginário nacional e os desejos imperiais. No leste da Ásia, a disputa por terras do antigo Império Germânico do Pacífico e a crescente riqueza e autoconfiança dos japoneses impulsionaram a construção de seu império: uma missão apresentada como o cumprimento de um destino nacional e de um destino pan-asiático. A URSS recuperou a maior parte do território imperial russo, estruturou o primeiro Estado comunista em uma federação de repúblicas "nacionais" formalmente distintas e o governou por meio de hierarquias de homens leais ao partido, fornecendo um molde para a recriação do mundo a partir da revolução. Propositalmente fora de cena pairavam os Estados Unidos, um ator menor no front colonial, mas cada vez mais relevante quando se tratava de outras formas de exercício de poder sobre o espaço. Woodrow Wilson era um crítico do imperialismo europeu de sua época, mas sua visão ecoava o "Império da Liberdade" de Jefferson. Ele propôs, como diz Thomas Bender, "uma projeção espantosamente sutil dos princípios históricos norte-americanos no futuro global", um mundo de repúblicas predisposto à comunicação e ao comércio. Esses novos competidores da luta pela reconfiguração da ordem mundial se envolveram nas novas políticas interimperiais, por mais volátil que fosse a competição imperial que levara à Primeira Guerra Mundial.

Nações, mandatos e poder imperial

Wilson não achava que os africanos e asiáticos fossem maduros o suficiente para participar de sua ordem republicana de abrangência global. Os Estados Unidos continuaram a alegar seu direito de intervir militarmente nos Estados latino-americanos, e o haviam feito recentemente no México. Na visão das potências vitoriosas presentes na conferência de paz de Paris em 1919, a autodeterminação poderia ser discutida nos casos dos tchecos, húngaros, polacos, sérvios e outros que haviam estado sob domínio alemão ou de seus aliados. Ainda assim, na Europa, estabelecer o princípio segundo o qual um "povo" escolheria seus líderes não era simples. Declarações de independência, ações revolucionárias e guerras entre grupos de aspiração "nacional" haviam ocorrido antes mesmo do encontro em Paris. Populações dos Bálcãs e da Europa Central viviam tão mescladas que definir uma nação para que esta determinasse seu destino não era uma simples questão de reconhecer um fato cultural-linguístico-geográfico dado: também era preciso convencer os árbitros – grandes potências, que também seguiam seus próprios interesses – e estabelecer quem pertencia a cada lugar. As fronteiras cogitadas para a Polônia – mesmo descontadas as complexidades de identificação, obscurecidas pelas categorias étnicas da época – abrigavam uma população 40% ucraniana, bielorrussa, lituana ou alemã. A Tchecoslováquia era o lar de 2,5 milhões de alemães, além de húngaros, eslavos e outros, sem falar no convívio organizado de tchecos com eslovacos – estes últimos considerados atrasados por muitos dos primeiros. As definições de nacionalidade excluíam as pessoas que não falavam o idioma certo, não veneravam o deus certo ou não tinham os patronos certos.

O estadista imperial britânico lorde Curzon se referiu às pressões e à violência que acompanharam as novas fronteiras como uma "desmistura" de pessoas. Ondas de refugiados – uma contagem estima 10 milhões – se deslocaram pelo centro-leste da Europa. Judeus, que haviam sido participantes ativos da vida pública do Império Austro-Húngaro, foram alvos frequentes da ira xenófoba nos regimes que o sucederam. O desfecho das tensas negociações em Paris foi a criação de novos Estados (Tchecoslováquia, Iugoslávia, Estônia, Letônia) e a ressurreição de outros (Polônia e Lituânia), a ratificação do status nacional de antigos impérios caídos ou divididos (Alemanha, Áustria, Hungria) e novas demarcações de fronteiras em outros. Em teoria, os direitos das minorias deveriam ser protegidos, mas os mecanismos para tanto eram insignificantes e as grandes potências (França e Grã-Bretanha) se eximiram dessa obrigação, fazendo com que todo o sistema parecesse hipócrita para muitos no Leste Europeu. Esperava-se que a autodeterminação transformasse os impérios da Europa Central em Estados-nações equivalentes sob a lei internacional. Mas os Estados não eram equivalentes em sua capacidade de defesa, nem em suas ambições de dominar outros.

A remodelagem do antigo Império Otomano foi diferente. As tentativas do governo britânico de manipular as ambições imperiais de Huceine ibne Ali em seu benefício continuaram após a guerra, quando os europeus tentaram utilizar o imame e seus filhos – os hashemitas – para construir um novo lócus de autoridade no vácuo criado após a derrota dos otomanos. Franceses e britânicos pretendiam estabelecer suas próprias esferas de influência no Oriente Médio e impedir que o rival conquistasse muitos territórios, enquanto os hashemitas desejavam firmar sua autoridade para estabelecer um governo "árabe" – na verdade, um governo deles – em toda a península Arábica e na Síria-Palestina, ou sobre qualquer pedaço de terra que conseguissem, independentemente da mistura de populações muçulmanas, cristãs e judias que houvesse em cada região.

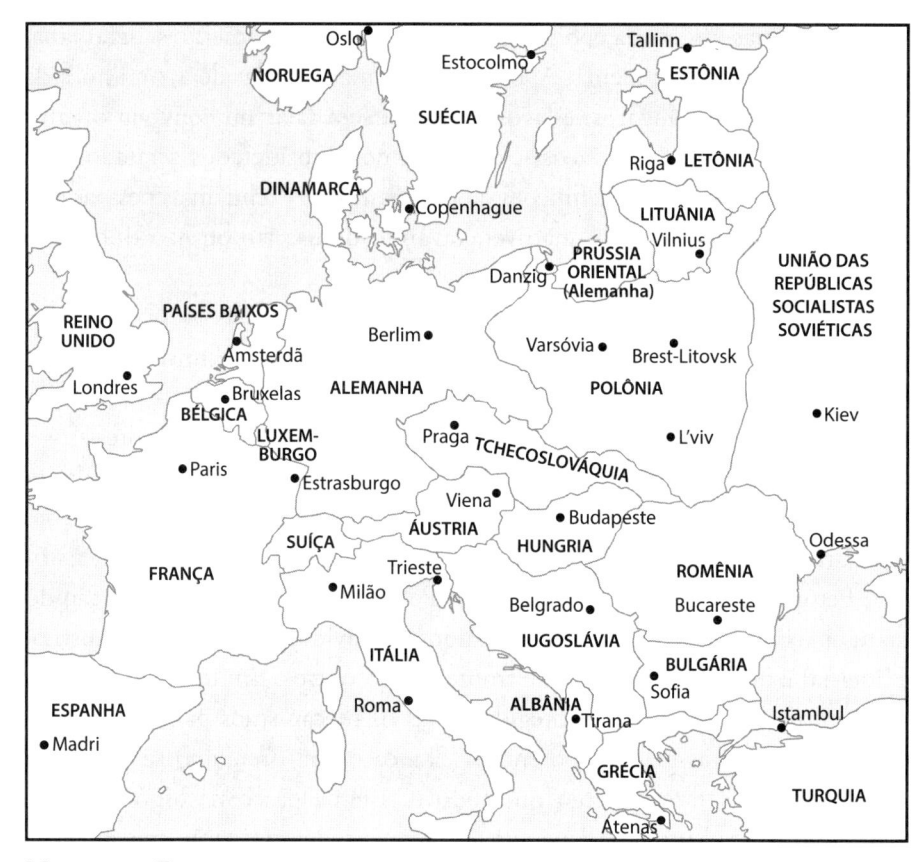

Mapa 12.2 – Europa em 1924

Sofrendo oposição da família real saudita, os hashemitas não conseguiram penetrar muito na Arábia. O filho de Huceine, Faisal, proclamou-se rei da Síria em 1920, mas viu seu título ser revogado pelos franceses. Então, os britânicos ofereceram a ele outro território, a Mesopotâmia, além das antigas províncias otomanas de Basra, Bagdá e Mosul, costuradas para formar o Iraque – território do qual ele se tornou rei em 1921. Seu irmão Abdullah queria um domínio vasto, mas precisou se contentar com um menor, a Transjordânia. Britânicos exerceram seu poder de forma mais direta sobre a Palestina, assumindo a contragosto a responsabilidade de cumprir a promessa feita em 1917 de permitir que os judeus fixassem residência naquela terra e, ao mesmo tempo, garantir os direitos dos habitantes muçulmanos na região.

Esse manejo estava em consonância com um novo princípio de governança que emergiu da conferência de paz de Paris de 1919. Povos – como os árabes da Síria – considerados aptos à identificação nacional seriam administrados por potências europeias com experiência no assunto, até que estivessem prontos para escolher sua própria forma de governo e governantes. A "jurisdição" para governar esses territórios deveria provir de uma comunidade internacional – e vagamente descrita – que seria personificada pela nova Liga das Nações, outro produto da conferência de paz. O sistema de jurisdições abrigava uma visão global hierárquica já expressa em conferências anteriores, segundo a qual as potências autoproclamadas "civilizadas" afirmavam-se responsáveis pelos povos incivilizados nos territórios que reivindicavam (ver capítulos 10 e 11).

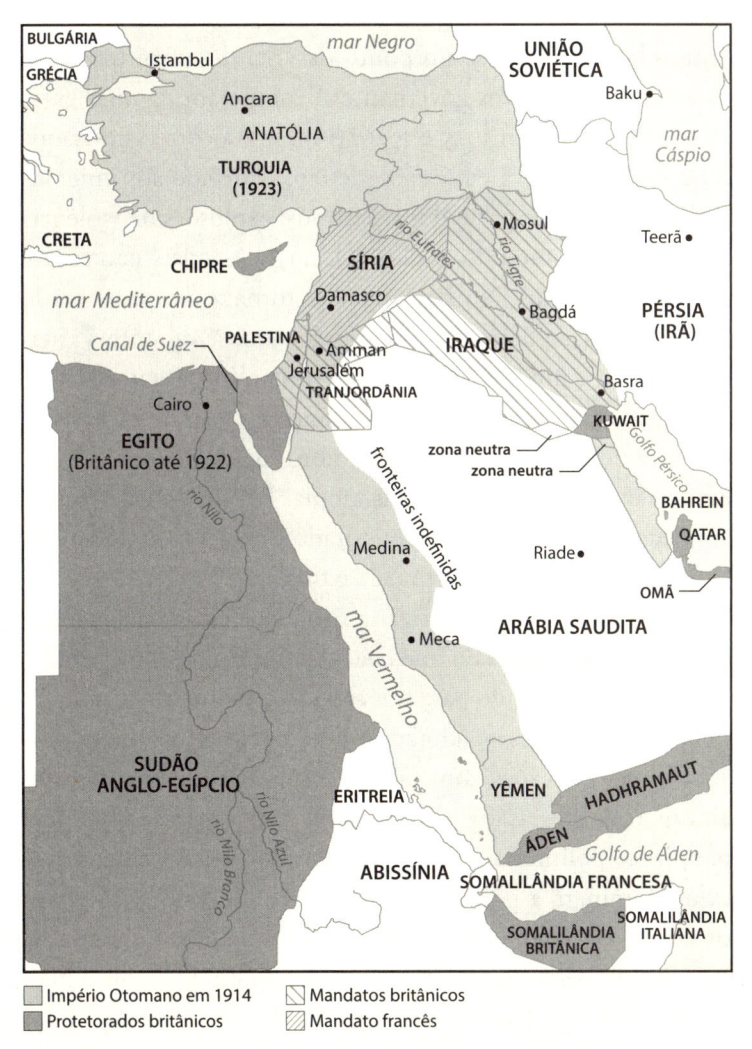

Mapa 12.3 Império Otomano desmembrado

O mapa de mandatos foi outra criação imperial e não correspondia às províncias otomanas ou a supostas divisões étnico-culturais, por mais dúbias que estas fossem. A Síria ficou sob jurisdição da França, que, mais tarde, reconheceu o Líbano como uma porção distinta do mandato sírio, e a Palestina, a Jordânia e o Iraque ficaram com os britânicos, que continuaram como poder tutelar depois que Abdullah e Faisal assumiram seus reinados em territórios com os quais suas próprias relações eram no mínimo ambíguas. A Grã-Bretanha e a França tentaram garantir os direitos de terra e outras propriedades aos líderes locais que julgavam capazes de aprimorar a estabilidade social, correndo o risco de tornar mais vulneráveis aqueles que fossem deixados de lado.

Nenhuma das reestruturações pós-guerra dos antigos domínios otomanos funcionou muito bem, mesmo sob o ponto de vista de quem estava no comando. Rebeliões contra os novos governantes irromperam na Síria entre 1920 e 1921 e, em maior escala, em 1925 e 1926; o mesmo ocorreu no Iraque em 1920. A Palestina se encontrava em estado de tensão devido aos imigrantes judeus e à perda de terras por parte dos palestinos: explosões de violência ocorreram em 1919, 1929 e, sobretudo, a partir de 1935. As crises não se restringiam ao sistema de mandatos. No Egito, que se tornara um protetorado britânico em 1914, a população havia sofrido grande penúria durante a guerra. Em 1919, após a prisão de um dos principais líderes políticos egípcios, teve início uma onda de greves, insurreições de camponeses e manifestações que envolveram cristãos e muçulmanos, pobres e membros da classe média. Líderes britânicos temiam uma revolta ainda mais ampla. Foi tão difícil retomar o controle que foi decidido abandonar o protetorado e exercer seu poder por baixo do pano, como havia sido feito entre 1882 e 1914.

Enquanto a Grã-Bretanha tentava instigar a rivalidade entre nacionalistas e a monarquia egípcia (descendentes do quediva – ver capítulo 10), os primeiros mudaram de estratégia. Deixando para trás seu foco territorial – um Egito que remontava à época dos faraós –, adotaram uma perspectiva supranacional que visava estabelecer conexões com outros árabes e muçulmanos. Nos anos 1930, o maior grau de educação e o elevado nível de urbanização deram origem a uma população politizada e numericamente superior à elite de vocação ocidental que dominara a política egípcia até então. Esse público era mais sensível aos efeitos do colonialismo no mundo muçulmano, conhecia melhor as políticas anti-imperialistas de outras partes do mundo, sofria mais com as consequências da imigração em grande escala de muçulmanos vindos da Palestina e da Síria e estava mais envolvida com as organizações islâmicas. Naquele contexto marcado por sucessivas tentativas britânicas de manipular e controlar o governo e as finanças egípcios, muito se debateu o quão "egípcia", "islâmica" ou "árabe" a nação deveria ser.

De todas as negociações realizadas em Paris, durante e após a conferência, a mais controversa foi o projeto dos vencedores para recortar o Império Otomano em territórios nacionais, ou até de menor escala. Grécia e Itália cobiçavam partes do território central otomano: discutiu-se a quem caberia a Armênia – talvez para os Estados Unidos –, e uma possível internacionalização de Istambul também entrou em pauta. Mas a força militar otomana remanescente – que ainda era um fator de peso na Anatólia – elevava o custo desses projetos, e os europeus ocidentais não estavam dispostos a pagá-lo. A Turquia acabou se tornando um regime nacional maior e mais conscientemente nacional do que desejavam seus vizinhos, a França e a Grã-Bretanha.

Embora parte da elite otomana tenha empreendido esforços antes e durante a guerra para colocar a ideia de nação turca em primeiro plano, o projeto não tinha consistência geográfica. Separar a Grécia da Turquia, e os gregos dos turcos, implicaria uma imposição externa, derramamento de muito sangue e o deslocamento de milhares de pessoas para criar uma correspondência entre nações e as fronteiras imaginadas. Forças aliadas, em sua maioria britânicas, ocuparam Istambul durante algum tempo em 1920. A Grécia invadiu a Anatólia em 1919 e alegou apoiar não apenas os diversos habitantes ortodoxos e falantes do grego na região, mas também a "grande ideia" de uma civilização "antiga e avançada" que poderia exercer de forma legítima autoridade sobre os turcos – que haviam se mostrado maus governantes e uma "desgraça para a civilização".

Liderado por Mustafa Kemal, o exército otomano, agora *de facto* turco, derrotou a invasão grega em 1922. Nem França nem Grã-Bretanha desejavam intervir no conflito de forma decisiva, e os russos estavam ocupados com suas próprias guerras civis. O acordo que sucedeu o conflito delimitou o território que viria a ser o Estado turco, mas somente após a transferência forçada de aproximadamente 900 mil "gregos" da Anatólia para a Grécia e cerca de 400 mil "turcos" para a Turquia. Os massacres armênios já haviam tornado a Turquia mais turca, mas até hoje um grande número de curdos ainda vive dentro de suas fronteiras. Nesse contexto ambíguo, Mustafa Kemal, mais tarde conhecido como Atatürk, destacou-se como o construtor de um Estado-nação turco cuja capital não seria mais Istambul, centro cosmopolita de dois impérios históricos que remontavam ao século IV, mas a cidade de Ancara, na Anatólia.

A devastação daquela região após dez anos de combates precedentes, durante e depois da Primeira Guerra Mundial, foi imensa. Na Anatólia, o número de mortes foi de 2,5 milhões de muçulmanos, 800 mil armênios e 300 mil gregos. Essas mortes reduziram a população da região em cerca de 20% – perdas mais devastadoras do que as francesas –, e as migrações forçadas representaram outra fonte de sofrimento. Essa vasta decantação de pessoas seria lembrada muito tempo depois como um processo de construção nacional.

França e Grã-Bretanha não conseguiram modelar a Turquia conforme seus desejos por consequência de seu fracasso mais amplo no desafio de propiciar o mesmo nível de estabilidade oferecido nos tempos do Império Otomano. Nas províncias árabes, as potências no comando pouco contribuíram para a criação da base necessária para o desenvolvimento da democracia ou mesmo de uma ordem livre de violência política.

Na África e em partes da Ásia e do Pacífico, as colônias foram redistribuídas entre os impérios vitoriosos de forma muito semelhante ao que acontecera com os territórios após a Guerra dos Sete Anos no século XVIII e as guerras napoleônicas do início do XIX. As colônias alemãs passaram para França, Grã-Bretanha, Bélgica e Japão e os domínios com governo próprio da Austrália, Nova Zelândia e África do Sul. Essas jurisdições eram de ordem "inferior" àquelas do antigo Império Otomano, de forma coerente com a visão europeia, segundo a qual os africanos e os habitantes das ilhas do Pacífico seriam povos "atrasados". Em teoria, em vez de exercer sua soberania conforme leis internacionais, as potências responsáveis pelo governo eram depositárias de uma nacionalidade em processo formativo que se encontrava sob a supervisão da Liga das Nações. Na prática, França, Grã-Bretanha e outros fizeram o que achavam que sabiam fazer: governaram os territórios adquiridos como se fossem colônias.

A conferência de Paris de 1919 – e o tratado assinado em Versalhes, nome pelo qual geralmente é referido – foi mais um episódio em uma sequência de conferências interimperiais que remontavam ao Congresso de Viena de 1815. A conferência de 1919 foi diferente porque novas vozes se fizeram presentes – muito embora não tenham sido escutadas –: grupos nacionais dentro da Europa, uma potência imperial não europeia – o Japão – e, em menor medida, árabes, judeus e outros que buscavam reconhecimento político. As instituições idealizadas em Paris não eram fortes o suficiente para garantir o respeito às fronteiras nacionais dentro da Europa nem para assumir o governo desinteressado dos territórios que lhe foram delegados, mas tampouco foram meros exercícios de hipocrisia. O Tratado de Versalhes postulou uma noção de responsabilidade perante as corporações internacionais e forneceu fóruns – como a exigência de relatórios a respeito dos territórios sob incumbência e encontros regulares da comissão de mandatários – nos quais os governos dos "povos dependentes" podiam ser debatidos e questionados. Habitantes destes territórios enviaram diversas requisições à comissão, mas na maior parte dos casos suas demandas eram discutidas sem que estivessem presentes.

As instituições vinculadas à Liga das Nações, como a Organização Internacional do Trabalho, também forneceram instâncias para que se discutissem questões como o trabalho forçado nas colônias. Os mandatários e a Liga acrescentaram novas sutilezas às noções de soberania e expandiram as ideias de responsabilidade que as potências "civilizadas" haviam elaborado em conferências anteriores. É apenas em retrospecto que essas mudanças parecem passos em prol da dissolução dos impérios: na época, elas concederam novos territórios a alguns dos impérios – os britânicos sozinhos receberam mais de 2,5 milhões de quilômetros quadrados –, legitimaram o governo de povos "dependentes" e reafirmaram que nem todos os regimes eram equivalentes perante a lei e as práticas internacionais.

A dissonância entre o discurso de autodeterminação em Paris e a negação contínua da voz política nos impérios europeus de além-mar não passaram despercebidas para os ativistas políticos nas colônias. Eles leram nas ideias de Wilson uma agenda libertadora universal, o que jamais foi a intenção do autor. Enquanto isso, o viés racial do colonialismo foi desafiado por diversos atores e por uma potência imperial, o Japão, que tentou incluir no Tratado de Versalhes uma cláusula condenando o racismo. França, Grã-Bretanha e Estados Unidos, cujas políticas domésticas e coloniais dificilmente atenderiam a esse tipo de parâmetro internacional, mantiveram essa cláusula fora do tratado.

Após alimentar esperanças em todo o mundo colonizado, o processo de paz acabou parecendo a muitos uma conspiração imperialista: como ocorrera na conferência de Berlim de 1884-1885, um pequeno grupo de homens brancos sentados em torno de uma mesa desenhou as fronteiras do mundo e reprimiu os anseios dos povos colonizados. Mesmo antes da guerra, as conexões imperiais haviam levado estudantes africanos e asiáticos a Londres e Paris, e o aprimoramento das comunicações fizera com que ativistas no Oriente Médio, China, África e Índias Ocidentais tomassem conhecimento uns dos outros. A raiva provocada pelas decisões tomadas em Paris – a concessão dos territórios alemães na China ao Japão e o fracasso em permitir o autogoverno aos coreanos – causou grandes protestos na Coreia e na China em 1919. Pan-africanistas realizaram um encontro paralelo em Paris em 1919, que foi ignorado pela conferência de paz.

Rebeliões em territórios como a Síria e o Iraque e a mobilização política na Índia, Indonésia e em outros locais continuaram durante os anos 1920. Movimentos "pan" (pan-eslavistas, pan-africanos, pan-arábicos) permaneceram se fazendo ouvir durante aquela década, às vezes em defesa de um conceito territorial de nação, mas com frequência defendendo afinidades que transcendiam as fronteiras e propunham apenas uma relação vaga com as instituições estatais. Era muito difícil prever os desfechos daquela ebulição. A partir de 1924, a Turquia de Kemal deu uma guinada brusca rumo à constituição de uma nação, afastando-se de quaisquer conexões anti-imperiais mais amplas. A União Soviética tentou canalizar os movimentos anticoloniais em um front comunista mais amplo ao patrocinar um grande encontro em Baku em 1920 e, em seguida, implementar uma central de coordenação controlada desde Moscou, o Comintern. Apesar das agitações na Síria, no Iraque e no Egito, nenhuma frente pan-arábica consistente surgiu do processo. Os pan-africanistas esbarraram em dificuldades ao tentarem levar seu movimento para além dos circuitos das elites que conectavam Londres, Paris e Moscou às capitais coloniais. Os governos coloniais deram o melhor de si para restringir a política outra vez a categorias étnicas, e seus recursos, fossem por meio do clientelismo ou da coerção, foram suficientes para garantir um sucesso ao menos parcial.

A soberania assumiu muitas formas distintas no mundo do século xx. A soberania reconhecida da França e da Grã-Bretanha permitiu-lhes exercê-la de modo muito mais tênue em protetorados como o Marrocos ou a se intrometer no Egito independente ou no Iraque. Ao mesmo tempo a mantinham de maneira compartilhada na Commonwealth britânica, negando governos próprios na Índia e na África e sustentando a Martinica e a Argélia como partes integrantes da França. Impérios continuaram a governar povos distintos de formas distintas. Quando, em 1935, a Liga não conseguiu conter a invasão da Etiópia pela Itália, ficou claro que a soberania dos impérios europeus agressivos prevalecia em relação àquela dos reinos africanos. Mas nas décadas seguintes à Primeira Guerra Mundial não estava claro que essas fissuras estruturais ficariam ainda mais escancaradas.

Japão, China e as mudanças na ordem imperial do Leste Asiático

A posição ambivalente do Japão na porta de entrada do clube imperial – mas não em seu interior – foi reconhecida em Versalhes, quando o país recebeu uma parcela de dimensões modestas na província de Shandong, na China, até então controlada pela Alemanha – o que humilhou e irritou o inexperiente governo republicano chinês e seus aliados. Uma revolta que começou entre estudantes de Pequim em maio de 1919, e se disseminou por outras cidades e grupos sociais, precipitou a radicalização de ativistas políticos chineses do "Movimento de Quatro de Maio". Mas nem esse protesto nem as demandas por governo próprio na Coreia de 1919 tiveram influência sobre os poderes imperiais. O Japão respondeu às demonstrações massivas de descontentamento na Coreia com uma tentativa de cooptar as elites econômicas coreanas em uma relação mais próxima com os colonizadores-negociantes japoneses, permitindo uma participação cuidadosamente restrita dos coreanos em organizações privadas e, ao mesmo tempo, mantendo a colônia sob rédeas curtas. A guerra havia fortalecido muito o Japão, pois, embora fosse um aliado formal da França e da Grã-Bretanha, o país participara apenas de pequenos embates na porção alemã da China, além de ter fornecido material bélico aos Aliados. O Japão catapultou sua capacidade industrial – as estimativas apontam até 76% entre 1913 e 1920 –, zerou sua dívida externa e se tornou a grande potência econômica do Leste Asiático.

Tudo isso indicava que o mapa imperial – aparentemente centrado na Europa durante o século XIX – precisava de alguns retoques, ou mesmo de uma reorientação. A China sempre fora um desafio grande demais para os imperialistas do Ocidente, que jamais a encararam diretamente, apesar de Grã-Bretanha, França, Alemanha e Estados Unidos terem sabotado a autonomia do Estado chinês antes da guerra e, portanto, a legitimidade do regime (ver capítulo 10). Os esforços dos Qing para suprimir rebeliões haviam corroído as finanças do Estado, que se tornara mais dependente dos líderes provinciais que organizavam exércitos para garantir as defesas do império. Tentativas de reforma permitiram aos governadores, conselheiros e agentes políticos das assembleias provinciais mais autonomia que o governo chinês gostaria.

A volatilidade da política chinesa antes da guerra mundial foi afetada de muitas formas por conexões externas ao seu território. Os problemas enfrentados incluíam uma diáspora de comerciantes e trabalhadores chineses – que forneciam apoio financeiro a dissidentes –, redes estabelecidas por ativistas viajados como Sun Yat-sen, queixas de chineses nos Estados Unidos contra o preconceito e os maus-tratos que sofriam no país, consciência de que a crise chinesa decorria de uma ofensiva imperialista de nível mundial e exasperação com a elite Qing devido ao seu fracasso em proteger a China dos estrangeiros. Os manchus se tornaram alvo de ataques por sua origem estrangeira: ativistas políticos retratavam-nos como colonizadores e os chineses, como vítimas do imperialismo manchu e europeu. Sun Yat-sen articulou uma alternativa ao Império Qing baseada em um governo republicano e em uma visão da nação chinesa – que incluía os migrantes em além-mar – livre dos imperadores manchu.

Depois que as tentativas de reforma e repressão dos Qing fracassaram, líderes das assembleias provinciais e membros do exército passaram a apoiar cada vez mais a criação de um parlamento e uma constituição, recusando-se a cumprir as ordens dos governantes Qing. Depois que uma série de revoltas emergiu em 1911, Sun Yat-sen, com apoio provisório de comandantes militares e provinciais, viu-se apto a proclamar uma república chinesa em 1º de janeiro de 1912. O último imperador Qing, Puyi, abdicou do trono.

A república não conseguiu se tornar uma entidade nacional efetiva, nem antes nem depois da Primeira Guerra Mundial. Ela se deparou com os mesmos entraves que assolavam outros centralizadores: a relativa autonomia conquistada pelos governos provinciais, os comandantes paramilitares que haviam acumulado exércitos próprios e um poder considerável durante os últimos anos dos Qing e a corrupção de grande parte dos líderes. No entanto, embora unir a China após a queda de uma dinastia não fosse tarefa fácil, as fronteiras e o simbolismo multiétnico do Império Qing continuaram definindo o imaginário político. A república declarou jurisdição sobre os "cinco povos" da China (manchu, Han, mongol, muçulmano e tibetano), e mesmo aqueles que contestavam a autoridade do governo raramente desejavam se separar da "China".

Como de praxe, as alianças foram uma estratégia para tomar ou manter o controle. A fim de conter o poder de mobilização dos comandantes paramilitares, o partido nacionalista, o Kuomintang, cooperou algumas vezes com o incipiente movimento comunista – a URSS apoiou tanto os nacionalistas como os comunistas em defesa de seus próprios interesses. Em 1927, nacionalistas romperam a aliança e quase erradicaram os comunistas das zonas urbanas, mas a tarefa de unificação permaneceu inacabada. O movimento comunista precisou buscar refúgio na fronteira norte. Como no passado, aquela extremidade da China se tornou um local onde as pessoas que buscavam assumir o controle do Estado podiam consolidar e organizar sua mobilização.

Promessas não cumpridas
Nos impérios europeus, a guerra deixou muitas reivindicações não atendidas. Os domínios britânicos viram o rei declarar guerra em seu nome em 1914, e agora podiam questionar as contradições daquele regime e exigir a formalização de sua relativa autonomia. O termo "Commonwealth" já circulava desde 1868, mas seu significado jamais havia sido especificado. As conferências entre o governo das ilhas britânicas e o de seus domínios durante a guerra resultaram na emissão de documentos que faziam referência às "nações autônomas de uma Commonwealth imperial" ou, mais simplesmente, ao "Commonwealth britânica de nações". A Commonwealth era descrita como multinacional, imperial e britânica. Os domínios ao mesmo tempo se encontravam *dentro* do Império Britânico e eram *membros* da Commonwealth dotados de status equivalente ao da Grã-Bretanha. Essa terminologia distinguia os domínios das colônias e insistia que todos integravam um regime único. Após outra conferência imperial em 1926, e uma proclamação real em 1931, os domínios ganharam um grau mais elevado de soberania, sem que o poder britânico fosse de todo extinto. No entanto, outra questão ficou em aberto: até que ponto a soberania continuaria a ser compartilhada quando aquelas partes do império onde a maioria da população não gostava dos britânicos passasse a ter governo próprio?

Essa questão demoraria a ser resolvida. Enquanto isso, a relação conflituosa entre o Império Britânico e sua vizinha Irlanda, de maioria católica, adentrara uma nova e sangrenta etapa. Em 1916, nacionalistas irlandeses declararam a criação da República da Irlanda e deram início a uma revolta violenta, que acabou se tornando uma guerra contra a Grã-Bretanha e, ao mesmo tempo, uma guerra civil entre facções internas. Líderes britânicos cogitaram aplicar métodos "indianos" na Irlanda, mas a repressão violenta não repercutia bem na Índia. Percebendo que a Irlanda se tornara ingovernável, a Grã-Bretanha foi à mesa de negociação. O Norte, de maioria protestante, separou-se do Sul católico, onde, em 1922, foi criado o Estado Livre Irlandês. No Sul, discordâncias violentas sobre os mínimos detalhes da soberania concedida pelos britânicos foram resolvidas – se esse é o termo adequado – somente em 1949, quando a Irlanda se retirou da Commonwealth e a República da Irlanda foi proclamada – dessa vez, com reconhecimento geral. A relação entre Sul e Norte da ilha e de ambas as regiões com a Grã-Bretanha é incerta até hoje, em um lembrete de quanto a soberania territorial pode ser pouco clara e conflituosa.

Embora os indianos houvessem contribuído muito para defender o Império Britânico durante a Primeira Guerra, sua expectativa de conquistar os direitos de cidadão no contexto de um império democrático foi logo frustrada. Promessas de algum grau de autogoverno murcharam até perecerem. O Congresso Nacional da Índia tentou manter a pressão sobre os britânicos. Em uma manifestação em Amritsar em 1919 – ilegal, mas pacífica –, tropas britânicas executaram ao menos 379 indianos e deixaram outros 1.200 feridos. O massacre serviu de estopim para que a oposição indiana se mobilizasse e permitiu que Gandhi consolidasse sua liderança.

Muitos indianos muçulmanos se irritaram com o desmembramento do Império Otomano. Entre eles, o sultão – por mais longe que estivesse – tinha aura de califa e, portanto, gozava de uma legitimidade que remontava à geração posterior a Maomé. O movimento "Khilfat" clamou pela restauração do califado, uma causa que perpassava diferentes impérios. Os hindus cooperaram com os muçulmanos em um protesto não violento que uniu metas nacionais a uma crítica ao imperialismo. Essa cooperação contribuiu para o surgimento do movimento "All India", liderado por Gandhi. A Grã-Bretanha não conseguiu restaurar um regime que lhe permitisse atuar na Índia por meio de seus intermediários, mas não parecia disposta a ceder um poder real ao território. Agentes oficiais e um punhado de políticos indianos apresentaram propostas para a criação de uma federação com instituições governamentais descentralizadas, assentos legislativos para muçulmanos, príncipes e outros grupos, e um poder central mais fraco, mas o Congresso estava visivelmente focado na Índia, e os políticos regionais, inclusive governantes de estados principescos, sentiam-se inseguros demais em relação às suas bases para que vissem no federalismo uma alternativa aceitável.

Em partes da África, lideranças também romperam com aquele que havia sido um acordo imperial tácito. Os soldados que voltaram para casa não receberam pensões, reconhecimento ou empregos que deveriam ser a recompensa por terem servido ao lado de outros súditos imperiais. No Senegal, a linguagem da cidadania levou essas reivindicações ao Estado, e Blaise Diagne aproveitou o clima para instituir um aparato político e promover assembleias constituintes cidadãs. O governo francês respondeu de duas maneiras, tentando – com sucesso – cooptar Diagne e, ao mesmo tempo, distanciando-se do ideal de cidadania. Em vez de celebrar seu próprio papel de "civilizar" os africanos e educar a elite, a França ressaltou o caráter tradicional da sociedade africana e o papel central dos chefes locais. Na África britânica dos anos 1920, a política de trabalhar por meio dos chefes e pressionar por melhorias na estrutura "tribal" africana se tornou doutrina imperial: era a prática do "governo indireto".

Os governos francês e britânico cogitaram adotar políticas econômicas que carregavam "desenvolvimento" – ou *mise en valeur*, como chamavam os franceses – no nome, mas rejeitavam qualquer programa de avanços sistemáticos. Ambos se recusaram a romper com o antigo princípio colonial de não empregar fundos metropolitanos para melhorar as condições de vida e de infraestrutura nas colônias. Em parte, impérios faziam isso simplesmente para não gastar dinheiro, mas também havia um receio de perturbar o delicado arranjo que garantia o funcionamento das colônias.

O caráter descentralizado dos governos coloniais africanos representava um empecilho para ativistas políticos, que não encontravam modos de transcender as barreiras idiomáticas ou as redes locais como ocorrera na Índia, onde o serviço civil indiano, a malha ferroviária e outras instituições pan-indianas forneciam estruturas unificadoras (ver capítulo 10). Levantes políticos ocorreram no Quênia, no Senegal e na Costa do Ouro (ver mapa 13.2), mas, durante certo período, os regimes coloniais na África conseguiram colocar o gênio da cidadania imperial – que eles mesmos haviam evocado durante a Grande Guerra – de volta na lâmpada da administração colonial.

Mesmo assim, o mundo imperial continuava em polvorosa. Massacre e eventos subsequentes em Amritsar, revolta na Irlanda e levantes e rebeliões na Palestina, na Síria e no Iraque agravaram a situação. Petições e conclamações por reformas constitucionais surgiam em muitas colônias. Essas exigências eram bem recebidas por alguns atores na própria Europa, nos partidos comunistas, em círculos religiosos e humanitários, por intelectuais simpáticos às culturas africanas ou asiáticas e em circuitos de ativistas em todos os cantos do império, os quais se reuniam em capitais imperiais como Londres e Paris.

Alguns agentes oficiais perceberam que os protestos, greves, quebra-quebras e outras "perturbações" durante os anos 1930 não eram somente eventos pontuais, mas um fenômeno que revelava problemas de dimensões imperiais, sobretudo após a ocorrência de uma onda de greves nas Índias Ocidentais Britânicas entre 1935 e 1938 e em diversas cidades e vilas mineradoras da África entre 1935 e 1940. Em 1940, o governo britânico decidiu empregar fundos metropolitanos em programas de "desenvolvimento e bem-estar" visando melhorar os serviços oferecidos aos trabalhadores coloniais e fomentar o crescimento de longo prazo com o objetivo explícito de elevar o padrão de vida dos povos das colônias. O Congresso Nacional Indiano pressionou a Grã-Bretanha para que adotasse uma política de desenvolvimento para a Índia, mas as colônias só receberam fundos consideráveis para financiar melhorias após a Segunda Guerra Mundial (ver capítulo 13).

Nas duas décadas seguintes à Primeira Guerra, rebeliões e demandas políticas das colônias foram suprimidas. Mas há um exemplo dos anos 1920 que revela a violência e as limitações do imperialismo no século XX: na Mesopotâmia, colocada sob jurisdição do Iraque, aldeões e nômades rebeldes foram combatidos com bombas lançadas de aviões enquanto líderes britânicos – incluindo o futuro primeiro-ministro Winston Churchill – divulgavam o mito da utilização do poder aéreo contra rebeldes coloniais. O terror era a face oculta do império, que permanecia fora de cena pelo tempo que os Estados fossem capazes de manter uma administração de rotina e cultivar intermediários, como haviam tentado fazer ao longo da maior parte de suas histórias. Outra estratégia exitosa era o estabelecimento de algo semelhante a um governo legalista, que integrava os produtores de bens de subsistência aos mercados e providenciava o acesso a

> Nosso governo é pior que o velho sistema turco [...]. Nós mantemos 90 mil homens com aviões, carros blindados, barcos de guerra e trens blindados. Nós matamos cerca de 10 mil árabes durante o levante deste verão. Não podemos nutrir a esperança de manter uma média semelhante: este é um país pobre e de população difusa."
>
> T. E. Lawrence, no *Sunday Times*, verão de 1920, escrevendo sobre a repressão britânica às revoltas árabes

serviços de saúde, educação e outros. Bombardeios terroristas também eram reflexo da crença britânica de que os árabes iraquianos até poderiam ceder ao poder militar, mas jamais à razão. O lançamento de bombas sobre aldeões iraquianos era um reconhecimento implícito de sua incapacidade de governar.

Os impérios da França e da Grã-Bretanha foram capazes de empurrar sua vitória na Primeira Guerra goela abaixo dos alemães, otomanos e austro-húngaros, mas essa vitória ficou presa na sua própria garganta. A confiança que a Europa tinha em seu suposto papel de motor do progresso global foi confrontada por um saldo de 20 milhões de mortos. França, Grã-Bretanha e outros países saíram muito endividados do conflito e passaram a temer o poder e a riqueza crescentes dos Estados Unidos, cuja insistência em receber integralmente pelos empréstimos concedidos impôs obstáculos à cooperação entre os Aliados e impediu a Alemanha de se reintegrar à Europa. Líderes ocidentais também tinham medo da alternativa revolucionária da União Soviética. Eles receavam que iniciativas políticas nas colônias pudessem ressoar uma retórica internacional de autodeterminação – por mais hipócrita que fosse – ou tipos mais radicais de anti-imperialismo. Os governos europeus haviam conclamado seus súditos coloniais a acreditarem na causa imperial, para então se recusarem a conceder os direitos de cidadania que indianos e africanos acreditavam ter feito por merecer. A guerra havia abalado o mundo imperial. A paz complicara ainda mais as ideias de soberania e criara assimetrias de poder perigosas. A grande guerra do século XX ainda não havia acabado.

NOVOS IMPÉRIOS, ANTIGOS IMPÉRIOS E O CAMINHO PARA A SEGUNDA GUERRA MUNDIAL

Três novos atores se estabeleceram por meio das alianças e rivalidades surgidas após a Primeira Guerra Mundial. A URSS se definiu em oposição ao capitalismo, o Japão, aos impérios ocidentais, e a Alemanha nazista, a todos os que não fossem alemães.

Um Estado comunista multinacional

O surgimento de um Estado que alegava representar uma nova ordem mundial foi uma consequência inesperada da guerra. Os líderes da revolução bolchevique na Rússia proclamavam que aquele era apenas o início da tomada do poder no mundo todo pelos proletários e camponeses explorados. Uma sociedade sem classes emergiria de uma revolução de classe, que levaria ao fim da burguesia, das colônias, dos impérios e de todos os Estados organizados de forma hierárquica. Elementos dessa visão igualitária radical haviam surgido durante o século XIX, um período politicamente turbulento, nos escritos de Marx, Engels e outros socialistas, bem como em tentativas revolucionárias na Europa em 1848 e 1871.

No início do século XX, havia muitos socialistas atuando de forma ativa em partidos políticos e organizações trabalhistas, mas a maioria – incluindo Lênin antes de 1917 – acreditava que a revolução ocorreria em um futuro distante, posterior a um longo período de desenvolvimento do capitalismo e expansão da democracia. Lênin, em uma demonstração típica de seu desdém por qualquer pessoa menos radical que ele, não havia previsto que seus inimigos – liberais russos e outros moderados – derrubariam a autocracia em plena guerra.

O início da Primeira Guerra Mundial não havia gerado questionamentos ao Império Russo. Pelo contrário, verificou-se naquele momento uma irrupção de sentimentos patrióticos que se manifestou em desfiles, desenhos, cartões-postais, peças de teatro e filmes. A popularidade dessa propaganda, baseada em grande medida em estereótipos nacionais dos alemães e em caricaturas de imperadores inimigos, ajudou a desestabilizar o caráter inclusivo do Império Russo. Em Moscou, em maio de 1915, turbas invadiram estabelecimentos pertencentes a alemães, apropriaram-se de seus pertences, agrediram e até mataram alguns deles nas ruas. *Pogroms* contra alemães e judeus – em um período no qual o império precisava de seus industriais e empreendedores mais do que nunca –, bem como a venda forçada das propriedades pertencentes aos "inimigos", a expulsão de pessoas consideradas pouco confiáveis e das zonas de fronteira e fluxos de refugiados de guerra deixaram o Estado exposto a ataques por sua injustiça e incompetência. No Turquestão, a tentativa de alistar à força homens cazaques e quirguistaneses desencadeou uma rebelião violenta. Nômades quirguistaneses queriam convocar um *kurultai*, mas foram brutalmente reprimidos antes de poder fazê-lo.

Em fevereiro de 1917, liberais e seus aliados na Duma russa chegaram a um consenso de que a dinastia deveria ser deposta. O partido liberal evocou a origem nacional do imperador e de sua esposa alemã, acusando o regime de traição. Após alguns dias de greves e manifestações, o czar foi convencido a abdicar. Liberais e socialistas moderados estabeleceram um "governo provisório". A dinastia Romanov e seu formato de Império Russo chegavam ao fim.

Liberais tinham então uma chance para reconstruir a Rússia de acordo com seus princípios de cidadania unitária, direitos civis igualitários e democracia eleitoral. Mas eles não eram os únicos prontos para substituir o czar: a abolição do Antigo Regime abriu um campo livre de ideias, organizações e forças dispostas a disputar o controle de um novo Estado e a construção de suas instituições. Muçulmanos, finlandeses, ucranianos e outros aproveitaram a chance para reivindicar mais autonomia dentro do regime reconfigurado, embora os liberais tenham se atido à ideia de controle centralizado. A Alemanha viu uma oportunidade nesse cenário e se comportou de modo tradicionalmente imperial: auxiliou aqueles que julgava mais aptos a sabotar o poder do inimigo.

Com ajuda alemã, Lênin partiu da neutra Suíça em abril de 1917 e atravessou a Alemanha até chegar à Suécia, também neutra, de onde enfim partiu para a Rússia. Quando chegou em Petrogrado – rebatizada com um nome escolhido por sua origem eslávica, em oposição a Petersburg, termo de origem alemã –, Lênin anunciou seu plano para tomar o poder em nome dos "sovietes" – conselhos de trabalhadores e ativistas socialistas – que contestavam o poder do governo provisório. Em outubro de 1917, o Partido Bolchevique de Lênin derrubou o governo provisório. Em janeiro de 1918, o partido dissolveu a Assembleia Constituinte eleita. Bolcheviques se retiraram da Guerra Mundial em março de 1918 e negociaram um tratado de paz em separado – o Tratado de Brest-Litovsk – com a Alemanha, cedendo um imenso território ao antigo inimigo (mapa 12.1). Em julho de 1918, líderes bolcheviques tramaram a execução de toda a família imperial. Tanto dentro da muito reduzida Rússia como além de suas fronteiras, a disputa pelo Estado provocou anos de guerra e devastação.

Os bolcheviques foram confrontados por questões imperiais urgentes enquanto lutavam para reassumir o controle de povos e territórios devastados por conflitos violentos entre comunistas, liberais, socialistas, nacionalistas, conservadores, anarquistas e os exércitos que cada um desses grupos foi capaz de reunir. Durante a guerra civil, Estados – novos ou antigos, mas sempre com fronteiras em disputa – surgiram no território que pertencera ao antigo império. Polônia, Bielorrússia, Finlândia, Lituânia, Letônia, Estônia, Ucrânia, Armênia, Geórgia e Azerbaijão declararam independência. Na Sibéria e na Ásia Central, muçulmanos e outros ativistas reivindicaram poder estatal. Bolcheviques recuperaram muitas dessas áreas por meio de campanhas militares, domínio partidário da administração dos "sovietes" ou de ambos. Na fronteira oeste, bolcheviques lutaram contra a Polônia em 1920. A intenção era que essa guerra provocasse conflitos em toda a Europa, mas a vitória dos poloneses determinou o limite ocidental ao Estado bolchevique. Muito do território que a Rússia havia conquistado no século XVIII foi perdido para a Polônia, agora um Estado reconfigurado e independente (ver mapa 12.2).

O Estado bolchevique que emergiu após anos de guerra mundial, revolução, quase anarquia, guerras civis e internacionais e uma sucessão de ondas de fome se baseava em uma nova combinação de princípios políticos. A ideia era que o poder fosse exercido em prol dos interesses da classe trabalhadora; a propriedade privada deveria ser abolida, e o Estado teria a posse dos meios de produção. O governo seria uma ditadura do proletariado. A experiência negativa dos bolcheviques com a política multipartidária, bem como as atitudes patrimoniais alimentadas pelo passado imperial russo e a violência da guerra civil, refletia-se nesse novo sistema de comando baseado em um governo unipartidário, no centralismo autocrático e na deferência a um líder exclusivo auxiliado por um conselho de pessoas de confiança.

A experiência de império e de seus descontentamentos fez com que os bolcheviques e seus assessores pendessem em favor da acomodação das particularidades nacionais. Durante muitos anos, bolcheviques responderam de forma inovadora à tensão gerada pela centralização em um regime marcado por diferenças e ao desafio de encontrar intermediários leais. Sua solução foi um novo tipo de Estado federativo, composto de "repúblicas nacionais" ligadas ao centro por meio de um partido único, cujos membros ocupavam posições-chave em questões administrativas e recebiam suas instruções diretamente das lideranças partidárias da capital.

A União das Repúblicas Socialistas Soviéticas era um império de práticas comunistas. Cada república nacional tinha uma hierarquia ministerial própria, mas somente o partido oferecia os meios para evoluir dentro dessa hierarquia. Mas que tipo de diferenças poderia constituir uma nacionalidade em um regime que, como no passado, abrigava tantos povos distintos? Etnógrafos e especialistas em economia discordavam quanto aos critérios para traçar o mapa das "nacionalidades" dentro do império e debatiam se o critério principal deveria ser étnico ou referente ao grau de desenvolvimento.

Nos anos 1920 e 1930, especialistas soviéticos e administradores continuaram improvisando mecanismos para tentar vincular a terra aos povos que nela viviam. Esboçou-se um princípio geral, que defendia a acomodação de grupos nacionais em repúblicas compostas pelos territórios onde eles eram maioria numérica. Em 1922, a União Soviética era composta por seis "repúblicas" extremamente desiguais: República Socialista Federativa Soviética Russa, República Socialista Soviética Ucraniana, República Socialista Soviética Bielorrussa, República Socialista Federativa Soviética Transcaucasiana, República Soviética do Povo de Khorezm e República Soviética do Povo de Bukharan. Dentro da República Federativa Russa havia oito Repúblicas Socialistas Soviéticas Autônomas e treze "Regiões Autônomas", e as demais repúblicas eram subdivididas de forma semelhante. As fronteiras e o status de cada uma dessas unidades foram ajustados com frequência ao longo das décadas seguintes, mas o princípio de representação nacional continuou sendo um marco da política e da governança soviéticas.

A URSS também agiu de uma nova forma imperial nas questões externas. Sem terem recebido convite para a conferência de paz de 1918, quando ainda não se mostrava claro quem estava no comando da Rússia, bolcheviques assumiram a tarefa de implementar seu próprio sistema de alianças internacionais baseado na política revolucionária, e não em Estados. Em 1919, a Internacional Comunista (Comintern) foi convocada em Moscou com o objetivo de substituir a Internacional Socialista que unira os partidos socialistas antes da guerra por uma nova aliança de ativistas comunistas e seus seguidores. Embora revoluções comunistas tenham fracassado na Alemanha (1918) e na Hungria (1919), bolcheviques trabalharam para construir partidos leais a Moscou e destruir os sociais-democratas moderados, tanto dentro da Rússia como no exterior. O segundo congresso do Comintern em 1920 determinou que seus membros deveriam reproduzir as atitudes soviéticas no que tangia a táticas partidárias e pronunciamentos.

A reconfiguração de soberania e da política internacional após a guerra produziu um arranjo pragmático entre a Alemanha e a Rússia bolchevique: acordos comerciais, renúncias mútuas às dívidas externas e assistência técnica alemã para a URSS em troca da utilização do território russo para exercícios militares alemães. O comércio entre a União Soviética e a Alemanha continuou durante os anos 1930. Em agosto de 1939, a relação russo-germânica, para a surpresa de muitos, assumiu sua forma mais imperial com o pacto entre Hitler e Stálin. A Rússia continuaria a fornecer matérias-primas para a Alemanha em troca de máquinas e armamentos. Os dois lados concordaram em não atacar um ao outro e, por meio de um protocolo secreto, dividiram a Europa Centro-Ocidental entre si. A Rússia planejava recuperar a Finlândia e outros territórios que havia perdido durante a guerra mundial. A Polônia seria dividida outra vez, dessa feita entre duas potências. O pacto previa que a Alemanha invadiria a Polônia no início de setembro de 1939; a Grã-Bretanha e a França declarariam guerra à Alemanha, e a URSS se aliaria aos nazistas contra os impérios "burgueses" e enviaria o Exército Vermelho à Polônia desde o outro lado.

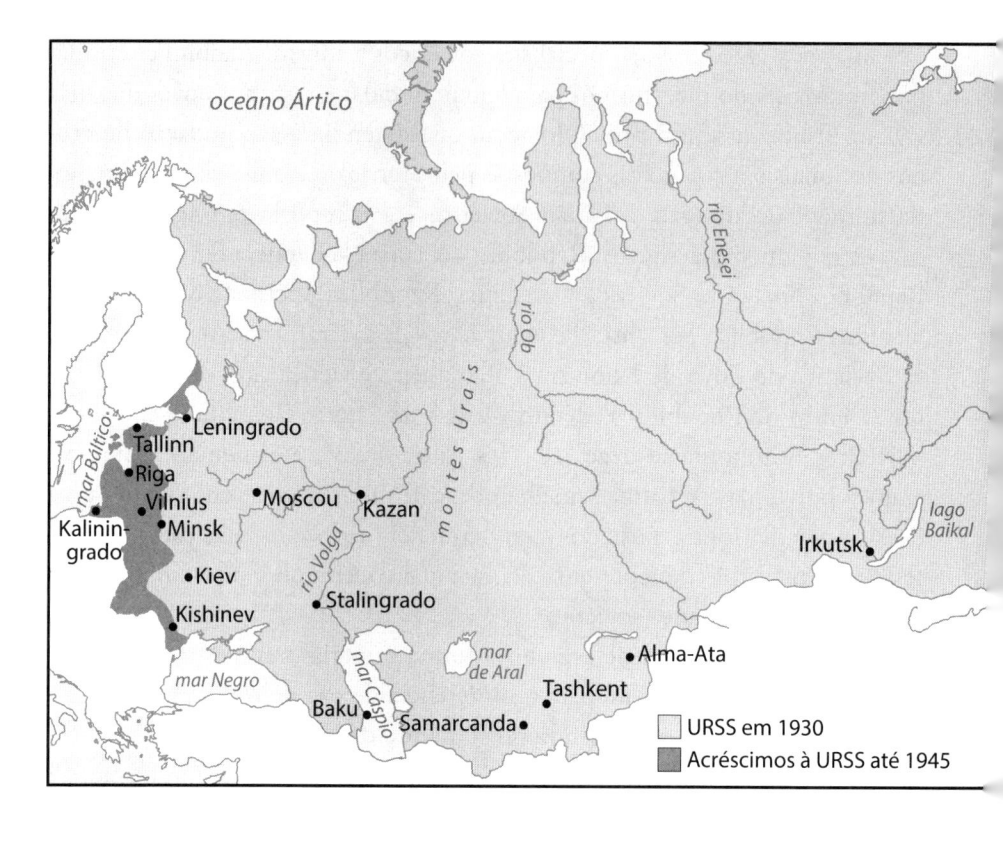

Que tipo de império os soviéticos introduziram àquele mundo já instável? O Estado de partido único teria uma influência profunda dentro e fora da União Soviética. Em cada unidade federativa, a presença do líder partidário no topo da pirâmide da organização partidária favoreceu as relações patrimoniais e pessoais entre líderes e subordinados. Agora que a nobreza estava fora de cena, a burguesia havia sido expropriada e as atividades profissionais

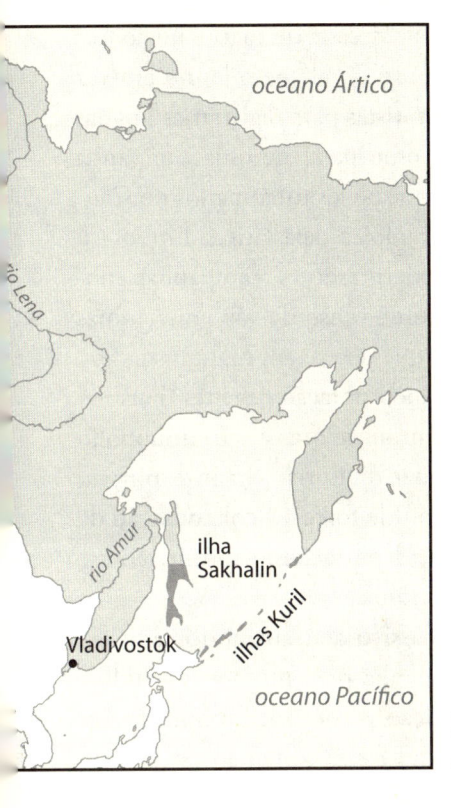

Mapa 12.4
A URSS em 1930 e 1945

eram controladas pelo Estado, a rede partidária se tornou a via pessoal de inserção nos sistemas que mantinham o regime funcionando. Foi colocado à disposição das pessoas em geral um lugar dentro do partido, não independentemente de suas origens étnicas, mas justamente em função delas. As instituições de ensino estabeleceram cotas para regiões distintas a fim de garantir que quadros do partido seriam formados em cada uma delas. O partido cultivou os intermediários do império e, ao mesmo tempo, concedeu às elites recém-surgidas de diversas nacionalidades um espaço dentro do regime.

Ao mesmo tempo, a União Soviética perseguia a igualdade e a elevação civilizacional. Nos anos 1920, bolcheviques seguiram o precedente czarista de fornecer aos vários povos do império educação em sua língua nativa e providenciaram a criação de alfabetos para os grupos que não tinham um. Havia um aspecto de cada nação que não devia ser estimulado: a religião. Bolcheviques difeririam de seus antecessores por sua determinação para subverter a autoridade religiosa e tratar as crenças como algo retrógrado. Nesse sentido, seu principal inimigo era a Igreja Ortodoxa russa, com grande apelo junto a camponeses e populações nativas convertidas. Na década de 1920 e início dos anos 1930, líderes bolcheviques estimularam o uso do alfabeto latino em vez do cirílico, que era utilizado por missionários czaristas para registrar as línguas nativas no extremo norte e junto ao Volga. Como parte de uma campanha contra o islã, bolcheviques tentaram fazer com que povos turcomanos no Cáucaso e na Ásia Central substituíssem a escrita arábica pela latina. Embora o secularismo fosse convidativo para ativistas modernizadores, campanhas contra a "superstição" e práticas diferenciadoras, como o uso de véu em algumas regiões muçulmanas, alienaram muitas pessoas que desejavam manter sua fé.

Esse regime de reconhecimento nacional e incorporação de elites "nativas" era manipulável. Empregando as estruturas centralizadoras e seu monopólio político para criar sua própria maneira de poder ditatorial, Stálin expurgou possíveis líderes nacionais durante os anos 1930. Ele forçou a coletivização da agricultura campesina por meio de execuções, deportações, expropriações e da fome, conduzida com particular rigor na Ucrânia.

Essas políticas brutais, bem como o uso massivo de trabalho forçado em campos de prisioneiros, integraram uma campanha para promover a industrialização gerida pelo Estado. Guerra, revolução e controle comunista haviam dado fim à expansão econômica russa: em 1932, o comércio exterior do país tinha apenas um quinto do valor registrado em 1913.

A industrialização imposta de cima foi legitimada pelo direito autoproclamado do Estado de gerir todos os recursos e propriedades – inclusive os de caráter humano – de acordo com os interesses da ditadura do proletariado. No entanto, esse processo exigia um controle brutal dos intermediários do sistema, como chefes do partido, diretores dos campos de prisioneiros, gerentes fabris, comandantes militares e interrogadores da polícia, bem como a interrupção de redes internacionais de informação, que haviam se mostrado grandes fontes de instabilidade ao longo da história russa. Stálin desencadeou ondas de terror com prisões, execuções, julgamentos que mais pareciam espetáculos e a destruição de famílias para erradicar possíveis desafiantes em todas as instituições, impedir o contato com estrangeiros e garantir que os sobreviventes soubessem o preço a ser pago em caso de infidelidade. As Forças Armadas foram uma das vítimas: nos anos 1930, mais de um terço dos oficiais militares, incluindo três dos cinco marechais de topo de carreira, foram fuzilados ou enviados a campos de trabalhos forçados. Quando Hitler decidiu atacar a União Soviética, o Exército Vermelho foi conduzido por oficiais subservientes que não representavam nenhum desafio à liderança de Stálin. Esse patrimonialismo foi levado a um nível quase suicida.

O Terceiro Reich e o Império do Sol Nascente

Japão e Alemanha eram impérios tanto no nome como na prática. Ainda assim, tinham suas maneiras próprias – e radicais – de configurar as relações entre império e nação. Como a URSS, a Alemanha e o Japão queriam transformar, ou mesmo subverter, o arranjo global de poder.

Nos anos 1930, vulnerável às movimentações tenazes vindas de todos os lados, a Alemanha precisou enfrentar os mesmos desafios geoestratégicos que haviam inspirado sua postura defensivo-agressiva na Primeira Guerra Mundial. Mas agora ela havia perdido territórios europeus de língua não alemã e colônias em além-mar. A Alemanha não tinha petróleo – encontrado na Romênia e na URSS –, tampouco outros recursos essenciais. Para muitos, ela precisava de "*Lebensraum*" – um espaço onde pessoas ambiciosas pudessem fazer fortuna. Grandes populações de língua alemã que agora viviam na Tchecoslováquia, Polônia e em outros territórios antes pertencentes a impérios multinacionais – geridos por imperadores também de língua alemã – eram minorias dentro de Estados aos quais não sentiam pertencer. Com o encolhimento da Alemanha, muitos se deixavam seduzir pelo argumento de que, para recuperar sua antiga estatura, ela deveria agir de forma ainda mais brutal do que fizera na Primeira Guerra.

A situação geoestratégica do Japão era diferente: um vizinho, a China, era um império em derrocada com um território explorável. Ali, o Japão levava vantagem em relação aos demais invasores por sua proximidade e suas conexões prévias com a China. Mas o Japão também dependia de outras regiões vizinhas para obter matérias-primas, e essas eram controladas por impérios europeus. O Japão temia as ambições imperiais dos Estados Unidos, cujos entrepostos de além-mar nas Filipinas, no Havaí e em outras ilhas do Pacífico apontavam diretamente para o Japão como zona de possível expansão futura. Empreitadas imperiais do Japão na Coreia, em Taiwan e na Manchúria inauguraram a perspectiva de um processo mais amplo de construção imperial. O Japão tinha os meios para garantir seu acesso aos recursos, e ficaria vulnerável se não o fizesse.

Tanto Japão como Alemanha nutriam uma nostalgia por seu passado imperial. Os nazistas afirmavam ser o Terceiro Reich – termo utilizado pela primeira vez nos anos 1920 pelos defensores de uma Alemanha unificada e poderosa –, evocando uma linha sucessória que remontava ao Sacro Império Romano e havia sido renovada pelo Kaiserreich na década de 1870. No Japão, devido a todas as mudanças dinásticas e transformações políticas ocorridas após o século XIX, a figura do imperador também apontava para uma história heroica. Mas os regimes almejados por Japão e Alemanha eram bastante distintos. O imperialismo nazista levou a distinção entre alemães e os demais até os limites do racismo, enquanto o imperialismo japonês evocava o papel do Japão como vanguarda de um destino racial pan-asiático. Enquanto o exército japonês, apesar de seu discurso, podia tratar com crueldade os mesmos povos por cujo destino diziam lutar, na maior parte do tempo a lógica racial nazista dispensava aos poloneses, ucranianos e russos – e judeus obviamente – a servidão ou o extermínio. O império nazista não deixava margem para o avanço, assimilação ou redenção dos povos não germânicos.

O exército e parte da população alemã começaram a buscar bodes-expiatórios assim que viram frustradas suas expectativas de triunfo na Primeira Guerra. A paz gerou humilhação e penúria material, e a Grande Depressão aumentou ainda mais a infelicidade geral e a sensação de impotência. Foi nesse contexto que os defensores de uma Alemanha purificada fizeram seu trabalho. Ideólogos nazistas atacaram a cultura cosmopolita que florescera na Alemanha antes da guerra, rejeitaram o complexo equilíbrio que permitira aos governantes de seu passado imperial recente – o que incluía os Habsburgo de língua alemã – administrar diferentes súditos e alimentar o desprezo pelas leis internacionais. Essa foi a receita que levou à concepção do Reich, que consolidaria o domínio das raças inferiores pelo povo germânico.

O racismo dos nazistas representava um extremo do espectro imperial de políticas da diferença, e seu surgimento motivou debates inflamados. Seria o racismo nazista uma versão doméstica do colonialismo, isto é, a desumanização de povos indígenas aplicada aos judeus europeus? Por que o genocídio se tornou uma política da Alemanha nazista, mas não da França e da Grã-Bretanha, tendo em vista que nem o antissemitismo – pensemos no caso Dreyfus na França –, nem o racismo colonial eram fenômenos especificamente alemães? Não parece muito útil debater se as atrocidades cometidas pelos alemães contra os hereros no Sudoeste Africano foram ou não piores do que aquelas cometidas por Leopoldo da Bélgica no Congo ou do que os excessos de outras campanhas coloniais. Traçar uma linha contínua entre as atrocidades cometidas pelos alemães na África e na Europa seria ignorar as circunstâncias sob constante transformação e as decisões morais e políticas tomadas ao longo do caminho, e também deixar de responder um enigma histórico: por que o genocídio foi cometido pela única potência europeia que chegara a deter, mas então perdera, a posse de suas colônias fora da Europa?

O fato de que França e Grã-Bretanha governaram africanos e asiáticos não tornou esses regimes mais sensíveis ou humanos, mas a experiência de governo forçou seus administradores a encarar de forma mais realista os limites de seu próprio poder, como ocorrera com os alemães no leste da África antes da Primeira Guerra Mundial (ver capítulo 10). Governantes de impérios precisavam se preocupar com a cooperação das autoridades intermediárias para garantir condições favoráveis à produção. Após a Primeira Guerra Mundial, os alemães estavam livres para desenvolver sua fantasia de um povo puro, capaz de exercer um poder puro.

França e Grã-Bretanha não responderam de forma eficaz aos primeiros estágios da construção imperial nazista. Os dois impérios haviam afundado com a Depressão e adotavam políticas cada vez mais restritivas e neomercantilistas, explorando sua "prioridade imperial" para tentar se isolar da crise dos mercados mundiais. Essa recaída imperialista – e o custo de reconstruir seus exércitos – contribuiu para sua inércia no final dos anos 1930. Alguns líderes políticos esperavam que os nazistas se voltassem contra os comunistas, o que tornaria a mobilização contra os nazistas muito mais difícil do ponto de vista político. Mas, no fim das contas, França e Grã-Bretanha encontrariam em seus impérios os recursos necessários para combater seus inimigos.

Mais até que a Alemanha, o Japão se industrializou e adotou políticas imperiais de forma tardia. Na década de 1930, o Japão estava focado na China – inicialmente, em sua zona de influência na Manchúria. O exército maquinou um incidente em 1931 que serviu de pretexto para uma intervenção militar direta. Japoneses instalaram o antigo imperador Puyi – que ainda sonhava com uma restauração manchu – e batizaram o território de Manchukuo, "terra dos manchus". A utilização de símbolos do passado imperial chinês ainda era interessante do ponto de vista estratégico, mas o controle japonês já era uma realidade.

No âmbito doméstico, o poder do imperador e dos militaristas ao seu redor não estava de modo algum imune a contestações. Apesar do grande êxito do Japão ao consolidar uma economia industrial, uma burocracia de Estado eficaz e um exército poderoso, havia muitas controvérsias nos anos 1920 sobre como a sociedade japonesa deveria gerir seu próprio dinamismo. Alguns tentaram elaborar uma alternativa marxista, enquanto outros promoveram projetos culturais que variavam desde o anseio por uma vida "moderna" associada a novos bens de consumo e à cultura importada do Ocidente até uma civilização essencialmente japonesa, reforçada pelo poder e pela riqueza crescentes do país.

No início dos anos 1930, quando as tensões se exacerbaram devido à Grande Depressão, o exército japonês assumiu um poder preponderante dentro do governo, e a visão nacionalista ganhou proeminência. A grande mídia, entidades de apoio ao front interno, instituições acadêmicas e unidades de planejamento econômico foram todas adaptadas em um projeto coerente de construção imperial. Manchukuo foi descrita como o "cordão de salvamento" do Japão.

O Japão promoveu a industrialização e o desenvolvimento agrícola em Manchukuo com mais vigor que os colonizadores europeus haviam feito em seus territórios de além-mar. Mais tarde, a missão desenvolvimentista e pan-asiática japonesa adotou o nome de Esfera de Coprosperidade da Grande Ásia Oriental. Alguns chineses e coreanos encontraram oportunidades no serviço militar japonês ou na economia industrial e agrícola de Manchukuo, embora continuassem à sombra dos colonos japoneses. O fato de que tanto colonizados como colonizadores eram asiáticos foi muito enfatizado pelos etnógrafos japoneses e por outros intelectuais, bem como pelos departamentos de propaganda, mas essa visão de irmandade racial apresentava uma natureza hierárquica. O Japão era o irmão mais velho e a China, a irmã mais nova.

Embora essas alegações fossem vagamente plausíveis em Manchukuo, ataques japoneses contra a China em 1937 foram de uma virulência comparável à de outros colonizadores: a invasão rápida de boa parte do litoral vizinho, em um processo que os próprios japoneses batizaram de "campanhas aniquiladoras", caracterizou-se pela pilhagem de recursos e pelo tratamento brutal das populações locais. O "Estupro de Nanquim", uma onda de sete semanas de assaltos, estupros e assassinatos ocorrida após a captura da cidade, tornou-se o mais conhecido desses atos. A invasão da China pelo Japão gerou protestos da Europa e dos Estados Unidos, mas havia pouco que eles pudessem fazer para impedir sua ocorrência. O mundo dos impérios estava prestes a mudar.

Estagnação e movimentações nos impérios coloniais

Enquanto Japão e Alemanha desenvolviam seus novos impérios nos anos 1930, seus futuros oponentes – Países Baixos, Bélgica, França e Grã-Bretanha – buscavam com muita dificuldade uma forma de manter a autoridade em suas colônias. Mas o imperialismo colonialista se viu em frente a novos desafios.

Os estudos convencionais sobre "resistência e colaboração" nos regimes coloniais fracassam em sua tentativa de apreender os diversos modos por meio dos quais as pessoas buscaram espaço de manobra tanto dentro dos regimes

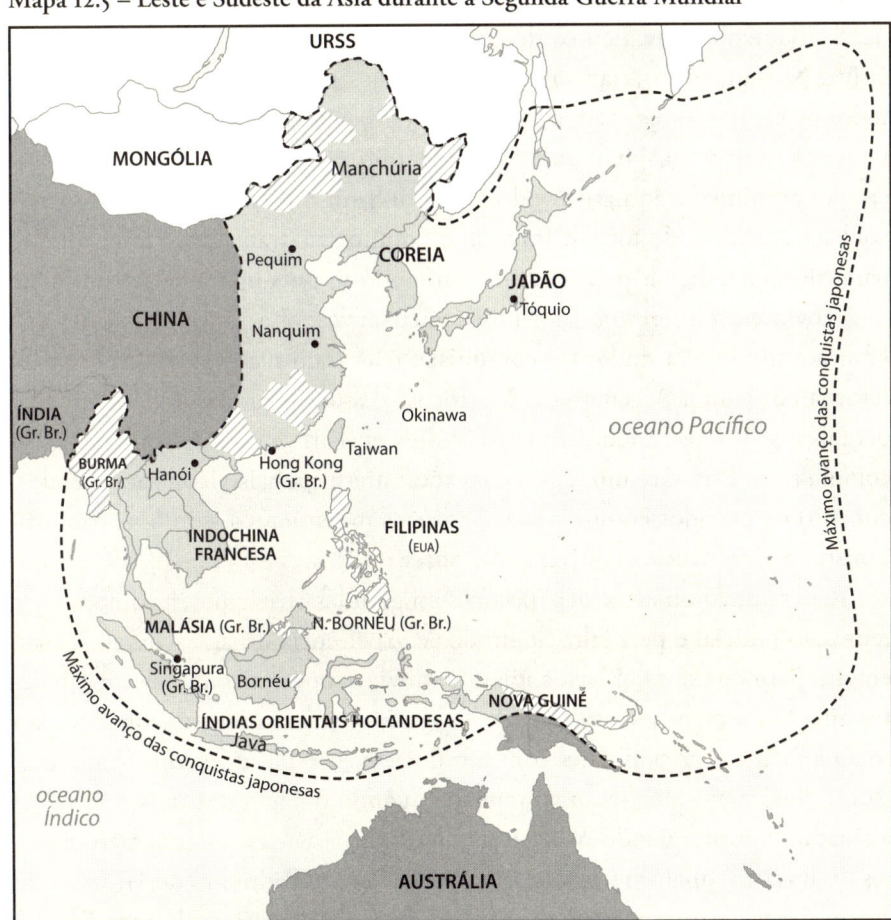

Mapa 12.5 – Leste e Sudeste da Ásia durante a Segunda Guerra Mundial

☐ Territórios controlados pelo Japão à época da rendição, em 14 de agosto de 1945
▨ Área ocupada pelos japoneses e reconquistada pelos Aliados antes de agosto de 1945
■ Territórios controlados pelos Aliados

coloniais como em sua luta contra eles. A linha entre um produtor útil e um produtor subversivo podia ser muito tênue. Economias coloniais criaram oportunidades para algumas pessoas e exacerbaram tensões geracionais, de classe e de gênero, entre outras. Ao apostarem no governo de intermediários, regimes coloniais estimulavam a fragmentação étnica, regional e religiosa.

Com a queda dos lucros de exportação durante a Grande Depressão, governos pressionaram seus intermediários para manter o nível de arrecadação de impostos e ofereceram ainda menos serviços que antes. Na África, muitas das privações recaíram sobre comunidades rurais. Na Índia, contudo, o declínio do padrão de vida foi um problema de proporções nacionais e imperiais.

Privações e divisões alimentaram a raiva e o descontentamento, mas não necessariamente movimentos de oposição sólidos. Não foi por falta de tentativa. Nos anos 1930, haviam surgido diversos movimentos políticos – nem todos de caráter locais, nem todos de caráter nacional. Os círculos de intelectuais coloniais nas capitais europeias tiveram um efeito oposto ao das políticas de "administração nativa". Ho Chi Minh foi do Vietnã para Paris, onde conheceu pessoas de todo o império e comunistas franceses. Ele se mudou para Moscou e depois para a China, tornando-se uma figura de liderança em um movimento interimperial. Muitos norte-africanos arranjaram trabalho na França, uniram-se a sindicatos comunistas e levaram suas políticas consigo ao retornarem para a Argélia ou o Marrocos. Pessoas oriundas das Índias Ocidentais e africanos se reuniam em Londres ou Paris e elaboravam críticas ao colonialismo e ao racismo. Essas conexões interimperiais viabilizaram o crescimento de partidos comunistas e de outros movimentos, como os pan-africanistas e o *négritude*, em diversas colônias.

Redes anticoloniais se deparavam com grandes obstáculos, a começar pela repressão policial e pela falta de fundos e experiência organizacional. A URSS era um patrocinador volúvel, apoiando movimentos anticoloniais em um determinado momento, mas deixando-os na mão logo em seguida, quando passou a apoiar fronts populares contra o fascismo em países europeus nos anos 1930 – fenômeno que deu uma guinada quando o pacto nazista-soviético foi assinado, e outra quando os nazistas invadiram a Rússia. Alguns participantes do internacionalismo comunista, como George Padmore, de Trinidad, ficaram desgostosos com isso e buscaram formas alternativas de mobilização, como o pan-africanismo. Independentemente de sua relação com a URSS, todos os movimentos de esquerda enfrentavam o desafio de estabelecer uma conexão real com as "massas". Muitas vezes, os líderes tinham mais relações internacionais que locais.

O sul e o Sudeste da Ásia foram as regiões onde os movimentos nacionais progrediram de forma mais acelerada. Nos anos 1930, o Congresso Nacional Indiano já havia conduzido diversas campanhas e estava pronto para reivindicar uma participação de status ministerial no governo da Índia. O Congresso soube costurar apoio de todas as classes, regiões e religiões do país por meio de campanhas de desobediência civil, sonegação de impostos e boicotes a bens importados. O poder simbólico das manifestações de sacrifício próprio de Gandhi cativou o imaginário nacional. Embora Gandhi, que tinha grande apelo junto às classes alta e média, temesse que as exigências dos pobres viessem a causar divisões em seu movimento, conseguiu administrar essas tensões. Nas eleições provinciais de 1937, que limitavam o direito ao voto conforme as posses do eleitorado, mas ainda assim contaram com 35 milhões de eleitores, o Congresso fez uma votação expressiva e consolidou ministérios em oito províncias.

Com esse poder parcial em mãos, a tentativa de Gandhi de superar as diferenças de classe teve que enfrentar escolhas difíceis na hora de determinar o regime econômico, reconciliar comunidades distintas e lidar com as principais províncias, que temiam ser dominadas pelo Congresso. Esses problemas ainda estavam longe de uma resolução quando, em 1939, o vice-rei britânico declarou guerra contra a Alemanha em nome da Índia sem consultar o partido ou os governos provinciais, o que levou à renúncia desses últimos e fez com que o Raj assumisse uma postura declaradamente coerciva em um momento delicado. O movimento Quit India, liderado pelo Congresso em 1942, representou a vanguarda dos protestos que ocorreram em toda a Índia e incluíram ataques massivos contra postos policiais e edifícios públicos em áreas urbanas, além de manifestações ligadas às questões de terra nos vilarejos rurais. As tensões entre hindus e muçulmanos cresceram, sem dúvida estimuladas pelo fato de que a tomada do poder passou a ser uma possibilidade real.

Na Indochina francesa, nas Índias Orientais Holandesas e em outras colônias do Sudeste Asiático, movimentos nacionalistas desafiaram as autoridades francesas e holandesas. Contudo, ali tampouco havia um consenso de quais territórios caberiam a cada nação – e quão inclusiva estas seriam. Na Indonésia, uma das primeiras organizações políticas foi o Indische Partij, surgido entre pessoas racialmente miscigenadas. A União Islâmica se expandiu durante algum tempo, mas sucumbiu à natureza sectária da sociedade indonésia. Achmed Sukarno tentou construir uma coalizão populista por meio de seu Partido Nacional Indonésio, fundado em 1927. Afastando-se dos marxistas, Sukarno vinculou questões que geravam angústia social e a falta de controle dos camponeses sobre suas próprias vidas a assuntos pan-islâmicos. Ele esperava unir sensibilidades regionais divergentes que coexistiam no Estado-arquipélago, onde as divisões haviam sido exacerbadas pela estratégia holandesa de cultivar as elites locais. Holandeses levaram a ameaça a sério o bastante para encarcerar Sukarno durante oito anos, e outros membros do movimento assumiram uma postura mais moderada para testar os limites das possibilidades políticas.

Alguns intelectuais vietnamitas percorreram um caminho radical que os vinculava a um movimento comunista de abrangência global, seguindo o exemplo de Ho Chi Minh; outros, no entanto, desejavam cooperar em parte com a administração francesa e, ao mesmo tempo, desenvolver um nacionalismo cultural que enfatizasse o caráter único e a riqueza da tradição vietnamita – Phan Quyn foi um exemplo desta segunda categoria. Direta ou indiretamente, as duas abordagens desafiavam a autoridade do Estado francês. No entanto, limitadas pela capacidade repressiva do governo e o interesse de parte da elite no sistema imperial, lideranças indochinesas tinham pouca margem de manobra. A guerra teve um efeito muito importante sobre essas linhas de mobilização política em constante transformação.

GUERRA DOS IMPÉRIOS, 1939-1945

A Segunda Guerra Mundial foi um choque entre diferentes tipos de império. Foi travada de forma distinta da Primeira Guerra. Desenvolvimentos tecnológicos, como o tanque de guerra e os aviões, fizeram com que a vantagem até então pertencente à defesa passasse para o lado dos agressores, tornando os conflitos muito mais letais. O número total de mortos é próximo aos 40 milhões, metade dos quais civis. A imposição do terror sobre populações por meio de bombas convencionais, incendiárias ou nucleares foi explorada pelos dois lados e na maioria dos palcos da guerra. O assassinato sistemático de judeus, eslavos e outros civis não germânicos pelos nazistas superou qualquer precedente.

Alemanha e Japão enfrentaram as mesmas limitações que a maioria dos esforços de construção imperial ao longo da história do mundo encontrou, e seus impérios duraram pouco. Após suas conquistas, nazistas apostaram nos burocratas franceses, holandeses e dinamarqueses para executarem a administração de rotina, mas, na Polônia e em partes da URSS, alemães implementaram governos diretos – e custosos. Embora antes da guerra muitos poloneses e ucranianos vissem os alemães como possíveis libertadores da dominação dos soviéticos, os nazistas não estavam em busca de intermediários eslavos, tampouco ofereciam às elites um espaço na nova ordem. Alemães tentaram expungir até mesmo os nomes Polônia, Iugoslávia e Tchecoslováquia porque "nenhuma delegação de poder a raças inferiores era permissível". Intelectuais, políticos e profissionais foram massacrados, vilas inteiras foram dizimadas para servirem de exemplo da inutilidade da resistência. Cerca de 3 milhões de poloneses não judeus foram mortos ao lado de praticamente toda a população judaica da Polônia. Embora a Alemanha comprasse da URSS grãos cultivados na Ucrânia antes da invasão de Hitler, após a conquista os nazistas perderam o interesse nos fazendeiros ucranianos, embora quisessem instalar alemães em suas terras. Essa recolonização não chegou a ir muito longe, mas os ucranianos foram assassinados e deportados em massa; cerca de 4 milhões de civis morreram. A educação para ucranianos foi restringida até a quarta série, e os serviços de saúde eliminados. Nazistas hesitavam até mesmo ao empregar poloneses e ucranianos como trabalhadores escravos em fábricas alemãs. Quando a guerra se mostrou longa, alemães utilizaram o trabalho eslávico sob a face mais rígida e brutal de suas "leis raciais". O extermínio de judeus foi o passo mais extremo de um processo amplo de dominação e exclusão racial.

Os nazistas souberam explorar as fragilidades de uma Europa Central onde a fraca correspondência entre Estados e nações após o Tratado de Versalhes já havia dado origem a outros projetos de limpeza étnica. A criação de uma Hungria para os "húngaros" e de uma Romênia para os "romenos" pareceu compatível com as ideias raciais nazistas até que, com o desenrolar da guerra, húngaros e romenos tomaram conhecimento de que os governantes alemães não consideravam outros nacionalismos equivalentes aos seus. A ideia de transformar o Leste Europeu em um celeiro para a Alemanha fracassou: o resultado foi a fome em massa, e não a criação de uma nova região agrícola "alemã". Na França, nos Países Baixos, na Dinamarca e em outros países ocidentais onde intermediários racialmente aceitáveis estavam disponíveis, nazistas obtiveram níveis razoáveis de cooperação para abastecer sua máquina de guerra. Nazistas não levaram a suposta eficiência germânica à produção europeia: apenas a redirecionaram para seu país à custa da devastação das áreas conquistadas.

Por razões tanto ideológicas como práticas, Hitler não chegou a explorar as colônias dos outros países que a Alemanha conquistou, como as da França, da Bélgica e dos Países Baixos. No Oriente Médio, com sua localização estratégica e grandes reservas de petróleo, alemães não conseguiram articular uma mobilização sistemática e capaz de desafiar o domínio frágil que os britânicos mantinham sobre territórios árabes, e a Grã-Bretanha manteve esses recursos fundamentais em suas mãos. Dentro e fora da Europa, o império nazista optou por não utilizar muitas das ferramentas imperiais desenvolvidas por outros antes deles. Mark Mazower conclui que sua abordagem "não só era atípica, mas também completamente contraproducente enquanto filosofia de governo".

Outros impérios – Britânico, Francês, Soviético, Norte-Americano – contiveram a tentativa nazista de recriar o mundo e, como o lado vitorioso da Primeira Guerra Mundial, contaram com recursos supranacionais para fazê-lo. Os Estados Unidos e a URSS angariaram pessoas e estruturas produtivas em dois continentes. O inimigo nazista uniu duas potências díspares em uma aliança tipicamente imperial. Os Estados Unidos forneceram à URSS 10% de seus tanques, 12% de suas aeronaves de batalha e imensas quantidades de comida e auxílio técnico. A URSS, por sua vez, após sofrer terríveis perdas com o ataque nazista em 1941, reagrupou suas forças – parcialmente recuperadas após a decapitação da cúpula de oficiais a mando de Stálin – e evacuou pessoas e equipamentos para o Extremo Oriente. Aproximadamente 1 milhão de prisioneiros foram libertados dos campos de trabalhos forçados para atuar de forma mais eficaz em prol da sobrevivência do Estado. O controle das informações impediu que as notícias das baixas militares do início chegassem aos súditos soviéticos, e o culto a Stálin fornecia aos cidadãos uma ideologia mobilizadora. Embora o controle soviético fosse mais fraco na Ucrânia e em outras regiões ocidentais, o racismo nazista acabou sendo derrotado pelo comunismo soviético. As perdas da União Soviética foram espantosas: 8,6 milhões de combatentes soviéticos e 17 milhões de civis morreram durante a guerra.

Aproximadamente 5 milhões de habitantes dos domínios e colônias lutaram pelo Império Britânico, número superior ao da Primeira Guerra e que representava cerca de metade das forças britânicas. A contribuição indiana para deter e forçar o recuo dos japoneses em Burma e no resto do Sudeste Asiático foi imensa. Mesmo em meio aos protestos anticoloniais promovidos pelo Congresso Nacional Indiano, os índices de recrutamento permaneceram altos e o de deserções, baixo. É possível argumentar que as tropas indianas salvaram o Império Britânico na Ásia.

Ao contrário do que ocorrera no conflito anterior, a porção europeia da França foi derrotada e parcialmente ocupada ainda no início da guerra. O território metropolitano restante foi governado por um regime colaboracionista com sede na cidade de Vichy. Enquanto Vichy mantinha ao menos o controle nominal sobre a maioria das colônias, uma parte delas – a África

Figura 12.2
Pôster de guerra soviético de 1941. O texto diz: "Napoleão foi derrotado. O mesmo acontecerá com o arrogante Hitler". Repare que, sobre um fundo em que Napoleão é apunhalado com um forcado em 1812, Hitler rasga um "pacto" (referência ao acordo de 1939 entre Stálin e Hitler) antes de ser golpeado com um rifle segurado por mãos descobertas. A assinatura no pôster, "Kukryniksy", é o nome de uma equipe de três artistas de pôsteres soviéticos.

Francesa Equatorial (ver mapa 10.3) – preferiu se aliar ao general Charles de Gaulle, da França Livre. Ela foi liderada por Félix Éboué, francês negro da Guiana cuja trajetória atípica da base ao topo da administração colonial ajuda a explicar o caráter inabalável de suas convicções republicanas. As ações de Éboué permitiram que a França Livre conclamasse sua continuidade histórica em relação a uma França honrosa. Territórios franceses no Norte da África foram reconquistados entre 1942 e 1943 com ajuda britânica e norte-americana e forneceram uma base e um efetivo considerável para a recuperação da França europeia. Ao término da guerra, boa parte das lideranças francesas achava que o país havia sido salvo por seus componentes em além-mar.

Para o Japão, a guerra começara nos anos 1930 com seu ataque à China enfraquecida. Quando a França sucumbiu aos nazistas em 1940, o Japão pressionou o governo de Vichy para que assinasse um acordo permitindo o uso de seus portos na Indochina. A França se tornou, na prática, uma contratante subimperial japonesa. Enciumada, Vichy preservou sua soberania nominal enquanto os frutos do imperialismo econômico francês – borracha, arroz, carvão e minerais – alimentavam a máquina de guerra nipônica. Mas a posição que os japoneses ocupavam no jogo imperial deixava o país de mãos atadas, confrontado com o que chamava de "cerco ABCH", com americanos, britânicos, chineses e holandeses. O país precisava de petróleo e outros recursos da região, temia sofrer boicotes de outras potências imperiais – os Estados Unidos impuseram um embargo sobre o petróleo – e percebeu que os norte-americanos se colocavam cada vez mais de prontidão para conter as ambições japonesas na Ásia.

Nesse contexto, o Japão decidiu, como a Alemanha havia feito nas duas guerras, antecipar-se aos seus rivais imperiais. Quase em simultaneidade com os ataques contra Pearl Harbor em 7 de dezembro de 1941, o país asiático invadiu a Malásia, as Filipinas e Hong Kong. Com a derrota dos holandeses para os nazistas, o Japão esperava assumir o poder na Indonésia da mesma forma que havia feito na Indochina francesa. O combate foi árduo, mas o Japão conseguiu garantir seu acesso a fontes cruciais de petróleo e outros produtos. Os britânicos tinham capacidade para mobilizar sozinhos forças imperiais significativas contra a investida japonesa, mas estavam ocupados com os acontecimentos na Europa. De Burma às Filipinas, o Sudeste Asiático ficou sob controle japonês a partir de maio de 1942 (ver mapa 12.5).

Para Grã-Bretanha, França e Países Baixos, essas perdas representavam mais que um simples revés militar. O êxito dos japoneses revelara o caráter superficial de seu controle sobre os territórios que haviam colonizado. O Japão lembrou os líderes britânicos, franceses e holandeses de que eles jamais haviam alcançado algo além de uma acomodação instável para os seus regimes.

Se os ativistas políticos que começaram a contestar a dominação imperial na Indonésia, na Indochina, na Malásia e em Burma antes da guerra compravam a narrativa de solidariedade pan-asiática dos japoneses, ou se sua cooperação se deveu a outros motivos políticos e venais, é motivo de debate, mas o Japão tampouco transpôs o limite de uma acomodação volúvel. Japoneses governaram territórios que haviam conquistado rapidamente de forma pragmática, utilizando intermediários nativos quando possível, reprimindo a atividade subversiva de forma inconteste e arrebanhando trabalho forçado quando julgavam conveniente. Em alguns casos – na China e em Singapura, por exemplo –, o exército japonês quase exterminou as comunidades que não julgava confiáveis. Em suas piores facetas, as condições de trabalho sob coerção nos territórios conquistados eram mortíferas e semelhantes àquelas enfrentadas pelos escravos dos nazistas. "Mulheres de conforto" recrutadas à força atendiam às necessidades sexuais dos soldados japoneses em partes da Ásia. Colonos holandeses que haviam dominado a economia indonésia e os administradores que haviam gerido o Estado foram presos, assim como outros europeus.

O Japão foi o invasor que chegou mais perto de conquistar a China desde os manchus em 1644, mas não obteve sucesso. O nacionalista Kuomintang e seu líder Chiang Kai-shek, por fim abastecidos pelos britânicos e norte-americanos por meio da "corcunda" do Himalaia na fronteira com a Índia, perderam muito território sem serem derrotados. Os comunistas sob comando de Mao Tsé-tung, que haviam sobrevivido à longa marcha para o oeste em 1935, conseguiram recuperar sua base na Manchúria ao final da guerra. Mesmo após décadas de conflito entre a república, grupos militares, ocupações estrangeiras e invasores, o foco do combate ainda era a "China" – um regime criado por meio do império e de papel central para o imaginário político dos rivais. Mas a China não era o único império cuja existência era ameaçada pelos processos desencadeados pelo Japão.

Embora existissem movimentos de guerrilha antijaponeses nos territórios conquistados, em sua maioria de inspiração comunista ou socialista, os esforços japoneses para cooptar nacionalistas que se opunham aos impérios europeus deram certa margem de manobra para alguns líderes políticos. Na Indonésia, Sukarno, que em outra época havia sido preso pelos holandeses, conseguiu se preparar para aquele que poderia ser o próximo acontecimento: a proclamação da independência. No Vietnã, Ho Chi Minh construiu, vilarejo por vilarejo, uma organização na zona rural, onde os camponeses sofriam imensamente. Ele recebeu armas de paramilitares chineses e angariou apoio junto a seus contatos comunistas. Chegou a ser mantido prisioneiro na China pelos nacionalistas. Ho se viu no lugar certo – Hanói, no norte do Vietnã – para tomar a iniciativa quando a guerra acabou. Alguns líderes políticos burmenses e malaios cooperaram até certo ponto com o Japão. Um nacionalista indiano influente, Subhas Chandra Bose, tentou usar o Japão contra a Grã-Bretanha ao recrutar um exército de exilados indianos com base na Malásia e em Burma para atacar a Índia – projeto que teve sucesso parcial.

Como britânicos ofereciam resistência na Índia e os Estados Unidos utilizaram e capturam bases no Pacífico – em uma demonstração da contínua utilidade de enclaves coloniais –, o Japão decidiu experimentar diferentes estratégias imperiais. Na Indochina, o império finalmente expulsou os franceses em março de 1945 e concedeu ao rei do Vietnã, Bao Dai, o título de "imperador", mas manteve o poder nas próprias mãos. Na Indonésia, o Japão prometeu uma forma mais plena de independência, mas pouco fez para implementá-la. No entanto, quando seu perímetro asiático começou a encolher em razão dos ataques dos Aliados e da explosão das bombas atômicas em Hiroshima e Nagasaki em agosto de 1945, o domínio japonês deu lugar a um cenário em que os movimentos nacionalistas que haviam firmado posição durante a guerra se viram em uma localização avantajada para barrar a restauração do comando europeu.

Sukarno e seus seguidores declararam a independência da Indonésia poucos dias após o término da guerra e contaram com apoio suficiente para reivindicar o controle efetivo de parte de Java. Exploraram bem o tempo que a Grã-Bretanha demorou para enviar suas tropas. Forças holandesas demoraram ainda mais para chegar. No Vietnã, a organização de Ho Chi Minh, com base nas zonas rurais, pressionou o "imperador" Bao Dai a abdicar e, em seguida, estabeleceu um governo de fato em Hanói. Ho proclamou a República Democrática do Vietnã em 2 de setembro de 1945. Em seu discurso, citou para uma imensa multidão a declaração francesa dos Direitos do Homem e do Cidadão e a Declaração de Independência dos Estados Unidos, lançando mão de um discurso interimperial e universalista de libertação. O governo francês não foi persuadido e tentou restabelecer o controle, com sucesso parcial, na metade sul do Vietnã. Mas a base de Ho no norte logo se mostrou forte demais para as sabotagens dos franceses, que estavam dispostos a negociar com Ho seu grau de autonomia dentro do Império Francês (ver capítulo 13).

Assim, a derrota do Japão liderada pelos norte-americanos deixou para Grã-Bretanha, França e Países Baixos a tarefa de recolonizar os territórios perdidos em um momento no qual os dois últimos eram confrontados por governos nacionalistas que haviam fincado pé em ao menos parte dos referidos territórios. Os Estados Unidos não estavam dispostos a prestar muito auxílio aos seus Aliados no restabelecimento de seus impérios coloniais. Líderes nor-

Figura 12.3
Ho Chi Minh recebe em sua residência – onde antes viviam os governantes franceses do Vietnã – o general francês Leclerc e o chefe da comissão Jean Sainteny, em 18 de março de 1946. À época, os líderes franceses negociavam com Ho os termos para que uma república de governo próprio no norte do Vietnã continuasse a integrar a união francesa. (LeRay, Mediathèque de la Défense, França.)

te-americanos oscilavam entre a preferência por uma ordem pós-guerra mais aberta, em que a economia do país – apoiada por forças militares – poderia ter maior influência sobre pequenos Estados-nações do que sobre grandes impérios, e o receio de que tal abertura favorecesse a expansão do comunismo.

CONCLUSÃO

O Sudeste Asiático havia sido devastado pela violência da guerra, a economia extrativista japonesa, a destruição causada pelo recuo das grandes potências e as tentativas impetuosas de preencher o vácuo de poder surgido ao final do conflito. Mas, terminada a guerra, aquela que havia sido uma história clássica de disputa entre impérios começou a se transformar em outra coisa. O Japão havia revertido a tendência do século anterior e mostrado que a expansão imperial não era um jogo exclusivamente europeu. Alemanha e Japão ameaçaram romper com os padrões imperiais recentes – o primeiro pelo que fez, e o segundo, pelo que era. Durante o processo, impérios europeus, vitoriosos ou derrotados, sofreram grandes danos: economias domésticas em frangalhos, dívidas imensas e populações ansiosas para garantir o próprio bem-estar após trinta anos de preparação, execução e recuperação da guerra. França, Grã-Bretanha e Países Baixos enfrentaram problemas imensos no Sudeste Asiático. Algumas de suas colônias precisariam ser reconquistadas e, em 1945, não havia nenhum indício claro de que isso seria possível. Os movimentos nacionais tinham uma oportunidade de reivindicar para si os Estados coloniais.

Dois Estados saíram da guerra mais poderosos do que nunca, cada um deles uma potência mundial de autoimagem distinta. A vitória da URSS sobre Hitler parecia lhe dar força enquanto alternativa ao império capitalista. O poder comunista se difundiu formalmente por boa parte da Europa Central, um território que já havia sido disputado por diversos impérios no passado. A versão soviética de uma nova ordem mundial era sedutora para muitos trabalhadores, organizadores políticos e intelectuais do Leste Europeu. O futuro do comunismo talvez parecesse ainda mais promissor na China, no Sul da Ásia e em outras partes do mundo colonial, onde os impérios rivais haviam se exaurido mutuamente.

Os Estados Unidos haviam demonstrado o enorme alcance de suas Forças Armadas e o poder de sua nova tecnologia militar, mas também estavam inclinados a achar que as ferramentas de seu repertório político – um exército de grande mobilidade, uma economia com a qual as elites comerciais de muitos países queriam fazer negócio e um modo de vida que, conforme acreditavam, as demais nações gostariam de replicar – eram mais eficientes do que a colonização. Antes da guerra, os Estados Unidos haviam começado a devolver o poder às elites filipinas, atraindo-as para dentro de sua esfera de influência. Após a guerra, cumpriram sua promessa de viabilizar a independência. A ambivalência norte-americana acerca dos impérios coloniais seria uma marca do mundo pós-guerra, mas não exatamente da forma que o governo desejava ou planejara.

Grã-Bretanha e França, como veremos, ainda julgavam possível prolongar a vida de seus impérios coloniais. Em alguns sentidos, eles precisavam do império mais do que nunca: a venda de borracha, estanho, cobre, ouro, petróleo, cacau, café e outros produtos coloniais talvez fosse sua única maneira de obter moeda estrangeira e garantir uma posição de influência no cenário internacional. Eles ainda não sabiam que, no Sudeste Asiático, seus impérios estavam se desmanchando, mas logo descobririam que a "guerra dos trinta anos do século XX" havia causado muito mais danos ao sistema de impérios do que as grandes guerras interimperiais dos séculos anteriores.

13
O fim dos impérios?

Quando foi que o mundo dos impérios se desfez? Isso de fato aconteceu? A Primeira Guerra Mundial havia enterrado alguns impérios e abalado outros, mas as potências imperiais vitoriosas foram capazes de reafirmar sua legitimidade e anexar novos territórios. Nos anos 1930, as ambições dos construtores imperiais estavam fragmentando o mundo outra vez. A Segunda Guerra Mundial levou à derrota da Alemanha e do Japão e ao enfraquecimento dos impérios Britânico, Francês e Holandês. Foi possível interpretar aquele momento como o início do fim. Mas os líderes dos impérios sobreviventes não pensavam assim. França e Grã-Bretanha deram início a projetos de "desenvolvimento" para revigorar suas economias e ampliar sua legitimidade imperial. Dentro dos impérios, ativistas políticos se mobilizaram contra o governo imperial, às vezes com a esperança de fundar Estados baseados na vontade nacional, outras em uma tentativa de transformar o império em um tipo de regime supranacional – uma federação, união ou confederação. Para alguns, o objetivo era uma revolução mundial que transformaria a libertação "dos povos" em uma libertação "da humanidade" em uma nova ordem internacional. Em 1945, a maioria dos líderes políticos sentia que o mundo estava mudando, mas poucos eram capazes de ver a direção que ele tomaria.

Não houve na metade do século XX um movimento espontâneo de transformação dos impérios em Estados-nações. Ideias e práticas de soberania estratificada e de variados graus de autogoverno no contexto de estruturas mais abrangentes continuavam em jogo. França e Grã-Bretanha eram ameaçadas não apenas pela perspectiva de revoluções anticoloniais, caso não conseguissem convencer seus súditos das vantagens oferecidas pelas instituições imperiais, mas também pelo risco de alcançar seus objetivos e, assim, produzir cidadãos imperiais que exigiriam recursos econômicos e sociais equivalentes àqueles que os cidadãos metropolitanos gozavam com o Estado de bem-estar social. O colonialismo que ruiu na África e na Ásia durante as décadas de 1950 e 1960 não era uma variante conservadora das décadas do entreguerras, mas um colonialismo intervencionista, reformista e, portanto, que podia ser desafiado.

Dentro da Europa, o período do pós-guerra foi uma ruptura fundamental com o passado. Do colapso de Roma a Hitler, o objetivo de ressuscitar um império com o escopo de Roma assombrara a política do continente. Esse império imaginado desapareceu após a Segunda Guerra Mundial. Fracos demais para dominarem uns aos outros, os Estados da Europa Ocidental se libertaram dos desígnios imperiais e puderam se concentrar na busca por prosperidade e bem-estar dentro das fronteiras existentes e, mais tarde, na construção de mecanismos de cooperação mútua. Lentamente, a Europa se reconfigurou em um novo tipo de entidade política: não um império, não um Estado, mas um regime complexo e diferente de qualquer uma das monarquias compostas dos séculos anteriores. A União Europeia passou a abrigar Estados soberanos formalmente equivalentes, em um sistema no qual cada um cedeu de forma voluntária parte de sua soberania para viabilizar uma confederação com instituições comuns. Porém, mesmo depois que a União cresceu e passou a abrigar 27 Estados membros, sua capacidade de atrair lealdade e engajamento permaneceu incerta.

O imaginário político internacional nutriu outras possibilidades de mundo pós-imperial durante a segunda metade do século XX. Entre esses projetos é possível encontrar aliança de Estados das antigas colônias em um "bloco do Terceiro Mundo", revoluções campesinas que extrapolavam fronteiras estatais, solidariedades diaspóricas e agrupamentos regionais na Ásia, África e em outros locais. A Organização das Nações Unidas (ONU) reforçou essa nova forma de equivalência entre os Estados, despertando em alguns a esperança de que seria possível institucionalizar uma comunidade que incluísse todos os povos do mundo.

No entanto, no final dos anos 1950, a maioria dos movimentos para recriar ou extinguir os governos coloniais percebeu que, fossem quais fossem as novas formas políticas que eles imaginassem, o Estado nacional seria apenas aquilo que se mostrasse possível na prática. Os imaginários nacionais eram ao mesmo tempo consequência e condição prévia dessa dinâmica, e se tornaram mais cativantes conforme os Estados proliferavam e as elites adquiriam novos interesses em sua manutenção. Ainda assim, a imagem de um mundo de Estados-nações equivalentes era uma ilusão. O poderio econômico e militar dos Estados permanecia muito desigual, e o status e os direitos dos habitantes de cada unidade política variavam bastante dentro de um único regime e também de um regime para o outro.

Para muitos observadores, a política internacional se tornara bipolar devido ao poder dos Estados Unidos e da URSS – que, perante a lei internacional, não eram distintos de nenhum outro Estado –, ambos capazes de concentrar e distribuir seus recursos militares como melhor lhes aprouvesse e de agir como protetores, patronos e policiais em Estados que, em teoria, eram soberanos. Os Estados Unidos e a União Soviética tinham alcance imperial – ambos podiam e queriam exercer poder sobre um vasto território e em muitas sociedades –, mas insistiam em dizer aos outros e a si mesmos que eram diferentes de qualquer império anterior. O ideal norte-americano se alimentava da ficção de um mundo formado por cada vez mais Estados-nações abertos ao comércio, receptivos à cultura dos Estados Unidos e unidos em oposição ao bloco rival. A versão soviética postulava o mito dos Estados socialistas fraternos, aliados na marcha em direção ao comunismo internacional e ao fim do capitalismo. Essa visão conquistou o imaginário de séquitos de revolucionários e intelectuais, de Cuba ao Vietnã. Ambas as visões se beneficiavam da dissolução dos impérios coloniais.

Após 1989, a queda dos modelos comunistas de poder estatal provocou uma nova rodada de especulações sobre o futuro. Aquele desfecho para os conflitos interimperiais do século XX implicava o "fim da história", em que todas as nações se subordinariam a uma ordem liberal? Ou seria o fim do Estado por causa do crescimento do alcance de redes e corporações e pelo encolhimento da capacidade regulatória dos governos? Novas divisões surgiriam (Ocidente/resto do mundo, ricos/pobres, muçulmanos/todos os outros)? Um mundo unipolar, com apenas um império – o norte-americano –, se sustentaria? Um novo eixo de poder asiático?

A origem de cada uma dessas especulações eram questionamentos políticos sobre, entre e dentro dos impérios. Para melhor elucidá-las, é preciso recorrer à evolução da política imperial na segunda metade do século XX, que testemunhou o esfacelamento dos impérios coloniais e a reconfiguração da Europa, a não resolução dos conflitos no Oriente Médio, mesmo décadas após a queda do Império Otomano, mais uma transformação do Império Russo, uma reforma imperial bem-sucedida na China e mudanças no Estado norte-americano, que manteve uma postura ao mesmo tempo imperial e nacional. É preciso começar por um momento em que ninguém era capaz de prever como seria o tempo presente: o final da Segunda Guerra Mundial e o que, à época, as pessoas julgavam possível para o futuro.

IMPÉRIO ESFACELADO

Sudeste e sul da Ásia no pós-guerra

Em dezembro de 1943, o governo exilado francês de Charles de Gaulle anunciou sua intenção de conceder após a guerra "um novo status político dentro da comunidade francesa" à população da Indochina. Ela passaria a integrar "a estrutura de uma organização federal", gozaria de "liberdades" e poderia atuar em todos os níveis de governo "sem perder os traços originais da civilização indochinesa e de suas tradições". Pouco depois, líderes da França Livre proclamaram que sua política para os habitantes dos territórios em além-mar seria "a aplicação exata do princípio da igualdade, ou seja, a supressão do conceito colonial propriamente dito".

No exílio, o governo holandês tinha um futuro semelhante em mente: a criação da "Commonwealth em que Países Baixos, Indonésia, Suriname e Curaçao, cada parte atuaria com total independência e liberdade de conduta para suas questões internas, mas disposta a prestar auxílio mútuo com prontidão. [...] Isso não deixaria espaço para a discriminação de acordo com raça ou nacionalidade". Após perder o controle de suas terras natais para os nazistas e de suas colônias asiáticas para o Japão, franceses e holandeses perceberam que não havia garantias de que a restauração do poder na Indochina e na Indonésia seria possível e, portanto, seria necessária uma nova base para acomodar os mesmos povos que até então haviam sido tratados meramente como súditos coloniais.

Essas afirmações não eram apenas promessas vãs, mas tampouco chegavam a constituir um programa. Quando o poder japonês ruiu, líderes nacionalistas proclamaram novos governos na Indochina e na Indonésia (ver capítulo 12), obrigando os governantes imperiais a persuadirem líderes independentes a participar de um sistema mais abrangente (federação ou Commonwealth) ou retomarem os territórios a ferro e fogo. Os Países Baixos e a França tentaram as duas abordagens.

Em 1945, a França amalgamou seus territórios do Sudeste Asiático na Federação Indochina, no Vietnã – já em si um amálgama –, em Camboja e Laos. Após reconhecer o controle efetivo de Ho Chi Minh no norte, a França também reconheceu a República Democrática do Vietnã como um Estado membro daquela federação, mantendo seu controle sobre o sul e reinstaurando em 1949 o antigo rei/imperador Bao Dai, agora chamado de "chefe de Estado". Mais tarde, alguns líderes franceses se arrependeram de não terem feito mais para garantir à República Democrática mais autonomia e território, mas

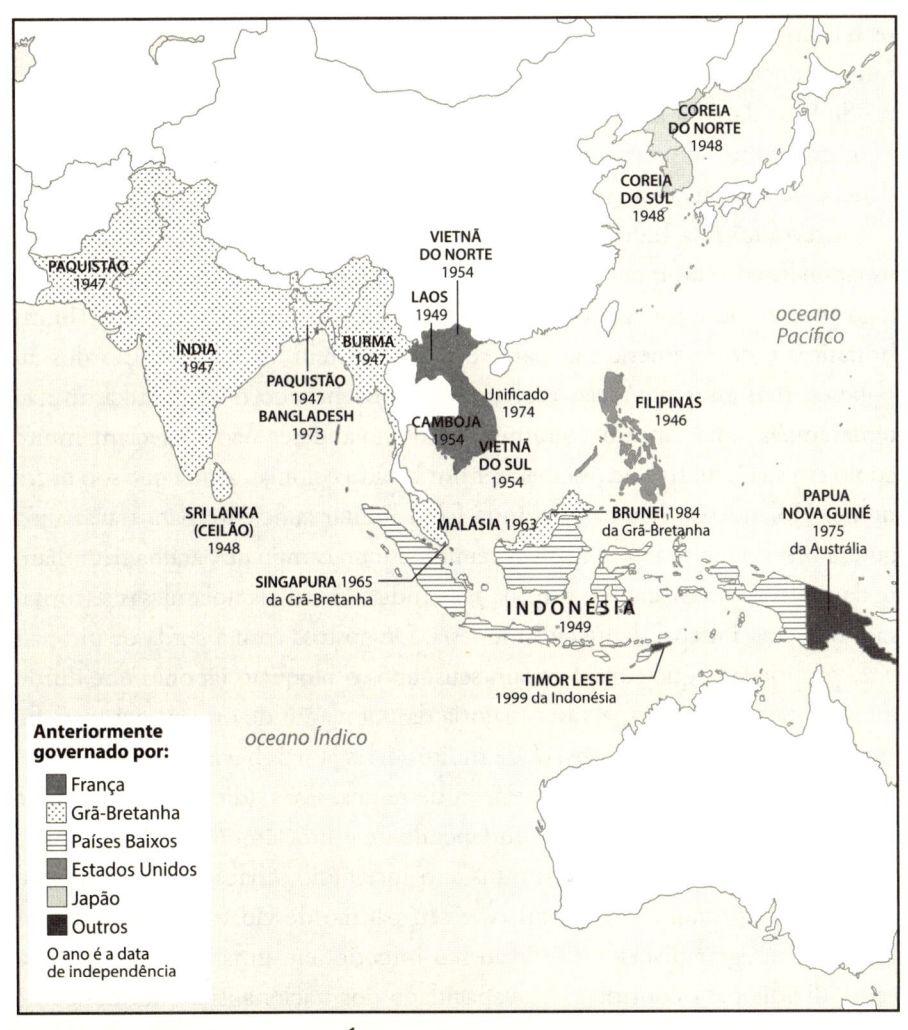

Mapa 13.1 – Descolonização na Ásia

é difícil de imaginar que Ho Chi Minh continuaria por muito tempo como chefe de Estado dentro de uma federação francesa. Na ocasião, as negociações travaram e a França bombardeou o porto vietnamita de Haiphong em novembro de 1946, desencadeando um efeito cascata de conflitos que durou oito anos.

A federação francesa era do agrado de alguns vietnamitas das zonas urbanas, mas a base de Ho eram as terras do interior. Após a revolução chinesa de 1949, Ho dispunha de uma excelente rota de suprimentos, enquanto o apoio dos Estados Unidos à França contra o movimento comunista foi insuficiente para evitar a derrota francesa em 1954. As relações amigáveis entre franceses e os reis do Camboja e do Laos se aproximavam muito mais do esquema federativo francês, mas, sem o Vietnã, o projeto para uma federação francófona no Sudeste da Ásia não fazia muito sentido. A França acabou deixando que Laos e Camboja tomassem o rumo da autonomia até chegarem à independência, na esperança de conservar, se não a autonomia, ao menos a influência.

A revolução na Indonésia foi mais rápida. A cooperação de Sukarno com os japoneses deixou-o em boa posição no momento da retirada nipônica, e ele logo proclamou a independência. Os holandeses precisaram empregar forças britânicas e norte-americanas para se restabelecerem após a rendição dos japoneses, mas essas potências acabaram se convencendo de que Sukarno não representava uma ameaça comunista, e os holandeses não mereciam muito apoio em sua tentativa de restabelecer um Estado colonial, ainda que sob outro nome. Holandeses organizaram uma força militar suficiente para travar uma guerra breve e intensa, mas não venceram nem no campo de batalha nem diante da opinião internacional. Em 1949, as Índias Orientais holandesas se tornaram o Estado independente da Indonésia. Desgostosa com a perda de um país e da propriedade que consideravam seus, após o bloqueio japonês que durou a maior parte da guerra, a vasta maioria da população de origem europeia foi "repatriada" nos Países Baixos, onde muitos deles jamais haviam morado.

Criada a partir de uma miscelânea de reinos, ilhas, idiomas e religiões, a Indonésia se tornou um Estado independente e proclamou sua unidade sob uma bandeira e um idioma comuns – o indonésio, criação da era colonial – e buscou aprimorar seus recursos e seu padrão de vida. Os Países Baixos tentaram integrar diversos reinos ao seu império, em uma política que buscava "dividir para controlar". A capacidade dos nacionalistas indonésios de acomodar todos esses reinos em uma unidade nacional não foi um desfecho natural. Movimentos de secessão com base no Timor Leste e em outras partes da Indonésia e a tensão entre grupos comunais – sobretudo entre chineses e javaneses – revelaram que as nações eram unidades históricas tão espontâneas como os impérios impostos à força.

Como não sucumbiu durante a guerra, a metrópole britânica se encontrava em melhor posição para reassumir o controle de suas colônias na Malásia, com posicionamento estratégico e recursos vastos. A Grã-Bretanha também tentou unir diversas províncias coloniais naquilo que chamou de União Malaia (em seguida Federação), mas as tensões causadas pelo alto grau de exploração nas *plantations* de borracha e nas minas de estanho e os conflitos étnicos entre chineses e malaios – ambos cientes de que até mesmo uma devolução gradual do poder ofereceria muitas oportunidades em termos políticos – provocaram uma guerra implacável. A rebelião liderada por comunistas na Malásia foi brutalmente reprimida. As táticas britânicas se tornaram uma referência de "contrainsurgência": prisões de supostos rebeldes sem julgamento, realocação forçada de vilarejos para aliená-los de recursos e esforços para conquistar "corações e mentes" da população. A repressão e o *boom* das exportações de estanho e borracha permitiram que os britânicos reconquistassem seu controle, ao menos temporariamente.

Mas o caminho da Federação Malaia seguia o mesmo percurso já trilhado por pioneiros na Ásia e na África. O que as ações políticas e militares britânicas garantiram foi um caminho que levava para fora do império, e não seu prolongamento indefinido. Em 1957, sob um governo ansioso por estabelecer relações amigáveis com a Grã-Bretanha e participar de forma vigorosa da economia capitalista internacional, a federação se tornou o Estado independente da Malásia.

Durante a Segunda Guerra Mundial, a Grã-Bretanha havia se aferrado ao seu império no sul da Ásia. No entanto, ao término do conflito os britânicos se encontravam em uma posição vulnerável. O império havia acumulado dívidas financeiras e morais com a Índia. Financeiras porque, ao estimular a produção dos indianos, impor restrições de consumo à população local e extrair lucros do território sem jamais oferecer investimentos como contrapartida, os britânicos exacerbaram o que havia muito tempo os ativistas políticos indianos chamavam de "o ralo" – um grande fundo de crédito para o governo da Índia mantido na cidade de Londres. Morais porque, novamente, indianos haviam lutado em nome do império e sofrido grandes baixas no Sudeste da Ásia. Promessas de restituição do poder – quebradas após a Primeira Guerra, ressurgidas durante as eleições de 1937 e revertidas com a supressão do Congresso durante a guerra – ainda aguardavam cumprimento. Durante a guerra, Gandhi, Nehru e outros líderes políticos foram presos; 66 mil pessoas foram condenadas ou detidas e 2.500, assassinadas durante a repressão de protestos. Quando o Congresso elevou suas exigências políticas ao fim da guerra, a Grã-Bretanha estava com as finanças depauperadas demais para sustentar um nível elevado de repressão. Apesar de Churchill ter manifestado sua contrariedade em "desmantelar" o Império Britânico, as vozes mais realistas de Londres aceitaram que abrir mão gradualmente do governo imperial era o melhor a ser feito.

No entreguerras, o Congresso Nacional Indiano foi o movimento nacional mais forte dentro dos impérios coloniais europeus. No entanto, conforme líderes nacionalistas se aproximavam do poder, fissuras internas do movimento se ampliavam. Ativistas muçulmanos, cada vez mais desencantados com o Congresso Nacional Indiano e conscientes de que os hindus eram maioria na Índia, tiveram que escolher entre a disputa por uma fração do poder dentro de um governo forte que abarcasse toda a Índia e uma solução mais federalista, com um centro frágil e regiões fortes – algumas de maioria muçulmana. O fato de a maioria das regiões indianas contar com populações mistas tornava o problema ainda mais complexo. A Liga Muçulmana passou a defender um Estado muçulmano e quase soberano, que integraria uma federação indiana governada em pé de igualdade por ela e pelo Congresso, amplamente hindu. Esse novo Estado muçulmano se chamaria Paquistão.

Como foi visto, propostas federativas estavam sendo "empurradas" à boa parte do mundo colonial por governos imperiais que esperavam satisfazer as elites de diversos territórios com graus variados de autonomia, mas também por políticos das sociedades colonizadas em que o estabelecimento de Estados-nações esbarrava na discordância do que constituiria uma nação. Federações foram propostas tanto para o todo imperial – caso da União Francesa – como para parcelas dos territórios, como ocorreu na Índia, Malásia, Indochina e em partes da África.

Na Índia, uma solução federalista era incompatível com as ambições de muitos indianos que desejavam não apenas um Estado independente, mas também a transformação desse Estado em um agente de mudanças econômica e social, e em um ator no mundo das nações. Jawaharlal Nehru, líder aliado de Gandhi no Congresso, queria um centro mais forte, e o líder da Liga Muçulmana, Muhammad Ali Jinnah, um centro fraco. Nehru estava preocupado não apenas com o separatismo muçulmano, mas também com possíveis reivindicações de autonomia por parte dos mais de quinhentos Estados principescos da Índia, que ele via como regimes feudais. Em uma analogia com um desmantelamento imperial prévio, ele discursou contra a "balcanização" da Índia – termo que, mais tarde, também seria empregado por líderes africanos que temiam as consequências da transformação dos impérios em Estados pequenos e fracos. Nehru acreditava que o Congresso poderia quebrantar o apoio à Liga nas regiões de maioria muçulmana evocando questões de classe contra os líderes dela, que eram grandes proprietários de terra, e Jinnah temia que Nehru estivesse certo. Essa dissidência ocorreu em um cenário de conflitos entre hindus e muçulmanos nas cidades indianas, e cada novo cadáver acentuava a polarização. Em 1946, a Grã-Bretanha tentou deixar o território de forma discreta. Sob pressão para que houvesse uma solução rápida, partidos adversários conseguiram concordar a respeito de um único ponto: a divisão entre Índia e Paquistão. Pressões do Congresso e do governo britânico, somadas ao medo que os príncipes tinham de serem deixados de lado em uma nova Índia que teria o controle sobre recursos cruciais, fizeram com que os Estados principescos concordassem em integrar a Índia.

A divisão entre Índia e Paquistão resultou em uma tragédia humanitária justamente no momento em que o território triunfava sobre o colonialismo. Em agosto de 1947, quando a independência despontava no horizonte, ocorreu uma imensa decantação populacional na qual 17 milhões de pessoas cruzaram a fronteira nas duas direções. Dos dois lados, centenas de milhares foram assassinados. A Cachemira, onde não se chegou a um consenso em relação à linha divisória, é palco de um violento conflito entre indianos e paquistaneses até os dias de hoje, e as tensões entre a população muçulmana remanescente e a maioria hindu na Índia continuam a se manifestar. Em 15 de agosto de 1947, Índia e Paquistão se tornaram Estados independentes, cada um alegando ser uma nação, embora nenhum dos dois fosse a nação pela qual a maioria dos ativistas indianos havia lutado durante o meio século anterior.

Impérios de desenvolvimento e desenvolvimento de nações

Os combates e baixas constantes na Ásia não foram suficientes para que as potências europeias desistissem de imediato ou em definitivo de seus impérios. África assumiu um papel mais central nos planos imperiais. Grã-Bretanha e França reconheceram que a venda de *commodities* tropicais de suas colônias poderia ser seu único meio para obter dólares e garantir a recuperação econômica de países com dívidas imensas e plantas industriais em frangalhos. A complacência dos governos antes da guerra para acatar governos de homens brancos e rotinas discriminatórias – apesar dos debates consideráveis sobre questões de raça – foi muito afetada pelo império racista de Hitler e pelos esforços para mobilizar as populações coloniais contra ele. Os governos francês e britânico enviaram diretivas para seus administradores coloniais com o intuito de evitar práticas de insulto e discriminação raciais. Ambos os impérios deram abertura para que africanos de boa formação, antes excluídos pela política de governo indireto sob alegações de inautenticidade, participassem da administração, e ambos propuseram reformas imediatas nas colônias, permitindo aos africanos vislumbrar um futuro em que, de alguma forma e em alguma medida, eles governariam a si próprios.

A Grã-Bretanha (a partir de 1940) e a França (em 1946) também promoveram uma nova visão econômica e social para seus impérios. "Desenvolvimento" se tornou a nova palavra-chave. Os dois governos renunciaram à antiga doutrina colonial que pressupunha a autossuficiência econômica de cada colônia e se dispuseram a investir libras e francos da metrópole em comunicações, transporte, habitação, escolas e instituições de saúde, bem como em projetos industriais e agrícolas. O objetivo era elevar o padrão de vida dos povos colonizados, melhorar as condições dos trabalhadores remunerados e preparar terreno para aumentar a produtividade a longo prazo. A promessa era que, por meio do desenvolvimento, os impérios poderiam se tornar mais ricos e aumentar sua legitimidade política de uma tacada só.

Grã-Bretanha e França propuseram meios contrastantes de atingir seus objetivos. Os britânicos queriam que cada colônia evoluísse à sua própria maneira e no seu próprio ritmo. Em um primeiro momento, o governo tentou acomodar os ativistas africanos em "conselhos locais", que modificariam aos poucos a ordem tradicional e a tornariam mais progressiva; africanos só assumiriam o poder central de cada colônia em um segundo momento. O cronograma geral não foi especificado. Até lá, a ideia de que africanos ocupariam assentos no Parlamento de Londres era inimaginável. Mas foi exatamente isso que propuseram os líderes franceses, ainda que a representatividade oferecida não fosse proporcional ao tamanho da população. Líderes franceses evocavam o termo "federação", enquanto britânicos falavam em "governo local".

Assim como os impérios de outrora, a União Francesa seria constituída por regimes distintos conectados a um centro imperial de diferentes formas: França europeia, Argélia (cujo território seria totalmente integrado ao francês, mas cuja população havia sido dividida entre cidadãos e súditos), "antigas colônias" como as do Caribe (cujos habitantes eram cidadãos), "novas colônias", como aquelas na África (cujos habitantes eram em sua maioria súdi-

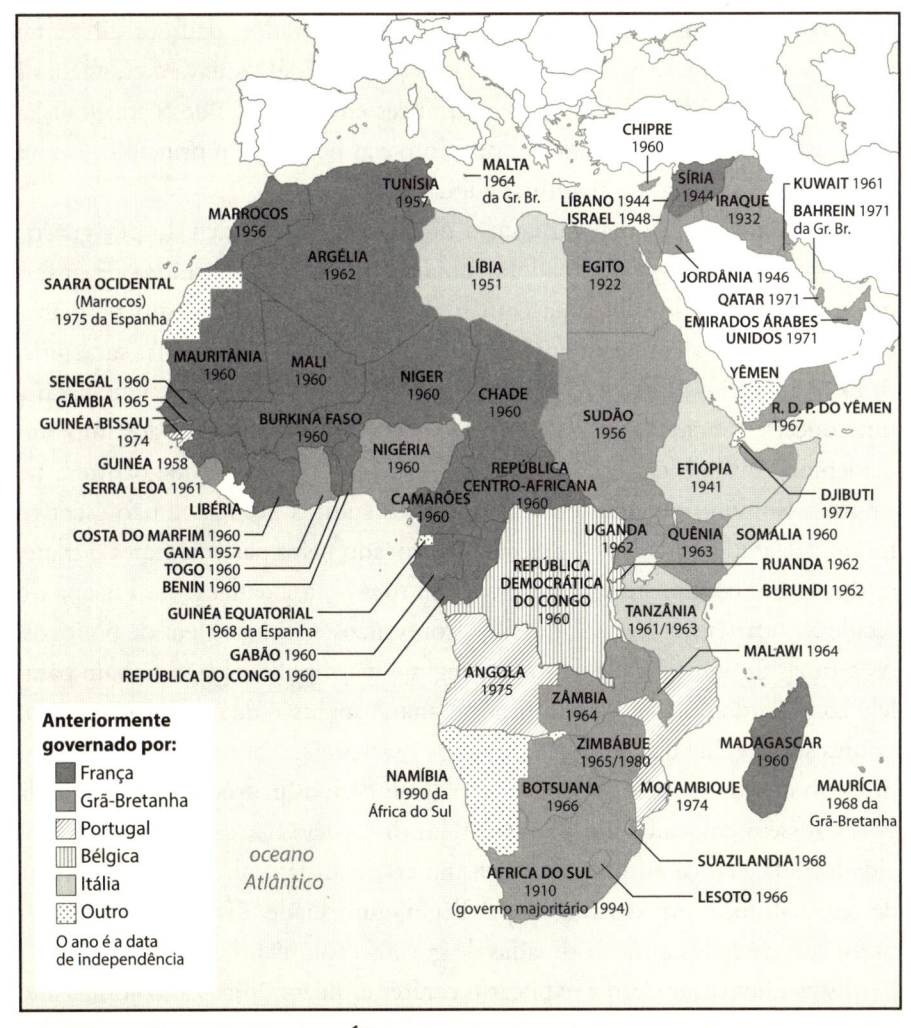

Mapa 13.2 – Descolonização na África

tos), protetorados como Marrocos e Tunísia (que adquiriram nacionalidade e soberania próprias após cederem – sob pressão – parte de sua autonomia à França por meio de tratados) e mandatos (antigas colônias alemãs que tinham sua própria nacionalidade em potencial, e onde a França agia como administradora fiduciária).

A Constituição de 1946 proclamou que habitantes de todas essas entidades passariam a ter as "qualidades" de cidadãos franceses. Essa garantia expandiu gradualmente a participação de antigos súditos nas eleições, embora não tenha se traduzido em sufrágio universal até uma década mais tarde. A Carta concedia direitos e eliminava instituições que haviam tratado os súditos imperiais de forma distinta: regimes judiciais separados, padrões diferentes para leis trabalhistas. A nova constituição já não condicionava a cidadania à submissão dos súditos ao código civil francês em vez da lei de costumes islâmica em questões legais, como o casamento e as heranças. A princípio, a nova União Francesa seria multicultural e igualitária.

Aqui é possível se deparar com o dilema imperial básico do pós-guerra: um regime imperial poderia adotar uma forma mais democrática de governo, um conceito de soberania com mais nuances, e ainda assim permanecer imperial? O reconhecimento de diferenças sociais e culturais, característica dos impérios Russo e Otomano no século XIX, poderia ser vinculado a um conceito de cidadania – antes reservado à porção europeia dos impérios ocidentais – válido em todo o império? Diferentemente do que ocorrera no Império Romano quando, em 212, todos os súditos homens e não escravos foram declarados cidadãos – precedente evocado pelos parlamentares durante as discussões da Constituição francesa de 1946 –, a cidadania na Europa do século XX acarretava diversos direitos econômicos e sociais, além de políticos. As normas de equivalência dentro do regime metropolitano não tinham paralelo com a ordem social hierárquica romana. A inclusão de milhões de súditos pobres sob a égide da cidadania nos anos 1940 poderia acarretar custos elevados – ao menos se reivindicações compatíveis com os padrões de cidadania da época fossem colocadas em prática. Além disso, não havia certeza de que os cidadãos da França europeia ou africana conseguiriam abdicar rapidamente de seus hábitos e expectativas de privilégio, autoridade, discriminação e desprezo consolidados durante décadas de governo colonial.

Esses dilemas ajudam a explicar o caráter esquizofrênico do colonialismo francês no pós-guerra, um regime por vezes agregador e inclinado a diálogos racionais com ativistas políticos africanos e asiáticos, por vezes brutalmente violento e oposto a todo um grupo de pessoas encarado como uma ameaça. Africanos tinham o direito de ocupar assentos na legislatura francesa e os sindicatos africanos podiam se organizar, entrar em greve e reivindicar pagamentos e benefícios igualitários por seu trabalho. Ao mesmo tempo, durante a revolta em Madagascar em 1947, a guerra do Vietnã entre 1946 e 1954 e a guerra na Argélia entre 1954 e 1962, forças francesas impunham o terror coletivo contra qualquer um que, supostamente, estivesse com os rebeldes. O uso da tortura pelos franceses se tornou um escândalo durante a guerra da Argélia. Mas até mesmo naquele país o governo francês lançou programas de *promotion sociale* – o que os norte-americanos chamariam de ações afirmativas – para que cidadãos muçulmanos franceses na Argélia considerassem vantajosa a integração ao regime francês. Entre essas medidas estava o acesso a postos de trabalho na França metropolitana e em além-mar e a serviços sociais voltados, em princípio, a suas necessidades particulares.

Líderes mais influentes da África Ocidental francesa traduziram o projeto federalista francês em reivindicações por planos de desenvolvimento mais vigorosos e maior igualdade social. Léopold Senghor, do Senegal, buscou uma forma estratificada de soberania: cada território escolheria um governo com autoridade para tratar assuntos locais, enquanto a África Ocidental francesa como um todo constituiria uma federação africana de legislatura e poder executivo próprios. Essa federação se associaria a outros territórios e federações em uma União Francesa reformulada, onde todos seriam cidadãos com direitos plenos. A atuação da União seria restrita às relações exteriores, à defesa, ao desenvolvimento e a outras funções, que seriam estabelecidas de comum acordo. Assim, o regime se tornaria uma confederação onde a singularidade nacional de cada parte constituinte seria reconhecida. Senghor não dividia a nacionalidade entre senegaleses e marfinenses: para ele, os dois grupos eram compostos simplesmente por africanos, ou ao menos por africanos que tinham como aspecto comum o idioma francês e a experiência das instituições francesas.

Outros líderes africanos desejavam se esquivar dessa federação africana ocidental e favorecer a participação direta de cada território em uma Comunidade Francesa. Essa possibilidade estava em debate na África quando o governo francês percebeu que estava preso em uma armadilha, capturado entre a lógica da cidadania universal, que seria bastante custosa, e o ciclo de rebeliões e repressão que se desdobrava sob o olhar de instituições e observadores internacionais que não consideravam a ordem colonial normal ou inevitável. Quando, em 1958, o governo francês permitiu a cada território africano escolher entre se tornar independente de imediato ou continuar participando – com elevado grau de soberania – em uma comunidade francesa, apenas a Guiné votou pela separação completa. Líderes africanos não conseguiam entrar em acordo quanto à questão de criar ou não uma federação entre eles, e a França estava ansiosa para se eximir das obrigações que um regime de relações muito próximas implicaria. Políticos africanos passaram a acreditar que relações bilaterais entre Estados soberanos e a França atenderiam melhor às contingências do momento do que uma soberania estratificada. Ainda assim, a dissolução do Império Francês da África subsaariana em Estados-nações territoriais só se tornou a única saída possível em 1960.

Mais descentralizada, a estrutura colonial da Grã-Bretanha não suscitou nenhum debate sobre a equivalência de todos os súditos da rainha. Mas também enfrentou problemas para preservar seu império, visto que as próprias ações que buscavam conferir ao Estado imperial uma nova legitimidade – o desenvolvimento e a participação política – produziram diversas exigências de recursos econômicos e sociais. As tentativas de direcionar as ambições dos africanos instruídos para os governos locais não duraram muito. Gradualmente, partidos políticos de cada colônia passaram a exigir participação plena nas instituições legislativas e executivas de cada território, e os movimentos sociais reivindicaram salários melhores, preços justos para os produtos agrícolas e mais instituições de ensino.

Porém, quando a mobilização política ultrapassou certos limites, sobretudo no chamado Levante Mau Mau, iniciado no Quênia em 1952, o governo colonial respondeu com prisões e confinamentos em massa, interrogações sob tortura, punições imensas sem nenhuma supervisão jurídica e realocações forçadas de vilarejos inteiros. Àquela altura, britânicos já haviam aceitado que a Costa do Ouro era governada internamente por políticos africanos eleitos e estava a caminho da independência, que ocorreu em 1957. Nesse ano, agentes imperiais em Londres e Paris realizaram análises de custo-benefício referentes a cada território colonial e concluíram que, embora não se soubesse ao certo se a maioria dos povos coloniais estava "pronta" para a "independência", o cultivo de relações pós-coloniais amigáveis com líderes africanos seria menos dispendioso do que as tentativas de manter as colônias à força.

Figura 13.1 – Duas faces da descolonização.

Argelinos esperam para votar no referendo de 1958 para uma nova constituição da república francesa. Mesmo durante a guerra entre o exército francês e a Frente Nacional de Libertação da Argélia, agentes franceses esperavam que a participação crescente dos argelinos nas instituições francesas – que incluiu a eleição de representantes para a legislatura em Paris – bastaria para garantir uma reconciliação, e que eles continuariam a ser cidadãos franceses. (Loomis Dean para a *Time Life*, GettyImages.)

No Quênia, pessoas são forçadas a deixar suas casas pela polícia e pelo exército britânicos (1954) durante a repressão da revolta Mau Mau, iniciada em 1952. Qualquer um do grupo étnico kikuyu, do qual provinha o núcleo do movimento rebelde, era considerado suspeito de envolvimento e estava sujeito a prisão, investigação e confinamento. (George Rodger para *Time Life*, GettyImages.)

Quando Kwame Nkrumah promoveu a pioneira independência da Costa do Ouro (rebatizada de Gana), conclamou a criação dos Estados Unidos da África. Mas a África não seguiu o caminho das treze colônias da América do Norte que haviam se tornado independentes em 1783. A partir de meados dos anos 1950, antigas formas de pan-africanismo – cuja proposta de unidade africana calcada em uma diáspora comum não se traduzira em instituições políticas – perderam força, e os ativistas passaram a focar nas estruturas e recompensas tangíveis fornecidas pela lenta devolução de poder a cada território. A primeira geração de líderes africanos estava tão atrelada ao aparato político e às oportunidades de patronato dentro dos Estados territoriais que seu único consenso se referia a formas de cooperação interestatal desprovidas de poder.

Mesmo no antigo Império Britânico, a tendência de formação de Estados nacionais perdeu força diante dos esforços para manter alguma espécie de estrutura abrangente. Após a Segunda Guerra, o papel crucial dos domínios e colônias para salvar o império foi amplamente reconhecido na Grã-Bretanha. Enquanto os domínios tentavam definir suas próprias cidadanias nacionais de forma mais precisa, os ingleses criaram em 1948 um tipo de cidadania imperial que derivava da cidadania primária de cada domínio e incluía os súditos coloniais. Sob essa legislação, povos dos domínios e colônias tinham o direito de ingressar e morar nas ilhas britânicas – direitos semelhantes àqueles dos cidadãos da União Francesa em relação à França europeia.

A migração de pessoas não brancas oriundas das colônias para a Europa gerou inquietações na França e na Grã-Bretanha, mas mesmo assim a lógica imperial triunfou sobre o racismo durante algum tempo. O direito de ingresso dos antigos cidadãos coloniais na Grã-Bretanha e na França foi mantido durante alguns anos após a independência das colônias. No entanto, conforme elas se tornaram Estados independentes e as possibilidades de transformar o império em uma federação sucumbiram, França e Grã-Bretanha voltaram suas atenções para a Europa. Com o tempo, as duas potências traçaram um limite mais claramente nacional para definir suas populações nucleares, ao mesmo tempo que a migração das antigas colônias tornava seu grupo de residentes mais heterogêneo. Muitos cidadãos imperiais passaram a ser "imigrantes" e, ao final da década de 1970, esses encontraram cada vez mais obstáculos para entrar nos dois países, que haviam adotado concepções restritivas de seu próprio corpo político.

No Norte da África e no Oriente Médio, a situação não podia ser rotulada precisamente como colonial, e a rota de saída do império não foi a mesma percorrida pela África subsaariana. O desenlace imperial da Argélia, considerada parte integrante da França, foi particularmente sangrento. Colonos com bons contatos e seus aliados nos círculos militar e empresarial franceses tornaram mais difícil para a França estimar com precisão os prós e contras de cada alternativa, a busca por novas formas de desvinculação – como ocorrera no oeste da África – ou a realização de suas promessas de integrar todos os cidadãos argelinos ao regime francês de forma plena. Uma vez alienados do Estado francês, ativistas argelinos se dividiram em estratégias concorrentes: luta de classes, ativismo islâmico junto a outros muçulmanos do Norte da África, autogoverno nacional em uma federação francesa e independência nacional plena. No início dos anos 1950, a Frente de Libertação Nacional (FLN) aderiu à luta pela independência, mas o movimento ainda abrigava dissidências profundas.

O combate armado da FLN e o contraterror de Estado desencadearam um conflito de ambos os lados do Mediterrâneo que ameaçou as fundações da república francesa. Charles de Gaulle precisou utilizar seu status de herói de guerra para manter o governo de pé em 1958. Lançando mão do terror e da tortura, o exército francês venceu os principais combates da guerra e empurrou a FLN para as regiões fronteiriças da Argélia. Mas foram vitórias muito custosas, incapazes de produzir uma sociedade viável ou uma situação em que o Estado francês fosse capaz de se manter onde a maioria das colônias, inclusive as francesas, já haviam alcançado a independência. Embora os círculos nacionalistas ou de esquerda preservem até hoje o mito da FLN como modelo de movimento anticolonial, boa parte de seu sucesso em 1962 deve-se ao fato de que outros haviam preparado o caminho, muitas vezes por meios não violentos. E o combate à opressão colonial não era nada unificador: eram tantas as visões de sociedade livre existentes dentro da FLN e tantas as suas facções que uma guerra civil eclodiu poucas semanas após o reconhecimento da independência argelina pela França.

Após terem insistido na ideia de que a Argélia não era uma colônia, líderes franceses passaram a reconstruir os acontecimentos em uma narrativa de "descolonização" – a renúncia da França em governar outros territórios. O êxodo acelerado – algo não previsto pelos líderes franceses – de quase toda a população de colonos argelinos deixou claro que, para essa parcela da sociedade colonial, a visão binária das diferenças coloniais se tornara uma profecia autorrealizável.

O mito de integração da Argélia à França definiu uma trajetória sinuosa de saída do império. Já o Egito, em teoria independente desde 1922, trilhou um caminho diferente. A Grã-Bretanha chegara perto de recolonizar o Egito durante a guerra. Mais tarde, em 1952, um governo monárquico frágil e aliado aos britânicos sucumbiu a um golpe de Estado perpetrado por jovens oficiais do exército, e Gamal Abdel Nasser surgiu como líder. Nasser cativou a imaginação de muitos jovens em territórios coloniais e ex-coloniais ao redor do mundo com sua resoluta postura anti-imperialista. Anexou o Canal de Suez em 1956. França, Grã-Bretanha e Israel responderam invadindo o território egípcio, mas os Estados Unidos, temendo perder o Egito para o campo de influência soviético, cortaram seu apoio às três nações, fazendo do governo de Nasser fato consumado. França e Grã-Bretanha saíram do conflito profundamente constrangidas.

A invasão malograda do Egito de Nasser começou em 29 de outubro de 1956. Em 4 de novembro, o exército soviético entrou na Hungria para debelar uma rebelião bastante disseminada contra o domínio soviético. Uma semana depois, a União Soviética já havia restabelecido o controle por meio de uma atuação inclemente. A coincidência temporal das duas invasões provavelmente serviu para calar reações internacionais, mas revelou que o mundo dos impérios se encontrava diante de uma encruzilhada. O fiasco em Suez sinalizava algo que já havia ocorrido antes: a perda de capacidade coercitiva e autoridade política por parte das potências coloniais da Europa Ocidental. A revolução na Hungria e sua supressão, por sua vez, escancararam as relações de poder do Leste Europeu sob domínio soviético, que seriam ainda mais enfatizadas com a construção do Muro de Berlim em 1961 e a repressão de um movimento liberal na Tchecoslováquia em 1968. As duas crises de 1956 ofereceram visões distintas do poder imperial: em um caso, esse poder havia sido profundamente sabotado; no outro, manifestou-se de forma cruel e coercitiva, embora com reduzida autoridade moral.

O enfraquecimento dos impérios coloniais abriu caminho para que líderes de Estados independentes tentassem moldar uma nova ordem internacional. Em 1955, o presidente Sukarno foi anfitrião de uma conferência na cidade indonésia de Bandung que contou com governantes de vários Estados recém-independentes. Os conferencistas expuseram um "terceiro mundo" distinto das zonas de influência norte-americana e soviética. A cooperação em votações nas Nações Unidas, o comércio bilateral e o apoio mútuo contra agressões integravam sua agenda. Esse trabalho conjunto de um bloco anti-imperialista formado por Estados soberanos transformaria a política internacional.

Mas a unidade horizontal das nações de terceiro mundo não substituiu as relações verticais existentes entre os líderes de Estados ricos e pobres. O padrão de descolonização tornava improvável qualquer unidade abrangente: negociações entre os antigos colonizadores e os novos líderes deixara estes últimos com uma base exclusivamente territorial, tão frágil que a maioria se recusava a abrir mão de qualquer grau de poder. Os antigos Estados coloniais buscaram ajuda estrangeira e apoio militar contra inimigos internos ou externos. Não raro, seus governantes mantinham laços pessoais com líderes das antigas potências coloniais. Para os países pobres, estabelecer relações de clientelismo com as nações ricas era muito mais urgente que firmar acordos com outros países na mesma situação. O tabuleiro político estava montado de modo a dificultar a conversão de assimetrias imperiais em uma solidariedade terceiro-mundista.

Ainda assim, as mudanças da base normativa que passou a guiar a ordem mundial após a Segunda Guerra podem ser percebidas nos caminhos trilhados pelos regimes que representavam exceções ao padrão de descolonização. Embora as origens da dominação racial na África do Sul e na Rodésia (ver mapa 10.3) remontassem aos seus passados coloniais e, ao mesmo tempo, suas ideologias e formas de discriminação estivessem totalmente vinculadas à ordem colonial, a partir dos anos 1960 a hierarquia racial precisou ser defendida em termos nacionais, e não imperiais. Com governo próprio desde 1910, a África do Sul insistiu em seus direitos soberanos, privando negros do direito ao voto e defendendo que a segregação era um "desenvolvimento em paralelo". O país deixou a Commonwealth Britânico em 1960. Já os brancos da Rodésia – que, durante décadas, haviam gozado de um governo próprio e parcial cedido pelos britânicos com o intuito de privar os negros de qualquer papel político significativo – declararam sua independência unilateral da Grã-Bretanha em 1965 e defenderam por quinze anos a dominação dos brancos como uma prerrogativa de sua soberania. Portugal, por sua vez, manteve uma postura abertamente imperial: nesse caso, não havia um regime democrático no âmbito doméstico, de modo que as tensões entre o governo metropolitano e colonial não eram tão ostensivas.

Figura 13.2
Fundação de um movimento não alinhado. Gamal Abdel Nasser, do Egito, e Jawaharlal Nehru, da Índia, conversam no centro da foto em Bandung, na Indonésia, em abril de 1955. (Howard Sochurek para a *Time Life*, GettyImages.)

Nenhum desses regimes sobreviveu à natureza contagiante da descolonização. Movimentos de liberação em Guiné-Bissau, Angola e Moçambique, todas colônias portuguesas, buscaram inspiração e refúgio em seus vizinhos independentes e travaram longas e exaustivas campanhas militares de guerrilha. Após quinhentos anos, o momento derradeiro do Império Português na África chegou em 1974, quando militares encarregados de reprimir as guerrilhas se rebelaram e liberaram sua terra-mãe da ditadura fascista e suas colônias do colonialismo. A maioria dos colonos, muitos dos quais jamais haviam pisado na porção europeia de Portugal, "retornou" à terra-mãe. Assim como França e Grã-Bretanha, Portugal se tornou um regime mais nacional e europeu, deixando de pensar em si mesmo como um império.

A África do Sul – que, entre todas as colônias, era aquela que abrigava a maior população branca e tradições nacionais mais fortes – foi o regime colonial que perdurou por mais tempo. Embora os brancos alegassem representar o cristianismo e a civilização ocidental, o Congresso Nacional Africano (ANC) foi bem-sucedido em defender os princípios democráticos junto à opinião internacional e entre os sul-africanos negros. O ANC foi apoiado por Estados africanos já independentes e por movimentos em além-mar, e sua mobilização promoveu boicotes comerciais, atléticos e culturais à África do Sul. Elites brancas passaram a ter dificuldade para aceitar seu isolamento ideológico e social, e a violência tornou as cidades da África do Sul cada vez menos habitáveis. Essa trajetória, iniciada com o primeiro assentamento branco de 1652, desaguou em um capitalismo racialmente segregado no final do século XIX e, no século seguinte, transformou-se em um sistema nacional comandado pelos brancos e interrompido apenas em 27 de abril de 1994, quando negros sul-africanos foram às urnas para eleger líderes conforme sua vontade. Ao contrário do que ocorrera na Indonésia, na Argélia, em Angola e em Moçambique, a maioria dos brancos manteve sua cidadania sul-africana. Porém, traduzir igualdade política em justiça econômica e social na África do Sul continua sendo uma ilusão, como também é a luta por equivalência com as antigas potências coloniais em outros países africanos.

A substância e o nome do império haviam mudado. França, Grã-Bretanha, Países Baixos e Bélgica abandonaram não apenas o poder sobre o presente, mas também a responsabilidade pelo passado. Eles haviam "descolonizado", e agora suas antigas colônias estavam por conta própria. Estados independentes podiam até pedir sua ajuda, mas não tinham direito a ela. Os Estados Unidos e a União Soviética se envolveram em atos de cortejo e coerção voltados para esses novos Estados, mas tampouco aceitaram a responsabilidade pelas consequências de suas persuasões, invasões temporárias e do fornecimento em massa de armamentos. Os norte-americanos se tornaram o símbolo amplamente aceito de um mundo onde os Estados soberanos seriam equivalentes. Mas essa ficção de equivalência, como tantas outras ficções políticas, teve consequências concretas.

O caminho obstruído até a ordem pós-imperial no Oriente Médio

O desafio de construir uma ordem política capaz de substituir aquela que o Império Otomano mantivera em suas províncias de língua árabe ainda estava em aberto ao final da Segunda Guerra Mundial. Rebeliões haviam ocorrido na Síria, na Palestina e no Iraque no período entre os dois conflitos. Franceses e britânicos não foram capazes de criar durante seus mandatos uma estrutura viável de controle superior ou um caminho para o autogoverno participativo.

Nomeados reis pelos britânicos, os filhos de Huseyn adquiriram uma soberania *de jure* no Iraque (antes da guerra) e na Jordânia (depois dela). Durante o embate, o regime de Vichy havia guiado parcialmente seus mandatos na Síria e no Líbano franceses à independência. Esses atos se deram em cooperação com os nazistas, que esperavam angariar apoio na região para enfrentar os britânicos. A França Livre também fez juras de independência, a qual se empenhou muito em quebrar após ter ocupado com ajuda britânica a região para impedir o domínio nazista. Mas elites sírias e libanesas já estavam muito próximas da independência, e já não estavam dispostas a desistir do processo. O governo francês do pós-guerra se conformou com o fim de sua jurisdição, na esperança de manter relações de cooperação com seus antigos domínios.

A Palestina se tornou um problema muito mais complexo para os poderes mandantes quando a imigração de judeus cresceu vertiginosamente durante e após o Holocausto. A Grã-Bretanha foi soterrada por reivindicações – acompanhadas de atos violentos – tanto de judeus como de árabes, que agiam uns contra os outros e também contra o governo britânico. Em 1948, os britânicos se eximiram daquela situação que ajudaram a criar e se retiraram do território, deixando para trás dois projetos nacionalistas que, apesar de sua disparidade de recursos, reivindicavam direitos sobre o mesmo espaço.

Na década de 1950, Síria e Iraque deixaram de ser Estados fracos e clientelistas e, vendo-se presos em meio às maquinações das grandes potências, tornaram-se regimes autoritários. O Líbano conseguiu administrar suas divisões internas até os anos 1970, quando, em parte como reflexo do conflito entre Israel e Palestina, mergulhou em uma guerra civil, recuperou-se e logo sofreu uma recaída. Todos os grupos que disputavam o poder – maronitas, cristãos, sunitas, xiitas, drusos e outros – agiam em uma espécie de pântano pós-imperial, onde os limites territoriais não correspondiam às comunidades e os detentores do poder temiam o acesso de seus concorrentes ao Estado, bem como qualquer tipo de auxílio externo. O mundo sofre até hoje com as consequências do inapto desmantelamento do Império Otomano.

O território do Irã, um Estado orgulhoso de sua independência e da tradição herdada de impérios anteriores, era cobiçado por potências estrangeiras por seu petróleo. Monarcas iranianos firmaram seus próprios acordos com companhias petrolíferas britânicas e norte-americanas, e, quando em 1953 o governo eleito tentou assumir um curso mais independente, o país foi vítima de um golpe arquitetado pelos serviços de inteligência britânico e dos Estados Unidos. Os reis autoritários da Arábia Saudita receberam apoio considerável das potências ocidentais. As companhias de petróleo norte-americanas construíram enclaves segregados de produção dentro do país sob a proteção das forças aéreas dos Estados Unidos. Mas nem as companhias de petróleo nem os Estados Unidos foram capazes de controlar o que os líderes árabes faziam com os imensos royalties do petróleo. Eles serviram para financiar uma dinastia saudita que tinha uma visão purista do islã, rejeitava as noções políticas "ocidentais" e demonstrava grande apreço pelo poder. No mundo muçulmano, sauditas fomentaram a educação islâmica e obras de caridade, mas também redes que hoje são consideradas pelos líderes dos Estados Unidos e de outros países uma grande ameaça à ordem mundial. Durante décadas, o Oriente Médio tem sido palco de conflitos entre governos monárquicos, militares e civis, grupos religiosos, partidários da democracia e defensores de governos autoritários, bem como de elites nacionalistas e potências e corporações estrangeiras. Boa parte dos conflitos na região tem sido financiada pela demanda de petróleo dos Estados industriais.

UMA NOVA DIVISÃO DO MUNDO?
ORIENTE/OCIDENTE, NORTE/SUL, OCIDENTE/RESTANTE

O fim dos impérios coloniais coincidiu com a reconstrução dos blocos de poder que, por sua vez, geraram novos conflitos. Conflitos entre colonialistas e anticolonialistas ou entre comunistas e anticomunistas sempre estiveram interligados, mas um não deve ser reduzido ao outro. Mudanças desencadeadas pela Primeira Guerra e pela Revolução Bolchevique, mais tarde aceleradas pela Segunda Guerra, pela descolonização e pelo início da Guerra Fria por volta de 1948, pareciam ter transformado um regime de diversas potências imperiais em um mundo bipolar. Mas essa caracterização do século XX precisa ser aprimorada: nem as superpotências eram capazes de recriar seus subordinados conforme a própria vontade, nem o mundo bipolar era simétrico.

Desenvolvimento e império ao estilo soviético
Entre 1943 e 1945, Stálin, Churchill e Roosevelt, antevendo a própria vitória, redesenharam mais uma vez o mapa da Europa. Stálin insistiu em controlar o que se tornaria conhecido como "Leste Europeu". Polônia, Tchecoslováquia, Hungria, Romênia e os Estados balcânicos e bálticos ficaram na esfera de influência soviética. Em uma demonstração explícita do poder e da desunião

do lado vitorioso, a Alemanha foi dividida em quatro zonas distintas e supervisionadas por comandos britânicos, franceses, norte-americanos e soviéticos. No leste, a URSS recebeu a metade sul de Sacalina e as ilhas Curilas como recompensa por sua entrada de última hora na guerra contra o Japão.

Na Europa, uma nova rodada de separação étnica sucedeu o redesenho imperial de territórios que já haviam sido parcialmente decantados durante a formação dos Estados de caráter nacional após a Primeira Guerra, e também pelas ações mortíferas dos nazistas e seus aliados. Centenas de milhares de poloneses foram obrigados a deixar a Ucrânia soviética, que crescera muito em território, e migrar para a Polônia, cujas fronteiras haviam retrocedido em direção ao Ocidente. Ucranianos percorreram o caminho inverso. Turcos foram mais uma vez expulsos da Bulgária. Populações de língua alemã no centro, leste e sudeste da Europa foram enxotadas para a Alemanha. A criação de territórios nominalmente étnicos não foi uma evolução natural que levou cada nação a constituir um Estado, e sim um processo violento, constante e ainda incompleto de limpeza étnica.

O sucesso do Exército Vermelho ao encurralar os nazistas no Leste Europeu deu a Stálin uma chance de reconquistar, e até mesmo expandir, o território que havia sido governado pelos czares, além de ter oferecido uma amostra dos desafios implicados pela expansão do controle imperial. Nos lugares libertados, que foram muitas vezes saqueados e dizimados pelo Exército Vermelho, a vitalidade de movimentos políticos diversos, inclusive de caráter social-democrata, deixou claro que o comunismo não triunfaria por vias eleitorais. Em algumas áreas, como Estônia, Letônia, Lituânia e oeste da Ucrânia, incorporadas de forma direta pela União Soviética ao fim da guerra, existiam movimentos de resistência que desafiavam o comando soviético. Para Stálin, soldados soviéticos que voltavam para casa após a vitória também representavam um risco. Eles haviam descoberto que as pessoas da Europa capitalista tinham casas e posses incrivelmente luxuosas para os padrões soviéticos.

A disciplina stalinista foi a resposta encontrada para todas essas ameaças. Estabeleceu-se um regime unipartidário nas novas "democracias populares" do Leste Europeu, prisioneiros de guerra foram presos em campos de trabalho forçado, possíveis dissidentes terminaram detidos ou executados, populações não confiáveis tiveram como destino o exílio e as informações referentes ao "outro lado" foram bloqueadas. Dentro da URSS, a tradicional ferramenta de realocação étnica foi utilizada nas regiões mais perigosas: pessoas de etnia russa foram direcionadas às repúblicas bálticas e um quarto dos habitantes de antes da guerra, removidos. Tártaros e outros grupos residentes na Crimeia acabaram deportados para o Cazaquistão e a Sibéria. O partido lançou uma campanha contra os "cosmopolitas" na URSS, especialmente os judeus. Embora mais tarde a guerra tenha sido retratada como um evento de solidariedade mítica, na época, Stálin garantiu que oficiais do exército não fossem muito exaltados. Lotes concedidos aos camponeses foram reduzidos, assim como a remuneração nas fazendas coletivas, contribuindo para uma onda de fome devastadora em 1946. O trabalho forçado foi um dos principais meios de reconstrução da URSS, e os *gulags* receberam milhões de novos prisioneiros.

Fora das fronteiras da URSS, Estados que integravam o império stalinista no Leste Europeu mantiveram uma suposta soberania formal, subordinada *de facto* ao comando soviético. A versão imperial soviética exigia que cada liderança comunista estabelecesse o que Tony Judt chama de "Estados réplica". Cada democracia popular replicava a mesma estrutura de governo formal que a URSS; cada hierarquia de servidores era controlada pelos comunistas, que recebiam ordens do partido; e cada grupo de líderes partidários era orientado pelo Partido Comunista em Moscou. A equipe de governo dos Estados réplica era formada por quadros oriundos de sua própria população, em uma estrutura de intermediários nativos que replicava a administração dos diferentes

Figura 13.3
Nova divisão da Europa. Winston Churchill, Franklin D. Roosevelt e Joseph Stálin com conselheiros militares se encontram em Yalta em fevereiro de 1945 para discutir o futuro da ordem política europeia. (Biblioteca do Congresso.)

"povos" dentro das repúblicas nacionais da URSS. No Leste Europeu, Stálin utilizou os mesmos métodos que havia empregado em âmbito doméstico para garantir a lealdade, perseguindo líderes comunistas entre o final dos anos 1940 e o início dos 1950, e gerando uma nova corte de subordinados confiáveis na Tchecoslováquia, Hungria, Romênia, Bulgária e Polônia. Em cada um desses países, os judeus também foram expulsos do partido ou rebaixados de cargo. Três novas organizações foram criadas para manter o bloco soviético: o Cominform (Secretaria de Informação Comunista), que tinha por objetivo unir os aparatos do partido, o Comecon (Conselho para Assistência Econômica Mútua), para questões econômicas, e o Pacto de Varsóvia, uma aliança militar.

Do outro lado da Guerra Fria, sob forte influência dos Estados Unidos, foram criadas a OTAN e instituições financeiras internacionais com o objetivo de coordenar as políticas militares de potências que outrora haviam sido adversárias e regular a natureza potencialmente anárquica do capitalismo internacional. O dinamismo econômico e a prosperidade dos países industriais da América do Norte e da Europa Ocidental não tinham paralelo no bloco comunista, mas a ameaça das armas nucleares se tornou um novo fator de equilíbrio, promovendo uma tensa situação de paz. Ainda assim, as duas superpotências tiveram dificuldade para gerir os Estados mais fracos surgidos dos escombros de antigos impérios. Em muitos deles, a Guerra Fria foi agitada e violenta. Entre os anos 1950 e 1980, a tensão entre os dois polos – atravessada pela ficção de um mundo de nações soberanas, mantida pelas políticas clientelistas e guerras por procuração – moldou as relações internacionais.

Mas uma das grandes potências mundiais se esfacelou. A política dos impérios nos ajuda a entender como a União Soviética se fragmentou e os novos Estados se formaram após 1989-1991.

Em primeiro lugar, a extensão do poder soviético no pós-guerra se mostrou grande demais para ser controlada por um Estado de partido único. Os exércitos de Stálin incorporaram sociedades cujas instituições econômicas eram distintas e, muitas vezes, muito mais produtivas do que aquelas do território soviético pré-guerra. Muitas pessoas na Europa comunista se ressentiam do domínio daquele que julgavam ser um país atrasado do Leste. Tentativas de reformar o comunismo e romper com o controle soviético marcaram o período do pós-guerra. Manifestações mais dramáticas ocorreram na Iugoslávia, Hungria, Tchecoslováquia e Polônia. Foi esse desejo, proveniente do Leste Europeu, de transformar o fragmentado Império Soviético em algo melhor que influenciou o suscetível Gorbachev, que não convocou o exército quando o Muro de Berlim foi posto abaixo em novembro de 1989.

Em segundo lugar, o monopólio do Estado sobre o sistema econômico soviético, embora útil nos períodos de guerra e adequado para direcionar recursos às empreitadas científicas e militares e ao amplo sistema educacional soviético, revelou-se incapaz de gerar produtos com qualidade e quantidade suficientes para satisfazer as necessidades em constante transformação do povo. A economia "informal" passou a ser fundamental para o abastecimento da população, e até mesmo para garantir o funcionamento dos empreendimentos "formais" estatais. Além disso, o monopólio comunista era vulnerável à corrupção. Elites das repúblicas soviéticas, incluindo aquelas do Cáucaso e da Ásia Central, transformaram seus partidos e suas hierarquias não partidárias em instituições de poder pessoal.

E, em terceiro, a personalidade do imperador tinha um peso. Após a morte de Stálin em 1953, líderes partidários de alto escalão pararam de matar uns aos outros e trabalharam juntos para se manter ao lado de seus parentes no topo da pirâmide governamental e de abastecimento. Esse fenômeno criou duas tensões no sistema. O número de grandes consumidores aumentou e o de punições diminuiu. Aos poucos, trabalhadores descobriram que também não sofreriam sanções caso deixassem de trabalhar. Diante da escassez de recompensas pelo serviço leal, autoridades experimentaram impor no final dos anos 1960 restrições mais rígidas ao acesso de judeus à elite, mas essa estratégia removeu seus conhecimentos e habilidades do sistema.

O próprio partido tomou, de forma hesitante, a iniciativa de abrir o fluxo de informações que havia sido interrompido no passado. O discurso "secreto" de Khruschev em 1956 denunciou os crimes de Stálin contra o povo soviético e, durante um tempo, desencadeou um ataque das grandes forças da elite intelectual soviética contra o passado do partido. Líderes ambiciosos em formação como Gorbachev visitaram a Tchecoslováquia, a França e a Itália. A grande rede de espionagem soviética fez com que muitos membros leais da KGB pudessem apreciar conquistas econômicas do capitalismo e o estilo de vida de seus administradores.

Os líderes soviéticos ainda acreditavam ter uma missão civilizatória na Ásia Central. Em 1979, o Exército Vermelho entrou no Afeganistão – um território que os construtores imperiais haviam tentado subjugar diversas vezes no passado – para tentar estabelecer um regime de clientelismo. Incapaz de

Figura 13.4
O Muro de Berlim sendo derrubado, 11 de novembro de 1989. (Stephen Ferry, GettyImages.)

derrotar uma vasta gama de oponentes, que incluía militantes islâmicos armados pelos Estados Unidos, a URSS recuou suas últimas tropas em 1989.

Em meados dos anos 1980, homens nascidos na União Soviética que ingressavam no Politburo conheciam as sociedades capitalistas e haviam ocupado postos provinciais soviéticos durante a maior parte de suas vidas, de modo que estavam cientes das falhas profundas do sistema e prontos para transformá-lo outra vez. O Império Soviético sucumbiu da mesma forma que o dos Romanov: de cima para baixo e a partir do centro. A grande alienação em relação aos fracassos e à hipocrisia soviéticos provocou a renúncia quase total do comando do partido quando, em 1991, grupos conservadores tentaram reverter o processo de abertura.

O repertório soviético de estratégias imperiais ajudou a determinar o funcionamento da URSS, sua derrocada e a transfiguração do regime a partir de 1991. O sistema de repúblicas nacionais serviu de molde para a constituição de quinze Estados distintos. A maioria das lideranças dos partidos nacionais via mais vantagens em assumir a presidência de um país independente do que em continuar subordinada a Moscou. Boris Iéltsin, que desafiara Gorbachev ao transformar a presidência da república russa em um ministério cujo poder não era apenas simbólico, orquestrou a divisão surpreendentemente pacífica do império em fronteiras predefinidas. Como era inevitável, nenhum dos novos Estados apresentava homogeneidade nacional, mas seus acadêmicos logo reescreveram as próprias histórias para corroborar suas afirmações de soberania.

É preciso reconhecer que, no Leste Europeu, elites evitaram uma nova série de guerras para a demarcação de novas fronteiras ao se contentarem com o desenho do pós-guerra. As duas exceções a esse colapso imperial tranquilo foram a Chechênia, onde Iéltsin e um antigo general do Exército Vermelho não foram capazes de atingir um consenso quanto à divisão dos espólios, e a Iugoslávia, onde Slobodan Milosevic e outros políticos nacionalistas desencadearam uma nova rodada mortífera de limpeza étnica em uma tentativa de criar nações maiores naquele território que conservava uma população mista após ter sido governado e disputado por impérios durante muitos séculos.

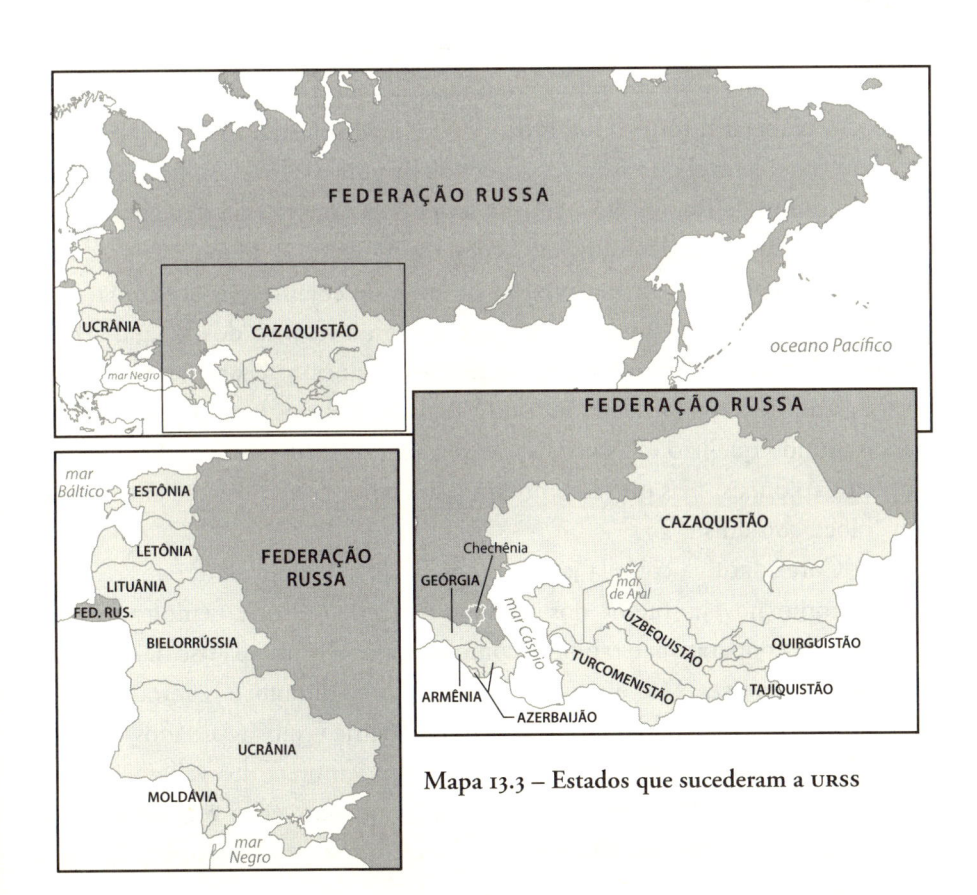

Mapa 13.3 – Estados que sucederam a URSS

Concorrência imperial durante a descolonização

É hora de voltar no tempo e analisar a rivalidade interimperial no pós-guerra, mais especificamente o modo como a URSS e os Estados Unidos agiram, tanto em relação aos Estados da Europa Oriental, como com os espaços abertos pelos impérios em declínio. Em 1945, os Estados Unidos tinham em suas mãos – ou melhor, nos cofres de seus bancos – o destino dos antigos impérios da Europa Ocidental. Dívidas com os norte-americanos e o auxílio financeiro concedido pelo país moldaram a década posterior à guerra, embora a recuperação europeia tenha sido mais rápida do que a maioria dos analistas da época esperava. Líderes do país tinham plena consciência de que uma liderança econômica demasiadamente ampla poderia ser perigosa, pois os Estados Unidos não teriam como tirar vantagem de sua grande capacidade produtiva se ninguém pudesse comprar seus produtos. O Plano Marshall foi uma intervenção inovadora, inclusive por forçar potências europeias vitoriosas a incluírem a Alemanha no processo e assim romper um ciclo de revanches e ressentimentos. A Alemanha se tornou a peça central do renascimento econômico europeu.

A postura dos norte-americanos em relação a outros impérios era ambivalente. Ao planejar o futuro durante a guerra, a administração Roosevelt manifestou considerável oposição aos impérios Britânico e Francês. Mas mesmo antes da morte de Roosevelt – e muito antes de a Guerra Fria esquentar – os Estados Unidos já moderavam suas ações, estimulando o desmanche gradual dos regimes coloniais em detrimento de uma descolonização acelerada – e possivelmente caótica. Ao recusarem seu apoio ao retorno dos holandeses à Indonésia em 1945, forçarem Grã-Bretanha e França a recuar em Suez em 1956 e assumirem o papel da França no Vietnã, os Estados Unidos sinalizaram para o mundo que não estavam dispostos a apoiar de forma incondicional os impérios coloniais, mas que assumiriam a liderança contra o que viam como um "bloco comunista".

Na Coreia, antiga colônia japonesa, os Estados Unidos tentaram se consolidar como novo protetor dos Estados dependentes que demonstrassem uma atitude cooperativa, e também como única potência capaz de bloquear a expansão comunista. Mas o papel crucial da China durante a Guerra da Coreia – bem como seu apoio às revoluções no Vietnã – e os resultados moderados desses conflitos sangrentos serviram como lembrete dos velhos limites para quaisquer intromissões naquela região. Com um novo regime no comando, a China se tornou outra vez forte demais para ser controlada conforme os caprichos das potências ocidentais. Estados surgidos com a derrocada dos impérios da Ásia não estavam dispostos a aderir de forma obediente ao clientelismo dos Estados Unidos.

O Estado mais poderoso do mundo se saiu melhor quando tentou moldar uma nova variante do imperialismo de livre-comércio. Os Estados Unidos ofereceram incentivos – incluindo um programa de auxílio ao desenvolvimento a partir de 1949 – para que as elites de Estados recentes ou antigos cooperassem com as corporações transnacionais e o regime norte-americano. Washington empregou sua força econômica e militar para evitar que os Estados soberanos enfrentassem com demasiado vigor aquilo que entendiam como interesses próprios. A derrubada manipulada de governos eleitos no Irã (1953) e na Guatemala (1954) é apenas o exemplo mais conhecido de intervenções que tinham por objetivo colocar no poder elites amigáveis aos Estados Unidos. Os serviços secretos belga e norte-americano agiram como cúmplices no assassinato do líder de esquerda Patrice Lumumba no antigo Congo Belga em 1960. A rivalidade militar com a URSS fomentou uma projeção externa de poder, que se manifestou por meio de uma rede formada por centenas de bases militares em todo o mundo. Tratava-se de uma variante do imperialismo de enclaves de frágil contato com terras interioranas – as bases ideais eram ilhas –, conectada ao ponto de comando por meio de aviões e aparelhos eletrônicos e desprovida de missões civilizadoras. Laços com exportadores locais desenvolvidos por impérios de enclave anteriores também ficaram de fora dessa nova equação.

Porém, nessa nova versão da concorrência interimperial, governantes de antigos países coloniais e outros territórios cortejados pelos Estados Unidos tinham outras opções. A União Soviética também contava com suas intrigas e seus métodos de influência. O modelo de planejamento econômico centralizado da URSS interessava aos governantes que tinham no controle do Estado seu principal ativo político. Em Cuba, no Vietnã e em outros lugares, o modelo soviético, e em alguns casos o chinês, de transformação revolucionária influenciou ativistas, tanto em períodos de disputas armadas pelo Estado como durante as tentativas pós-revolucionárias de reconstrução da sociedade. Em alguns casos ainda, com destaque para a Índia, os governos se recusaram a escolher entre modelos econômicos de mercado ou planejados e entre as esferas políticas soviética ou norte-americana, buscando em vez disso maneiras de conciliar diferentes estruturas e relações econômicas.

Durante os anos de rivalidade da Guerra Fria, os Estados Unidos se revelaram um patrono mesquinho; já a União Soviética tinha menos a oferecer. Estados europeus, sobretudo os escandinavos, que não tinham colônias, embora contassem com uma experiência imperial própria, destinaram uma porcentagem muito mais alta de sua renda nacional à ajuda externa. Nenhuma dessas iniciativas deu muito resultado no combate às imensas desigualdades surgidas nos dois séculos anteriores. Mas os dois principais rivais conseguiram causar grandes estragos por meio do apoio militar a governos repressivos e movimentos de guerrilha que, conforme acreditavam, defendiam o lado certo.

Durante algum tempo, a queda da União Soviética significou o fim da competição entre as duas grandes potências por clientes e guerras por procuração nos antigos territórios coloniais. Apesar do triunfo dos Estados Unidos, a ideia de uma dominância unipolar foi tão ilusória como aquela da equivalência entre os Estados-nações com sua soberania formal. As falhas geológicas políticas e sociais deixadas pela dissolução dos impérios eram muito profundas e numerosas para que qualquer potência as administrasse.

Libertação dos impérios

Se a libertação das colônias teve resultados díspares, alguns regimes que fracassaram como impérios prosperaram enquanto Estados-nações – caso da Alemanha (Alemanha Ocidental até 1989) e do Japão. O fim das colônias japonesas após 1945 gerou para o país consequências distintas das enfrentadas pelos alemães com a perda de seus territórios após a Primeira Guerra, inclusive em razão das crises imperiais provocadas pelas vitórias de guerra japonesas no Sudeste Asiático.

Assim como a Alemanha, o Japão se tornou um país sob ocupação. Mas essa ocupação não era uma colonização: não incluía nenhum tipo de integração a um todo imperial norte-americano, era temporalmente restrita e garantia limites para as ambições alheias, ainda que a potência ocupante gozasse de imenso poder sobre a população humilhada, devastada e empobrecida do Japão. Após certa hesitação, os Estados Unidos e seus aliados decidiram não se livrar do imperador japonês e conservar muitas das grandes corporações alemãs e japonesas intactas. Também buscaram garantir que nenhum dos dois regimes recorresse outra vez ao militarismo. Os Estados Unidos não queriam que nenhum deles representasse um peso para seus cofres durante muito tempo, e seu objetivo era integrar a Alemanha Ocidental e o Japão à economia capitalista internacional. Ambos os países derrotados tinham populações altamente instruídas e com níveis avançados de *know-how* referente a tecnologias industriais. Devido aos recursos que haviam desenvolvido durante suas empreitadas imperiais anteriores, Alemanha e Japão eram muito diferentes do mundo colonizado, e sua recuperação econômica foi rápida. Durante quatro décadas, contudo, a inclusão da Alemanha Oriental no bloco soviético manteve esse território em uma trajetória distinta, fazendo dele um Estado réplica muito mais pobre que sua contraparte ocidental.

Alemanha e Japão foram libertados em um sentido fundamental: os dois se desvencilharam da competição imperial. Para os japoneses, o desmantelamento dos impérios Holandês, Francês e Britânico no Sudeste Asiático e a formação de vários Estados independentes na região extinguiram o grande temor dos anos 1930: o de que seu acesso às fontes japonesas de matérias-primas e aos mercados externos fosse sabotado pelas potências europeias. Agora, o Japão podia se tornar dependente dos mercados internacionais para obter suprimentos e escoar sua produção. A Alemanha já não temia que França e Grã-Bretanha mobilizassem seus recursos coloniais, e pôde assumir uma posição tímida de Estado-nação ao lado desses dois países, que também se tornavam cada vez mais nacionais. No entanto, a Alemanha – dividida em duas porções à sombra da expansão da soviética rumo ao Leste Europeu – precisava se preocupar com outra superpotência. O medo do comunismo aproximou a Alemanha Ocidental dos outros Estados europeus. A proteção militar norte-americana, bem como o Plano Marshall, ajudou a viabilizar uma nova Europa de Estados soberanos, mas de cooperação mútua.

A bifurcação da Europa em 1945 ocorreu quando os dois lados estavam mergulhados em pesar e insegurança, mas no fim das contas o dinamismo dos Estados ocidentais europeus não encontrou um rival à altura nos países do Leste. Contudo, a divisão entre regimes democráticos e não democráticos da Europa não era absoluta. Espanha e Portugal tiveram governos fascistas até os anos 1970. A França esteve perto de enfrentar uma revolta militar durante a crise argelina em 1958, e só conseguiu escapar dessa ameaça por meio de procedimentos que não foram transparentes e iam contra sua própria constituição. A Grécia passou por uma ditadura de direita nos anos 1960. Ainda assim, o elevado grau de interconexão – contatos culturais além das fronteiras, proces-

Mapa 13.4 – A União Europeia em 1993 e 2007

sos migratórios e a sobreposição de instituições econômicas e culturas de consumo – da Europa Ocidental pressionou os países que não se enquadravam à norma, como Portugal e Espanha, a entrarem nos eixos. Do outro lado, Stálin e seus sucessores suprimiram protestos e revoltas na Polônia, Hungria e Tchecoslováquia, mas a URSS perdeu algumas batalhas – sobretudo em 1948, quando Tito, herói de guerra que contou com a ajuda da geografia, conseguiu libertar a Iugoslávia do controle soviético.

Livres dos impérios, Estados europeus puderam vislumbrar um regime cooperativo de soberanias equivalentes. O primeiro passo, a Comunidade Europeia do Carvão e do Aço de 1951, foi apenas um experimento de foco reduzido; o Tratado de Roma de 1957 criou a Comunidade Econômica Europeia, mas abrigava mais promessas que compromissos.

Em termos políticos, sentimentos nacionais resultantes em grande medida da perda das colônias estavam mais fortes do que nunca. A Comunidade Econômica Europeia ampliou sua influência por meio de instituições administrativas elaboradas e negociadas pelas elites, e não com processos políticos em que as pessoas pudessem escolher e definir um projeto comum. A declaração da União Europeia em 1993, a eliminação das formalidades de fronteira em parte da União, o papel cada vez maior de suas instituições para a regulação comercial e questões sociais e a moeda comum adotada em 2000 eram fatos que apontavam para o estabelecimento de uma confederação: cada Estado manteria sua identidade e soberania nacionais, mas cederia algumas prerrogativas a um corpo comum. A noção de Europa foi ampliada quando Estados do Leste Europeu surgidos do Império Soviético se tornaram gradualmente elegíveis a membros da União. Não houve uma trajetória direta que levasse do Congresso de Viena de 1815 à União Europeia de hoje – por sinal, milhões de cadáveres ficaram pelo caminho –, mas, graças às instituições formais da União, a "Europa" é hoje uma coletividade que conta com um repertório de instituições comuns, e não um espaço de disputa por domínio imperial. Conforme europeus adquiriram o direito de circular e trabalhar livremente em diferentes partes da União, foram impostos limites para essa inclusão. Filhos das pessoas que os impérios coloniais haviam tentado integrar acabaram excluídos.

O novo modo chinês

Nem as potências capitalistas e anticomunistas do Ocidente nem a União Soviética foram capazes de se colocar no caminho da China, com uma tradição imperial de longa data e vastos recursos comerciais, agrícolas e políticos. Para a China, o período entre a queda dos Qing em 1911 e a declaração da República Popular em 1949 foi apenas mais um interlúdio de sua longa história imperial, e não o fim de um grande Estado. O anseio por uma autoridade centralizadora e a familiaridade com técnicas administrativas foram utilizadas por Mao Tsé-tung e seu partido, dessa vez com uma finalidade mais mundana – fazer da China um regime comunista. Desde os anos 1920, a meta de Mao era reconstruir a China com fronteiras semelhantes àquelas estabelecidas pelos Qing.

Ao final da Segunda Guerra, tendo fugido dos Kuomintang e dos japoneses, o exército comunista de Mao se encontrava no norte da China

– região de onde partiram as conquistas do Estado chinês durante dois milênios. Com alguma ajuda da URSS, comunistas conseguiram reagrupar e manter o controle de cidades na Manchúria. Por meio da reforma agrária e de campanhas brutais contra os senhores de terra, o partido de Mao angariou apoio nas zonas fragmentadas do interior e se dispôs a controlar o resto da China.

A vitória do Exército Vermelho em 1949 deu origem a um tipo diferente de dinastia. Baseada no Partido Comunista, cujo líder lembrava um imperador e vivia cercado por um círculo próximo de conselheiros, focada na reconstrução do Estado e no aprimoramento da sociedade. Como na URSS, o partido transfigurou antigas estratégias patrimoniais no controle pelos líderes partidários da designação para cargos fundamentais da hierarquia administrativa. A China só foi discípula do comunismo russo durante um curto espaço de tempo, e de forma não muito convicta. Nos anos 1950, Mao se afastou de Moscou, sobretudo de sua política de "coexistência pacífica" com o Ocidente. Na conferência de Bandung, a China pressionou por uma terceira via – nem ocidental nem soviética. A política chinesa em relação ao exterior próximo demonstrava uma continuidade com seu passado imperial – grandes intervenções militares na Coreia e no Vietnã, mas apenas esforços parciais para auxiliar os movimentos comunistas de outras regiões. A China ainda tinha em mente o seu mapa imperial.

Após a guinada para a coletivização que foi imensamente letal – o "grande salto à frente" deixou entre 20 milhões e 30 milhões de mortos – entre 1958 e 1961, perseguir de forma incansável e mortífera os quadros do partido e outros especialistas na "revolução cultural" a partir de 1966 e, talvez o mais importante, após a morte de Mao em 1976, as lideranças chinesas promoveram uma abertura gradual para empresas privadas e investimentos de companhias estrangeiras. Teve início um *boom* econômico de proporções colossais. Não se tratou de uma vitória do "livre-comércio" ou do "Ocidente", mas de uma nova transformação da longeva tradição imperial chinesa. No modelo atual, a cúpula de comando é reservada ao Partido Comunista, as manifestações pacíficas pela democracia são reprimidas e as solidariedades étnicas ou de outra natureza, tais como aquela entre as populações muçulmanas ao longo da antiga fronteira com a Ásia Central ou os budistas do Tibete, são combatidas por meio do poder intrusivo do Estado. O Estado controla algumas empresas que utiliza para estimular o crescimento econômico em determinados setores e re-

Figura 13.5
A devolução de Hong Kong à China pela Grã-Bretanha, 1º de julho de 1997. O presidente Jiang Zemin da China aperta a mão do príncipe Charles da Grã-Bretanha sob o olhar dos primeiros-ministros Li Peng e Tony Blair. Hong Kong, cedida pelo Império Qing à Grã-Bretanha em 1842, tornou-se um território especial dentro do regime da República Popular da China. (Paul Lakatos, AFP, GettyImages.)

giões, mas, como ocorreu com impérios chineses do passado, deixa a maioria das atividades produtivas nas mãos da iniciativa privada, ao passo que detém seu direito de regular todos os aspectos da vida social, inclusive o número de filhos permitido a cada família.

Em 1997, Hong Kong, um dos sinais mais explícitos da imprudência do Império Britânico, foi devolvida à China. Ela havia sido um dos espólios da conquista britânica em 1842, e seu status advinha de tratados feitos com os Qing. A devolução foi submetida a condições negociadas, que incluem autonomia administrativa parcial para a cidade-Estado. Assim, Hong Kong foi reconfigurada à moda imperial britânica e chinesa, lembrando-nos da estratégia básica dos impérios: governar povos diferentes de modo diferente, mas não como iguais ou equivalentes a outros componentes do regime. A devolução também ressalta a volatilidade das trajetórias imperiais e de suas intersecções. Apesar de seu grande impacto nas conexões imperiais que estabeleceu enquanto esteve em vigor, o período de dominação britânica em Hong Kong foi apenas um episódio breve para a história do Império Chinês.

No final do século XX, esse império tão longevo reverteu as cartografias de poder que haviam vigorado por duzentos anos e se tornou credor dos Estados Unidos, comprador de matérias-primas das ex-colônias ocidentais e consumidor dos bens de luxo europeus. A rivalidade bipolar chegara ao fim, mas outra potência ressurgia no continente eurasiático enquanto força determinante da política internacional, inovando e revigorando sua tradição imperial mais uma vez.

14
Impérios, Estados e imaginário político

O mundo dos impérios não foi substituído por um mundo estável e de bom funcionamento de Estados-nações. Muitos conflitos sangrentos e desestabilizadores em Ruanda, no Iraque, em Israel, na Palestina, no Afeganistão, na ex-Iugoslávia, no Sri Lanka, no Congo, no Cáucaso e em outros lugares foram causados pela ausência de alternativas viáveis aos regimes imperiais. Os Estados criados nos territórios das antigas colônias não conseguiram alcançar muitos dos objetivos estipulados no momento de sua independência. As grandes potências proclamaram um mundo de nações iguais e invioláveis, mas, ao mesmo tempo, utilizaram seu poderio econômico e militar para sabotar a soberania de outras nações. Enquanto isso, líderes políticos e outros tentaram articular organizações supranacionais a fim de regular os conflitos e as interações entre os Estados. Na Europa, ideias de confederação surgidas nos debates sobre impérios coloniais nos anos 1950 estão sendo aplicadas hoje com o intuito de unir Estados em um continente assolado por conflitos desde a queda de Roma até a queda do comunismo.

UMA REVISÃO DAS TRAJETÓRIAS IMPERIAIS

Os caminhos trilhados pelos impérios não nos permitem prever o futuro, mas nos ajudam a entender as condições, ideias e ações que construíram este presente incerto. Vale olhar outra vez para o modo como os impérios fizeram a história acontecer durante um longo período de tempo. Nos capítulos anteriores, foram enfatizados os diferentes modos utilizados pelos impérios para manejar estratégias de semelhança e diferença em regimes em expansão ou contração. Foi dado destaque para a natureza vertical das relações de poder dentro dos impérios conforme seus líderes tentavam recrutar intermediários

– de sua própria seara ou de sociedades incorporadas – para administrar territórios distantes e garantir uma acomodação contingente ao governo imperial. As intersecções dos impérios foram analisadas: o surgimento de novos impérios nas fronteiras de outros, a contenção da expansão imperial por impérios rivais e os efeitos do poder imperial e dos anseios de autonomia nacional de uns sobre os outros. Em vez de classificar os impérios em categorias estáticas, foi visto como as elites governantes combinaram modos distintos de exercer poder a distância. Trajetórias imperiais variadas mas entrelaçadas transformaram o mundo continuamente durante dois milênios.

Primeiro foram mostrados os casos da China e de Roma no século III a.C. Ambas criaram técnicas para a construção imperial que incluíam uma distinção rígida entre aqueles que se juntavam ao processo e aqueles considerados forasteiros, rotulados como nômades ou bárbaros. Desde que os Qin uniram a "China", a possibilidade de controle imperial sobre um espaço vasto e produtivo incendiou o imaginário político, mesmo quando a área governada pelas dinastias se expandia, contraía ou fragmentava. Conquistadores desejavam governar, e não destruir, a China. Os Yuan do século XIV e os manchus a partir do século XVII utilizaram sua singularidade para transformar o poder imperial e expandir o território do império.

A prática de governar por meio de agentes oficiais ajudou imperadores chineses a evitar a dependência de senhores locais, o que tornou a trajetória imperial da China diferente daquela de Roma ou dos regimes pós-romanos da Europa Ocidental. O Estado imperial chinês controlava a distribuição de água e o armazenamento de grãos para reduzir o risco de grandes fomes, mas nunca criou uma estrutura religiosa ou tentou homogeneizar as vidas econômicas e culturais de quem vivia dentro do império. A China enfrentou problemas no século XIX quando impérios muito mais jovens, e que ofereciam novos incentivos, novas ideias, conexões e ameaças revelaram os pontos fracos da economia Qing, e sugeriram estratégias alternativas para algumas elites chinesas. No entanto, movimentos antimanchu, antiestrangeiros, nacionalistas e comunistas sempre mantiveram o foco na China como unidade.

Roma teve uma vida de cerca de seiscentos anos no Ocidente, e outros mil no Oriente, sob o estilo imperial modificado e mais flexível criado por Bizâncio. A influência do modelo romano durou mais tempo que o império em si. A possibilidade de que povos diversos pudessem se tornar romanos ao adotarem suas práticas civilizacionais e aceitar sua autoridade inspirou tanto a flexibilidade como a arrogância de impérios futuros. Roma incorporou deuses distantes ao seu panteão, recrutou elites periféricas para cargos de alto escalão e assimilou conquistas culturais anteriores à sua ideia de civilização. Essa cultura romana enriquecida e unificada atraiu lealdades e emulações em uma zona gigantesca.

A cidadania romana era de vital importância: em um primeiro momento, ela havia sido um atributo da elite de soldados da cidade imperial, mas acabou estendida gradualmente a muitas pessoas no império e, em 212, a todos os homens livres. A ideia de que pessoas que viviam em espaços difusos podiam se tornar cidadãs do império e gozar de todos os direitos que isso implicava em todo o território do regime teve reflexos entre os movimentos que defendiam reformas constitucionais no Caribe francês da década de 1790, os *criollos* latino-americanos em 1812, os otomanos em 1869 e os franco-africanos em 1946.

Um caminho trilhado por Roma, mas evitado pela China, foi a transição das práticas sincréticas e politeístas de seus primeiros séculos para o monoteísmo. A ideia de um império universal ligado por uma única crença, o cristianismo, deixou uma marca duradoura em impérios posteriores inspirados por Roma. Ainda assim, quando Constantino transferiu sua capital para Bizâncio, ele e seus sucessores – apesar de dependerem da Igreja para manter o poder – ajustaram seu modo de governo a múltiplos povos, culturas e redes econômicas do Mediterrâneo oriental. O Império Romano do Oriente deixou uma versão diferente do cristianismo para os impérios que, como a Rússia, consolidaram-se nas fronteiras de sua esfera cultural.

O casamento entre império e monoteísmo parecia conferir certa coerência aos regimes imperiais, mas seus efeitos sobre eles eram ao mesmo tempo profundos e voláteis. Califados islâmicos construíram impérios baseados em um novo monoteísmo nas regiões a sul e leste do que havia sido o Império Romano. Esses impérios se expandiram rapidamente, difundindo o islã em regiões longínquas, da Espanha até o Sudeste da Ásia. Mas fundar impérios a partir de uma noção universal de comunidade islâmica se mostrou mais fácil que conservá-los. Os califados foram destroçados por cismas e ataques de candidatos rivais ao governo. Esses assaltos pressionaram os governantes islâmicos a buscar inovações políticas e competir por talentos artísticos e acadêmicos. Sob proteção de diferentes governantes muçulmanos, o ensino clássico foi integrado a uma alta cultura de base árabe e preservado até mesmo nos momentos em que os califados se fragmentavam ou ganhavam outras formas.

Na Europa Ocidental, cristianismo e as línguas latinas em parte dessa região se mostrou um legado romano mais duradouro que as instituições estatais. Após o colapso do núcleo romano, teve início um regime de magnatas proprietários de terra e dotados de séquitos armados. Enquanto senhores concorrentes reivindicavam e redefiniam as tradições legais romanas, também reforçavam para si e seus dependentes a ideia dos direitos e status da nobreza. Senhores podiam fornecer grupos de soldados aos candidatos a imperador, mas também a qualquer oponente entre os construtores imperiais. Carlos Magno, coroado pelo papa em 800, foi quem chegou mais perto de restabelecer um império universalista, mas seus sucessores logo sucumbiram a rivalidades e pactos aristocráticos. A fragmentação do poder na Europa continuou a bloquear as tentativas de reconstruir o Império Romano.

Os impérios islâmicos, a começar pelos omíadas, evitaram a incerteza aristocrática e deram preferência à casa do imperador, equipada com muitos forasteiros – escravos, clientes e recém-convertidos. Nas estepes da Eurásia, construtores imperiais utilizaram outras táticas para obter intermediários – irmandade de sangue, casamentos políticos e alianças tribais. Desde tempos ancestrais, povos nômades haviam sido responsáveis por grandes contribuições tecnológicas – entre as quais estavam os guerreiros armados montados – que auxiliaram a formação de Estados na Eurásia. A intersecção do império agrário das dinastias Qin, Han e posteriores com os talentos militares e comerciais dos "bárbaros" de suas fronteiras forçou os líderes chineses a construírem um regime que fosse capaz de conter e administrar esses nômades. As confederações turcas criaram a instituição e o título de khan. Guerreiros trazidos como escravos da Eurásia, com seu *ethos* da estepe e suas habilidades de montaria, tiveram importância fundamental para muitos impérios, inclusive o califado abássida e seus exércitos de escravos e mamelucos – escravos-guerreiros que haviam assumido o poder por conta própria. Os seljúcidas que conquistaram Bagdá em 1055 e, mais tarde, os mongóis que capturaram a cidade em 1258 se organizavam de acordo com princípios eurasiáticos e levaram práticas turcomanas e mongóis para a arena do Mediterrâneo.

A demonstração mais espetacular da capacidade de expansão imperial nômade se deu por meio das conquistas de Genghis Khan no século XIII. Suas campanhas pela Eurásia produziram o maior império em termos territoriais de todos os tempos. Sob Genghis e seus filhos e netos, os mongóis, com seu sistema transcontinental de revezamento e seus exércitos móveis, reinaram em todo o território situado entre o Danúbio e o Pacífico em uma época na qual os europeus do Ocidente mal conseguiam sonhar em reconstruir Roma. Mongóis protegeram rotas comerciais e puseram em contato diversas tradições culturais e religiosas. Seus grandes senhores ensinaram aos príncipes russos meios para administrar e construir reinos; na China, fundaram a dinastia Yuan e reunificaram um império até então dividido.

Otomanos, que se inspiraram nas experiências turcomanas, árabes, persas, mongóis e bizantinas para produzir o mais longevo de todos os impérios islâmicos, evitaram e administraram os cismas de crença e integraram diversas comunidades em uma unidade imperial, sem se preocuparem em demasia com pureza doutrinária. A flexibilidade e o reconhecimento das diferenças foram traços definidores do governo otomano e lhe permitiram sobreviver a diversas mudanças da economia e da política internacionais desde suas primeiras incursões no século XIV até sua destruição no XIX.

A trajetória dos impérios europeus é melhor compreendida quando analisada não enquanto narrativa de "expansão", cuja dinâmica residiria em características peculiares europeias, mas a partir das relações e da concorrência entre impérios. Bloqueada ao leste e ao sul do Mediterrâneo pelos otomanos e limitada no âmbito doméstico por regimes dinástico-aristocráticos, os pretendentes a imperador da Europa Ocidental precisaram se voltar para além-mar. Os verdadeiros pioneiros de uma economia transoceânica, com grupos comerciais especializados, conexões com mercados e ferramentas de crédito e câmbio, estavam na Ásia: entre a Índia e a China, e também no Sudeste Asiático. Somente por meio de uma intromissão forçada nos pontos nodais desses sistemas comerciais, os impérios Português e Holandês conseguiram dar seus primeiros passos.

Os governantes de Castela e Aragão estavam tentando ingressar no jogo interimperial do comércio asiático quando Colombo chegou às Américas. O que tornou esse acontecimento tão promissor foi a descoberta subsequente de outros impérios. Sem a habilidade dos impérios Inca e Asteca de concentrar riqueza, o novo continente e as ilhas próximas talvez não fossem tão atraentes para os europeus. Ao mesmo tempo, as fraturas internas desses povos permitiram que os conquistadores angariassem aliados indígenas, o que era um ponto de partida. Mais tarde, conexões entre diferentes regiões do mundo fizeram com que a empreitada americana valesse a pena para os Estados europeus e os colonizadores. A prata americana financiou muitas das guerras imperiais na Europa, fomentou o setor financeiro e permitiu que europeus comprassem *commodities* na Ásia. Escravos comprados na África produziam açúcar em *plantations* caribenhas que alimentavam a população europeia, inclusive os trabalhadores do século XVIII que colocaram em marcha a Revolução Industrial inglesa e forneceram bens de consumo que as pessoas do mundo inteiro desejavam.

O objetivo individual de cada império não era tornar o mundo mais interligado, haja vista que os impérios tentaram restringir as conexões de seus concorrentes. Mas a construção imperial teve outros efeitos além daqueles desejados por seus construtores. A peregrinação islâmica a Meca moldou o mundo muçulmano para além das fronteiras de qualquer califado. Os gujarates atravessaram o Índico antes que os europeus chegassem lá e, mais tarde, ajudaram a garantir o funcionamento das redes comerciais europeias e, após a consolidação dos impérios europeus, passaram a atuar entre as fronteiras imperiais. Mercadores chineses dinamizaram o comércio com o Sudeste da Ásia e, indiretamente, com a Europa, mesmo em épocas em que os imperadores Ming não apoiavam o comércio em além-mar. Por vezes, os agentes imperiais – comerciantes e oficiais das companhias – buscavam se esquivar dos mesmos canais imperiais que deveriam ajudar a manter de pé. O tamanho e a riqueza dos impérios também fizeram com que contrabandistas, piratas e intrusos agissem em grande escala.

A projeção dos impérios europeus em além-mar inaugurou muitos caminhos, produzindo sociedades escravistas e colônias de assentamento. Em algumas regiões, populações indígenas foram dizimadas por doenças, pela violência, pela conversão coercitiva e pela aculturação. Em outras circunstâncias, conseguiram manter e cultivar sua integridade diante das intervenções europeias, com mais sucesso na Ásia que nas Américas. Os impérios em além-mar viveram à base das habilidades organizacionais e administrativas – e não apenas do trabalho pesado – de seus súditos. Em alguns casos, constituíram-se sociedades coloniais onde as elites se moldaram a partir da aristocracia espanhola, ou da alta burguesia inglesa, e exerceram diferentes formas de dominação sobre os descendentes de europeus, povos indígenas e escravos importados. Alguns desses grupos coloniais desejavam se desvencilhar de um império e construir outro de acordo com suas próprias regras – é o caso do "Império da Liberdade" dos revolucionários norte-americanos e do Império Brasileiro, que surgiu quando parte da família real portuguesa decidiu não voltar mais para casa.

Para os impérios do século XVIII, as implicações das teorias e revoluções políticas não eram nada claras. Se, nas monarquias, todos os súditos eram subjugados ao poder do rei ou imperador, quando "o povo" governava, a questão de quem fazia ou não parte desse povo passou a ser crucial. A ideia de soberania popular teve consequências explosivas quando foi reivindicada pelos colonos da América do Norte britânica e pelos escravos da Santo Domingo francesa.

Os Estados Unidos se tornaram unidos em parte pelo medo que tinham dos outros impérios. O novo regime proclamou a igualdade já em seu instante fundacional, mas não a aplicou a todos os territórios que reivindicou e conquistou ao longo de sua história. Esse império destruiu e marginalizou comunidades indígenas e não foi capaz de resolver as tensões entre os estados "livres" e "escravistas" sem uma guerra civil. Durante parte considerável do século XX, a república manteve povos nativos à margem de seu regime e não foi capaz de estabelecer direitos iguais para os descendentes de escravos. O forte sentimento de comunidade moral na ideologia deles permitiu a um imenso império que se derramava sobre o continente inteiro – e, mais tarde, também em além-mar – minimizar sua história imperial e retratar a si mesmo como uma única grande nação, dividida em estados federados com certo nível de autogoverno, mas equivalentes uns aos outros.

Os governantes dos Estados europeus não necessariamente desejavam se limitar a governar um só povo: estavam familiarizados com o Estado enquanto entidade diferenciada, e podiam variar de estratégia entre seus componentes. A organização imperial persistiu após as revoluções, foi ampliada por Napoleão e reestruturada mais uma vez após sua derrocada. Para a Grã-Bretanha, o "imperialismo de livre-comércio" – isto é, o exercício de poder econômico caracterizado por intervenções militares intermitentes – se tornou uma estratégia tão importante quanto os diversos tipos de autoridade que exerce sobre Escócia, Irlanda, Canadá, Índia e ilhas do Caribe – e, mais tarde, sobre boa parte da África.

As colonizações do século XIX não criaram impérios totalmente novos, como sugerem alguns historiadores. Em vez disso, elas aprofundaram e expandiram o repertório de técnicas imperiais, estenderam redes transversais e ideias contagiantes e levaram a concorrência interimperial a um novo patamar. Europeus adquiriram meios mais eficazes para fazer com que pessoas em terras distantes servissem aos seus interesses, mas havia discordâncias profundas quanto ao direito de tratá-los como objetos passíveis de exploração ou membros noviços de uma comunidade imperial. Desafiados por revoltas de escravos e movimentos abolicionistas transcontinentais, Grã-Bretanha (em 1833), França (em 1848) e, por fim, Brasil e Cuba (na década de 1880) aboliram a escravidão. Muitos não acreditavam que os africanos, asiáticos ou seus descendentes fariam por merecer algum dia direitos e participação política iguais, mas os limites da autoridade colonial e a possível "elevação" de povos colonizados ao patamar da civilização se tornaram questões de debate.

Nas conferências entre governantes imperiais, potências europeias manifestaram seu direito coletivo e autoconcedido de governar os outros, reforçado por teorias de evolução social e distinção racial. No entanto, poucos anos antes da partilha do final do século XIX, até mesmo os defensores de uma transformação vigorosa da África recuavam quando confrontados com problemas administrativos como governar um espaço amplo, recrutar intermediários, controlar os excessos de seus agentes e colonos e transformar os hábitos de povos dotados de redes de solidariedade próprias e capazes de se adaptar a novas circunstâncias.

Nenhuma forma de governo colonial jamais obteve um consenso duradouro junto à opinião pública da metrópole ou foi muito convincente para a população das colônias, da qual se esperava uma acomodação contingente. Africanos e asiáticos utilizaram a mesma linguagem política de seus colonizadores ao insistirem que o conceito de liberdade também deveria valer para eles. O governo colonial ainda foi contestado em outros idiomas e com outros objetivos: a restauração de modalidades de governo locais, a unidade islâmica e as alianças anticoloniais.

A colonização foi de particular importância para os repertórios de poder econômico e político na Europa do final do século XIX devido à concorrência entre um pequeno número de impérios, cada um dotado de recursos supranacionais, dentro e fora do continente. A Áustria-Hungria, a Rússia e os otomanos, assim como Grã-Bretanha, França e outras potências europeias, almejavam controlar territórios, povos e suas conexões por terra e mar por meio de quaisquer meios que estivessem à disposição.

Tanto na Europa como em suas extremidades, impérios experimentaram toda a sorte de reformas políticas e métodos rígidos para incorporar pessoas às suas estruturas. A ascensão de um Reich alemão que incluía territórios onde se falavam outros idiomas na Europa e, mais tarde, também em além-mar provocou um acirramento de tensões entre as potências europeias. Todos os impérios se vigiavam entre si, e muitos utilizaram as ideias de direitos nacionais, ou da proteção de correligionários, para semear problemas nos impérios rivais. Sentimentos nacionalistas que serviam de base para tais manipulações eram bastante reais e, por vezes, virulentos. Mas os nacionalistas precisavam solucionar dois problemas: em primeiro lugar, o povo da Europa, assim como o de outros continentes, não morava em blocos linguísticos e culturais homogêneos e, em segundo, os impérios eram capazes de atrair lealdade e impor disciplina.

Não raro, vinculam-se os sentimentos patrióticos a um tipo específico de cidadania – um povo unido que expressa seus desejos por meios democráticos, reivindicando recursos para o bem-estar do "seu" Estado e, por vezes, buscando retificar as desigualdades geradas pelo capitalismo e pelos mercados. Sem dúvida, o papel crescente dos Estados na vida social estimulou as pessoas a se verem como coletividades, o que facilitava a divulgação de suas reivindicações e restringia a população para a qual essas reivindicações eram válidas. Mas os limites do pertencimento e do acesso ao Estado permanecem incertos no século XXI.

No caso da França, a ideia de uma cidadania que abrangesse as populações das colônias surgiu na década de 1790, foi derrubada por Napoleão em 1802, resgatada em 1848 – quando a cidadania para o Caribe e parte do Senegal foi proferida –, limitada quando a colonização do final do século XIX passou a incluir cada vez mais pessoas na categoria de súdito, debatida novamente no instante em que a França precisou de homens para lutar pelo império e concretizada de modo fugaz com a declaração de cidadania para todos os súditos em 1946. A Grã-Bretanha, assim como a França, percebeu após a Segunda Guerra que estender direitos sociais e avanços tecnológicos às colônias poderia garantir um novo grau de legitimidade ao império. Mas o custo dessa empreitada conforme as populações das colônias reivindicavam cada vez mais recursos imperiais fez com que administradores britânicos e franceses repensassem a viabilidade do império.

De forma análoga, movimentos trabalhistas discutiram durante toda a sua existência qual deveria ser o escopo de suas reivindicações: nacional, imperial ou internacional? Em resumo, a luta por uma cidadania que pudesse escolher seu próprio governo e reivindicar recursos estatais não coincidia com as ideias nacionais ou com fronteiras étnicas: cidadania também era uma questão que dizia respeito aos impérios. Democratizar o império já era uma questão política desde a época de Toussaint L'Ouverture até a de Léopold Senghor.

Tanto o alcance do controle imperial europeu sobre novos territórios em além-mar como a concorrência entre as potências da época foram moldados profundamente pelo desenvolvimento do capitalismo industrial, que se propagou a partir da Inglaterra no século XVIII. O crescimento das economias europeias gerou uma disparidade tecnológica com as potências asiáticas, pressionou os impérios Chinês e Otomano a contraírem dívidas para a aquisição de armas e equipamentos de capital e aprimorou a mobilidade dos exércitos e corporações europeus. A concorrência entre os impérios da Europa determinou de forma crucial os termos para o desenvolvimento capitalista. Tecnologias fornecidas ou exigidas pela industrialização, combinadas à necessidade do capital de matérias-primas e mercados, impulsionaram esforços imperiais para garantir o controle de recursos em terras próximas e distantes.

No entanto, a conquista dos territórios não implicava uma adequação automática dos povos colonizados a seja lá que papéis os industrialistas haviam imaginado para eles. Impérios ainda esbarravam nos limites de seu poder nas extremidades de suas redes de governo, onde era preciso mobilizar comunidades conquistadas e recrutar intermediários confiáveis – tudo isso a um custo financeiro inferior aos benefícios esperados. Daí o aparente paradoxo de que os impérios do final do século XIX não tenham apostado todas as suas fichas em territórios que pareciam capazes de dominar: eles não tinham capacidade ou interesse para transformar a maioria dos africanos em proletários, nem proprietários de terra indianos em uma réplica da classe capitalista inglesa. O desequilíbrio do poder estatal pelo mundo acentuou a desigualdade dos efeitos provocados pelo capitalismo.

Capitalistas europeus tampouco foram capazes de manter suas próprias rivalidades sob controle. Um sistema imperial em desenvolvimento atrelou diversos conflitos na Europa, e essa espiral de violência durou da Guerra da Crimeia à Primeira Guerra Mundial. Guerras imperiais do século XX foram fatais para milhões de pessoas, e também para algumas formas de império. Não foram apenas a resistência dos povos conquistados ou as rebeliões de colonos que enfraqueceram e desafiaram o controle imperial: o mesmo ocorreu por meio dos conflitos *entre* impérios.

O império colonial foi um recurso importante para França e Grã-Bretanha durante a Primeira Guerra Mundial. Mais tarde, as duas potências buscaram consolidar o controle sobre suas dependências enquanto se serviam de uma parcela das colônias alemãs e províncias otomanas sob jurisdição da Liga das Nações. A destruição dos impérios Alemão, Otomano e Austro-Húngaro não gerou uma alternativa viável aos impérios. Pelo contrário: ondas de limpeza étnica na Europa Central a partir de 1919 geraram apenas Estados frágeis. Suas inseguranças nacionais se transmutaram em xenofobia e antissemitismo.

Mesmo antes da guerra, o Império Otomano sofria com perturbações causadas por iniciativas centralizadoras e nacionalizadoras. Conservando a lealdade da maioria das províncias árabes, líderes otomanos deram uma nova ênfase à turquificação, sobretudo após as derrotas, expulsões e a violência que sofreram nos Bálcãs. A guerra trouxe à tona o pior dessas tendências homogeneizadoras, e o massacre dos armênios levou-as ao extremo. Após a destruição do Império Otomano no final da guerra, nacionalistas turcos insistiram na natureza unitária do Estado, expulsaram gregos em uma imensa "troca" populacional, fecharam o cerco sobre minorias como os curdos e substituíram a tolerância religiosa por um secularismo militante. A Turquia sente ainda hoje os efeitos dessas ações que pareceram decretar o fim da inclusão que caracterizara o Império Otomano.

No início do século, o Japão alterou o cenário ao entrar para o jogo imperial após demonstrar sua força à custa dos impérios Chinês e Russo em 1895 e 1905. O desígnio do Japão de criar uma alternativa asiática aos impérios europeus colocou-o em rota de colisão com potências europeias e com os Estados Unidos, que mantinham grande parte dos recursos do Sudeste Asiático sob controle.

Dentro da Europa, a situação geopolítica em meados dos anos 1930 não era radicalmente diferente da que havia sido em 1914, mas a Alemanha nazista não era o Kaiserreich e a URSS não era a Rússia dos czares. A paz imperial ao fim da Primeira Guerra despojou a Alemanha de suas colônias em além-mar e reduziu seu território na Europa. Privações e um orgulho imperial ferido serviram para intensificar a visão chauvinista, antissemita e eslavofóbica dos nazistas, que culminou no projeto de um império puramente germânico. Essa racialização não mitigada representou o rompimento com a estratégia adotada por outros impérios de conjugar a incorporação e a diferenciação de forma mais flexível e dificultou a obtenção de intermediários entre os povos conquistados. Essa variante extrema de império de exclusão fracassou durante a Segunda Guerra, ao ser derrotada por impérios com recursos políticos, econômicos e sociais mais abrangentes.

A União Soviética foi um dos vitoriosos contra a Alemanha nazista e, de modo tardio, também contra o Japão. Assim como seus concorrentes, antes e depois da guerra, a URSS também alegava estar guiando seus povos a um estágio civilizacional mais elevado – nesse caso, o comunismo internacional. A URSS empreendeu e supervisionou programas de ações afirmativas dentro de suas fronteiras, treinou e disciplinou líderes "nacionais" dentro e, às vezes, também fora de seus territórios, tentou manter seus Estados-satélites firmemente atrelados ao centro soviético e conduziu uma poderosa ofensiva ideológica junto a grupos rebeldes ou descontentes em outros impérios. Ao final da Segunda Guerra, Stálin não apenas ampliou a URSS para além das fronteiras russas de 1914, mas também, com a anuência de seus aliados de guerra, angariou para o Estado soviético uma generosa zona de proteção de regimes subordinados na contenciosa Europa Central, onde a guerra havia começado. A vitória deu à roupagem soviética do Império Russo um novo sopro de vida e uma nova influência no mundo todo.

A Alemanha nazista e, especialmente, o Japão arrastaram outros impérios consigo em sua queda. Antes da Segunda Guerra Mundial, movimentos anticoloniais haviam se difundido, expondo abusos dos governos coloniais e atacando essa suposta normalidade. Mas, durante os anos 1930, estratégias coloniais para limitar a ambição e concentrar suas forças a fim de reprimir rebeliões se mantiveram em estado de alerta. Foi durante a guerra – e no momento imediatamente posterior a ela – que a estrutura colonial começou a se esfacelar, mas não sem que França e Grã-Bretanha tentassem reconstituir sua hegemonia imperial por meio de programas de desenvolvimento e maior participação política.

No final dos anos 1940 e 1950, a conjunção de movimentos revolucionários em alguns lugares, reivindicações de sindicatos e associações de ativistas em outros, pressões internacionais e mobilização nas colônias em prol de igualdade, cidadania, desenvolvimento econômico e autodeterminação passaram para o primeiro plano. Ao final da guerra, Grã-Bretanha, França e demais potências europeias não tinham em mente desistir de seus impérios, e a independência nacional não era o único caminho cogitado pelos movimentos sociais e políticos nas colônias. Mas a independência de Estados territoriais era a alternativa que permitia um consenso entre potências coloniais e movimentos políticos das colônias.

A trajetória que levou da última rodada de colonização na África e no Sudeste Asiático à independência durou apenas setenta ou oitenta anos, um intervalo não muito grande pelos padrões dos impérios históricos. O tempo de vida da União Soviética foi mais ou menos o mesmo, assim como o domínio japonês sobre Taiwan. Esses impérios, comunistas ou capitalistas, alegavam estar conduzindo as sociedades a um grau mais elevado de vida econômica e social. Mas suas metas de "desenvolvimento", "socialismo" ou "esfera asiática de coprosperidade" eram variantes dos mesmos projetos civilizatórios de muitos impérios que os antecederam.

Durante muito tempo, os Estados Unidos insistiram que seriam diferentes dos outros impérios atuantes, mas o país acabou desenvolvendo um repertório de poder que incluía ferramentas imperiais conhecidas e que foram empregadas de forma seletiva conforme cada caso. Imperialismo de livre-comércio e ocupação periódica de países que não jogavam de acordo com as regras norte-americanas eram mais evidentes até do que a colonização formal. Muitos temiam as consequências de incluir em seu regime forasteiros não brancos, até mesmo na forma de súditos colonizados.

O repertório norte-americano de poder parecia funcionar muito bem na configuração mundial de Estados-nações que se estabeleceu após a Segunda Guerra, onde cada unidade política se apresentava aberta ao comércio, aos investimentos e às efusões culturais deles, e também vulnerável às imposições militares caso uma intervenção fosse necessária. Mas o mundo jamais se alinhou. No final do século xx, confrontados com a concorrência da outra superpotência mundial que continuava no jogo, os Estados Unidos agiram com grande vigor para transformar outros Estados em clientes e tentar impor limites à suposta liberdade de ação de outros países. Patrocinaram golpes, invasões, ocupações e diversas guerras. Quando a rivalidade bipolar chegou ao fim em 1991, locais como Afeganistão e Somália, antes palcos para as intrigas da Guerra Fria fomentadas pelos dois lados, foram abandonados à própria sorte; legisladores só perceberam tarde demais que certos grupos – como os rebeldes que haviam lutado contra os soviéticos no Afeganistão – não eram meros fantoches. De clientes, podiam se transformar em inimigos, assim como ocorrera com muitos outros intermediários imperiais ao longo da história.

O PRESENTE DO PASSADO

Em que ponto as trajetórias entrelaçadas dos impérios nos deixam no presente? Sem dúvida, estamos conscientes de que as desigualdades de poder e recursos que levaram ao surgimento dos impérios, e os guiaram durante toda a história, ainda existem entre nós. Também persistem os efeitos inquietantes do colapso imperial. O processo de "adequar" nações aos Estados teve um efeito destrutivo na Europa Central (após 1919 e 1945), nos Bálcãs (em 1878, 1912, 1919, 1945 e nos anos 1990) e em partes dos antigos impérios na África e no Oriente Médio (século XXI adentro). Ainda assim, delimitações territoriais deram aos líderes políticos um espaço onde construir suas carreiras, angariar seguidores e se relacionar com o mundo. A manutenção ou a ampliação dessas fronteiras – por mais que sejam incompatíveis com o modo como as pessoas de fato vivem, deslocam-se e interagem umas com as outras – ainda é o foco principal das elites governantes em todo o mundo.

Muitos esperavam que, com o fim dos impérios, laços verticais utilizados por muitos deles para exercer sua autoridade daria lugar a uma afinidade horizontal entre os cidadãos. Em alguns cenários pós-imperiais, esse desejo se concretizou de forma tão plena quanto no resto do mundo "democrático". Na Índia, por exemplo, uma política de cidadania definira a maior parte de seus mais de sessenta anos de existência enquanto Estado nacional. Estados independentes africanos vivenciaram mobilizações periódicas em prol dos direitos cidadãos, além de golpes militares e imposições de governo de partido – ou de indivíduo – único.

Após a Segunda Guerra, alguns projetos de afinidade horizontal extrapolaram os limites dos Estados-nações, como na campanha da África Ocidental Francesa por uma federação entre seus territórios, nas conclamações por uma unidade "árabe" ou "africana", e nas lutas por uma revolução internacional. A ideia de Bandung para um terceiro mundo levou essas ambições a um novo patamar. Nenhuma dessas mobilizações desabrochou, e em muitos casos os processos de descolonização contribuíram mais para acentuar laços verticais do que horizontais. Governantes de pequenos Estados-nações, dotados de recursos escassos e pouco arraigados no imaginário político de seus povos, tentaram eliminar as alternativas ao seu governo com práticas clientelistas e o patronato de Estados poderosos ou corporações ricas do exterior. Constatou-se renascimento semelhante do poder patrimonial em muitos Estados pós-soviéticos. Essas conexões pessoais, de líder para líder, não são submetidas nem à vontade eleitoral dos povos em questão nem a um escrutínio minucioso dos grupos interessados nas antigas potências imperiais. Eleitores europeus de hoje se afastaram das responsabilidades, russos nunca as tiveram, e norte-americanos viram o rosto na direção contrária.

Alguns pessimistas alegam que não houve muitas mudanças desde a época das antigas colônias e que hoje os africanos vivem em um mundo "neocolonial". Porém, mesmo esse cenário de desilusão representaria uma mudança, ainda que não aquela que os africanos esperavam obter nos anos 1960. A soberania teve suas próprias consequências, e para alguns elas foram recompensadoras – controle de recursos como o petróleo, possibilidade de buscar patronos, sobretudo durante a Guerra Fria, e um pouco de margem de manobra para negociar com corporações estrangeiras, agências de auxílio e organizações financeiras internacionais. A soberania impôs uma cortina atrás da qual governantes nacionais puderam ocultar muitas ações, desde a corrupção até a limpeza étnica.

Algumas ex-colônias – sobretudo no Sudeste Asiático, onde a história de integração em mercados mais amplos remonta a tempos anteriores à colonização – industrializaram e dinamizaram suas economias após a independência. A Malásia, antes britânica, e a Coreia do Sul, antes japonesa, são bons exemplos disso. No entanto, naqueles locais onde a infraestrutura colonial foi desenhada para escoar um pequeno número de produtos primários por meio de canais restritos até mercados dominados por algumas poucas corporações transnacionais, a criação de novas estruturas econômicas tem sido uma meta inatingível. Em boa parte da África, líderes dos antigos Estados coloniais se concentraram em uma conquista-chave de seus antecessores coloniais – o controle de acesso. Novos governantes puderam assumir o posto de controladores das relações com o resto do mundo, coletando impostos sobre os bens – incluindo doações humanitárias – que entram e saem do país e vigiando fazendeiros ou empresários ricos aptos a desenvolver redes comerciais e políticas independentes da elite estatal. Assim como a emancipação dos escravos nos Estados Unidos durante a Guerra Civil não lhes deu "nada além da liberdade", a independência da maior parte dos Estados coloniais após a Segunda Guerra não lhes deu nada além da soberania. Elites políticas lançaram mão dessa soberania, não necessariamente no melhor interesse do povo que governavam e que havia aspirado a uma vida melhor.

Com frequência, corporações transnacionais lucram com baixos salários e governos corruptos de antigos Estados coloniais ricos em recursos; mas elas também se deparam com limites impostos pela insegurança, falta de infraestrutura e organização precária dos mercados. O acesso a *commodities* essenciais como o petróleo, que Estados imperiais como o britânico e o nazista buscaram um dia nos territórios que podiam dominar, hoje é protegido avidamente pela prerrogativa soberana de países não muito confiáveis enquanto fornecedores, cuja riqueza pode muito bem ser usada contra os interesses de seus principais compradores. Irã, Arábia Saudita, Iraque, Sudão, Nigéria, Angola, Venezuela e Rússia são os casos em questão. Nem o desenvolvimento de mercados internacionais aparentemente abertos nem o exercício periódico de poder bruto por parte dos Estados Unidos foram capazes de garantir suprimentos nem sequer dos recursos mais básicos.

Se olharmos para os Estados mais poderosos da atualidade, veremos o presente dos passados imperiais que examinamos neste livro. O primeiro e mais óbvio fato é que a China está de volta. Os duzentos anos em que seria possível dizer que a China "ficou para trás" dos impérios ocidentais, que viviam um momento de efervescência econômica e cultural, podem ser comparados a outros interregnos dinásticos da história chinesa. Hoje, a China exporta, além da seda, *commodities* industriais, e recebe instrumentos financeiros em vez de metais preciosos. Com uma necessidade de recursos mais complexa do que jamais teve no passado, mas agora sem a obrigação de aderir ao livre-comércio conforme as normas de outros impérios, a China se integrou aos mercados do mundo todo.

Hoje, líderes chineses evocam a tradição imperial para incrementar o poder estatal, e os Yuan e os Qing são exaltados como unificadores do território chinês. A China ainda se distingue por seu forte funcionalismo, relativamente descolado da sociedade que preside. Tibetanos que clamam por sua independência e as reivindicações de separatistas políticos na região muçulmana de Xinjiang, dois problemas clássicos das extremidades desse império, ainda preocupam governantes. Mais uma vez, líderes chineses precisam controlar seus barões econômicos e monitorar diferentes populações, mas agora o regime pode contar com sua experiente diplomacia para superar esses desafios e retomar uma posição de proeminência em uma geografia de poder sob transformação.

A recuperação rápida da Federação Russa após o colapso do comunismo revela a robustez de outra cultura imperial. Como os impérios que a precederam, a Federação Russa é explicitamente multiétnica, ao passo que mantém territórios "nacionais" subordinados – alguns deles aninhados dentro de outros. A Constituição de 1993 ofereceu a todas as repúblicas o direito de determinar sua própria língua oficial e definiu o russo como "língua oficial da Federação Russa como um todo". A Constituição também garantiu os direitos das "minorias nacionais" conforme os princípios internacionais de direitos humanos. Após um breve interlúdio caótico, quando conselheiros norte-americanos e missionários exerceram sua propaganda e ambições de todos os tipos se encontravam fora de controle, Vladimir Putin resgatou as técnicas do poder patrimonial. Ao mesmo tempo que magnatas e o Estado se reaproximaram, ele e seus *protégés* reforçaram o controle sobre instituições religiosas, subjugaram a mídia, transformaram o processo eleitoral em uma "democracia soberana" apoiada em um único partido, exigiram lealdade dos governantes da federação, flertaram com o nacionalismo em regiões russas, reingressaram na disputa pelas fronteiras russas e brandiram com eficiência a maior arma dos russos – a energia – na arena internacional. Assim, o Império Russo ressurgiu em uma nova transmutação em seu espaço eurasiático.

Das grandes potências atuais, a mais inovadora é a União Europeia. Entre os séculos v e xx, a Europa esteve presa entre a ambição que algumas elites tinham de criar uma "nova Roma" e a determinação das demais para evitar esse desfecho. França e Grã-Bretanha só desistiram de reconfigurar o poder imperial por meio da Commonwealth Britânica ou da Comunidade Francesa nos anos 1950 e 1960, quando aceitaram que sua estrutura de operações era nacional, independentemente de suas conexões políticas, econômicas, sentimentais, linguísticas ou pessoais com as elites governantes dos antigos impérios. Entre os anos 1960 e 1990, Estados europeus aproveitaram que estavam livres de impérios para desenvolver acordos de confederação entre si.

Estruturas de confederações têm funcionado de forma mais eficiente quando limitam suas ambições de administrar e regulamentar, utilizando em vez disso habilidades calejadas dos planejadores europeus. Qualquer pessoa que passa por alfândegas vazias nas mesmas fronteiras onde milhões de pessoas morreram em diversas guerras pode apreciar a incrível façanha dos assim chamados Estados Schengen. Um dos atributos mais básicos da soberania, o controle sobre quem cruza a fronteira, foi cedido ao âmbito europeu. A União Europeia não capturou de forma segura a lealdade da maioria das pessoas em seus territórios, mas seus líderes têm os meios necessários para agir de forma coerente diante das potências externas e tentar apaziguar conflitos entre os Estados membros. O concerto europeu toca uma nova música, embora não se saiba ao certo qual é o seu público.

Após 2001, virou moda entre especialistas tratar os Estados Unidos como um "império", seja para denunciar a arrogância de suas ações no exterior seja para exaltar seus esforços para policiar e democratizar o mundo. Uma resposta "é" ou "não é" para essa questão não é tão proveitosa quanto uma análise do repertório norte-americano de poder, baseado no uso seletivo de estratégias imperiais. Obviamente, essas táticas incluem o uso da força e ocupações em violação às normas de soberania, mas nem mesmo os políticos mais intervencionistas do país cogitam transformar o Iraque ou o Afeganistão em Porto Rico. Os diversos modos utilizados pelos Estados Unidos para tentar projetar sua autoridade sobre o espaço refletem sua própria trajetória imperial: o desenvolvimento de um império territorial no século XVIII calcado nos preceitos de igualdade de direitos e propriedade privada, válidos para todos aqueles considerados cidadãos, e a exclusão de escravos e povos nativos. O controle de um continente inteiro conferiu muitos recursos aos europeus que chegavam à América, que viam suas conquistas como a realização de um destino manifesto. Após quase naufragarem nas rochas da escravidão, líderes norte-americanos tiveram a força necessária para escolher o momento e os termos de suas intervenções no resto do mundo.

Ao longo do século XX, os Estados Unidos lançaram mão de diversas estratégias imperiais no exterior: ocuparam países, enviaram tropas para depor líderes hostis, patrocinaram guerras "terceirizadas" contra desafetos, utilizaram enclaves coloniais e bases militares em solo estrangeiro, enviaram missionários e, em tempos recentes, forneceram auxílio e expertise para o desenvolvimento de outros países. Mas talvez o resultado mais chocante da invasão ao Iraque em 2003 seja o fato de que a ocupação de um país fraco e dividido tenha esgaçado as capacidades militares, financeiras e políticas dos Estados Unidos. No Afeganistão, eles não aprenderam com as lições deixadas pelo fracasso de impérios anteriores como Rússia e Grã-Bretanha, ou mesmo de Tamerlão, que também tentaram estabelecer seu poder sobre aquela região de alianças políticas fluidas.

Nenhuma dessas potências imperiais está vinculada a um projeto religioso, e mesmo as "religiões" da modernização e do comunismo perderam muito de seu fervor. Religiões monoteístas, que, conforme acreditavam os governantes do passado, concederiam legitimidade e coerência à construção imperial, provocaram cismas e dissidências ao invés de unidade. Regimes imperiais que menos exigiam uniformidade religiosa, como China e Rússia, foram alguns dos mais duradouros. Embora os impérios tenham utilizado abordagens distintas perante as diferenças culturais dos povos incorporados, um certo grau de tolerância religiosa foi essencial para garantir a longevidade imperial.

China, Rússia, União Europeia e Estados Unidos se veem todos ameaçados por alguns movimentos que não se alinham de todo com o poder estatal. A China (em Xinjiang), a Rússia (na Chechênia e em outras regiões) e os Estados Unidos e a União Europeia (no Afeganistão) parecem lutar contra redes muitas vezes rotuladas como "militantes islâmicos". Um milênio após as cruzadas, muçulmanos sem qualquer ligação com a militância são tachados de terroristas, tratados como se fossem inassimiláveis pelas culturas dominantes de cada Estado e convertidos no grande "outro".

Como foi visto, de início, a difusão do islã se deu por meio de um projeto de construção imperial. Mas o islã se relacionou de diferentes modos com o poder estatal, entre eles: esforços rivais para constituir um regime verdadeiramente islâmico, o califado cauteloso dos otomanos e a institucionalização na Rússia de uma hierarquia muçulmana, até desaguar nos atuais Estados "islâmicos" como o Irã e a Arábia Saudita. Porém, os impérios nem sempre conseguem abrigar as conexões de longa distância que conjuram, e a maior ameaça aos governos de hoje é justamente o fato de que as redes que dizem representar o islã – em alguns casos, com o objetivo de restaurar o califado – não estão submetidas aos interesses e à disciplina estatais. As queixas e o sofrimento de muitos muçulmanos, e a volatilidade de suas iniciativas políticas, se originam na história recente, com a intromissão de impérios europeus no Oriente Médio durante o século XIX, o desmantelamento caótico do regime otomano, os fracassos do sistema de jurisdições, as intervenções das potências mundiais em Estados vulneráveis e a pobreza e a desesperança em regiões cujos governantes autoritários foram instigados por Estados "ocidentais".

Uma história dos impérios se chocou com o imaginário nacional na guerra de maior projeção do século XXI até agora. O espaço hoje designado pelo rótulo nacional de "Iraque" foi governado por impérios ancestrais do Crescente Fértil e, muito tempo depois, pelos abássidas, cujo império tinha seu centro em Bagdá. Esse mesmo território foi invadido pelos seljúcidas e pelos mongóis, incorporado ao Império Otomano, transferido para o Império Britânico, administrado por clientes dos britânicos, ocupado pelos Estados Unidos e governado por um ditador que vivia do petróleo vendido aos Estados ocidentais; travou uma guerra contra o Irã e outra contra o Kuwait e brutalizou iraquianos considerados suspeitos devido a sua etnia, posição política ou visão do islã. Como muitas partes dos antigos impérios, o Iraque não corresponde a nenhuma sociedade nativa muito duradoura; sua história tem sido – e ainda é – moldada nas intersecções entre Estados e redes diversas e por mudanças nas relações de poder entre eles.

Encontrar formas de lidar com a mescla de povos em um mesmo espaço sempre foi uma necessidade dos governantes com ambições que extrapolam o âmbito local. Impérios encontraram diversas respostas para esse desafio. Este livro enfatizou as diversas políticas de diferença colocadas em prática pelos impérios. Muitos utilizaram a diferença como ferramenta de governo, buscando sempre garantir que os laços das elites e dos grupos com o soberano fossem mais fortes que as ligações mantidas entre os súditos imperiais. Outros lutaram pela conformidade entre aqueles que pertenciam a ele, expelindo ou denegrindo quem fosse diferente. Impérios mesclaram e modificaram essas estratégias: a habilidade de aplicar táticas distintas a segmentos distintos de suas populações pode ser uma das chaves para sua longevidade política.

Para o bem ou para o mal, impérios lidaram diretamente com a diferença: os Estados-nações conservaram a ideia – ou a ilusão – de que seria possível superar as diferenças com o apelo a uma unidade nacional e a participação nas instituições estatais – ou, negativamente, pela exclusão, expulsão e assimilação compulsória. Mas os Estados-nações jamais poderiam excluir, expulsar e assimilar o suficiente para gerar populações uniformes ou apagar as redes de lealdade que as perpassam. Mesmo em situações coloniais, muitas pessoas não viam o Estado-nação como um caminho para escapar do império. O fim dos impérios coloniais foi conflituoso e contingente. Impérios europeus abdicaram de uma soberania cada vez mais custosa, e novos países fundadores assumiram soberanias que acreditavam poder controlar. O mundo hoje vive as consequências dessas trajetórias imperiais desiguais e fragmentárias, nutrindo a ficção de uma equivalência de soberanias, mas em uma realidade de desigualdade entre e dentro dos impérios.

Refletir sobre os impérios não é o mesmo que ressuscitar os impérios Britânico, Otomano ou Romano. É um ato que permite ponderar a respeito das formas como o poder é exercido sobre o espaço, com suas possibilidades e limitações; dos caminhos por meio dos quais a incorporação pelos regimes e a diferenciação dentro deles são imaginadas e praticadas; das maneiras como uma acomodação contingente de intermediários ao poder imperial é obtida; e das alternativas ao poder imperial, que colonos, povos indígenas, agentes públicos, estudiosos, escravos importados, guias religiosos e comerciantes que atravessavam fronteiras foram capazes de desenvolver.

O passado não fornece modelos claros, sejam eles nacionais ou imperiais, para a construção de regimes melhores. Mas explorar as trajetórias históricas serve como lembrete de que o presente nem sempre esteve aqui, e tampouco irá durar. Seja como indivíduos ou coletividades, é possível imaginar futuros distintos, fazendo escolhas e encarando suas consequências. Formas novas e diferentes de soberania sobrepostas e estratificadas são possíveis – e não somente aquelas estudadas neste livro. Outras formas de organização política serão ainda concebidas. O passado dos impérios escancara os custos humano da arrogância do poder em nome de um grande líder, de uma civilização ou de um povo, e também as transformações multifacetadas da vida social produzidas pelos impérios. Foram examinadas as diversas maneiras utilizadas pelos impérios para incorporar e impor distinções entre populações e as consequências de se manter as pessoas segregadas, mas desiguais, ou de tentar torná-las iguais e semelhantes. O desafio para o futuro é imaginar novos regimes, capazes de reconhecer os desejos predominantes de mais pertencimento político, igualdade de oportunidades e respeito mútuo.

Citações e leitura recomendada

Capítulo 1

OBRAS GERAIS SOBRE IMPÉRIOS

Livros de história de Oxford e Cambridge sobre Roma, Europa medieval, China, América Latina, Império Britânico e outros domínios são boas introduções à história de cada império. Duas pesquisas excelentes sobre a história internacional são *Worlds Together; Worlds Apart*, de Robert Tignor, Jeremy Aldelman, Stephen Aron e Stephen Kotkin, 2ª edição (Nova York: Norton, 2008) e *The Earth and its Peoples: a Global History*, de Richard Bulliet, Pamela Crossley, Daniel Headrick e Steven Hirsch, 4ª edição (Nova York: Houghton Mifflin, 2007). Outras obras sobre impérios que abrangem regiões amplas e longos períodos de tempo incluem as seguintes:

ABERNETHY, David. *The Dynamics of Global Dominance: European Overseas Empires, 1415-1980*. New Haven: Yale University Press, 2000.
COOPER, Frederick. *Colonialism in Question: Theory, Knowledge, History*. Berkeley: University of California Press, 2005.
COOPER, Frederick; STOLER, Ann Laura (eds.). *Tensions of Empire: Colonial Cultures in a Bourgeois World*. Berkeley: University of California Press, 1997.
DARWIN, John. *After Tamerlane: The Global History of Empire since 1405*. Londres: Bloomsbury Press, 2008.
FINDLAY, Ronald; O'ROURKE, Kevin H. *Power and Plenty: Trade, Power, and the World Economy in the Second Millennium*. Princeton: Princeton University Press, 2007.
KENNEDY, Paul. *The Rise and Fall of the Great Powers: Economic Change and Military Conflict from 1500 to 2000*. Nova York: Random House, 1987.
KING, Charles. *The Black Sea: A History*. Nova York: Oxford University Press, 2004.
LIEVEN, Dominic. *Empire: The Russian Empire and Its Rivals*. Londres: Murray, 2001.
PAGDEN, Anthony. *Peoples and Empires: A Short History of European Migration, Exploration, and Conquest from Greece to the Present*. Nova York: Modern Library, 2001.
POCOCK, J. G. A. *The Discovery of Islands: Essays in British History*. Cambridge: Cambridge University Press, 2005.

Capítulo 2

LEITURA RECOMENDADA

DENCH, Emma. *Romulus' Asylum: Roman Identities from the Age of Alexander to the Age of Hadrian*. Nova York: Oxford University Press, 2005.
DI COSMO, Nicola. *Ancient China and Its Enemies: The Rise of Nomadic Power in East Asian History*. Cambridge: Cambridge University Press, 2002.
FINLEY, M. I. *The Ancient Economy*. Berkeley: University of California Press, 1973.
GARNSEY, Peter; SALLER, Richard. *The Roman Empire: Economy, Society and Culture*. Berkeley: University of California Press, 1987.
HARRIS, W. V. (ed.). *Rethinking the Mediterranean*. Oxford: Oxford University Press, 2005.

HUI, Victoria Tin-Bor. *War and State Formation in Ancient China and Early Modern Europe*. Nova York: Cambridge University Press, 2005.
LEWIS, Mark Edward. *The Early Chinese Empires: Qin and Han*. Cambridge: Harvard University Press, 2007.
NICOLET, Claude. *The World of the Citizen in Republican Rome*. Berkeley: University of California Press, 1980.
ROSTOVTZEFF, Michael Ivanovitch. *Rome*. Tradução do russo por J. D. Duff. Nova York: Oxford University Press, 1962.
TWITCHETT, Denis Crispin; FAIRBANK, John King (eds.). *The Cambridge History of China*. Vol. 1. Nova York: Cambridge University Press, 2002.
WARD PERKINS, Bryn. *The Fall of Rome and the End of Civilization*. Oxford: Oxford University Press, 2005.
WOLFRAM, Herwig. *The Roman Empire and Its Germanic Peoples*. Tradução por Thomas Dunlap. Berkeley: University of California Press, 1997.
WOOLF, Greg. *Becoming Roman: The Origins of Provincial Civilization in Gaul*. Nova York: Cambridge University Press, 1998.

OBRAS CITADAS

p. 53 "governo sem burocracia": Garnsey e Saller, *Roman Empire*, p. 20.
pp. 59-60 Números sobre "alimentação": op. cit., pp. 83, 88-9.
p. 63 "templo do mundo todo": Temístio, citado em Elizabeth Key.
Fowden, *The Barbarian Plain: Saint Sergius between Rome and Iran* (Berkeley: University of California Press, 1999), p. 46.
p. 66 box: "Um godo em boa situação": citado em Michael Mann, *The Dark Side of Democracy: Explaining Ethnic Cleansing* (Nova York: Cambridge University Press, 2005), p. 35.
p. 74 box: "Se o país é forte": citado em Lewis, *Early Chinese Empires*, p. 50.
p. 75 "subjugar vários Estados": Li Si, citado em Hui, *War and State Formation*, p. 101.
p. 75 "em qualquer lugar onde o sol e a lua brilharem": citado em Lewis, *Early Chinese Empires*, p. 52.
p. 77 box: "Antigamente": citado em Twitchett e Fairbank, *Cambridge History of China*, 1:75.
p. 77 "mobilização de exércitos imensos": números de Hui, *War and State Formation*, p. 217.
p. 81 box: "Eu e o chanyu": citado em Lewis, *Early Chinese Empires*, p. 133.

Capítulo 3

LEITURA RECOMENDADA

BARBERO, Alessandro. *Charlemagne: Father of a Continent*. Berkeley: University of California Press, 2004.
BARTLETT, Robert. *The Making of Europe: Conquest, Colonization and Cultural Change, 950-1350*. Princeton: Princeton University Press, 1993.
CRONE, Patricia. *God's Rule: Government and Islam*. Nova York: Columbia University Press, 2004.
DONNER, Fred McGraw. *The Early Islamic Conquests*. Princeton: Princeton University Press, 1981.
FOWDEN, Garth. *Empire to Commonwealth: Consequences of Monotheism in Late Antiquity*. Princeton: Princeton University Press, 1993.
GEARY, Patrick. *The Myth of Nations: The Medieval Origins of Europe*. Princeton: Princeton University Press, 2002.
HERRIN, Judith. *Byzantium: The Surprising Life of a Medieval Empire*. Princeton: Princeton University Press, 2007.
KENNEDY, Hugh. *The Prophet and the Age of the Caliphates: The Islamic Near East from the Sixth to the Eleventh Century*. 2ª ed. Harlow, Inglaterra: Pearson, 2004.
_____. *When Baghdad Ruled the Muslim World: The Rise and Fall of Islam's Greatest Dynasty*. Cambridge: Da Capo Press, 2005.
RINGROSE, Kathryn M. *The Perfect Servant: Eunuchs and the Social Construction of Gender in Byzantium*. Chicago: University of Chicago Press, 2003.
WICKHAM, Chris. *Framing the Early Middle Ages: Europe and the Mediterranean, 400-800*. Oxford: Oxford University Press, 2005.

OBRAS CITADAS

p. 100 Herrin, *Byzantium*, XVIII.

p. 104 box: "toda a humanidade": citado em Michael Bonner, *Jihad in Islamic History: Doctrines and Practice* (Princeton: Princeton University Press, 2006), p. 49.
p. 105 "características de um Estado": Donner, *Early Islamic Conquests*, p. 54.
p. 112 "ilhas urbanas": Findlay e O'Rourke, *Power and Plenty*, cap. 1, p. 50.
p. 120 "Não temos romanos": Barbero, *Charlemagne*, 109.
p. 126 box: "essas pessoas cristãs": Nicetas Choniates, citado em Olivier Clement, *L'Essor de Christianisme oriental* (Paris: Presses Universitaires de France, 1964), p. 82.
p. 129 Bartlett, *Making of Europe*, p. 292.

Capítulo 4

LEITURA RECOMENDADA

ALLSEN, Thomas T. *Commodity and Exchange in the Mongol Empire: A Cultural History of Islamic Textiles.* Nova York: Cambridge University Press, 1997.
_____. *Culture and Conquest in Mongol Eurasia.* Nova York: Cambridge University Press, 2001.
BIRAN, Michal. "The Mongol Transformation: From the Steppe to Eurasian Empire", *Medieval Encounters* 10, n. 1-3 (2004): pp. 339-61.
CHRISTIAN, David. *A History of Russia, Central Asia and Mongolia.* Vol. 1: *Inner Eurasia from Prehistory to the Mongol Empire.* Oxford: Blackwell, 1998.
CLEAVES, Francis Woodman (trad. e ed.). *The Secret History of the Mongols.* Cambridge: Harvard University Press, 1982.
DI COSMO, Nicola. *Ancient China and Its Enemies: The Rise of Nomadic Power in East Asian History.* Nova York: Cambridge University Press, 2002.
_____. "State Formation and Periodization in Inner Asian History", *Journal of World History* 10, n. 1 (1999): pp. 1-40.
FLETCHER, Joseph. "The Mongols: Ecological and Social Perspectives", *Harvard Journal of Asiatic Studies* 46 (1986): pp. 11-50.
KING, Charles. *Black Sea,* cap. 1.
MANZ, Beatrice Forbes. *The Rise and Rule of Tamerlane.* Cambridge: Cambridge University Press, 1989.
MORGAN, David. *The Mongols.* 2ª ed. Malden: Blackwell, 2007.
RATCHNEVSKY, Paul. *Genghis Khan: His Life and Legacy.* Tradução por Thomas Nivison Haining. Cambridge: Blackwell, 1992.
ROUX, Jean-Paul. *Genghis Khan and the Mongol Empire.* Londres: Thames and Hudson, 2003.
SPULER, Bertold. *The Mongols in History.* Nova York: Praeger, 1971.

OBRAS CITADAS

p. 132 "aterrorizado os dois impérios do mundo romano": Christian, *History of Russia, Central Asia, and Mongolia,* 1:231.
p. 138 "130 mil": números de Christian, *History of Russia, Central Asia, and Mongolia,* p. 397.
p. 141 "as mesmas roupas [...] meus irmãos": citado em Christian, *History of Russia, Central Asia, and Mongolia,* 1:395.
p. 142 "Devemos auxiliar": citado em Christian, *History of Russia, Central Asia, and Mongolia,* p. 401.
p. 153 "um relato geral [...] história": citado em Allsen, *Culture and Conquest,* p. 83.

Capítulo 5

LEITURA RECOMENDADA

BARKEY, Karen. *Bandits and Bureaucrats: The Ottoman Route to State Centralization.* Ithaca: Cornell University Press, 1994.
_____. *Empire of Difference: The Ottomans in Comparative Perspective.* Cambridge: Cambridge University Press, 2008.
ELLIOTT, J. H. *Empires of the Atlantic World: Britain and Spain in America, 1492-1830.* New Haven: Yale University Press, 2006.

_____. "A Europe of Composite Monarchies." *Past and Present* 137 (1992): pp. 48-71.

FINKEL, Caroline. *Osman's Dream: The History of the Ottoman Empire*. Nova York: Basic Books, 2005.

GOFFMAN, Daniel. *The Ottoman Empire and Early Modern Europe*. Cambridge: Cambridge University Press, 2002.

INBER, Colin. *The Ottoman Empire, 1300-1650: The Structure of Power*. Houndsmills e Nova York: Palgrave Macmillan, 2002.

KAFADAR, Cemal. *Between Two Worlds: The Construction of the Ottoman State*. Berkeley: University of California Press, 1995.

KAMEN, Henry. *Empire: How Spain Became a World Power, 1492-1763*. Nova York: Harper Collins, 2003.

LAS CASAS, Bartolomé de. *History of the Indies*. Tradução e edição por Andrée Collard. Nova York: Harper, 1971.

LOWRY, Heath W. *The Nature of the Early Ottoman State*. Albany: State University of New York Press, 2003.

PAGDEN, Anthony. *Spanish Imperialism and the Political Imagination*. New Haven: Yale University Press, 1990.

PARKER, Geoffrey. *The Military Revolution: Military Innovation and the Rise of the West, 1500-1800*. Cambridge: Cambridge University Press, 1996.

PEIRCE, Leslie. *Imperial Harem: Women and Sovereignty in the Ottoman Empire*. Nova York: Oxford University Press, 1993.

_____. *Morality Tales: Law and Gender in the Ottoman Court of Aintab*. Berkeley: University of California Press, 2003.

SUBRAHMANYAM, Sanjay. "A Tale of Three Empires: Mughals, Ottomans, and Habsburgs in a Comparative Context", *Common Knowledge* 12, n. 1 (2006): pp. 66-92.

OBRAS CITADAS

p. 160 legenda: "Carlos e Suleiman": citado em Carmen Bernand e Serge Gruzinski, *Histoire du Nouveau Monde: De la découverte à la conquête, une expérience européene, 1492-1550* (Paris: Fayard, 1991), p. 242.

p. 167 "prata e ouro": Carlos Marichal, "The Spanish-American Silver Peso: Export Commodity and Global Money of the Ancien Regime, 1550-1800", em Steven Topik, Carlos Marichal e Sephyr Frank (eds.), *From Silver to Cocaine: Latin American Commodity Chains and the Building of the World Economy, 1500-2000* (Durham: Duke University Press, 2006), p. 28.

p. 173 box: "das vacas": citado em Bernard Bailyn, *Atlantic History: Concept and Contours* (Cambridge: Harvard University Press, 2005), pp. 87-8.

p. 180 "boa ordem": o "Livro da Lei" de Mehmet II: citado em Imber, *Ottoman Empire*, p. 109.

p. 181 "não dormia com": Leslie Peirce, "An Imperial Caste: Inverted Racialization in the Architecture of Ottoman Sovereignty", em M. R. Greer et al., *Rereading the Black Legend: The Discourses of Racism in the Renaissance Empires* (Chicago: University of Chicago Press, 2007), pp. 43-4.

p. 188 box: "Este escravo": citado em Barkey, *Bandits and Bureaucrats*, p. 189.

p. 189 "matou todos": citado em Imber, *Ottoman Empire*, p. 21.

Capítulo 6

LEITURA RECOMENDADA

ADAMS, Julia. *The Familial State: Ruling Families and Merchant Capitalism in Early Modern Europe*. Ithaca: Cornell University Press, 2005.

BENTON, Lauren. *Law and Colonial Cultures: Legal Regimes in World History, 1400-1900*. Nova York: Cambridge University Press, 2002.

BRENNER, Robert. *Merchants and Revolution: Commercial Change, Political Conflict, and London's Overseas Traders, 1550-1653*. 1993. Londres: Verso, 2003.

BREWER, John. *The Sinews of Power: War, Money, and the English State, 1688-1783*. Nova York: Knopf, 1989.

BROWN, Kathleen. *Good Wives, Nasty Wenches, and Anxious Patriarchs: Gender, Race, and Power in Colonial Virginia*. Chapel Hill: University of North Carolina Press, 1996.

ELLIOTT, J. H. *Empires of the Atlantic World*, cap. 5.

ELTIS, David. *The Rise of African Slavery in the Americas*. Nova York: Cambridge University Press, 2000.

GRUZINSKI, Serge. *Les quatre parties du monde: Histoire d'une mondialisation*. Paris: Editions de la Martinière, 2004.

KUPPERMAN, Karen Ordahl. *Indians and English: Facing Off in Early America*. Ithaca: Cornell University Press, 2000.

MACCORMACK, Sabine. *Religion in the Andes: Vision and Imagination in Early Colonial Peru*. Princeton: Princeton University Press, 1991.

MACMILLAN, Ken. *Sovereignty and Possession in the English New World: The Legal Foundations of Empire, 1576-1640*. Cambridge: Cambridge University Press, 2006.

NEWITT, Malyn. *A History of Portuguese Overseas Expansion, 1400-1668*. Nova York: Routledge, 2005.

PAGDEN, Anthony. *Lords of All the World: Ideologies of Empire in Spain, Britain and France ca.1500-ca.1800*. New Haven: Yale University Press, 1995.

PEARSON, M. N. *The Indian Ocean*. Londres: Routledge, 2003.

RAUDZENS, George (ed.). *Technology, Disease and Colonial Conquests, Sixteenth to Eighteenth Centuries: Essays Reappraising the Guns and Germs Theories*. Leiden: Brill, 2001.

STERN, Steve. *Peru's Indian Peoples and the Challenge of Spanish Conquest: Huamanga to 1640*. 2ª ed. Madison: University of Wisconsin Press, 1993.

SUBRAHMANYAM, Sanjay. *The Portuguese Empire in Asia, 1500-1700*. Londres: Longman, 1993.

TAYLOR, Jean Gelman. *The Social World of Batavia: European and Eurasian in Dutch Asia*. Madison: University of Wisconsin Press, 1983.

TESCHKE, Benno. *The Myth of 1648: Class, Geopolitics and the Making of Modern International Relations*. Londres: Verso, 2003.

TRACY, James D. (ed.). *The Political Economy of Merchant Empires: State Power and World Trade, 1350-1750*. Cambridge: Cambridge University Press, 1991.

_____. *The Rise of Merchant Empires: State Power and World Trade, 1350-1750*. Cambridge: Cambridge University Press, 1990.

WILLIAMS, Eric. *Capitalism and Slavery*. Chapel Hill: University of North Carolina Press, 1944.

OBRAS CITADAS

p. 199 intérprete de Colombo: de John Tolan, "Le Moyen Age", em Henry Laurens, John Tolan e Gilles Veinstein, *L'Europe et l'Islam: Quinze siècles d'histoire* (Paris: Odile Jacob, 2009), p. 113.

p. 199 "comércio cresceu": estatísticas de Kennedy, *Rise and Fall*, cap. 1, p. 27.

p. 200 "mais propício a guerras": J. S. Levy, 1983, citado em Parker, *Military Revolution*, cap. 5, p. 1.

p. 208 "receitas do rei João III": números de Tracy, *Rise of Merchant Empires*, p. 29.

p. 212 "músculos e dinheiro": Jean Gelman Taylor, *Indonesia: Peoples and Histories* (New Haven: Yale University Press, 2003), p. 198.

p. 214 box: "Postlethwayt": citado em Tracy, *Rise of Merchant Empires*, p. 196.

p. 216 o argumento "ferro e vírus" foi elaborado por Jared M. Diamond, *Guns, Germs, and Steel: The Fates of Human Societies* (Nova York: Norton, 1998).

p. 217 box: "duas visões espanholas": citado em John Lynch, *Spain under the Habsburgs* (Nova York: New York University Press, 1984), p. 158.

p. 217 Sobre os debates a respeito de população e da conquista, ver Raudzens, *Technology, Disease and Colonial Conquests*.

p. 225 "inteiramente sua": frase do Édito de Restrição de Apelações, 1533, citado em MacMillan, *Sovereignty and Possession*, pp. 21-2.

p. 226 Estatísticas sobre colonização de Jane H. Ohlmeyer, "'Civilizing of those rude partes': Colonization within Britain and Ireland, 1580-1640", em William Roger Louis, Alaine M. Low, Nicholas P. Canny e P. J. Marshall (eds.), *The Oxford History of the British Empire*. Vol. 1 (Nova York: Oxford University Press, 1998-9), p. 137.

p. 231 "infiltração": George Raudzens, "Outfighting or Outpopulating? Main Reasons for Early Colonial Conquests, 1493-1788", em Raudzens, *Technology, Disease and Colonial Conquests*, p. 39.

p. 231 "erma": William Bradford, *History of Plymouth Plantation, 1620-1647, in Two Volumes* (Nova York: Russell and Russell, 1968), p.156.

p. 231 proporções de Findlay e O'Rourke, *Power and Plenty*, cap. 1, p. 232.

p. 232 gastos de governo: números de Brewer, *Sinews of Power*, p. 40.

p. 235 Estatísticas de comércio de escravos de Philip Curtin, *The Atlantic Slave Trade: A Census* (Madison: University of Wisconsin Press, 1972), p. 7. Para uma atualização, ver David Eltis e David Richardson, eds., *Extending the Frontiers: Essays on the New Transatlantic Slavetrade Database* (New Haven: Yale University Press, 2008).

p. 236 "opção de saída": Albert O. Hirschman, *Exit, Voice, and Loyalty: Responses to Decline in Firms, Organizations, and States* (Cambridge: Harvard University Press, 1970).

Capítulo 7

LEITURA RECOMENDADA

AMITAI, Reuvan; BIRAN, Michal (eds.). *Mongols, Turks, and Others: Eurasian Nomads and the Sedentary World*. Boston: Brill, 2005.
CROSSLEY, Pamela Kyle. *A Translucent Mirror: History and Identity in Qing Imperial Ideology*. Berkeley: University of California Press, 1999.
ELLIOTT, Mark. *The Manchu Way: The Eight Banners and Ethnic Identity in Late Imperial China*. Stanford: Stanford University Press, 2001.
KIVELSON, Valerie. *Cartographies of Tsardom: The Land and Its Meanings in Seventeenth-Century Russia*. Ithaca: Cornell University Press, 2006.
KOLLMANN, Nancy Shields. *By Honor Bound: State and Society in Early Modern Russia*. Ithaca: Cornell University Press, 1999.
_____. *Kinship and Politics: The Making of the Muscovite Political System, 1345-1547*. Stanford: Stanford University Press, 1987.
MOTE, F. W. *Imperial China, 900-1800*. Cambridge: Harvard University Press, 1999.
OSTROWSKI, Donald. *Muscovy and the Mongols: Cross-Cultural Influences on the Steppe Frontier, 1304-1589*. Cambridge: Cambridge University Press, 1998.
PERDUE, Peter C. *China Marches West: The Qing Conquest of Central Eurasia*. Cambridge: Harvard University Press, 2005.
ROWE, William T. *Saving the World: Chen Hongmou and Elite Consciousness in Eighteenth-Century China*. Stanford: Stanford University Press, 2001.
SHIN, Leo. *The Making of the Chinese State: Ethnicity and Expansion on the Ming Borderlands*. Cambridge: Cambridge University Press, 2006.
SPENCE, Jonathan. *The Search for Modern China*. Nova York: Norton, 1990.
WAKEMAN, Frederic E. *The Great Enterprise: The Manchu Reconstruction of Imperial Order in Seventeenth--Century China*. Berkeley: University of California Press, 1985.
WALEY-COHEN, Joanna. *The Culture of War in China: Empire and the Military under the Qing Dynasty*. Londres: I. B. Tauris, 2006.
WONG, Roy Bin. *China Transformed: Historical Change and the Limits of European Experience*. Ithaca: Cornell University Press, 1997.
WORTMAN, Richard S. *Scenarios of Power: Myth and Ceremony in Russian Monarchy*. Vol. 1. Princeton: Princeton University Press, 1995.
ZITSER, Ernest A. *The Transfigured Kingdom: Sacred Parody and Charismatic Authority at the Court of Peter the Great*. Ithaca: Cornell University Press, 2004.

OBRAS CITADAS

p. 257 box: "Ai ai, minhas lágrimas": citado em Ostrowski, *Moscovy and the Mongols*, p. 163.
p. 261 "ordem de Judas": Zitser, *Transfigured Kingdom*, p. 99.
p. 273 "chegou aos 420 milhões": Mote, *Imperial China*, pp. 905-6.
p. 276 "refletir sobre o estudo": citado em Elliott, *The Manchu Way*, p. 292.
p. 279 box: "O senhor do céu": citado em Elliott, *The Manchu Way*, p. 241.

Capítulo 8

LEITURA RECOMENDADA

ADELMAN, Jeremy. *Sovereignty and Revolution in the Iberian Atlantic*. Princeton: Princeton University Press, 2007.
ARMITAGE, David. *The Ideological Origins of the British Empire*. Cambridge: Cambridge University Press, 2000.
BROERS, Michael. *Europe under Napoleon, 1799-1815*. Londres: Arnold, 1996.

COLLEY, Linda. *Britons: Forging the Nation, 1707-1837*. New Haven: Yale University Press, 1992.
DUBOIS, Laurent. *A Colony of Citizens: Revolution and Slave Emancipation in the French Caribbean, 1787-1804*. Chapel Hill: University of North Carolina Press, 2004.
ELLIOTT, J. H. *Empires of the Atlantic World*, cap. 5.
FORREST, Alan. *Napoleon's Men: The Soldiers of the Revolution and Empire*. Londres: Hambledon and London, 2002.
GOULD, Eliga. *The Persistence of Empire: British Political Culture in the Age of the American Revolution*. Chapel Hill: University of North Carolina Press, 2000.
HULSEBOSCH, Daniel J. *Constituting Empire: New York and the Transformation of Constitutionalism in the Atlantic World, 1664-1830*. Chapel Hill: University of North Carolina Press, 2005.
JAMES, C. L. R. *The Black Jacobins*. 1938. Nova York: Vintage, 1963.
MARSHALL, P. J. *The Making and Unmaking of Empires: Britain, India, and America, c. 1750-1783*. Nova York: Oxford University Press, 2005.
MUTHU, Sankar. *Enlightenment against Empire*. Princeton: Princeton University Press, 2003.
PITTS, Jennifer. *A Turn to Empire: The Rise of Imperial Liberalism in Britain and France*. Princeton: Princeton University Press, 2005.
POMERANZ, Kenneth. *The Great Divergence: Europe, China, and the Making of the Modern World Economy*. Princeton: Princeton University Press, 2000.
WOOLF, Stuart. *Napoleon's Integration of Europe*. Londres: Routledge, 1991.

OBRAS CITADAS

p. 301 "nobreza imperial": Woolf, *Napoleon's Integration of Europe*, p. 129.
p. 303 "império interno": Broers, *Europe under Napoleon*.
p. 305 "malditas colônias": citado em Jon Kukla, *A Wilderness So Immense: The Louisiana Purchase and the Destiny of America* (Nova York: Knopf, 2003), p. 249.
p. 305 "brandemburgueses, prussianos": citado em Clive Emsley, *Napoleon: Conquest, Reform and Reorganisation* (Harlow: Pearson/Longman, 2003), p. 65.
pp. 307-8 Dados sobre comércio de Marshall, *Making and Unmaking*, p. 13.
p. 310 "massa diversificada": citado em Marshall, *Making and Unmaking*, p. 204; dados de David Hancock, *Citizens of the World: London Merchants and the Integration of the British Atlantic Community, 1735-1785* (Cambridge: Cambridge University Press, 1997), pp. 27, 29, 387; "sol nunca se põe": sir George Macartney, 1773, citado em P. J. Marshall, introdução de William Roger Louis, Alaine M. Low, Nicholas P. Canny e P. J. Marshall (eds.), *The Oxford History of the British Empire*. Vol. 2 (Nova York: Oxford University Press, 1998-9), pp. 7-8; Armitage, *Ideological Origins*, p. 9.
p. 316 Estatísticas de publicação de Marshall, *Making and Unmaking*, p. 199.
p. 317 box: "Eu o acuso": Edmund Burke, *On Empire, Liberty, and Reform: Speeches and Letters* (New Haven: Yale University Press, 2000), p. 400.
p. 319 Benedict Anderson, *Imagined Communities: Reflections on the Origin and Spread of Nationalism* (Nova York: Verso, 1991).
p. 321 1812 constituição citada em Elliott, *Empires*, pp. 284-5.

Capítulo 9

LEITURA RECOMENDADA

ANDERSON, Fred; CAYTON, Andrew R. L. *The Dominion of War: Empire and Liberty in North America, 1500-2000*. Nova York: Viking, 2005.
ARMITAGE, David (ed.). *Theories of Empire, 1450-1800*. Brookfield: Ashgate, 1998.
BANNER, Stuart. *How the Indians Lost Their Land: Law and Power on the Frontier*. Cambridge: Harvard University Press, 2005.
BENDER, Thomas. *A Nation among Nations: America's Place in World History*. Nova York: Hill and Wang, 2006.
BREYFOGLE, Nicholas B. *Heretics and Colonizers: Forging Russia's Empire in the South Caucasus*. Ithaca: Cornell University Press, 2005.
BROWER, Daniel R.; LAZZERINI, Edward J. (eds.). *Russia's Orient: Imperial Borderlands and Peoples, 1700-1917*. Bloomington: Indiana University Press, 1997.

BROWN, Kathleen. *Good Wives, Nasty Wenches*, cap. 6.
BURBANK, Jane; VON HAGEN, Mark; REMNEV, Anatolyi. *Russian Empire: Space, People, Power, 1700-1930*. Bloomington: Indiana University Press, 2007.
CREWS, Robert D. *For Prophet and Tsar: Islam and Empire in Russia and Central Asia*. Cambridge: Harvard University Press, 2006.
FONER, Eric. *Nothing But Freedom: Emancipation and Its Legacy*. Baton Rouge: Louisiana State University Press, 1983.
GERACI, Robert. *Window on the East: National and Imperial Identities in Late Tsarist Russia*. Ithaca: Cornell University Press, 2001.
HENDRICKSON, David C. *Peace Pact: The Lost World of the American Founding*. Lawrence: University Press of Kansas, 2003.
HINDERAKER, Eric. *Elusive Empires: Constructing Colonialism in the Ohio Valley, 1673-1800*. Nova York: Cambridge University Press, 1997.
HOCH, Steven L. *Serfdom and Social Control in Russia: Petrovskoe, a Village in Tambov*. Chicago: University of Chicago Press, 1986.
KAPPELER, Andreas. *The Russian Empire: A Multi-Ethnic History*. Harlow, Inglaterra: Pearson Education, 2001.
KUPPERMAN, Karen Ordahl. *Indians and English: Facing Off in Early America*. Ithaca: Cornell University Press, 2000.
MEINIG, D. W. *The Shaping of America: A Geographical Perspective on 500 Years of History*. Vol. 2: *Continental America, 1800-1867*. New Haven: Yale University Press, 1986.
MERRY, Sally Engle. *Colonizing Hawai'i: The Cultural Power of Law*. Princeton: Princeton University Press, 2000.
MONTOYA, Maria E. *Translating Property: The Maxwell Land Grant and the Conflict over Land in the American West, 1840-1900*. Berkeley: University of California Press, 2002.
OSTLER, Jeffrey. *The Plains Sioux and U.S. Colonialism from Lewis and Clark to Wounded Knee*. Cambridge: Cambridge University Press, 2004.
RICHTER, Daniel K. *Facing East from Indian Country: A Native History of Early America*. Cambridge: Harvard University Press, 2001.
SMITH, Douglas. *Love and Conquest: Personal Correspondence of Catherine the Great and Prince Grigory Potemkin*. DeKalb: Northern Illinois University Press, 2004.
STANISLAWSKI, Michael. *Tsar Nicholas I and the Jews: The Transformation of Jewish Society in Russia, 1825-1855*. Philadelphia: Jewish Publication Society of America, 1983.
SUNDERLAND, Willard. *Taming the Wild Field: Colonization and Empire on the Russian Steppe*. Ithaca: Cornell University Press, 2004.
WERTH, Paul. *At the Margins of Orthodoxy: Mission, Governance, and Confessional Politics in Russia's Volga-Kama Region, 1827-1905*. Ithaca: Cornell University Press, 2002.
WHITE, Richard. *It's Your Misfortune and None of My Own: A New History of the American West*. Norman: University of Oklahoma Press, 1991.
_____. *The Middle Ground: Indians, Empires, and Republics in the Great Lakes Region, 1640-1815*. Nova York: Cambridge University Press, 1991.

OBRAS CITADAS

p. 330 "250 mil [...] 1,25 milhão": estatísticas de Richter, *Facing East*, p. 7.
p. 332 "negro, mulato": Lei da Colônia de Virgínia, 1691, citada em Brown, *Good Wives, Nasty Wenches*, p. 197.
p. 335 box: "Nossos pais": citado em Richter, *Facing East*, p. 59.
p. 337 "Apaches mortos" e "Durante o apogeu": números de White, *It's Your Misfortune*, pp. 30, 33.
p. 338 "todas as partes do mundo": Thomas Paine, "Declaration of Independence," http://www.archives.gov/exhibits/charters/declaration_transcript.html.
p. 338 "Império da liberdade": Robert W. Tucker e David C. Hendrickson, *Empire of Liberty: The Statecraft of Thomas Jefferson* (Nova York: Oxford University Press, 1990); "formação e consolidação de um império": citado em Norbert Kilian,"New Wine in Old Skins? American Definitions of Empire and the Emergence of a New Concept", em Armitage, *Theories of Empire*, p. 319.
p. 338 "Povo desunido": citado em Hendrickson, *Peace Pact*, p. 4.
p. 340 "em pé de igualdade": Ordenança do Noroeste de 1787, citada em Hinderaker, *Elusive Empires*, p. 231.
p. 340 "pessoa branca livre": lei de naturalização de 1790, citada em Hinderaker, *Elusive Empires*, p. 261.

pp. 340-1 "povo subjugado": citado em Hinderaker, *Elusive Empires*, p. 233; "o interior [...] hoje vive": John Dickinson, citado em Richter, *Facing East*, p. 224; Washington e Jefferson citados em Mann, *Dark Side of Democracy*, cap. 2, p. 92.
p. 342 "Eu adoto todos vocês": citado em Meinig, *The Shaping of America*, p. 184.
p. 342 "absurdo": Andrew Jackson citado em Richter, *Facing East*, p. 234.
p. 342 "raça inferior": *Johnson v. M'Intosh*, 1823; "nações domésticas dependentes": *Cherokee Nations v. Georgia*, 1831.
p. 343 "Um de cada oito morreu": números de White, *It's Your Misfortune*, p. 87.
p. 345 "Nós não queremos": citado em Montoya, *Translating Property*, p. 87.
p. 346 box: "extermínio": citado em Mann, *Dark Side of Democracy*, capítulo 2, p. 92.
p. 346 "daqui em diante, nenhuma nação ou tribo indígena": Ato de Apropriação Indígena de 3 de março,1871.
p. 347 "até que os indígenas": Ostler, *The Plains Sioux*, p. 130.
p. 349 "salvar a União": Howard Zinn, *A People's History of the United States: 1492-Present* (Nova York: Harper Collins, 2003), p. 191.
p. 349 "nada além da liberdade": citado em Foner, *Nothing But Freedom*, p. 55.
p. 351 box: "império gigantesco": Brooks Adams, *The New Empire* (Nova York: Macmillan, 1902), p. xv.
p. 355 "sessenta e oitenta 'nações'": números de Johann Gottlieb Georgi e Heinrich Storch, citados em Kappeler, *Russian Empire*, pp. 8, 141.
p. 355 "privilégios obtidos": citado em Kappeler, *Russian Empire*, p. 73.
p. 356 "final, geral e irrevogável": tratado citado em Kappeler, *Russian Empire*, p. 80.
p. 356 "origem polonesa": números de Kappeler, *Russian Empire*, p. 83.
p. 362 "tolerância de todas as crenças": citado em Crews, *For Prophet and Tsar*, p. 45.
p. 365 "demonstrações de bondade": citado em Sunderland, *Taming the Wild Field*, p. 64.
p. 366 Estatísticas de Hoch, *Serfdom and Social Control*, p. 3.

Capítulo 10

LEITURA RECOMENDADA

BAYLY, C. A. *Imperial Meridian: The British Empire and the World, 1780-1830*. Harrow: Longman, 1989.
BENTON, Lauren. *Law and Colonial Cultures*, cap. 6.
BOSE, Sugata. *A Hundred Horizons: The Indian Ocean in the Age of Global Empire*. Cambridge: Harvard University Press, 2006.
CHANOCK, Martin. *Law, Custom and Social Order: The Colonial Experience in Malawi and Zambia*. Cambridge: Cambridge University Press, 1985.
COHN, Bernard. *Colonialism and Its Forms of Knowledge: The British in India*. Princeton: Princeton University Press, 1996.
COLE, Juan. *Colonialism and Revolution in the Middle East: Social and Cultural Origins of Egypt's 'Urabi Movement*. Cairo: American University of Cairo Press, 1999.
CONKLIN, Alice. *A Mission to Civilize: The Republican Idea of Empire in France and West Africa, 1895-1930*. Stanford: Stanford University Press, 1997.
DAUGHTON, J. P. *An Empire Divided: Religion, Republicanism, and the Making of French Colonialism, 1880-1914*. Oxford: Oxford University Press, 2006.
DAVIS, David Brion. *The Problem of Slavery in the Age of Revolution*. Ithaca: Cornell University Press, 1975.
FERRER, Ada. *Insurgent Cuba: Race, Nation, and Revolution, 1868-1898*. Chapel Hill: University of North Carolina Press, 1999.
GILMARTIN, David. *Empire and Islam: Punjab and the Making of Pakistan*. Berkeley: University of California Press, 1988.
GOSWAMI, Manu. *Producing India: From Colonial Economy to National Space*. Chicago: University of Chicago Press, 2004.
HALL, Catherine. *Civilising Subjects: Metropole and Colony in the English Imagination, 1830-1867*. Chicago: University of Chicago Press, 2002.
HOLT, Thomas. *The Problem of Freedom: Race, Labor and Politics in Jamaica and Britain, 1832-1938*. Baltimore: Johns Hopkins University Press, 1992.
KRAMER, Paul A. *The Blood of Government: Race, Empire, the United States, and the Philippines*. Chapel Hill: University of North Carolina Press, 2006.

MCKITTRICK, Meredith. *To Dwell Secure: Generation, Christianity, and Colonialism in Ovamboland.* Portsmouth, NH: Heinemann, 2002.
METCALF, Thomas. *Imperial Connections: India in the Indian Ocean Arena, 1860-1920.* Berkeley: University of California Press, 2007.
ROBINSON, Ronald; GALLAGHER, John. "The Imperialism of Free Trade". *Economic History Review*, 2nd ser., 6 (1953): pp. 1-15.
SCHMIDT-NOWARA, Christopher; NIETO-PHILLIPS, John (eds.). *Interpreting Spanish Colonialism: Empires, Nations, and Legends.* Albuquerque: University of New Mexico Press, 2005.
STORA, Benjamin. *Algeria: A Short History, 1830-2000.* Tradução por Jane Marie Todd. Ithaca: Cornell University Press, 2004.
TRAUTMANN, Thomas. *Aryans and British India.* Berkeley: University of California Press, 1997.
WILDENTHAL, Lora. *German Women for Empire, 1884-1945.* Durham: Duke University Press, 2001.

OBRAS CITADAS

p. 371 Estatísticas de renda de Findlay e O'Rourke, *Power and Plenty*, cap. 1, p. 414.
p. 376 "preguiça selvagem": frase do agente colonial britânico Henry Taylor, 1833, citado em Holt, *Problem of Freedom*, p. 74.
p. 377 Dados sobre trabalho escriturado de Metcalf, *Imperial Connections*, p. 136.
p. 383 Números do Vietnã de Pierre Brocheux e Daniel Hémery, *Indochine, la Colonisation Ambigue, 1858-1954* (Paris: Découverte, 2001), p. 175.
p. 389 box: "commonwealth das nações": citado em W. David McIntyre, *The Commonwealth of Nations: Origins and Impact, 1869-1971* (Minneapolis: University of Minnesota Press, 1977), p. 4.
p. 391 Números sobre sistemas de cultivo de Jean Gelman Taylor, *Indonesia: Peoples and Histories* (New Haven: Yale University Press, 2003), p. 240.
p. 391 box: "Império ao estilo europeu": citado em Marius Jansen, "Japanese Imperialism: Late Meiji Perspectives", em Ramon Myers e Mark Peattie (eds.), *The Japanese Colonial Empire, 1895-1945* (Princeton: Princeton University Press, 1984), p. 64.
p. 392 Números referentes a contadores de C. W. Newbury, *Patrons, Clients, and Empire: Chieftaincy and Over-Rule in Asia, Africa, and the Pacific* (Nova York: Oxford University Press, 2003), p. 84.
p. 394 "imperador dos árabes": citado em Stora, *Algeria*, p. 5.
p. 396 Christopher Bayly, "Distorted Development: The Ottoman Empire and British India, circa 1780-1916", *Comparative Studies of South Asia, Africa and the Middle East* 27 (2007): pp. 332-44.
p. 402 box: "sem a Índia": George Curzon, *Persia and the Persian Question* (1892; Londres: Cass, 1966), p. 4.
p. 402 Números do PIB de Angus Maddison, *The World Economy: Historical Statistics* (Washington, DC: OECD, 2003), tabelas 5a-5c, pp. 180-5.
p. 403 Frantz Fanon, *The Wretched of the Earth*, tradução por Constance Farrington (Nova York: Grove Press, 1965).
p. 403 Lenin, *Imperialism, the Highest Stage of Capitalism* (1916; Nova York: International Publishers, 1939).
p. 413 J. A. Hobson, *Imperialism: A Study* (1902; Ann Arbor: University of Michigan Press, 1965).
p. 414 "um quarto da população mundial": Kennedy, *Rise and Fall*, cap. 1, pp. 225-6.
p. 421 "linhas divisórias": W. E. B. DuBois, *The Souls of Black Folk* (Chicago: A. C. McClurg, 1903), p. 1.

Capítulo 11

LEITURA RECOMENDADA

BARKEY, Karen; VON HAGEN, Mark (eds.). *After Empire: Multiethnic Societies and Nation-Building, the Soviet Union and the Russian, Ottoman, Habsburg Empires.* Boulder: Westview Press, 1997.
BROWER, Daniel. *Turkestan and the Fate of the Russian Empire.* Nova York: Routledge-Curzon, 2003.
BURBANK, Jane; RANSEL, David (eds.). *Imperial Russia: New Histories for the Empire.* Bloomington: Indiana University Press, 1998.
BURBANK, Jane; VON HAGEN, Mark; REMNEV, Anatolyi. *Russian Empire,* cap. 9.
DERINGIL, Selim. *The Well-Protected Domains: Ideology and the Legitimation of Power in the Ottoman Empire, 1876-1909.* Londres: Tauris, 1999.
FIELD, Daniel. *The End of Serfdom: Nobility and Bureaucracy in Russia, 1855-1861.* Cambridge: Harvard University Press, 1976.

FINKEL, Caroline. *Osman's Dream*, cap. 5.
FRIEDMAN, Rebecca. *Masculinity, Autocracy and the Russian University, 1804-1863*. Nova York: Palgrave Macmillan, 2005.
HOCH, Steven. *Serfdom and Social Control in Russia*, cap. 9.
JUDSON, Pieter M. *Exclusive Revolutionaries: Liberal Politics, Social Experience, and National Identity in the Austrian Empire, 1848-1914*. Ann Arbor: University of Michigan Press, 1996.
_____. *Guardians of the Nation: Activists on the Language Frontier of Imperial Austria*. Cambridge: Harvard University Press, 2006.
KAYALI, Hasan. *Arabs and Young Turks: Ottomanism, Arabism, and Islamism in the Ottoman Empire, 1908-1918*. Berkeley: University of California Press, 1997.
MAKDISI, Ussama. *The Culture of Sectarianism: Community, History, and Violence in Nineteenth-Century Ottoman Lebanon*. Berkeley: University of California Press, 2000.
MARKS, Steven G. *Road to Power: The Trans-Siberian Railroad and Colonization of Asian Russia, 1850-1917*. Ithaca: Cornell University Press, 1991.
PORTER, Brian. *When Nationalism Began to Hate: Imagining Modern Politics in Nineteenth-Century Poland*. Nova York: Oxford University Press, 2002.
QUATAERT, Donald. *The Ottoman Empire, 1700-1922*. 2ª ed. Cambridge: Cambridge University Press, 2005.
STITES, Richard. *Serfdom, Society, and the Arts in Imperial Russia*. New Haven: Yale University Press, 2005.
SZPORLUK, Roman. *Communism and Nationalism: Karl Marx versus Friedrich List*. Nova York: Oxford University Press, 1988.
UNOWSKY, Daniel L. *The Pomp and Politics of Patriotism: Imperial Celebrations in Habsburg Austria, 1848-1916*. West Lafayette: Purdue University Press, 2005.
WHITTAKER, Cynthia. *The Origins of Modern Russian Education: An Intellectual Biography of Count Sergei Uvarov, 1786-1855*. De Kalb: Northern Illinois University Press, 1984.
WOLFF, Larry. *Inventing Eastern Europe: The Map of Civilization on the Mind of the Enlightenment*. Stanford: Stanford University Press, 1994.
WORTMAN, Richard S. *Scenarios of Power: Myth and Ceremony in Russian Monarchy*. Vol. 2. Princeton: Princeton University Press, 2000.

OBRAS CITADAS

p. 426 "Por sua liberdade e pela nossa": Porter, *When Nationalism*, p. 22.
p. 428 "eterna religião": Barbara Jelavich, *St. Petersburg and Moscow: Tsarist and Soviet Foreign Policy, 1814-1974* (Bloomington: Indiana University Press, 1974), p. 42.
p. 439 Dados sobre exércitos: Quataert, *Ottoman Empire*, p. 63.
p. 440 Dados sobre funcionários públicos: Quataert, *Ottoman Empire*, p. 62.
p. 455 "ignorá-lo" general Kaufman: citado em Daniel Brower, "Islam and Ethnicity: Russian Colonial Policy in Turkestan" em Brower e Lazzerini, *Russia's Orient*, cap. 6, p. 119.
p. 471 baixas de guerra: Richard C. Hall, *The Balkan Wars, 1912-1913: Prelude to the First World War* (Nova York: Routledge, 2000), p. 135.

Capítulo 12

LEITURA RECOMENDADA

BARKEY, Karen; VON HAGEN, Mark (eds.). *After Empire*, cap. 11.
BOSE, Sugata; JALAL, Ayesha. *Modern South Asia: History, Culture, Political Economy*. Londres: Routledge, 1998.
FROMKIN, David. *Europe's Last Summer: Who Started the Great War in 1914?* Nova York: Knopf, 2004.
_____. *A Peace to End All Peace: The Fall of the Ottoman Empire and the Creation of the Modern Middle East*. Nova York: Henry Holt, 1989.
HIRSCH, Francine. *Empire of Nations: Ethnographic Knowledge and the Making of the Soviet Union*. Ithaca: Cornell University Press, 2005.
HULL, Isabel V. *Absolute Destruction: Military Culture and the Practices of War in Imperial Germany*. Ithaca: Cornell University Press, 2005.
LOHR, Eric J. *Nationalizing the Russian Empire: The Campaign against Enemy Aliens during World War I*. Cambridge: Harvard University Press, 2003.

LOWER, Wendy. *Nazi Empire-Building and the Holocaust in Ukraine*. Chapel Hill: University of North Carolina Press, 2005.
MACMILLAN, Margaret. *Paris 1919: Six Months That Changed the World*. Nova York: Random House, 2003.
MANELA, Erez. *The Wilsonian Moment: Self-Determination and the International Origins of Anticolonial Nationalism*. Nova York: Oxford University Press, 2007.
MARTIN, Terry. *The Affirmative Action Empire: Nations and Nationalism in the Soviet Union, 1923-1939*. Ithaca: Cornell University Press, 2001.
MAZOWER, Mark. *Dark Continent: Europe's Twentieth Century*. Nova York: Vintage, 1999.
_____. *Hitler's Empire: Nazi Rule in Occupied Europe*. Londres: Allen Lane, 2008.
MYERS, Ramon; PEATTIE, Mark (eds.). *The Japanese Colonial Empire, 1895-1945*. Princeton: Princeton University Press, 1984.
SINHA, Mrinalini. *Specters of Mother India: The Global Restructuring of an Empire*. Durham: Duke University Press, 2006.
SPENCE, Jonathan. *Search for Modern China*, cap. 7.
YOUNG, Louise. *Japan's Total Empire: Manchuria and the Culture of Wartime Imperialism*. Berkeley: University of California Press, 1998.
ZÜRCHER, Erik J. *Turkey: A Modern History*. Londres: I. B. Tauris, 1993.

OBRAS CITADAS

p. 474 De Gaulle citado em Michael Stürmer, *The German Empire, 1870-1918* (Nova York: Modern Library, 2000), p. 84.
p. 477 "judeus de consciência nacional": citado em Marsha Rozenblitt, "Sustaining Austrian 'National' Identity in Crisis: The Dilemma of the Jews in Habsburg Austria, 1914-1919", em Pieter M. Judson e Marsha L. Rozenblit (eds.), *Constructing Nationalities in East Central Europe* (Nova York: Berghahn Books, 2005), p. 185.
p. 480 Gandhi citado em Niall Ferguson, *Empire: The Rise and Demise of the British World Order and the Lessons for Global Power* (Nova York: Basic Books, 2003), pp. 302-3.
p. 482 Dados sobre soldados coloniais de Ferguson, *Empire*, p. 304 e A. S. Kanya-Forstner, "The War, Imperialism, and Decolonization", em J. M. Winter, Geoffrey Parker e Mary R. Habeck (eds.), *The Great War and the Twentieth Century* (New Haven: Yale University Press, 2000), p. 246.
p. 483 "culpando trabalhadores": Michael Geyer, "German Strategy in the Age of Machine Warfare, 1914-1945", em Peter Paret (ed.), *Makers of Modern Strategy: From Machiavelli to the Nuclear Age* (Nova York: Oxford University Press, 1986), pp. 550-1.
p. 484 "plano Schlieffen": Michael Howard, "The First World War Reconsidered", em J. M. Winter, Geoffrey Parker e Mary R. Habeck (eds.), *The Great War and the Twentieth Century* (New Haven: Yale University Press, 2000), p. 26.
p. 485 "um árabe de raça pura": Lord Kitchner citado em Efraim Karsh e Inari Karsh, *Empires of the Sand: The Struggle for Mastery in the Middle East, 1789-1923* (Cambridge: Harvard University Press, 1999), pp. 204-5.
p. 488 Bender, *Nation among Nations*, cap. 9, p. 243.
p. 489 Dados populacionais de MacMillan, *Paris 1919*, pp. 211-9, 241.
p. 489 A frase de Curzon é mencionada em Rogers Brubaker, *Nationalism Reframed: Nationhood and the National Question in the New Europe* (Nova York: Cambridge University Press, 1996), cap. 6; dados sobre refugiados de Mann, *Dark Side of Democracy*, cap. 2, p. 67.
p. 493 "grande ideia [...] civilização": frases do primeiro-ministro grego Eleftherios Venizelos, 1919, citado em Karsh e Karsh, *Empires of the Sand*, pp. 94, 330.
p. 494 Dados sobre mortes e realocações (ambos sabidamente imprecisos) de Zürcher, *Turkey*, p. 164 e Justin McCarthy, *Muslims and Minorities: The Population of Ottoman Anatolia and the End of Empire* (Nova York: New York University Press, 1983), pp. 130-3.
p. 495 "2,5 milhões de quilômetros quadrados": John Howard Morrow, *The Great War: An Imperial History* (Nova York: Routledge, 2004), p. 308.
p. 497 industrialização japonesa: dados de Kennedy, *Rise and Fall*, cap. 1, p. 299.
p. 502 box: "10 mil árabes": citado em Fromkin, *Peace to End All Peace*, p. 497.
p. 514 "campanhas aniquiladoras": citado em C. A. Bayly e T. N. Harper, *Forgotten Armies: The Fall of British Asia, 1941-1945* (Cambridge: Harvard University Press, 2006), p. 2.
p. 512 "raças inferiores": citado em Mazower, *Dark Continent*, pp. 148, 212.
p. 520 Mazower, *Hitler's Empire*, p. 7.

Capítulo 13

LEITURA RECOMENDADA

ALLINA-PISANO, Jessica. *The Post-Soviet Potemkin Village: Politics and Property Rights in the Black Earth*. Nova York: Cambridge University Press, 2008.
ALLMAN, Jean Marie. *The Quills of the Porcupine: Asante Nationalism in an Emergent Ghana*. Madison: University of Wisconsin Press, 1993.
BAYLY, C. A.; HARPER, T. N. *Forgotten Armies: The Fall of British Asia, 1941-1945*. Cambridge: Harvard University Press, 2006.
CHRISTIE, Clive. *A Modern History of Southeast Asia: Decolonization, Nationalism and Separatism*. Londres: Tauris, 1996.
CONNELLY, Matthew. *A Diplomatic Revolution: Algeria's Fight for Independence and the Origins of the Post-Cold War Era*. Nova York: Oxford University Press, 2002.
COOPER, Frederick. *Decolonization and African Society: The Labor Question in French and British Africa*. Cambridge: Cambridge University Press, 1996.
DOWER, John. *War without Mercy: Race and Power in the Pacific War*. Nova York: Pantheon, 1986.
GRANT, Bruce. *In the Soviet House of Culture*. Princeton: Princeton University Press, 1995.
GUHA, Ramachandra. *India after Gandhi: The History of the World's Largest Democracy*. Londres: Macmillan, 2007.
HYAM, Ronald. *Britain's Declining Empire: The Road to Decolonisation, 1918-1968*. Cambridge: Cambridge University Press, 2006.
JUDT, Tony. *Pós-guerra*. Rio de Janeiro: Objetiva, 2008.
KOTKIN, Stephen. *Armageddon Averted: The Soviet Collapse, 1970-2000*. Nova York: Oxford University Press, 2001.
LOUIS, Wm. Roger. *The British Empire in the Middle East, 1945-1951: Arab Nationalism, the United States, and Postwar Imperialism*. Oxford: Oxford University Press, 1984.
MARR, David. *Vietnam 1945: The Quest for Power*. Berkeley: University of California Press, 1995.
SHEPARD, Todd. *The Invention of Decolonization: The Algerian War and the Remaking of France*. Ithaca: Cornell University Press, 2006.
STORA, Benjamin. *Algeria, 1830-2000: A Short History*. Trad. Jane Marie Todd. Ithaca: Cornell University Press, 2001.
WESTAD, Odd Arne. *The Global Cold War: Third World Interventions and the Making of Our Times*. Cambridge: Cambridge University Press, 2005.

OBRAS CITADAS

p. 532 Proclamação do Comitê Francês de Liberação Nacional, 8 de dezembro de 1943, e da rainha dos Países Baixos, dezembro de 1942, citado em Paul H. Kratoska, "Dimensions of Decolonization", em Marc Frey, Ronald W. Pruessen e Tai Yong Tan, *The Transformation of Southeast Asia: International Perspectives on Decolonization* (Ardsley: M. E. Sharpe, 2003), pp. 11, 13; Henri Laurentie, "Pour ou contre le colonialism? Les colonies françaises devant le monde nouveau", *Renaissances*, 10 de outubro de 1945.
p. 536 dados sobre prisões e mortes de Bayly e Harper, *Forgotten Armies*, p. 548.
p. 537 estatísticas de morte de Sugata Bose e Ayesha Jalal, *Modern South Asia: History, Culture, Political Economy* (Londres: Routledge, 2003), p. 190.

Índice remissivo

Abdulamide II, 442-4, 459-60
Abraão, 103
Abu Baquir, 107
Abu Sa'id, 154
Achéns, 208
ações afirmativas, 275, 541, 578
Açores, 205
Açúcar e Selos, leis de, 311-2
açúcar:
    consumo de, 235, 347, 380, 417;
    e conexões imperiais, 206, 209-10, 216, 292, 305, 307, 311-2;
    em impérios atlânticos, 39, 40, 113, 165, 168, 210, 232, 235-6, 240, 287, 293, 298, 308, 310, 323, 331, 375-6, 378, 572;
    Ver também economias, imperiais, *plantations*, escravidão
Adams, Brooks, 351
Adams, John, 311
Áden, 387
administração:
    caráter enxuto da, 32-3, 395-7, 408-9, 418-20, 502;
    centralização de, 69, 70, 75, 77-8, 82-3, 87-8, 265-6, 299, 300, 351-3, 444-6, 460-2, 504-5;
    governança dual e, 157, 274-5;
    idioma de, 396-7, 455-6;
    instituições de, 49-54, 77-81, 86-7, 97-100, 105, 110-1, 119-20, 135-6, 144-5, 147-8, 160-1, 168-71, 183-97, 195-7, 205-6, 207-10, 211-5, 221-2, 232-4, 251-2, 256-62, 263, 269-71, 273-5, 299, 300-7, 310-4, 315-8, 338-41, 351-3, 358-66, 388-9, 394-400, 408-9, 439-40, 442-50, 453-6, 462-4, 499-501, 504-8, 519-21, 536-41, 552-4, 558-60, 563-5, 569-71, 573-7;
    vigilância, 73-76, 85-6, 147-9, 395-6, 408-9, 418-9, 421-2, 430-1, 433-4, 440-1, 507-9;
    Ver também burocracia, censo, impérios chineses: oficiais do, intermediários, populações,
Afeganistão, 108, 135, 143, 156-7, 352, 458, 478, 484, 555, 567, 579, 584-5

África: 400-14, 418-24, 536-48, 573-7;
    colonização da, 371-5, 378-86, 418-24, 467-8, 496-7, 512;
    comércio e exploração europeus da, 38-9, 199, 200, 204-11, 213-4, 237-8, 289-90, 322-3;
    descolonização da, 27, 536-48, 573-4;
    e a reestruturação após a Primeira Guerra Mundial, 488-9, 493-4, 500-1, 516-7;
    e tráfico de escravos, 12-3, 39, 40, 183, 209-10, 217-8, 229-30, 235-6;
    exploração chinesa (Ming) da, 203-4, 267-8;
    impérios islâmicos na, 102-3, 106-9;
    impérios nativos na, 28-9, 236-7, 403-4;
    Império Otomano na, 38-9, 164-5, 178-9;
    manutenção das distinções étnicas na, 408-9, 501;
    Império Romano na, 46, 53, 59, 63-4, 92-5;
    Ver também impérios coloniais
África, Norte da, 39, 46, 63-4, 94, 107-9, 114, 165-7, 178, 183, 205, 392-3, 522, 545
África do Sul, 29, 318, 388, 403, 406, 412-3, 420, 475, 481, 494, 547-9
África Equatorial Francesa, 480, 521-2
África Ocidental Francesa, 29, 405, 408, 411, 421, 480, 482, 541, 580
Africânderes, 412-3
africanos:
    enquanto alvo de reformas, 28-9, 373-6, 407-9, 409-10, 420-1, 475-6, 502, 529-30, 537-8, 573-4, 576-7;
    nas Américas, 216-23, 232-3, 295-6, 307-8, 320-2, 327, 339-41, 368-9;
    nas guerras mundiais, 475-83, 501, 503, 521-2;
    Ver também movimentos anticoloniais, cidadania, escravidão
agricultura e produtores nativos, 488-9, 401-2, 410-2;
    Ver também camponeses, *plantations* e plantadores, escravidão
ajuda estrangeira, 547
Alasca, 331, 352, 454
Albânia, albaneses, 460, 466;
    Ver também Bálcãs, Império Otomano
Aleixo Mikhailovich, 258-9

Alemanha (após 1845):
  divisão leste-oeste na, 560-2;
  e decantação étnica, 551-2;
  ocupação da, 551-2;
  prosperidade pós-imperial da. 42, 558, 559-61;
Alemanha e povos germânicos (antes de 1870): 66, 116-7, 122-4;
  e Napoleão, 304-6;
  e o Império Hasbsburgo, 163-4, 220-1, 571-6;
  e o Império Polonês, 355-7;
  e o Império Russo. 284, 355-7, 363-5;
  e os otomanos, 192-3;
  Ver também Sacro Império Romano, Prússia
Alemanha Ocidental, 560-1
Aleutas, 331, 454
Alexandre I, 357, 427-8, 430
Alexandre II, 367, 369, 437, 452, 454-5
Alexandre III, 455
Alexandre, o Grande, 20-1, 45, 47, 58, 159
Alexandria, 94, 96, 103
alfabetismo:
  e a Revolução Francesa, 290-1;
  em Roma, 67;
  e o Império Chinês, 267-9, 272-3, 276-7;
  e revoltas de escravos, 296-8;
  no Império Habsburgo, 468-70;
alfabetos:
  arábicos, 276-7;
  cirílico, 247-51;
  entre os mongóis, 144-5;
  na China, 75, 265-6, 276-7, 278-80;
  na URSS, 508-9;
  Uigur, 141-2, 147-8, 276-7;
algodão, 113, 142, 178, 228, 265, 308, 350, 399, 455, 457
Algonquin, 333
Ali (enteado de Maomé), 106-7
  Santa Aliança, 428-9
alistamento:
  e a ideia nacional, 293-5;
  na China, 147-9;
  no Império Francês, 575-6, 481-3;
  no Império Napoleônico, 303-4;
  no Império Otoano, 439;
  na Rússia, 259-61, 467-8;
  nos Estados Unidos, 349-52
Allah, 104
almóadas, 108
almorávidas, 108
Alpes, 47, 428
Altai, terras altas de, 70
América:
  descoberta acidental da, 22-3, 38-40, 159, 199;
  disputa imperial pela, 167-8, 210-1, 223, 229-31, 237-8, 288-9, 310-1, 312-4, 334-8;
  efeitos destrutivos da colonização das, 39-40, 200-1, 238-40, 571-3;
  impérios x nações na, 25, 33-4, 287-90, 296-300, 310-14, 318- 24, 415-6;
  independência na, 290;
  migração forçada de africanos para a, 22-3, 39-40, 222-3, 232-3, 235;
  revoluções na. 288-90, 318-40;
  situações distintas de povos indígenas na, 22-3, 39-41, 164-6, 168-9, 214-24, 231-3, 242-3, 321-3, 327-47;
  Ver também Brasil, Império Britânico, economias imperiais, Império Francês, nativos dos EUA, comércio de escravos/ escravidão, Império Espanhol, Estados Unidos
América Central, 29, 336, 418
América do Norte:
  enquanto espaço imperial, 25, 225, 229-30, 234-5, 242, 288, 289, 291 (mapa), 307-8, 310-1, 313, 318--20, 327-32, 336-7, 344, 351, 388, 405, 544, 573;
  população da, 230;
  Ver também Império Britânico, Império Francês, nativos norte-americanos, Império Espanhol.
América do Sul, 25, 29, 216, 319, 325;
  Ver também Brasil, Império Português, Império Espanhol
América Latina:
  e os Estados Unidos, 415, 418;
  e os interesses imperiais britânicos, 379;
  Ver também Brasil, México, Império Espanhol
Amritsar, 500-1
Amsterdã, 211, 213, 238
Anarquismo, 454, 473
Anatólia, 39, 53, 59, 101-2, 126, 156, 174-5, 178-80, 188-9, 196, 392, 460-1, 484-6, 491, 493-4
Anda, 134, 138-40
Andaluzia, 113
Anderson, Benedict, 319
anglo-saxões, 120
Angola, 206, 403, 548-9, 582
Antióquia, 94, 96
Antissemitismo, 451, 462, 469, 512, 577
apaches, 336
aquedutos, 53, 97, 99, 115
árabe:
  e a viagem de Colombo, 199;
  escrita em, 276-7;
  enquanto língua de devoção, 112-3;
  literatura em, 110-1, 112-3, 569-70;
  na Rússia, 363-4, 508-9;
  no Império Otomano, 461-2;
  no Império Romano, 94-5;
árabes:
  ciência dos, 32-3, 204-5;
  e a reestruturação após a Primeira Guerra, 489-95;
  e as cruzadas, 124-6;
  enquanto comerciantes, 178-9, 199, 201-2, 405-6;
  e o petróleo, 550-2, 581-3;

influência sobre o Império Otomano, 38-9, 160-1, 173-4, 196, 570-1;
nacionalismo entre os, 484-5, 492-3, 495-7, 580-1;
na Primeira Guerra, 485-7;
na Segunda Guerra, 518-20;
nos impérios islâmicos, 103-8;
sob jugo otomano, 192-3, 392, 441-3, 460-2, 577-8, 485-7, 549-50, 576-7;
Ver também impérios islâmicos
Arábia:
após a Primeira Guerra, 589-90;
e as origens do império islâmico, 34-5, 37-8, 103-7, 111-2;
e o comércio 103-4, 228-9, 267-8;
otomanos na, 38-9, 189-92;
Ver também Arábia Saudita
Aragão, 162-35, 171-2, 191, 320, 571
Argel, 178, 193, 393
Argélia, 37, 85, 166, 192, 393-5, 410, 496, 516, 539, 541, 543, 545-6, 549
Argentina, 323
aristocracias, aristocratas:
após Roma, 98-100, 196, 569-70;
e a sociedade colonial, 572-3;
e a sociedade europeia, 98-9, 114-26, 211-2;
e o parlamento britânico, 306-7;
fidelidade problemática das, 116, 118-9, 196, 261, 286, 569-71;
na administração imperial, 72, 79-80, 97-8, 110-1, 125-6, 127-9, 160-1, 195-7, 212-4, 245, 255-6, 261, 569-70;
na França e na Revolução Francesa, 225-6, 287, 392-3, 318;
na república polonesa, 240-1;
no Império Romano, 57, 87-8;
privilégios da, 309-10;
sob Napoleão, 299-304;
Ver também classe, intermediários, nobreza
Armada, 172, 210, 225
armas:
arco composto enquanto, 138;
convenções legais sobre, 436-8;
custo das, 39-40, 118-9, 186-7, 210-1, 232-4, 239-41, 575-6;
e a busca por vantagens militares, 69-70, 75, 137-8, 199, 201, 207-9, 215-6, 237-8, 280-1, 286, 371-3, 382-3, 405-6, 418-9, 426-7, 436-7, 439-41, 450-2, 453-5, 569-71;
e a caça, 330-1;
e a diplomacia de navios armados, 379-80;
eficácia das, 436-7, 518-9, 554;
em territórios ex-coloniais, 559-61;
enquanto bem de comércio, 207-8, 330-1;
metralhadora, 371-2, 382-3,418-9;
na China, 137-8, 141-2;
Ver também Exército

armas nucleares, 554
Armênia, 492-3, 505-6, 556
armênios:
e o comércio, 178-80, 201-2, 228-9, 238-9;
e os mongóis, 146;
massacres dos, 586-7, 593-4, 576-7;
na Polônia, 355-6;
na Terra Santa, 126-7;
no Império Bizantino, 94-7;
no Império Habsburgo, 424-5;
no Império Otomano, 187-8, 442-3, 460-2, 586-7, 593-4, 576-7;
Armitage, David, 310
arquitetura:
e as potências imperiais, 60-2, 67, 94-6;
e o Império Russo 261;
e os impérios mongóis, 151-2, 157-8;
na Rússia de Kiev, 247-8;
nos impérios islâmicos, 112-3;
arroz, 39, 69, 82, 113, 142, 152, 232, 315, 331, 386, 522
artes e ciência:
e o governo imperial, 31-2, 38-9, 111-3, 147-8, 152-4, 261, 301-2, 360, 569-70;
em impérios islâmicos, 106-7, 110-3, 569-70;
na Europa, 213-4, 431-2, 451-2, 463-4, 465-6;
no Império Bizantino, 94-6, 102-3;
no Império Romano, 31-2, 61-3;
no Império Russo, 246;
nos impérios chineses, 73-4, 141-2, 149-50, 267-9, 277-9;
nos impérios mongóis, 32-3, 131-2, 133-4, 127-8, 140-1, 143-4, 147-8, 152-4;
Ver também arquitetura
Artigos da Confederação, 338
Asante, 405
Ásia. *Ver* Impérios chineses, redes comerciais, Eurásia, Índia, Império Japonês, Sudeste Asiático
Ásia Central, 28-9, 45, 69-71, 81-2, 114-5, 131-2, 134-5, 143-6, 149-50, 152-3, 155-7, 172-4, 178-9, 183, 223-4, 265, 256-7, 263, 268-9, 273, 382-3, 505-6, 508-9, 555, 557, 564-5;
canatos da, 454-5;
expansão russa pela, 351-3, 455-7;
Ver também Eurásia
Asiento, 206
Assembleia Constituinte (Rússia), 505
Assembleia Nacional Constituinte (França), 293, 296
Assembleia Nacional de Frankfurt, 445
assentamento permanente, 205-6
Asteca, Império, 167, 216-7, 230, 329, 571;
Ver também Império Espanhol
astronomia, 152;
Ver também artes e ciência
Atenas, 62-3
Átila, 132
Atlântico, oceano:

ÍNDICE REMISSIVO

e o fluxo de ideias, 324, 348-9
enquanto espaço de rivalidade imperial, 239-41, 287-9, 308-10;
e redes econômicas, 171-2, 179-80, 199, 205-6, 209-10, 214-5, 233-6, 239-40, 312-4, 330-2;
ilhas do, 164-6, 205-6, 214-6;
Ato de Apropriações Indígenas, 343
Ato de Direitos Civis, 349
Ato de Naturalização, 340
Ato de Remoção Indígena, 343
Ato de União, 318
Atos de comércio e relações com indígenas, 341
Atos de Navegação, 233, 240, 311
Audiências, 169, 196, 222
Augusto, 47, 55-9, 63
Áustria. *Ver* Império Habsburgo
Áustria-Hungria, 41, 477-80, 484, 574;
   Ver também Império Habsburgo
autocracia, 262, 353, 430-1, 453, 456-8, 484, 504;
   Ver também Império Russo
autodeterminação, 41, 487-9, 495, 503, 578
autogoverno, 52, 295, 356, 365, 374, 466, 476, 496, 500, 529, 545, 549, 573
azeite, 59, 100
Azerbaijão, 505

Baal, 63
Babilônia (rei babilônico), 61
Babur, 156, 402
Baden, 305
Badeni, Kazimir Felix, 464
Bagdá:
   após a Primeira Guerra, 489-90;
   capturada pelos seljúcidas, 111-2, 173, 570-1;
   capturada por Tamerlão, 155-6;
   e a ferrovia de Istambul, 469-8;
   enquanto capital abássida, 108-9, 112-5, 585-6;
   saqueada pelos mongóis, 111-2, 126-7, 131, 146, 586;
Bakunin, Mikhail, 434
Balcanização, 537
Bálcãs:
   conflitos interimperiais pelos, 434-8, 443-4, 447-8, 455-61, 465-6;
   e a URSS, 551-2;
   e as origens da Primeira Guerra, 477-80;
   e as reconfigurações pós-Primeira Guerra, 488-9;
   e o Império Otomano, 166-7, 178-9, 184-5, 188-92, 492, 435-6, 438, 470-2, 576-8;
   expulsão dos muçulmanos dos, 470-2, 485-6;
   guerras nos. 41-2, 455-6, 459-61, 465-6, 470-2, 485-6, 579-80;
   nos impérios Romano, Bizantino e Carolíngio, 59, 99-101, 120-1, 125-6;
   Ver também Bósnia-Herzegovina, Bulgária, Império Habsburgo, Império Otomano, Sérvia, turcos

Báltico (região), 151, 202, 211, 214, 233, 246, 249, 253, 260, 352, 356, 436-7
bandidos:
   nos impérios chineses, 176;
   no Império Otomano, 187
Bao Dai, 524, 533
bárbaros, 31-2, 48, 62, 66-7, 82, 89, 98-9, 132, 165, 257, 266, 398, 568, 570
Barcelona, 165
Bartlett, Robert, 129
Basra, 490
Batávia, 212-3, 238
Batu, 131, 145, 155, 249-50
Bauer, Otto, 463
Bavária, 305, 433, 462
Bayly, Christopher, 396
Bélgica, 120, 159, 165, 373, 402, 405, 407-8, 413, 418, 479-90, 487, 494, 512, 515, 520, 549
beligerância, 182, 258, 475
Belley, Jean-Baptiste, 296-7
bem-estar social, 469, 530
Bender, Thomas, 488
Bengala, 213-4, 228, 314-6
Benim, 237
berberes, 94, 107-8
Berg, 303
Berke, 155
Berlim, 407, 433, 451, 455, 459, 463-4, 473, 486, 495, 546, 555-6
Bharat Mata, 401
Bielorrússia, bielorrussos, 505
Bihar, 315-6
Bismarck, Otto von, 407, 449-51, 455, 476
Bispos, 96, 119-20, 128, 241, 362
Bitínia, 174
Blair, Tony, 565
Bodin, Jean, 192
boiardos, 254-6, 257-9, 261
Bolívar, Simón, 322
Bombaim, 228, 315
Borkluje Mustafa, 189
borracha, 386, 413-4, 522, 527, 535
Börte, 139, 143
Bose, Subhas Chandra, 524
Bósforo, 98, 102, 178, 435
Bósnia-Herzegovina, 455, 464, 466, 478;
   Ver também Império Habsburgo
Bourbons, 241, 320
brâmanes, 397
Brasil, 167-8, 171-2, 205-6, 222-3, 235, 378-9;
   colonização do, 209-11;
   enquanto império, 322-3, 572-3;
   Portugal eclipsado pelo, 210-1, 322-3;
   Ver também emancipação (de servos e escravos), escravidão
"Bretanha Maior", 388, 456

ÍNDICE REMISSIVO

bretões no Império Romano, 226;
  Ver também Império Britânico, Grã-Bretanha
Brewer, John, 232
Broers, Michael, 303
bronze, 70, 142, 328
Buda (homem), 79
Buda (local), 193
budismo, 32, 79, 83
búfalo, 331, 344
Buganda, 405
Bukhara, 455
Bulgária, 359, 455, 459, 465, 470-1, 552, 554
búlgaros, 134, 143, 364, 459, 471
Burgundia, 165
Burke, Edmund, 310, 316-7, 375, 421
Burkhan Khaldun, 136, 143
Burma, 383, 386-7, 521-4
burocracia:
  ausência de, em Roma, 53;
  e a África, 419-20;
  e a Secretaria de Assuntos Indianos, 347;
  e as colônias europeias, 371-3, 419-20;
  e as reformas napoleônicas, 299-303;
  e o Império Japonês, 513;
  na África do Sul, 412-3, 419-20;
  na Índia, 396-7, 401-2;
  no Império Bizantino, 97-8, 99-100, 105-6;
  no Império Habsburgo, 444-5, 448-9;
  no Império Otomano, 183, 186-7, 194, 439-42;
  nos impérios chineses, 79-80, 268-70, 273-5;
  Ver também impérios chineses: servidores nos, intermediários
Bursa, 174, 188

Cabo Verde, 205
caça, 137, 143, 183, 278, 329, 331, 333, 336
cacau, 411, 527
Cachemira, 537
caciques, 217
Cádiz, 168, 215, 320-1
café, 292, 305, 347, 380, 527
Caio Otávio, 55
Cairo, 112-4
Calcutá, 228, 382
Califa, 107-11, 113, 122, 128, 131, 146, 197, 485, 500
califado abássida, 109-11, 150, 570;
  Ver também impérios islâmicos
califado omíada, 107-8
califados, *Ver* impérios islâmicos
Califórnia, 218, 336-7, 344, 352
calmuques, 360
calvinistas, 241
Câmara dos Representantes (Estados Unidos), 339
Camarões, 407, 481
Camboja, 385, 533-4
Camilo, 47

camponeses:
  capitalismo e os, 309-10;
  e revoluções camponesas, 504, 523-4, 529-30;
  na África, 410-1;
  na China, 71-2, 75-6, 155, 202-3, 265-8;
  na Espanha, 162-3, 196, 304-5, 308-9;
  na Europa, 308-9, 422-3;
  na Índia, 398-400;
  na URSS, 552-3;
  no Egito, 491-2;
  na França, 290-3, 308-9;
  no Império Bizantino, 98-9;
  no Império Carolíngio, 114-22, 127-8;
  no Império Espanhol, 220-1, 318-20;
  no Império Habsburgo, 446-7;
  no Império Otomano, 184-5;
  no Império Romano, 60;
  no Império Russo, 246-7, 258-9, 355-8, 360-1, 366-7, 430-1, 439, 444-5, 453-7, 494-5, 504, 512;
  no Sudeste Asiático, 214, 518-9, 523-4;
  Ver também servidão
Canadá, 29, 313, 318, 331, 346, 387-8, 475, 481, 573
Canais, 46-7, 53, 71, 76, 85-6, 97-8, 114-5, 129-30, 227-8, 344, 408-9
canato (Horda Dourada), 146, 154, 156, 250
canato chagatai, 146, 155-6;
  Ver também Tamerlão
canato da Crimeia, 252
canato Quipchaco (Horda Dourada), 155
Cantão, 382, 384
capitais:
  importância das, 46-7, 54, 59-60, 71, 77, 79-81, 86-7, 102-3, 108-9, 146-7, 155-6, 177-8, 246-7, 247-50, 355-6, 496-7, 502, 516-7;
  movimento das, 20-2, 31-3, 47-8, 66, 77-8, 82-3, 85-6, 91-2, 103-4, 118-9, 145-6, 173-4, 261-7, 311-2, 493-4;
capital:
  necessidade dos impérios por, 209-12, 214-5, 220-1, 229-30, 307-8, 322-3, 374-6, 480-3, 390, 403-4, 440-1;
capitalismo:
  base normativa do, 289-91, 309-10, 318-9, 374-6;
  desenvolvimento do, 306-9, 372-3, 411-2, 423-4, 452-3, 504, 575-6;
  e a concorrência interimperial, 403-4, 423-4;
  e o mundo após os impérios, 534-5, 554, 560-3, 674-5;
  enquanto revolução, 289-90;
  e teorias do imperialismo, 41-2, 389-91, 403-4, 574-5;
  hesitação em impor o, 368-9, 397-9, 398-9, 452-3, 575-6;
  na África do Sul, 403, 547-50;
  regulação do, 554, 557, 560-1;

relação com o império, 223-4, 389-90, 307-10, 318-9, 368-9, 372-3, 387-8, 407-9, 562-4, 574-6, 578-9;
   Ver também redes comerciais, comunismo, economias imperiais, extraterritorialidade, socialismo
Caracórum, 145
Caribe, 25, 27, 36, 39, 167-8, 199, 206, 210, 214-6, 223, 225, 229, 232, 235-6, 295-6, 298, 305, 308, 310, 313, 318-9, 321, 331, 348, 375-8, 387, 480, 539, 569, 572-3, 575;
   Ver também Império Britânico: no Caribe, Cuba, Império Francês: no Caribe, Guiana, Haiti, Jamaica, Porto Rico, Santo Domingo, Império Espanhol: no Caribe
carisma, 135, 141, 258-9
Carlos Magno, 35, 97, 115-22, 124, 128-9, 256, 300, 570
Carlos Martel, 117
Carlos V, 35, 123, 159-61, 163, 165-6, 168, 171-3, 191-5, 197, 256, 443, 474
Carlos VI (França), 156
Carolina do Sul, 232, 331
carruagens, 70, 73
Cartago, 52-3
cartografia: ver mapas
carvão, 308, 386, 522, 562
casamento:
   na dinastia Qing, 277-8;
   no Império Russo, 284;
   nos Estados Unidos; 349-50;
   Ver também poligamia
Caso Dred Scott, 345-6
Cáspio, 146, 246, 456, 476
Casta, 219, 397, 401
Castela, 156, 162-5, 168, 171-2, 191, 215, 571
castor, 331;
   Ver também peles
Cathay, 136
Catalunha, catalões, 172, 320
Catarina II (a Grande), 285, 358-9
Cáucaso, 134, 143, 156, 183, 352, 362, 365, 433, 454, 510, 555, 567
Cavalaria, 57, 70, 81, 119, 138, 190
Cavalo de Przhevalski, 133
   Ver também cavalos
Cavalo Doido, 346
cavalos:
   e a conexão entre China e nômades, 69-72, 81-2, 265-6, 273-4;
   e regimes eurasiáticos, 110-1, 569-70;
   e os mongóis, 132-3, 137-9, 141-2, 147-8, 151-2, 155, 337-8;
   nas Américas, 215-6, 220, 328-9, 323-3, 337-8;
   no Império Carolíngio, 118-9, 121-2;
Cavour, 447

cazaques, 267, 504
Cazaquistão, 553
Ceilão, 209, 213, 318, 397
celtas, 108
censo: 59, 83-4, 121-2, 148-9, 400-1;
   nos impérios Britânico e Chinês, comparados, 421-2;
   nos impérios mongóis, 148-9;
   no Império Yuan, 147-8;
censura, 434, 452, 454, 460, 464
cerâmica, 60, 67
César, enquanto título, 102, 191-2, 256, 371;
   Ver também kaiser, czar
chá, 133, 204, 228, 268, 308, 312, 380, 382, 399
Changan, 59, 78, 80
Chanyu, 81-3
Charles (príncipe da Coroa britânica), 565
Chechênia, 433, 557, 585
Chengde, 278
cheremises, 360
cherokees, 343
cheyennes, 346-7
China, República da: 497-9, 522-4;
   comunismo na, 498-9;
   e a invasão japonesa, 496-8;
   nacionalismo na, 496-8;
   unidade da, 598-9, 522-4;
China, República Popular da, 562-6;
   e a tradição imperial chinesa, 562-4;
   e o capitalismo, 562-4;
   enquanto potência imperial, 562-6;
   intervenções na Coreia e no Vietnã 523-4, 563-4;
Chou En-lai, 323
Chu Yuan-chang, 266
Chukchis, 353
Churchill, Winston, 502, 536, 551, 553
Cícero, 61-2
cidadania:
   e a descolonização, 540-5, 574-6, 578-80;
   e a distinção entre cidadãos e súditos, 40-2, 393-4, 409-10, 421-3, 500-1, 539-41;
   e a equivalência política e social, 33-4, 42, 319-20, 323, 338-9, 349-50, 526;
   e a emancipação dos escravos, 38-40, 349-50, 377-8;
   e a reivindicação de serviços sociais, 526, 540-1, 545, 574-6;
   e diferenças culturais, 393-4, 469-70, 539-41;
   e o serviço de guerra, 53, 57, 64, 290-3, 303-4, 581-3, 501, 568-9;
   exclusões da, 295-6, 338-46, 348-9, 356-8, 358-70, 493-4, 409-10, 423-4, 501;
   extensão pelo império da, 31-2, 52-3, 64-65, 87-9, 296-300, 349-50, 377-8, 538-40, 545;
   na Rússia, 495-6;

nacional × imperial, 24-5, 35-6, 41-2, 287-300, 323-4, 423-4, 427-8, 480-2, 500-1, 529-30, 538-40, 567-9, 676-7;
no Império Britânico, 542-5, 575-6;
no Império Francês, 40-2, 290-301, 377-8, 393-4, 409-10, 460-70, 481-2, 501, 539-41, 545, 568-9, 574-6;
no Império Habsburgo, 446-7, 463, 467-8, 470-1;
no Império Otomano, 440-2, 466-8, 568-9;
no Império Romano, 20-1, 46-9, 49-61, 64-68, 87-9, 567-9;
nos Estados Unidos, 323, 327-40, 344-6, 349-50, 368-70;
versões restritivas da, 163-4, 293-4, 393-4;
Ver também nação, ideia de
Cidade do México, 336
Cidade Proibida, 267, 270
cidades-estados, 28-9, 36, 88, 164, 202, 293
ciência. *Ver* artes e ciência
cirílico, 247-8, 510
Cisleitânia, 447-8
Citas, 98
civilização, civilizações:
colisão de, 100-1;
enquanto afirmação de superioridade, 32-5, 67, 89, 194, 261-2, 275-6, 328-9, 348, 351-2, 371, 377-9, 407-9, 419-20, 429-30, 493-4, 547-8, 420-1;
e o status dos povos incorporados, 222-3, 242-3, 342-3, 400-2, 530-1;
Cixi, 384
classe:
cavaleiros, 124-5, 128-30;
e assimilação às elites imperiais, 54;
e a hierarquia em populações colonizadas, 49, 50, 73-4, 319-21, 390-401, 416-8, 491-2, 516-8, 536-7, 544-5, 576-7;
e a mobilidade em sociedades imperiais, 53, 79-81, 226-7, 313-4;
e a Revolução Francesa, 290-3;
e a sociedade soviética, 504-6, 510;
e modelos de hierarquia imperial, 194-6, 261-2;
e o desenvolvimento capitalista, 309-10, 450-1;
e propriedade, 220-1, 233-5, 308-10;
e tensões na Europa do século XIX, 308-10, 450-1, 459-61, 510;
e tensões na Primeira Guerra Mundial, 475-7;
na América Latina pós-revolucionária, 319-21;
na Europa napoleônica, 304-5;
na política indiana, 517-8, 536-7;
na revolução norte-americana, 313-4;
nas Filipinas, 416-7;
oficial, 20-1, 97-8, 187-8;
operárias, 422-4, 450-1, 453-4, 457-8, 476-8, 504-7, 575-7;
popular, 226-7, 290-1, 439-41, 450-1;
Ver também aristocracias, capitalismo, nobreza

clientelismo, 106, 125, 186, 209-11, 396, 411, 485, 496, 547, 555, 559
Clive, Robert, 316
Clóvis, 117
cobre, 142, 411, 527
Código. *Ver* direito: códigos
Código Napoleônico, 300-1;
Ver também direito: no Império Francês
Colinas Negras, 347
Colômbia, 324
Colombo, 22, 158, 165, 167, 199, 215, 571
colonialismo:
enquanto conceito político, 371-2, 400-2;
enquanto "moderno", 371-3, 402-3, 408-9, 420-4;
Ver também movimentos anticoloniais, impérios: crítica aos
colônias penais, 388
colonização:
como antecipação a outros impérios, 372-4, 403-6, 423-4, 574-5;
definição da base moral para, 24-5, 40-2, 222-3, 242-3, 316-7, 363-9, 407-9, 412-3, 420-1;
e a partilha da África, 402-14;
e governo × conquista, 23-4, 408-9, 418-20;
e ocupação, 559-61, 585;
falta de consenso na Europa a respeito da, 373-9, 394-5, 407-13, 420-1;
governo manchu enquanto, 497-9;
gradual, 307-8, 314, 378- 80, 393-5;
intensificação da, na Índia, 317-8, 394-403;
na Rússia, 352-3, 353-5, 455-8;
no Império Romano, 33-5, 50-2;
no Leste e Sudeste da Ásia, 522-3;
pelos Estados Unidos, 414-6;
pelos Habsburgo, 463-4, 466-7;
Ver também movimentos anticoloniais, impérios coloniais, conquista, impérios europeus, imperialismo: de livre-comércio, Império Japonês, resistência, à conquista
colonos. *Ver* assentamentos
colonos e colonização:
ambivalência dos governos coloniais frente aos, 410-2;
e a secessão dos impérios, 33-4, 233-5, 310-4, 320-1, 336-7, 571-3;
e reivindicações de participação no regime imperial, 234-5, 242-3, 287-9, 295-7, 310-3, 318-20, 323-4;
e expansão dos Estados Unidos, 341-7, 368-9;
na África, 402-3, 408-9, 410-2, 481-2, 547-8, 573-4;
na África do Sul, 411-3, 547-50;
na Argélia, 393-4, 544-5;
na Austrália e Nova Zelândia, 388-9;
na China, 273-5;
na Irlanda, 226-7;
na Rússia, 360, 362, 364-6, 368-9, 453-7;

ÍNDICE REMISSIVO

nas Américas, 22-3, 39-40, 167-72, 209-11, 214-26, 229-35, 297-9, 309-14, 318-38, 572-3;
no Império Britânico, 226-7, 229-34, 310-4, 327-38, 388-9, 408-11;
no Império Espanhol. 170-2, 214-24, 230-1, 318-23, 336-7;
no Império Francês, 225-6, 297-9, 387-9, 393-4, 409-12, 481-2, 544-5;
no Império Holandês, 214-5, 522-3, 533-4;
no Império Japonês, 497-8, 515-6;
nos impérios mongóis, 154-5;
no império nazista, 519-21;
no Império Português, 209-11, 402-3;
no Império Romano, 51-2;
no Sudeste Asiático, 387-8;
nos impérios islâmicos, 105-8;
nos repertórios imperiais, 22-3, 199-201, 323-6, 236-8, 306-7, 368-9, 572-3;
repatriação de, após a descolonização, 534-5, 544-5, 547-50;
Ver também intermediários, *plantation*, escravidão
Colonus, 100
Comecon (Conselho para Auxílio Econômico Mútuo), 554;
Ver também União das Repúblicas Socialistas Soviéticas
comércio:
e a colonização insidiosa, 314, 394-5;
e a formação dos Estados, 28, 167-72, 178-80, 212-4, 239-41, 250-3, 570-2;
e a partilha da África, 405-8;
e a Revolução Industrial, 308-10, 379-81;
e a URSS. 510;
e as sociedades do Sudeste Asiático, 201-3, 212-3, 387-8;
e contestações no oceano Índico, 207-8, 211-4;
e o Império Britânico, 323-9, 233-4, 308-9, 312-4, 380-3, 405-8, 417-9;
e o Império Carolíngio, 119-21;
e o Império Espanhol, 167-72, 239-41, 319-21;
e o Império Holandês, 211-4;
e o Império Otomano, 173, 178-80, 202-3, 227-8, 391, 437-8,467-8;
e o Império Romano, 59-60;
e o Império Russo, 249-53, 453-4;
e os impérios chineses, 69-70, 135-7, 202-4, 266-8, 270-1, 380-7, 391, 571-3, 582-3;
e os impérios islâmicos, 103-4, 115-112-3, 129-30;
e os impérios mongóis, 133-4, 143-5, 150-4, 157-9;
e os nativos norte-americanos, 330-2, 336-7, 340-2;
Estados Unidos e 416-8, 558-9, 578-80;
soviético-alemão, 507-9;
Ver também Companhia Britânica das Índias Orientais, cacau, algodão, Companhia Holandesa das Índias Orientais, economias, imperiais, peles, ouro, monopólios, ópio, óleo de dendê, prata, comércio de escravos, especiarias, açúcar, chá
Cominform (Secretaria Comunista de Informação), 554;
Ver também União das Repúblicas Socialistas Soviéticas
Comintern (Comunista Internacional), 496, 507;
Ver também União das Repúblicas Socialistas Soviéticas
Comissão Legislativa, 360, 366
Comitê de União e Progresso (CUP), 460-1, 486
comitia tributa, 49
Commonwealth:
bizantino, império enquanto, 96-7;
de Porto Rico, 413-34;
enquanto proposta para o Império Holandês, 530-3;
Ver também Commonwealth Britânico, domínios (britânicos)
Commonwealth Britânico, 29, 496, 499, 547, 583;
Ver também domínios (britânicos), Companhia Britânica da África Oriental
Companhia Britânica das Índias Orientais
Companhia da Virgínia, 229
Companhia do Levante, 227
Companhia Holandesa das Índias Orientais (VOC), 211-5, 227, 233, 242, 388
Companhia Real da África, 229
Companhia Sul-Africana, 407-8
Comunidade Econômica Europeia, 17, 562-3
Comunidade Europeia do Carvão e do Aço, 562
Comunidade Francesa, 541-2, 583
comunismo, comunistas:
colapso do, 309-10, 530-1, 567, 584-5;
e a ordem pós-Segunda Guerra, 526, 530-1, 551-4, 560-1;
enquanto tipo de império, 17-8, 36-7, 42, 487-8;
na China, 598-9, 422-3, 527, 563-4, 567-9;
na Europa, 473, 513;
na França, 516-7;
na Malásia, 534-5;
no mundo colonial, 501, 516-9, 522-4, 527, 551-2;
no Vietnã, 522-4, 533-4;
Ver também Guerra Fria, socialismo, União das Repúblicas Socialistas Soviéticas
concubinas:
no Império Otomano, 180-6, 197;
no Império Russo, 247;
nos impérios chineses, 75, 277-8;
nos impérios mongóis, 143-4;
Confederação:
do Reno, 302-3;
enquanto alternativa ao império, 28-30, 310-2, 529-30, 541, 567;
entre nativos americanos, 230-1, 329-30, 334-5;

609

eurasiática (tribal), 27, 71, 135-9, 144-5, 155-6, 257-8, 268-9, 271, 273-4, 569-71;
germânica, 449-52;
Sacro Império Romano enquanto, 122-3, 240-2;
Suíça, 240-2;
União Europeia enquanto, 529-30, 561-2, 567, 583-4;
Ver também Federação, Estados: tipos de Confederação (sul dos EUA) 348-9, 368-9
Confederação Germânica, 450
Confederações, 27, 29, 134, 144, 155, 257, 268, 271, 274, 329, 333, 570, 583
Conferência de Bandung, 546, 548, 564, 569
Conferência de Berlim, 407, 495
Conferência de Bruxelas, 407
Conferência de Paz de Paris (1919), 488, 490
Conferência Pan-Africana (1900), 421
conflito Israel/Palestina, 492, 550, 567
Confúcio, e os impérios chineses, 78, 269, 278
Congo, 205-6, 407, 413-4, 512, 559, 567
Congresso de Berlim (1878), 451, 455, 459, 464
Congresso de Viena (1815), 425, 428, 494, 563
Congresso, dos Estados Unidos, 343, 345-6, 349, 351,
Congresso Nacional Africano, 548
Congresso Nacional Indiano, 402, 502, 517, 521, 536
conquista:
    da África, 402-9;
    da Argélia, 392-4;
    tropas imperiais em, 407-9;
    e a expansão imperial, 48-50, 53, 64-65, 71, 81-2, 142-8, 299-300, 305-7;
    da Indochina, 487;
    versus "infiltração", 230-1;
    dos japoneses no Sudeste da Ásia, 522-3;
    limites da, 64, 419-20;
    mongol, 131-2, 142-7;
    nazista, 519-21;
    e as origens do império, 46-9, 118-20, 131-2, 142-7, 206-8, 211-3, 215-7;
    e as recompensas por serviço, 54-6, 119-21, 138-41;
    Ver também Exército
conspiração dezembrista, 430
Constantino, 65-6, 68, 86, 92, 96, 181, 256, 569
Constantinopla, 61, 66, 92-9, 100-3, 106, 114, 122, 125-6, 154, 159, 175, 178, 247-9, 255, 352, 432, 455, 459;
    Ver também Istambul
Constituição, 448-50;
    Cherokee, 342-3;
    de Toussaint L'Overture, 298-9;
    do Império Francês, 40-2, 294-7, 539-41;
    dos Estados Unidos, 327-8, 338-9;
    e a demanda colonial por reformas constitucionais, 500-1, 567-9;
    espanhola (1812), 320-2, 400-2;
    na China, 498-9;

na Rússia, 429-31, 433-4, 453-4, 456-8, 461-3, 582-4;
no Império Habsburgo, 443-5, 446-50, 463;
no Império Otomano, 440-2, 461-2;
polonesa, 355-7, 427-8, 432-4;
contrainsurgência, 535
contrato social, 288, 360
Convenção de Berlim (1833), 433
Convenções de Genebra, 437
coptas, 94, 126
Corão, 103, 105, 114, 189, 362-3, 443
Corásmia, 142, 144, 146
Córdoba, 108, 112, 114
Coreia, 272, 390-1, 457, 496-7, 511, 558, 564
Coreia do Sul, 581
Cornwallis, Lorde, 317
Córsega, 47, 53
cortes (Parlamento espanhol), 320-2
Cortés, Hernando, 161, 168, 191, 216, 218, 320-1
Cossacos, 253, 355, 359-60, 365
Costa do Ouro, 411, 501, 542, 544
Crimeia, 41, 252, 359, 362, 366, 425, 436-8, 452- 3, 553, 576
Criollos, 311, 313, 319, 322, 569
cristianismo, cristãos:
    após o fim do Império Otomano, 550-1;
    divisões internas do, 91-2, 95-7, 101-3, 116-7, 121-2, 125-7, 165-7, 171-2, 192-3, 195, 199-200, 223-4, 356;
    e a escravidão, 331-2;
    e as guerras na Europa, 191-3, 241-2;
    em impérios islâmicos, 105-8, 129-30;
    e o direito canônico, 241-2;
    e o Império Espanhol, 35-6, 170-1, 191-2, 220-4;
    e os Estados Unidos, 417-8;
    e os impérios europeus, 159-60, 163-4, 199-200, 427-9, 431-3, 443-4, 569-70;
    e os nativos americanos, 347;
    latim, 124-7;
    na África do Sul, 547-8;
    no Egito, 491-2;
    no Império Bizantino, 92-7, 101-4, 114-5, 128-30, 247-8, 569-70;
    no Império Habsburgo, 446-91, 469-71;
    nos impérios chineses, 268-9, 279-80, 384-6;
    nos impérios eurasiáticos, 139-40;
    no Império Francês, 393;
    no Império Otomano, 33-4, 173-4, 190-5, 187-92, 343-6, 441-3, 459-61;
    no Império Romano, 31-3, 63-68, 89, 115-7;
    no Império Russo, 246-9, 255-7, 261, 286, 355-8, 430-3;
    origens imperiais do, 37-9, 102-4;
    peregrinação no, 124-5;
    propagação do, 68, 96-7, 129-30, 171-2, 205-6, 221-3, 258-60;
    proteção do, 433-6, 437-8, 442-3;

sob governos mongóis, 32-3, 135-6, 149-52;
universalismo e o, 63-4, 124-6, 159, 194, 223-4,
569-70;
Ver também Igreja Católica, cruzadas, reinos
latinos, missionários, monoteísmo, Igreja
Ortodoxa, peregrinação, protestantismo
croatas, 448, 464, 466
Cruz Vermelha, 391, 436
Cruzadas, 38, 101-2, 125-6, 128-9, 197, 585
Cuba, 322, 375, 378, 414-7, 531, 559, 574
cunhagem, 168
CUP. *Ver* Comitê para a União e o Progresso
Curdistão, 187
curdos, 17, 110, 442, 460, 493, 577
Curzon, Lorde, 489
Custer, general George, 347
czar, czares, enquanto título, 256-9, 261-2, 355, 357,
359, 367, 430, 458, 461, 505, 552, 577;
Ver também César, Império Russo
Czartoryski, Adam Jerzy, 357

Daguestão, 433
dakotas, 346
Dalai Lama, 279, 283
Damasco, 107-8, 112
daneses, povos de idioma dinamarquês 120-1, 165-6,
403-4, 425, 466-7, 519-20
Daniel, 251
Danilovitch, 251-2, 255, 258;
Ver também príncipes moscovitas
Danúbio, 59, 433, 437, 571
daoísmo, 78
Daomé, 237, 483
dar al-harb, 105
dar al-Islam, 105, 363
Dardanelos, 174, 178, 435, 484, 486
Davis, David Brion, 375
de Gaulle, Charles, 474, 522, 532, 545
Décima Quarta Emenda, 350, 368
Décima Terceira Emenda, 349, 351
Declaração de Independência (Estados Unidos),
348, 525
Déli, 156
democracia:
e império, 405-6, 448-50, 458-9, 461-2, 504-5,
539-40, 547-8, 575-6;
e os Estados pós-coloniais, 547-8, 550-2, 580-1;
e os tipos de Estado, 25, 29-30, 289-90, 466-7;
exclusões da e restrições da, 322-3, 388-9, 422-3,
547-8, 575-6;
exportação da, 42-3, 583-4;
na China, 564-5;
na Índia, 580-1;
Ver também eleições, repúblicas
descolonização, 27-30, 37-8, 529-30, 578-80;
da África, 537-50, 581-2;

da América espanhola, 321-3;
da Argélia, 541-5;
da Índia, 535-7;
das Filipinas, 416-7, 527;
do Sudeste Asiático, 530-5, 581-2;
e a libertação dos Estados europeus, 42-3, 560-2;
e a nova ordem internacional, 546-50, 551-2, 559,
60, 579-80;
e a política pós-colonial, 27, 546-7, 558-9, 567-8,
580-2;
e a responsabilidade pelo colonialismo, 549-50,
580-2;
e as conquistas japonesas no Sudeste da Ásia,
35-6, 42, 523-7, 578-9;
e as origens dos Estados Unidos, 313-4, 338-9;
Estados Unidos e a, 558-9;
no Haiti, 298-300;
Ver também movimentos anticoloniais, impérios
coloniais: reestruturação dos, após a Segunda
Guerra, Estado-nação
desenvolvimento, econômico, 239, 39-, 456, 578;
Ver também capitalismo: desenvolvimento do,
economias, imperiais
destino manifesto, 327, 584
devshirme, 184-5
dhimma, 106
Diagne, Blaise, 482, 501
diamantes, 412-3
diásporas, e redes interimperiais, 43, 114, 179, 197, 414
Dickinson, John, 340
Diderot, Denis, 295
Diets, 445, 447
diferença, 30-3, 327-8, 586-7;
e a imposição de uma cultura dominante, 30-2,
65-66, 76-7, 220-2, 302-4, 363-4, 375-7, 396-8,
416-8, 455-7, 557, 578-9, 586-7;
e classificações dos povos, 294-5, 372-4, 400-2,
418-23;
enquanto princípio de governo, 273-81, 284, 286,
352-3, 456-7, 461-2;
manutenção da, 30-2, 419-21;
política da, 30-3, 87-9, 91-2, 128-30, 226-7, 238-9,
263-4, 275-6, 294-5, 327, 368-9, 371-3, 402-3,
418-9, 425-7, 470-1, 512, 586;
Ver também missões civilizatórias, impérios:
incorporação e diferenciação nos,
populações: decantação de, raça, religião
dinastia fatímida, 109-14
dinastia Han, 28-9, 69-70, 77-85, 135-6, 155, 569-70;
e a legitimidade dos Qin, 75;
e as elites regionais, 69-70, 77-9, 82-4;
e nômades, 80-4, 89, 131-2;
mobilidade social sob os, 79-80;
origens dos, 77-9;
Ver também impérios chineses
dinastia Jin, 141-2, 145

dinastia Liao, 136
dinastia Meiji, 389
dinastia merovíngia, 117
dinastia Ming: 155, 199-200, 263-72, 274-9;
  economia da, 266-70;
  estratégia antiestrangeiros na, 265-7;
  e Yuan, 265-8;
  florescimento cultural da, 268-70;
  origens da, 265-7;
  relação com os nômades da, 265-71;
  viagens marítimas sob a, 202-4, 266-8, 571-3;
  vulnerabilidade da, 270-1;
  Ver também impérios chineses
direito:
  canônico, 241-2;
  carolíngio, 120-1;
  códigos, 60-2, 79, 92-5, 150-1, 189-91, 256-7, 299-300, 303-4, 349, 360, 364-6, 380-1, 430-1, 440-1, 481-2, 539-40;
  de costumes, 353-5, 365-6, 371-3, 398-9, 409, 409-10, 539-40;
  e administração imperial, 48-9, 60-1, 73, 77-9, 86-8, 92-5, 105, 150-1, 189-91, 223, 234-5, 367-8, 371-3, 393, 398-9, 502;
  e desafios ao governo imperial, 220-1;
  e Império Romano, 46-9, 54-5, 60-2, 65-67, 87-8;
  e Império Russo, 256-9, 261-2, 286, 351-4, 360-1, 364-9, 430-1, 433-5, 457-9;
  e Império Espanhol, 222-4;
  e impérios europeus, 194-5, 371-2;
  e juristas, 23-4, 60-1, 123-4, 150-1, 222-3, 229-31, 311-2, 362;
  em impérios franceses, 293-4, 299-304, 393, 409, 481-2, 539-40;
  enquanto *kanun*, 189-90;
  e o Império Britânico, 225-6, 229-31, 233-4, 331-2, 375-8, 396-9, 408-9;
  e pluralismo legal, 53-4, 279-80, 398-9;
  e profissionais legais, 60-1;
  e raça, 331-2, 342-3, 349, 519-20;
  hindu, 315;
  internacional, 17-8, 43-4, 92-5, 171-3, 241-3, 279-81, 380-3, 407-9, 436-8, 489-90, 484-5, 511-2, 529-31, 567-8;
  islâmico, 102-5, 109-10, 111-4, 178-81, 183, 189-93, 197, 201-2, 315, 331-2, 352-4, 393, 388-9, 467-8, 481-2, 539-40;
  mosaico, 393;
  na Virgínia colonial, 229-31, 331-2;
  no Império Habsburgo, 445-7, 463-5;
  no Império Otomano, 173-4, 178-80, 184-5, 187-93, 197, 241-3, 440-2, 467-8;
  nos Estados Unidos, 338-47, 349-52, 367-70;
  nos impérios mongóis, 150-1;
  nos impérios chineses, 73-6, 79-80, 86-8, 150-1, 268-9, 273-4, 279-80, 286, 380-3;
  princípios conflitantes do, 279-80;
  romano, 92-5, 222-3, 311-3;
  Ver também cidadania, extraterritorialidade, júri, julgamento por, legitimidade, direitos, soberania
direitos:
  conflitos e negociações por, entre os impérios, 192-3, 240, 281-2, 315, 434-6, 488-9, 574-5;
  da Companhia Britânica das Índias Orientais, 226-9, 332-316;
  das minorias, 489-90;
  de intervenção, 413-4, 488-9;
  diferenciados, 50-2, 190-1, 327, 354-6, 393;
  do homem e do cidadão, 288-9, 293-4, 525;
  dos cidadãos ingleses, 234-5, 242-3, 343-327-8;
  e Estado-nação, 28-9;
  e impérios em além-mar, 207-8, 382-3, 390, 409-10, 423-4, 575-6;
  em Estados ex-coloniais, 530-1, 544-5, 547-50, 580-1;
  em jurisdições e protetorados, 489-91;
  iguais, 327, 339-40, 349-50;
  nacional, 574-5;
  na África do Sul, 546-9;
  na Europa, 22-3, 162-4, 172, 287-8, 468-70, 540-1, 544-5, 562-3, 569-70;
  na Palestina, 489-90, 550-1;
  na Revolução Francesa, 40-1, 289-300;
  na revolução norte-americana, 290-1;
  na Rússia, 256-7, 258-9, 261, 327, 335-62, 364-8, 454-5, 467-8, 504-5, 582-4;
  nas cidades-Estados gregas, 28-9;
  natural, 25, 287-8, 338-9, 353-4;
  no Império Bizantino, 98-100;
  no Império Britânico, 225-7, 229-31, 234-5, 310-2, 328-9, 335-6, 398-9, 480-1, 500-1, 544-5;
  no Império Espanhol, 220;
  no Império Francês, 38-40, 289-300, 393-4, 409-10, 422-3, 481-3, 529-41, 544-5;
  no Império Habsburgo, 445-50, 463-4;
  no Império Otomano, 187-8, 190-2, 241-2, 440-2, 469-70;
  no Império Romano, 31-2, 50-3, 60-1, 64-65, 67-68, 86-7, 88-9;
  nos Estados Unidos, 323, 327, 338-40, 345-7, 349-50, 368-9, 370, 415-6, 422-3, 572-3, 584;
  nos impérios chineses, 72-3, 275-8, 563-5;
  nos impérios mongóis, 153-4;
  reivindicação de, nos impérios, 25, 287-8, 323-4, 420-1, 426-7, 441-3, 461-2, 469-70, 503, 568-9, 573-4;
  Ver também impérios coloniais, extraterritorialidade, terra, direito, legitimidade, propriedade, comunal, propriedade, privada, soberania, práticas sucessórias, mulheres

ÍNDICE REMISSIVO

Diretório, 294
ditadores, 30, 47, 55, 300, 586
divisão da Índia e Paquistão, 537
diwani, 315
doença, 209-10, 238-9, 437-8, 470-2, 572-3;
  e a colonização das Américas, 214-8, 329-30;
  e a dinastia Ming, 269-71;
  e os impérios mongóis, 152-3;
  Ver também varíola
dom Pedro (Brasil), 323
dom Pedro (Portugal), 205
domínios (britânicos), 388-9, 394-5, 412-3, 494-6, 499-501, 542-5;
  na Primeira Guerra Mundial, 474-5, 480-1;
  na Segunda Guerra Mundial, 522, 542-5;
dominium, 230, 388
Dorgon, 273, 277
Dostoiévski, Fiodor, 434
dotes, 120
drusos 444, 550-1
DuBois, W. E. B., 421
Duma, 458, 461, 504
ducado de Kurland, 356
ducado de Varsóvia, 301

Eboué, Félix, 522
economias, imperiais:
  e a crise pós-Segunda Guerra, 535-9;
  e a Europa após os impérios, 560-1, 580-2;
  e a garantia de acesso a recursos, 402-9, 574-5;
  e a integração econômica, 22-3, 59-60, 64, 67, 71, 75-6, 85-6, 99-101, 108-10, 114-6, 119-21, 144-5, 151-4, 157-8, 164-71, 178-80, 199-243, 267-8, 281-2, 308-9, 320-2, 331-8, 346-7, 349-50, 399-401, 427-8, 560-2, 571-2, 583-4;
  e as economias pós-coloniais, 558-9;
  e as redes comerciais indígenas, 22-3, 201-7, 211-3, 228-9, 317, 332-4, 385-7, 403-6;
  e assentamentos, 534-9, 559-62, 586-7;
  e bloco comunista x bloco capitalista, 554-5;
  e controle central, 71, 76-7, 97-9, 119-22, 147-9, 164-71, 172-3, 185-7, 196, 203-5, 208-10, 220-2, 233-5, 354-6, 439-40, 510;
  e corporações transnacionais, 558-9, 580-2;
  e crédito/dívida, 166-7, 171-2, 200-2, 288-9, 292-4, 312-3, 316, 319-20, 392-3, 441-2, 446-7, 531, 534-6, 566, 558;
  e descolonização, 5349, 559- 62, 586-7;
  e distribuição de espólios, 54-6, 119-21, 138-41;
  e divergência na Europa, 23-4, 39-41, 308-10, 371-9, 378-80, 474-4, 575-7;
  e empresas de concessão, 212-5, 226-31, 407-8, 413-4;
  e movimentos anticoloniais, 401-3, 412-3, 515-7;
  enquanto "ralo", 401-3, 535-6;
  e o declínio imperial, 501, 537-41, 558-60;
  e o monopólio de recursos, 405-8, 521-2;
  e os Estados Unidos, 341-50, 367-9, 382-3, 413-5, 522, 529-31, 558-9, 578-80;
  e os impérios eurasiáticos, 132-4, 136-7, 146-8, 151-4;
  e os nativos norte-americanos, 328-31;
  e padrão de vida, 400-2, 537-9, 552-3, 555-6;
  e petróleo, 550-2, 558-60, 581-3, 585-6;
  e produtores indígenas, 22-3, 211-3, 331-5, 387-9, 402-3;
  e projeto de desenvolvimento, 501, 537-41, 558-60;
  na Europa pós-romana, 114-5, 119-21;
  na Índia, 227-9, 315-6, 498-9, 400-2, 515-6;
  na República Popular da China, 562-6, 582-3;
  natureza extrativa do, 166-8, 216-8, 412-4, 418-20;
  na URSS, 508-10, 520-2, 552-60;
  no Império Belga, 403-4, 407-8, 412-4;
  no Império Bizantino, 98-101;
  no Império Britânico, 37-9, 307-11, 313-9, 330-2, 351-8, 388, 393-9, 401-3, 405-8, 411-3, 500-1, 534-8, 541, 575-7;
  no Império Carolíngio, 114-6, 119-21;
  no Império Espanhol, 163-71, 214-24, 336-7, 377-8;
  no Império Francês, 285-7, 309-10, 334-5, 377-8, 382-3, 387-8, 393, 405-6, 501, 537-8, 545, 575-7;
  no Império Germânico, 405-8, 449-52, 476-8, 511-2, 520-1, 559-61;
  no Império Habsburgo, 446-8, 467-9;
  no Império Holandês, 210-1, 233-4, 309-10, 388-9;
  no Império Japonês, 26-7, 184-5, 389-91, 510-6, 522, 559-61, 577-8;
  no Império Mogol, 227-8, 394-6;
  no império nazista, 520-1;
  no Império Otomano, 178-80, 186-8, 202-3, 227-9, 479-81, 391-2, 436-43, 467-9, 575-7;
  no Império Português, 204-12, 403-4;
  no Império Romano, 56-64, 67;
  no Império Russo, 245-6, 252-6, 267-9, 261-2, 363-8, 452-7, 467-9;
  nos impérios chineses, 71-6, 202-4, 266-70, 281-2, 307-9, 380-8, 390;
  nos impérios islâmicos, 105-6, 108-9;
  recursos de além-mar para a, 43-4, 166-7, 172-3, 193-4, 207-9, 214, 228-30, 317-8, 402-9, 574-8, 583-4;
  Ver também capitalismo: redes comerciais (de escravos e servos), União Europeia, industrialização, trabalho, mineração, nômades, petróleo, *plantations*, escravidão, taxação, comércio
Édito de Tolerância, 445
educação:
  de povos indígenas, 363-4;
  e as políticas com súditos coloniais instruídos, 402-3, 420-3, 537-9;

e formação para o trabalho assalariado, 375-7;
extensão e limites dos esforços coloniais em prol
    da, 363-4, 409, 537-9;
nos impérios chineses, 267-9;
no Império Otomano, 439-44, 460-1;
no Império Russo, 363-4, 430-1, 455-7;
Ver também missionários
Egeu, 174-5, 178
Egito:
    e a crise de Suez, 545-6;
    e impérios islâmicos, 105-6, 108-12, 124-8,154-5;
    e o Império Bizantino, 99-101;
    e o Império Britânico, 318, 393, 484-5, 491-2;
    e o Império Otomano, 173, 178-9, 189-92, 205-6, 433-4, 439-40;
    e o Império Romano, 59, 62-4;
    e os Estados Unidos, 545;
    impérios ancestrais no, 20-1, 28-9, 45;
    independência do, 491-2, 545;
    invasão mongol do, 146, 154-5;
    invasão napoleônica do, 304-6, 439;
    Maomé Ali no, 433-4, 439-40;
    nacionalismo no, 391-2, 491-2, 496-7, 545;
    protetorado sobre o, 491-2;
    Ver também impérios islâmicos, Império Otomano
eleições:
    na África, 539-40, 547-50;
    no Império Britânico, 517-8, 534-6, 541-5;
    no Império Francês, 294-5, 377-8, 539-41;
    no Império Habsburgo, 443-5;
    no Império Otomano, 460-1;
    no Império Romano, 48-9, 134-6;
    na Índia, 517-8, 535-6;
Elizabeth (Áustria), 462
Elizabeth I (Inglaterra), 171, 191, 227
Elliott, J. H., 163
Elmina, 206
emancipação (de servos e escravos), 374-8;
    e cidadania, 296-8, 376-8;
    na Rússia, 365-9, 429-31, 452-3, 467-71;
    no Brasil, 378-9, 573-4;
    no Caribe britânico, 348-9, 374-6;
    no Caribe espanhol, 377-9;
    no Caribe francês, 377-8;
    no Império Habsburgo, 445-6, 467-71;
    no Império Otomano, 467-71;
    nos Estados Unidos, 348-9, 580-2;
    Ver também movimentos antiescravistas
enclaves, enquanto componentes dos impérios, 22, 36, 201, 205-9, 238, 252, 268, 307, 331, 380, 385, 387, 396, 411, 524, 551, 559, 584
encomienda, 220
Eneias, 47, 56, 63
Engels, Friedrich, 504
entrepostos. *Ver* enclaves, enquanto componentes dos impérios
epidemias, 270, 298
escoceses:
    migração para a América do Norte dos, 331;
    oportunidades no Império Britânico para os, 226, 229, 232, 318;
Escócia, 192, 225-6, 388, 573
escravidão:
    agrícola, 39-40, 59, 99-100, 112-3, 165-5, 205-7, 209-10, 224, 214-6, 232-3, 235-6, 239-40, 290-1, 331-2;
    debates sobre a, 23-4, 39-41, 222-4, 238-40, 294-6, 298-300, 314, 317-8, 323-4, 344-6, 348-9, 367-8, 374-81;
    e a Revolução Haitiana, 294-300, 348;
    e a revolução norte-americana, 312-3;
    em impérios islâmicos, 107-8, 110-2, 127-8, 569-71;
    e mongóis, 142-3;
    e o desenvolvimento do capitalismo, 307-9;
    e os domicílios imperiais, 183-6;
    e serviços militares e administrativos, 33-4, 56-7, 107-8, 110-2, 114-5, 126-9, 183-6, 189-90, 297-8, 569-71;
    e exclusão, 24, 28, 31-2, 48-9, 64-65, 338-41, 345-6, 349-50, 368-9, 584;
    e o poder dos reis, 28, 235-7;
    e revoltas de escravos, 111-2, 296-8, 310-1, 321-3, 375-9, 573-4;
    e a concubinagem sultânica, 180-3, 196-7;
    importância dos impérios para a, 235-6, 308-9, 418-9;
    importância para os impérios da, 235-6, 309-11, 321-3, 374-80, 572-3;
    na África, 205-6, 405-8;
    na América colonial, 39-40, 164-5, 209-10, 217-23, 230-3, 235-6, 242-3, 295-300, 309-11, 314, 318-23, 330-2, 336-7, 348-9, 374-5, 377-9, 572-4;
    na China, 76;
    na Rússia, 245-6, 249-50, 360;
    no Brasil, 209-11, 222-3, 235, 322-3, 378-9, 573-4;
    no Império Carolíngio, 120-1;
    no império nazista, 519-20, 522-3;
    no Império Otomano, 180-90, 467-8;
    no Império Romano, 57-8, 235-6;
    no Sudeste da Ásia, 212-4;
    nos Estados Unidos, 307-8, 323-7, 331-3, 338-9, 345-9, 368-9, 378-9, 572-3;
    "novo sistema de", 376-7;
    repúdio dos impérios à, 374-6, 418-9;
    restauração da, por Napoleão, 298-9;
    Ver também emancipação, servidão, escravos, comércio de
escravos, comércio de, 121, 205, 223, 236, 308, 317, 331, 374-5, 379, 403, 406
escrita, 46, 148, 276, 510;
Ver também alfabetismo

esfera de Coprosperidade da Grande Ásia Oriental, 514, 579
eslavos, 94-5, 98-9, 183, 245-6, 252-3, 368-9, 431-4;
  e o Império Germânico, 451-2;
  e o império nazista, 519-20;
  e o parlamento de Frankfurt, 445-6;
  religião dos, 246-9;
  Ver também pan-eslavismo
eslovacos, 448, 489
Espanha:
  fascismo na, 561-2;
  regimes islâmicos na 106-8, 116-9;
especiarias, 22, 152, 168, 203, 205-6, 208, 211-2, 239
Estado Chu, 72
Estado da Índia, 207
Estado Jin, 72
Estado-nação: 17-26, 567, 586;
  alternativas ao, 228-30, 318-9, 529-31, 539-41, 578-80, 586;
  conceito de, 18-20, 24-6, 28-9, 40-2, 289-90, 299-300, 373-4;
  e a diplomacia dos Estados Unidos, 523-6, 530-1, 578-80;
  e a reestruturação pós-Primeira Guerra, 487-97;
  e corpos internacionais, 491-2, 494-5, 529-31, 547-9, 575-7;
  e homogeneização cultural, 17, 26, 28-9, 43-4, 321-2, 347-50, 417-8, 469-71, 487-9, 511-2;
  e mescla de populações, 471-2, 488-9, 592-4, 574-6;
  enquanto produtos da descolonização, 17, 27, 41-2, 529-30, 560-1;
  equivalência entre, 323, 489-90, 530-1, 546-7, 559-60, 567, 579-80;
  fragmentação interna do, 17, 519-20, 354-5, 551-2;
  interesse político nos, 542-5;
  origens recentes do, 17-20;
  papel dos impérios em fomentar o, 27, 425-6, 431-3, 458-60, 574-6;
  recursos do, comparado aos impérios, 35-7, 43-4, 379-80, 403-6, 476-8, 579-81;
  suposta transição para o, 17-8, 24-5, 27, 41-2, 241-2, 287, 529;
  Ver também império, definição de, populações
Estados:
  consolidação dos, 25-6, 308-10;
  de bem-estar, 450-1, 529-30, 538-40;
  e companhias concessionárias, 214-5, 242, 233-4;
  e territorialidades, 239-40;
  fiscal-militares, 233-4, 306-7;
  multinacionais, 17-8;
  nos Estados Unidos, 339-40;
  raízes imperiais dos, 233-4;
  Ver também impérios, Estados-nação, Estados e sociedades pós-coloniais

Estados e sociedade pós-coloniais, 27, 235-6, 544-5, 549-50, 580-2;
  e a ideia de Terceiro Mundo, 546-7;
Estados principescos *ver* Índia: Estados principescos na
Estados Unidos da África, 544
Estados Unidos da América, 327, 338-52, 367-70, 414-8, 572-3, 578-87;
  ambições imperiais dos, 42-4, 318-9, 338, 340-2, 349-52, 473-5, 527, 530-2, 579-80, 584;
  auxílio estrangeiro dos, 558-60;
  colônias-enclaves dos, 415-6, 523-4;
  comparados a outros impérios, 327, 339-40, 343-4, 413-5, 417-8, 527, 578-80, 584;
  constituição dos, 327, 338-40, 348-52, 368-9;
  e a China, 559-60, 565-6;
  e a crise de Suez, 545;
  e a economia internacional, 554, 558-9;
  e a Guerra da Coreia, 558-9;
  e a ideia de nação, 323, 339-40, 349-52, 415-8, 530-1, 572-3;
  e anexação de territórios mexicanos, 345-6;
  e a Primeira Guerra Mundial, 482-3;
  e a reconstrução da Europa, 558, 560-1;
  e a reestruturação pós-Primeira Guerra, 487-9, 492-6, 502-3;
  e a reestruturação pós-Segunda Guerra, 526-7, 529-31, 558-9;
  e a Segunda Guerra Mundial, 514, 522-6;
  e as Filipinas, 415-7;
  e a URSS, 520-1, 530-1, 549-50, 558-60;
  e Cuba, 413-8;
  e descolonização, 533-4, 558;
  e imigração, 416-8, 497-8;
  enquanto império continental, 23-4, 304-6, 323-7, 340-2, 346-7, 349-52, 367-9, 416-8;
  enquanto "Império da Liberdade", 23-4, 288-9, 338;
  enquanto modelo cultural, 527, 530-1;
  enquanto potência colonial, 23-4, 371-2, 413-8;
  e o Afeganistão, 557;
  e o Canal do Panamá, 413-5;
  e o imperialismo de livre comércio, 558-60, 578-80;
  e o Império Espanhol, 451-7;
  e o Império Japonês, 390-1, 457-8, 511, 521-2, 559-61;
  e o petróleo, 550-1, 581-3;
  e os impérios chineses, 382-3, 386-7, 416-7, 497-8;
  e os impérios europeus, 558;
  e os movimentos de libertação, 415-6;
  escravidão nos, 307-8, 323, 327, 338-40, 345-9, 369-70;
  exclusão e inclusão nos, 323-7, 338-52, 368-70, 584;
  expansão dos, 304-5, 327-8, 344-6, 349-52;

Guerra Civil nos, 327, 346-52;
ideologias raciais e ações ultramarinas dos, 415-7;
intervenções estrangeiras dos, 413-8, 515, 550-1, 558-60, 585;
no Iraque, 585-6;
nome dos, 339-40;
reconhecimento do Haiti pelos, 298-9;
repertório de poder dos, 24-5, 413-8, 578-80, 582-5;
soberania nos, 23-4, 339-43, 346-8, 368-9;
Ver também cidadania, direito: nos Estados Unidos, nativos norte-americanos, raça
estanho, 227, 386, 527, 535
estepes, 132-3, 334-6;
comunicação e comércio através das, 69-70, 152-3, 254-5;
conquista e colonização russa das, 286, 358, 362, 364-6;
impérios formados nas, 27, 31-2, 71, 111-2, 132-3, 569-71;
líderes nas, 135-6, 144-5;
migrações das, 64;
Ver também Eurásia, impérios eurasiáticos, impérios mongóis, nômades
Estônia, 355, 359, 489, 505, 552
estradas, 46, 53, 70, 73, 76-7, 84, 86, 97,115, 129, 228, 344, 408
estruturas sociais coloniais, 30-2, 35-6, 199-201, 214-6, 222-3, 230-3, 238-9, 287-9, 295-7, 310-1, 372-7, 394-5, 419-22, 516-8, 572-5, 586;
e a questão da escravidão, 296-8, 309-11, 376-9;
em colônias-enclave, 208-10, 385-7;
e o racismo nazista, 512;
e os Estados Unidos, 343-4, 368-70;
na África, 410-2, 420-1, 500-1;
na Argélia, 393-4;
nas Américas, 38-40, 195-6, 214-24, 230-3, 318-22, 327-38, 374-9;
nas colônias japonesas, 391, 514;
no Sudeste Asiático, 199-201, 385-8;
Ver também classe, impérios, incorporação e diferenciação nos, nativos americanos, populações, raça
Etiópia, 403, 406, 496
etnia:
e a etnicização enquanto política colonial, 495-6, 515-6, 534-5, 541;
e a Rússia, 252-3, 282-4, 354-5, 357-8, 367-9, 457-8, 582-4;
e as comunidades mercantes, 201-2;
e as comunidades multiétnicas, 41-2, 252-3, 354-6, 360, 368-9, 405-6, 444-8, 471-2, 488-9, 498-9, 506-8, 582-3;
e as origens do Estado-nação, 28-9;
e cidadania, 575-6;
e conflitos na Europa, 17-8, 423-4, 426-7, 468-70, 557-8;

e limpeza étnica, 17-8, 519-20, 552, 557-8, 576-7, 581-2;
e o nacionalismo étnico, 450-2, 463-4, 470-2, 485-7;
e os manchus, 271-8, 280-1, 286, 498-9;
e os nazistas, 435-6;
Han enquanto, 68, 261-2;
na África, 405-6;
na República Democrática da China, 563-5;
no Império Germânico, 450-2, 577-8;
no Império Habsburgo, 427-8, 443-6, 447-8, 463-4;
no Império Japonês, 391;
no Império Otomano, 441-3, 459-61, 463-4, 485-7, 576-8;
Ver também diferença, impérios: incorporação e diferenciação nos, nação, ideia de, populações: mescla de, populações: nova mescla de, populações: decantação de.
etruscos, 47
Eufrates, 100, 175
eunucos, 98, 110, 181, 185, 270
Eurásia: 21-2, 110-1, 144-5
comércio e relações comerciais na, 32-3, 38-9, 120-1, 144-5, 151-4, 199-200, 202-5, 207-8, 245-7, 307-8,
confederações na, 29-30, 134-5,
fechamento do espaço da, 245, 281-3
religião na, 149-51
soberania na, 134-6, 144-5, 245-6, 249-51, 254-6, 284, 286,
unificação da, pelos mongóis. 157-8,
Ver também nômades, estepe, impérios turcos euro-americanos, 330, 334,-5, 340, 342
Europa: 428-9, 452;
antissemitismo na, 451-2, 469-70, 512;
asserções de superioridade civilizacional da, 41-2, 371-2, 396-7, 407-9, 422-4, 489-91, 494-5;
congressos e conferências na, 305-7, 371-3, 407-8, 425, 427-9, 433-6, 451-2, 463-6, 489-96, 604;
disputa pela dominância na, 39-41, 159-60, 166-7, 172, 199-200, 299-307, 373-5, 380-1, 403-9, 423-7, 431-8, 450-3, 456-7, 474-5, 510, 518-21, 560-3, 574-9;
divisão leste-oeste da, 551-8, 560-2;
e difusão das ideias de liberdade, 288-9, 323-4, 422-4, 456-7;
e imigração, 539-41, 562-3;
enquanto entidade reconhecível, 21-3, 123-3, 193-4, 305-7, 371-2, 407-8, 427-9, 466-7, 549-50, 561-3, 583-4;
e o Império Russo, 259-61, 359-60, 362, 427-8, 431-9, 452-7, 461-2, 505-6;
e pensamento racial, 373-4, 405-8, 409-11, 419-22, 427-8;
estrutura política pós-romana na, 115-7, 121-2, 126-30;

expansão da, 21-2, 199-200, 570-1;
fragmentação da, 34-6, 159-60, 165-7, 191-3, 199-200, 204-6, 236-8, 259-60, 273-4, 319-21, 413-4, 427-8, 567, 569-70;
impacto de Napoleão na, 299-300, 305-7;
Império Otomano na, 173-4, 190-3, 460-1, 470-2;
perda de confiança da, 473-4, 502-3, 529-30, 546-7;
recuperação da, após a Segunda Guerra Mundial, 558-62;
reorganização do sistema de estados da, 305-7, 427-8, 437-8, 488-96, 552-3, 561-2, 583-4;
soberania na, 17-8, 25, 37-8, 41-2, 162-4, 193-4, 240-1, 294-5, 425-7, 446-8, 463-4, 495-7, 552-4, 571-3, 583-4, 586-7;
Ver também economias, imperiais, impérios europeus, União Europeia, nação, ideia de, império nazista, religião, revoluções e rebeliões

Europa Central, 18, 171, 246, 305, 407, 425, 448, 469, 488-9, 519, 526, 577-8, 580
europeus, enquanto "francos", 115, 117-8, 120, 122, 125, 153-4, 191;
Ver também colonos e assentamentos

Exército:
contribuições coloniais para o, nas guerras mundiais, 480-3, 521-2, 354-6;
derrotas das invasões europeias, 407-8;
doutrinas, alemã, 476-7, 479-80;
e a República Popular da China, 562-4;
e comércio armado, 199-200, 204-6, 208-9, 213-4;
e concorrência naval, 39-40, 53, 97-8, 171-2, 173-8, 185-7, 192-3, 202-3, 214-6, 305-7, 318, 377-8, 390, 433-4, 438-9, 457-8, 477-81;
e nômades, 69-70, 136-7, 569-70;
e poderio aéreo, 502-3, 550-2;
mobilidade do, 131, 138-9, 207-9, 371-3, 408-9;
na Índia, 396-8, 399-401;
na URSS, 508-10, 546, 549-50, 552-4, 557;
no Império Bizantino, 96-103;
no Império Britânico, 214-5, 226-7, 305-7, 318, 377-9, 396-8, 399-400, 436-7, 477-8, 484-5, 513;
no Império Carolíngio, 114-6, 117-9, 128-9;
no Império Espanhol, 162-4, 171-2, 193-6, 215-7, 225-6;
no Império Francês, 292-4, 393, 409, 436-7, 482-3, 512-3;
no Império Germânico, 426-7, 477-9, 482-3;
no Império Habsburgo, 426-7, 443-5, 447-50, 466-8;
no Império Holandês, 214-5;
no Império Japonês, 385-6, 390, 457-8, 496-8, 512-6, 522-3;
no império napoleônico, 297-9, 303-4;
no Império Otomano, 171-2, 173-8, 185-6, 192-3, 227, 392, 431-2, 435-40, 460-2, 466-8, 485-6, 492-4, 575-6;
no Império Romano, 49-50, 53, 55-6, 64, 85-6;
no Império Russo, 245-7, 426-7, 452-5, 457-8, 467-8;
nos Estados Unidos, 345-9, 527, 549-50;
nos impérios chineses, 73-6, 82-3, 263-4, 270-5, 286, 575-6;
nos impérios islâmicos, 105, 570-1;
nos impérios mongóis, 136-9, 143-5, 148-9, 156-7, 570-1;
uso de soldados indígenas no, 215-7, 315-6, 396-8, 399-400, 405-9, 484-6;
Ver também conquista, armas, janízaros, tecnologia: vantagem europeia em relação à,

Exército Vermelho (China), 564
Exército Vermelho (URSS), 508, 510, 552, 555, 557
Exogamia, 134, 181, 252, 278
Extraterritorialidade, 191, 382

fábricas, 207, 229, 309, 384, 406, 519
Faculdade Hindu, 397
Faisal ibn Husayn, 490, 492
família, enquanto modelo para os impérios, 134, 195, 275-6, 280, 431;
Ver também patrimonialismo

Fanon, Frantz, 403
faraós, 29, 305, 492
fascismo, 516;
Ver também império nazista

Federação:
enquanto alternativa ao império, 28-30, 338-9, 348-9, 446-8, 500-1, 529-34, 536-45, 580-1;
Estados Unidos enquanto, 338-40, 572-3;
indochinesa, 532-3;
malaia, 534-5;
na Europa pós-napoleônica, 305-6;
russa, 17-8, 579-81;
URSS enquanto, 36-7, 487, 500-1, 507-8;
Ver também confederação, Estados, tipos de
Federação Russa, 18, 37, 582-3
feminismo, 454
fenícios, 108, 164
Fergana, 82
Fernando (de Aragão), 163-5, 167
Fernando I (Áustria), 444
Fernando I (sacro imperador romano), 171, 192
Fernando VII (Espanha), 321-2
ferro, 70, 216, 328, 532
ferrovias, 466-9;
e engenheiros britânicos, 379-80;
na Alemanha, 449-51;
na Índia, 400-1;
na Rússia, 436-7, 455-7;
nos Estados Unidos, 346-7, 351-2;
trabalho nas, 408-9;
Ferry, Jules, 410
Fichte, Johann Gottlieb, 432

Filipe de Habsburgo, 165
Filipe II, 166, 168, 171-3, 193, 210
Filipinas:
  colonização norte-americana das, 413-5, 527;
  conexões comerciais das, 388;
  distinções de classe nas, 416-7;
  e autogoverno, 416-7, 527;
  e o Império Espanhol, 171-2, 377-8, 413-5;
  na Segunda Guerra Mundial, 511, 522-2;
finlandeses, 247, 252, 505
Finlândia, 132, 354, 428, 505, 508
fino-úgrico, falantes do, 253
fiscal-militar, Estado, 232-3, 240, 307
Fletcher, Joseph, 135
Flórida, 313
fome, 126, 335, 383, 506, 510, 519, 553
forças aéreas, 551;
  Ver também Exército
Francisco Ferdinando, 480
Francisco José, 444, 446-8, 462
francos, 115, 117-8, 120, 122, 125, 153-4, 191, 538
fratricídio, 135, 180, 185
Frederico Guilherme III, 427
Frederico Guilherme IV, 449
Frente Nacional de Libertação (Argélia), 543
fronteiras,
  e a delimitação, 69-70, 80-1, 438, 455-6, 471-2, 473-5, 488-9, 492-4, 494-5, 498-9, 504-6, 529-31, 536-8, 552, 557, 561-3, 583-4;
  e a expansão, 51-2, 57, 85-6, 344-6, 577-9;
  enquanto recurso imperial, 69-70, 82-3, 86-8, 133-4, 179-80, 183, 202-3, 220-1, 265-6, 273-4, 278-80, 498-9, 569-71;
  e os limites do poder, 64, 66, 80-3, 92-5, 120-1, 187-8, 192-3, 265-6, 271, 338, 382-6, 438, 456-7, 479-80, 504-5;
  fechamento de, 281-3, 403-4, 413-4;
  Ver também diásporas, e redes interimperiais

Galdan, 281, 283, 285
Galdan Tseren, 283, 285
Galério, 65
Gália, 53, 59, 63
Galícia, 445-6
Galípoli, 174-5, 484
Gallagher, John, 379
Gana, 544
Gandhi, Mahatma, 480-1, 500, 517;
  e a Primeira Guerra Mundial, 536-7;
Gaozu, 77-8
Gazi, 189
generais de Estado, 293-4
gênero:
  e a sociedade colonial, 410-2;
  em sociedades eurasiáticas, 27, 277-8;
  e tensões sociais, 515-6;

Ver também feminismo, masculinidade, sexo e reprodução, mulheres
Genghis Khan, 21, 131-2, 136-8, 140-6, 149-50, 154, 156-9, 249, 265, 272, 570-1
gengianos, 146, 156, 158, 250
genoveses, 28, 153, 164, 173, 178, 191
gens de couleur, 295-6
geografia:
  e a Primeira Guerra Mundial, 476-8;
  e a expansão dos impérios, 160-1, 196-7, 245-6, 327-9;
  e equilíbrio ecológico, 344-6;
  e organização dos impérios, 53-4, 85-6, 91-4, 100-2, 132-7, 161-3, 208-10, 213-4, 220-1, 230-1, 237-9, 249-51;
  e origens dos impérios, 46, 68-71, 102-4, 114-7, 131-2, 161-3, 173, 196, 205-9, 212-8, 220, 225-7, 245-6;
  e mudanças políticas no século XIX, 394-5;
  e rotas marítimas, 46-7, 59-60, 199-243, 380-1;
  visão japonesa da, 511;
  visão nazista da, 510-1;
  Ver também canais, conquista, redes comerciais, Eurásia, estradas, estepe
Geórgia, 359, 505
Geórgia (Estados Unidos), 343
germânicos bálticos, 356
Geyer, Michael, 483
Glasnost, 452
Globalização, 237, 372
Goa, 206, 387
Godos, 34, 60, 98, 132
Godunov, Boris, 257-8
Golfo do Biafra, 405
Golfo do México, 305
Gorbachev, Mikhail, 555-6
Goswami, Manu, 400
governo provisório, 505
Grã-Bretanha:
  e a formação dos Estados. 323-6, 233-4;
  enquanto Estado fiscal-militar, 234-5, 306-7;
  enquanto regime nacional, 17-8, 542-5, 583-4;
  e o mundo pós-colonial, 549-51;
  Ver também Império Britânico, Bretanha
Granada, 159, 162-4, 321
Grande Depressão (1929), 512, 514, 516
grande khan, escolha do, 32, 131, 144-7, 180, 249-50;
  Ver também khan, mongóis, impérios mongóis, impérios turcos
Grande Muralha da China, 85
Grande Yasa, 150
Grandes Lagos, 331, 333, 340-1
Grécia:
  ditadura na, 561-2;
  e a Rússia, 247-9, 258-9, 364-5;
  e a troca de populações com a Turquia, 493-4, 577-8;

e impérios islâmicos, 107-9, 112-3;
e o comércio e navegação, 164-5, 177-8, 227-9, 238-9;
e o conceito de cidadania, 28-9, 293-4;
e o Império Bizantino, 68, 91-2, 94-5, 96-7;
e o Império Otomano, 173-4, 178-81, 187-91, 391, 431-3, 439-42, 459-62, 471-2, 492-4;
e o Império Romano, 28, 31-2, 45-7, 53, 60-4, 69, 87-9;
e os conflitos balcânicos, 459-60, 470-1;
e os Habsburgo, 444-6;
independência da, 431-3, 439-40;
Grégoire, Abbé, 295
greves. *Ver* trabalho: e greves
Guadalupe, 298, 345
Guantánamo, 416
guarda pretoriana, 57-8
Guatemala, 559
Guerra Civil (Estados Unidos), 345-8, 351, 581
Guerra da Coreia, 558
Guerra da Crimeia, 41, 366, 425, 437-8, 452, 454, 576
Guerra de 1756-1763. *Ver* Guerra dos Sete Anos
Guerra dos Bôeres, 413
Guerra dos Sete Anos:
enquanto Primeira Guerra Mundial, 288-9;
e os nativos norte-americanos 312-4, 334-7;
impacto da, 288-9, 292-4, 310-4;
Guerra dos três feudatários, 281
Guerra dos Trinta Anos, do século XX, 241, 474, 527
Guerra franco-prussiana, 476
Guerra Fria, 551, 554, 558, 560, 579, 581
Guerra russo-japonesa, 457
guerras:
do século XVI 199-201;
e contrainsurgência, 534-5, 540-1, 542-3;
e derrota de impérios por outros impérios, 34-6, 155-6, 304-6, 473-5, 520-1;
impérios em além-mar enquanto palco de, 229-31, 550-523-4;
impérios enfraquecidos por, 100-2, 287-9, 292-4, 310-4, 473-5, 502-3, 523-5, 532-5, 578-9;
leis sobre, 436-7;
Ver também Guerra dos Bôeres, conquista, guerra-civil, Guerra da Crimeia, Guerra da Coreia, Guerras do Ópio, revoluções e rebeliões, Guerra russo-japonesa, Guerra dos Sete Anos, Primeira Guerra Mundial, Segunda Guerra Mundial
guerras civis, 24, 63, 77, 107, 135, 241, 258, 299, 307, 312, 322, 328, 367-8, 499, 505-6, 545, 550, 573
Guerras do Ópio, 380, 382-3
Guiana, 387, 522
Guilherme de Orange, 211, 225
Guilherme I, 449
Guiné, 205, 207, 483, 542
Guiné, costa da, 206-7

Guiné-Bissau, 548
gujarates 178, 206-7, 227-8, 238-9, 571-2
guptas, 29

Habsburgo:
como governantes de Portugal, 210-1;
e a Hungria, 192-3;
e Napoleão, 302-3;
enquanto governantes católicos, 162-82, 191-2, 210-1, 214-5, 221-3, 227-8, 444-6, 449-50;
enquanto governantes de um regime composto, 162-7, 170-2, 192-3, 196, 444-6;
e o Império Espanhol, 159-68, 170-2, 179-80, 192-3;
e o Sacro Império Romano, 122-3, 159-60;
e o Império Otomano, 159-62, 164-7, 171-2, 179-80, 191-3, 196-7, 204-5, 444-5, 570-2;
nas Américas, 166-72;
Ver também Império Habsburgo, Hungria, Países Baixos, Império Espanhol
Hádice, 103-4
Hadramaute, 202
Haiti, 418;
enquanto vanguarda ou pária, 298-9, 324, 348;
Ver também revoluções e rebeliões: em Santo Domingo (Haiti), Santo Domingo
Hakluyt, 225
Hall, Catherine, 376
Hamurabi, 61
Han:
enquanto designação étnica, 68, 89, 261-4, 273-4, 498-9;
interação com os manchus dos, 274-81, 286, 382-3;
Ver também impérios chineses
Hanói, 386, 524
Hanôver, 288
harém, 181-3;
Ver também concubinas, práticas sucessórias
Harune Arraxide, 111, 113, 115, 122, 124, 129
Hashemitas, 484-6, 489-90
Hastings, Warren, 316-7
Havaí, 348, 415-6, 511
Henrique, o Navegador, 205
Herder, Johann Gottfried von, 432
Herero, 408
Herzen, Alexander, 434
hinduísmo, 401, 421
hindus, 315, 399, 401, 500, 517, 536-7
Hirschman, Albert, 236
Hitler, Adolf, 35, 474, 508, 510, 519-21, 526, 530, 538
Ho Chi Minh, 516, 518, 524-5, 533-4
Holt, Thomas, 376
Hong Kong, 382, 385, 387, 395, 522 ;
devolução à China de, 565-6;
Hong Taiji, 272-3, 275

Hongwu, 266
Horda Dourada, 146, 154-6, 250
Howard, Michael, 484
Huceine ibne Ali, 107, 485, 489, 490
Hulegu, 146-7, 150
Humanitas, 62, 67, 78, 89
Hung Hsiu-chuan, 383
Hungria:
  conquista pelos mongóis da, 131, 146;
  disputada pelos impérios Habsburgo e Otomano, 166-7, 192-3, 444-5, 464-6;
  e a URSS, 546, 551-2, 554, 561-2;
  e as revoluções de 1848, 433-4, 444-5;
  enquanto Estado após a Primeira Guerra Mundial, 489;
  enquanto Estado pós-soviético, 17-8;
  na Segunda Guerra Mundial, 519-20;
  revolução comunista na, 507-8;
  Ver também Áustria-Hungria, monarquia dual, Império Habsburgo, revoluções e rebeliões: na Hungria
hunos, 98, 132
Hürrem (Roxelana), 182-3

ícones, 97, 249
Iéltsin, Boris, 556-7
Igelstrom, barão de Osip, 363
Igreja Católica, católicos:
  e o império de Carlos Magno, 114-5, 116-7, 119-24;
  e o Império Espanhol, 35-6, 162-4, 193-4, 210-1, 215-7, 221-3, 242-3, 336-7;
  e o Império Francês, 434-5;
  e o Império Habsburgo, 444-6, 447-9, 463-5;
  e o Império Otomano, 442-3;
  e o Império Russo, 252-3, 356-8;
  na América do Norte, 335-6;
  na Irlanda, 226-7, 318-9, 499-500;
  nas cruzadas, 124-6;
  nas revoltas europeias de 1830, 433-4;
  no Império Germânico, 476-7;
  origens da, 96-8;
  visão universal da, 167-8;
  Ver também cristianismo, Sacro Império Romano, missionários, protestantismo
Igreja Católica Oriental, 356-8, 444-5;
Igreja Ortodoxa:
  armênios, 187-8;
  cristãos ortodoxos, 258-61, 359, 364-5;
  e as línguas eslavas, 96-7, 247-51;
  e Bizâncio, 96-7, 128-30;
  e o catolicismo, 121-2, 127-8;
  e os mongóis, 250-1, 255-7;
  na Rússia, 128-30, 255-61, 286, 356-7, 362-4, 430-3, 457-8, 569-70;
  na Turquia, 492-4;
  na URSS, 508-9;
  nas cruzadas, 121-2, 126-7;
  no Império Habsburgo, 255-6, 463-5;
  no Império Otomano, 187-8, 435-6, 442-4, 459-60;
  política idiomática da, 96-7, 247-9;
  variações da. 96-7;
  Ver também cristianismo, Rus de Kiev, missionários, Rússia moscovita, Império Russo, Igrejas Católicas Orientais
Igreja Ortodoxa Armena, 187-8;
  Ver também Igreja Ortodoxa
Igreja Ortodoxa do Oriente, 435;
  Ver Igreja Ortodoxa
Igreja Ortodoxa Grega, 126-8, 187-8;
  Ver também Igreja Ortodoxa
Ilhas Canárias, 165, 215
Ilhas Curilas, 552
Iluminismo, 41, 295, 300, 302, 423
imaginário político, 18-9, 28, 36, 157, 319, 446, 498, 523, 530, 567-87
imigração. *Ver* trabalho: e imigração
imperador, imperadores:
  chineses, 275-7, 285,
  eurasiáticos, 134-5, 143-4
  na Rússia, 261-2, 271, 367-9
  enquanto título, 46-7, 55, 75, 116-7, 225-6, 294-5, 300-2, 322-3, 399-400,
  Ver também César, califa, grande khan, kaiser, khan, khaqan, sultão, czar
imperador Kangxi, 273, 276, 278-9, 281-3
imperador Qianlong, 267, 276, 283
imperador Yongle, 267, 271
imperador Yongzheng, 279
Imperator, 55
imperialismo:
  antiliberal, 451-2;
  de livre-comércio, 390, 394-5, 405-8, 414-5, 417-9, 432-4, 530-1, 579-80;
  enquanto exercício de poder ao longo do espaço, 279-81, 416-8;
  teorias do, 403-4;
império, definição de, 19-20, 26, 226-7
Império Belga, 372-3, 403-9, 413-8, 479-80, 487-8, 512, 515-6, 520-1, 549-50, 558-9
Império Bizantino, 18-9, 91-103, 568-71;
  altos e baixos do, 92-5, 101-3;
  administração do, 96-100;
  direito no, 92-4;
  diversidade do, 92-4
  e a Rússia, 102-3, 128-9, 246-51, 255-6, 261, 327, 570-1;
  e as cruzadas, 102-3, 125-6;
  economia do, 198-101;
  enquanto nova Roma, 31-2, 66-68, 91-2, 98-9;
  igreja e Estado no, 95-7;
  influência do, 96-7, 100-2, 128-9, 186-7, 190-2, 196, 246-51, 568-71;

e impérios vizinhos, 38-9, 97-105, 107-8, 114-32,
  135-6, 149-50, 160-1, 166-7, 173-4, 177-80, 188-9,
  196, 246-51;
  Ver também aristocracias, cristianismo, eunucos,
    Exército: no Império Bizantino,
    monoteísmo, Igreja Ortodoxa
Império Britânico: 323-35, 306-19, 371-2, 372-80,
  394-403, 535-52, 564-6, 573-4;
  colônias penais do, 388;
  comparados aos impérios Mongol, Mogol e
    Otomano, 32-3, 395-6, 398-9, 401-2, 674-5;
  diferentes formas do, 223-4, 371-2, 374-5, 378-9,
    388-9, 394-8, 399-400, 402-3;
  e a América Latina, 322-3, 379-80;
  e a base ideológica da revolução norte-americana,
    310-4, 323;
  e a descolonização, 42, 534-8, 541-51, 558, 560-1,
    563-6, 575-6, 578-9;
  e colonização, 226-7, 229-35, 310-4, 327-38, 388e
  o desenvolvimento do capitalismo, 39-41, 306-10,
    372-4, 398-9, 401-2;
  e conflitos com outros impérios europeus, 214-5,
    230-1, 241-2, 287-9, 304-6, 317-8, 425, 427-38,
    449-50, 458-9, 465-6;
  enquanto comunidade moral e política, 30-2,
    316-7, 374-8;
  enquanto modelo, 416-7, 426-7;
  enquanto regime composto, 29-30, 310-1, 313-4,
    360-2, 573-4;
  e o controle do comércio, 199, 214-5, 228-30,
    232-5, 308-10;
  e o império napoleônico, 304-6, 318;
  e o Império Otomano, 227-8, 236-8, 391-2, 435-7,
    440-2, 467-9, 484-6;
  e o Irã, 550-1;
  e o Iraque, 491-2, 495-7, 502, 586;
  e os impérios chineses, 236-8, 279-80, 307-8,
    378-83, 385-7;
  e os nativos norte-americanos, 231-2, 312-4,
    323-4, 333-7, 341-2, 368-9;
  e o trabalho escriturado, 376-7;
  e recursos coloniais, 39-40, 476-7, 480-1, 575-7;
  na África, 375-8, 405-13, 512, 516-7, 527, 538-46;
  na América do Norte, 229-35, 287-9, 310-4,
    327-38;
  na Índia, 227-8, 315-6, 394-403, 500-3, 517-9,
    535-7;
  na Irlanda, 226-7, 318-9, 328-9, 499-501;
  na Primeira Guerra Mundial, 474-85, 503;
  na Segunda Guerra Mundial, 507-8, 513, 520-1,
    522-6, 534-6;
  nas ilhas britânicas, 323-7, 388-9, 573-4;
  no Caribe, 39-40, 229-30, 232-3, 235-6, 310-11,
    313-4, 318-9, 331-2, 348-9, 374-7, 502;
  origens do, 223-35;
  reestruturação pós-Primeira Guerra do, 363-70;

rei × Parlamento no, 234-5, 311-3;
  soberania no, 234-5, 313-8, 373-5, 542-5;
  Ver também domínios britânicos, economias
    imperiais: no Império Britânico, Grã-
    -Bretanha, Exército: no Império Britânico,
    escravidão
Império Carolíngio, 20-1, 28-9, 31-2, 68, 114-25, 127-8;
  administração do, 117-9;
  e Bizâncio, 115-7, 121-2;
  economia do, 114-5, 119-21;
  enquanto instituições religiosas, 118-20;
  enquanto modelo para Napoleão, 300-2;
  enquanto tipo de império, 127-9;
  e os impérios islâmicos, 116-7, 121-2, 127-9;
  influência do, 121-3, 127-8;
  Ver também aristocracias, Igreja Católica, Carlos
    Magno, francos, Exército: no Império
    Carolíngio, papado
Império da Liberdade, 24, 289, 327, 338, 341, 488
Império Dzungar, 281-5;
  Ver também mongóis
Império Espanhol: 159-72, 191-7, 214-24, 318-23;
  comparado ao Império Otomano, 159-61, 194-7;
  Constituição do (1812), 321-2;
  controle central no, 167-8, 170-2, 193-4, 221-3,
    336-7;
  debates sobre o, 40-1, 222-3, 227-30, 377-9;
  e a escravidão, 216-8, 220-3, 235, 321-3, 374-5,
    377-9;
  e a intolerância perante diferenças religiosas,
    160-1, 163-4, 192-3;
  e as guerras com a Inglaterra, 171-2, 225-6;
  e colonos, 170-1, 214-24, 230-1;
  emancipação no, 377-9;
  enquanto monarquia católica, 35-6, 163-4, 166-7,
    214-5, 220-4;
  e o comércio de escravos, 205-7, 222-3, 238-40;
  e o império napoleônico, 319-21;
  e o Império Otomano, 159-60, 1166-7, 171-2,
    192-3;
  e os Estados Unidos, 415-7;
  e os povos indígenas da América, 214-5, 223-4,
    320-2, 326-7, 345-7;
  extensão do, 160-1, 167-8, 172, 193-4;
  finanças do, 165-9, 171-2, 214-6, 319-21;
  ideias nacionais no, 318-22, 323, 415-6;
  mistura racial no, 217-20;
  mudanças dinásticas no, 164-6, 318-9;
  na América do Norte, 231-2, 336-7, 345-6;
  nas Filipinas, 171-2, 377-8, 414-7;
  nas Américas do Sul e Central, 168-9, 214-24,
    230-1, 318-23;
  no Caribe, 205-6, 320-2, 374-5, 377-9, 413-5;
  perda de colônias pelo, 318-23, 415-7;
  práticas administrativas do, 168-71, 217-8, 220-3;
  origens do, 21-3, 159-60, 162-7, 193-4;

reformas no, 194-6, 319-21;
repertórios do, 168-71, 214-24, 230-1;
Ver também Império Habsburgo, economia, imperial, Exército: no Império Espanhol, revoluções e rebeliões: contra os Habsburgo, revoluções e rebeliões: na América espanhola

Império Francês: 371-2, 386-8, 405-9, 417-9, 477-83, 523-6, 530-4, 538-45, 574-6;
alternativas federais e confederativas no, 27-30, 532-4, 538-41, 579-81;
colônias novas × antigas no, 95-6, 409-10, 539-40;
colônias penais do, 388;
constituições do, 296-8, 539-41;
e a China, 382-6, 497-8;
e a crise de Suez, 545, 558;
e a descolonização, 37-8, 523-6, 530-4, 538-45, 575-9;
e alianças europeias, 191-3, 230-1, 239-41, 428-30, 434-8, 456-7, 477-8;
e a reestruturação pós-Segunda Guerra, 529, 530-4, 538-41, 544-6, 575-6, 583-4;
e a Revolução Haitiana, 296-300;
e a Rússia, 359-60, 366-7, 427-8, 436-7, 456-9;
e formas de poder estatal, 26, 194-5, 211-2, 240-1, 287, 292-5, 302-3, 393-5;
enquanto regime composto, 393-5, 538-40;
e o Estado absolutista, 239-41;
e o Império Britânico, 225-6, 240-2, 287-9, 303-14, 318;
e o Império Germânico, 403-6, 449-52, 467-8, 477-83, 493-5, 512-3;
e o Império Japonês, 522-3;
e o império nazista, 512, 519-20, 522;
e o Império Otomano, 24-5, 191-3, 433-43, 468-9, 489-90, 492-3;
e o mundo pós-colonial, 541, 549-50;
e os movimentos anticoloniais, 516-7, 523-4, 526, 533-4, 541, 545, 575-6, 578-9;
e os regimes carolíngio e merovíngio, 116-7, 119-21;
escravidão × emancipação no, 210-1, 235, 294-300, 377-8, 417-9, 573-4;
e Síria e Líbano, 489-90, 491-2, 550-1;
na África, 405-9, 481-3, 493-5, 500-1, 516-7, 521-2, 538-41;
na América do Norte, 231-2, 235, 287-9, 304-5, 330-1, 335-7;
na Argélia, 37-8, 393-4, 596-7, 529-41, 544-5, 560-2;
na Indochina, 386-8, 522-3, 525-6, 530-4;
na Primeira Guerra Mundial, 475-83, 503, 576-7;
na Segunda Guerra Mundial. 474-6, 520-3;
no Caribe, 25, 36-7, 225-6, 235, 294-300, 377-8, 388, 409, 539-40, 568-9, 575-6;
no oceano Índico, 199-200, 228-9;
no Pacífico, 388;
soberania no, 293-5, 530-3, 538-41, 544-5, 574-6, 578-9;
tendências imperiais × nacionais no, 17-8, 36-7, 40-1, 287-9, 294-300, 323-4, 393-4, 409-10, 468-9, 481-2, 561-2, 572-3;
terror e tortura no, 540-1, 545;
Ver também cidadania, missões civilizatórias, impérios coloniais, economias, imperiais, Exército: no Império Francês, Napoleão III, império napoleônico, revoluções e rebeliões: no Império Francês

Império Germânico: 403-9, 425-7, 449-52, 475-7;
como bode expiatório, na Primeira Guerra Mundial, 482-3;
dentro da Europa, 372-4, 407-9, 425-7, 449-53, 456-7, 474-7;
derrota e desmembramento do (1918), 489-90, 494-7, 503, 576-8;
diversas conformações do, 449-52;
e as colônias em além-mar, 24, 385-6, 405-9, 449-50, 480-1;
e o Império Habsburgo, 449-52;
e o Império Russo, 455-7, 476-8, 504-5;
e os otomanos, 482-5;
fundação do, 449-52;
na África, 407-9;
na China, 394-6, 496-7;
na Primeira Guerra Mundial, 475-86;
pensamento nacional no, 41-2, 116-7, 431-2, 449-52, 466-71, 476-7;
violência do, 407-9, 513;
vulnerabilidade geopolítica do, 474-80, 510;
Ver também economias, imperiais, Império Habsburgo, Exército: no Império Germânico, império nazista, Prússia

Império Habsburgo: 23-4, 161-2, 425-30, 432-4, 444-50, 461-71, 574-5;
alianças do, 428-30, 441-2, 451-2, 464-6;
burocracia no, 443-5;
colônias do, 462-7;
desmembramento do, 17-8, 488-9;
diversidade no, 445-8, 463-72;
e a Guerra da Crimeia, 436-8;
e a Itália, 436-8, 444-5;
e a Revolução Francesa, 293-4;
educação no, 444-6, 463-5, 467-8;
e o Império Germânico, 450-2;
e os Bálcãs, 456-9, 465-7;
germanismo no, 463-7;
judeus no, 461-3, 476-8, 488-90;
liberalismo no, 447-50, 463, 469-71;
monarquia dual e o, 447-50, 463;
na Primeira Guerra Mundial, 473-81;
rebeliões contra o, 433-4, 443-5;
reforma no, 444-50, 463-71;
relações com o Império Otomano do, 425, 434-6, 437-8, 443-5, 458-60, 463-4, 466-72;
religião no, 445-50, 463-5;

soberania no, 444-8, 463-4;
tradição dinástica no, 122-3, 302-4, 445-7, 464-6;
Ver também cidadania, economias, imperiais: no Império Habsburgo, Hungria, judeus, Exército: no Império Habsburgo nacionalismo
Império Holandês: 22-3, 211-5;
comércio armado no, 22-3, 199-200, 211-2;
descolonização do, 515-7, 525, 530-4, 549-50, 558, 560-1;
e a China, 281-2, 388-9;
e a repatriação de colonos, 533-5;
e a Segunda Guerra Mundial, 473-4, 487-8, 520-3, 526;
e impérios rivais, 211-5, 223-6, 228-9, 240-2;
enquanto criação de uma corporação, 211-5;
enquanto forma de Estado, 204-5, 211-2, 214-5, 233-4, 236-8, 240-3, 388-9;
enquanto sucessor da Companhia Holandesa das Índias Orientais, 388-9;
e o Japão, 473-4, 522-3;
e os nacionalistas indonésios, 517-9, 522-3, 530-4;
na África do Sul, 411-2;
nas Índias Orientais, 211-5, 238-40, 387-9;
política agrícola do, 388-9;
Ver também Países Baixos
império il-khan, 146-50, 152-4, 188;
Ver também impérios mongóis
Império Inca, 29, 167, 217-8, 230, 329, 571;
Ver também Império Espanhol
Império Japonês: 389-91, 512-6, 522-3, 577-9;
derrota do, 523-6;
e a desestabilização dos impérios europeus, 35-6, 42, 473-4, 522-4, 526, 530-3, 578-9;
e a reestruturação pós-Primeira Guerra, 494-7;
e as relações econômicas regionais, 387-8;
e conflitos com a Rússia, 390-1, 456-8;
em Taiwan. 390, 578-9;
e nacionalistas em países conquistados, 522-3, 533-4;
enquanto novo ator imperial, 21, 41-2, 372-3, 389, 487-8, 577-8;
enquanto potência asiática, 391, 511, 522-4;
e o Império Otomano, 391;
e os nacionalistas asiáticos, 522-4, 533-5;
e os impérios europeus, 42, 390-1, 511;
expansão na China do, 390, 496-8, 513-6, 522-3;
na Coreia, 390-1, 496-8, 558-9;
na Rebelião Boxer, 384-6, 390;
no Sudeste Asiático, 35-6, 522-4, 530-3;
vulnerabilidade geopolítica do, 511, 522;
Ver também economias, imperiais, Exército: no Império Japonês
Império Maia, 29, 221
Império Mameluco, 112, 146
Império Mogol, 156, 228, 397, 401

império napoleônico: 294-5, 299-307, 573-5;
"caráter francês" do, 303-4;
derrota do, por outros impérios, 305-6;
e a Louisiana, 304-5;
e a reinstalação da escravidão, 298-9;
em além-mar, 298-9, 304-6;
tendências de modernização × restauração no, 299-307;
império nazista: 510-3, 577-9, 581-3;
e acesso a recursos, 510-1, 519-21;
e as consequências da Primeira Guerra, 510-2;
e colonialismo, 512;
e o passado imperial, 512-3;
e raça, 512, 520-2, 577-8;
especificidades do, 512, 518-21, 526, 577-8;
relações com a URSS do, 507-8;
vida breve do, 518-20;
Ver também antissemitismo, Império Germânico, judeus, raça
Império Otomano: 17-9, 21-2, 27, 38-9, 159-62, 173-97, 202-3, 371, 391-6, 435-30, 433-44, 458-62, 570-1, 575-8, 585-6;
aliança com a Alemanha do, 482-7;
base patrimonial do, 196-7, 256-7;
comparado ao Império Espanhol, 159-62, 194-7;
conquista de Constantinopla pelo, 159-60, 177-8, 255-6;
controle do Mediterrâneo pelo, 21-3, 164-5, 178-9, 191-2, 199, 570-2;
desmembramento do, 486-95, 500-1, 550-1, 576-8, 585;
direito e o, 177-8, 187-93, 241-3, 440-1;
e a China, 382-4;
e a Grécia, 432-3;
e a "revolta árabe", 485-6;
e as práticas imperiais eurasiáticas, 173-4, 179-90, 197;
e comunidades mercantes, 391;
e comunidades religiosas, 187-90, 194, 442-4;
e conexões ultramarinas, 177-9, 193, 236-8;
educação no, 439-40, 442-3, 460-1;
e o Império Bizantino, 102-3, 190-2;
e o Império Russo, 252-3, 259-61, 351-3, 362, 425, 433-8, 439, 454-5, 466-7;
e o Império Safávida, 179-81, 181-2, 188-90;
e o Império Veneziano, 179-80;
e o islã, 33-4, 188-90, 442-3, 459-62, 570-1, 585;
e os armênios, 187-8, 442-3, 460-2, 586-7, 492-3, 576-8;
e os mongóis, 157-8;
escravos no, 183-6;
expansão do, 165-7, 173-7, 188-90, 190-2;
intermediários no, 33-4, 178-80, 186-90, 227-9, 398-9, 438-9, 442-4;
liberalismo no, 441-2, 460-2, 469-71;
longevidade do, 18-9, 23-4, 42, 160-1, 173-5;

na Primeira Guerra, 473-4, 477-80, 481-7;
no Egito, 111-2, 304-5, 391-2, 433-4, 439-40, 459-62;
no Norte da África, 391-4;
origens do, 160-1, 173-8;
proteção dos cristãos no, 191-2, 434-8, 441-4;
reconhecimento da diferença no, 190-3, 458-62, 539-41, 570-1;
reforma no, 23-4, 426-7, 438-44, 452-3, 458-62;
regulação e vigilância no, 439-40;
repertórios do, 160-1, 173-5, 185-6, 194-7;
servidores no, 186-8, 193-4, 439-40;
sucessão no, 179-83;
Ver também guerras balcânicas, guerra da Crimeia, *devshirme*, economias, imperiais: no Império Otomano, Império Habsburgo: relações com o Império Otomano do, janízaros, islã, impérios islâmicos, direito: no Império Otomano, Exército: no Império Otomano, Igreja Ortodoxa, revoluções e rebeliões: no Império Otomano, práticas sucessórias, sultão

Império Português: 204-11, 403-4;
descolonização no, 547-8;
e a China, 267-8, 281-2;
e a escravidão, 205-11, 235, 308-10;
e a Espanha, 162-3, 164-8, 171-2;
e a Independência do Brasil, 322-3;
e a exploração marítima, 199-200, 205-9, 239-40;
e fraquezas domésticas do, 204-5, 239-40, 308-9;
e Napoleão, 322-3;
enclaves comerciais do, 206-9, 214-5, 388;
enquanto império territorial, 208-11, 222-3, 322-3;
e os otomanos, 193;
e políticas dinásticas, 210-11;
expulsão do Japão do, 208-9;
governo fascista no, 561-2;
intromissão holandesa no, 210-4;
na África, 205-10, 403-4;
no Sudeste Asiático, 206-7;
Ver também Brasil, Império Espanhol

Império Romano: 45-68, 568-9;
adoção do cristianismo no, 31-2, 63-68, 89 ,91, 95-6, 568-9;
cidades no, 60-1;
colônias do, 51-2;
e a ideia de civilização, 60-1;
economia e cultura no, 58-64;
enfraquecimento do, 65-67, 196;
enquanto império universal, 60-64, 66;
enquanto modelo para os impérios, 19-20, 46-7, 49-50, 67-68, 91, 115-7, 119-20, 122-3, 159-60, 191-2, 229-30, 259-61, 463-5;
enquanto república, 46-7, 48-49, 54-5;
escravidão no, 57-60;
guinada para o governo de um homem só no, 54-7;

influência grega sobre o, 61-3;
instituições do, 49-58, 64-65;
oriental, 92-103;
origens do, 46-7;
soberania no, 48-57, 85-9;
Ver também Império Bizantino, cidadania, direito: no Império Romano, Exército: no Império Romano, religião: no Império Romano

Império Russo: 18-9, 23-4, 41-2, 245-62, 281-6, 288-9, 327, 352-70, 425-38, 452-9, 574-5, 577-9, 582-3, 585;
alistamento no, 417-27, 458-9;
autocracia no, 429-30;
comuna campesina no, 453-4;
dinastias do, 250-3, 257-9, 261-2, 285;
direitos no, 327, 355-62, 363-9, 467-8, 486-7;
diversidade no, 41-2, 252-4, 257-8, 263-4, 327, 351-70, 456-8;
e a Europa, 259-62, 305-6, 427-38, 452-9, 461-2, 466-72;
e a Guerra dos Bôeres, 412-3;
e a regulação por grupos, 356-8, 361, 364-9;
economia do, 452-6, 458-60;
educação no, 261, 363-4, 430-3, 456-7;
enquanto protetor dos cristãos, 434-6, 437-8;
e o Império Britânico, 351-3, 432-3, 458-9;
e o Império Otomano, 352-3, 432-4, 438-44, 454-6, 461-2, 486-7;
e o Império Qing, 281-98;
e o islã, 362-3;
e os canatos da Ásia Central, 351-3, 455-6;
e os mongóis, 21-3, 38-9, 245-6, 281-6, 363-5;
expansão do, 252-4, 257-62, 281-93, 327, 329-30, 352-9, 362, 432-3, 453-8;
fim do, 275-7;
ideologia no, 255-8, 328-9;
impacto da Revolução Francesa no, 359-50;
judeus no, 454-7;
marxismo no, 452-3;
movimentos políticos no, 453-4, 457-9;
nacionalidade e nacionalismo no, 431-2, 455-6;
na Primeira Guerra Mundial, 475-87, 504-5;
origens do, 245-51;
princípios patrimoniais do, 255-8, 261, 272-4, 286, 352-3, 429-31, 453-9;
reforma no, 32-3, 357-8, 365-8, 430-3, 452-9, 466-70, 504-5;
religião no, 246-9, 255-6, 258-61, 357-8, 362-4;
repertório de governo do, 23-4, 245, 258-60, 358;
russificação no, 455-6, 461-2;
sentimento antigermânico no, 504-5;
soberania no, 268, 327, 354-5, 367-9, 453-4, 457-8;
vigilância e policiamento no, 429-31, 433-5;
Ver também autocracia, Catarina II (a Grande), Guerra da Crimeia, Daniilovichi,

624

Duma, emancipação, Rus de Kiev, direito: e o Império Russo, Exército: no Império Russo, Rússia moscovita, nobreza, Igreja Ortodoxa, camponeses, Pedro I (o Grande), Polônia, revoluções e rebeliões: no Império Russo, Riurikids, Rus', Federação Russa, Guerra russo-japonesa, estepes, servidão, czar, Ucrânia, União das Repúblicas Socialistas Soviéticas

Império Safávida, 179, 183, 189, 192

Império Seljúcida: 109-10, 129-30, 183, 188-90;
e o califado abássida, 111-2, 173, 570-1, 586;
e o Império Bizantino, 101-2, 125-6;
e os mongóis. 131;
Ver também Eurásia, impérios turcos, povos de idioma turco

Império Songai, 29

Império Tangut, 142-3

império universal, 37-8, 126-7, 194, 284, 568-9;
e o islã, 104-5, 107-8;
Império Romano enquanto, 60-64, 66;
impérios chineses enquanto, 75;
na Eurásia, 284;
Império Xiongnu, 34, 70, 77, 81-3, 132, 137, 337;
Ver também impérios chineses, impérios eurasiáticos, nômades

impérios:
acomodação contingente aos, 17-9, 33-5, 99-100, 227-9, 303-5, 312-4, 385-7, 422-4, 461-3, 522-4, 567-8, 574-5, 586-7;
alternativas aos, 26-30, 310-2, 529-30, 541-2, 567-8, 587;
crítica aos, 222-3, 234-5, 294-6, 317-8, 372-4, 378-9, 386-8, 396-401, 417-8, 494-5, 502-3;
e as conexões transimperiais, 111-5, 122-4, 152-4, 155-6, 237-9, 571-4, 586-7;
e ditaduras, 29-30, 46-7, 55, 300-1, 339-40, 505-6, 510, 547-8, 561-2, 586;
enquanto regimes compostos, 28-30, 162-4, 170-3, 192-3, 196, 302-3, 310-1, 361-2, 393-5, 444-6, 475-8, 511-2, 538-40, 573-4;
incorporação e diferenciação nos, 18-9, 22-33, 49-50, 54, 58, 64-65, 88-9, 104-5, 128-30, 160-2, 179-80, 190-2, 222-4, 238-40, 242-3, 327-8, 339-41, 368-70, 373-5, 376-8, 393-4, 399-400, 418-20, 442-4, 454-6, 469-72, 481-2, 567-8, 577-8, 585-6;
interação entre os, 24-5, 34-5, 79-81, 92-5, 99-104, 114-6, 122-3, 131-3, 135-7, 156-7, 165-7, 173-4, 227-8, 241-3, 246-53, 259-61, 273-4, 282-6, 299-300, 315-6, 355-7, 388, 390, 427-9, 433-4, 465-7, 561-2, 567-8;
longevidade dos, 18-20, 42-4, 96-9, 102-3, 121-2, 127-9, 160-1, 173-5, 413-5, 417-9, 518-20, 585;
multinacionais, 17-8, 42-4, 252-3, 443-50, 461-7, 469-70, 476-8, 499-501, 504-10;
velhos × novos, 23-4, 37-8, 41-2, 299-307, 373-5, 417-26, 452-3;
Ver também administração, diferença, populações: decantação de

impérios chineses: 43-4, 68-77, 141-3, 261-4, 380-7, 497-9, 567-9, 570-1, 582-3, 585;
apoio dos intelectuais aos africâneres na guerra dos Boêres, 412-3;
ativismo político nos, 382-4;
centralização da autoridade nos, 69-70, 71-75, 77-8, 83-4, 86-8, 263-9, 272-3, 567-9;
ciclos dinásticos nos, 68, 71, 77-8, 83-9, 135-7, 145-6, 154-5, 261-7, 271-3, 285-6, 562-4;
conexões ultramarítimas dos, 202-4, 236-8, 384-6, 496-8;
declínio dos, 475-6, 497-9;
e a ideia dos "cinco povos", 498-9;
e a Rússia, 245-6, 281-5;
e as conexões políticas transimperiais, 382-4;
e as elites regionais, 77-9, 83-4, 86-8, 267-9, 382-3;
economia dos, comparados à Grã-Bretanha, 307-8;
educação nos, 79-80, 86-8, 267-71, 275-6, 286;
e Genghis Khan, 141-3;
enquanto império terrestre, 202-4, 283-4;
e obras públicas, 72, 76-7, 266-8, 567-9;
e o confucionismo, 77-8, 270-1, 275-6, 278-80;
e os nômades, 69-70, 71, 80-4, 89, 131-3, 135-7, 269-70, 569-70;
e os reinos anteriores, 69-70, 71-2;
e o Tibete, 261-8, 279-80, 282-3;
mudando a natureza dos impérios mundiais, 380-7;
servidores nos, 73-4, 76, 79-81, 86-7, 268-70, 275-7, 286, 567-8;
soberania nos, 286;
tentativas de reforma nos, 498-9;
vigilância e regulação nos, 72-76, 85-6, 274-8;
Ver também artes e ciência: nos impérios chineses, burocracia, economias imperiais: nos impérios chineses, dinastia Han, direito: nos impérios chineses, Exército: nos impérios chineses, dinastia Ming, mongóis, muçulmanos: na China, nômades, servidores públicos, dinastia Qin, dinastia Qing, revoluções e rebeliões: nos impérios chineses, dinastia Song, dinastia Tang, dinastia Yuan

impérios coloniais, 23-4, 170-2, 371-424, 451-2, 474-5, 499-502;
dissolução dos, 24-5, 28-9, 163-4, 529-30, 578-9;
duração dos, 42-4, 413-5, 578-9;
e a era revolucionária, 287-9;
e a Primeira Guerra Mundial, 474-5, 481-3, 516-9;
e a Segunda Guerra Mundial, 519-27;
e Napoleão, 305-19;

enquanto forma imperial distinta, 23-4, 40-2, 266-8, 343-4, 371-5, 393-4, 417-24;
e o desenvolvimento capitalista, 308-10;
e os Estados europeus entre os séculos XV e XVIII, 38-40, 164-6, 168-9, 171-2, 199-202, 207-9, 210-1, 214-23, 232-5, 327-38, 571-3;
e os Estados europeus no século XIX, 30-2, 40-2, 287-90, 306-14, 320-7, 371-5, 387-9, 393-4, 405-15, 417-24, 573-8, 580-2;
Estados Unidos enquanto, 23-4, 413-7, 578-9, 585;
o Japão enquanto, 390-1, 497-8, 514-6, 522;
reestruturação dos, após a Primeira Guerra, 487-8, 492-6, 500-11, 516-9;
reestruturação dos, após a Segunda Guerra, 42, 527, 529, 538-40, 575-6;
Ver também movimentos anticoloniais, colonização, descolonização, impérios
impérios continentais. *Ver* impérios chineses, impérios mongóis, Império Otomano, Império Russo, Estados Unidos
impérios eurasiáticos: 32-3, 131-6, 569-71;
e a China, 136-7, 286;
e comércio, 133-4;
práticas políticas dos, 126-7, 132-9, 145-8, 159-60, 284;
princípios dinásticos nos, 149-50, 245-6, 254-5;
tribos nos, 133-4, 136-7;
Ver também khan, impérios mongóis, mongóis, estepe, impérios turcos
impérios europeus: 22-4, 35-6, 37-42, 371-424, 572-4;
comparados aos mongóis, 200-2, 371-2;
dominação mundial dos, 22-4, 39-41, 237-9, 371-3, 413-5, 451-2, 466-72, 571-3, 575-7;
e a "época" dos Estados-nação, 41-2, 287-91, 318-21, 489-90, 539-41, 560-1, 578-80;
e a partilha da África, 402-14;
e a Revolução Francesa, 292-4;
e as regras de concorrência na África, 407-9;
em além-mar, 166-72, 194-6, 199-243, 304-5, 328-38, 425-72, 572-3;
e o Japão, 391-2, 512, 522-3;
e os argumentos dos federalistas norte-americanos em prol da união, 338-9;
fim dos, 559-61, 578-84;
intromissão no Império Chinês, 38-9, 380-6;
intromissão no Império Otomano dos, 38-40, 391-5;
no continente europeu, 190-3, 221-3, 299-307, 319-21, 372-4, 425-72;
reforma nos, 233-5, 310-4, 316-7, 319-21, 425-72, 529, 538-41, 558, 574-5;
Ver também movimentos anticoloniais, Império Habsburgo, Império Belga, Império Britânico, impérios coloniais, descolonização, impérios: críticas aos, Império Francês, Império Germânico, império nazista, Império Otomano, Império Português, raça, Império Russo, Império Espanhol, Europa: competição pela predominância na União Europeia

impérios islâmicos: 31-2, 37-8, 68, 100-15, 126-7, 405-6, 569-71, 585;
administração dos, 106-7, 109-11, 113-5, 569-71;
dissidências entre, 106-15, 179-80, 192-3;
e a difusão do islã, 105-7, 569-71;
e as conquistas mongóis, 111-3, 127-8;
e as cruzadas, 111-3, 124-6;
e comunidade, 104-7, 114-5, 569-71, 574-5, 578-9;
e o Império Bizantino, 95-7, 101-4;
e os francos, 116-7, 121-5;
e os guerreiros gazi, 189-90;
na Espanha, 106-8, 116-8, 159-60, 162-4;
rápida difusão dos, 105-11;
Ver também califado abássida, dinastia fatímida, Império il-khan, lei, islâmica, intermediários, Império Mogol, Império Otomano, religião, califado omíada

impérios marítimos, 161, 200-1, 204, 236-7, 239, 418;
Ver também economias, imperiais, impérios europeus

impérios mongóis: 21-2, 27-8, 31-3, 126-7, 131-58, 227-8, 570-1;
administradores no, 148-50, 157-8;
alfabetos utilizados pelos, 141-2;
colapso dos, 154-7;
comunicações nos, 151-4, 157-8;
conflitos entre os, 154-5;
direito nos, 150-1;
e a China, 148-50;
e administração dual nos, 156-7;
e a medicina, 152-3;
e artesãos, 131, 139-40, 143-5, 153-4, 157-8;
e autoridades locais, 157-8;
e budismo, 145-6, 150-1;
e diplomacia, 142-3, 146-7, 157-8;
e islã, 146, 150-1, 157-8;
e o clero, 144-5, 187-8;
e proteção do comércio, 143-5, 151-2;
e religião, 32-3, 142-3, 149-51, 153-4, 157-8;
expansão dos, 139-47, 154-5;
impacto dos, 21-2, 38-9, 126-7, 131, 143-5, 154-5, 157-8, 570-1;
paz nos, 131, 144-7, 153-4, 157-8, 204-5, 245;
reconhecimento das diferenças nos, 21-2, 141-3, 157-8;
registro de população nos, 147-9;
repertórios dos, 21-2, 144-5, 147-54;
servidores nos, 148-50;
soberania nos, 147-8, 157-8, 249-51;
sucessão dinástica nos, 146-50, 156-8;
taxação nos, 148-9;

Ver também artes e ciência: nos impérios mongóis, canato Astrakhan, canato Chagatai, Genghis Khan, redes comerciais: entre Europa e Ásia, canato da Crimeia, Eurásia, impérios eurasiáticos, Império il-khan, canato quipchaque (Horda Dourada), Exército: nos impérios mongóis, nômades, Império Russo: e os mongóis, Tamerlão, comércio: e os impérios mongóis, dinastia Yuan, Império Zunghar
impérios turcos, 134;
   Ver também Eurásia, impérios eurasiáticos, khaqan, Império Seljúcida
Imperium, 49, 56, 222, 230
Imperium in império, 311, 351
impostos:
   coletores de, 53, 54, 65, 77-8, 183, 184-7, 316, 400-1, 408-9;
   diferenciados, 105-6, 109-11, 127-8, 189-91, 356-8, 364-6;
   e direitos políticos, 49, 312-3;
   e governo de companhias, 214, 315;
   enquanto necessidade imperial, 21-3, 59, 66-7, 72-3, 76, 83-6, 96-8, 119-20, 144-5, 148-50, 179-80, 183, 187-8, 202-3, 250-5, 261, 281-2;
   e o campesinato, 202-4, 270-1;
   e o Estado fiscal-militar, 232-4;
   e os "indianos não taxados", 349-50;
   e os perigos da queda de receitas, 66-7, 100-2;
   e revoluções, 293-4, 312-3, 338;
   e taxação de fazendas, 315-6, 398-9;
   e trabalho ou serviço militar, 73, 76;
   regulação da coleta de, 299-301, 349-50, 439-41;
   resistência aos, 312-3, 517-8;
   sobre comércio, 151-2, 281-2;
   Ver também administração, tributos
Independência. *Ver* descolonização, soberania
Índia: 226-9, 314-9, 394-403, 535-8;
   autogoverno na, 517-8;
   classe e castas na, 318, 395-7, 398-9, 399-401;
   democracia na, 580-1;
   e a China, 268-9, 380-2;
   e a Rússia, 352-3, 454-5;
   enquanto modelo, 416-7, 499-500;
   e o oceano Índico e Sudeste da Ásia, 178-9, 193, 201-3, 228-30, 388, 571-2;
   e os mongóis, 142-4, 155-8;
   estados principescos na, 316, 394-6, 399-400, 536-7;
   hinduísmo e política na, 400-2, 420-2;
   impérios ancestrais na, 28-9, 45, 226-8, 315-6;
   independência da, 536-8, 580-1;
   intensificação da colonização na, 39-40, 314-9, 394-403;
   intermediários locais na, 228-9, 309-11, 314-6, 395-7, 398-400;
   islã na, 114-5, 315-6;
   mobilização política na, 400-3, 495-6, 500-2, 545-546, 564-566;
   na Primeira Guerra Mundial, 477-8, 480-1, 484-5;
   na Segunda Guerra Mundial, 517-8, 521-4;
   portugueses na, 206-9;
   recrutamento de trabalho da, 376-8;
   tensões muçulmanas/hindus na, 517-8, 535-8;
   unificação política da, 400-3, 500-1;
   uso de tropas da, 396-8, 405-8;
   visões britânicas sobre a, 317-8, 396-9, 421-3;
   Ver também Companhia Britânica das Índias Orientais, Império Britânico, economias, imperiais: na Índia, Império Mogol
Índias Holandesas Orientais, 213-4, 240-1, 387-8, 517-8, 533-4
Índias Ocidentais. *Ver* Caribe
indígenas (na América do Norte). *Ver* nativos norte-americanos
indígenas (nas Américas do Sul e Central), 35-6, 40-1, 217-9, 220-3, 319-22;
   Ver também Império Espanhol
indigénat, 409
índios narragansett, 333, 335
Indochina, 385-6, 517, 522-4, 532-3, 536;
   Ver também Vietnã
Indonésia, 203, 212, 388, 395, 496, 517-8, 522-4, 532, 534-5, 546, 548-9, 558;
   Ver também Império Holandês
industrialização:
   e desenvolvimento, 539-40;
   em Estados pós-coloniais, 581-2;
   e produtos coloniais, 307-9, 379-81, 417-9, 571-3;
   na África do Sul, 412-3;
   na Alemanha, 403-4, 425-7, 449-52, 477-8;
   na China, 268-70, 308-9, 575-6, 582-3;
   na Europa, 39-41, 379-81, 449-53, 554;
   na Grã-Bretanha, 39-41, 235, 308-9, 374-9, 388, 403-4;
   na Índia, 227-8, 315-6, 395-9;
   na Rússia, 455-7;
   na URSS, 510;
   no Japão, 390, 496-8, 522-4;
   riscos sociais da, 388-9, 403-6, 418-9, 449-53, 476-7;
   Ver também capitalismo
ingleses livres. 327;
   Ver também direitos: dos ingleses
Inquisição, 163-4, 190-2, 221-2
interior asiático, 31-3, 111-2, 142-3, 173
intermediários: 32-4, 576-8;
   agentes metropolitanos enquanto, 32-3, 168-9, 208-9, 220-3, 396-7, 419-20, 519-21;
   categoria étnica enquanto, 273-5, 280-1;
   clientes enquanto, 106-7, 109-11, 114-5, 127-8;
   colonos enquanto, 33-4, 170-2, 220-1, 233-5, 312-4;

confiança nos, 32-4, 41-2, 49-50, 69-70, 73, 97-9, 116-22, 127-9, 208-9, 214, 220-1, 228-30, 242-3, 245, 273-5, 282-4, 408-9, 419-21, 424, 484-6, 567-8, 573-4, 576-7;
diferentes sistemas de, 86-7, 127-9, 194-7;
e *devshirme*, 184-5;
e domicílio imperial, 131-3, 196-7;
e fragmentação étnica, 515-6;
elites locais enquanto, 22-3, 34-6, 58, 118-9, 148-50, 157-8, 216-8, 220-1, 228-31, 238-9, 302-4, 317-8, 351-3, 370, 394-9, 408-9, 416-7, 420-1, 439-41, 484-6, 522-3;
empreendedores locais enquanto, 385-6, 420-1; *encomenderos* enquanto, 220;
escravos enquanto, 33-4, 107-12, 127-9, 183-8;
eunucos enquanto, 97-8, 109-10, 181-2, 184-5, 203-4, 270-1;
governança dual e, 156-7;
nobreza dependente enquanto, 255-8, 261-2, 284;
no mundo pós-colonial, 546-7;
quadros do partido enquanto, 505-6, 508-9, 552-3;
riscos representados pelos, 69-70, 73, 76-7, 82-4, 87-8, 97-9, 110-2, 118-9, 127-8, 166-7, 168-71, 208-9, 214, 270-1, 310-3, 320-1, 382-3, 395-7, 399-401, 420-1, 439, 468-9, 571-3;
secretários enquanto, 49-50, 53, 69-70, 77-80, 96-7, 99-100, 183, 186-7, 189-91, 268-70, 275-7, 284-6, 299-300, 302-3, 385-7, 437-41, 534-506-7, 567-9;
Ver também administração, aristocracias, burocracia, nobreza
Internacional Socialista, 507
Irã, 22, 108, 142-3, 146, 149-50, 179, 189, 550, 559, 582, 585-7
Iraque, 108-9, 111, 113-4, 124, 146, 490, 492, 496, 501-2, 549-50, 567, 582, 584-6
Irene (imperatriz), 122
Irlanda:
e governo britânico, 226-7, 318, 499-501, 573-4;
república na, 499-500;
Ver também Império Britânico
irlandeses:
enquanto "nômades", 134-5, 231-2, 328-9, 388;
movimentação pelo império dos 232-3, 331-2;
na guerra dos Bôeres, 412-3;
iroques/iroqueses, 332-5, 340-1
Isis, 63
islã, 20-1, 31-3, 35-6, 37-8, 91, 102-17, 123-4, 129-30, 150-1, 155, 179-80, 182-3, 188-92, 197, 199, 201-2, 214, 238-9, 442-4, 447-8, 459-62, 518-9, 585-6;
e ativismo político, 492-3, 544-5, 550-1, 557, 585;
entre os mongóis, 149-50, 155, 157-8, 227-8;
na Índia, 113-5, 157-60, 315, 400-3, 500-1, 518-9, 535-8;
na URSS. 508-9;
no Império Russo, 246-7, 362-3, 454-5;

no Sudeste Asiático, 201-2, 214, 518-9;
Ver também lei: islâmica, muçulmanos, religião, xiitas, sunitas
ismaelismo, 146
Israel, 546, 550, 567
Istambul, 183, 185-6, 191, 280, 352, 392, 439, 442, 459-60, 462, 468, 470, 485-6, 493-4;
Ver também Constantinopla
Itália:
cidades-Estados marítimas da, 201-3, 240-1, 246-7;
e a conquista da Etiópia, 496-7;
e a navegação, 164-5, 178-9, 204-5;
e o Império Bizantino, 92-4, 100-1;
e o império napoleônico, 301-4;
e os Habsburgo, 159, 164-8, 171-2, 425-8, 433-4, 437-8, 444-5;
e os otomanos, 177-8;
esforços de colonização da, 405-6, 460-1, 492-3, 496-7;
no Império Romano, 46-7, 50-2, 60-4, 67, 131-3;
Ver também genoveses, Império Romano, Veneza
Iugoslávia, 17, 466, 489, 519, 554, 557, 562, 567
Ivan IV, 252-3, 256-8, 261

Jacarta, 212
Jackson, Andrew, 342-3
Jamaica, 232, 235, 318, 376
James I, 226
James, C. L. R., 299
Jamuqa, 139, 141-2
janízaros, 175, 185-6, 193, 438-9, 467
Japão:
e a China Ming, 270-1;
e os mongóis, 146;
e os portugueses, 206-8;
prata do, 168;
prosperidade pós-imperial do, 42, 559-61;
Java, 212-5, 318, 388, 397, 524
Jefferson, Thomas, 24, 332, 338, 341, 488
Jerusalém, 63, 96, 112, 124-7, 129, 189, 485
jesuítas, 279, 282
Jesus, 63, 103, 188-9
Jiang Zemin, 565
Jihad, 124, 484
Jinnah, Muhammad Ali, 537
Joana, 165
Jochi, 142, 145-6, 250
Jordânia 492, 549
José II, 445
Josefina, 298, 303
Jovens Otomanos, 442-3, 461, 485-6
Jovens Turcos, 461, 470, 486
judaísmo, 103, 191, 247, 446
judeus:
e as cruzadas, 126-7;
em impérios islâmicos, 105-8, 128-9;

em redes comerciais, 94-5, 178-9, 199-202, 228-9;
e o império nazista, 511-3, 519-20;
e o monoteísmo, 63-4;
expulsão da Espanha dos, 163-5;
lealdade à Áustria-Hungria dos, 475-7;
na Argélia, 393-4;
na China, 268-9;
na Palestina, 489-91, 550-1;
na República das Duas Nações, 355-6;
na URSS, 552-5;
no Império Germânico, 450-2, 476-7, 482-3;
no Império Habsburgo, 163-4, 445-7, 448-9, 460-1, 463-5, 467-8, 476-8, 489;
no Império Otomano, 173-4, 178-9, 187-8, 190-1, 227-9, 391, 441-3, 460-1;
no Império Russo, 354-5, 357-8, 455-7, 504;
nos impérios mongóis, 149-51;
nos impérios Romano e Bizantino, 63-4, 95-6, 128-9;
Ver também antissemitismo, judaísmo
Judt, Tony, 553
Junkers, 451
Júpiter, 63
Jurchens, 136-7, 271-2;
Ver também manchus, dinastia
júri, julgamento por, 234, 452
Justiniano, 61, 94-6, 129, 190, 300
Justiniano, código, 94-5, 300

kahal, 357
Kaiser: enquanto título, 191, 426, 449, 465, 480;
Ver também César, imperador: enquanto título, Império Germânico
Kaiserreich. *Ver* Império Germânico
Kazan, 252-3, 359, 364
Kemal, Mustafá (Atatürk), 493, 496
Keraits, 139
KGB, 430, 555
Khalka, mongóis, 283
khan, khans: 31-3, 147-51, 173-4, 570-1;
escolha do, 146-7;
qualidades do, 134-5, 150-1, 157-8, 275-6, 286;
khans mongóis, 38, 131, 146, 151, 154, 158, 174, 196, 250-1, 258, 281
Ver também: Batu, Ghengis Khan, Hulegu, Kublai Khan, Ogodei, Oljeitu
Khaqan, 134, 175;
Ver também khan
Khilfat, 500
Khiva, canato de, 455
Kiev, 131, 143, 246-50, 252, 259, 355, 359
Kitai, 136
kitanos, 136-7
Kokand, 455
Kremlin, 251
Ku Klux Klan, 350

Kublai Khan, 131, 145-8, 150, 155, 265-7
Kurultai 135, 140-1, 145, 147, 152, 256, 360, 504

Lagarde, Paul de, 451
lamas, 145
Laos, 385, 533-4
las Casas, Bartolomeu de, 35, 223-4, 242-3, 316, 329, 375, 421
latim. *Ver* línguas: nos impérios Romano e Bizantino
latinos, no Império Romano, 47, 52-3, 65, 94, 126-7
Lawrence, T. E., 485, 502
Leão III (papa), 116, 119
Lebensraum, 511
Leclerc, general, 525
legislaturas e assembleias:
no Império Francês, 293-4, 296-8, 482, 541-3;
no Império Otomano, 441-3, 460-2, 466-8;
no Império Romano, 48-49, 50;
participação colonial em, 298-300, 376-8, 482;
Ver também cortes, duma
legitimidade:
afirmações de, 23-4, 35-7, 59-62, 64, 77-9, 88-9, 118-20, 163-4, 220-1, 538-9;
debates sobre, 23-4, 35-7, 42, 222-3, 242-3, 317-8, 426-7;
mandato celestial enquanto, 77-8, 278-80, 286;
Ver também monarquia composta, impérios: críticas aos, direito, direitos, soberania
Lei Morrill, 351
Lênin, V. I., 41, 403, 454, 504-5
Leopoldo, rei da Bélgica, 407, 413-4, 512
Lepanto, 171
Leste Europeu:
e a queda do comunismo, 552-4;
enquanto "Estados réplica", 552-4;
e o regime soviético, 551-4;
Ver também Bulgária, Tchecoslováquia, Alemanha (após 1945), Hungria, Polônia, Romênia, Império Russo, União das Repúblicas Socialistas Soviéticas, Iugoslávia
Letônia, 359, 489, 505, 552
Li Peng, 565
liberais:
e a Revolução Russa, 504-6;
e Napoleão, 304-5;
enquanto desafio aos impérios, 401-2, 426-8, 460-1, 469-70;
e o Império Germânico, 449-50;
e o Império Habsburgo, 445-50, 463, 469-71;
na Europa, 426-7;
no Império Britânico, 396-8, 401-2;
no Império Espanhol, 321-2, 377-8;
no Império Otomano, 441-2, 460-2, 470-1, 485-7;
no Império Russo, 456-8;
liberalismo, 441, 460-1, 470
liberdade dos mares, 241-2

ÍNDICE REMISSIVO

Líbia, 461
Liga das Nações, 491, 494-5, 577
Liga dos Três Imperadores, 451
Liga Hanseática, 202
Liga Muçulmana, 536-7
Liga Pangermânica, 451
Lincoln, Abraham, 349, 369
língua, línguas:
    alemão, 66, 116-7, 123-4, 170-1;
    árabe, 107-11, 112-4, 193, 199, 276-7, 549-50;
    e educação, 261, 363-4, 396-7, 439-40, 534-5;
    enquanto questão política, 441-3, 449-50, 455-6, 460-71, 488-9, 582-3;
    e propagação do cristianismo ortodoxo, 96-7, 247-8, 363-4;
    eslavo, 96-7;
    eurasiáticas, 101-2, 109-11, 139-40, 146, 154-5, 173, 197, 252-5, 265-6, 271, 276-7, 329-30, 486-7;
    francês, 303-4, 541;
    grego, 68, 91-2, 107-8, 492-4;
    indonésio, 534-5;
    inglês, 396-7;
    mescla de, na Europa, 118-9, 125-6, 240-1, 431-2, 466-7;
    na Rússia soviética e pós-soviética, 508-9, 582-3;
    nas Américas, 221-2, 328-30, 332-4;
    no Império Alemão, 445-6, 449-52, 469-70, 476-7, 510-1, 574-5;
    no Império Espanhol, 193-4, 221-2;
    no Império Habsburgo, 445-9, 463-7;
    no Império Otomano, 184-5, 197, 439-40, 460-2;
    no Império Russo, 252-4, 362-4, 455-6;
    nos impérios chineses, 75-6, 265-6, 276-7;
    nos impérios Romano e Bizantino, 51-2, 68, 91-2, 94-5, 115-7, 569-70;
    turco, 110-1, 276-7, 329-30, 338;
    Ver também populações
Lisboa, 207-10, 289
List, Friedrich, 449, 456
Litke, Fedor Petrovich, 353
Little Bighorn, batalha de, 347
Lituânia, 253, 257, 352, 489, 505, 552;
    Ver também Polônia, República das Duas Nações
Liu Bang, 68, 77
livônios, 253
    livre-comércio, 40, 43, 379, 390, 395, 405-6, 415, 418, 426, 438, 441, 468, 559, 564, 573, 579, 582;
    Ver também imperialismo: de livre-comércio
Londres, 233-4, 287, 311, 316, 318-9, 376-7, 382, 401, 421, 442, 460, 471, 473, 485, 495-6, 502, 516, 535-6, 538, 542
Louisiana, 305, 336, 343
Louisiana, compra da, 305, 343
Lueger, Karl, 462-4
Luís, o Piedoso, 122
Luís XIV, 240, 307

Luís XVI, 293
Lumumba, Patrice, 559
Luoyang, 78, 83
luteranos, 241, 356
Lutero, Martinho, 166
Lviv (Lemberg), 445

Macau, 206, 268, 281, 387
Macedônia, 53, 455, 459, 470
Madagascar, 541
Madeira, 205
Madras, 228, 315
Madri, 224, 319, 415
Magalhães, Fernão de, 168
malaios, 202, 206, 212-3, 524, 535
Malásia, 387, 522-4, 535-6
Malásia britânica, 581
malineses, 29
Malta, 318
mamelucos, 112, 127-8, 154, 183, 185, 189, 570
Mamude II, 439
Manchukuo, 513-4
Manchúria, 70, 136, 141, 271-2, 279, 283, 390-1, 457, 511, 513, 523, 564
manchus, 200, 265, 269, 272-80, 286, 383, 498, 513, 523, 568;
    Ver também jurchens, dinastia Qing, mandarins
mandato celestial, 148, 263, 273, 278
mandatos, da Liga das Nações, 494-6
Manila, 202, 204, 385, 416
Manuel II, 175
Maomé, 103-8, 114, 124, 135, 153, 188-9, 495, 500
Maomé Ali, 392, 433, 439-40
Maodun, 70
maoris, 387
mapas:
    e os impérios mongóis, 152-3;
    nos impérios Qing e Russo, 281-2;
Maquiavel, 196
mar da China, 203, 214, 268
mar de Marmara, 174
mar do Norte, 214
mar Mediterrâneo:
    e Argélia, 393, 545;
    e a Rússia, 351-3, 437-8;
    e conexões com a Ásia, 83-4, 91-2, 100-1, 129-30, 152-4, 183, 191-3, 197, 199, 223-4, 227-8, 434-6;
    e o conflito Otomano-Habsburgo, 164-7, 171-2, 179-80, 202-3, 570-2;
    enquanto espaço de construção imperial, 18-9, 31-2, 45-6, 51-3, 60, 67-71, 85-6, 91-2, 96-7, 99-100, 102-3, 107-8, 119-20, 123-6, 131-2, 159-61, 164-5, 173, 177-8, 191-2, 197, 200-1, 205-6, 318, 569-71;
mar Negro, 22, 92, 101, 131-2, 146, 153-5, 178, 183, 203, 246-7, 253, 352, 362, 364-5, 433, 435-8, 455, 484
mar Vermelho, 178, 397

Mara, 175, 181
Maria Antonieta, 294
Maria da Hungria, 165
Maria Teresa, 445
Maria Tudor, 171
marinha. *Ver* Exército
maronitas, 444, 550
Marrocos, 37, 385, 496, 516, 540
Marte, 63
Martel, Carlos, 117
Martinica, 298, 496
Marx, Karl, 309, 452, 504
marxismo, 457-8, 513, 518-9;
   Ver também comunismo, socialismo
masculinidade, 398
Mau Mau, 542-3
Mawali, 110
Mazepa, Ivan, 355
Mazower, Mark, 520
Meca, 103-5, 107-8, 112, 189, 193, 239, 455, 485, 572
medicina, 113, 152, 463
Medina, 104-5, 107, 112, 189, 462
Mehmed II, 178, 180, 191
Mehmed V, 460
mercadores. *Ver* redes comerciais
Mesopotâmia, 45, 206, 485, 490, 502
mestiçagem, 217-8, 220-1, 410-1
México, 39, 171, 217-21, 305, 336-7, 344-5, 418, 488
Michigan, 345
migrações. *Ver* trabalho: e migração, populações: decantação de, colonos e assentamentos, comércio de escravos
Miguel Romanov, 258
Milosevic, Slobodan, 557
Minas Gerais, 209
mineração:
   e trabalho, 216-8, 411-2, 419-20;
   e tipos de império, 199-201;
   na África, 205-6, 411-3, 527;
   na América do Sul, 166-8, 215-7;
   na Ásia, 387-8, 522, 534-5;
   nos Estados Unidos, 345-7;
   Ver também cobre, ouro, prata, estanho
Minerva, 63
missionários, missões: 23-4, 30-1, 35-7;
   e a colonização do século XIX, 394-6;
   e a sociedade africana, 205-6, 373-5, 408-9, 420-1;
   e educação, 409;
   e emancipação, 376-7;
   na China, 384;
   na Índia, 397-9;
   no Havaí, 348, 414-5;
   no Império Otomano, 441-3;
   no Império Russo, 362-4, 431-2, 508-9;
   no Império Espanhol, 171-2, 220-3;
   norte-americanos, 583-4;
   para nativos norte-americanos, 318-20, 347;
   Ver também catolicismo, cristianismo, protestantismo
missões civilizatórias, 32-3, 68, 226-7, 294-6, 302-4, 328-9, 426-7;
   de impérios europeus, 24-5, 35-7, 395-8, 408-10, 501, 573-4, 578-9;
   na América do Norte, 328-9, 347;
   na URSS, 507-8, 557, 577-8;
   no Havaí, 348;
   no Império Habsburgo, 463-5;
   no Império Otomano, 438;
   no Império Russo, 455-6;
   Ver também africanos: enquanto objetos de reformas, bárbaros, desenvolvimento econômico, *humanitas*, missionários
Mita, 218
Moáuia, 107
Moçambique, 206, 209, 403, 548-9
modernidade:
   alegações de, 371-2;
   e o problema do colonialismo, 423-4;
Mogilev, 357
Moisés, 103, 188
Moldávia, 433
monarquia absolutista, 240
monarquia católica, 166, 171, 173, 215, 223;
   Ver também Império Carolíngio, Sacro Império Romano, Império Espanhol
monarquia composta, 162-3, 165, 172, 215, 233, 307, 447
monarquia dual, 447, 462, 464, 468;
   Ver também Império Habsburgo, Hungria
monastérios, 95, 100, 115, 120, 122, 129
Mongke, 146-8, 150
mongóis, 131-9;
   comida dos, 132-4, 151-3;
   conquistas dos, 111-2, 126-7, 131-2, 142-7, 249-50;
   diplomacia dos, 32-3;
   e *A história secreta dos mongóis*, 276-7;
   e comércio, 332-3;
   enquanto povo na república da China, 498-9;
   entre a China e a Rússia, 245-6, 281-6;
   fundidos a outros povos, 155;
   legado genético dos, 142-4;
   organização militar dos, 136-9, 148-50;
   organização social dos, 132-9;
   origens dos, 136-7;
   práticas matrimoniais dos, 143-4;
   práticas sucessórias dos, 134-6, 144-6, 147-9;
   religião dos, 135-6;
   Ver também impérios chineses: e os mongóis, Eurásia, impérios eurasiáticos, impérios mongóis
Mongólia, 70, 76, 131, 134, 136, 138, 143, 145, 266, 271, 273

monopólios:
   e o Estado soviético, 554-5;
   no comércio transoceânico, 167-8, 199-201, 207-8, 212-4, 228-9, 238-9;
   medo dos, e colonização preventiva, 371-3, 403-6, 418-;
monoteísmo:
   enquanto limitação aos impérios, 17-8, 31-2, 63-6, 584-5;
   enquanto princípio fundacional, 17-8, 20-1, 37-9, 65, 91-2, 95-6, 123-4, 126-8, 568-9;
   e política da diferença, 95-6, 128-30;
Montenegro, 459-60, 470
montes Apalaches, 335
montes Urais, 145, 362
Montesquieu, 360
Mórmons, 351
Moscou, 146, 245, 250-7, 259-61, 355, 359, 496, 504, 507, 516, 553, 556, 564
Mostar, 464
Mosul, 490
motim (indiano), 399, 400
movimento pan-africano, 421-3, 516-7, 537-9, 542-5, 580-1
movimento pan-arábico, 496
movimento Quatro de Maio, 497
movimento Quit India, 517
movimentos anticoloniais,
   conexões entre, 516;
   enquanto impedimento para a ordem racial colonial, 521, 529, 574, 578;
   na África, 496;
movimentos antiescravistas, 348, 418, 426
muçulmanos:
   e o nacionalismo árabe, 492-3;
   e os mongóis, 142-3, 151-2, 154-5;
   na China, 43-4, 263-4, 268-9, 273-4, 276-9, 382-4, 498-9, 564-5, 582-3;
   na Índia, 157-8, 517-8, 535-6;
   na Primeira Guerra. 484-5;
   nas Filipinas, 416-7;
   nas redes comerciais, 178-9, 205-6, 212-3;
   nas redes políticas contemporâneas, 550-1, 585;
   no Império Francês, 393-4, 540-1, 544-5;
   no Império Habsburgo, 448-9, 464-5;
   no Império Russo, 253-4, 286, 352-4, 362-3, 438, 454-5, 504-6, 508-9, 585;
   no Sudeste Asiático, 212-3;
   Ver também impérios islâmicos, Império Otomano
mudanças climáticas, 270-1, 328-30
muftis, 190, 362
Mukden, batalha de, 457
mulás, 363
mulheres:
   e assentamentos coloniais, 220-1, 331-2, 410-1;
   e direitos, 277-8, 349-50, 467-8;
   enquanto imperatrizes, 358, 361, 399-400;
   enquanto prisioneiras de guerra, 142-3;
   entre os nômades, 138-9, 142-4, 148-50, 277-8;
   e o sufrágio, 28, 349-50, 467-8;
   e os movimentos femininos, 446-7;
   e status, nos impérios chineses, 269-70, 277-8;
   ex-escravas, 375-6;
   na Revolução Francesa, 294-5;
   no Império Otomano, 182, 440-1;
   Ver também feminismo, gênero, raça: e mistura, sexo e reprodução
Murat II, 180
Muro de Berlim, 546, 555-6
muscovita, Rússia: 250-60;
   diversidade da, 252-3;
   e a Igreja Ortodoxa, 255-6, 258-9;
   e intermediários, 254-5, 258-9;
   e os mongóis, 250-60, 570-1;
   expansão da, 250-5;
   políticas matrimoniais na, 251-2, 254-5;
   Ver também canato quipchaque (Horda Dourada), Império Russo
muscovitas, príncipes, 155, 251-3, 255-6;
   Ver também Riurikids
muscovy. *Ver* Rússia moscovita

nação, ideia de: 17-30, 287-90, 318-22, 574-5, 586;
   concepção étnica × cívica de, 28-9, 41-2;
   e a doutrina de autodeterminação, 487-90, 496-7;
   e afinidade "horizontal", 33-5, 546-7;
   e a União Europeia, 561-2;
   e direitos, 24-5, 293-4, 575-7;
   e impérios coloniais, 42, 373-4, 392-4, 409-10;
   em Roma, 48-9, 54, 61-2, 95-7;
   e o Commonwealth Britânico, 499-500;
   e os nativos norte-americanos, 327, 342-3, 346-7;
   e os nazistas, 510-3;
   e políticas multinacionais, 463-4, 467-8, 505-9, 554;
   na América espanhola, 318-23, 323-4, 377-9;
   na Áustria, 461-3;
   na China, 498-9;
   na Europa, 287-90, 426-7, 431-2, 468-72;
   na França, 290-5, 298-9, 305-6, 408-11, 560-1;
   na Grã-Bretanha, 234-5, 388, 560-1;
   na Índia, 402-3;
   na Turquia, 495-7;
   na URSS, 487-8, 506-8;
   no Egito, 392, 463-5;
   no Império Germânico, 449-52, 510;
   no Império Habsburgo, 445-50;
   no império napoleônico, 299-300, 302-7;
   no Império Otomano, 32-3, 40-2, 458-62, 485-7;
   no Império Russo, 41-2, 354-5, 370, 431-3;
   no Japão, 389;

nos Estados Unidos, 42, 327, 342-3, 346-7;
relação entre império e, 25-8, 36-7, 40-2, 241-2, 287-90, 305-6, 318-9, 323-4, 373-4, 378-9, 393-4, 401-4, 425-6, 447-52, 458-62, 464-72, 495-6, 510-1, 529-32, 546, 575-6;
Ver também diferença, impérios, Estado-nação, nacionalismo, populações
nacionalidade: 17, 42-4, 289-90, 393-4, 430-3, 463-5, 467-8, 480-1, 494-5, 504-6, 508-9, 530-2, 539-41;
em protetorados, 539-40;
e o Império Britânico, 542-5;
e o Império Francês, 541;
na URSS, 505-6;
nacionalismo:
alemão, 451-2, 463-5, 476-7;
após a Primeira Guerra Mundial, 487-9, 496-7;
árabe, 485-6, 492-3, 495-6;
conceito de, 318-20;
croata, 464-5;
e a Primeira Guerra Mundial, 474-7;
e a violência contra estrangeiros, 504-5;
e as revoluções na América espanhola, 288-9, 318-24;
em Cuba e Porto Rico, 377-9;
em Israel/Palestina, 550-1;
e memórias de impérios passados, 116-7, 299-300;
e ordens sociais desiguais, 318-9;
e os brancos sul-africanos, 547-80;
étnico, 450-2, 463-4, 471-2, 510-2;
grego, 432-3;
na África, 516-7;
na Argélia, 545;
na Áustria, 463-4, 469-71;
na Bulgária, 459-60;
na China, 280-1, 385-7, 497-9, 523-4, 562-4;
na Coreia, 497-8;
na Europa Oriental, 519-21;
na ex-Iugoslávia, 557-8;
na Índia, 374-5, 401-3;
na Indonésia, 517-8, 523-4, 535-8;
na Rússia, 455-7, 504-5;
na Turquia, 485-7, 492-4, 576-8;
nas Filipinas, 415-6;
nazista, 519-20;
no Egito, 492-3;
no Império Habsburgo, 464-6;
no Irã, 550-1;
na Irlanda, 499-501;
no Japão, 390, 429-31;
no Sudeste Asiático sob ocupação japonesa, 523-4;
no Vietnã, 518-9, 530-4;
obstáculos para o, 464-7;
sérvio, 463-4;
Ver também diferença, nação, ideia de, raça
nações domésticas dependentes, 342
Nações Unidas, 17, 530, 547

Nagasaki, 524
Nanquim, 264, 266, 382-3, 514-5
Napoleão Bonaparte, 35, 37, 123, 289, 294, 298-9, 300-6, 318, 320, 323, 354, 366, 377, 393, 427-8, 430, 436, 439, 449, 466, 474, 521, 573, 575;
Napoleão III, 434, 447;
enquanto imperador dos árabes, 394
Nápoles, 163, 171, 303
Nasser, Gamal Abdel, 546, 548
nativos norte-americanos, 230-3, 327-38, 339-47, 368-70;
antes da chegada dos europeus, 327-9;
direitos sobre terra dos, 328-30, 336-7, 341-2, 345-7;
e comércio, 327-35;
e conflitos entre impérios europeus, 235-6, 309-14, 332-4, 336-7;
e governo britânico, 231-5, 332-4, 368-9;
e missionários, 336-8, 347;
enquanto mão de obra, 336-8;
exclusão do regime dos, 23-4, 323-4, 331-3, 340-3, 345-7, 349-52, 368-70;
extermínio dos, 340-1, 346-7;
guerra entre os, 332-4;
na revolução norte-americana, 312-4, 338;
população de, 329-31;
relação com os colonos, 89, 231-3, 332-8, 342-3;
remoção dos, 342-3;
reservas para os, 327, 342-7;
soberania dos, 341-2, 346-7;
tratados com os, 341-7;
tratamento pelos europeus dos, 230-3, 327-9;
Ver também Império Britânico, Império Francês, Império Espanhol, Estados Unidos
náuatle, 222
Navarino, batalha de, 432
Navarra, 162-3
Nehru, Jawaharlal, 536-7, 548
neocolonialismo, 581
nestorianos, 150
Nevsky, Alexandre, 251
Nicolau I, 353, 364, 366, 430-7, 444, 446
Nicolau II, 457-8
Nigéria, 407, 411, 582
Nightingale, Florence, 436
Nilo, rio, 45, 100, 178-9
Nkrumah, Kwame, 544
Nobilitas, 50
nobreza, nobres:
como limitação ao imperador, 160-1, 164-5, 194, 256-7, 569-70;
da Polônia, 303-4, 352-3, 355-8, 433-4, 446-7;
e estratificação, 33-5, 194-5;
e Napoleão, 300-2;
e renomeação imperial por Nurhaci, 271;
na Europa, 110-1, 164-5, 256-7, 287-8, 308-9, 569-70;
na França, 293-4;

na República das Duas Nações, 355-7;
na Rússia, 256-62, 284, 356-61, 365-8, 429-30, 453-4, 508-9;
no Império Bizantino, 98-100;
no Império Carolíngio, 117-22;
no Império Habsburgo, 444-7;
no Império Otomano, 185-6, 188-9, 256-7;
no Império Português, 204-5, 208-9, 308-9;
no Império Romano, 50, 67;
no Império Xiongnu, 81-2;
nos impérios chineses, 69-70, 73-4, 77-8, 86-7, 273-4, 286;
Ver também aristocracias, classes, direito
nômades:
e as populações sedentárias, 34-5, 69-71, 132-4, 245, 337-8, 364-6;
e o Império Bizantino, 98-9;
e o Império Romano, 59-60, 66, 89;
e o Império Russo, 245, 282-3, 362, 353-6, 504-5;
e os impérios chineses, 69-70, 71, 80-4, 89, 245, 265-6, 569-70;
estratégias políticas dos, 21-2, 140-2;
indígenas norte-americanos como, 230-2, 241-2;
influência sobre os impérios dos, 21-2, 37-8, 69-70, 80-2, 337-8, 569-71;
irlandeses enquanto, 226-7, 328-9;
khazar, 246-7;
na Oceania, 388;
organização econômica e social dos, 131-9;
turcos. 173;
Ver também Eurásia, impérios eurasiáticos, impérios mongóis, mogóis, estepes
Nova Caledônia, 27, 387
Nova Escócia, 313
Nova Espanha, 321, 336
Nova Zelândia, 29, 387-8, 475, 481, 494
Novgorod, 249, 252, 359
Novo México, 336, 345
Novos Otomanos, 442
Nurhaci, 271-2

Oceania, 11
oceano Índico, 39, 103, 178, 193, 199, 202-3, 206, 208, 228, 238, 240, 242, 268, 385, 387, 572
oceano Pacífico:
comércio no, 269-70, 281-2, 386-7, 453-4;
enquanto limite para os impérios, 21-2, 145-6, 151-2, 327, 570-1;
Estados Unidos no, 415-7, 511, 523-4;
ilhas do, 27, 415-7, 456-7, 479-80, 487-8, 494-5, 511, 523-4;
Império Espanhol no, 171-2;
Império Japonês no, 456-7, 511;
Império Russo no, 330-1, 453-5, 456-7;
Ver também Havaí, Império Japonês
ocupação:
comparada à colonização, 407-8, 414-5, 417-8, 584;
da Alemanha, 551-2, 559-61;
do Egito, 392, 439;
do Japão, 559-61;
"efetiva", 407-8;
pelos Estados Unidos 415-8, 578-80
Ögodei, 131, 144-7, 151, 250
Ohio, 333, 336, 341-2
Oikoumene, 96
Olaudah Equiano, 376
óleo de dendê, 403
Oljeitu Öljaitü, 150
ópio, 380, 382-3, 385, 399
"o ralo", 401, 535
Ordenança Noroeste, 340
Orenburgo, 363
Organização Internacional do Trabalho, 495
Orhan, 174, 188
orientalismo, 396-7
Oriente Médio, 17, 46, 149-50, 151-2, 495-6, 530-2, 544-5, 579-80, 585;
após a Primeira Guerra Mundial, 489-95;
após a queda do Império Otomano, 550-1, 585;
e a ordem pós-imperial, 530-2, 549-53, 585;
na Primeira Guerra Mundial, 482-7;
na Segunda Guerra Mundial 520-1;
Orissa, 315-6
Ormuz, 202, 206, 208
Osman, 160, 174-5, 180, 186, 188
Ostrogodos, 92, 94, 96, 117
otomanismo, otomanidade, 392
Otávio, 55
Otomão, 107
Otto, 123, 433
ouro, 82, 120, 142, 160, 167-8, 205, 209, 216-7, 221, 344, 346, 411-3, 456, 501, 527, 542, 544
ovelhas, 133

Pacto de Varsóvia, 554
Padmore, George, 516
Paideia, 62
País de Gales, 226, 310
Países Baixos: 159, 164-72, 211-2, 220-1;
e o financiamento do Império Habsburgo, 172;
e o império nazista, 519-21;
guerras religiosas nos, 192-3, 240-1;
no império napoleônico, 302-3;
rebeliões nos, 170-2, 220, 432-4;
Ver também Companhia Holandesa das Índias Orientais (voc), Império Holandês
Palestina, 63, 189, 191, 435, 484-5, 489-93, 501, 549-50, 567
Panamá, 418
Panamá, Canal do, 415
pan-asianismo,, 488, 511-2, 514-6, 522-3
pan-eslavismo 447-8, 454-5, 478-9, 495-6

ÍNDICE REMISSIVO

pan-germanismo, 445, 470-1, 476-7
papado, papas:
 e a dinastia Qing, 279-80;
 e a divisão do globo entre os impérios, 167-8, 210-1;
 e as cruzadas, 101-2, 124-6;
 e as Igrejas Católicas orientais, 356-7;
 e Carlos Magno, 96-7, 114-6, 119-20, 569-70;
 e Carlos V, 191-2;
 e Napoleão, 300-2;
 e o império cristão, 37-9, 103-4, 126-7, 163-4;
 e o Império Espanhol, 172, 230-1;
 e o Império Russo, 300-1;
 e o Sacro Império Romano, 122-3;
 na política de Estado europeia, 240-2;
 Ver também Igreja Católica
Paquistão, 536-7
parentesco, 27, 103, 134-5, 179, 211, 220, 236, 320, 388, 396, 411, 485
Paris, 36, 160, 267, 287, 295-6, 298-9, 302, 321, 340, 377, 427, 434, 444, 460, 473, 482-3, 488-90, 493-6, 502, 516, 542-3
Paris, Paz de (1856), 437
Parlamento, 29-30, 319-20, 426-7, 452, 461-2, 467-8;
 alemão, 475-6;
 britânico, 229-30, 233-4, 306-7, 310-4, 317, 320-1, 395;
 francês, 299-300, 482-3, 540-1;
 irlandês, 226-7, 318;
 na China, 498-9;
 no Império Habsburgo, 444-6, 447-9, 467-8;
 otomano, 440-5, 460-2;
 polonês, 556-8;
  Ver também cortes, duma, legislaturas e assembleias
Partido Bolchevique, 505;
 Ver também partido comunista, Lênin, URSS
Partido Social Cristão, 463-4
partidos comunistas:
 na China, 563-4;
 na URSS, 510, 552-7, 563-4;
 nas colônias, 516-7;
 no Leste Europeu, 554;
 Ver também Partido Bolchevique, União das Repúblicas Socialistas Soviéticas
passaporte (*paisa*), 412
pastoralismo. *Ver* nômades
patriarca da Igreja Ortodoxa Russa, 256
patriarcado, 397, 431, 459;
 Ver também gênero, masculinidade
patriarcas, no cristianismo ortodoxo, 256-7, 258-60
patrício, 51
patrimonialismo:
 e a ordem pós-colonial, 546-7;
 e estratégias políticas coloniais, 422-3;
 na Alemanha, 475-7;

 na República Popular da China, 563-4;
 na URSS 510;
 no Império Russo, 255-8, 261-2, 284, 286, 352-3, 453-4, 461-2;
 no Império Otomano, 185-6, 197, 439-40, 442-3, 461-2;
 nos impérios chineses, 79-81, 265-6, 275-7;
 políticas de, 141-2, 195-7, 256-7, 580-1;
 romano, 54-5,
patrimonium, 56
Pearl Harbor, 522
Pedro I (o Grande), 245, 259-60, 275-6, 281, 285, 355-6, 360, 362
peixe, pescadores, 310, 365
peles, comércio de, 81, 133, 232, 246, 250, 253, 328, 331, 333, 335, 353, 365
península da Malásia, 385, 522-4, 535-6, 581
peninsulares, 321
peregrinação, 125, 238, 572
periodização, 37-44, 240-2, 287, 371, 567-80
persa, cultura, 32-3, 38-9, 61-2, 152-3, 157-8, 197, 227-8, 396-7, 570-1
persas, 20, 29, 32, 39, 47, 62, 108, 110, 114, 120, 149, 152, 571
Pérsia, 84, 94, 98, 100-1, 106, 109, 146, 150-1, 156, 166, 206, 229, 402
Pérsico, golfo, 178, 206, 268
Peru, 39, 217, 221
Petrogrado, 505
petróleo, 456, 476, 486, 511, 520, 522, 527, 550-1, 581-2, 586
Phags-pa, 266
Phan Quyn, 518
PIB (Produto Interno Bruto), 402
Piemonte, 447
Pippin, 117
Pirataria, 170, 393
Pizarro, Francisco, 168, 216-7
plantations:
 enquanto termo para colônia, 33-4, 225-6, 230-1, 233-5;
 nas Américas, 39-40, 205-7, 209-11, 220-4, 229-30, 232-3, 235, 237-8, 295-6, 298-9, 308-9, 321-2, 331-5, 348, 374-9, 414-6, 571-2;
 no Império Romano, 59-60, 120-1;
 no Sudeste Asiático, 387-9, 534-5;
 no repertório dos impérios, 200-1, 232-3, 240-1, 306-7, 419-21;
 nos Estados Unidos, 338-9, 349, 415-6;
 Ver também colonos e colonização, escravidão
Plassey, batalha de, 315
Plebe, 50
pluralismo legal, 54
Pocahontas, 330
poesia, 62, 269, 276
Pogroms, 458, 463, 477, 504

Poitiers, 117
polacos: 252-3, 257-8, 284, 356-8, 364-5, 433-4, 551-2;
    e o Império Germânico, 403-4, 450-2, 466-7, 488-9;
    no Império Habsburgo, 447-8;
    no império nazista, 512, 519-20;
    no Império Russo, 455-6;
Políbio, 46
poligamia, 351
Polis, 28
politeísmo:
    e a Rus' de Kiev, 246-7;
    e império nas Américas, 221-2;
    e o Império Romano, 63-4, 568-9;
    no Império Russo, 363-4;
    nos impérios islâmicos, 105-6, 112-3;
    Ver também xamanismo
política da diferença. *Ver* diferença
política de rios, 385
políticas sociais:
    nas colônias, 537-41, 574-6;
    no Império Germânico, 450-2;
    no Império Habsburgo, 468-9;
    Ver também desenvolvimento, econômico, Estados: de bem-estar
Polônia: 17-8, 131, 146, 185-6, 240-1, 351-2, 356-8, 488-9, 505-6, 519-20, 551-2;
    constituições da, 355-7, 427-8, 433-4;
    divisão da, 356-8, 427-8, 444-5;
    e a guerra contra a Rússia bolchevique, 505-6;
    e a URSS, 507-8, 551-4;
    e o Império Russo, 355-8, 427-8, 433-4, 505-6;
    judeus na, 356-7, 519-20, 554;
    levante contra a Rússia na, 425-6, 433-4;
    na Segunda Guerra Mundial, 507-8, 519-20;
    Ver também judeus, Lituânia, República das Duas Nações, Ucrânia, ucranianos
Poltava, batalha de, 260
Pomeranz, Kennethm, 307
Pompeia, 60
população:
    da América do Norte, 309-11, 328-31, 336-8;
    da China, 59, 85-6, 135-7, 273-4;
    das colônias, 371-2, 413-5;
    declínio da, nas Américas, 39-40, 171-2, 200-1, 208-10, 214-8;
    declínio da, na Anatólia, 492-4;
    de Roma, 59, 83-6;
    de servos russos, 365-6;
    do império napoleônico, 299-300;
    dos mongóis, 261;
    do Vietnã, 387-8;
    medições de, 72, 147-9, 421-2;
    Ver também censo
populações:
    decantação de, 486-7, 489-90, 492-3, 511-2, 519-20, 536-7, 552, 577-8;
    diversidade de, 18-20, 41-2, 45, 89, 91-2, 103-4, 157-8, 227-8, 261-2, 287-8, 327, 355-7, 364-5, 423-4, 451-2, 459-60, 488-9;
    mescla de, 41-2, 129-30, 168-9, 200-1, 214, 217-8, 220, 273-4, 278-9, 320-1, 331-3, 334-5, 354-5, 387-8, 405-6, 413-4, 470-1, 488-9, 517-8, 535-6, 586;
    recombinação de, 151-2, 393, 470-1;
    transferência de, 39-41, 82-3, 151-2, 486-7, 552;
    vigilância e regulação, 30-1, 73-6, 85-6, 148-9, 352-4, 395-6, 409, 419-22, 429-31, 433-5, 439-40, 459-60;
    Ver também administração, etnias, raça
porcelana, 203-4, 268-9
Porto Arthur, 457
Porto Rico, 27, 322, 378, 414-5, 417, 584
Postlethwayt, 214
Potemkin, Gregório, 359
Powhatan, 231, 330
praga, 100
prata, 23, 39, 120, 167-8, 170, 172, 179, 203, 208, 216-8, 221, 229, 238, 250, 267-8, 382, 572;
    Ver também mineração
práticas sucessórias:
    comparadas, 128-9;
    dinásticas, 106-7, 146-50, 156-7, 164-6, 170-2, 179-81, 249-51;
    dos príncipes Rus', 246-7, 249-50;
    eurasiáticas, 246-7;
    no Império Bizantino, 99-101;
    no Império Carolíngio, 116-7, 120-4;
    no Império Espanhol, 161-61, 170-2;
    no Império Otomano, 179-83;
    no Império Português, 170-2;
    no Império Romano, 57-8;
    no Império Russo, 254-6, 261-2, 275-7;
    nos impérios chineses, 275-7;
    nos impérios islâmicos, 106-8, 111-3;
    nos impérios mongóis, 134-6, 147, 157-8, 249-50;
    turco-mongóis, 179-81;
    Ver também impérios chineses: ciclos dinásticos nos
Pretor, 49, 53
Primeira Guerra Mundial: 473-87, 576-7;
    causas da, 474-80;
    colônias e domínios na, 474-6, 479-81, 576-7;
    consequências da, 487-503, 577-8;
    enquanto conflito de impérios, 474-6, 576-7;
    lealdade das populações imperiais na, 475-8;
    no Oriente Médio, 482-7;
    para a instabilidade da ordem internacional, 473-4;
    para a reestruturação do pós-guerra, 487-97, 504-6, 510-1;
    para o Japão, 473-4, 494-7;
    para os impérios coloniais, 488-9, 522-501;
    para os impérios Otomano, Habsburgo e

Romanov, 473-4, 482-3, 503-5;
princeps, 55
Princip, Gavrilo, 480
principado, 55, 60, 247, 355, 358, 439, 455
proletariado. *Ver* classe: operária
proletariado, ditadura do, 506, 510
propriedade, comunal, 368-9, 453-4
propriedade, privada:
    abolição da, na URSS, 505-6;
    no Império Otomano. 440-1;
    nos Estados Unidos, 377-8, 346-8, 368-9, 584;
    Ver também terra: direitos sobre
protestantismo, protestantes:
    conversão ao, 165-6;
    e a dinastia Habsburgo, 170-2, 444-5;
    e a expansão do Império Britânico, 225-8;
    e conflitos na Europa, 171-2, 225-6;
    e levantes, 170-2;
    e o Império Britânico, 225-6, 318, 388-9, 499-500;
    e o Império Otomano, 190-1, 442-3;
    e o movimento antiescravista, 374-6;
    na Alemanha, 166-7, 170-1, 476-7;
    nas revoltas europeias de 1830, 433-4;
    nos Estados Unidos, 341-2, 347;
    Ver também cristianismo, missionários, religião
protetorados, 24, 37, 373, 385-6, 394, 415, 455, 476, 496, 540
Protocolos dos sábios de Sião, 469
Províncias Unidas, 211, 241
Prússia:
    conexões dinásticas com a Rússia da, 358, 433-4;
    e a formação do Império Germânico, 449-51, 466-7, 476-7;
    e a Revolução Francesa, 293-4;
    e conflitos europeus, 287-8, 305-6, 356-7, 425-9, 433-4, 436-8, 444-5, 447-8;
    Ver também Império Germânico, Alemanha e os povos germânicos
Pueblos, 336
Pufendorf, Samuel, 173
Pugachev, Emelian, 359, 362-3
punições corporais, 190, 279, 358
punições exemplares, 49-50, 79, 279-80, 359
Purchas, 225
Putin, Vladimir, 583
Puyi, 498, 513

Qin, dinastia, 68-77, 79-81, 155, 567-70,
    e a centralização militarizada, 69, 71-2;
    e os nômades, 69-70, 72;
    origens da, 69-71;
    projetos de obras públicas da, 73, 76;
    violência da, 76-7;
    Ver também impérios chineses
Qing, dinastia, 245, 271-86, 567-9;
    ameaças à, no século XIX, 382-4;
    críticas às origens estrangeiras da, 496-9;
    e a distinção étnica, 273-5, 280-1;
    e a Rebelião dos Boxer, 384-6;
    e as práticas políticas eurasiáticas, 284-6;
    e idiomas, 276-7;
    e o Império Russo, 245, 281-6, 359;
    e os chineses Han, 274-80, 286, 382-3;
    e os mongóis, 245, 278-86;
    e Taiwan, 281-2;
    expansão da, 272-4, 281-2;
    fronteiras da, 281-3, 562-4;
    organização militar da, 271-5, 286;
    origens da, 271-2;
    queda da, 497-9;
    rebeliões contra a, 384-6;
    reunificação da China pela, 273, 582-3;
    sistema de bandeiras da, 273-4;
    Ver também impérios chineses
Quádrupla Aliança, 428
Quatro Comunas (Senegal), 482
quéchua, 222
Quênia, 407, 410, 412, 501, 542-3
quipchacos, 143, 252, 255
quirguistaneses, 504

raça:
    e a "linha de cor", 421-2;
    e aperfeiçoamento das distinções, 41-2, 331-2, 342-3, 372-7, 419-21;
    e argumentos contra a colonização, 378-9, 415-9, 422-3;
    e as revoluções francesa e haitiana, 294-6;
    e ciência, 418-20;
    e discriminação, 377-8, 388-7, 394-5, 410-2, 481-2;
    e mistura, 40-2, 168-9, 214, 217-9, 295-7, 319-21, 331-5, 387-8, 415-6, 518-9;
    e o direito, 331-2;
    e o império nazista, 512, 520-1, 577-8;
    e o Japão na Ásia, 391, 511, 514-6;
    e os atos norte-americanos em além-mar, 415-8;
    e práticas coloniais, 35-7, 331-3, 373-6, 419-21, 451-2, 546-7, 577-8;
    e repúdio ao racismo pelos impérios coloniais, 530-2, 537-8, 546;
    na América espanhola, 219;
    na Conferência de Paz de Paris, 495-6;
    na revolução norte-americana, 312-4, 331-3;
    no Império Germânico, 451-2;
    no Império Russo, 368-9, 454-6, 457-8;
    no pensamento europeu, 373-4, 418-20, 422-4, 573-4;
    nos Estados Unidos, 341-2, 349-50, 368-9, 515-7;
    Ver também diferença, impérios: incorporação e diferenciação nos, populações, escravidão
Raj, 517
Rajas, 401

Ramadã, 105
Rashid al-Din, 137, 140, 142, 153-4
Rebelião. *Ver* revoluções e rebeliões
Rebelião dos Boxers, 41, 384, 390
reconquista, 163-4, 213, 273
reconstrução, 83, 200, 350, 413, 551, 553, 559, 564
redes comerciais:
  abertura forçada de, 380-4, 419-20;
  chineses da diáspora em, 201-4;
  controle estatal sobre, 203-4, 233-5, 239-41, 311-3;
  enquanto alternativas à colonização, 223-6, 378-80, 403-6;
  e o comércio armado, 168-71, 199-201, 204-6, 214, 223-6;
  e o desenvolvimento do capitalismo, 308-10;
  e imperialismo de livre-comércio, 378-80, 573-4;
  entre a Europa e a África, 205-7, 402-11
  entre a Europa e a América do Norte, 167-8, 232-3, 330-1;
  entre a Europa e a Ásia, 20-3, 38-9, 145-6, 199-200, 206-15, 228-9, 238-40, 252-3, 384-7;
  extensão das, 167-8, 171-2, 199-202, 236-8, 382-4, 571-2;
  fomentadas pelos impérios, 100-2, 163-4, 199-200, 571-2;
  importância da prata americana para as, 22-3, 39-40, 167-8, 171-2, 202-3, 208-9, 220-1, 228-9, 237-9, 249-50, 267-8, 382-3, 571-2;
  localizações estratégicas nas, 61-3, 154-5, 201-3, 207-9, 211-3, 379-81, 388-9, 392-3;
  natureza policêntrica das, 201-4, 238-40;
  no Sudeste Asiático, 201-4, 387-8;
  proteção mongol das, 20-2, 134-5, 143-5, 150-2, 157-8, 563-5;
  Ver também economias, imperiais, enclaves, enquanto componentes dos impérios, nômades, comércio
regime dinástico. *Ver* soberania, práticas sucessórias
Reich. *Ver* Império Germânico, império nazista
reino dos Wei, 73
reino Lombardo, 116-21
reinos: 28-30, 37, 201-3;
  da Espanha, 159-60, 162-4, 168-71, 214-5, 222-3;
  na África, 205-6, 236-7, 405-9, 496-7;
  na China, 69-70, 72, 75;
  na Europa pós-romana, 116-8, 273-4;
  na Escócia, 225-6;
  no Sudeste Asiático 201-2, 212-4, 384, 333-4;
  reconfigurações dos, 427-8;
  sob Napoleão, 302-3;
  reinos latinos, 126-7
religião:
  cismas, 37-9, 91, 95-7, 106-8, 110-3, 123-4, 126-7, 135-6, 258-60, 568-9, 570-1, 584-5;
  difusão, 104-6, 112-4, 128-30, 201-2, 221-2;
  e a dinastia Qing, 278-80;

  e a dinastia Yuan, 263-6;
  e as colônias da América do Norte, 229-31;
  e conflito entre os impérios, 92, 124-7, 159, 199-200;
  e declarações de soberania, 425-7, 468-9, 574-5;
  e igrejas independentes, 420-1;
  e impérios americanos, 220-4;
  e o Congresso Nacional Indiano, 517-8;
  e o Império Otomano, 160-1, 179-80, 188-93, 197, 442-3;
  e o Império Romano, 31-2, 46-7, 62-66;
  e o Império Russo, 231-2, 354-5, 357-8, 362-4, 370, 431-2;
  e os impérios mongóis, 31-3, 135-6, 142-3, 148-52, 157-8, 570-1;
  e práticas imperiais, 20-1, 31-2, 35-9, 62-65, 91-7, 101-15, 119-20, 126-30, 142-3, 149-51, 153-4, 157-8, 195, 220-1, 246-9, 263-6, 278-80, 286, 327-8, 357-8, 370, 426-7, 461-4, 568-9, 584-5;
  e redes comerciais, 112-4, 179-80, 238-9;
  imposição de, 20-2, 62-4, 220-1;
  intolerância referente a, 160-1, 163-4, 179-80, 191-3, 220-2;
  na URSS, 508-10;
  no Império Habsburgo, 463-4;
  origens imperiais da, 102-4;
  tolerância, 20-2, 31-3, 63-4, 142-3, 149-50, 160-1, 191-3, 197, 268-9, 278-80, 286, 357-8, 362;
  Ver também budismo, Igreja Católica, monarquia católica, cristianismo, cruzadas, hinduísmo, *jihad*, judaísmo, islã, monoteísmo, muçulmanos, Igreja Ortodoxa, politeísmo, protestantismo, xamanismo
Renânia, 118
Renascimento, 558, 580
repertórios de governo, 19-26, 36-7, 242-6, 310-11, 366-8, 372-4, 379-81, 387-8, 388-9, 393-5, 417-9, 427-9, 463-4, 520-1, 557, 567-8;
  e combinações de categorias imperiais, 20-2, 36-7, 129-30, 159-61, 199-201, 208-10, 232-4, 236-8, 245-6, 250-2, 245-7, 261-2, 282-4, 302-3, 310-1, 327-8, 455-7, 463-4, 567-9, 583-4;
  e tipos de império 19-23, 24-5, 31-3, 36-7, 194-7, 200-9, 372-4, 393-5;
  reconfigurações dos, 37-44, 64-66, 77-8, 91-2, 237-40, 247-8, 299-307, 313-4, 371-3, 408-9, 417-24, 452-71, 487-99, 504-16, 526-7, 530-2, 538-41, 559-63, 567-80;
República da Irlanda, 499, 500
República das Duas Nações, 355-6 ;
  Ver também Polônia, Lituânia, Ucrânia
República de Índios, 218, 234, 343
República Dominicana, 418
República Tcheca, 18
repúblicas:
  bálticas, 552-3;

e a ordem mundial, 487-9;
Estados Unidos enquanto, 339-41, 348, 352-3, 367-8, 572-3;
francesa, 37-8, 287, 294-8, 305-7, 385-6, 393, 409-10, 468-9, 544-5;
haitiana, 298-9;
ideia de, na Grã-Bretanha, 310-1;
irlandesa, 499-501;
latino-americanas, 322-3;
na China, 497-9, 522-3;
na África do Sul, 411-3;
romana, 29-30, 46-49, 56, 60-1, 64, 87-8, 229-30;
   Ver também China, República Popular da, União das Repúblicas Socialistas Soviéticas, Vietnã, República Democrática do
Repúblicas nacionais:
   e queda da URSS, 554, 557, 582-4;
   na URSS, 36-7, 487-8, 505-6, 510, 577-8;
reservas. *Ver* nativos norte-americanos: reservas dos
resistência, à conquista, 33-4, 214, 217-8, 220, 407-9, 515-6, 518-9;
   Ver também impérios: acomodação contingente aos, revoluções e rebeliões
Revere, Paul, 312
Revolução Gloriosa, 234
Revolução Industrial, 572
Revolução Norte-Americana. *Ver* revoluções e rebeliões: na América do Norte
revoluções e rebeliões, 287-91;
   anticoloniais, 42-4, 529-30, 551, 578-9;
   após a Primeira Guerra, 488-9, 491-2, 502-3;
   capitalistas, 39-40, 289-91, 411-2, 571-2;
   contra os Habsburgo, 163-4, 166-8, 170-2, 425-6, 432-4, 443-5;
   de 1817, 504;
   de 1830, 433-4;
   de 1848, 377-9, 444-5, 449-51, 518-9;
   de escravos, 111-2, 210-1, 235-7, 297-9, 314, 376-7;
   dentro ou contra os impérios, 24-5, 36-7, 39-41, 288-93, 310-4, 318-23, 425-7, 573-4;
   e a "revolta árabe", 485-6;
   em Cuba, 377-9, 415-6;
   em Madagascar, 540-1;
   em Santo Domingo (Haiti), 290-1, 296-300;
   e o comunismo, 457-8, 473, 487-8, 504, 506-7, 529-30, 558-9;
   guerra de 1756-1763 e, 287-9, 312-3;
   guerra enquanto catalisador para, 25, 287-9, 575-7;
   inglesas, 233-5;
   medo de, nos Estados Unidos, 417-9;
   na África alemã, 407-9;
   na África Ocidental Francesa, 481-2;
   na África portuguesa, 547-8;
   na América espanhola, 216-8, 220, 288-9, 319-23;
   na América do Norte, 23-4, 288-9, 310-4, 327, 338, 572-3;
na Argélia, 540-1, 544-5;
na França, 25, 40-1, 287-300, 304-6, 319-23, 359-60, 377-8, 425-7;
na Grécia, 431-3;
na Hungria, 546, 554, 561-2;
na Índia, 399-400, 500-1;
na Indonésia, 388-9, 530-3;
na Irlanda, 233-5, 318, 500-1;
na Palestina, 63-4;
na Palestina (século XX), 491-2, 501, 549-50;
na Rússia, 246-9, 258-60, 359-60, 362, 425-6, 429-31, 433-4, 457-8, 504-6;
na Síria, 491-2, 495-6, 501, 549-50;
na Tchecoslováquia, 546;
nas Filipinas, 415-7;
no Afeganistão, 107-9, 557, 567, 579-80;
no Egito, 392-3, 491-2;
no Império Otomano, 176-8, 1179-80, 185-7, 192-3, 392-3, 431-3, 438-9;
no Império Romano, 50-2, 65;
no Iraque, 491-2, 495-7, 501-2, 549-50;
no Leste Europeu comunista, 554, 560-1;
no Oriente Médio, 501-2, 549-50;
no Quênia, 541;
no Vietnã, 518-9, 523-6, 530-4, 540-1, 558-9;
nos impérios chineses, 41-2, 68, 71, 83-4, 154-5, 265-6, 273, 281, 284, 380-1, 384-6, 390, 497-9, 533-4, 562-4;
nos impérios islâmicos, 107-11;
nos Países Baixos, 166-8, 170-2, 221;
Ver também guerras civis
Rhode Island, 348
Richardson, Robert V., 349
rio Amarelo, 69, 70, 267
Rio de Janeiro, 379
rio Dniepre, 246-7, 250, 355, 365
rio Indus, 143, 402
rio Mississippi, 330, 336, 341, 343
rio Oxus, 111
rio Reno, 64, 120, 303-4, 306, 428
rio Volga, 134, 143, 145-6, 155, 245-6, 250-1, 253, 359, 362, 364, 510
rio Yangtzé, 69, 266
rio Zambeze, 209
rituais de poder imperial, 255-7;
   em Bizâncio, 98-9;
   na China, 79, 277-9;
   na Rússia, 255-7, 431-2;
   no Império Habsburgo, 461-5;
   no canato quipchaque, 249-51;
   no império napoleônico, 300-1;
   Ver também legitimidade
Riurik, 246-7
Riurikids, 249-52;
   Ver também Rus dos Kiev, Rus'
Robinson, Ronald, 379

Rodésia, 410, 412, 547
Romanov, dinastia, 245, 258-9, 263, 327, 352, 430, 455, 457, 468, 471, 473, 484, 505, 556
Romênia, 455, 470, 511, 519, 551, 554
Romenos, 448, 519
Rômulo, 47
Roosevelt, Franklin D., 551, 553, 558
Rota da Seda, 132-3, 136, 142, 151
Rothschild, Anselem, 447
Roxelana. *Ver* Hürrem
Ruanda, 17, 567
Rus': 143-4, 146, 148-9, 245-51;
   contato com os povos turcos dos, 245-6;
   práticas dinásticas dos, 245-6, 250-1;
   príncipes dos, 246-7;
   rotas comerciais dos, 245-6;
   Ver também Rus' de Kiev, Riurikids
Rus' de Kiev: 245-50;
   administração na, 148-9;
   censo da, 143-5;
   e as práticas eurasiáticas, 245-6;
   e Bizâncio, 246-9;
   economia da, 245-6, 247-9;
   e os mongóis, 147-9, 247-50;
   religião na, 246-9;
   Ver também Riurikids, Rus'
Rússia imperial. *Ver* Império Russo
russificação, 456, 462

Sacalina, 552
Sacro Império Romano, 123, 159, 165-6, 170, 241, 300, 449, 512;
   Ver também Habsburgo
Saigon, 386
Saladino, 112, 127
Salonica, 94
Samarcanda, 139, 141, 156, 455
sânscrito, 397
Santa Sofia, 95, 126-7
Santo Domingo, 235, 288, 292-3, 295-9, 305, 319, 322, 573;
   Ver também Haiti
santo sínodo, 261
São Petersburgo, 361, 437
São Tomé, 205
Sarai, 146, 155-6, 250-2
Sarajevo, 480
Sardenha, 47, 53, 59, 163, 437, 447
Sati, 398
saxões, 118, 120
Saxônia, 129, 288
Schlieffen, 477-8, 484
secularismo, 510, 577
seda, 82, 132-3, 136, 142, 179, 203-4, 228, 265, 268, 282, 582
Segunda Guerra Mundial, consequências da, 473-5, 526-7, 577-9;
   para o Japão, 559-61;
   para o poder norte-americano, 473-5, 527, 530-1, 551-2, 558, 578-80;
   para o poder soviético, 473-5, 527, 530-1, 551-2, 577-8;
   para os conflitos entre impérios europeus, 473-5, 529-60, 560-2, 578-9;
   para os impérios coloniais, 473-5, 526-34, 534-8, 578-9;
Segunda Guerra Mundial, 473-4, 508-12, 518-27;
   e a Índia, 517-9;
   enquanto conflito imperial, 518-27;
   enquanto marco histórico, 473-5, 529-31;
   envolvimento imperial na, 521-2;
   na China, 522-4;
   no Leste e Sudeste da Ásia, 516, 522-3;
Segundo Império (França), 306, 385, 393
Selim I, 189, 438
Selim III, 439
Senado, 48, 53, 55-6, 58, 63, 86, 261, 339
Senegal, 409-10, 482-3, 501, 541, 575
Senghor, Léopold Sédar, 299, 541, 576
Serra Leoa, 313
Sérvia, 439, 445, 459, 466, 470-1, 478, 480
Serviço Civil Indiano, 501
servidão, 309-10, 469-70;
   na Rússia 258-9, 354, 358-9, 362, 364-8, 430-1, 452-3;
   no Império Carolíngio, 120-1;
   no Império Habsburgo, 467-8;
   no Império Otomano, 444-5;
servidores:
   confiança nos, enquanto estratégia imperial, 17-9, 33-4, 72, 79-80, 86-7, 89, 149-50, 168-9, 185-8, 196-7, 261, 268-9, 275-6, 286, 302-3, 430-1, 439-40, 567-8, 582-3;
   controlados através do Partido Comunista, 552-3;
   controle a longa distância sobre, 208-10, 220, 222-3, 382-3;
   eclesiásticos, redes de, 115-6;
   e o comércio no Império Espanhol, 167-8, 171-2;
   e o governo colonial na África, 408-9, 410-1;
   e o sistema de residências na Índia, 395-7;
   escravos enquanto, 235-6;
   no Império Bizantino, 97-8, 121-2;
   no império de Carlos Magno, 118-20;
   no império napoleônico, 302-4;
   no Império Otomano, 33-4, 181-91, 196-7, 439-40;
   no Império Romano, 53, 59;
   no Império Russo, 261-2, 327-8, 353-4, 367-9, 456-7;
   nos enclaves imperiais portugueses, 208-9;
   nos impérios chineses, 20-1, 42-4, 73-84, 87-9, 149-50, 261-6, 268-70, 274-6, 280-1, 286, 384, 567-8, 582-3;
   nos impérios islâmicos, 109-11;

nos impérios mongóis, 131, 144-6, 148-54, 249-50;
Ver também burocracia, devshirme, eunucos, intermediários
Sevilha, 168, 179, 215, 224
sexo e reprodução:
   e a expansão mongol, 142-4;
   e a monogamia, 246-7, 351-2;
   e a reprodução sultânica (otomana), 179-83;
   e as "mulheres de conforto", 522-3;
   e os casamentos forçados, 133-4;
   e os casamentos reais no Império Russo, 254-5;
   regulação colonial do, 30-1, 410-1;
   Ver também raça: e mistura, práticas sucessórias
Shang Yang, 73, 75
Shang, Dinastia, 72-3, 75
Sharia. Ver direito: islâmico
Sherman, William Tecumsah, 346
Shunzi, 276
Sibéria, 132, 142, 245, 253, 283, 305, 331, 352, 359, 364-5, 387, 430-1, 457, 505-6, 553
Sicília, 47, 53, 59, 101, 163, 171
Sigismundo, 183
Sikhs, 401
sindicatos, 477, 516, 541, 578
Sinope, batalha de, 435-6
sionismo, 463
Sioux, 333, 336, 344, 346
Sipais, 397
Síria, 63-4, 100-1, 106-8, 112, 114, 124, 128, 179, 189, 191, 439, 462, 484-6, 489-93, 496, 501, 549-50
sistema de bandeiras (manchu), 273-5;
   e mongóis, 272;
   organização em, 271-4;
   Ver também manchus, Império Qing
sistema de congressos. Ver Europa: congressos e conferências na
Smith, Adam, 317, 375
Smith, John, 330
soberania:
   dinástica, 149-50, 156-8, 250-1, 254-5, 433-4;
   dos mares, 207-8;
   dos nativos norte-americanos, 340-2;
   dos protetorados, 387-8, 496-7, 539-40;
   e equivalência jurídica, 474-5, 549-50;
   e jurisdições, 494-6;
   em antigos Estados coloniais, 42, 546-8;
   e o governo através de companhias, 37, 213-4, 228-9, 314-6, 398-9, 407-8, 412-4;
   e os Estados-nação, 17-8, 25, 581-2, 586;
   e os colonos em além-mar, 234-5;
   e o Tratado de Vestfália, 25, 240-2;
   estratificada, compartilhada, parcial e sobreposta, 17-8, 28-30, 36-7, 43-4, 122-4, 162-4, 228-9, 233-5, 239-43, 388-9, 393-5, 398-9, 402-3, 415-6, 426-7, 443-5, 496-500, 503, 529, 537-41, 561-3, 583-4, 587;
   ficções de, 37-8, 386-8, 474-5, 522, 530-1, 549-50;

552-3, 586;
   intrusões na, 379-80, 417-8, 567, 583-4;
   nacional × imperial, 287-8, 294-300, 305-7, 323-4;
   natureza mutante da, 17, 24-5, 28-30, 36-7, 43-4, 193, 236-43, 287-8, 294-5, 313-4, 323-4, 394-5, 412-3, 425-6, 441-2, 445-7, 461-2, 466-7, 494-6, 503, 540-1, 557-8, 561-2, 567, 583-4, 586-7;
   personalização da, 156-7;
   popular, 23-5, 41-2, 50, 86-7, 234-5, 287-8, 294-5, 323-7, 402-3, 422-3, 446-7, 572-3;
   reivindicações conflitantes de, nas Américas, 230-1;
   senhorio e, 249-51, 272;
   universal, 279-80;
   Ver também imperador, União Europeia, khan, legitimidade, nação, ideia de, práticas sucessórias
socialismo, socialistas:
   e Império Britânico, 388-9;
   enquanto projeto civilizatório, 578-9;
   e os movimentos antinipônicos, 523-4;
   na Europa, 425-6, 504, 507-8;
   na Revolução Russa, 504-6;
   no Império Germânico, 476-7;
   no Império Habsburgo, 445-6, 463-4, 470-1;
   no Império Russo, 434-5, 453-4, 504;
   Ver também comunismo, marxismo, União das Repúblicas Socialistas Soviéticas
sociais-democratas, 463, 507-8, 552
sociais-democratas (Império Habsburgo), 463-4
Sociedade Donglin, 270
Sociedade Geográfica Imperial, 431
Société des Amis des Noirs, 295
Solferino, batalha de, 437
Song, dinastia, 131, 136, 145, 265
Sorhokhtani, 150
Speransky, Mikhail, 365
Sri Lanka. Ver também Ceilão
Stálin, Joseph, 508, 510-1, 520-1, 551-5, 562, 578
Stoler, Ann Laura, 411
Sudão, 439, 483, 582
Sudeste Asiático:
   colonização do, 386-9, 532-3, 578-9;
   comércio no, 22-3, 103-4, 136-7, 199-200, 214-5, 228-9, 269-70, 314, 385-7, 571-2;
   conquista japonesa do, 42, 522-6, 560-1;
   descolonização do, 530-5;
   e os impérios chineses, 267-8, 269-70, 385-7;
   Estados Unidos no, 413-7, 522-3;
   império europeu mercante e, 206-7, 212-5, 227-8;
   islã no, 112-3, 569-70;
   prosperidade pós-colonial do, 581-2;
   Ver também Burma, Camboja, Indochina, Laos, Malásia, Filipinas, Tailândia, Vietnã
sudoeste da África, 29-30, 318, 388-9, 402-3, 407-8, 411-3, 419-20, 475-6, 480-1, 494-5, 546-50
Suécia, 241, 257, 260, 288, 355, 505

Suez, Canal de, 380, 387, 392, 484, 546
Suez, crise de, 546, 558
Sui, dinastia, 83-4, 136
Suíça, 29, 241, 303, 505
Sukarno, Achmed, 518, 524, 534, 546
sul da Ásia, 29, 102, 293, 315, 526, 532;
  Ver também Índia, Paquistão
Suleiman, o Magnífico, 35, 159-61, 182, 184-5, 190-3, 195, 197, 256, 438
sultão Tippu, 315
sultão, otomano, 177-97, 227-8, 492, 433-4, 459-62;
  deposição do, 439, 460-1, 466-7;
  enquanto guardião do islã, 188-90, 197, 442-3, 459-60, 500-;1;
  e reformas, 440-2, 460-2;
  harém do, 180-3, 196;
  lar e servidores do, 160-1, 177-87, 189-91, 193, 196;
  Ver também práticas sucessórias: no Império Otomano
sultão, sultões:
  mamelucos, 51-2, 188-90;
  no Sudeste Asiático 201-2, 212-3, 388;
seljúcidas, 112-3;
Sumatra, 213, 215
Sun Yat-sen, 498
sunitas, 17, 107, 550;
  Ver também islã
Suprema Corte (Estados Unidos), 342-3
Suzdal, 249

tabaco, 230, 232, 331-2, 380
Tailândia, 203, 208, 213
Taiping, rebelião, 383
Taiwan, 213, 273, 281, 390-1, 511, 579
Tamerlão, 155-8, 175, 227, 252, 272, 274, 402, 584
Tang, dinastia, 83-4, 136, 268
Tanganica, 407-8, 481
Tanistry, 135, 144, 146, 182, 253, 276
Tanzimat 441-2, 468
tártaros, 182, 253, 284, 356, 359-60, 438, 553
Tatar (tribo), 139
tchecos, 445, 447-8, 464, 475, 488-9
Tchecoslováquia, 489, 511, 519, 546, 551, 554-5, 561
Tea Party de Boston, 312
tecnologia:
  aquisição pelos russos de, 259-61, 438, 452-3;
  dos Estados Unidos, 527;
  dos mongóis, 21-2, 38-9, 131-4, 284, 337-8, 569-70;
  e o Império Britânico, 308-9, 382-3;
  e o Império Germânico, 450-1, 582-3, 560-1;
  nos impérios chineses, 72-3, 263-6, 267-8, 281;
  vantagem europeia em relação à, 23-4, 193-4, 237-8, 327-8, 337-8, 371-2, 382-3, 405-6, 418-22, 436-7, 450-1, 575-6;
  Ver também industrialização, armas

Temujin, 138-41;
  Ver também Ghengis Khan
Tengri, 135, 141
Teodora, 94-5
Teodoro I, 257-8
Teodósio, 95
Terceira República, 385, 410;
  Ver também Império Francês
Terceiro Mundo, 530, 546-7, 580
Terceiro Reich, 511-2;
  Ver também império nazista
terra:
  aquisição pelos colonizadores de, 23-4, 208-10, 220, 226-7, 230-1, 309-11, 328-9, 336-8, 341-7, 388, 411-2, 519-20;
  direitos sobre, 328-9, 335-7, 340-2, 345-7, 452-4;
  e controle imperial, 72-3, 98-100, 114-6, 186-7, 231-3, 254-6, 261, 302-3, 308-9;
  e emancipação nos Estados Unidos, 349;
  e importância dos proprietários de terra, 88-9, 292-3, 304-5, 312-3, 432-3;
  e o assentamento permanente na Índia, 396-8;
  e proprietários de terra indígenas, 387-9;
  e serviço militar, 72-3, 98-9, 186-7;
  lucro da, 196, 395-6, 398-9, 402-3;
  na Rússia, 254-7, 261, 284, 452-3, 467-9;
  reforma na China da, 563-5;
  Ver também aristocracias, colonização, camponeses, servidão, colonos e colonização, escravidão
Terra Santa, 101, 125, 485
terror:
  enquanto prática imperial, 32-3, 145-6, 206-7, 371-2, 502, 510, 540-1, 544-5;
  e os movimentos antiestatais, 453-4, 585;
Texas, 336, 345
The Black Jacobins, 299
Themata, 98
Tibério, 55-6
Tibério Graco, 55
Tibete, 145, 148, 245, 266, 268, 273, 279, 283, 564
Timar, 186
Timor Leste, 387, 535
Tito, Josip Broz, 562
título indígena, 341
Togo, 481
Togrul, 139, 141
Tolstói, Liev, 436
Tolui, 145, 147, 150
Tortura, 360, 541-2, 545
Toulon, 193
Touro Sentado, 346
Toussaint L'Ouverture, 297-8, 576
trabalho:
  agrícola, 58, 213-4, 220, 336-7, 349, 368-9;
  contratual, 230-1, 331-2, 376-7;

ÍNDICE REMISSIVO

dependente, 336-7, 345-6, 387-8, 410-2, 453-4;
e compulsão, 22-3, 42, 76-7, 200-1, 213-7, 220, 223, 258-9, 261-2, 376-7, 408-9, 410-2, 419-20, 510, 519-20, 522-3, 552-3;
e greves, 457-8, 491-2, 502, 504-5, 540-1;
e migração, 402-3, 410-2, 542-5;
fabril, 308-9, 453-4;
forçado, na URSS, 510, 552-3;
"livre", 345-6, 368-9;
salário, 289-91, 308-10, 374-6, 387-8, 410-2;
Ver também capitalismo, populações: deslocamento de, servidão, escravidão
trabalho livre, 345, 369, 376, 378;
Ver também trabalho: salário
Trácia, 174, 178
Transjordânia, 490
tratados:
  de Adrianópolis, 433;
  de Brest-Litovsk, 505;
  de Guadalupe Hidalgo, 345;
  de Greenville, 342;
  de Horse Creek, 344;
  de Kiakhta, 283;
  de Nerchinsk, 282-3;
  de Paris, 340;
  de Roma, 562;
  de Unkiar-Skelessi, 433;
  de Versalhes, 494-5, 497, 519;
  da Vestfália, 25, 240-1;
  de Waitangi, 387;
Trebizonda, 131
Treze Colônias, 288-9, 307, 310, 312, 319, 544
tribo:
  a formação dos impérios, 27-8;
  definições de, 27-8, 133-4;
  líderes de, 131;
  Ver também Eurásia, impérios eurasiáticos, nômades
tributos, 31, 82, 121, 132, 142, 192, 208, 217-8, 252-3, 267, 271, 282, 354, 365, 385, 396
trilha Bozeman, 346
troianos, 47
Tunísia, 37, 53, 385, 483, 540
turco, falantes do:
  conversão ao islã de, 109-10;
  e a dinastia Qing, 281-2;
  e a dinastia Tang, 83-4;
  e as origens do Império Mameluco, 111-2;
  e o Império Bizantino, 135-6;
  e o Império Otomano, 160-1, 173-4, 184-5, 196-7, 442-3, 447-8, 460-2, 471-2, 485-7, 570-1;
  e o Império Russo, 245-6, 252-4, 281, 454-5, 508-9;
  na Anatólia, 173;
  nas áreas de il-khans, 154-5;
  nos impérios islâmicos, 110-1;
  origens eurasiáticas dos, 132-3;

práticas matrimoniais dos, 180-2;
sob governo mongol, 153-4;
Ver também Eurásia, impérios eurasiáticos, keriats, quipchacos, impérios mongóis, Império Otomano, Império Seljúcida, Tamerlão, Turcomenistão
turcos:
  na Primeira Guerra Mundial, 486-7;
  realocações forçadas de, 485-7, 492-4, 552;
  Ver também Bálcãs: guerras no, Comitê para a
Turquia:
  e a construção de nação, 495-7, 577-8;
  formação da, 493-5, 577-8;
  Ver também Império Otomano
Turquificação, 460, 577

Ucrânia, 143-4, 146, 182, 252-3, 259-60, 305-6, 351-2, 355-8, 445-6, 505-7, 510, 519-21;
  e o clero ortodoxo, 261-2;
  e o Império Russo, 252-3, 259-60, 355-8, 360;
  na Revolução Russa, 504-6;
  na URSS, 506-7, 510, 519-20, 552,;
ucranianos:
  e o império nazista, 512, 520-1;
  na Polônia, 488-9, 552;
  na República das Duas Nações, 355-6;
  na Revolução Russa, 504-5;
  na URSS 552;
  no Império Habsburgo, 447-8;
  no Império Germânico, 451-2;
uigures, 134, 136, 142, 148-9
ulus, 145-6, 155-6, 250
umma, 104-5, 108, 110, 114, 124, 129
União das Repúblicas Socialistas Soviéticas (URSS), 503-10, 520-1, 551-8, 577-9;
  após a Segunda Guerra Mundial, 42-4, 473-5, 529-30, 551-4, 576-9;
  comando econômico da, 510, 552-3, 555, 558-9;
  campanhas antijudaicas da, 552-6;
  campos de trabalho da, 510, 552-3;
  corpo de servidores da, 510;
  e a China, 498-9, 562-4;
  e a Polônia, 505-8;
  e a Primeira Guerra Mundial, 487-8, 504-5
  e a Segunda Guerra Mundial, 473-5, 507-9, 520-2;
  e controle de informações, 433-5, 510, 520-1, 555;
  e Europa Oriental e Central, 507-8, 526-7, 551-4, 558, 560-2;
  e guerra civil, 505-6;
  enquanto federação de repúblicas nacionais, 36-7, 487-8, 506-8;
  enquanto império comunista, 17-8, 42-4, 506-7, 527;
  enquanto regime imperial, 17-8, 36-7, 42-4, 506-10, 530-1;
  enquanto sucessora do Império Russo, 36-7,

487-8, 505-7;
e o governo unipartidário, 43-4, 487-8, 505-9, 552-3;
e o islã, 508-10;
e os movimentos anticoloniais, 495-7, 516-7, 530-1;
e sociais-democratas, 507-8;
expurgos na, 508-9;
exportação da revolução pela, 506-8, 516-7;
invasão da Hungria pela, 546;
missão civilizatória da, 508-10, 556-7, 577-9;
nacionalidades na, 42, 508-10, 577-8;
política antirreligiosa da, 508-9;
política internacional da, 507-8, 516-8, 530-2, 549-50, 551-4, 558-60;
política linguística na, 508-9;
princípios políticos da, 503-4, 506-7;
queda da, 17-8, 530-2, 554-7;
relações entre a Alemanha e a, 504-5, 507-8, 516-7;
visão de Napoleão e Hitler da, 521-2;
Ver também Partido Bolchevique, Comecon, Comintern, comunismo, revoluções e rebeliões: na Rússia, Império Russo, Federação Russa, Pacto de Varsóvia
União Francesa, 525, 536, 539-41, 544
União/Federação Malaia, 535
União Soviética. *Ver* União das Repúblicas Socialistas Soviéticas
Universidade de Kazan, 364
Urbano II (papa), 125
URSS. *Ver* União das Repúblicas Socialistas Soviéticas
Uzbek Khan, 155
Uzbequistão, 18, 146

vândalos, 94
varíola, 216, 238, 281
Vasco da Gama, 206
vassalo, 220, 266, 330
Vaticano, 428
Veios, 47
Velázquez, Diego, 162
velhos crentes, 365, 454
Vendeia 303-4
Veneza, Império Veneziano, 100, 120-1, 225
Venezuela, 323, 582
Vênus, 63
Vestfália, principado da, 241, 303-4;
  Tratado da, 25, 240-1;
vestimentas:
  na dinastia Qing, 276-8;
  no Império Otomano, 439-41;
vice-reino (no Império Português), 207-8
vice-reinos (na América espanhola), 168-9, 196, 214-5, 222-3, 229-30
Vichy, 521-2, 550
Viena, 39, 127, 131, 166-7, 192, 306, 425, 428, 444, 447, 462-3, 465

Vietnã:
  e a China, 262, 267-8, 382-3, 386-7, 523-4, 558-9, 563-4;
  e o Império Francês, 37, 386-8, 394-5, 516-7, 525, 532-4;
  e os Estados Unidos, 558;
  na Segunda Guerra Mundial, 522-4;
  Ver também Ho Chi Minh, Indochina, revoluções e rebeliões: no Vietnã
Vietnã, República Democrática do, 524, 533
vinho, 59, 63, 100, 142
Virgínia, 230-2, 331-2
visigodos, 66
Vitória, 47, 65, 72, 77, 119, 150, 156, 164, 260, 266, 313-4, 318, 340, 345-6, 382, 390, 416, 428, 430, 437, 477, 482, 503, 506, 526, 551-2, 564, 578
Vizir, 111, 189
Vladimir (cidade), 249-51, 359
Vladimir (grão-príncipe), 247, 249, 251-2
VOC (Vereenigde Oost-Indische Companie). *Ver* Companhia Holandesa das Índias Orientais
Voltaire, 360
von Moltke, Helmuth, 478
voto, 48, 57, 86, 339, 450, 452, 463, 468-9, 517, 547;
  Ver também eleições

Wakeman, Frederic, 274
Washington, George, 311, 332, 338, 341, 350, 559
Wayne, Anthony, 342
Weber, Max, 194
White, Richard, 333
Wichitas, 336
Wilberforce, William, 374
Wilson, Woodrow, 488, 495
Witte, Sergei, 456-8
Wu (imperador), 82

Xá, 142, 144, 192, 402
xamanismo, xamãs, 135-6, 141;
  Ver também politeísmo
xenofobia, 577
Xianyang, 76-7
Xiitas, 17, 107-8, 146, 179, 189, 550;
  Ver também islã
Xinjiang, 283, 582, 585

Yalta, 553
Yam, 136, 151
Yuan, dinastia, 83-4, 146-52, 245, 263-8, 271-2, 274-5, 277-9, 567-8, 570-1, 582-3;
  direito sob a, 150-2;
  e a reunificação da China, 263-6, 582-3;
  e divisões étnicas, 263-4;
  e os mongóis, 147-8, 263-4, 266-7;
  e o Tibete, 265-6, 282-3;

fim da, 154-5, 265-6;
Ver também impérios chineses, impérios mongóis, mongóis

Zamindares, 398
Zanzibar, 405

Zhao, Estado, 70, 75
Zheng (imperador), 75
Zheng He, 203-4
Zhongdu, 142
Zhongxing, 143
Zulus 29, 405

Leia também outros títulos publicados pelo selo Crítica:

Cobrindo mil anos da história romana, *SPQR* revela em detalhes como Roma cresceu de uma vila insignificante na Itália Central para se tornar a primeira potência global. A inglesa Mary Beard, professora de Cambridge e autora de vários best-sellers, vive há mais de 30 anos pesquisando o Império Romano. A partir de inúmeras leituras, estudos de arqueologia e de documentos escritos em pedras e papiros, ela faz uma análise eloquente dessa história e mostra o que os romanos pensavam sobre si mesmos e suas realizações. *SPQR* é a abreviação que os próprios romanos adotaram para o seu Estado: "Senatus Populus Que Romanus", ou "Senado e o Povo de Roma". Neste livro, Beard detalha como foi formada a identidade e a cidadania romana e mostra porque essa cultura ainda influencia o mundo no século XXI. Com mais de 100 ilustrações e inúmeros mapas, *SPQR* ficou mais de um ano em listas de best-sellers nos Estados Unidos e na Europa.

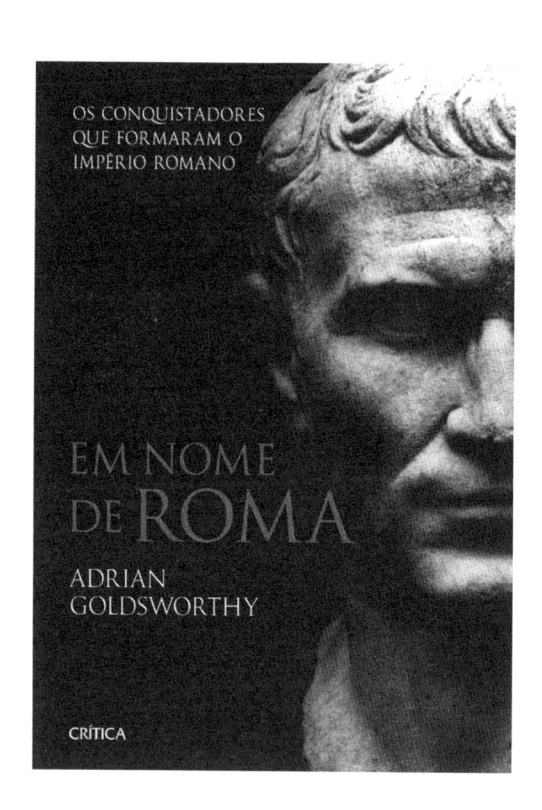

OS CONQUISTADORES
QUE FORMARAM O
IMPÉRIO ROMANO

EM NOME
DE ROMA

ADRIAN
GOLDSWORTHY

CRÍTICA

Muito já se escreveu sobre Roma. Neste livro, porém, o aclamado historiador inglês Adrian Goldsworthy inova ao colocar o foco nos personagens mais decisivos do Império Romano: seus generais. Foi através de seu poderio militar que o Império foi criado, se expandiu e se perpetuou no poder. Goldsworthy disseca este tema por meio do estudo da trajetória de 15 generais, cada um deles tema de um capítulo: de Cipião

Africano, que combinou um aparente misticismo com a determinação implacável, a Júlio César, o aristocrata carismático e agressivo. O historiador observa em detalhes como cada um desses homens interagiu e controlou o seu exército, com ênfase nos diferentes estágios de cada operação e em como estas decisões impactaram no resultado final das disputas. Ao traçar esta história das batalhas romanas, da ascensão à queda do império, Goldsworthy narra, de maneira fluente e acessível, a evolução do exército e do sistema político romano.

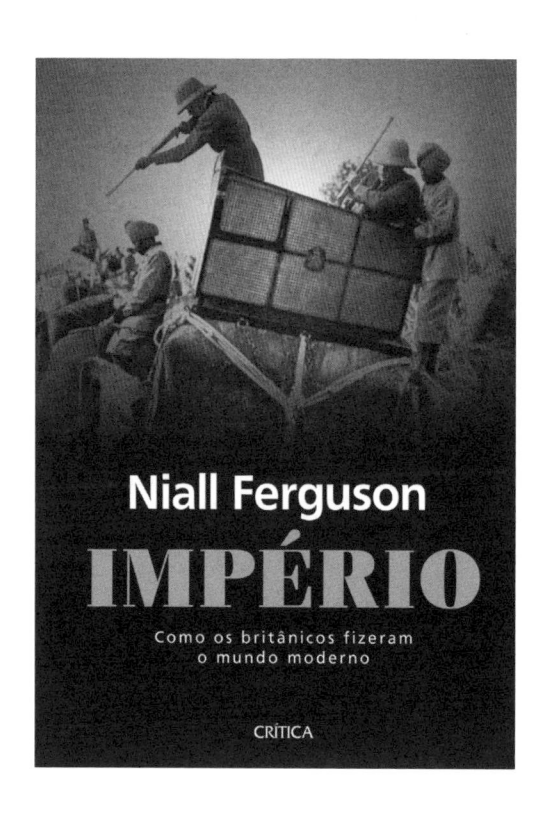

Niall Ferguson

IMPÉRIO

Como os britânicos fizeram
o mundo moderno

CRÍTICA

Era uma vez um Império que governava aproximadamente um quarto da população mundial, cobria quase a mesma proporção da superfície terrestre do planeta e dominava praticamente todos os oceanos. O Império Britânico foi um dos maiores impérios de todos os tempos. Como um arquipélago de ilhas chuvosas a noroeste da costa da Europa veio a governar o mundo é uma das questões fundamentais não só da história britânica, mas da história mundial. O aclamado escritor Niall Ferguson, desdobra brilhantemente a história deste império em todo seu esplendor, mostrando como um grupo de piratas e garimpeiros plantou a semente deste gigantesco império – colocando o mundo no caminho da modernidade.

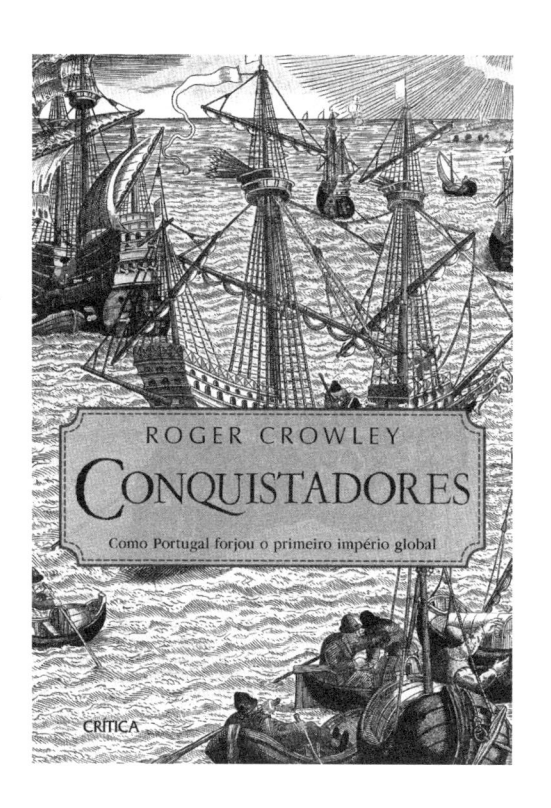

ROGER CROWLEY

Conquistadores

Como Portugal forjou o primeiro império global

CRÍTICA

Como uma nação pequena e pobre desfrutou de um século de supremacia marítima, descobrindo rotas e novas terras? A partir de cartas, documentos inéditos e testemunhos oculares, Roger Crowley conta a história da ascensão rápida e espantosa de Portugal ao poder. Considerado pelo jornal The New York Times um proeminente historiador da Europa dos séculos XV e XVI, Crowley revela que Portugal se valeu, principalmente, da ousadia e da habilidade de seus exploradores navegantes. A descoberta da rotapara a Índia, a campanha de conquista imperial sobre os governantes muçulmanos e a dominação do comércio de especiarias ajudaram a forjar o primeiro império global. Em Conquistadores, o autor dá vida às personalidades que construíram o império português. Personagens como o rei Manuel, "o Venturoso", d. João II, "o príncipe perfeito", o saqueador governador Afonso de Albuquerque e o explorador Vasco da Gama misturavam suas ambições particulares com os objetivos públicos do império, muitas vezes sofrendo perdas espantosas em busca da riqueza global.

MARTIN GILBERT

A HISTÓRIA DO SÉCULO XX

CRÍTICA

Ano a ano, Martin Gilbert narra os eventos mais importantes do mundo: desde o despontar da aviação até florescimento da era tecnológica; da Primeira Guerra Mundial à posse de Franklin Roosevelt como presidente dos Estados Unidos e Hitler como chanceler da Alemanha; das guerras na África do Sul, China, Etiópia, Espanha, Coreia, Vietnã e Bósnia ao Apartheid, a corrida armamentista, a aterrissagem na lua e a alvorada da era computacional. Gilbert vai da revolução húngara aos confrontos entre israelenses e palestinos; do colapso do comunismo no leste europeu à dissolução da União Soviética. Como sempre, Gilbert intermeia influências da arte, literatura, música e religião assim como ressalta desastres tanto naturais quanto provocados pelo homem para melhor compreensão dos fatos. O resultado foi descrito como "fascinante" por Henry Kissinger.

Editora Planeta Brasil | 20 ANOS

Acreditamos nos livros

Este livro foi composto em Adobe Garamond Pro e impresso pela Geográfica para a Editora Planeta do Brasil em maio de 2023.